تاريخ التربية

تاريخ التربيـة

الأستاذ الدكتور

عبد الله زاهي الرشدان

دار وائل للنشر

الطبعة الأولى

٢٠٠٢

رقم الايداع لدى دائرة المكتبة الوطنية : (٢٠٠٢\٢\٤٦٤)

٣٧٠،١٩

رشد الرشدان ، عبدالله زاهي

تاريخ التربية / عبدالله زاهي. - عمان :دار وائل ، ٢٠٠٢

(٤٢٦) ص

ر.إ. : : (٢٠٠٢/٢/٤٦٤)

الواصفات: علم الاجتماع التربوي / التعليم

* تم إعداد بيانات الفهرسة والتصنيف الأولية من قبل دائرة المكتبة الوطنية

ISBN 9957-11-256- 2 (ردمك)

* تاريخ التربية
* الأستاذ الدكتور عبدالله زاهي الرشدان
* الطبعـة الأولى ٢٠٠٢

* جميع الحقوق محفوظة للناشر

دار وائــل للنشر والتوزيع

شارع الجمعية العلمية الملكية - هاتف : ٠٠٩٦٢-٦-٥٣٣٥٨٣٧

فاكس: ٠٠٩٦٢-٦-٥٣٣١٦٦١ - عمان - الأردن

ص.ب (١٧٤٦ - الجبيهة)

www.darwael.com

E-Mail: Wael@Darwael.Com

المحتويات

بسم الله الرحمن الرحيم

مقدمـــة

لم تعد دراسة تاريخ التربية اليوم مجرد سرد لاحداث ووقائع تاريخية فقط، كما كانت تقضي بذلك الفلسفة التي كانت تحكم كتابة التاريخ من قبل، وانما اصبح من الضروري ان ينظر إلى الحادثة من خلال منظور ثقافي واسع يتناول الأبعاد السياسية والاقتصادية والاجتماعية التي تدور فيها. وكذلك الحال في دراستنا للتربية، فينبغي أن لا تتركز على دراسة النظم والمؤسسات التربوية فقط، منبّة عما يحيط بها من ظروف وأوضاع، فهذه النظم والمؤسسات أشكال لها مضمون، وهي انعكاس للأوضاع السياسية والاقتصادية والاجتماعية وهكذا ستكون دراستنا للنظم التربوية في مختلف المجتمعات والعصور.

لقد قسمت هذه الدراسة الى ثلاثة أقسام رئيسية تبعاً لتقسيمات المؤرخين للعصور التاريخية الى عصور قديمة، وعصور وسطى وعصور حديثة، ثم استعرضت النظم التربوية ومؤسساتها ومفكريها من خلال هذه العصور، بعد ان مهدت لذلك بدراسة منهجية، لتاريخ النظم التربوية من حيث الاتجاهات والنظريات المفسرة للتاريخ واحداثه وأساليب دراسة النظم التربوية من حيث الشكل والمضمون وأهمية هذه الدراسة وفائدتها للتربية اليوم.

وقد تصدى القسم الأول للتربية في العصور القديمة بدءا من التربية في المجتمعات البدائية، فالتربية في الحضارات القديمة البابلية والآشورية والعبرانية والهندية والصينية والفارسية واليابانية والمصرية واليونانية والرومانية.

أما القسم الثاني فقد تعرض للتربية في العصور الوسطى عند المسيحيين في أوروبا والحضارة العربية والإسلامية في المشرق والمغرب. وقد أتبعت التربية في العصور الوسطى والقديمة بدراسة حول التربية القديمة أو التقليدية من حيث مفهومها والعوامل التي ساعدت على تشكيلها والمبادئ الفلسفية التي تقوم عليها وموقفها من عناصر العملية التعليمية والتعليق عليها.

أما القسم الثالث والأخير فقد تعرض للتربية في العصور الحديثة وما اشتملت عليها من نزعات وفلسفات، بدءا من التربية في عصر النهضة والاصلاح الديني في القرنين الخامس عشر والسادس عشر فالتربية في القرن السابع عشر وما ميزه من نزعة واقعية، والقرن الثامن عشر وما ميزه من نزعة طبيعية على يد جان جاك روسو واتباعه، والقرن التاسع عشر وما ساده من نزعات نفسية واجتماعية وعلمية، واخيرا القرن العشرين وما سادة من فلسفات مختلفة كالبراجمانية والتقدمية وغيرها، ومن مربين بارزين امثال جون ريوي وما احدثه من تأثيرات في امريكا وبقية دول العالم.

وهذا الكتاب سفر هام لطلاب الدراسات العليا ولكليات المجتمع وللدارسين والمهتمين على اختلاف مشاربهم، واني لارجو من الله سبحانه وتعالى الذي وفقني لهذا العمل واعانني على انجازه أن يجعله خالصاً لوجهه الكريم وأن ينفع به دارسينا وباحثينا إنه سميع مجيب.

د. عبد الله الرشدان

عمان

سنة ٢٠٠٢

الباب الأول

المنهج في دراسة تاريخ التربية

المقدمة

لم تعد دراسة التاريخ قاصرة على مجرد سرد الحوادث التي وقعت في الماضي أو الاستغراق في التفاصيل العديدة التي يحتويها سجل أحداث الماضي، وإنما أصبحت تهتم أساساً بعملية تفسير التاريخ ومحاولة استخلاص معنى له، وبعبارة أخرى إنصرف اهتمام الباحثين الى محاولة اكتشاف القوانين التي تحكم تطور المجتمع الإنساني ثم محاولة التنبؤ بحركة التاريخ أو الهدف الذي يسعى التاريخ جاداً لبلوغه.

وقد كانت معرفة أحداث الماضي من الأمور التي شغلت الإنسان ولا تزال تشغله حتى يومنا هذا. بدأ هذا الإهتمام مع الإنسان القديم الذي حفظ أخبار أجداده، وأسلافه في صورة أغان وأساطير لتتناقلها الأجيال جيلاً بعد جيل، ثم جاءت من بعد ذلك محاولات عدة تستهدف الحفاظ على التراث وتسجيل أخبار السلف يتناقلها الخلف من بعدهم وبذلك يتصل الماضي بالحاضر ويتقدم الاثنان معاً نحو صنع المستقبل.

وعلى الرغم من قدم اهتمام الانسان بتاريخه إلا أن محاولات تفسير التاريخ والكشف عن قوانينه تعتبر حديثة نسبياً، فقد كانت معظم الكتابات التاريخية المبكرة تهدف الى خدمة أغراض أدبية أكثر منها خدمة للغرض التاريخي نفسه، بمعنى أن القصص التاريخية أو الملاحم الشعبية والأساطير كانت هي الصورة الغالبة في معظم الكتابات التاريخية المبكرة.

إن التاريخ اليوم لم يعد مجرد سرد للحوادث يعتمد على الأسلوب القصصي والمحسنات البديعية، فاليوم يجاهد المؤرخون في سبيل احياء خبرات الماضي، بطريقة موضوعية وأسلوب علمي سليم بعيد عن المغريات اللغوية، ودون تشويه للحقائق وليس معنى هذا أن نفقد التاريخ جماله وتشويقه. وإنما المهم أن نحفظ للتاريخ صدقه وموضوعيته، وذلك عن طريق تحديد الظاهرة أو المشكلة تحديداً

دقيقاً ثم جمع الحقائق وتحليلها وفرض الفروض التي تفسر الأحداث والأوضاع. ومن ذلك نخلص إلى تسجيل النتائج وتفسيرها. [1]

أولاً: معنى التاريخ

وهنا نتساءل ماذا نقصد بكلمة تاريخ؟ وهذا التساؤل على بساطته مهم لأنه يساعدنا على تعميق فهمنا لموضوع تاريخ التربية.

أ- التاريخ لغة:

إن كلمة تاريخ ترجع إلى أصل سامي مكون من مقطعين تعنى تحديد الشهر أو التوقيت ثم اتسع نطاق هذا اللفظ فشمل معنى تحديد حدث ما وروايته. ويشير البيروني في كتابه "الآثار الباقية" الى خطأ القول بأن كلمة تاريخ فارسية معربه وأن أصلها الفارسي هو "ماه روز" أي تحديد بدء الشهر. ويؤيده في ذلك أيضاً الخوارزمي في كتابه "مفاتيح العلوم".

وفي اللغة التأريخ والتاريخ والتوريخ يعني الإعلام بالوقت وقد يدل تاريخ الشيء على غايته ووقته الذي ينتهي إليه زمنه ويلتحق به ما يتفق من الحوادث والوقائع الجليلة. [2]

ب- التاريخ في الإصطلاح:

هناك عدد من العلماء عرف التاريخ فهذا (رانكة) الألماني يعرفه على أنه تصوير ما حدث بالضبط. وقد استعمل ارسطو كلمة (هستوريا) بمعنى السرد المنظم لمجموعة من الظواهر الطبيعية سواء جاء ذلك السرد وفقاً للتسلسل الزمني أم جاء غير كذلك، ولا يزال هذا الاستعمال شائعاً فيما نسميه (التاريخ الطبيعي) [3]

وهكذا أبو التاريخ (هيرودوت) يعرفه على أنه الرواية المنظمة للأحوال والأحداث الماضية.

---

(١) سيد ابراهيم الجبار، دراسات في تاريخ الفكر التربوي، الكويت، وكالة المطبوعات، ١٩٧٤، ص١٤.

(٢) محمد منير مرسي، تاريخ التربية في الشرق والغرب، عالم الكتب، القاهرة، ١٩٧٧، ص١.

(٣) سعيد اسماعيل علي، مقدمة في التأريخ للتربية، القاهرة، ١٩٩٤، ص٤.

وهناك من يرى أن التاريخ هو الصيغة العقلية التي تصوغ فيها ما مدينة ما حكايتها عن ماضيها.

ويرى البعض "أن التاريخ علم تطور المجتمع من حال إلى حال أو هو (علم الحركة الاجتماعية) أي التفاعل المستمر بن الناس والأشياء والأفكار في ذلك المجتمع والتفاعل بين المجتمع ككل والمجتمعات الأخرى [1] ويقول مؤرخ القرن الخامس عشر شمس الدين السخاوي (١٤٢٧-١٤٩٧) في كتابه "الاعلان بالتوبيخ لمن ذم التاريخ"، ان التاريخ من يبحث في وقائع الزمن من ناحية التعيين والتوقيت، وموضوعه الانسان والزمان ووسائله واحواله المفصلة للجزيئات تحت دائرة الاحوال العارضة للإنسان والزمان. [2]

أما التاريخ بالمفهوم الحديث فقد اصبح يهتم بالبحث عن الحقيقة وعملية استخلاص الحقائق التاريخية وتفسيرها، وهي ما نطلق عليها اصطلاح "فلسفة التاريخ" ويقصد بها:-

أ- محاولة فهم أو تفسير الأحداث التاريخية ومعرفة العوامل أو القوى الأساسية التي تتحكم في تشكيلها، أو محاولة الكشف عن القوانين التي يعتقد أنها تحكم تطور المجتمع البشري.

ب- محاولة التنبؤ بالهدف الذي يسعى التاريخ لتحقيقه أو التنبؤ باحتمالات المستقبل استناداً الى مجموعة القوانين التي تحكم التطور الاجتماعي.

ويعتبر الفيلسوف العربي ابن خلدون من أوائل المفكرين الذين حاولوا إظهار فلسفة التاريخ والكشف عن القوى التي تلعب الدور الأول في تطور المجتمع الإنساني. فقد ذهب ابن خلدون في "المقدمة" الى القول بأن هناك ارتباط بين ازدهار المدنية وقوة الشعور القومي أو الشعور برابطة العصبية ولكن محاولة ابن خلدون في القرن الثالث عشر الميلادي ظلت غير معروفة فترة طويلة حتى خرج الفيلسوف الإيطالي فيكو (Vico) بفلسفته في تفسير التاريخ مع مطلع القرن الثامن عشر.

---

(١) عبد الغني عبود، دراسة مقارنة لتاريخ التربية، القاهرة، دار الفكر العربي، ١٩٧٨، ص ٢٣.

(٢) شمس الدين عبد الرحمن السخاوي، الاعلان بالتوبيخ لمن ذم التاريخ، القاهرة، ١٣٤٩، ص٧.

وقد تعددت آراء الفلاسفة فيما يتعلق بتفسير التاريخ وقوانين التطور فمنهم من ذهب الى القول بأن البيئة الطبيعية والظروف الجغرافية تلعب الدور الأول في تفسير التطور. ومنهم من يرى أن الاختلاف بين الأجناس البشرية هو العامل الأساسي، وذهب البعض إلى أن العامل الاقتصادي وتطور اساليب الانتاج هو العامل الاساسي بل العامل الوحيد في التطور، كما ذهب البعض الى أن تطور الفكر هو كل شيء وأن تاريخ البشرية ما هو إلا انعكاس أو مرآه لتطور الفكر الانساني وقال آخرون بأن لعظماء الرجال دور في تشكيل تاريخ الانسانية. وحديثاً قيل بأهمية دور الغريزة الجنسية أو العواطف الانسانية وكذلك بخطورة الدور الذي تقوم به العقائد الدينية في تاريخ البشر وظهور وازدهار الحضارات الانسانية الى غير ذلك من الأفكار والآراء المتعددة التي نادى بها فيكو وهيجل وماركس وشبنجلر وروستو وتويبني وغيرهم.[١]

أما علم التاريخ

معناه تاريخ الإنسان الذي يمكن الاستدلال عليه من خلال الآثار الداله على وجوده في الماضي من أفكار ووجدانات وأعمال.[٢]

أي أن التاريخ ببساطة تحدث عن قصة الإنسان في كفاحه عبر العصور المختلفة، حيث سميت الفترة التي سبقت الكتابة والتدوين بفترة ما قبل التاريخ وقسمت الفترة التي تلي مرحلة الكتابة الى ثلاثة أقسام هي: أ- العصور القديمة ب-العصور الوسطى جـ- العصور الحديثة وهذا التقسيم لغايات منهجية، ولا يقوم على أساس علمي لأننا لا نعرف بدقة ثم أن العصور متداخلة.

والسؤال الذي يطرح نفسه لماذا ندرس التاريخ؟ والجواب ما يلي:

١- التعرف على النواحي الاقتصادية والاجتماعية والثقافية التي سادت الفترات المختلفة.

٢- من اجل اكتساب المعارف فكلما اتسعت معارفنا كلما أصبحنا اكثر قدرة على القيام بأعمال مفيدة وأكثر قدرة على محاكمة الأمور.

---

(١) سيد ابراهيم الجيار، مرجع سابق، ١٩٧٤، ص ١٥.

(٢) رجائي ريان (١٩٨٧) مدخل لدراسة التاريخ، عمان، دار ابن رشد، ص ٣٦.

٣- استخلاص العبر من التجارب السابقة حيث نستفيد منها في حياتنا الحاضرة ولكن هل نستطيع من خلال دراستنا للتاريخ أن نتنبأ بالمستقبل؟ لا نستطيع أن نتنبأ بشكل صحيح من خلال التاريخ بالمستقبل لكن نستطيع أن نتوصل الى اتجاهات.

موضوعه:

إن موضوع التاريخ هو رصد حركة الانسان في مواجهة قوى الطبيعة وتطويعها لخدمته، والوسائل التي توسل بها لتحقيق اهدافه، وما يرتبط بذلك من علاقات وتنظيمات ولما كانت حركة الإنسان هذه متنوعة وتشمل مجالات اقتصادية واجتماعية وسياسية وثقافية وكان كل مجال من هذه المجالات يحتاج إلى درجة تخصصية للرصد والمعالجة فيتعين إذن وجود مؤرخ لكل مجال، أي المؤرخ الاقتصادي والمؤرخ الاجتماعية، والمؤرخ السياسي والمؤرخ الثقافي. (١)

فإذا أردنا الكشف عن موضوع التاريخ سنجد أنه يشمل المجالات التالية:

أ- تطور المؤسسات التربوية مثل المدارس والمعاهد والجامعات والمساجد والكتاتيب واذا كانت تلك المؤسسات تقدم غالباً ما يمكن تسميته بالتعليم النظامي، فمن الممكن للباحث أن يدرس تطور مؤسسات أخرى كانت تقدم تعليماً لا نظامياً، وخاصة في العصور القديمة والوسطى مثل الأسرة.

ب- تطور الأفكار والآراء والفلسفات التربوية التي قال بها الفلاسفة والمفكرون بصورة صريحة أو تلك التي تكمن وراء الوقائع والأحداث بصورة حتمية.

جـ- تطور التنظيمات التربوية ونعني بها (القواعد) و(اللوائح) و(القوانين) التي تنظم النشاط التربوي.

وبطبيعة الحال، فلا انفصال بين كل مجال وآخر (إذ التداخل قائم والاتصال وثيق بينهما) (٢)

---

(١) عاصم الدسوقي (١٩٩١) البحث في التاريخ، بيروت، دار الجليل، ص١٢.

(٢) سعيد اسماعيل علي (١٩٩٤) مرجع سابق، ص٩.

ثانياً: الاتجاهات الأساسية في تفسير التاريخ

الإتجاه الأول: فكرة الحتمية في تفسير التاريخ:

يمكن اعتبار القرن التاسع عشر حداً فاصلاً بين عهدين في محاولة تفسير التاريخ أو الكشف عـن القوانين التي تحكم تطور المجتمع الانساني فحتى بداية القرن التاسع عشر كان هناك بين أغلب فلسفات التاريخ اتفاق على التسليم بوجود خطة حتمية يسير التاريخ وفقاً لها وعلى أن هناك هدفاً يسعى التاريخ لتحقيقه ولابد له من بلوغ هدفه. ولكن عند التساؤل عما هي الخطة التي يسير التاريخ وفقاً لها، أو عمـا هي القوانين أو القوى التي تلعب الدور الأول في التطور وفي حركة التـاريخ فانا نجـد خلافـاً عميقـاً بـين فلاسفة التاريخ حول الإجابة على هذه التساؤلات.

وقد ترتب على ذلك قيام محاولات عديدة لتفسير التاريخ على أساس الاعتقاد المطلـق في وجود قوانين حتمية تحكم التطور الاجتماعي وأن واجب الفلاسفة وعلماء الاجتماع هو اكتشاف هـذه القـوانين. وكانت الحجة التي تساق عادة لتبرير هذا الاعتقاد أو هذا الادعاء واعطاءه الصبغة العمليـة هـي أنـه لا فارق من حيث المبدأ بين المجتمع الانساني والوجود الطبيعي وان كليهما يخضع لقوانين حتمية. وإذا كان اكتشاف القوانين التي تحكم تطور المجتمع الانساني اكثر صعوبة بسبب تعقد الظواهر الاجتماعيـة وتشابكها فإن هذا مجرد اختلاف في الدرجة وليس اختلافاً في طبيعة الأشياء. وقد عرف هذا التيـار الفكـري "بالفلسفة الحتمية" في تطور المجتمع البشري ويترتب على الأخذ بهذه الفلسفة التسليم بما يأتي:

١- كل ما حدث كان لابد أن يحدث وأن ما يحدث اليوم هو نتيجة احداث أو مقدمات سبق وجودها في الماضي وبعبارة أخرى ان الحاضر محكوم بالماضي وكليهما يحددان صورة المستقبل.

٢- إذا أمكن اكتشاف القوانين التي تحكم تطور المجتمع أمكن بصفة مطلقة تحديد الصورة التـي سـيكون عليها المجتمع في المستقبل.

٣- اذا كان التاريخ يسير وفقاً لخطة حتمية وان ما حـدث كـان لابد مـن حدوثـه إذن فلا محـل للالتـزام الخلقي Moral Obligation من جانب البشر، وذلك يرجع إلى انه ما دمنا قد سلمنا بحتمية الحـدث فمعنى ذلك انعدام ارادة انسانية حرة، وبالتالي لا مسؤولية حيـث ان مـن المسـلم بـه أن المسـؤولية تدور وجوداً وعدماً مع حرية الارادة الانسانية.

ومن الواضح أن مثل هذا التفسير لا يمكن قبوله بسهولة لأن معناه الغاء دور الإنسان والذكاء الإنساني، واي تفسير للتاريخ يلغي وجود الإرادة الإنسانية الحرة لا يمكن التسليم به أو الأخذ به.

الإتجاه الثاني: فكرة تعاقب الدورات التاريخية:

إن وحدة التطور التاريخي نظرية خلابة أخذ بها المفكرون المحدثون وانكرها البعض وجوهر هذه الفكرة هو ان التاريخ الانساني يتكون من مجموعة من الدورات الاجتماعية أو التاريخية، ويذهب أنصار هذه الفكرة الى القول بأن المجتمعات البشرية مثلها كمثل الكائنات الحية تولد وتنمو حتى تكبر وتبلغ الهرم فتموت. وربما كان تعاقب الحضارات المختلفة ومرور كل منها بنفس الدورة - خلود وازدهار ثم انهيار- هو الأساس الذي تقوم عليه الفكرة.

ومن اشهر المحبذين لهذه الفكرة الفيلسوف الألماني شبنجلر Spengler الذي تعمق في بحثها الى أبعد حد وحاول اثبات نواحيها المتشعبة في كتابه "اضمحلال الغرب" The Decline of the West . وقد انتهى في كتابه هذا الى حتمية انهيار المدنية الغربية المعاصرة والى أن عظمة لندن وباريس ستزول وتحل محلها موسكو ونيويورك وكل ذلك عنده نتيجة حتمية لتطور المدنيات المختلفة.

وإذا كان من السهل قبول مثل هذه الفكرة على أسس بيولوجية باعتبار أن الجنس البشري وجماعاته التي تتكون منها المدنيات المختلفة والأمم المتباينة كل هؤلاء كائنات حية تتبع قوانين التطور العامة. إلا أنه من الصعب أن نسلم بأن التشابه بين الحوادث التاريخية ليس تكراراً ولا عفواً ولكنه تحقيق لقوانين التطور الحيوي.

وهناك من يرفض الأخذ بهذه الفكرة مثل المؤرخ فيشر (Fisher) الذي انكر في مقدمة كتابه (تاريخ أوروبا) أن يكون للتاريخ سير معين أو قوانين ثابتة فهو يرى أنه هو شخصياً لم توهب له المقدرة على رؤية نظام معين يسير عليه تطور التاريخ وأنه لا يرى في التاريخ الا مناسبات تقوم عليها ظروف تؤدي الى وقوع الحوادث التي نشهدها.

الإتجاه الثالث: فكرة التقدم الإنساني:

يحبذ هذه الفكرة فلاسفة التاريخ الذين يؤمنون بتقدم المجتمع الانساني وارتقائه نحو حياة أفضل، ومن خصائص المجتمع الإنساني أن يميل الى تحقيق

التقدم من أجل التكيف مع متطلبات التطور. فالمجتمعات مثل الكائنات الحية اذا لم تكيف نفسها للحياة المتجددة من حولها فإنها تذبل وتموت وقد ذهب بعض أنصار هذه الفكرة إلى أن تقدم الانسانية هو تقدم مطلق لا نهائي ولا حدود له - بينما ذهب آخرون الى أن هذا التقدم محدود ببلوغ التاريخ هدفه الذي يسعى اليه وإنه متى تحقق هذا الهدف توقف التقدم وأصبح غير مقصود الحدوث.

ويمثل الفيلسوف الألماني "كانت" KANT فكرة التقدم اللانهائي Idea of Universal History وخلاصة فلسفته في التاريخ أن الطبيعة قد وضعت في الجنس البشري طاقات معينة تمكنه من أن يرتقي ويتقدم الى ما لا نهاية. أما فكرة التقدم المحدود ببلوغ هدفه فيمثلها الفيلسوف الالماني هيجل "Hegel" وجوهر فكرته أن تاريخ العالم ما هو الا انعكاس أو سجل لتطور الفكر الانساني وهو يرى أن تطور الفكر يرجع الى الصراع أو التنازع بين الأفكار فكل فكرة لابد أن تجد فكرة مناقضة لها ونتيجة للصراع بين الفكرتين تنتج فكرة ثالثة هي بالضرورة أرقى من الفكرتين السابقتين لأنها تحتوي على محاسن كل منهما. وهذه الفكرة الجديدة لابد أن تجد نقضاً لها ما دامت ليست مطلقة فتبدأ مرحلة جديدة ويتولد عن الصراع الجديد فكرة ثالثة .. وهكذا يتطور الفكر الإنساني طبقاً لجدلية هيجل الثلاثية حتى يصل الفكر الانساني الى الفكرة المطلقة (ان أمكن تصور الوصول اليها) ومتى وصل الفكر في تطوره الى الفكرة المطلقة وقف التقدم الفكري. وقد تحولت فلسفة هيجل المثالية في تاريخ العالم الى فلسفة مادية على يدي ماركس ولكن طريقة تطور المجتمع ظلت في فلسفة ماركس تتبع التناقض أو الأضداد فكل فكرة لها فكرة مضادة والحقيقة ضدها الكذب والخير ضده الشر.. وهكذا أي أن كل شيء في المجتمع وفقاً لفلسفة هيجل يرجع الى ناتج الشيء وضده.

ومع أن هناك ارتباط واضح بين مادية ماركس ومثالية هيجل في تفسير التاريخ الا أنه يمكنه اعتبار التفسير المادي اتجاهاً جديداً ولذا سنحاول الإشارة اليه في ايجاز شديد.

الإتجاه الرابع: التفسير المادي للتاريخ:

لقد حاول ماركس أن يطرق تفسيراً لم يحاوله الاقتصاديون أو علماء التاريخ من قبل. فأوضح في مقدمة كتابه "نقد الاقتصاد السياسي" Critique of Politique Economy ان دراساته وأبحاثه أوصلته الى نتيجة هامة وهي العلاقات القانونية وأشكال الدولة الى غير ذلك لا يمكن فهمها وحدها وإنما يسهل فهمها من واقع أحوال الحياة المادية فتفسير المجتمع وتوضيح ماهية القوى الخلاقة في التاريخ

انما يوجد في الاقتصاد السياسي. فسبب التطور لا نجده في الناحية الفلسفية ولكن في اقتصاديات العصر ـ الذي نعيش فيه.

أي أن التفسير المادي للتاريخ معناه أنه في أية فترة زمنية فان العلاقات الاقتصادية في المجتمع باعتبارها الاسلوب الذي يحقق للافراد معاشهم لها تأثيرها الكبير في تشكيل التقدم الاجتماعي.. أي أن الانتاج هو أساس التاريخ من ألفه الى يائه. ويرى ماركس ومعه انجلز ان التفسير المادي للتاريخ مسألة علمية حقيقية. فاسلوب الانتاج ونظامه هو السبب الرئيسي ـ في التطور التاريخي بل السبب الوحيد باستثناء بعض التعديلات الطفيفة من جانب بعض العوامل الاخرى التي قد تعجل أو تعوق التحول بعض الشيء. ولكي نتفهم القوة الدافعة الى التطوير يجب أن ننفذ الى كنه الهيكل الاقتصادي الذي انتهجا أي لا بد لنا من تفسير معنى اسلوب الانتاج والمقصود بأسلوب الانتاج هنا هو النتيجة النهائية لتفاعل العوامل الرئيسية للانتاج.

ونقطة الالتقاء بين ماركس وهيجل تتمثل في فكرة التناقض أو التعارض، وهذا التعارض الذي ينطوي عليه النظام الاقتصادي يؤدي في نظر ماركس الى التصادم فالحركة، فالتغير، فنمو القوى الانتاجية داخل النظام الرأسمالي مثلاً تخلق المتناقضات بين طبقة الرأسماليين وبين العمال. وهذه المتناقضات تؤدي إلى عنف الصراع وهذا الصراع يؤدي الى التغير، وقد يكون هذا التغير هو القضاء على هذا النظام الرأسمالي وإحلال النظام الاشتراكي مكانه.. وهكذا..

وعلى الرغم من أن التفسير المادي للتاريخ يبرز الدور الهام للانسان في نشاطه المادي الملموس في حياته الا أن هذا التفسير ليس شاملاً، فهناك العديد من القوى غير الاقتصادية التي تعمل وتؤثر في طبيعة الأنظمة الاجتماعية السائدة. مثل الحوافز الدينية والبيئية الجغرافية والذكاء الإنساني الى غير ذلك من العوامل الإنسانية في التطور التاريخي. ولا ينبغي أن نغفل هذه القوى أو نعتبرها عوامل ثانوية منبثقة عن القوى الاقتصادية. وبذلك يمكن اعتبار العامل الاقتصادي جانباً واحداً من جوانب التطور التاريخي وليس العامل الوحيد.

الإتجاه الخامس: نظرية المراحل:

وصاحب هذه النظرية هو الاستاذ والت روستو W.W.Rostow وفيها يقدم لنا تفسيراً للتاريخ يعتبر تحدياً للتفسير الماركسي، فإذا كان ماركس قد قسم المراحل التي يمر بها المجتمع في تطوره الى خمس مراحل هي الإقطاع والبرجوازية

والرأسمالية ثم الاشتراكية والشيوعية، فإن روستو يرى أن الدول تمر في نموها وتطورها بالمراحل الخمس الآتية:

١- مرحلة المجتمع التقليدي.

٢- مرحلة الانتقال.

٣- مرحلة الإنطلاق.

٤- مرحلة النضج.

٥- مرحلة الرخاء الاستهلاكي.

وربما كان هذا التفسير أكثر مرونة من التفسير الماركسي لأنه يأخذ في الاعتبار مجموعة من الدوافع أو القوى التي تشكل التطور. ولا يقتصر على الجانب المادي فقط، وقد يفيد هذا التفسير في تحليل النظم الاقتصادية على اختلاف مذاهبها ونزعاتها ولكنه ينطوي على تأييد واضح للرأسمالية الحديثة.

ثالثاً: نظريات تفسير حركة التاريخ (١)

وفيما يلي نسوق أبرز نظريات تفسير التاريخ:

١- التفسير الديني:

ويطلق البعض على وجهة النظر هذه اسم (نظرية العناية الإلهية) وتشير وجهة النظر هذه الى أن التاريخ، مسرحية ألفها الله ويمثلها الإنسان، أي أن وقائع التاريخ تخضع للمشيئة الإلهية، بل هي التي شكلتها على نحو ما هي عليه، وتنكر هذه النظرية القول بالمصادفة لأنها لا تعني الا الفوضى أو العبث، والايمان بالعناية الالهية في التاريخ يقتضي إيماناً بالله، ومن ثم فإنها ليست مجرد نظرية ولكنها ترقى الى مستوى الاعتقاد، إذ لابد من تدخل محكم من الإله الحكيم ليخطط للإنسان العاجز عن فعل الخير لنفسه، ولولا هذا التدخل الإلهي لأصبح التاريخ كومه مضطربة من عصور متراكمة في عبث أو مأساة رهيبة دون بداية معقولة أو نهاية مقبولة.

---

(١) سعيد اسماعيل علي (١٩٩٤) مرجع سابق، ص ٩١-١٠٢.

وقد سادت فكرة العناية الإلهية معظم الحضارات القديمة بقدر دور الدين في هذه الحضارات، ولكنها تفاوتت في مفهومها، فعند اليونان القدماء ولدى شعوب الشرق القديم، وفي بلاد الرافدين وبلاد الشام ومصر تم ذكر مثل هذه الآلهة، وأحياناً اعتبروا الملك على انه هو الإله أو ممثل الإله على الأرض، ونسبوا إليه الحوادث التاريخية.

وأما التفسير الإسلامي للتاريخ:

فإنه يدعو أيضاً الى الإعتقاد بوجود الإله المسيطر على كل شيء والموجه لكل شيء ووفقاً لهذا التفسير تغدو حركة التاريخ التي يتبع لها الكون حركة واحدة تبدأ يوم خلق الله السموات والأرض وتتجه نحو يوم القيامة. إذا هنالك فريق من المؤرخين، وهم أصحاب النظرات الدينية في الزمان وفي التاريخ، وهؤلاء ربطوا الزمان بالخلق الأول وبمصير الإنسانية في الدنيا، وبالنهاية يرتبط بها حساب وعقاب وثواب ومن أبرز ممثلي هذا الإتجاه (فيلون حوالي ٢٥ ق.م -٥٠م) بالنسبة لليهودية والقديس (أوغسطين ٣٥٤-٤٣٠م) بالنسبة للمسيحيين.

والحق أنه مع التقدير الكامل لدور الدين في حركة التاريخ مما لا ينكر، لكن ذلك لا يعني أن هذا العامل يظل يفعل فعله في كيان الأمم، فالعقائد الدينية لا تكون دائماً مؤثرة ودافعة وإنما ينتاب الأمم فترات من الضعف والتأخر بسبب ابتعادها عن تعاليم الدين وانشغالها الكبير بالأمور الدنيوية البحتة مما يضعف من أثر العامل الديني في حركة الشعوب، لكن الدين يظل في أعماقها حتى تراجع نفسها أو يقوم فيها مصلح أو داعية فتعاود تمسكها بدينها ويستعيد الدين أثره في حركة تلك الشعوب. فالتفسير الديني للتاريخ يمكن استخدامه بشكل خاص في حالة ارتباط أمه من الأمم بعقيدتها حيث تؤدي تلك العقيدة دورها في تقدم الإنسان وتطوره، أو تدفعه إلى استغلال الدين لصالح قضايا سياسية أو دنيوية.

٢- التفسير البطولي:

وهو يعني أن الأعمال التي للرجال العظام هي التي تصنع الحوادث التاريخية في هذا العالم. ولقد بدأ هذا الاتجاه منذ زمن اليونان، فملحمتا الالياذة والأوديسة "لهوميروس" تعتبران نموذجاً لتمجيد البطولة والأبطال. ولقد جاء في مقدمة كتب التاريخ التسعة المعروفة باسم (التواريخ) للمؤرخ اليوناني (هيرودوت ٤٨٤-٤٢٧ق.م) بأنه كتب التاريخ على أمل أن يحفظ به أعمال الناس ولكي يمنع الأعمال العظيمة والمدهشة التي قام بها اليونان والبرابرة (يعني غير اليونان) من

أن تفقد ما تستحق من التمجيد. ومن هنا ظن هؤلاء المؤرخون أن السبب الرئيسي للتغيير في التاريخ هو بسالة عظماء الأبطال والكهنة والملوك.

وبعد هيرودوت جاء المؤرخ اليوناني (ثوسيديس ٤٦٥-٤٠١ق.م) بنظرية الرجل العظيم، وفيها يوضح الدور الذي يلعبه الأبطال في صنع التاريخ.

ومن أشهر المدافعين عن الاتجاه البطولي في تفسير التاريخ (توماس كارليل ١٧٩٥-١٨٨٥)، وكان ذلك في كتابه "الأبطال" حيث يقول: "في اعتقادي أن التاريخ العام تاريخ ما أحدث الإنسان في هذا العالم، إنما هو تاريخ من ظهر في الدنيا من العظماء فهم الأئمة وهم المكيفون للأمور، وهم الأسوة والقدوة، وهم المبدعون بكل ما وفق اليه أهل الدنيا وكل ما بلغه العالم وكل ما تراه في هذا الوجود.

ومن القادة الذين فيهم شروط الزعيم الإسكندر الأكبر ويوليوس قيصر وعمر بن الخطاب ونابليون بونابرت ومحمد علي وسعد زغلول وجمال عبد الناصر.

ليس ضرورياً أن يكون القائد أو الزعيم متسماً بمواهب معينة لابد من توافرها فأحيانا لا يكون لدى القائد مكونات القيادة المطلوبة، لكن تتوافر له الظروف التي تتيح له أن يؤدي دوراً متميزاً، لكنه لا يصل الى مرتبة القادة الذين يتحلون بكثير من الصفات التي تتيح لهم أن يقدموا أدواراً حاسمة في التاريخ.

٣- التفسير النفسي:

ويقصد بهذا التفسير أن تكون لمشاعر الزعماء أو الجماعات أو الشعوب ردود فعلها النفسية التي تترك آثارها على حركة التاريخ، ويضرب المؤرخون أمثلة عديدة على أهمية التفسير النفسي للتاريخ، منها تلك العصبيّة الجاهلية، والشعوبية في الاسلام. والحملات الصليبية لتخليص قبر المسيح - الذي تصوروه في فلسطين- من أيدي المسلمين، والآثار الكبيرة التي تركها سقوط القسطنطينية عام ١٤٥٣، على الممالك الاوروبية بشكل خاص.

واذا عدنا إلى الوراء، إلى عام ٥٣٩ ق.م وتذكرنا مدى الأثر النفسي الذي تركه سقوط بابل في هذا اليوم على الشعوب الساميّة لرأينا مدى أثر العامل النفسي على تلك الشعوب، حيث انتهت فيه سيادة العناصر السامية، وبدأت سيادة العناصر (الهندو-أوروبية). - من فرس واغريق ورومان- والتي استمرت ما يقرب من

إثني عشر قرناً، حتى جاء الإسلام فحرر الأرض والقوم من ذل الاستعمار، فضلاً عن تحرير العقول من وثنية الماضي البغيض.

واذا كان من غير شك أن العوامل النفسية مثل الحب أو الكراهية أو مشاعر الحقد أو مركبات النقص تترك آثارها على تصرفات بعض الزعماء والقادة اكثر منها على تصرفات الجماعات والشعوب، حيث أن تأثرها يكون على الأغلب وقتياً أو طارئاً، ولا يعتبر عاملاً أساسياً في حركة التاريخ. إلا أن هناك من يثبت العوامل النفسية في إطار جملة من الخصائص النفسية لكل أمة مما يكون له تأثير مستمر على توجه حركة التاريخ فيها سواء بالنسبة لأحوالها أو لعلاقاتها مع الأمم الأخرى، ومن أبرز المحاولات في هذا الشأن محاولة (جوستاف لوبون) في كتابه الشهير (السنن النفسية لتطور الأمم).

٤- التفسير الجغرافي:

ويعود هذا التفسير في جذوره إلى مفكري اليونان الذين يرون بأنه ينبغي تفسير التاريخ والبحث عن مصدر التغيير في الحوادث التاريخية عن طريق ملاحظة تعاقب الأحوال الجغرافية والمناخية.

وتبسط رسالة عنوانها (تأثيرات الجو والماء والموقع) الآراء اليونانية عن هذا الموضوع، وترجع الرسالة الى القرن الخامس قبل الميلاد، وحفظت ضمن مجموعة أعمال مدرسة هيبوقراط الطبية، ففيها تقرأ مثلاً: (يمكن تقسيم الأشكال البشرية الى النوع الجبلي الغزير المياه والنوع ذي التربة الضعيفة عديمه المياه ونوع المراعي ذات المستنقعات ونوع السهول المستصلحة جيدة الصرف.. وتميل أبدان سكان البلد الجبلي الصخري والغزير المياه والموجود على ارتفاع كبير حيث يكون مجال التقلبات الجوية الموسمية واسعاً الى ضخامة البنية التي تتفق مع ما يلزمهم من شجاعة وقدرة على الاحتمال.. أما سكان الأراضي المنخفضة الحارة الرطبة التي تغطيها المروج المائية والتي هي أكثر تعرضاً في العادة للرياح الحارة من الباردة، والذين يشربون الماء فاتراً، فإنهم على العكس ليسوا أقوياء البنية، كما أنهم ليسوا نحافاً، ولكنهم ضخام مترهلون ذوو شعور سوداء ولون الوجه أقرب الى السواد منه الى البياض وهم أميل إلى الغضب منهم الى البرود، وليست الشجاعة والاحتمال من الصفات الأصيلة في طبائعهم، لكن يتأتى بثها فيهم بفضل تطبيق النظم الفعالة.. أما سكان البلد غير المستوي وذي الرياح الجارفة والمياه الغزيرة والموجودة على ارتفاع فهم أقوياء البنية ويمقتون النزعة الفردية، وفي طبائعهم نوع من الجبن وسهولة الانقياد.. وسنجد في غالبية الأحوال أن الجسم والخلق البشريين يتغيران وفقاً لطبيعة البلد.

ولابن خلدون آراء يؤكد فيها إيمانه بالدور الأساسي للعوامل الجغرافية في حركة التاريخ فهو يعقد جزءاً خاصاً في مقدمته بعنوان (في المعتدل من الأقاليم، والمنحرف، وتأثير الهواء في ألوان البشر- والكثير من أحوالهم) يذهب فيه إلى أن الأقاليم معتدلة المناخ هي "أعدل العمران".

وهناك أيضاً الفيلسوف الألماني هردر (١٧٤٤-١٨٣٠) الذي فسر النمو الانساني عن طريق البحث في ماهية اتصال الانسان بالبيئة الطبيعية.

ومن أشهر دعاة التفسير الجغرافي في القرن التاسع عشر المؤرخ الانجليزي بوكلي (١٨٢١-١٨٦٢) الذي يعرف الحضارة بنقاط ثلاث هي: المناخ والتربة والطبوغرافيا. وهو يرى أن هذه العوامل الثلاثة التي تبين ما اذا كانت حياة البشر في منطقة ما سوف تكون مزعزعة أم أنها سوف تتضمن شيئاً من الثبات.

٥- التفسير الدوري:

ويدور هذا التفسير حول معنى رئيسي هو أن تاريخ العالم يجري في دورات متتالية ومتشابهة بحيث تعود الأحداث السابقة من جديد وبأشكال متقاربة وتترتب عليها بالتالي النتائج نفسها.

ومن أوائل من قال بالتفسير الدوري المفكر الإسلامي الكبير ابن خلدون حيث ذهب الى أن عمر الدولة لا يعدو ثلاثة أطوار:

أ- الطور الأول هو طور البداوة حيث يكون الناس متخلقين بخلق البداوة بما تتميز به من خشونة وتوحش وشظف العيش والبسالة، وهم يعتمدون على (العصبية) "فحدهم مرهف وجانبهم مرهوب، والناس لهم مغلوبون".

ب- الطور الثاني هو طور التحضر، حيث ينتقل الناس من البداوة الى الحضارة، ومن الشظف الى الترف والخصب، ومن الاشتراك في المجد الى انفراد الواحد به.

جـ- الطور الثالث هو طور التدهور، حيث يبلغ الترف بالناس أقصى مداه، فتسقط نوازع العصبية ويميلون الى الدعه وينسون الحماية والمدافعة، فيحتاج صاحب الدولة الى الغير "حتى يتأذن الله بانقراضها.."

ومن أصحاب التفسير الدوري كذلك فيكو Vico (١٦٦٨-١٧٤٤) حيث يقسم فيكو التاريخ إلى ثلاثة أقسام:

أ- دور الآلهة

ب- دور الأبطال

جـ- دور البشر

لكن الحركة الدائرية بين هذه الأدوار لا تعني أن مسار التاريخ كعجلة تدور حول ذاتها، ولكنها حركة حلزونية لأن التاريخ لا يعيد نفسه على نفس النمط، ولكنه يأتي بصورة جديدة في شكل مختلف لما مضى، ومن ثم فإن بربرية العصور الوسطى تخالف بربرية اليونان القديمة اختلاف المسيحية عن الوثنية، التاريخ في تجدد دائم والتعاقب الدوري فيه لا يسمح بالتنبؤ.

ولعل أبرز من نادوا بالتفسير الدوري المؤرخ الألماني (أوزفالد شبنجلر) O.Spengler (١٨٨٠-١٩٢٣)، حيث رأى تشابها بين قيام الحضارات ونموها ووصولها الى القوة ثم انحدارها عملية بيولوجية شبيهة بما يجري على الكائنات الحية من تطور طبيعي عضوي، كما قال ابن خلدون.

درس شبنجلر سبع حضارات، وحاول أن يستشف أسباب صعودها وسقوطها، وكل واحدة من الحضارات التي اختارها تتميز بسيادة طراز معين من الناس ما بين رجال دين وعسكريين أو فلاسفة.

٦- التفسير المثالي:

ويعتبر الفيلسوف الألماني هيجل (١٧٧٠-١٨٣١) في جملة المثاليين الذين يقولون أن الفكر أو الفكرة أساس كل ما هو موجود، وأن الأفكار والآراء هي التي تسير التاريخ فالنهضة الأوروبية قامت على أساس أفكار النابهين من أهل الغرب الأوروبي في نهايات القرن الثالث عشر ـ فصاعداً، والثورة الفرنسية عنده قامت بسبب آراء المفكرين الفرنسيين في عصر الأنوار.

والأديان في رأيه مثلاً، مشيئة علوية يوصى بها الله الى من يشاء فتتشكل في أذهان الناس أفكاراً يؤمنون بها ويتحركون وهكذا. ويستعمل هيجل هنا مصطلحاً خاصاً هو Der Geist الذي يمكن ترجمته أيضاً بعبارة الروح، أو ما يسمى في الانجليزية Spirit وفي الفرنسية Espirit ، ولكن هيجل كان يعني به

العقل أو الفكر، ولكنه ليس العقل أو الفكر الانسانيين العاديين، وانما هو العقل الأعلى الذي يوجه الكون، وهذه الفكرة نبعت من إيمان هيجل الوثيق بالمسيحية.

ويقسم هيجل التاريخ الى فترات ثلاث:

أ- الفترة الشرقية: حيث مهد الانسانية وطفولتها – وكانت الروح منغمسة في الطبيعة كما في الهند والصين.

ب- الفترة الإغريقية/ الرومانية: وهي مرحلة (المدنية اليونانية وهي تجمع بين الفرد والجماعة أو بين الفرد والكلية.

جـ- الفترة الجرمانية: حيث بلغت الفكرة ذروة الإدراك الكامل لأول مرة وجاءت الوحدة الروحية مكان الوحدة الدنيوية وتمثل الأمة الجرمانية عصوراً ثلاثة.

١- العصر الأول: من هجرة القبائل الشمالية وتنتهي بحكم (شرلمان) وهو عصر تفكك ونزاع.

٢- العصر الثاني: وهو التباين بين الكنيسة والدولة وابرز ما في هذه المرحلة أحداث الاقطاع والحروب الصليبية ونشأة الدولة الحرة. وظهرت فيه الخرافة والعقيدة الدينية.

٣- وهو عصر الإصلاح حتى يومنا هذا وهو عهد الحرية المدنية والحياة التي يتزايد فيها عنصر العقل.

٧- المادية التاريخية:

المادية التاريخية هي منهاج في قراءة التاريخ تطبيقاً لفكرة الجدلية المادية التي نادى بها كل من كارل ماركس وزميله فردريك إنجلز، فالمادية الجدلية تتضمن في جانبها السلبي كل استقراء للتاريخ يخرج عن الواقع المادي الذي ندركه بحواسنا، أي رفض كل تحليل للتاريخ ينسب الوجود الى قوى فوق مستوى الطبيعة، بل إن الناس هم الذين يصنعون تاريخهم، وكلا المفكرين يؤمن بسنة التطور الذي هو وليد الصراع بين المتناقضات، ويرجع تولد الأفكار وتطورها الى العوامل المادية.

وتقوم المادية التاريخية على أساس الفكرة الماركسية عن البنية الأساسية Infrastructure والبناء العلوي Superstructure .

يتمثل الأساس في نظام الانتاج السائد ولا شك أن انتاج الإنسان للأموال والخدمات اللازمة لإشباع حاجاته هو أهم عامل يؤثر في حياته، فهو يشبع حاجاته الطبيعية والأبدية نحو الطعام والملبس والمسكن. ونظام الانتاج بدوره يتكون من عنصرين:

قوى الإنتاج، علاقات الإنتاج المترتبة على هذه القوى.

وتشمل قوى الانتاج تفاعل عاملين أساسيين: أولهما وسائل الإنتاج، وهي عبارة عما يلزم من آلات وأدوات ومباني ووسائل نقل وغير ذلك.

وأما العامل الثاني، فهو الأفراد الذين يباشرون العمل المنتج، فالشعب العامل هو العنصر الأساسي في قوى الإنتاج، لأنه هو الذي يحرك وسائل الانتاج نحو سعادة الانسانية ورخائها. ويعتبر ماركس أن قوى الانتاج هي السبب الأساسي والمصدر الأصيل الذي يجب الرجوع إليه، لتحليل كافة التغييرات في النظم الاجتماعية والسياسية.

إن المجتمع الانساني مر في تطوره بأربعة نظم اجتماعية في صعود دائم وهي:

١- المجتمع البدائي.

٢- مجتمع الرق.

٣- مجتمع الإقطاع.

٤- مجتمع الرأسمالية.

وقد تنبأ ماركس وانجلز بأن هناك مرحلة خامسة هي مرحلة المجتمع الشيوعي ولعل ما حدث من انهيار النظام الاشتراكي في الاتحاد السوفيتي سابقاً وكافة الدول التي كانت تدور في فلكه لأبلغ تعبير عن فشل النبوءة الماركسية حيث استطاع النظام الرأسمالي أن يعدل من بعض أحواله بينما أدى النظام الاشتراكي الى وقوع الإنسان تحت وطأة استغلال الدولة ورجال الحزب ومزيد من القهر السياسي الذي حول المواطنين الى صورة أخرى من صور أقنان الأرض سابقاً.

٨- التفسير الانثروبولوجي: [١]

ويرجع هذا الفريق تطور المجتمعات الى عوامل انثروبولوجية: فالمجتمعات الانسانية لا ترد الى جنس واحد، بل هي خليط من الاجناس المتفاوتة في خصائصها وفضائلها وسماتها العامة، فمنها الصالح والاصيل، ومنها المنحط والخسيس. ومن هنا كان قولهم ان الجنس هو العامل الرئيسي في التقدم او التأخر، بمعنى ان الجنس الراقي قادر على التقدم، اما الجنس المنحط الخسيس فلا ينتظر منه ذلك، وان الحضارة والثقافة وليدة الاجناس السامية وكل ما ظهر منها ما هو الا انعكاس لخصائص هذه الأجناس وفضائلها، وقد استندت الشعوب الأوروبية على هذه النظرية في استعمارها للشعوب الأخرى واستغلال ثروتها ورجالها لمصالحها الخاصة.

ومن أوائل من نادى بهذا الرأي نبيل فرنسي يدعى الكونت دي جوبينو Compte de Gobineau في مستهل القرن التاسع عشر، وكان ارتقاؤه بالوحش الاشقر على حد تعبير الفيلسوف الألماني نيتشه، تعبيرعن الانسان الغربي. وقد حدث كشف معاصر سارع جوبينو الى الافادة منه، اذ كان قد كشف وقتئذ ان جميع اللغات الأوروبية الموجودة تقريبا، فضلا عن اليونانية واللاتينية ولغات فارس وشمال الهند الحية، بالإضافة إلى الايرانية القديمة والسنسكريتية القديمة وتنسب جميعها بعضها الى بعض، هي أعضاء في عائلة لغوية واحدة واسعة المدى. وقد استنتج من ذلك بحق أنه لابد ان تكون هناك لغة أصلية آرية أو هندية أوروبية، اشتق منها لسان كل افراد العائلة. بيد أنه قد استخلص منه خطأ ان الشعوب التي شاعت فيها تلك اللغات ذوات القربى، تنتسب ايضا بعضها الى بعض انتسابا طبيعيا، بنفس درجة انتساب اللغات الى بعضها، وان تلك الشعوب تنحدر جميعها من جنس اصلي آري، أو هندي اوروبي، يرجع الى العصور الأولى. وانتشرت من مواطنها، غازية، أو مغزوة، في الشرق والغرب، والشمال والجنوب.

وتمضي تلك الفكرة قائلة بأن ذلك العنصر قد انتج العبقرية الدينية لزرادشت وبوذا، وعبقرية اليونان الفنية، وعبقرية روما السياسية، وفي الختام، الاوروبيون المعاصرون، لأنه الى هذا الجنس، كما يقولون، يرجع تقريبا فضل جميع ما حققته الحضارة البشرية من أعمال وتقدم.

---

(١) سعد مرسي أحمد وزميله، تاريخ التربية والتعليم، القاهرة، عالم الكتب، ١٩٧٢، ص١١٨٠.

٩- نظرية التحدي، والإستجابة:

وصاحبها المؤرخ الانجليزي المعروف أرنولد توينبي A. Toynbee المولود عام ١٨٨٩، وهي تقوم على أساس أن وحدة الدراسة التاريخية هي المجتمع وليست الأمة إذ ليست هذه إلا جزءاً من كل، فلا يمكن دراسة انجلترا تاريخياً مستقلة عن سائر أوروبا. "إن التاريخ القومي البريطاني، لم يكن أي وقت من الأوقات، ولن يكون بكل تأكيد في المستقبل - ميداناً منعزلاً للدراسة التاريخية، قائماً وقابلاً للفهم في حد ذاته.

وقد تبين لتوينبي ان تاريخ كل أمة من الأمم التي اختارها موضوعاً لدراسته هو استجابة لتحدي الظروف التي وجدت فيها.

وعند دراسة توينبي للحضارات التي اختارها تبين أن المجموعات البشرية تقودها دائماً جماعات من القادة وأصحاب الرأي، وهؤلاء الذين يقودون الجماعة في استجابتها للتحدي ويحددون نوع هذه الاستجابة بحسب ملكاتهم.

واذا كان الارتقاء يتحقق وقتما يجيب فرد أو أقلية أو مجتمع بأسرة على تحد بإبراز استجابة، إلا أن الأمر لو اقتصر على إبراز الاستجابة لتحد معين، لكان معنى ذلك توقف المجتمع عن الارتقاء وصيرورته إلى تحجر على طول المدى، فالبدوي - مثلاً- قد استجاب لتحدي بيئته بتنظيم اسلوب معيشته على النسق المعروف، لكنه توقف عن الارتقاء وأصبح يعيش اليوم مثلما كان يعيش أقرانه منذ آلاف السنين الى أن بدأت الحضارة الحديثة تغزو الصحراء وتحطم أسلوب الحياة البدوية، والمثل يقال عن الاسكيمو.

وبعبارة أوضح، يجب أن يتوصل تأثير عملية الارتقاء، ويتم ذلك بأن يتعرض المستجيب للتحدي، لتحد جديد يقتضي من جانبه استجابه أخرى، تبرز بدورها - على طول المدى- تحدياً يقتضي بدوره استجابة.. وهكذا دواليك.

هناك حالات تتسم بتطرفها لعملية التحدي والاستجابة، فهناك مدينة البندقية وهي مدينة شيدت على أعمدة غرست في الطين على شواطئ بحيرة ضحلة ملحة، لكنها فاقت في القوة والثراء والمجد جميع المدن التي بنيت على الأرض الصلبة في وادي نهر إلبو الخصيب وهناك هولندا، وهي بلاد استنقذت من البحر، لكنها امتازت في التاريخ الى أبعد حد من أية قطعة أرض تماثلها في المساحة في سهول آوروبا الشمالية. والمثل يقال عن سويسرا المحملة بحمل من جبال لا تبشر بالخير. بيد أنه وان بلغت حالات التحدي الثلاث هذه غاية الشدة إلا أن مداها مقصور

على أحد العنصرين اللذين يكونان بيئة أي مجتمع، فإنها متعلقة بالأرض الشاقة. إلا أن شدة الموقع هو الذي حفظها من المحن التي تعرض لها من جيرانها فمكنتها منعتها الجغرافية من الارتقاء في ظل الأمن والسكينة. بيد أن هناك تحديات أعجزت الاستجابات، مثال ذلك اخفاق ردود الفعل التي ابرزتها شعوب الشرق الأوسط ضد تحدي العالم الهيليني، الى أن وفد الإسلام فنجح نجاحاً ساحقاً في رد العدوان العالم الهيليني.

١٠- التفسير المجتمعي:

إن وجهات النظر السابقة انما يعبر كل منها عن نظرة احادية قد تحمل بعض الحق، اذ قد تنجح في تفسير بعض الوقائع والأحداث، ولكنها لا تستطيع ذلك أبداً، ذلك لأن الحياة البشرية بطبيعتها متعددة الزوايا مختلفة الجوانب متنوعة الأبعاد، وهي جملة تتفاعل مع بعضها البعض لتدفع البشر أفراداً وجماعات الى هذا الاتجاه أو ذاك، لا كقابليات سلبية، وانما كفعلة ومنفعلين وفقاً لمراتب ومستويات التفاعل بين جملة المتغيرات التي تشمل الانسان والبيئة معاً.

اننا اذ نقول بهذا لا نجنح الى الجانب السهل كما يتصور البعض، اذ نقول أن كل تفسير بمفرده لا ينجح تماماً في تفسير حركة المجتمع حاضراً وماضياً ومستقبلاً، وانما كل هذه النظريات، لابد وأن تؤخذ (حزمة) واحدة مشتركة متكاملة، ففي تصور هذا البعض رأينا هذا هو أشبه بمن يقول بحل (يرضي جميع الأطراف) كلا فالحياة البشرية - كما قدمنا- تند دائماً عن النظرية الأحادية. بل أن النظرة الأحادية هي الأسهل، والأصعب والأشق أن يحمل الباحث نفسه مسؤولية البحث عن جميع المتغيرات.

ومن خلال المنظور المجتمعي الشامل نحاول أن نلقي الضوء على علاقة التفاعل بين الفكر والواقع. فلئن حاولت الجهرة الكبرى من الفلاسفة والمفكرين أن تنحاز إما الى جانب الفكر مفترضة له قيادة وتوجيه ومعرفة بل وخلق الواقع، واما الى جانب الواقع على أساس أنه هو الذي يبرز الفكر ويوحي به وينشئه، فاننا هنا لا نأخذ بهذا الجانب على حدة أو ذاك، وانما نؤمن بوجود علاقة تفاعل بين الجانبين.

إنه اذا كان الفكر، أيا كانت الصورة التي يكون عليها، لا يعدو أن يكون داله لظروف اجتماعية واقتصادية معينة تمده بمقومات الوجود وترسم له مسارات الاتجاه وتحدد له غايات العمل، فإن الأمر لا يمكن أن يقتصر على ذلك فتصبح العلاقة هنا هي علاقة علة بمعلول أو سبب بنتيجة اذ لا بد أن يعيد المفكر النظر في

الواقع، فقد يكون في حاجة الى التغيير او التدعيم الى غير ذلك من حاجات يبرزها التطبيق وتدل عليها الخبرة، والفيصل هنا هو مدى حيوية الفكر وثرائه وعمقه، فإذا كان جامداً فقيراً سطحياً لم يستطيع ان يلعب دوراً رئيسياً في تغيير دفة الواقع وتوجيهه، وانما يصبح عاملاً هاماً في تثبيت أركانه، أما إذا كان حيوياً، ثرياً، عميقاً، استطاع أن يلعب الدور الرئيسي في تغيير هذا الوافع، وفي كلتا الحالتين تكون العلاقة علاقة تأثير وتأثر.

ولعل أوضح الأمثلة التي تبين ذلك، هذا الذي حدث بالنسبة للفلسفة الماركسية، فلا شك أن الأوضاع الاقتصادية والاجتماعية، التي أحاطت بالطبقات الكادحة وما شاع من صور الاستغلال والاستبداد والاستعمار، فقد حفز ماركس على أن يضع هذه الفلسفة بحيث يمكن القول بأن هذه الفلسفة كانت نبتاً لواقع معين وإن ناقضته، ولم يقف الأمر عند هذا الحد، بل أخذ نفر من المؤمنين بها على عاتقهم العمل على اذاعتها واشاعتها حتى كثر أنصارها، فاستطاعوا بالفعل أن يغيروا واقع مجتمعات متعددة محاولين بهذا التغيير أن يحققوا معالم هذه الفلسفة، بحيث يمكن القول بان هذا الذي حدث نتيجة فكرة وفلسفة معينة كذلك، فقد أدى التطبيق العملي الى مراجعات وتصحيحات متعددة للنظرية الأصلية وهكذا.

وبالنسبة لمجتمعنا فقد أعانت ظروف سياسية وأوضاع اجتماعية سيئة أحاطت بنا عدة قرون مضت على اشاعة مذهب الجبر الذي يذهب الى أن الانسان مجبر لا خيار له ولا قدرة، وأنه لا يستطيع ان يعمل غير ما عمل وأن الله قدر عليه أعمالاً لابد أن تصدر عنه وأدى هذا الى قيام تربية سيئة تعمل على إراحة الإنسان من تكاليف المسؤولية واعفائه من هم التفكير فيما كان ويكون وتخديره بلذة الاستسلام المطلق لكل ما تجيء به الدنيا بحيث زينت لنا ان التوكل على الله من قبل أن نخلق، وأن الضيق بوضع من الأوضاع أو رفضه فيه ما يشبه الاعتراض على ارادة الله الخالق ومشيئته، وان المؤمن لا يعاند القدر.

وهكذا أدى مثل هذا الفكر المتخلف الواهن المريض الى تجميد الواقع السيء ومدة بمقومات طول البقاء.

فإذا قفزنا الى القرن التاسع عشر، والقرن العشرين، ورأينا فكراً آخر يمتاز بالتقدمية والحيوية على يد "جمال الدين الافغاني" و "محمد عبده" و "قاسم أمين" و "لطفي السيد" نجد أنه قد استطاع بالفعل أن يبعث الحركة في الماء الآسن فتتفتح عقول كانت مغلقة وتنبض قلوب كانت متحجرة، وتنبعث الأحاسيس الى رفض واحتجاج احياناً بالكتابة والخطب، واحياناً بالتمرد بالثورة، حتى دبت بالفعل الحياة في جسد المجتمع ككل. فأخذ ينفض عن نفسه غبار الكسل والجمود عازماً على

الأخذ بسنة التغيير والتقدم باحثاً عن أحسن أساليب التعليم وطرق التربية التي تعينه على هذا.

ويذكر بعض الكتاب أن التنازع بين الفكر والواقع، انما هو نزاع يعكس ثنائية في نزاع دائم في الطبيعة والكون وفي الجماد والنبات والحيوان وفي الإنسان بصورة خاصة من ذلك ما كتبه "Paul Roubiczek" في كتابه (التفكير بالأضداد) "Thinking in Opposites" وقوام البحث فيه أن الإنسان محتوم عليه، بحكم الطبيعة أن يفكر عن طريق التضاد والتناقض، ونظرة واحدة الى عناوين فصول الكتاب تكفي للدلالة على موضوعه، ومن هذه العناوين:

١- الحقيقة الداخلية والحقيقة الخارجية.

٢- الأضداد الداخلية والخارجية.

٣- الأضداد المترابطة.

٤- التناقض والتضاد في التفكير.

إن التناقض هو الذي كان أصلاً في خلق حقيقتين:

١- حقيقة خارجية يمكن دراستها وكشفها بوسائط عادية.

٢- حقيقة داخلية تتألف من التفكير والإرادة والعواطف والأخلاق يصعب دراستها وكشفها بالوسائط المادية والانسان محصوراً بين هاتين الحقيقتين.

من هذا التوجه الذي عرضناه يتناول الحدث أو الواقعة سواء على المستوى النظري أو على المستوى العملي، من خلال منظور مجتمعي أرسى لبناته علماء سابقون كل منهم نبه الى شيء منه، وألمح إليه أو بذر بذرة في حقله.

من هؤلاء على سبيل المثال "صاعد الاندلسي" (ت ٤٦٢هـ -١٠٧٠م) أحد كبار علماء الشريعة في الاندلس، في كتابه (طبقات الأمم)، اذ حاول تصنيف الأمم انطلاقاً من تفاوتها في العلوم والمعارف والصناعات التي ترجع في رأيه الى الموقع الجغرافي والتأثر المناخي، الذي يؤدي الى نمو المعارف عند بعض الأمم، وانحسارها عند البعض الآخر وهو وإن لم يتعمق في تحليله، ولم يدقق في تفسيره ولم يختبر نتائجه، إلا انه كان بالنسبة لعصره متقدماً في إرجاعه نمو المعارف أو

انحسارها الى التأثر البيئي والجغرافي الذي أصبح حالياً مـن المسـلمات الأساسية في ميدان علم الاجتماع المعرفة والعلوم الإجتماعية بصفة عامة.

رابعاً: تاريخ التربية:

١- مفهومه:

ينظر الى تاريخ التربية عادة على أنه معالجـة للتربيـة مـن منظورهـا التـاريخي. وهـذا يعنـي ان تاريخ التربية موضوع مستقل بكيانه، فهو يتعلق بالتأريخ لقطاع واحد مـن قطاعـات الثقافـة الانسـانية العريضة هو قطاع التربية.

وينظر إلى تاريخ التربية من ناحية أخرى على أنه جـزء مـن التـاريخ العـام شـأنه في ذلـك شـأن التاريخ السياسي أو الاقتصادي. بل إنه كثيراً ما يعـالج في هـذه الحالـة عـلى أنـه جـزء مـن التـاريخ الثقافي والفكري للشعوب. وبصرف النظر عن اختلاف النظرة الى تاريخ التربيـة فإنـه يمكـن القـول ببسـاطة بأنـه تاريخ النظام التربوي. [١]

فتاريخ التربية: (هو دراسة الأحداث والأشخاص والعلاقات الزمانية والمكانية ومحاولـة تفسـيرها تفسـيراً ذو معنى يرتبط بينها وينظم علاقتها).

وتاريخ التربية "يهتم بابراز الحركة الاجتماعية والتطور الاجتماعي في كل مرحلة مـن مراحـل التـاريخ وابـراز تلك الحركة على مختلف القوى الثقافية المؤثرة في شخصية المجتمع القومية". [٢]

٢- أهمية دراسة تاريخ التربية

تبرز أهمية دراسة تاريخ التربية الجوانب التالية:

أ- الأهمية الاكاديمية والعلمية من حيث أن العلم قيمة في ذاته.

ب- الأهمية الحضارية: التي تأتي من دراسة حضارات الشعوب الأخرى والتعرف عـلى جوانبهـا الاقتصـادية والسياسية.. قال تعالى: "وجعلناكم شعوباً وقبائل لتعارفوا"

---

(١) عبد الله زاهي الرشدان، المدخل الى التربية، عمان، دار الفرقان، ١٩٨٧، ص ٦٩.
(٢) محمد منير مرسي، مرجع سابق، ص ١.

جـ- الأهمية النفعية: التي تتمثل في الدروس المستخلصة من دراسة هذا التاريخ ذلك أن الفرق الجوهري الذي يميز الإنسان عن غيره من سائر المخلوقات احتفاظه بماضيه وحرصه على نقل ثقافته المتراكمة من جيل الى آخر. فالتاريخ التربوي هو تجارب الإنسانية وخلاصة كفاحها على مر العصور في مختلف المجتمعات من أجل الإرتقاء بالجنس البشري وتقدمه. وفي عبارة مشهورة للسياسي الألماني المعروف "بسمارك": "أن الحمقى هم الذين يقولون إنهم يتعلمون من تجاربهم. وانا أفضل أن اتعلم من تجارب الآخرين" فالتاريخ نفسه مهم وفيه دروس مستفادة. ومن الأقوال المأثورة عن المؤرخ البريطاني "تريفليان" قوله: "كلما تقدمت بي السن ولاحظت اتجاه الأمور في عالمنا الراهن تأكدت أن التاريخ يجب ان يكون أساس التربية الانسانية" وهو يعتقد بأنه بدون المعرفة التاريخية تظل أبواب المعرفة موصدة في وجه الإنسان ويقول المقريزي عن علم التاريخ: "إنه من أجل العلوم قدراً وأشرفها عند العقلاء مكانة وحظاً لما يحويه من المواعظ." [١]

د- الأهمية المعرفية والمهنية: حيث يمثل أهمية لمعلمي المستقبل حيث أن مهارات المعلمين تتطور من خلال معرفتهم لتطور الممارسات التربوية عبر العصور على اختلاف اشكالها.

و- التعرف على التجارب الإنسانية وخبراتها عبر العصور.

ز- يوضح مدى اختلاف الأسس والفلسفات والاتجاهات التي قامت عليها الأنظمة التربوية المختلفة.

ح- يحدد لنا الفضائل والمثل العليا للشعوب وآمالها وأمانيها التي حاولت أن تحققها.

٣- أساليب دراسة تاريخ التربية من حيث الشكل والمضمون: [٢]

ولدراسة تاريخ التربية من حيث الشكل هناك ثلاثة مناهج لكل منها ايجابياته وسلبياته:

أ- فهناك من يجعل محور الدراسة حياة وآراء أعلام التربية أو الفلاسفة الذين تركوا بصمات واضحة في الميدان التربوي ومن الأمثلة على ذلك تلك الدراسة

_____

(١) عبد الغني عبود، دراسة مقارنة لتاريخ التربية، القاهرة، دار الفكر العربي، ص٣١.

(٢) عبد الله الرشدان، مرجع سابق، ص ٧٠.

التي قام بها "يوليك" في كتابه "تاريخ الفكر التربوي" فيبدأ هذا الكتاب بدراسات عن أفلاطون وأرسطوا ثم السيد المسيح وينتقل بعد هذا الى الكنيسة القديمة ثم الكنيسة في العصور الوسطى ثم الحركة الإنسانية (ويتناول على الخصوص الكلاسيكيين الأوائل وطريقة الجزويت في التربية ثم مونتاني)

ثم يعرج يوليك بعد ذلك على عرض الطريقة الحديثة في التفكير (ويتناول على الخصوص فرنسيس بيكون ورينيه ديكارت ثم جاليليو) ثم يتناول يوليك في الجزء الأكبر من كتابه من يطلق عليهم "جمهرة المربين" وهم كومونيوس وجون لوك وجان جاك روسو وبنجامين فرانكلين وبستالونزي وهربارت وفروبل وامرسون، ثم يختم هذه الجمهرة بجون ديوي.

ولا شك أن هذه الطريقة اكثر تشويقاً وجاذبية للقارئ، بيد أنها قد تؤدي إلى تأكيد دور المفكرين والفلاسفة وتقلل من شأن الظروف الموضوعية التي ساهمت في تشكيل فكر هؤلاء، كما أنها قد تؤدي الى افتقاد الشعور بالاتصال الزمني والمكاني، طولياً وأفقياً بين هؤلاء المفكرين والفلاسفة فيظهر كل واحد منهم وكانه منقطع الصلة بمن هو قبله ومن هو بعده، بعيداً عن المؤثرات الأخرى هذا الى جانب إغرائها البعض باستغراق جزء غير بسيط في الكتابة عن التاريخ الشخصي للمربي أو الفيلسوف كمحاولة لفهم فكرة والجور بذلك على الجزء الخاص بفكره وآرائه. وأخيراً فإنها قد تفقد الباحث أو القارئ الوقوف على الأطر الرئيسية الكبيرة للفكر الإنساني".

ب- أما الإتجاه الثاني: ففيه يختار الباحث قضية معينة من قضايا التربية الأساسية ويتتبعها عبر التاريخ من أقدم العصور حتى الآن، كأن يدرس مثلاً تطور العلاقة بين الظروف والأحوال الاقتصادية وبين التعليم، أو تطور العلاقة بين النظريات والأفكار الفلسفية كما نادى بها كبار الفلاسفة وبين تطور التطبيق التربوي لها، ومن أمثلة الدراسات التي اختارت هذا الاتجاه تلك التي تضمنها كتاب "بروبيكر" "تاريخ مشكلات التربية" وكذلك دراسة الدكتور محمد أحمد الغنام عن "تطور العلاقة بين الاقتصاد والتعليم" والدكتور محمد الهادي عفيفي عن "تطور العلاقة بين الدولة والتعليم". وفي هذا الاتجاه أيضاً، وقد يكون محور الدراسة مفهوم من مفاهيم التربية الاساسية مثل الطبيعة الانسانية أو "الحرية" أو غيرها، حيث يتتبع الباحث هنا أيضا مختلف الآراء والاتجاهات التي قيلت وظهرت بخصوص المفهوم موضوع الدراسة. ومن الأمثلة على ذلك تلك الدراسة التي قام بها "ماكلستر.." في كتابه "نشأة الحرية في التربية" ومن الممكن أيضاً أن يكون محور الدراسة اتجاه معين مثل الاتجاه الطبيعي او الاتجاه السيكولوجي أو المثالي..وهكذا.

والميزة الهامة في هذه الطريقة هي تلك الوحدة الفكرية التي تتخطى حدود الزمان والمكان فتقدم في إطار واحد وفي مسار رئيسي كافة الآراء والأفكار الخاصة بقضية أو مفهوم أو اتجاه معين وتتيح فرصة تتبع التطور الذي لحق أو تناول محور الدراسة، بيد أنها قد تؤدي الى كثير من التكرار لأن معظم المفكرين والفلاسفة قد تناولوا كثيراً من هذه المحاور.

وهذه الطريقة على أي حال قد لا تستحب بالنسبة للمبتدئين في دراسة التربية، ولذلك فهي أصلح لطلاب الدراسات العليا حيث يتحتم الاقتصار على جانب معين والتفرغ لدراسته والبحث فيه.

جـ- والطريقة الثالثة هي الاعتماد على التقسيم الزمني فينقسم تاريخ التربية الى عصور ثلاثة مثلاً: العصور القديمة ثم العصور الوسطى فالعصر الحديث، وداخل كل قسم يتبع الباحث أهم الأبعاد الاقتصادية والاجتماعية والسياسية والثقافية التي يكون لها أثر في تشكيل الفكر التربوي وقيام المؤسسات والنظم التربوية، وهي الطريقة التي نسير عليها في الكتاب وهي أكثرها شيوعاً في مؤلفاتنا العربية، مثل تاريخ التربية لمصطفى أمين وتاريخ التربية للدكتور شفشق مع منير عطا الله وتطور الفكر التربوي للدكتور سعد مرسي أحمد وتطور النظرية التربوية لصالح عبد العزيز ..الخ

وليس معنى ذلك أنها تخلو هي الأخرى من العيوب، إذ أظهر ما يمكن أن يترتب عليها هو افتقاد الوحدة الفكرية بين بعض الفلاسفة والمربين، إذ قد نتعرض لآراء وأفكار في العصور القديمة تنتزع نحو المثالية، ثم قد نتبعها بدراسة آراء وأفكار أخرى ظهرت في نفس الفترة تتجه اتجاهاً "طبيعياً" وعندما ننتقل الى العصور الوسطى قد نقابل آراء وأفكار أخرى مثالية وهكذا.

أما من حيث المضمون فهناك أكثر من طريقة أو أسلوب في مقدمتها:

١- طريقة السرد: وهي تتمثل في الاقتصار على سرد الأحداث سرداً زمنياً ومكانياً دون التعرض لتفسيرها أو تحليلها. ومع أن هذه الطريقة تترك للقارئ استخلاص النتائج وإدراك العلاقات وتخلو تقريباً من أثر العامل الشخصي للباحث إلا أنها تفتقر إلى اللحم والدم الذي يكسو العظام ليجعل منها شيئاً له معنى.

٢- الطريقة التحليلية التي تحاول تحليل العلاقات الزمانية والمكانية للأحداث والظواهر التربوية بحيث تصبح لهذه العلاقات معنى وتفسيراً ويلعب الباحث دوراً هاماً في المعنى أو التفسير الذي يضفيه على هذه العلاقات.

٣- الطريقة النفعية ويعتبر التفسير النفعي لتاريخ التربية من أكثر التفسيرات شيوعاً حيث يفسر ـ في ضوء احتياجات وظروف العصر. ولعل أقدم دراسة منهجية لتاريخ التربية على أساس من التفسير النفعي هي كتاب "أبي كلود فلوري" (١٦٤٠-١٧٢٢) "مقال في اختيار الدراسات ومنهجها" والـذي يعتبر أول دراسة منهجية لتاريخ التربية.

وبناء على هذا المنهج أو الطريقة تفسر الظواهر التربوية في ضوء احتياجات العصر فلقد توصـل "فلوري" على سبيل المثال الى هذا الاستنتاج النفعي وهو: إن التربية الرومانية قد توجها تـدريب الخطبـاء والمحامين ذلك لأن روما كانت تحتاج لأمثال هؤلاء الرجال. والمذهب النفعي هو صـورة جذابة مـن صـور التفسير. وقد استخدمه رجـال مشهورون مـن بينهم فيلسوف القـرن التاسـع عشر ـ الإنجليزي "هربـرت سبنسر" حيث اتضح مذهبه النفعي فيما كتبه عن التربية عام ١٨٥٩م في مقال مشهور بعنوان: "أي المعرفة اكثر فائدة؟" فاضل فيه بين الثقافتين العلمية والأدبية وأيهما أجدر بالدراسة والتعليم وأكد أهميـة الثقافـة العلمية.

على الرغم أن المذهب النفعي قد اثبت فائدته في تفسير التربيـة إلا أنه وجه لـه نقد تمثـل في قصوره عن رسم الصورة الكاملة أو الشاملة. وإذ ما قدمنا المذهب النفعي فمن الواضح أنه لابد أن تتسـع النظرية لتشمل الجوانب غير النفعية.

مثال: تفسير التربية التي تهدف إلى المساعدة على تحقيق الذات أو تفسير الأسباب التي جعلت كثيراً مـن المربين يشيدون بالتدريب المهني والتخصصي.

ولعل أحسن أساليب معالجـة مضمون تاريخ التربيـة هـو الأسلوب الـذي يمـزج بين الطرق والأساليب جميعاً بحيث تستخدم كل طريقة في الموقف الذي يتطلبها وبحيث تتكامل هذه الأساليب فيما بينها لتعرض للظواهر التربوية في صورة فكرية مترابطة تمكـن مـن فهمهـا وتأملهـا واستخلاص الـدروس المستفادة منها.

خامساً: أهمية دراسة الأبعاد الاقتصادية والاجتماعية

لم يعد من الممكن بالنسبة لأية دراسة علمية تتصدى لأي جانب من جوانب تاريخ التربية عـلى وجه العموم، أن تتناوله من حيث ما يتصل به من حوادث ووقائع تاريخيه فقط، كما كانت تقضي ـ بـذلك الفلسفة التي كانت تحكم كتابة التاريخ من قبل، حيث كانت تنظر إليـه عـلى أنه تاريخ دول وحكام وملوك وإنما أصبح ضرورياً أن ينظر الى الواقعة أو الحادثة من خلال منظور ثقافي واسع يتناول الأبعـاد الاقتصادية والاجتماعية التي تتحرك داخلها. ولا شك أن هذه النظرة العلمية

الحديثة تكشف عما كانت تقوم عليه الفلسفة السابقة من إفتنات على التاريخ نظراً لما تقوم به من فصل الحوادث والوقائع التاريخية عن الواقع الاجتماعي بأبعاده المختلفة رغم ما بينها من أوثق الروابط وأقوى العلاقات.

لقد كان أفلاطون - على سبيل المثال- يقول: إن كل شيء زمني في هذا العالم هو صورة لمثال أبدى موجود في عالم آخر، وهكذا لست أنا وأنت إلا صورة بشرية للمثال الإلهي عن الإنسان، وكل شجرة إن هي إلا صورة النموذج الذي يهيمن على شكل الأشجار جميعاً ونموها، وكل عمل صالح إن هو إلا صورة للمثال الأبدي للصلاح ويخرج الشخص أو الشيء أو الصفة الى عالم الوجود كلما اتصل النموذج الأبدي بالمادة - تلك المادة الأولى "الخام" التي حول بها مثال الكون مثله الدائمة الى أشياء زائله" ومن هنا أكد أفلاطون أن "الفكرة" هي الحقيقة الواقعية الوحيدة، وليست هذه الأشياء التي نحسها في هذا العالم كالمنضدة والقمطر. والنتيجة الطبيعية لهذا الرأي هي اعتبار "النظر" أعلى مرتبة من "العمل" وايجاب قيام مناهج التربية والتعليم على هذا الأساس.

فهذه الحقيقة التاريخية عن فلسفة أفلاطون التربوية تصبح اكثر وضوحاً وأعمق فهماً إذ وضعناها في إطارها الثقافي، وهي في هذا الموضع تبين لنا أن الفلاسفة القدماء على الرغم من دأبهم على الانتقاص من منزلة "الفعل" "والعمل" و"الصنع" بتقريره وتبريره، لم يكونوا هم الذين أنشأوه. ولا ريب أنهم كانوا يرفعون من شأن وظيفتهم حيث كانوا يرفعون من شأن النظر على العمل. مع ذلك فقد تحالفت على تحقيق هذا الغرض أمور كثيرة مستقلة عن موقف الفلاسفة، فقد كان العمل محفوفاً بالمخاطر، مجهداً ومرتبطاً بلعنة قديمة. وكان يتم بالقسر وتحت ضغط الضرورة، على حين كان النشاط الفكري مرتبطاً بالفراغ ولما كان النشاط العملي غير باعث على السرور، فقد ألقى معظمه على كاهل العبيد والخدم.

وبذلك امتدت الضعة الاجتماعية التي التصقت بهذه الطبقة الى العمل الذي يؤدونه. أضف الى ذلك الإرتباط الذي سار مع الزمن بين المعرفة والتفكير وبين المبادئ اللامادية والروحية، وبين الفنون الخاصة بجميع أوجه النشاط العملي في الصنع والعمل وبين المادة. ذلك أننا نؤدي بالبدن وبوسائل ميكانيكية العمل الذي ينصب على أشياء مادية وهكذا امتدت السمعة السيئة التي نالت الفكر الخاص بالأمور المادية في مقابل الفكر الخاص باللامادية حتى شملت كل شيء مقترن بالعمل.

واذا كان استقراء التاريخ يؤكد لنا أن التعليم شهد من الازدهار والتقدم في المنطقة العربية منذ ظهور الإسلام ما أن آياته يعسر على الباحث حصرها، فان الدراسة العميقة للظروف التي كانت قائمة وقتذاك تلقى الكثير من الضوء على عوامل النمو والازدهار بما يتيح فهماً أشمل وأدق، فقد حرص الإسلام حرصاً شديداً على الحث على طلب العلم والتعليم وحفلت آيات القرآن الكريم بتقدير العلم والمشتغلين به، فيقول تعالى: "شهد الله انه لا إله الا هو والملائكة وأولو العلم قائماً بالقسط لا إله إلا هو العزيز الحكيم" فالعلماء يشهدون التوحيد مع الله سبحانه وتعالى ومع الملائكة الأطهار. وأن الله يقرن العلماء به وبملائكته في شهادة التوحيد وهذا أسمى ما يمكن أن يصل إليه تكريم العلماء من مكانه.

كذلك فإن الرسول كان يحرص في أقواله وأعماله على إبراز ما للعلم من أهمية وما لطلب التعلم من مكانه حتى يدفع المعتنقين للدين الجديد الى أن ينهلوا منه "من المهد الى اللحد" فهو يرفع من شأن العلماء قائلاً: "إن الملائكة لتضع أجنحتها لطالب العلم رضاً بما يطلب، ولمداد ما جرت به أقلام العلماء خير من دماء الشهداء في سبيل الله"، ومثل ذلك الحديث المشهور عن أبي هريرة "للانبياء على العلماء فضل درجتين وللعلماء على الشهداء فضل درجة" فأي فضل أعظم من وضع العالم في مرتبة فوق مرتبه الشهيد في سبيل الله؟

ولئن حق علينا أن نسلم بأن الاسلام كان قوة كبيرة في تنمية التعليم ونشره في البلدان الإسلامية في العصور الوسطى، فقد كانت هناك عوامل أخرى اقتصادية لعبت دوراً هاماً في هذا الشأن لابد من استقصائها ليتم لنا فهم تطور الثقافة والتعليم في العصر الإسلامي، وحسبنا أن ننقب في المساحة الجغرافية والتاريخية الواسعة التي قامت عليها دولة الإسلام منذ القرن السابع الميلادي لنرى كيف كان للقوى والعوامل الاقتصادية أثرها الفعال في ازدهار الثقافة الإسلامية وقيام النهضة العلمية والتعليمية التي كان مركزها بغداد والعراق في العصر العباسي (في القرنين التاسع والعاشر الميلاديين) والنهضة العلمية والتعليمية التي كان مركزها مصر زمن الفاطميين والأيوبيين والمماليك؟

واذا كان من وقائع التعليم في مصر في عهد الاحتلال البريطاني - مثلاً- أن التعليم قد شكل بحيث يقتصر على مجرد إعداد طائفة من الموظفين الذين يمكن لهم أن يسيروا دفة الجهاز الحكومي تحت اشراف المحتكرين للوظائف القيادية العليا في مختلف المجالات، فإن هذه الواقعة يمكن فهمها فهماً أدق، إذا وجهنا النظر الى خلفيتها الاجتماعية ووعينا دلالتها الاقتصادية وفهمنا دوافعها السياسية. فما دام هيكل مصر الاقتصادي قد شكل بحيث يمثل خصائص الاقتصاد المتخلف وما يؤدي

إليه من الاقتصار على بعض المناشط الاقتصادية البسيطة ممارسة باسلوب بدائي، فإنه يجعل من السوق الاقتصادي مجالاً مغلقاً على خريجي جميع المعاهد العلمية المتخصصة لعدم الحاجة اليهم ويصبح حتماً عليهم أن يطرقوا أبواب الوظائف الحكومية التي لا غنى لدولة عنها مهما كان تركيبها الاقتصادي وخاصة في الدول المركزية مثل مصر، حيث تتميز بضخامة الجهاز الحكومي، إلى غير ذلك من الأمثلة التي توضح هذه الحقيقة. (١)

سادساً: دراسة الثقافة السائدة كصور فكرية للتركيب الاقتصادي والاجتماعي

واذا كانت الحاجة ماسة الى أن يكون التاريخ تاريخاً ودراسة لتطور المجتمع، وأن تستوجب دراسة تطور المجتمع أن تكون النظرة إليه شاملة تستوعب جميع الجوانب السياسية والاجتماعية والاقتصادية، وألا يدرس كل جانب على حده، حيث أن التطور في أي مجتمع لا يحدث من جانب واحد وانما يمتد ليشمل كل جوانب الحياة في المجتمع، نقول اذا كان الأمر كذلك، فإن من العسير أن ننفذ ذلك عملياً في دراسة تاريخ التربية والتعليم منذ أقدم العصور حتى الآن في هذا المجال المحدود الضيق. إن هذا ليعد بمثابة معادلة صعبة يمكن مواجهتها كما يلي:

١- ليس من الضروري حينما توجب دراسة جوانب المجتمع المختلفة السياسية والاقتصادية والاجتماعية حتى يمكن فهم حركة التطور في تاريخ التربية - أن نغرق انفسنا في التفاصيل الدقيقة والجزئيات الكثيرة المتعددة لهذه الجوانب، وإنما المطلوب هو دراسة الاتجاهات العامة والمسارات الرئيسية تكفيها الأمثلة والنماذج لتدل على وجودها وما كان لها من فاعلية وتأثير أو العكس.

وعلى سبيل المثال، فإذا كان ضرورياً أن نضع أمامنا صورة عن أوضاع المجتمع في مصر- الاقتصادية وبناءه الطبقي والتيارات الثقافية السائدة فيه وأحواله السياسية إذا أردنا فهماً أدق لحركة التعليم في عهد محمد علي، إلا أن ذلك لا يعني أن ندرس عدد القناطر التي اقامها ونحصي- المحصولات الزراعية والمصانع التي أقيمت وانتاجها وما إلى ذلك، فهذه تفصيلات قد تهم المؤرخ عموماً ولكن دارس تاريخ التربية والتعليم يكفيه أن يعرف الخطوط العريضة لسياسة الاحتكار وإقامة العمل الزراعي والصناعي على أساليب العلم الحديث مع الاستعانة بأمثلة من التفصيلات السابقة.

---

(١) سعد مرسي أحمد (١٩٧٢) القاهرة، عالم الكتب، ص ٤، ٥، ٦.

٢- كذلك فإذا كنا مطالبين بدراسة هذه الجوانب المختلفة، فإن نتائج هذه الدراسة وحصيلتها لا ينبغي لها أن تظهر كلها عندما نكتب في تاريخ التربية، أو عندما نجيب على التساؤلات المتعلقة بموضوعاتها، وإنما المطلوب هو أن نعيها كخلفية أو أرضية لما سيظهر من أحداث ووقائع تاريخ التربية وتطور التعليم في مصر والعالم. وننتقي منها ما يلقى الضوء على هذه الأحداث والوقائع.

فإذا كان من المفروض عند دراسة أفكار فيلسوف مثل الغزالي أن نقرأ بالتفصيل عن نشأته وحياته وظروف عصره ومختلف المؤثرات الثقافية التي كان لها الدور الفعال في تشكيل اتجاهاته وأفكاره، إلا أن ذلك لا يعني حين نكتب عن فكرة العلم وتصنيف العلوم عنده أن نتتبع تطور حياته منذ لحظة ميلاده إلى لحظة وفاته محصين تنقلاته وأدوار حياته وما إلى ذلك. وإنما ننتقي من هذا وغيره ما يفسّر رأيه كتأثره مثلاً بالثقافة اليونانية وأثر العامل الديني في تضييق معنى العلم وحصره في العلم الديني فقط - كما فهم الغزالي خطأ - وطبيعة العمل الاقتصادي البدائية وافتقاره إلى النظريات العلمية مما حط من شأنه، الخ.

٣- والأهم من هذا وذاك، فإننا - تجاوزاً - يمكن أن نحصر أنفسنا داخل اتجاهات الثقافة السائدة في المجتمع وتياراتها الرئيسية، على أساس أن هذه الاتجاهات والتيارات تعد صوراً فكرية موجزة لحشد ضخم من التفصيلات والوقائع السياسية والاجتماعية والاقتصادية، فإبراز صورة ثقافية - مثلاً - تبين مدى ما شعر به "الجبرتي" من انبهار أمام ما رآه في المجمع العلمي المصري الذي أقامه الفرنسيون وقت احتلالهم مصر في أواخر القرن الثامن عشر، إنما يعد تعبيراً موجزاً دقيقاً للبناء الاقتصادي في مصر وما كان عليه من تخلف شديد ويعبر كذلك عن قوة الفرنسيين وتفوق حضارتهم ونوعية المجتمع المصري وتركيبه في ذلك الوقت في مواجهة نوعية معينة من الأجانب جاءت غازية فاتحة، إلى غير ذلك من تفصيلات وجزيئات.

وتبرز هذه النقطة في مجال التربية بالذات، فنحن نعلم أن التربية هي تلك العملية التي نكسب الناشئين عن طريقها "ثقافة" المجتمع حتى يحصلوا على الكفاية الشخصية والكفاية الاجتماعية معاً. ومن ثم فإننا يمكن أن ننظر إلى الثقافة على أنها "مادة" التربية، وبقدر دراستنا لتطور الثقافة وخصائصها في مجتمع من المجتمعات، بقدر ما نزداد وعياً وإدراكاً لما لحق التعليم من تطور وتغير، وما لعبه

من دور في تجميد المجتمع أو تطويره وتجديده، ومن هنا فإننا يمكن أن ننظر إلى الثقافة على أنها "مادة" التربية، وبقدر دراستنا لتطور الثقافة وخصائصها في مجتمع من المجتمعات بقدر ما نزداد وعياً وإدراكاً لما لحق التعليم من تطور وتغير، وما لعبه من دور في تجميد المجتمع أو تطويره وتجديده، ومن هنا فإننا نصرح بأن دراستنا لتاريخ التربية والتعليم ستؤكد على دراسة تطور الفكر والثقافة، ومن خلال هذه الدراسة سنحاول أن ننظر إلى تطور التربية وتاريخ التعليم.[١]

سابعاً: ضرورة دراسة تطور الفكر التربوي العربي.

ودراسة تاريخ التربية - سواء عندنا أم عند غيرنا من البلدان - لا ينبغي أن تتركز على دراسة النظم والمؤسسات التربوية فقط، فهذه النظم والمؤسسات، أشكال لابد لها من مضمون، ومضمونها هو ما يتصل بها من فكر، وما يسيرها من سياسات، وما تقوم عليها من فلسفات، ومن هنا كان لنا أن نقول أن دراسة هذه النظم والمؤسسات، إذا كانت هامة وضرورية، فإن الاقتصار عليها بتر لحركة التطور الحضاري للمجتمع وتشويه لها، فإذا كانت لها نظمها ومؤسساتها الواقعية، فلابد أن تكون لها نظرياتها وأفكارها ومبادئها وفلسفتها مهما بلغت في ذلك حد البساطة والسذاجة، فإذا كانت الدول تقيم نوعاً من المدارس لتعليم مواد معينة، فإن هذا العمل، كما أنه يصدر عن واقع اجتماعي معين فهو يهتدي أيضاً بفلسفة خاصة ووجهة نظر تعليمية وتربوية معينة في حق الإنسان ومعنى الطبيعة الإنسانية ومفهوم العلم إلى غير ذلك من جوانب وزوايا فلسفية.

ومن الغريب حقاً أن نجد أن العادة قد جرت في دراساتنا الخاصة بتاريخ التربية وتاريخ التعليم على أن تقوم دراسة التربية في المجتمعات الغربية قديماً وحديثاً على الأساس الفكري والفلسفي في أغلب الأحوال، ثم تنعكس الآية إذا تصدت الدراسة للتعليم في مصر على سبيل المثال - وخاصة بالنسبة لتلك الفترة التي تبدأ بالقرن الثامن عشر حتى الآن، ففي المجال الأول نجد موضوعات عن أفلاطون وأرسطو ولوك وبستالونزي وهاربارت وفروبل وروسو وسبنسر، وفي المجال الثاني نجد أن معظم الموضوعات تدور حول عدد المدارس التي فتحت أو أغلقت وعدد طلابها وميزانية التعليم وعدد طلاب البعثات والقوانين واللوائح التي صدرت.. الخ، أما ما هو رأي المفكرين المصريين في طبيعة الإنسان ومعنى العلم والتعليم وماهية التربية وطريقة التعليم.. إلى غير ذلك، فلا أحد يحاول التصدي لدراسة هذه الموضوعات.

لقد كنا بذلك نغرس وندعم مفاهيم وقيماً سيئة لها أسوأ الأثر على أبنائنا ممن نعدهم لتربية وتعليم الأجيال الناشئة، إذ لابد وأن يخرج الإنسان بنتيجة خطيرة. وهي أن العقلية الغربية وحدها هي العقلية المبتكرة المبدعة التي تستطيع

---

(١) سعد مرسي أحمد، (١٩٧٢) مرجع سابق، ص ٧، ٨، ٩.

أن تتأمل وتتفلسف وتخرج نتائج هذا التأمل وذاك التفلسف في نظريات ومذاهب وأفكار ترسم بها طريقة التربية وتحدد عن طريقها أساليب ووسائل التعليم، وأن العقلية المصرية إنما هي عقلية مجدبة عقيمة لا تستطيع أن تنتج فكراً أو تبدع فلسفة وتقيم نظرية، وما علينا إلا أن ننقل ونردد ما يقوله الآخرون، أو بمعنى آخر، لا يكون تعليمنا إلا جسداً يحمل رأساً مستعاراً من الخارج.

ونحن بهذا لا نزعم أن لدينا أمثال هيجل وكانط وديكارت وديوي، ولكنا بالتأكيد نملك فكراً ومفكرين من أمثال الشيخ محمد عبده وأحمد لطفي السيد وطه حسين والعقاد وغيرهم، لابد من العناية بدراسة آرائهم مثلما نعني بدراسة أفلاطون وروسو، بل إننا لنؤكد أننا لو فعلنا هذا وأخضعنا مثل هذه الآراء والأفكار لمزيد من الدراسة والبحث والتقييم وخصبناها بأفكار الآخرين ونميناها سوف نضع أقدامنا على أول سلم الصعود الفكري نحو أن يكون لدينا أمثال أفلاطون وروسو وديوي وغيرهم من عمالقة الفكر الإنساني.

ونظرة بسيطة إلى عدد من آراء وأفكار أنتجتها عقول عربية تؤكد لنا ما نذهب إليه: - فالقارئ لآراء الطهطاوي يجد اقترانها واضحاً بين الواقعية والمثالية في نظرته التربوية. فبينما نراه يتلمس القدوة والواقع في التوجيه والتقويم إذا به يتلمس الفضائل والمثل الدينية والاجتماعية للتوجيه والتقويم، ونلمس واقعيته في قوله بضرورة أن يتبين المربي ميول الطفل "وما هو مستعد له من الأعمال ومتهيئ له منها، فيعلم انه مخلوق له"، ففي الحديث "اعملوا فكل ميسر لما خلق له" فليس على المربي أن "يحمله على غيره"، فإنه ان حمله على غير ما هو مستعد له لم يفلح فيه عادة فيفوته ما هو متهيئ له" فيتعلم أنه مخلوق له، ففي الحديث "اعملوا فكل ميسر لما خُلق له".[1]

ثامناً: علاقة التفاعل بين الفكر والواقع:

حاولت الجمهرة الكبرى من الفلاسفة أن تنحاز إلى جانب الفكر مفترضة له قيادة وتوجيه ومعرفة بل وخلق الواقع، وأما إلى جانب الواقع على أساس أنه هو الذي يبرز الفكر ويوحي به وينشئه، فإننا هنا لا نأخذ بهذا الجانب على حدة، أو ذاك وإنما نؤمن بوجود علاقة تفاعل بين الجانبين.

---

(١) سعد مرسى أحمد، مرجع سابق، ص ١٢، ١٣.

إنه إذا كان الفكر - أياً كانت الصورة التي يكون عليها - لا يعدو أن يكون دالة لظروف اجتماعية واقتصادية معينة تمده بمقومات الوجود وترسم له مسارات الاتجاه، وتحدد له غايات العمل، فإن الأمر لا يمكن أن يقتصر على ذلك فتصبح العلاقة هنا هي علاقة علة بمعلول أو سبب بنتيجة، إذ لابد أن يعيد الفكر النظر في الواقع، فقد يكون في حاجة إلى التغيير أو التدعيم إلى غير ذلك من حاجات يبرزها التطبيق وتدل عليها الخبرة، والفيصل هنا هو مدى حيوية الفكر وثرائه وعمقه، فإذا كان جامداً فقيراً سطحياً، لم يستطع أن يلعب دوراً رئيسياً في تغيير دفة الواقع وتوجيهه، وإنما يصبح عاملاً هاماً في تثبيت أركان هذا الواقع وإضافة مزيد من القداسة عليه بحيث يصعب على من يفكر في التغيير، الاقتراب منه، أما إذا كان حيوياً، ثرياً، عميقاً، استطاع أن يلعب الدور الرئيسي في تغيير هذا الواقع. وفي كلتا الحالتين تكون العلاقة علاقة تأثير وتأثر وعلاقة تفاعل.

ولعل من أوضح الأمثلة التي تبين ذلك، هذا الذي حدث بالنسبة للفلسفة الماركسية فلاشك أن الأوضاع الاقتصادية والاجتماعية التي أحاطت بالطبقات الكادحة وما شاع من صور الاستغلال والاستبداد والاستعمار، قد حفز ماركس على أن يضع هذه الفلسفة، بحيث يمكن القول بأن هذه الفلسفة كانت نبتاً لواقع معين وأن ناقضته. ولم يقف الأمر عند هذا الحد، بل أخذ نفر من المؤمنين بها على عاتقهم العمل على إذاعتها وإشاعتها حتى كثر أنصارها، فاستطاعوا بالفعل أن يغيروا واقع مجتمعات متعددة محاولين بهذا التغيير أن يحققوا معالم هذه الفلسفة، بحيث يمكن القول بأن هذا الذي حدث جاء نتيجة فكرة وفلسفة معينة. كذلك فقد أدى التطبيق العملي إلى مراجعات وتصحيحات متعددة للنظرية الأصلية.. وهكذا.

وبالنسبة لمجتمعنا فقد أحاطت ظروف سياسية واجتماعية سيئة أدت إلى ظهور مبدأ الجبر أي أن الإنسان مجبر لا اختيار له وأدى هذا إلى قيام تربية سيئة تعمل على إراحة الإنسان من تكاليف المسؤولية وإعفائه من التفكير، وهذا الفكر المتخلف المريض استمر قروناً طويلة. وظهر الفكر النير في القرن التاسع عشر والعشرين على يد بعض المفكرين أمثال جمال الدين الأفغاني، محمد عبده، وغيرهم. ونجد أنهم استطاعوا أن يحركوا العقول التي كانت مغلقة.[(١)]

تاسعاً: أهمية دراسة تاريخ الفكر التربوي (علاقة التاريخ بالتربية).

تمر المجتمعات الإنسانية في مراحل تطورها بفترات معينة تحتاج فيها هذه المجتمعات إلى إعادة النظر في نظمها وطريقة حياتها، ومحاولة تحديد نواحي القوة

(١) سعد مرسي أحمد، مرجع سابق، ص ١٦، ١٧.

ونواحي الضعف في جوانبها المختلفة. وربما كانت الأزمات التي تمر بها الشعوب من أهم المؤشرات التي تنبه الشعوب إلى ضرورة التغيير ومقتضياته وإذا كان الإصلاح والتطوير هو هدف هذه المجتمعات فإن إعادة النظر في فلسفتها التربوية ونظمها التعليمية من أهم وسائل تحقيق هذه الغاية.

والتاريخ يقدم لنا العديد من الأمثلة التي تؤكد هذا القول، فهذه بروسيا لم تجد وسيلة تعيد بها بناء نفسها بعد أن هزمها نابليون شر هزيمة في مستهل القرن التاسع عشر إلا أن تلجأ إلى إعادة النظر في نظامها التربوي والمدرسة والمعلم وقال عظيمهم في ذلك الوقت "لئن كنا قد خسرنا بعض الأرض أو سلبنا قوتنا فإن وسيلة استعادة هذا أن نربي عقولاً جديدة نستطيع بقوتها وعظمتها أن نعوض ما خسرناه فعلينا بالتربية والتعليم.

يرى باطس (Butts) أن أي قرار نأخذه في المسائل التربوية أو غيرها من الأمور الاجتماعية المعاصرة يتوقف بدرجة كبيرة على مدى تفسيرنا لتاريخ الظاهرة أو المسألة التي نصدر قراراً بشأنها ولذلك فإن الدراسة الذكية الواعية لتاريخ التربية شرط أساسي لإصدار أحكام سليمة في قضايا التربية والتعليم.

ودراسة تاريخ التربية - هي في حقيقتها دراسة للمغزى التربوي والعلمية التربوية من المنظور التاريخي. وذلك لأن أي تصور سليم لمفهوم التربية لا يمكن أن يتم بمعزل عن إطاره الخارجي ففكرتنا عن التربية في الوقت الحاضر ما هي في الواقع إلا محصلة لحصاد قرون عديدة من التطور التربوي على مستوى الفكر والتطبيق وعلى ضوء هذا التصور فإن دراسة تاريخ التربية يمكن أن تحقق الفوائد الآتية:

١. مساعدة الدارس على القيام بتفسير الحقائق المتصلة بتطوير الفكر التربوي وذلك بالاعتماد على المادة التاريخية.

٢. توفير قدر كاف من الحقائق التاريخية التي تعين الدارس على الوصول إلى الفروض والنظريات المتعلقة بالتربية من المنظور التاريخي.

٣. إثراء القدرة على التذوق التاريخي وذلك فيما يتعلق بقضايا التربية والتعليم وربط الماضي بالحاضر.

٤. القدرة على اكتشاف العلاقة بين التربية وبين الجوانب الأخرى في تاريخ الحضارات مثل الجوانب الاقتصادية والسياسية والعسكرية.

٥. محاولة إبراز الاتجاهات التربوية في إطارها الثقافي.[١]

(١) سيد ابراهيم الجيار (١٩٧٤) دراسات في تاريخ الفكر التربوي، ط١، الكويت وكالة المطبوعات.

الباب الثاني

التربية في العصور القديمة

أولاً: التربية عند المجتمعات البدائية:

مقدمة:-

إن أول ما ينبغي أن يلم به دارس التربية هي الأصول التاريخية التي تقوم عليها. فمن خلال دراسته لتاريخ التربية يتعرف على تطور التربية عبر مختلف العصور والمجتمعات. وهو بهذا يتخطى حدود الزمان والمكان ليقف على تطور الميدان الذي ينتمي إليه. وسيجد الدارس أن التربية هي انعكاس للأوضاع السياسية والاقتصادية والاجتماعية لهذه المجتمعات، كما أنها وسيلة للمحافظة على هذه الأوضاع وتجديدها على السواء، كما سيرى الدارس كيف واجهت هذه المجتمعات المشكلات التربوية والتعليمية وإيجاد الحلول لها، والاستفادة من دروس الماضي في تطوير الحاضر.

ومن الطبيعي أن نبدأ تاريخنا للتربية في العصور القديمة بنظرة عجلى نلقيها على التربية في صورتها الأولى وأشكالها الوليدة عندما اصطلح على تسميتها بالأقوام البدائية. ذلك أن الأشكال الأولى والبذور البديئة لأية ظاهرة هي التي تكشف لنا أعماق هذه الظاهرة وخصائصها العريقة البعيدة، تلك الخصائص التي تنتقل معها في الواقع عبر العصور وتلازمها من خلال التغييرات مهما يطرأ عليها من تحولات ونمو. ولذلك نجد أن للتربية جذورا عميقة في الماضي الى الحد الذي لا تدركه السجلات التاريخية الحالية.

عرفت المجتمعات البدائية منذ حوالي ستة آلاف سنة، رغم أن عمر الإنسان على هذه الأرض، كما يقدره بعض العلماء، قد يصل إلى مليون سنة أو اكثر.[1] وهذا يعني أن اكثر من ٩٩% من عمر الإنسان على هذه الأرض هي فترة ما قبل التاريخ لم تدون أحداثها ولم تسجل، وعلينا أن نستقي معلوماتنا عنها من علماء

---

(١) ارثركيت، تطور الإنسان "تاريخ العالم"، ط٢، ج١، القاهرة، مكتبة النهضة المصرية، ١٩٨٢، ص١٨٧.

الآثار القديمة الذين يهتمون بدراسة الآثار الباقية والموجودة عن تلك المجتمعات المنقرضة والتي يجدونها على شكل مباني أو أسلحة أو أدوات منزلية. كما نستقي معلوماتنا عن تلك الفترة من علماء الأنثروبولوجيا الذين يهتمون بدراسة اصل الإنسان والعلماء الذين يجرون دراسات مقارنة للهياكل العظمية المختلفة التي تمكنوا من الحصول عليها. وقد بذل علماء الآثار جهوداً كبيرة للكشف عن أسرار تلك الحقبة القديمة من عمر الانسان، واستمرت تلك الجهود اكثر من قرن ونصف أي منذ أن تمكنت مجموعة من علماء الآثار الدنمركيين في سنة ١٨٣٠[١]، من جمع ما حصلت عليه من أدوات كالأسلحة والحلي وبقايا أجسام الإنسان ووضعها في متحف كوبنهاجين وإجراء الدراسات عليها، ولا زالت تلك الدراسات مستمرة حتى وقتنا الحاضر، تكشف لنا عن أسرار تلك الفترة الغامضة من عمر الإنسان.

ولقد استطاع أولئك العلماء الذين اهتموا بدراسة الأجناس البشرية القديمة أن يخرجوا من تلك الدراسات أن الإنسان البدائي قد مر في نموه بمراحل متعددة ومعينة، لكل مرحلة ما يميزها عن غيرها. فهناك مرحلة العصر الحجري ولها أقسامها التي تختلف عن بعضها البعض وهي العصر الحجري القديم والعصر الحجري الوسيط والعصر الحجري الحديث، والمرحلة الثانية العصر البرونزي، والعصر الحديدي. ويطلق على البشر الذين عاشوا في هذه العصور المتباينة اسم المجتمعات البدائية، أو مجتمعات ما قبل التاريخ.

مميزات المجتمع البدائي:

عاشت المجتمعات البدائية قبل حوالي ستة آلاف سنة، أي قبل اختراع الكتابة، وقبل ان يصبح للتربية مدارسها ومؤسساتها الخاصة بها. ويتميز المجتمع البدائي بأنه مجتمع غير متحضر، يتصف بالعزلة وعدم التغير والتضامن الاجتماعي، والتجانس، إذ يشترك اغلب أفراده بنفس المعارف والاهتمامات والأفكار والاتجاهات والأنشطة على مستوى المجتمع كله، كما يتميز أيضاً ببساطة الحياة وقلة مطالبها، فهي لا تعدو إشباع حاجات الجسم من طعام وشراب وكساء ومأوى، والأمن ضد عالم الأرواح [٢]. كما يتصف هذا المجتمع بأنه مجتمع الصيد والقنص.[٣]

---

(١) المرجع السابق، ص١٤٩.

(٢) عبد الله الرشدان، المدخل الى التربية،عمان، دار الفرقان، ١٩٨٧، ص٧١.

(٣) محمد السيد سلطان، مسار الفكر التربوي عبر العصور، ط٢، الكويت، ١٩٧٧، ص١٥.

وكان على الإنسان البدائي أن يؤمن نفسه ضد الجوع وضد الخوف من قوى الطبيعة الخفية بأن يتودد إليها أو يستعطفها أو يؤلهها ويعبدها، كما استخدم السحر للسيطرة على الأرواح الشريرة وتسخيرها وترويضها أو لطردها بعيداً. ولقد امتزج الطب بالدين عند الإنسان البدائي واستخدم السحر والشعوذة لابعاد الأرواح الشريرة عن جسم الإنسان اذا ما حلت به.[١] كما تتميز الأقوام البدائية بنقطة هامة أساسية وهي نسبة الحياة إلى الجماد أثناء تفسيرهم للبيئة المحيطة بهم. ذلك أن الرجل البدائي يعتقد أن وراء كل قوة مادية قوة أخرى غير مادية هي القوة الروحية أو المثيل Double الذي يسيطر على كل كائن مادي ويعلل وجوده.[٢]

ولم تكن هذه العقيدة لدى الرجل البدائي نتيجة لتفكير طويل، فهو لم يصل بعد إلى مرحلة الشعور بالذات، وهو غير قادر سيكولوجيا، على التفريق بين وجوده وبين وجود الظواهر الأخرى، سواء أكانت حية أم جماداً.

وقد استطاع الإنسان البدائي أن يعزو بعض الظواهر التي تمر عليه في حياته الى هذا المثيل الذي يعتقد بوجوده. ومن أمثلة ذلك[٣]:

- إن البدائي يعتقد أن ما يراه من أحلام في نومه هو عبارة عن انفصال هذا المثيل عن جسمه وهيامه في الأماكن التي يراها في تلك الأحلام، رغم قناعته بأن جسده لم يغادر مكانه.
- كما يندرج تحت هذا الاعتقاد حالات الغيبوبة والإغماء وغيرها من مظاهر فقدان الحس التي تتعرض لها حياته العادية، كمشيه وهو نائم، فهذه كلها شواهد يستنبط منه أن المثيل قد يغادر الجسد ثم يعود إليه وفق إرادته. أما حالة الموت فهي لا تدل إلا على أن المثيل لا يرغب في العودة إلى الجسد، أو أنه قد ضل الطريق فاحتل جسماً آخر.
- كذلك حالات العته والجنون والصرع فإنها أدلة أخرى تثبت أن الجسم والمثيل وحدتان منفصلتان، وان روحا غريبة قد احتلت جسدا لا يمت لها بصلة.

---

(١)محمد منير مرسي، تاريخ التربية في الشرق والغرب، القاهرة، عالم الكتب، ١٩٨٠، ص٢٤.

(٢) عبد الله الرشدان، مرجع سابق، ص٧١، ايضاً: بول منرو، المرجع في تاريخ التربية، القاهرة، مكتبة النهضة المصرية، ج١، بدون تاريخ، ص٢.

(٣) بول منرو، المرجع السابق، ص٢-٣.

هدف التربية في المجتمعات البدائية

هدف التربية عند البدائيين هو أن يقلد الناشئ عادات مجتمعه وطراز حياته تقليداً عبودياً خاصاً.[١] أي تحقيق التوافق والانسجام بين الفرد وبيئته المادية والروحية.

وكانت التربية تأخذ شكل معايشة للمجتمع نفسه وتشرب الصغار لكل ما يفعله الكبار، وتعديل الكبار لسلوك الصغار، وارشادهم إلى الحلول الصحيحة في صورة مهارات يدربون عليها أثناء ممارسة الأنشطة المختلفة في الصيد والقنص والطبخ وقطف الثمار والزراعة فيما بعد. ولم يتطلع الصغار إلى اكثر من أن يتعلموا كل ما من شأنه أن يجعلهم أعضاء في مجتمع الكبار، أكثر قبولاً. فكانت التربية تعدهم الإعداد اللازم لمواجهة مطالب الحياة العملية والحياة القيمية للجماعة التي توجه سلوكهم في جميع النواحي العملية والأخلاقية والدينية والصلات الاجتماعية.[٢]

وسائل التربية في المجتمعات البدائية

إن وسائل التربية في المجتمعات البدائية هي جملة المؤسسات والنظم الاجتماعية، أو المجتمع بأسره. ولا تتولى هذه المهمة بالتالي أية مؤسسة تربوية مدرسية خاصة، كما شاع بعد ذلك بظهور التعليم المدرسي. ولذا فإن اثر التربية في المجتمعات البدائية اثر غير مباشر، يتم عن طريق النقل الحي والمتصل للمعتقدات والعادات السائدة في المجتمع. وفي معظم الأحيان يكتسب الصغار عادات الكبار ويتمرسون بمواقفهم الانفعالية والعقلية عن طريق الإسهام المباشر في أنشطتهم، وهذا الإسهام أيضا يتم على نحو غير مباشر عن طريق التمثيل والرقص والتقليد.[٣]

ويتم التعلم والتعليم في المجتمع البدائي بصورة سهلة بسيطة لأن أدوات التعليم ووسائله في متناول الفرد، ويكون تعلمه من خلال الممارسة والتدريب عليها، سواء كانت هذه الأدوات أو الوسائل رمحا أو محراثا أو قناعاً للأطفال،

---

(١) عبد الله الرشدان، المدخل إلى التربية، مرجع سابق، ص٧١.

(٢) محمد السيد سلطان، مسار الفكر التربوي عبر العصور، مرجع سابق، ص١٦.

(٣) عبد الله الرشدان، المدخل إلى التربية، مرجع سابق، ص٧١.

ويكون ما يتعلمه الطفل البدائي ذا مغزى اجتماعي ووظيفي في حياته ومرتبطا ارتباطا مباشراً بواقع حياته. [١]

أشكال التربية البدائية ومراحلها:

تتم التربية البدائية على مراحل، كما تتخذ أشكالا وصورا عديدة. فهناك الطقوس التي تلي الولادة مباشرة، وهي مظاهر أولية بسيطة لدمج الفرد في جماعته، فالوليد يبقى خلال السنوات الأولى من عمره في كنف النساء، وهذا الكنف في معظم الحالات لا يحقق له الاندماج في مجتمعه. فلا بد له بالتالي من طقوس جديدة، تحدث غالباً في طور البلوغ حتى يستطيع تحقيق ذلك الاندماج. وهذه الطقوس الجديدة تحدث تغييراً شاملاً لدى الناشئ، وصوغ وجوده صياغة كاملة، بحيث تكون له بمثابة ولادة جديدة، وهي تتم تحت إشراف شيوخ القبيلة أو الجماعة، أولئك الشيوخ الذين يتولون في النهاية الحفاظ على المعتقدات والطقوس.

وفي هذه الطقوس الجديدة يخضع الناشئون لتجارب قاسية وأليمة، وكثيرا ما يطلب إليهم أن يتلقوا تعاليم سرية تنقل إليهم تقاليد مرعبة مخيفة، كما يتدربون بالإضافة إلى ذلك على اللغة المشتركة للجماعة، وعلى استخدام الأدوات، وممارسة الأعمال الشائعة في شؤون الحياة المادية.

وهذه التربية المهنية في شتى صورها تتم عن رضى الخاطر وبصورة طبيعية لأن الطفل يشارك الكبار أمور المنزل وأعمال القطاف وشؤون الزراعة والصيد[٢].

ومما هو جدير بالذكر أن التربية البدائية لا ترافقها أية قسوة أو وحشية باستثناء التدريب على طقوس مرحلة البلوغ. فالنظام الذي يفرض على الأطفال سهل ولين، لأن الطفل عند البدائيين تجسيد للجد الذي يحمل اسمه، مما يوحي بالشعور بالاحترام. [٣]

---

(١) محمد منير مرسي، تاريخ التربية في الشرق والغرب، مرجع سابق، ص٢٤.
(٢) عبد الله عبد الدايم، التربية عبر التاريخ، بيروت، دار العلم للملايين، ١٩٧٣، ص١٨.
(٣) عبد الله الرشدان، المدخل إلى التربية والتعليم، مرجع سابق، ص٧٢.

أقسام التربية البدائية:

تقسم التربية عند البدائيين تبعاً للتقسيم الحديث إلى ثلاثة أقسام وهي: تربية جسدية، وتربية فكرية، وتربية روحية (خلقية دينية).

١-التربية الجسدية:

يتيح البدائيون لأطفالهم مجالا واسعا من الحرية يستغله هؤلاء في ممارسة الألعاب الممتعة التي تقوم على تقليد الكبار في أنشطتهم وقت السلم وزمن الحرب، وهذا ما يعدهم للحياة العملية بلا شك. [١] ففي المجتمعات المحاربة نراهم يسهمون في صنع السيوف والرماح وسواها من آلات الحرب، وكثيراً ما يقلدون في ألعابهم هذه ما يقوم به الكبار من معارك وما ينصبون من كمائن.

وفي المجتمعات المسالمة نراهم يقلدون الأعمال التي تقع عليها أعينهم كالنسيج وبناء الأكواخ وصنع الأواني، وأعمال الحقول. ومثل هذه الأعمال تعدهم للحياة العملية كما ذكرنا آنفا.

٢-التربية الفكرية:

أما التربية الفكرية فهي تربية يغلب عليها الطابع العملي، وهدفها أن تجعل الطفل ذكراً أكان أم أنثى، قادرا على تلبية حاجاته وحاجات أسرته فيما بعد تبعا لنمط حياة القبيلة، ومثل هذه التربية الفكرية ليس من شأنها أن تقدم لقابليات الناشئ إعداداً منهجيا عقلانيا، غير أنها تشحذ القابليات والمهارات الضرورية التي يستلزمها طراز حياتهم. [٢]

فالصبيان يتدربون على حمل السلاح واستخدامه، وعلى تسلق الأشجار وعلى إعداد آلات الصيد. كما يتدرب على اكتشاف جذور النباتات ويرقات النمل والديدان، ثم يدرب بعد ذلك على قتل الضباب، وصيد البحر وغيرها من صغار الحيوانات التي تتغذى عليها القبيلة. كما يتدرب على رعي الماشية. وعندما ينضج الحب ويحين القطاف ينطلق إلى الحقول ليخيف الطيور ويردها عن الزروع والثمار.

---

(١) المرجع السابق، ص٧٢.
(٢) المرجع السابق، ص٧٢.

أما الفتاة فإنها تتعلم كيف تبني الكوخ وان تجمع الحطب من الغابة. كما تجمع الفواكه، وتصنع السلال. كما أنها تسهم ايضاً دون شك في الحصاد وتنقية الحب وطحنه، والآباء بالفطرة والغريزة يدركون بأن عليهم أن يتعهدوا حواس اطفالهم وان ييسروا لها ما يشحذها ويذكيها.

والحق أن أول ما يدهشنا لدى الأقوام البدائية ذلك الإرهاف الرائع في الادراكات الحسية حيث يتميزون بقوة السمع والبصر وقوة الشم، كما أن الخيال عندهم حاد ويقظ حيث تشهد عليهم خطبهم وأغانيهم وتشبيهاتهم، وأقاصيصهم، وقدرة التفكير عندهم تبلغ مراتب راقية وعالية.(١)

٣-التربية الخلقية والدينية (الروحية)

أما ما يتعلق بالتربية الخلقية والدينية عند البدائيين، فإن الحس الخلقي لديهم ضامر، وإنما تحتفظ نفوسهم بالكثير من سمات القانون الطبيعي، فهم يقدسون الأجداد ويحترمون الآباء والشيوخ، ويقدرون الشجاعة والجلد والشرف والوفاء... الخ ويرفضون استخدام العقاب الجسدي كما أسلفنا.

أما المشاعر الدينية التي ينقلونها لأبنائهم فغالبا ما تختلط بالمعتقدات المليئة بالطقوس الغريبة، إلا أننا نلمح بين ثناياها الأصول الأولى للحياة الدينية، مثل التفريق بين العالم المرئي والعالم غير المرئي، والإيمان بقوة عليا تنظم الكون وتهيمن عليه، والاعتقاد بوجود أرواح مستقلة خيرة وشريرة، والإيمان بانفصال روح الإنسان عن جسده عند الموت، وفكره الخطيئة التي تعاقب عليها سلطة عليا غير مرئية، وتنظيم بعض العبادات كالصلاة وغيرها.

إن هذه التربية الخلقية تتم أيضاً عفو الخاطر ودونما إكراه، فالبدائي يعتقد غالباً أن العقاب الجسدي مرذول ومهين، وان الإفراط في تقريع الأطفال أو ضربهم يجعل روحه قلقة في جسده، غير مطمئنة إليه، نزاعه إلى الانفصال عنه. وتشجع القبائل المحاربة الشجاعة والجلد، وازدراء الألم والموت في نفوس أبنائهم. يذكر بعض الرحالة والباحثين عن بضع الهنود في أمريكا الشمالية،أن الأطفال عندهم كثيرا ما يصبرون على الجوع ثمانية أيام أو عشرة دون جزع أو ضيق، وبعض الصبية الصغار عندهم يتسلون بأن يربطوا ذراعاً بذراع ويضعوا الحجر الملتهب عل أذرعهم، ويتباروا أيهم يصبر على هذا الضيم أكثر من سواه، وقد يغرسون

---

(١) عبد الله عبد الدايم، التربية عبر التاريخ، مرجع سابق، ص٢٠.

الإبر في جلودهم، وقد يضعون الوشم على أجسادهم وخزا برؤوس الإبر ليخطوا عليها أي حيوان يحبون. [١]

كما أن الانتقال من الطفولة إلى البلوغ لدى كثير من هذه الأقوام يستلزم القيام بطقوس خاصة، تحمل طابع التكوين الخلقي والروحي، من ذلك أن البالغين يعزلون عن مجتمعهم حينا من الوقت ليقيموا في مكان بعيد عن القرية، ويقومون في البداية بحفلات تحمل طابع التطهر والتحرر من الدنس كالصيام والحرمان من بعض الأطعمة التي يحبونها، ثم تأتي بعد ذلك طقوس المريدين، وهي غالباً ما تشمل تقليد الموت والبعث، فهم بعدها قد أماتوا حياة الطفولة غير المسؤولة ليحيوا من أجل الواجبات العظام التي سيضطلعون بها، ويسمون باسم جديد.

وقد يخضع الشبان أحياناً أثناء هذه الرياضة الروحية لمحن قاسية ومنفرة كأن تقلع أسنانهم أو توشم جلودهم، او يعانون من الام الختان، ومثل هذا الامتحان القاسي وسيلة للكشف عن مدى شجاعة المريدين وتجلدهم، وأولئك الذين يقوون على احتمال أكبر الألم ينظر اليهم بكثير من الاحترام. أما التعاليم التي تعطى لهم في الوقت نفسه الى جانب هذه الضروب من البلاء فتتعلق بقوانين الزواج وتقاليد القبيلة المقدسة، وحدود أرضها وحياضها، وضرورة الإخلاص لسيد القوم، وتجنب الآفات والآثام. ولا ينسى مدربوهم الجانب المادي العملي من الحياة فيقدمون لهم إرشادات قيمة حول فنون الحرب والصيد والصناعات اليدوية، ويحثونهم في نفس الوقت على الشجاعة في القتال وعلى نصرة المظلوم وحماية الضعيف. [٢]

مصادر التربية عند البدائيين

تشمل أهم مصادر التربية في المجتمعات البدائية الأسرة والأقارب، وحفلات التدشين التي ينخرط الطفل بموجبها في مجتمع الكبار.

ولم توجد مدارس بالمعنى الذي نفهمه الآن لأن المدرسة جاءت متأخرة في تاريخ التربية. ومع أن المجتمعات البدائية لم تعرف المدارس النظامية إلا انه كانت لها أساليبها ووسائلها الخاصة في تربية صغارها وتنشئتهم. ولم تكن التربية حكرا على فئة أو هيئة معينة بل كانت عملية تشترك فيها الأسرة إلى جانب الأهل والأقارب والكبار وذوي الخبرة في القبيلة[٣].

---

(١) المرجع السابق، ص٢٢.
(٢) المرجع السابق، ص٢٢-٢٣
(٣) محمد منير مرسي، تاريخ التربية في الشرق والغرب، مرجع سابق، ص٢٥-٢٧.

خصائص التربية وسماتها البارزة في المجتمعات البدائية:

من خلال ما تقدم يمكن أن نستخلص بعض السمات أو المعالم المميزة للتربية في المجتمعات البدائية:

١-التركيز في التعليم على الممارسة والأداء:

يختلف الطفل البدائي عن الطفل العصري، حيث يسهم بشكل فعال في الحياة الاجتماعية، إذ ينتظر منه منذ حداثة سنه أن يتحمل مسؤوليات تتناسب مع قوته وتجربته، لا سيما ما يتعلق منها بقيامه بمساعدة أسرته في كسب العيش.

٢-سرعة تعلم الأدوار الاجتماعية

يتم تعلم الأدوار الاجتماعية لكل من الذكر والأنثى بصورة سريعة في المجتمع البدائي، كما أن مطالب واجبات النمو الفردي والاجتماعي تتم في صورة سهلة يسيرة، ويتم أداء هذه الواجبات في مرحلة مبكرة. فالصغير ينخرط في مجتمع الكبار ويتحمل واجباته ومسؤولياته الاجتماعية في فترة مبكرة من حياته.

٣- لا يرافق التربية البدائية أي قسوة أو وحشية إذا استثنينا، دون شك، التدريب على الطقوس كما ذكرنا سابقاً، مما أعطى التربية البدائية القدرة على إثارة تشوقه للتربية وإقباله بدافع داخلي واستشارة حقيقية.

٤- خبرات التربية البدائية مباشرة من الحياة وفي الحياة، ولذلك فهي تمتاز بالفاعلية والإيجابية وفهم الفرد لمعنى ومغزى ما يتعلمه ووظيفته.

٥- التربية البدائية محدودة بحدود الجماعة وحاجاتها الأساسية، والإجابة عن الأسئلة التي تشغل فكرها وتحل مشكلات تلك الجماعة. لذلك كانت لها إجابات، رغم بساطتها، عن معنى الحياة الدنيا والحياة بعد الموت ولمبدأ الخلق وأصل الوجود ومصيره، وما إلى ذلك من الأسئلة والمشكلات.

٦- عدم وجود متخصصين في التدريس:

فالآباء عادة أو كبار السن يعلمون صغار أقاربهم، كما يقوم بعض البالغين المتخصصين بتعليم الصغار الأمور والطقوس الدينية، إلى جانب قيم وتقاليد القبلية.

٧- عدم وجود مدارس نظامية

ظهرت المدرسة متأخرة في تاريخ التربية، وكان ظهور المدرسة وليد ظروف وعوامل متنوعة اقتضت وجودها. وكانت مصادر التربية تشمل الأسرة والأقارب، وحفلات التدشين.

ثانياً: التربية عند الهنود:

لمحة تاريخية واجتماعية ودينية:

يرجع اصل الهنود القدامى، حسب رأي بعض المؤرخين، إلى شعوب الجنس السامي، التي كانت تسكن أودية الهند الخصبة منذ اكثر من ثلاثة آلاف عام قبل الميلاد، وكونوا لانفسهم حضارة متقدمة وكانت لهم علاقات تجارية مع بلاد ما بين النهرين ومصر وتكريت. وقد عبد سكان وادي الهند الحيوانات والطيور والأشجار وهي ما زالت موجودة حتى الآن، ومن المحتمل أن يكون الهنود قد استعاروا أو اخذوا كثيرا من هذه الآلهة من السكان البدائيين الأوليين، وكثير من الأنهار في الهند لها صفة التقديس لديهم لاعتقادهم بأنها تملك قوة غسل الذنوب.(١)

حظيت الهند باهتمام كبير من قبل الإنسان القديم، وذلك بسبب قربها من مراكز التجمع السكاني العالمية، والوفرة في خيراتها وخيرات أرضها، واعتدال جوها، حيث كان مناخها جافاً في الربيع والشتاء، ماطرا في الصيف والخريف.(٢)

تعرضت الهند لغزوات الشعوب الآرية، التي قدمت من وادي الدانوب في أوربا عبر مضيق البسفور إلى بلاد ما بين النهرين، ثم فارس ثم إلى وادي البنجاب في الهند، وكان ذلك في القرن الخامس عشر قبل الميلاد. واشتهرت الهند منذ القدم بالتناقض الكبير بين الغنى الفاحش والفقر المدقع، جمعا لم يكن له مثيل في أي جزء من أجزاء العالم، كما انتشر الفكر الديني عندهم منذ القدم، وتعددت الآلهة بشكل لافت للنظر حتى أن المؤرخين يطلقون عليها ارض الآلهة.

ولقد فرض الغزاة الآريون على أبناء البلاد الأصليين حكمهم ونظامهم وثقافتهم، كما فرضوا عليهم تعاليم كتابهم الديني الذي جلبوه معهم، وهو كتاب الفيدا بما فيها من صور عقلية واجتماعية لا تتفق مع الهنود الأصليين. وكلمة الفيدا تعني

---

(١) محمد منير مرسي، تاريخ التربية في الشرق والغرب، مرجع سابقق، ص٤٠.

(٢) عبد الغني عبود، دراسة مقارنة لتاريخ التربية، مرجع سابق، ص٩٣.

العلم عن طريق الدين بكل ما هو مجهول. والكتاب يحوي أوراداً وأناشيد وطقوسا للضحايا والقرابين، إلى جانب احتوائه على التعاويذ السحرية وكثير من الآلهة. وهو يتألف من أربعة أجزاء، يحتاج دراسة كل جزء منها الى اثني عشر عاما، ودراسته الكاملة إلى (٤٨) عاما، ولذا اقتصرت دراسته الكاملة على البراهمة فقط باعتبارهم رجال الدين، أما غيرهم فكانوا يدرسونه بصورة مختصرة.

وقد وضعت هذه الديانة بذرة مذهب وحدة الوجود وتناسخ الأرواح، فالخالق وخلقه شيء واحد. وكل الأشياء وكل الأحياء كائن واحد، فكل صورة من الكائنات كانت في يوم ما صورة أخري. وقد استخرج الكهنة من الفيدا ديانة جديدة أطلقوا عليها البراهمانية نسبة إلى براهمان. والكلمة تعني الكينونة. وقد بدأ الكهنة هذه الديانة بتعقيد الطقوس البسيطة المعروفة في الفيدا بطريقة أدت إلى إيجاد نظام طبقي خارج ويقسم المجتمع الهندي إلى عدة طبقات هي:[1]

١- طبقة البراهمانيين أو الكهان: وهم أعلى الطبقات والمتحكمون في جميع أمور الحياة ومنها يظهر المعلمون والمشرعون

٢- طبقة الكشاتريا أو المحاربين: ولهم شؤون الحكومة والجيش والحرب

٣- طبقة الفايزيا أو الصناع: ولهم شؤون التجارة والزراعة والمهن

٤- طبقة الشودرا أو العبيد: ولهم الأعمال الوضيعة كالخدمة في البيوت، وعليهم خدمة الطبقات الثلاث السابقة.

وتنتمي الطبقات الثلاث الأولى إلى الدم الآري النقي، أما بقية الطبقات فهم من السكان الأصليين. والى جانب الطبقات الأربع السابقة كانت هناك طبقة الباريا أو المنبوذين، وهم من السكان الأصليين تحولوا إلى عبيد وخدم عقابا لهم، وكذلك أسرى الحرب كانوا من هذه الطبقة (الباريا) ولا عمل لهم سوى السرقة والنهب. وأسوأ ما في هذا النظام أن الفرد لا ينتقل من طبقة لأخرى، فبحكم مولده ينتمي الى طبقة معينة، لا يستطيع أن يسمو إلى طبقة أعلى، ولا يتزوج إلا من طبقته. فإذا انتمى فرد إلى طبقة البراهمان او كان كشاتريا او فايزيا فلا يكلم شودريا أو يأكل طعاما لمسته يد منبوذ. وقد أدى هذا الأمر إلى نكران مطلق للاستقلال الفردي، وإهمال للمواهب الشخصية والميول، وتعذر ارتقاء الفرد إلى طبقة او رتبة فوق رتبته، مهما بذل من جهد أو اظهر من تفوق.

---

(١) عبد الله عبد الدايم، التربية عبر التاريخ، مرجع سابق، ص٢٦.

ولغة الهنود الآريين تدعى اللغة السنسكريتية، وهي أقدم اللغات الآرية، وبها شبه كبير من الفارسية القديمة والإغريقية واللاتينية والكلتية ومن اللغات السلافية الحديثة. وبانضواء الهنود في مجموعة الشعوب الهندية الأوروبية اتسموا بسمات ثقافية مشتركة معهم من أبرزها الارتباط الديني للأسرة، ووأد البنات، وزواج البنات مبكراً وانتحار الأرامل وعبادة الأجداد والقوى الطبيعية.[1] والمرأة غير محترمة عند الهنود، فهي تتبع سيدها، ويحميها والدها في الصغر، وفي شبابها يحميها زوجها، وعند عجزها يحميها ابناؤها. وقد ساعد على تخلف المرأة وانعدام حقها الاجتماعي، عدم أهليتها الدينية وتحريم قراءة الفيدا عليها، وزواجها المبكر في السادسة من عمرها، وتحريم زواج الأرملة وحرقها وانتحارها في بعض الأحيان.[2]

وبالإضافة إلى القيد الطبقي على حرية الفرد هناك قيد آخر ديني وهو ما يسمى بمذهب الحلول. فهذا المذهب يؤمن بخلود الروح، ويؤمن بتناسخ الأرواح والتقمص، وان الله حاضر في كل شيء. وكان الكهنة يجهدون في قتل كل حرية فردية، وكان إعدام الحرية الفردية يتم بالابتعاد عن الحياة الدنيا وازدرائها واعتبار أن الحياة الفردية شر من الوجهة الدينية والخلقية. والمثل الأعلى للفرد أن يفر من هذه الآلام، وان يفني روحه الفردية عن طريق الفناء في النرفانا التي تعنى الانطفاء والطمأنينة التامة والحكمة والخير[3].وقد ترتب على ذلك من الناحية التربوية أن الإنسان يولد عبدا مضاعفا، عبدا بفعل طبقته التي كانت تفرض عليه البقاء على ما كان عليه آباؤه وأجداده، وعبدا بفعل هذه الصلة الصوفية بينه وبين الذات الإلهية التي كانت تمتص كل نشاط فعلي ولا تبقي للكائنات البشرية إلا الوهم والخداع.

ولم يعمل الإصلاح البوذي الذي جاء به بوذا حوالي القرن السادس قبل الميلاد، على تغيير هذه الحال تغييرا محسوساً. فبوذا قال أيضا بأن سبب الشر هو الأهواء البشرية، فما على الإنسان إذا أراد الوصول إلى الطمأنينة الروحية إلا أن يتخلى عن ذاته ويفنى عن شخصه.

---

(١) عبد الله الرشدان وزميله، المدخل الى التربية والتعليم، مرجع سابق، ص١٠٦.

(٢) عبد الله عبد الدايم، التربية عبر التاريخ، مرجع سابق، ص٣٦.

(٣) محمد منير مرسي، تاريخ في الشرق والغرب، مرجع سابق، ص٤٤.

أنماط التربية والتعليم عند الهنود القدامى:

١- التربية البراهمانية:

- اهداف التربية البراهمانية:

تتمثل أهداف التربية عند البراهمان بما يلي:

الهدف الديني ويركز على الإعداد للحياة الآخرة اكثر من الإعداد للحياة الدنيا، أي الفناء في الروح العالمية، كما تهدف البراهمانية الى التحكم في العقل والإرادة والجسم وذلك للسيطرة على النزعات والرغبات واكتساب الأخلاق القويمة.

والهدف الآخر وهو الهدف الثقافي وهو تبصير الفرد بالنظام الاجتماعي المقدس، والمحافظة على نظام الطبقات، وكان الفرد يتعلم أن اول واجب له هو نحو النظام الاجتماعي والالتزام بأساس الحياة والنظام الاجتماعي.

والى جانب الهدف الديني والثقافي هناك أغراض مهنية للتربية البراهمانية حيث هدف التعليم إلى تدريب رجال الدين والأفراد والتجار وغيرهم واعدادهم للأغراض العملية وتزويدهم بما تتطلبه هذه الميادين المهنية من معارف ومهارات، وإن كان الهندي ينظر إلى التدريب العملي على انه تابع لتعليم الروح وتربيتها. (١)

- مراحل التربية والبراهمانية ومناهجها

لعب الدين والنظام الطبقي دورا بارزا في تشكيل نظام التربية والتعليم في الهند، فلم تخضع المدارس ونظم التعليم لنظام عام أي سيطرة الدولة على شؤون التربية، إذ أن رجال الدين من البراهمان وغيرهم كانت لهم سلطاتهم الكبرى والتي أدت إلى احتكارهم الكتابة وتعليمها، وقصرها على عدد قليل من الهنود حتى يضمنوا حفظ أسرار النصوص المقدسة ولا يجعلوها عامة بين الناس.

وقد تنازل البراهمة عن بعض احتكاراتهم في التعليم فسمحوا لطبقة أخرى أن تتعلم، ثم سمحوا للطبقة الثالثة أيضا ثم الرابعة؛ ولكنهم حرموه على طبقة المنبوذين. وكان التعليم يقدم بالمجان في الهند رغم أن معظم المدارس كانت خاصة

---

(١) سعد مرسي احمد وزميله، تاريخ التربية والتعليم، مرجع سابق، ص٦١، ٦٢؛ ايضاً: محمد منير مرسي، تاريخ التربية في الشرق والغرب، مرجع سابق، ص٤٥، ٤٦.

وغير حكومية. فقد حرمت كتبهم المقدسة فرض أي نفقات أو رسوم دراسية على التعليم باعتبار ذلك مخالفة ضد السماء. وكانت المدارس تعتمد في تمويلها على هدايا الطلاب والأموال التي يجمعونها من التسول، ولكن كان هناك بعض معلمي المواد الخاصة التي تخرج عن حيز التعليم العام، يحصلون على أجور دراسية من تلاميذهم. ورغم عدم رقابة السلطات السياسية على التعليم، وعدم وجود إدارة مركزية للتعليم بأيدي البراهمة، إلا انه كان لهم وغيرهم من الطوائف سلطة فعلية في توجيه التعليم الخاص بهم. وكان لكل قرية مدرسة ومعلمها، وقد لجأ بعض المعلمين الى التعليم في الهواء انطلق، أو في منازلهم أو أماكن مسقوفة.

- **المرحلة التعليمية الأولى:** يدخل التلاميذ المدرسة في سن الخامسة وحتى سن الثامنة في الأشهر الممتدة من أيلول حتى شهر شباط. ويشتمل المنهاج في هذه المرحلة على تعليم ديني، وفي ثناياه يتعلم التلاميذ حفظ وشرح نصوص الفيدات، إلى جانب تعلم الحساب أيضا. كما يبدأ التلاميذ في تعلم الكتابة على الرمل، حتى إذا تقدموا بدأوا يكتبون على أوراق النخيل بقلم ذي سن حديدي، ثم على ورق شجر البلاتان بالحبر. وكان الهدف من التعليم هو غرس الأخلاق القويمة، ولذلك كان النظام صارما وإن لم يلجأوا إلى وسائل العقاب البدني بل إلى الحرص الشديد على تكوين عادات السلوك الصالح منذ الصغر.

- **المرحلة التعليمية الثانية:** بعد سن الثامنة يعهد بالتلميذ غالباً إلى شيخ هو أحد رجال الدين ويصبح التلميذ جليسه ويتعلم على يديه الشاسترات الخمس وهي، النحو (علم المفردات والالفاظ)، والفنون أو (الصناعات)، والطب والمنطق، والفلسفة. وكانت للأستاذ على تلميذه حقوق، فالتلميذ تابعه وخادمه، يؤدي له كل الخدمات حتى أحقرها. ويبقى التلميذ مع أستاذه حتى يصل إلى حوالي العشرين من عمره، وقد يتركه قبل ذلك عندما يبلغ السادسة عشرة لينقل إلى إحدى الجامعات الكبرى. ويطلق التلميذ إلى الدنيا مسلحا بنصح رشيد، هو أن التعليم يأتي ربعه من المعلم،وربعه من الدراسة الخاصة، وربعه من الزملاء، وربعه من الحياة.

- **المرحلة التعليمية الثالثة:** ينتقل التلميذ بعد سن السادسة عشرة او العشرين إلى الدراسة في إحدى الجامعات. وقد كانت قاصرة في البداية على طبقة البراهمان، ثم سمح للطبقة التالية بدخولها. وفيها يتعلم الطلبة العلوم والفلسفة والقانون والرياضيات والطب والشعر إلى جانب التعاليم والنصوص الدينية، وكانت التربية الجسمية أو الرياضية تقدم بصورة منتظمة للأفراد والجنود حسب

تقسيمات الجيش، حيث كانوا يتعلمون الحرب والتسلق وقيادة العربة والسباحة واستخدام الأسلحة.

ومما هو جدير بالذكر أن الاهتمام الكبير في مدارس البراهمة، ولا سيما للطلبة البراهمان كان يتركز على دراسة النحو أي الألفاظ والمفردات، فقد كان قلب المنهج المدرسي، وهو علم العلوم والطريق المستقيم إلى السماء والنور. فالإله براهما يرتبط بالكلمة ويقترن بها.

وكان المنهج المدرسي في أول الأمر يتكون من دراسة أحد كتب الفيدا والمواد المتصلة به، وكان يعلم بواسطة كاهن تتخصص عائلته فيه، ومع الزمن كانت كتب الفيدا تدرس في كل مدرسة، وبالنسبة للبراهمة كان يعتبر أن هناك ست مواد ضرورية لفهم كتب الفيدا واستخدامات طقوسها وتسمى بالفيدانجر Vedanger أي المواد المرتبطة بها وهي: الصوتيات والنحو، والاشتقاق، والفلك، والطقوس الدينية، والغناء والموسيقى، إذ احتلت مكانا هاما في تعليم البراهمة، كما ركزوا على تعليم الفلسفة في مدارسهم الخاصة حتى يحافظوا على سيادتهم الاجتماعية:

مدارس البراهمة:

كان للبراهمة مدارسهم وجامعاتهم الخاصة بهم وإن كانوا قد سمحوا لغيرهم من الطبقات أن يتعلموا فيها تحت إشرافهم، وكانت هناك عدة أنواع من المدارس أخذت أشكالاً متعددة عبر العصور من أهمها: [١]

١- **مدارس الجوروس:** وكلمة جوروس تعني الكاهن، وسميت بهذا الاسم لأن هذه المدارس كان ينشئها مجموعة من الكهنة. وكان يقوم بالتدريس فيها كاهن هو المعلم الوحيد بالمدرسة، وقد انتشر هذا النوع من المدارس الأولية في الهند. وعندما يتزايد عدد التلاميذ في المدرسة يعهد الجوروس إلى بعض التلاميذ الكبار النابهين بمساعدته في التدريس. وهو يشبه نظام العرفاء في التربية الإسلامية فيما بعد، كما اعتمدت عليه إنجلترا وفرنسا ومن بعدها أمريكا في نشر التعليم الأولي بها. وكان يدرس في هذه المدارس تعاليم الفيدا وحكمتها.

---

(١) المرجعين السابقين، ص٦٤، ٤٨

٢- مدارس الباريشاد: وتعني كلمة الباريشاد جماعة من البراهمان المثقفين ذوي المكانة الدينية والتربوية والقادرين على شرح الفيدا والكتب الدينية. وتشرف هذه الجماعة على مركز تعليمي يفد إليه الطلبة من أنحاء مختلفة في الهند. وقد خلفت هذه المدارس فيما بعد كليات الغابات، حيث كانت تنشأ في الغابات وتتكون مبانيها من أكواخ طينية يسكنها الطلبة والأساتذة معا.

٣- مدارس التول: وقد انتشرت هذه المدارس في المراكز الدينية والسياسة. وهذه المدارس عبارة عن حجرة واحد ومدرس واحد محاطة بأكواخ من الطين يعيش فيها الطلبة. ويشتمل منهاج هذه المدرسة على عديد من المواد والدراسات وخاصة المنطق والقانون. ولم يزد عدد الطلبة في هذه المدارس عن عشرين طالباً، وكانت الدراسة فيها بالمجان حيث ينفق عليها من هبات ومعونات الأغنياء أو الموسرين بما يكفي لطعام الطلبة وكسائهم. وإذا ما تواجد عدد من التول في مركز واحد كونت جامعة في شكلها. وقد استمرت هذه حتى بعد الفتح الإسلامي للهند، وبعضها ظل يتواجد في الوقت الراهن.

٤- مدارس الأديرة: كانت الأديرة البراهمية تسمى ماثا Mathas، وقد ظهرت في مطلع القرن السابق الميلادي، واهتمت بدراسة الفيدا أو الهندوسية القديمة، وكانت البوذية آنذاك في آخر مراحل انهيارها: كما تركز اهتمام الأديرة على دراسة النحو والأدب والمنطق وفلسفة الفيدا، اذ كان هدفها من وراء ذلك المحافظة على البراهمية والهندوسية ومع انتشار هذه الأديرة تلاشت النزعة الثقافية الحرة من مدارس البراهمية. وكانت هذه الأديرة تتلقى الهبات والمساعدات من الملوك والأغنياء، وكانت الدراسة والإقامة فيها مجاناً.

٥- مدارس البلاط: وهي ليست مدارس بالمعنى المفهوم، وكما يدل اسمها كانت خاصة بالملوك والأمراء الذين يحيطون أنفسهم بجماعات من أهل العلم والأدب. وكانت المناقشات تعقد في البلاد الملكي حول الدين والفلسفة والنحو والأدب، وتفوقت في الفلسفة. وقد عرف الحكام والأمراء العرب فيما بعد هذه المجالس في قصورهم.

٦- المدارس الخاصة أو النوعية: نشأت هذه المدارس حوالي القرن السادس قبل الميلاد، وقد تخصصت كل مدرسة بتعليم فرع معين من المعرفة نظراً لتزايد العلوم والمعارف وتعذر إلمام الفرد بها جميعاً. فكانت هناك مدارس للنحو، وأخرى للأدب، وثالثة للقانون ورابعة للفلك، وغيرها لطقوس تقديم الضحايا، والمنطق والفلسفة وغيرها.

٧- **جامعات البراهمان:** ومن اشهرها جامعة بنارى وجامعة ناديا، وجامعة في تاكساجيلا يقال أن الاسكندر الأكبر استمع إلى إحدى المحاضرات الفلسفية فيها، كما كتب أحد الفلاسفة فيها كتابا في السياسة يشبه ما كتبه ميكافيللي بعده بألف وأربعمائة عام. ولم يختلف منهاج الدراسة في هذه الجامعات عن جامعات البوذيين، حيث كانت تدرس المنطق والأدب والدين والفلسفة وعلم الكلمات والرياضيات والفلك والطب خاصة. غير أن جامعات البوذيين ومن اشهرها جامعة نالاندا تميزت بما فيها من دراسات عملية أهملتها جامعات البراهمان.

المعلمون: كان البراهمة بحكم القانون هم الذين يقومون بتدريس الفيدا، ولذلك فقد احتكروا تدريس الدين والفلسفة. أما المواد الأخرى فقد قام بتدريسها معلمون من طبقات أدنى من البراهمة وتحت أشرافهم. ومن الجدير بالذكر أن المعلمين كانوا يخضعون لشروط قاسية قبل وبعد تعيينهم ولم يتناولوا أجرا عن تعليمهم باستثناء الهدايا وما يجمعه الطلبة من التسول. وقد أباح قانون مانو للمعلمين أن يتسخدموا العقاب البدني في التعليم، وكسب الرزق عن طريق التسول. والمعلم المثالي كما يصفه قانون مانو مثقف، عف، طاهر النفس، مرح، رحيم، مصيب في قوله، نموذج يحتذى في حياته، راسخ العقيدة، عذب الحديث، لا يرد الإهانة إذا ما أهين، لا يضر أحداً بالقول أو العمل، ولا يستخدم التهديد بعقاب من السماء ليخيف او يهدد.(١)

ومما يذكر أن نظام التعليم في المدارس كان صارما دون اللجوء إلى وسائل العقاب البدني. إلا أنه بعد عام (٥٠٠) ق. م سمح بالعقاب البدني في المدارس، حيث كان التلاميذ يضربون بالعصي أو الحبال. وقد ارتضى قانون مانو Manu، وهو أهم القوانين وأقدمها، العقاب البدني، غير أن المعلمين عارضوا ضرب التلاميذ الذين تجاوزوا السادسة عشر من أعمارهم على أن مجرد السماح بالعقاب البدني دليل على أن أخلاق بعض التلاميذ لم تسم إلى المستوى الخلقي اللائق.

موارد التعليم: كانت معظم المدارس خاصة، وتعتمد على الهدايا التي يقدمها التلاميذ وغيرهم من المهتمين بالدين والفلسلفة والعلم والمحسنين، هذا إلى جانب ما يحصل عليه التلاميذ من التسول، كما تقبلت بعض المدارس الخاصة والمتميزة منحاً من الملوك والأمراء. وقد أوقفت بعض القرى للصرف على مدارس

(١) المرجع السابق، ص٦٣، ٦٦.

وجامعات البراهمان. وكان التعليم بالمجان كما أسلفنا، وحرمت الكتب المقدسة على المعلمين قبول الأجر وإلا اعتبر بقولهم إهانة للسماء.[1]

٢-التربية البوذية:

لا تختلف التربية البوذية في خطتها العامة وروحها عن البراهمانية اللهم إلا في الاختلافات حول الدين والأيديولوجية الاجتماعية، ونوع المدارس وتعليم البنات. وتتفق البوذية والبراهمانية في الاهتمام بالمثل العليا الدينية والخلقية.

وتعتبر الديانة البوذية إحدى الديانات الرئيسية في الهند، وقد دخلت إلى البلاد في القرن السادس قبل الميلاد على يد شخص له أسماء متعددة آخرها بوذا. وكان بوذا يعتقد أن تعاسة البشر وشقائهم يرجعان إلى شهواتهم الجسمية والإخلاص للفرد إلا بالزهد والتعفف عما في الحياة من شهوات، أي لا بد للإنسان أن يحقق لنفسه النرفانا Nervana، ويقصد بها حالة السعادة التي يصل اليها الفرد بابتعاده عن هذه الملذات والشهوات الجسمية وانعدام شعور الفرد بفرديته واتحاده بالله والفناء التام في الحياة الآخرة. ولم يدع بوذا انه موحي إليه بل نسب إلى نفسه المعرفة واعتقد أن الإنسان لا يعرف سوى احساساته وان الإنسان لا يرى سوى قوة المادة وتغير الحياة، وان الروح أسطورة والعقل ليس إلا شبح توهمه الناس، إن ما هو موجود فعلا هو الاحساسات والمدركات. والنفس أو الذات تتكون من الوراثة والخبرات والتجارب من خلال الحياة نفسها، وان النفس غير خالدة، وهذا عكس ما كان سائدا بين الهندوس من تناسخ الأرواح، وانتقالها من جسد الى آخر.

وقد رفض بوذا الفيدا وتعاليمها واعتبارها السلطة العليا على السلوك الاجتماعي، كما رفض نظام الطبقات لاعتباره نظاما اجتماعيا غير عادل، وهكذا حلت الآداب البوذية محل الفيدا كمصدر للحكمة والأخلاق. ومع أن دراسة الفيدا كانت متضمنة في منهج المدرسة فإنها لم تكن أساس التربية البوذية؛ رغم أن منهج المدرسة البوذية مستعار من التربية البراهمية. وهكذا فإن البوذية كانت ثورة على البراهمية وثورة على الفيدا وتعاليمها، وكان الرهبان البوذيون يرون أن الحياة المثالية في التنسك والزهد والعزلة، حتى يحقق الإنسان انتصاره على شهواته مصدر تعاسته.

---

(١) المرجع السابق، ص٦٣، ٦٦.

- **مراحل التربية البوذية ومناهجها[1]:**

- **المرحلة التعليمية الأولى:** يبدأ التلميذ البوذي دراسته في سن السادسة من عمره وينتهي في حوالي العشرين من عمره. ولغة التعليم هي السنسكريتية. وتبدأ بدراسة النحو والذي يشتمل على قدر كبير من دراسة الآداب البوذية. كانت أديرة الرهبان تحوي مدرسة يلتحق بها نوعان من التلاميذ خارجيون ويسمون طلبة وداخليون ويسمون أطفالا. وكان الأطفال يكرسون حياتهم للحياة الديرية بما فيها من متطلبات زهدية قاسية، وعلى كل طفل أن يتخير راهبا ليكون مدرسه الخاص. وكانت علاقة التلميذ بأستاذه تقوم على الطاعة والعبادة والقيام بخدمته وأداء الأعمال اللازمة له. ويتدرج الطفل بمراحل التعليم حتى يصبح راهبا مارا بسلسلة من الاحتفالات الدينية من سن الثامنة حتى العشرين.

- **المرحلة التعليمية العليا:** بعد أن ينجح الطالب في امتحانات القبول الصعبة جدا يلتحق بإحدى الجامعات البوذية ليواصل دراسته العليا في الشعر والانشاء النثري والمنطق والفلسفة والميتافيزيقيا والطب. ومن اشهر الجامعات البوذية جامعة نالاندا حيث انشئت بعد موت بوذا بفترة قصيرة. وعلى عكس ما كان شائعاً من التعليم في الهند، خصصت لها الدولة دخل مائة قرية ليصرف منها على شؤون الجامعة. ويقال إنه كان يؤمها عشرة الاف طالب، وتحوي مائة قاعة للمحاضرات، الى جانب المكتبات الكثيرة الضخمة، ومساكن الطلبة، ولها مراصد عالية. ومستواها العلمي مرتفع لدرجة أن الاجانب من البلاد المجاورة ومن ذوي العلم كانوا لا يستطيعون مجاراة الطلبة في اطلاعهم ومناقشاتهم فيعترفون لهم بالذكاء والغزارة العلمية. وكانت الدراسة بالجامعة صعبة حيث كان عدد الراسبين في الامتحانات اكثر من الناجحين بالضعف.

ومن الملاحظ أن التعليم على مختلف مستوياته يعتمد على الاستظهار والحفظ، ثم تأتي بعد ذلك مرحلة المناقشة والتناظر والمجادلة في معاني ما استظهر. وكان الطلبة في المدارس البوذية يخضعون لنفس النظم كما هو الحال في المدارس البراهمانية.

---

(١) المرجعين السابقين، ص٦٧، ٥١.

تعليم البنات:[1]

قبل عام (٢٠٠٠) ق.م كانت زوجات البراهمان والنبلاء يدرسن الفيدا، وبعد هذا التاريخ لم يسمح لهن إلا بمتابعة بعض الشؤون المنزلية والأخلاق والسلوك الطيب، ولم يدرس إلا عدد قليل جدا من النساء دراسات أدبية، وهؤلاء كن في نظر الهنود من أعاجيب الدنيا، وكان الشائع أن مكان المرأة البيت حيث تربي أطفالها وتعني بشؤون المنزل وتحفظ ممتلكات زوجها وترعاها، وخضعت البنات لتعاليم الوالدين، ومن بعدها يصبح الزوج معلمها.

وفي ظلال الهندوسية لم يسمح بالتربية النظامية إلا لعاهرات المعابد، واشتملت الدراسة على تعليم الآداب والموسيقى والغناء والرقص والتمثيل والترنيم في احتفالات المعابد، كما كن يتدربن على قراءة الأفكار، وكشف الطالع، وصناعة العطور، والتحصيل وكشف المجرمين والجواسيس، وكان يقوم بالتدريس لهؤلاء النسوة كهنة المعابد.

وقد سمح بوذا بنظام الراهبات إلى جانب اديرة الرهبان، وإن كانت اقل عددا منها، كما كانت تحت إشرافهم، وتحتل مرتبة أدنى. ويظهر أن التعليم فيها كان يشتمل على الفنون المنزلية والديانة والاخلاق.

ثالثا: التربية عند الصينيين

لمحة تاريخية واجتماعية:

لا يعرف بالتحديد من اين جاء الصينيون او الى أي جنس ينتسبون ولا متى بدأت حضارتهم في الزمن القديم؟ وقد دلت الحفريات في الصين على وجود حضارة تعود للعصر الحجري الأول في منطقة صحراء الأردوس. كما وجدت مقابر ومنازل واوان فخارية تعود للعصر الحجري الثاني.[2]

ويمكن القول أن الصين إحدى الأمم التي عرفت الحضارة والتقدم منذ العصور القديمة، إلا أن المؤرخين يختلفون في تحديد الزمن الذي بدأت فيه الحضارة لذلك الشعب. ومن الأحداث الهامة التي يؤكدها المؤلفون الصينيون أن أسرة ين حكمت الصين خلال الفترة ١٧٦٦-١١٢٢ ق.م، ثم جاءت أسرة تشو

---

(١) المرجع السابق، ص٦٨.

(٢) عبد الله الرشدان، المدخل الى التربية، مرجع سابق، ص٨٠.

Chou إلى الحكم في الصين في القرن الثاني عشر قبل الميلاد. واستطاع زعيمهم وان وانج Wan Wang أن يحرر الشعب الصيني من ظلم حكام أسرة ين،، وان يوحد المقاطعات وينظمها. وتصفه سجلات الصين بأنه ابن السماء والكاهن الأعظم للشعب بأسره، وقد امتد حكم هذه الأسرة إلى عام ٣٥٠ ق. م.(١)

ويرى بعض المؤرخين أن الصين بدأت تدخل التاريخ تقريبا سنة (٣٠٠٠)ق. م. وهناك احد الخبراء بتاريخ التربية الصينية وهو المسيوبيوت Biot يرجع بداية تاريخ التربية الصينية الى القرن الثالث والعشرين قبل الميلاد.(٢)

ومن اشهر الاسرالتي حكمت الصين اسرة ال شن Chin، وكان من ابرز حكامها الامبراطور شن هوانج Chin Haung(٢٤٦-٢١٠ ق.م) الذي بنى سور الصين العظيم وامر بإعدام كتب بعض العلماء مثل كتب كونفوشيوس. ثم جاءت بعدها اسرة الهون Hon التي حكمت الصين من القرن الثاني قبل الميلاد الى القرن الثاني الميلادي. وكان عهدها من اكثر العهود استقرارا وأمناً، وتمت فيه كثير من الاصلاحات والاختراعات وتبسيط طريقة الكتابة القديمة(٣).

ويرى بعض المؤرخين أنه كان يعمر بلاد منغوليا منذ عشرين الف سنة قبل الميلاد اقوام من البشر كانوا يستخدمون الادوات الحجرية والتي تشبه ما استخدمته اوروبا في العصر- الحجري الوسيط. ويرون أن نسل هؤلاء الاقوام قد جابوا منتشرين في سيبريا والصين. ويمكن تقسيم المراحل المتميزة للحضارة الصينية الى ثلاث مراحل هي:(٤)

١- **المرحلة الأولى: ٨٠٠-٦٣٠ق. م:** وقد اطلق عليها توبني اسم عصر- النمو، وكان السكان منقسمين الى قسمين:

---

(١) عبد المحسن عبد العزيز حمادة، مقدمة في تاريخ التربية، الكويت، جامعة الكويت، كلية التربية، ١٩٨٢، ص٢١.

(٢) بول مونرو، المرجع في تاريخ التربية، مرجع سابق، ص٢٩.

(٣) عبد المحسن عبد العزيز حمادة، مقدمة في تاريخ التربية، مرجع سابق، ص٢٢.

(٤) محمد جواد رضا، العرب والتربية والحضارة، الكويت، دار الفكر العربي، ١٩٧٩، ص٥-٦٦.

أ-   النبلاء بالمولد أو التربية وهم وارثو الأرض

ب- الفلاحون: وهم بدون القاب، ولا يملكون ارضا.

اما نظرتهم الى الكون في هذا العصر فهي تسلم بوجود قوتين تحكمان العالم هما: ين وهي قوة سلبية مؤنثة مظلمة، ويان وهي قوة موجبة مذكرة مضيئة. وهما تسيطران على العالم أو هما العالم.

٢- **المرحلة الثانية ٦٣٠-٢٢١ق.م:** وقد سماها توبني عصر الاضطرابات وقد تميزت بالانشقاقات السياسية وتطاحن السلالات الحاكمة والعنف والفوضى العامة وفيها ظهر الفلاسفة الذين لم يشككوا في صواب النظام الملكي بل في الأسس الاخلاقية التي يجب أن تقوم عليها الملكية.

٣- **المرحلة الثالثة ٢٢١ ق.م- ١٩٠٥م:** وسماها توبيني عصر الدولة العالمية. وفي عام ٢٢١ ق.م قام الامير شنك آخر أمير اقطاعي في دولة (سن) بتوحيد البلاد وتحطيم الأرستقراطية ونفوذها. وفي عام ٢٠٧ق.م استسلمت الإمبراطورية إلى (ليوبانك) وهو جندي من العامة أسس سلالة هون، وابطل المرسوم الذي حرم فلسفة العهد الإقطاعي وآدابه رسميا وذلك عام ١٩١ ق. م.

وكان على رأس الدولة الصينية إمبراطور يلقب "ابن السماء" بحكم نيابته عن الخالق، ويستمد سلطانه مما يتصف به من الفضيلة والصلاح. ويليه في السلطان أمراء أو أعيان بالمولد بالتربية يصرفون أعمال الدولة. ثم يأتي الشعب وواجبه فلاحة الأرض، ولا رأي له في تصريف الشؤون العامة.

وتعتبر الأسرة في الصين عماد المجتمع، للأب فيها سلطة كبيرة عليها. وقد ساد الزواج من امرأة واحدة وإن وجد تعدد الزوجات على نطاق ضيق. والطلاق لم يكن شائعا، ولكن يمكن للزوج أن يطلق لشروط معينة وتحت ظروف خاصة. وحكمة الحياة الأسرية تتلخص في أن النساء لا يتكلمن عما يدور خارج البيت ولا يتدخل الرجال فيما يدور داخل البيت [١]

---

(١) عبد الله الرشدان، المدخل الى التربية، مرجع سابق، ص٨٢،٨٣.

-الدين:

سادت الصين ثلاثة ديانات هي: الكونفوشية، والبوذية، والتاوية:[1]

الكونفوشية: تعتبر الكونفوشية مفتاح التاريخ الصيني. ومؤسسها كونفوشيوس (٥٥١-٤٧٨ق.م) أو كونغ-تسي، وهو رجل حكيم وليس نبيا مرسلا استطاع أن يدمغ مجتمعا برمته بصورته. وكان هدفه الاسمى اقامة المدينة الارضية المنسجمة. ورأى انه الطريق الى ذلك هو التعاطف والإحساس بالغير. وهذه الصفة ليست منزلة من قوة عليا ولكنها عنصر أساسي في الطبيعة البشرية. وقد ترك كونفوشيوس بعد وفاته خمسة مجلدات عرفت في الصين باسم الجنجات الخمسة أو كتب القانون الخمسة وهي: سجل المراسيم، اذ اعتقد أن آداب اللياقة من الأسس الدقيقة لتكوين الأخلاق ونضجها؛ وكتاب التغيرات والتحولات، وتحدث فيه عن علم ما وراء الطبيعة؛ وكتاب الأناشيد أو الأغاني، وفيه شرح لكنه الحياة البشرية ومبادئ الأخلاق القويمة؛ وكتاب حوليات الربيع والخريف، وفيه ذكر الأحداث التي وقعت في موطنه الأصلي؛ ثم كتاب التاريخ، وجمع فيه اشرف وانبل ما وجده في حكم الملوك الأولين من أعمال تستحق التنويه والإشادة، ثم اضاف مريدوه أربعة كتب جمعوها من آرائه الفلسفية وخلفه بعد ذلك بنحو قرن احد تلاميذه منسيوس (٣٧٢-٢٨٩ق.م) وشرح كتبه ونشرها وعلق عليها واصلح بعضها.

ولعل خير ما يعبر عن المنهج الفلسفي الكونفوشي ما اعتقد فيه كونفوشيوس كل الاعتقاد، فهو آمن بأهمية الأخلاق، وهي مطلبه الأول، وكان يرى أن لا صلاح للفساد السائد في مجتمعه إلا على أساس الأخلاق التي فسدت من ضعف الإيمان القديم وانتشار الشك السفسطائي في ماهية الصواب والخطأ، وكان يرى ضرورة البحث الجدي عن معرفة أتم وأكمل من المعرفة السابقة، وعلى إعادة تنظيم حياة الأسرة تنظيما مبنيا على اسس خلقية سليمة.[2]

وقد ضمت كتب كونفوشيوس ابحاثاً مطولة في الفلسفة والعلاقة الروحية بين الأفراد فيروى عنه أن رجلا سأله هذا السؤال "ألا يوجد لديك كلمة واحدة يسير بموجبها الإنسان في حياته؟"، فأجابه قائلاً: نعم "هذه الكلمة هي التبادل، وأريد بها إلا تفعل لغيرك ما لا تريد أن يفعل الغير بك". وقد سن كونفوشيوس خمسة أنظمة للعلاقات المتبادلة وهي: بين الملك والرعية، وبين الأقارب والولد، وبين الزوج

---

(١) عبد الله الرشدان، المدخل الى التربية، مرجع سابق، ص٨٢، ٨٣.

(٢) سعد مرسي احمد وزميله، تاريخ التربية والتعليم، مرجع سابق، ص٥٤.

والزوجة، وبين الأخ وأخيه، وبين الصديق وصديقه، وقال ايضاً: "توجد خمسة حواس وخمسة سيارات وخمسة الوان فكذلك توجد خمس فضائل وهي العدل، والنظام، والحكمة، والأمانة، والإحسان"[1].

التاوية: مؤسس هذه الديانة لاو-تسي، وكن معاصرا لكونفوشيوس، ويمثل لاو-تسي روح التحرير والتقدم والبحث عن المثل الأعلى والثورة على العادات. لذا كان الإخفاق نصيبه، بعكس كونغ-تسي الذي كثر اتباعه ونجحت أفكاره التي تقول بالأخلاق العملية والنفعية القائمة على سلطة الدولة والأسرة وعلى منفعة الفرد أيضا.

وقد وجدت التاوية إلى جانب الكونفوشية والبوذية. ولا يتطرق إلى الذهن أن تنافسا قام بين التاوية والبوذية والكونفوشية، فإن إحداها كانت تكمل الأخرى. وقد يعتنق الصيني الكونفوشية والتاوية معا. ولا غرابة في ذلك فجميع هذه الديانات اهتمت بحياة الإنسان الدنيوية. وقد علم لاو-تسي- مريديه أن التاو أو الطريق الحق مرتبط ارتباطا وثيقا جدا مع العالم، وكان يهدف الى الحياة السعيدة على الأرض بيسر وسهولة ودون تعقيد. وكان لاو-تسي يرمي الى انسجام الجسم مع الروح، والإنسان مع الطبيعة، وسبيل الإنسان إلى ذلك ترك الأمور تجري على هواها.

وهكذا نجد أن التاوية تتأرجح بين ديانات بدائية وبين السحر. وقد احتقر التاويون الأوائل متاع الدنيا، ولكن أحفادهم تنحوا عن التاو "الطريق الحق" إلى البحث عن إكسير الحياة وروحها.

البوذية: ومؤسس هذه الديانة هو بوذا، ويسمى جوتاما أيضا، وذلك في القرن السادس قبل الميلاد وذلك في بلاد التبت شمال الهند. وتحتوي البوذية على أفكار زهد واتجاهات ميتافيزيقية، وهي عناصر غريبة عن الصينيين. إلا أنها جذبت إليها أتباعا كثيرين، ولعل أكثر ما جذب الصينيين اليها دعواها إلى خلاص النفوس. وتتكون البوذية من الحقائق النبيلة الأربع التالية.

١- الوجود شقاء.

٢- يتسبب الشقاء عن الرغبات الأنانية.

٣- يمكن تدمير الرغبات الأنانية

---

(١) عبد الله مشنوق، تاريخ التربية، ط٤، عمان، مكتبة الاستقلال، بدون تاريخ، ص١٤.

٤- يتم تدميرها باتباع طريق ذي ثماني شعب خطواته هي: الفهم السليم، والغرض الصحيح، والقول الحق، والسلوك القويم، والمهنة المناسبة، والمحاولة الجادة، واليقظة الواعية، والتركيز الصادق.

التربية:

تظهر لنا العلاقة الأساسية بين التربية والحياة الاجتماعية للصينيين من العبارة التالية للفيلسوف الصيني الكبير كونفشيوس حيث يقول: "الطبيعة هي ما منحتنا إياه الآلهة، والسير بمقتضى شروط الطبيعة هو السير في صراط الواجب، وادارة هذا الصراط وتنظيمه هو القصد من التربية والتعليم[1] فالغرض الذي ترمي إليه التربية هو تدريب كل فرد على سلوك طريق الواجب هذا، حيث توجد جميع تفاصيل مهام الحياة وعلاقاتها مفصلة بدقة تامة. وهذه التفاصيل لم يلحقها التغيير طيلة القرون المتتابعة.

وكما انفصل الدين عن الدولة، اذ لم يكن للصين ديانة رسمية، فكذلك انفصلت التربية والتعليم عن الدين، ولم تنفق الدولة على المدارس بل لم تكن هناك مدارس حكومية، ولم يكن بالصين نظام تعليم حكومي. وقد كان الصينيون يعتنون بتربية أولادهم فقط لأن شرائعهم لا تأمر بتربية البنات، ويطلبون منهم أن يستظهروا هذه الشرائع، وبعد ذلك يكلفونه بأن ينحو نحوها في الكتابة فيقلدها وكلما أتقن تقليدها زادت قيمة كتاباته. ولكي نفهم ما يتطلبونه من الطفل لا بد لنا من شرح مختصر عن اللغة الصينية وآدابها.

مميزات اللغة الصينية:[2]

تمثل رموز اللغة الصينية أفكارا لا أصواتا. فاللغة الصينية لغة ذهنية لا صوتية، ولهذا فقد كثرت رموزها لتطابق أفكارها. وليست لهذه الرموز أصوات، فمثلها كمثل الأرقام الحسابية فمعناها تميزه العين قبل أن تدركه الأذن. ويقدر العارفون عدد الرموز الموجودة في اللغة الصينية ب(٢٨٠.٠٠٠) رمز، أما الشائع المستعمل فيما عدا المترادفات والكلمات غير المستعملة فتقدر بما يقرب من (٢٥) ألف رمز، وإذا حسبنا عدد هذه الرموز بعد أن تدخل عليها العلامات المشددة، وجدنا أنه يزيد على (٢٦) ألف رمز. وإذا تذكرنا أن هذه الرموز لا بد من أن تحفظ عن ظهر قلب كما تحفظ حروفنا الأبجدية، تصورنا مقدار الجهد الشاق الملقى

---

(١) المرجع السابق، ص١٣.

(٢) بول مونرو، المرجع في تاريخ التربية، مرجع سابق، ص٢٦.

على عاتق التلميذ. وعلى كل فكثير من هذه الرموز قلما يستعمل، وكتبهم التسعة المقدسة التي يتكون منها معظم مادة التربية، لا تحتوي في الواقع على اكثر من خمسة آلاف رمز. إضافة إلى ذلك هناك ستة نماذج مختلفة للكتابة اليدوية تشبه الكتابة الرومانية والكتابة المائلة والحروف السوداء في الإنجليزية. وهذه النماذج أو الطرق الستة هي طريقة التنميق، والطريقة الرسمية، والطريقة الأدبية أو النموذجية، والطريقة العادية، والطريقة الجارية، وطريقة الزاوية المشابهة للطباعة، ومن الواجب معرفة عدد معين من هذه الأشكال.

وفيما يتعلق بالتلاميذ، يجب أن نتذكر أن هذه اللغة المدرسية لغة ميتة من الناحية العملية وبذلك انقطعت صلتها باللغة التي يستعملها في حياته اليومية. فأفعال هذه اللغة جامدة لا تصرف ولا تختلف صيغها، واسماؤها لا جنس ولا نوع لها ولا عدد ولا صفة. وبما أن معنى الكلمة يحدده السياق أو موضوع الكلمة في الجملة أو النبرات الصوتية، فإن بساطة تركيب قواعدها مما يزيد في صعوبتها. فاستخدام الأسلوب الأدبي الذي تقره المستويات المدرسية لا يمكن أن يصل إليه التلميذ إلا بعد سنوات من التمرين التقليدي القاسي.

- مراحل الدراسة وموادها:

تقسم مرحلة الدراسة في التربية الصينية إلى ثلاثة أقسام هي[١].

مرحلة التعليم الأولى أو الابتدائي، ومرحلة التعليم الثانوي، ومرحلة التعليم العالي.

- مرحلة التعليم الأولي: في هذه المرحلة يدرس التلميذ رموز اللغة الصينية ويحفظ أشكالها، كما يحفظ الكتب الدينية المقدسة التسعة. اما الكتب المقررة في هذه المرحلة والتي تدرس في جميع المدارس الصينية فهي: كتاب الشعر ذي البحور الثلاثة والغاية من دراسته هو التمكن التام من الرموز التي يتألف منها الكتاب، وقد بلغت اكثر من (٥٠٠) رمز. والكتاب الثاني هو "قرن من الألقاب" ويحتوي على ما يقرب من أربعمائة اسم لعائلة أو عشيرة مختلفة. هذا الكتاب مجموعة من النصوص وهي: الأدب الألفي القديم، ويتألف من ألف رمز أو مصطلح لا يتشابه منها اثنان في المبنى أو في المعنى، ثم أناشيد الأطفال، وسنن الواجبات البنوية، ومعلم الأحداث. وكل هذه النصوص تؤكد بشكل قصصي المبادئ الأساسية للأخلاق الصينية. ثم يأتي أخيرا حفظ واستذكار الكتب الأربعة والأدبيات الخمسة التي تحوي

(١) عبد الله الرشدان، المدخل إلى التربية والتعليم، مرجع سابق، ص٨٣،٨٤.

شرائع كونفوشيوش خلال أربع أو خمس سنوات، يكون في نهايتها قد بلغ التلميذ السادسة من عمره.

اما مدارس التعليم الأولي فهي موجودة في كل مكان من أنحاء الصين، وليس لها صفة رسمية وانما يقوم بنفقتها بعض المتمولين، ويجمع لها اعانات خاصة ويقوم بمهمة التدريس فيها المرشحون الـذين يرسبون في الامتحانات العامة التي تقيمها الدولة. وكانت تأخذ المدرسة مكانها في معبد اذا لم تجد كوخـا مناسباً أو سقيفة أو ركنا يأوي التلاميذ. وقد كانت المدارس خاصة بالبنين اذ لم يكن هناك مدارس للبنات. وقد خضعت هذه المدارس المتواضعة لنظام صارم. فكان الاطفال يأتون من مطلع الشمس ويدرسون فيها حتى المغيب المقررات السابقة، دون أن يتعلموا شيئا من الحساب والـذي يـتم تعلمـه مـن الحيـاة. وكان المعلم يلجأ الى تحفيظهم عن ظهر قلب والى استعمال العصا لتأكيد ذلك الأسلوب. وطريقـة التعلـيم في هذه المرحلة تقوم على الحفظ والتكرار والإسراع الكلي في قراءة الدرس.

- مرحلة التعليم العالي: وفي هذه المرحلة يتمرن التلاميذ نفس الكتابـات الفلسفية والدينيـة والاجتماعيـة السابقة عن طريق الشرح والتفسير والتحليل، الى جانب دراستهم التاريخ الصيني والقانون والماليـة والشؤون الحربية والزراعة.

- مرحلة التعليم العالي: وفي هذه المرحلة يتمرن التلاميذ على كتابـة المقـالات والرسائل استعداداً لـدخول الامتحان العام الذي يأتي بعد إكمال هذه المرحلة. ويتم التعليم العالي عادة في المدارس العاليـة والكليات والأكاديميات الخاصة والحكومية المتواجدة في المدن الكبرى.

نظام الامتحانات: يعتبر نظام الامتحانات في الصين الظاهرة الأساسية في التربية والتعليم، وذلك لأن هـذه الامتحانات لا تمثل القوة المسيطرة على التربية فحسب بل أيضا تدعم الوسائل التي تـؤدي إلى صيانة الكيان الحكومي والاجتماعي، ويتم عن طريقها انتخاب الموظفين اللازمين لإدارة شؤون الدولة. والناجحون في هذه الامتحانات يتمتعـون بالاحـترام والتقـدير والإعجـاب مـن جميـع طبقـات الشعب. ولهم ملابـس وشارات خاصة لا يرتديها غيرهم من أبناء الشعب. ويسيطر على هذه الامتحانات تماما موظفو الحكومـة الذين يتكونون من نخبة من العلماء الصينيين الـذين سبق وان نجحوا في هـذه الامتحانات. وتقسم إلى ثلاثة أقسام[1]:

---

(١) عبد الله الرشدان، المدخل الى التربية والتعليم، مرجع سابق، ص٨٥.

١- امتحانات الدرجة الأولى: تعقد مرة كل ثلاث سنوات في المدن الكبرى في المقاطعة تحت إشراف العميد الأدبي ذي النفوذ التشريعي المطلق. ومدة الامتحان حوالي أربع وعشرين ساعة، يوضع الطالب في غرفة خاصة حيث يطلب منه إنشاء ثلاث رسائل في مواضيع مختارة من كتب كونفوشيوس. ونسبة النجاح فيها ضئيلة لا تتجاوز ٥%. ويحصل الناجحون فيها على درجة الملكة الزاهرة ويعينون بوظائف صغرى في المقاطعات.

٢- امتحانات الدرجة الثانية: وتقام في مركز المقاطعة بعد مضي أربعة اشهر على امتحانات الدرجة الأولى مرة كل ثلاث سنوات. وهي تشبه الامتحانات السابقة في أسلوبها، وإنما تمتاز عنها بأنها اعم وأوسع وأكثر صعوبة. ومدة الامتحان ثلاثة أيام، ونسبة النجاح فيها ١% ويحصل الناجحون فيها على درجة الرجل المنقول، ويعينون بوظائف حكومية صغرى.

٣- امتحانات الدرجة الثالثة: وتقام في عاصمة الصين بكين، في اغرب قاعة امتحان تتكون من عشرة آلاف حجرة، في كلية (هان لين يوان) أي غابة الأقلام وهي كلية إمبراطورية. ويوضع كل طالب في حجرة يأخذ طعامه وشرابه حيث يستمر الامتحان ثلاثة عشر يوماً. ونسبة النجاح فيها أعلى من الامتحانين السابقين. ويحصل الناجحون فيها على درجة العلماء المجلين ويعينون في مناصب الدولة الكبرى.

ومن الجدير بالذكر أن هذه الامتحانات من الدرجة الأولى والثانية تكرر عدة مرات تتراوح ما بين ٣-٥ مرات للحصول على العدد المطلوب من الموظفين الصالحين. ومع ذلك فإن هذه الامتحانات العامة الثلاثة لا تؤدي رسالتها على الوجه الأكمل، إذ أن هناك امتحانا أعلى لا يتنافس فيه إلا العلماء المسجلون الناجحون في امتحان الدرجة الثالثة. ولا ينال الناجح في هذا الامتحان درجة علمية وانما يحصل على وظيفة رفيعة تفوق جميع الوظائف الحكومية، وتعده لأن يكون عضوا في المجلس الإمبراطوري. وهؤلاء الناجحون في هذا الامتحان يكونون في الصين طبقة للعلماء تعرف باسم "هان لين يوان" أو طبقة غابة الأقلام أو الأكاديمية الإمبراطورية. وهذه كمعهد تربوي يقوم بوظائف استشارية واعمال رسمية ويمنح أعضاؤها مناصب رئيسية في أي مكان آخر. ويلاحظ أن هذه الامتحانات لا تشترط سنا محددا بل أنها امتحانات لاختبار المعلومات المطلوبة واختبار مقدرة الشاب على التقليد. وكان يسمح للشخص أن يتقدم للامتحان في أي سن مدى حياته، لذلك كثيراً ما نجد الجد والابن والحفيد يؤدون الامتحان نفسه.

والنتيجة هي أن التربية الصينية قد حققت هدفها الأسمى وهو استقرار المجتمع الصيني وبقاء الإمبراطورية والاحتفاظ بالماضي. كما أنها تميز عقول أبنائها بصفات نفسية خاصة كما أنها تترك فيها نقائص واضحة. فبينما نلاحظ أن قدرة العقل على الوعي والحفظ تقوى بشدة، وان مقدرة التلميذ على الإلمام بالتفاصيل تزداد، وكذلك الحال في القدرة على تمييز الأشكال الدقيقة وعلى التقليد، فإننا نلاحظ نقصا عظيماً في القدرة الابتكارية وفي الاستعداد الاختراعي، وفي المرونة أو سرعة التهيؤ للظروف، وفي القوى الإنشائية. كما أن التربية من وجهة نظر الفرد تؤدي إلى كبت الذاتية. وبذلك يصبح هدف التربية هو إخضاع الحياة كلها، لآثار الماضي والحفاظ عليه، دون أن تعمل على نمو الكفاية الإنسانية، وتوجه السلوك الإنساني أكثر من المبادئ، وتحل القدرة على الحفظ محل استثارة التفكير

رابعاً: التربية عند العبرانيين

لمحة تاريخية واجتماعية ودينية:[1] لا توجد اشارات تاريخية دقيقة وصحيحة عن العبرانيين ولا يوجد كتاب تاريخي واحد يثبت علميا أن العبرانيين هاجروا من جزيرة العرب على اعتبار أنهم شعب واحد ذو صفة جنسية واحدة ام هم جماعات آمنت بديانة واحدة وجمعتهم ظروف واحدة. لذلك واستنادا الى التحليل العلمي للتاريخ واستنباط الحقائق التاريخية العلمية وابتعادا عن اقوال المؤرخين المتعصبين للصهيونية والحاقدين على تاريخ الأمة العربية والمزورين لكثير من الحقائق التاريخية، والذين اعتمدوا بالتالي على الأساطير الواردة في كتاب التوراة الذي كتبه المؤرخون اليهود بعد فترة طويلة من الاحداث التاريخية وفي فترات زمنية متباينة، وما لحقها من تشويه كما تذكر الكتب السماوية الاخرى، وبالاعتماد على الاكتشافات الاثرية الحديثة في وادي النيل وبلاد الشام ووادي الرافدين، فإن الكتابات التاريخية هذه لا تذكر الشيء الكثير عن هؤلاء القوم، بل برهنت عكس هذه الاساطير الواردة في التوراة، وسرقة مواد تاريخية تعود الى غيرهم من الاقوام السابقة.

وتذكر بعض النصوص المسمارية المكتشفة حديثا أن جماعة من المرتزقة الاجانب الذين يطلق عليهم (الخابيرو) اخذوا يدخلون البلاد من الجهة الجنوبية. وقد فسر بعض العلماء هذه الكلمة الأكدية مرادفة لكلمة عبري وعبراني بمعنى الذي يأتي من الجانب الآخر أو بمعنى العابر، وهذا هو عين الحقيقة والتاريخ. لذا فالنصوص المسمارية الكثيرة الواردة من اماكن مختلفة شرقا وغربا تصف هؤلاء

---

(١) عبد الله الرشدان، المدخل الى التربية والتعليم، مرجع سابق، ص٧٧.

القوم بأنهم عبيد ومرتزقة باختيارهم يبيعون انفسهم لمن يشتريهم، ولا ارتباط عرقي يجمعهم، وانما عناصر متباينة كنعانية وحورية وحثية وغير ذلك من المغامرين الافاقين والعصابات الصحراوية التي لا أرض لها، كما هو حالهم اليوم. اما التاريخ من وجهة نظر اليهود، فهو يزعم أن هناك ثلاث هجرات رئيسية مرت بهم وهي: هجرة ابراهيم الخليل عليه السلام، وهجرة اقترنت مع هجرة الاراميين في القرن الرابع عشر قبل الميلاد ودخول الهكسوس الى مصر، والهجرة الثالثة فتتمثل في خروجهم من مصر بقيادة موسى ويوشع في حدود ١٢٩٠ ق.م. وقد بينت الوثائق المسمارية التي اكتشفت في منتصف القرن التاسع عشر زيف الكثير مما كتبوه عن انفسهم وانه مستنسخ عن تاريخ الامم السابقة.

أما من الناحية الاجتماعية والدينية، فقد كانت هذه الجماعات تعيش حياة بدائية مرتحلين من مكان إلى آخر طلبا للماء والكلأ لمواشيهم برئاسة شيخ القبيلة. وفي هذه الفترة من التاريخ وقبل نزول الديانة اليهودية على العبرانيين، فإنهم كانوا قوما وثنيين يعبدون الصخور والماشية والضان وارواح الكهوف، كما عبدوا الافعى لأنها تمثل الحكمة والخلود، إلا أن ديانتهم الوثنية لم تترق كثيرا، فلم يعرفوا اليوم الآخر والجنة والنار.[(١)]

ومن اعيادهم المشهورة ما يلي:

١- عيد المظال، او عيد الحصاد: وفيه كانوا يسكنون تحت اغصان الاشجار لمدة اسبوع، يجتمعون ويقدمون العطايا لخدام الله والفقراء والغرباء ويقصون الاحاديث عن تاريخهم.

٢- خدمة الفصح أو يوم الفصح: وهو اجتماع يتم في منتصف الليل يتناولون خلاله العشاء ويكون الطعام فيه خبزا غير مختمر، ثم يصغون بصمت الى تلاوة قصة الدم المرشوش والملاك المهلك، والخروج العظيم من ارض العبودية، وكان يدعى اليه الآباء والأبناء، ويقام في اورشليم.[(٢)]

٣- يوم التكفير: ويقع في الشهر العاشر من السنة اليهودية. وفيه ينقطع الشخص تسعة ايام يتعبد فيها ويصوم ايام التوبة، وفي اليوم العاشر الذي هو يوم التكفير لا يأكل فيه اليهودي ولا يشرب ويمضي وقفة في العبادة حيث تغفر جميع سيئاته ويستعد فيه لاستقبال عام جديد.

---

(١) عبد الله الرشدان، المدخل الى التربية والتعليم، مرجع سابق، ص١٠٢.

(٢) عبد الله الرشدان، المدخل الى التربية والتعليم، مرجع سابق، ص١٠٢.

٤- زيارة بيت المقدس، يتحتم على كل يهودي ذكر رشيد زيارة البيت المقدس مرتين كل عام.

٥- الهلال الجديد: كانوا يحتفلون بميلاد كل هلال جديد، حيث تنفتح الابواب في البيت المقدس وتشعل النيران ابتهاجا به.

٦- يوم السبت: لا يجوز لهم الاشتغال في هذا اليوم لأنه اليوم الـذي اسـتراح فيـه الـرب، كـما يعتقـدون. فقد اجمعت اليهود على أن الله تعالى لما فرغ من خلق السموات والأرض استوى على عرشه مستلقيا على قفاه واضعا إحدى رجليه على الأخرى. [١]

اما الجذور الفكرية والعقائدية عند اليهود فتقوم على:

- عبادة العجل: وقد اخذوه عن قدماء المصريين حيث كانوا هناك قبل الخروج من مصر- ويعـد الفكـر المصري القديم مصدرا رئيسياً للأسفار في العهد القديم

- من مصادر العهد القديم الفكر البابلي والفارسي

- واهم مصدر اعتمدت عليه اسفار العهد القديم هو تشريع حمورابي الذي يرجع الى نحـو عـام ١٩٠٠ ق.م. وهو اقدم تشريع سامي معروف حتى الآن.

- يقول التلمود * بالتناسخ. وهي فكرة تسربت لبابـل مـن الهنـد، حيـث نقلهـا حاخـام بابـل الى الفكـر اليهودي.

- كما تأثروا بالفكر المسيحي، فتراهم يقولون: "تسبب يا أبانا في أن نعود الى شريعتك. قربنا يا ملكنا الى عبادتك. وعد بنا الى التوبة النصوح في حضرتك". [٢]

(١) ابراهيم ناصر، التربية الدينية المقارنة، عمان، دار عمار، ١٩٩٦، ص١٣٥.
* التلمود هو روايات شفوية تناقلها الحاخامات حتى جمعها الحاخام (يوحناس) عام (١٥٠)م في كتاب اسماه (المشنا) أي الشريعة المكررة لما في توراة موسى كالايضاح والتغير. وقد اتم الراباي يهودا عام ٢١٦م تدوين زيارات وروايـات شفوية. وقد تم شرح هذه المشنا في كتاب سمي (جمارا). ومن المشنا والجمارا يتكون التلمود، وهـو يحتـل عنـد اليهـود منزلـة مهمة جدا تزيد على منزلة التوراة. المؤلف
(٢) المرجع السابق، ص١٣٧-١٣٨.

التربيـة: اهـتم العبرانيـون بالتربيـة اهتمامـاً كبـيراً، فهـي القـوة التـي اسـتطاعت أن تبقـى عـاداتهم واعتقاداتهم على مر العصور، رغم تشردهم في بقاع الأرض.

الفلسفة والأهداف العامة للتربية:

- هي تربية دينية تقوم على الايمان بالله، وتربية دنيوية
- تركز على القومية الاحادية، والانغلاق عن الاخرين، فالتربية اليهودية تربيـة عنصريـة ايمانـا منهـا بـأن اليهود هم شعب الله المختار.
- ليست التربية لعموم الناس، وانما هي لليهود فقط، كذلك فإن القيم اليهوديـة تصلح فقـط للتعامـل داخل الاطار اليهودي.
- تسعى التربية اليهودية الى ايجاد الانسان المخلص للإلـه (يهـوه)، الانسـان الفاضـل الـذي يبلـغ المثـل الاعلى الذي سنه الله نفسه، الانسان المفكر المثقف، صاحب ارادة حرة، مسـؤول عـن تصرفاته، كـائن مكرم، ومواطن صالح.
- يهدف الفكر التربوي اليهودي المرن الى تنمية الشخصية اليهودية بأبعادها العقلية والجسمية.

مراحل التربية عند العبرانيين:

مرت التربية عند العبرانيين بمرحلتين اساسيتين(١):

اولا: المرحلة الأولى: التربية الدينية والقومية

لقد كانت التربية لدى العبرانيين في العصور الأولى تربيـة اسريـة منزليـة. فـلا نجـد لـديهم قبـل ظهور الديانة المسيحية، أي اثر لمدارس عامة للصغار عـلى الاقـل. بـل كانـت حيـاة الاسرة هـي قـوام هـذا المجتمع البدائي الذي كان يجهل معنى الدولة والرئيس تقريباً، ولا يتخذ رئيسا إلا الاله.

فكان يربى الطفل على الاخلاص للاله (يهوه). ولم يكن هناك معلومات كثيرة، يتعلمهـا، بـل كـان يتعلم القواعد الخلقية والمعتقدات الدينية عن طريق المثال والقدوة. ولا عجب في ذلك، فالإنسان الكامـل عند العبرانيين هو التقي الفاضل الذي

---

(١) عبد الله الرشدان وزميله، مرجع سابق، ص١٠٣، ١٠٤.

يبلغ هذا المثل الأعلى الذي سنه الإله نفسه في التوراة اذ قال: "كونوا قديسين مثلما أنا قديس أنا ربكم الخالد". أما النظام فكان قاسيا كما تدل على ذلك ايات عديدة في التوراة. وكان ضرب الاطفال جائزا بل واجبا. وكان الفتيان وحدهم فيما يظهر، يتعلمون القراءة والكتابة. اما الفتيات فكن يتعلمن الشؤون المنزلية والرقص والغناء.

ومن هنا فالتربية الفكرية لدى العبرانيين القدامى كانت ثانوية، اما العمل الرئيس في نظرهم فهو التعليم الخلقي والديني والتربية القومية كذلك عن طريق الاعياد التي كانوا يدعون اليها الاطفال كما اسلفنا.

ثانياً: المرحلة الثانية: تقدم التعليم العام:

اختلفت احوال التربية عند العبرانيين بعد ظهور الديانة المسيحية، وزاد اهتمامهم بالتربية الفكرية كثيرا. فاصبحت التربية عامة تهدف الى تعليم الاطفال شؤون الثقافة والفكر، بعد أن كانت قاصرة على تعليم المبادئ الخلقية الطيبة، والعادات الدينية المقدسة. فقد حاول اليهود الانتقام لانفسهم، من انتشار الدين المسيحي وغلبته، وذلك عن طريق الثقافة والعلم.

وتحقيقاً لهذا الهدف، فرض الكاهن اليهودي جوزيا بن جامالا Jose Ben Gamala عام ٦٤م على كل مدينة انشاء مدرسة، تحت طائلة العقوبة والحرمان لمن يمتنع. وقد أوجب على كل مدينة يخترقها نهر، دون أن يكون هناك جسر قوي يعبر عليه ضرورة انشاء مدرسة في الضواحي. ويتضح مدى اهتمام اليهود وعنايتهم بإنشاء المدارس في هذه المرحلة من الفقرة التالية الواردة في التلمور "اذا لم يجاوز عدد الاطفال خمسة وعشرين، قاد المدرسة معلم واحد، واذا جاوز هذا العدد، فعلى المدينة أن تؤجر مساعدا له، واذا جاوز الاربعين لزمها معلمان".

المناهج والنظام

كان الطفل العبراني يدخل المدرسة في سن السادسة، يتعلم فيها القراءة والكتابة وشيئا من التاريخ الطبيعي وكثيرا من الهندسة والفلك، اما الطريقة المتبعة في تعليم القراءة والكتابة فهي الطريقة الشرقية أي الحفظ والتكرار الالي الرتيب، كما هو الحال في الكتاتيب. وكان الاطفال يستعملون التوراة في تعليمهم، كما كان المعلمون يهتمون باللفظ الصحيح، وتكرار الشرح كثيرا، وتقديم النصائح الخلقية في دروس القراءة.

إما طريقة التدريس في هذه المرحلة فقد كانت جذابة مشوقة، والنظام لينا بعض الشيء، يخلو من القسوة والشدة التي كانت متبعة في المرحلة السابقة. وكما يقول التلمود "عاقب الأطفال بإحدى يديك، وداعبهم بكلتيهما". ومع ذلك فقد سمحوا باستخدام العقوبة البدنية لمن جاوز الحادية عشرة من الأطفال حيث يجوز حرمانهم من تناول الخبز أو الضرب بشع النعل.(١)

نقد التربية العبرانية: رغم أن العبرانيين قوم شرقيون، فإن تربيتهم قد باينت التربية الشرقية في جانب هام واساسي. فالذي يميز التربية الشرقية عامة هو روح المحافظة والجمود والحد من حرية الفرد ونموه الشخصي. أما العبرانيون فقد اهتموا بنمو الشخصية الفردية نتيجة تصورهم للألوهية المشخصة ولاعتقادهم بالصلة الشخصية الحميمة مع الإله والمسؤولية الفردية تجاهه. أما في النواحي الاخرى كتنظيم المدارس ومناهج الدراسة واساليب التدريس فلم يشذوا عن الطابع الشرقي.

خامساً: التربية عند البابليين:

لمحة تاريخية واجتماعية:

قامت الدولة البابلية القديمة حوالي عام (٢٠٠٦ ق. م) على اثر سقوط سلالة أور الثالثة السومرية على يد العموريين. وهم فرع من الاقوام العربية القديمة التي هاجرت من شبه الجزيرة العربية، متجهة نحو بوادي الشام والعراق، ثم توغلت جماعات منهم في بلاد بابل منذ اواخر الألف الثالث قبل الميلاد، حيث استطاعوا السيطرة على المدن التابعة لامبراطورية أور الثالثة تدريجيا، وتكوين دولة بابل الأولى. وانتهى حكم هذه السلالة عام ١٥٩٥ ق.م على اثر سقوط دولتهم على يد الجيوش الحثية الغازية.(٢)

وقد قسم بعض المؤرخين العصر البابلي القديم الى ثلاثة اقسام:(٣)

---

(١) المرجع السابق، ص٧٩، ٨٠.

(٢) المرجع السابق، ص٧٣.

(٣) احمد سليم، دراسات في تاريخ مصر والعراق منذ اقدم العصور وحتى مجيء الاسكندر الاكبر، الاسكندرية، دار المعرفة الجامعية، ١٩٤٤، ص٢٩٩-٣٠٩.

١- الدولة البابلية الأولى: اسسها الملك (سمو-أبوم) حيث كان قيامها معاصراً لقيام دولة الآشوريين في شمال العراق. ويعد حمورابي أعظم واشهر ملوك هذه الدولة، اذ تمثل فترة حكمه التي استمرت (٤٣) عاما ازهى عهودها. وقد امتد عهد الاسرة البابلية الأولى مدة تقرب من (٢١٥) عاما، حيث تمكن الحثيون من القضاء عليها.

٢- مملكة بابل الثانية: (اسرة القطر البحري الأولى) : نشأت هذه الاسرة في الشواطئ الشمالية للخليج العربي، وحكم ملوكها حوالي (٣٦٨) عاما، ثم قضى عليهم الكاشيون.

٣-مملكة بابل الثالثة: (الدولة الكاشية): الكاشيون من العناصر الآسيوية التي امتزجت بالعناصر الهندية الأوروبية. استمر حكم الكاشيين قرابة (٣٤٠) عاما، وكان أول ملوكهم هو (جانداش).

وقد كان نظام الحكم عند البابليين ملكيا وراثيا، ويختار ولي العهد في حياة الملك حيث يفرض البيعة والولاء له على الأمراء والوجهاء ورجال الجيش، وامراء الأقاليم ثم رأي الآلهة عن طريق الفال والكهانة. ويتألف المجتمع البابلي من عدة طبقات هي:[١]

- الطبقة العليا وهم النبلاء، ويأتون بعد الملك.
- طبقة الناس الأحرار، وهم أصحاب المهن والحرف والمصارف والتجار والأطباء والكتبة والصناع.
- الطبقة الوسطى من الأحرار والفلاحين والأجراء (موشكينو)
- طبقة العبيد

أما فئة ساكني القصور أو الأسرة المالكة، وفئة ساكني المعابد أو رجال الدين فلا تدخلان في الإطار الطبقي، بل تقفان في أعلاه.

(١) نور الدين حاطوم واخرون،موجز تاريخ الحضارة، ج١، دمشق، مطبعة الكمال، ١٩٦٥، ص١٧١.

استندت الحياة الاجتماعية البابلية على الأسرة التي تتكون عن طريق الزواج بامرأة واحدة شرعية بوثيقة مكتوبة تحدد حقوق وواجبات الزوجين امام الشهود. ويستطيع الرجل حسب شريعة حمورابي الزواج بأخرى اذا لم تنجب زوجته الأولى اطفالا. كما شاع التبني بهدف الابقاء على العائلة وحفظ اسم الأب. وكانت العائلة مؤلفة من الزوج والزوجة والأبناء الطبيعيين والمتبنين. أما العبيد والاماء فلا يعدون من صلب العائلة وانما كجزء من ممتلكاتها.(١)

واذا نظرنا الى اصول الاسرة في المجتمع البابلي فنجد أن القوم قد استندوا الى قوانين تحكم عاداتهم وتقاليدهم، وابرز هذه القوانين:(٢)

- يقوم الزواج على مبدأ الزوجة الواحدة، إلا عند الضرورة لمرض المرأة أو عقمها.
- لا يعد الزواج صحيحا إلا بعقد مدون ومصدق عليه من الشهود.
- من حق الزوج أن يطلق زوجته ايضاً بعقد وشهود، ولكن عليه أن يدفع لها تعويضاً عن ذلك.
- لم يكن الزواج ليتم إلا برضى عائلتي الطرفين.
- تحصل الزوجة عند الزواج على ثلاثة مبالغ من المال:

١- مهرها كعروس من زوجها، وهو حق خالص لها تملكه ويرثه ابناؤها.

٢- مبلغ تدفعه عائلتها يكون ملكها، ولكن يستطيع الزوج التصرف به، وعليه أن يعيده في حالة الطلاق.

٣- هدية الزوج لزوجته عند الزواج.

---

(١) رضا جواد الهاشمي، نظام العائلة في العهد البابلي القديم، بغداد، مكتبة الاندلس، ١٩٧١، ص٢٠٣.

(٢) ل. ديلابيورت، بلاد ما بين النهرين (الحضارتان البابلية والشورية) ترجمة محرم كمال، القاهرة، مكتبة الآداب ومطبعتها، بدون تاريخ، من ٨٨-٩٥.

- رغم حفظ حرية المرأة وحقوقها وحفظ شؤونها الاقتصادية، إلا أن الزوج حر التصرف بها، فربما يضعها وديعة عند دائنه حتى يستطيع سداد دينه.
- اذا تزوج الرجل من أمة تصبح حرة اذا انجبت.

الدين:-

عبد البابليون والآشوريون آلهة عديدة، كما تدل النصوص المتوافرة. فقد كان لكل مدينة الهها الذي يمتلك بعدها ويحميها ويعظمه أهلها، ويساعده عدد كبير من الآلهة الثانويين. ولم يكن ملك المدينة سوى ممثل لهذا الإله أو كاهنا له. وبمرور الزمن قل عدد الآلهة وتكونت مجموعة منها يرأسها ثلاثة آلهة هي: الإله آنون (Anon) إله السماء، والإله إن-ليل (En-lil) اله الأرض، والإله ايبا (Iea) إله البحر [١].

وبالنسبة للوازع الديني عند البابليين فلم يكن يتعدى تقديم القرابين للآلهة وكهانها طبقا للمراسم المعمول بها، لأن الإنسان البابلي كان يعتقد أن مصدر كل خير إنما يعود إلى رضى الآلهة، ومن اجل ذلك كان أول واجب في الدين البابلي هو الخوف من الآلهة، وكان الواجب الثاني هو الدعاء والتضحية والصلاة. وقد اعتمد الفكر الديني البابلي على الإيمان بوجود قوى شريرة، واعتقد أن هذه القوى تتخذ من الأماكن الخالية مجالا لنشاطها، مثل الصحارى، والأماكن المقفرة والمقابر. وهذا ما دفعهم إلى الاعتقاد بالتمائم والتعاويذ والوسائل السحرية، واعتقد في فاعليتها بإيقاف تلك القوى الشريرة وحمايتها. [٢]

وتعبر نصوص الاناشيد والصلوات عند البابليين والاشوريين عن نزعة واضحة الى التدين، وعن مشاعر دينية سامية. كما كانوا يقدمون الهدايا والضحايا والقرابين لآلهتهم. وكانوا يملكون معاني الخير والشر، وينظرون الى الأوبئة والمحن نظرتهم الى عقاب توقعه الآلهة.وكانوا يعبدون الموتى مما يدل على ان لديهم افكار عن الحياة الأخرى. إلا ان النصوص التي خلفوها لم تبين ما يشير الى ايمانهم بالبعث والقيامة أو اعتقادهم بتناسخ الأرواح. أما الكهنة عند البابليين

---

(١) عبد الله الرشدان، المدخل الى التربية، مرجع سابق، ص٧٤.

(٢) نبيلة محمد عبد الحليم، معالم العصر التاريخي في العراق القديم، بغداد، ١٩٩٤، ص١٨٨.

والآشوريين فهم ثلاث فئات: المغنون، والمنجمون، والسحرة، والفئة الاخيرة هي التي كانت تقوم بـالتعليم.

(١)

التربية والتعليم:

لا توجـد معلومـات دقيقـة عـن تنظيم المـدارس لـدى الآشوريين والبابليين غـير ان مـا بلغتـه حضارتهم من شأو، يتيح لنا ان نفترض انهم عرفوا العديد من المدارس. فقـد كانت المعرفة ضرورية لهـم يوفرون بفضلها الهناءة والرفاهية لشعبهم ويحتفظون بواسطتها بسمعة وطنهم أمام سواهم. (٢)

اقتصرت التربية العالية على السحرة وعلى الطبقات العليا. إلا أن الطفل الذي يستطيع ان يبلغ مستوى عاليا من الثقافة يتيح له الوصول الى وظائف الدولة وكـان التعليم فنيا وعمليـاً بالدرجـة الأولى هدفه تكوين تجار وكتاب. ومع ذلك سـادت فـترة مـن الفـترات الدراسـات الحـرة، فظهـر اختصاصيون في الأدب الديني وفي الفلك والتنجيم والتاريخ. وتم التعمق خاصة في علوم التجارة وعرف القوم نظامـا بارعـا في المحاسبة. وقد ادى اكتشاف الكتب المدرسية المكتوبة للطلاب علـى التعـرف الـدقيق علـى حضارة تلـك الشعوب.

وقد كان تعلم الكتابة المسمارية عملية شاقة وصعبة وكان من يتقنها ينـال التقديـر والاحـترام. وقد عثر منقبو الآثار على آجرة كتب عليها العبارة التالية "من يتفـوق في الكتابـة عـلى الآجر يتألق نظير الشمس". (٣)

- **مراحل التربية والتعليم ومقرراتها الدراسية:**

تتألف مراحل التربية والتعليم عند البابليين والاشوريين مما يلي:

١- المرحلة الابتدائية

٢- المرحلة العليا

_____

(١) عبد الله الرشدان، المدخل الى التربية، مرجع سابق، ص ٧٥.
(٢) عبد الله الرشدان، التربية عبر التاريخ، مرجع سابق، ص ٣٩-٤١.
(٣) طه باقر، مقدمة في تاريخ الحضارات القديمة، ج١، بغداد، منشورات دار البيان، مطبعة الحوادث، ١٩٧٣، ص ٥٣٠-٥٣٥.

- **المرحلة الابتدائية:**

يشمل منهج الدراسة في المرحلة الابتدائية الدين والحساب والتاريخ والجغرافيا وعلم النحو. اما طرق التدريس في المرحلة الابتدائية فقد كانت بدائية تعتمد على التكرار فقد كان المعلمون يكررون على التلاميذ الكلمات التي يلقونها ثم يمرنونهم على كتابتها على الالواح الطينية مبتدئين بكتابة اسماء الالهة والممالك والمدن والانهار والنجوم والكواكب والطيور والأشجار والاسماك والمواشي وغيرها.

أما ما يتعلق بالتربية الخلقية، فقد اهملت المدارس التكوين الخلقي للاطفال. اذ استسلم القوم الى شتى انواع المجون والفوضى والانحلال فضعفت دولهم وانهارت تحت وطأة الغزاة الطامعين.

وكان المعلم ينوع الدروس بين فترة واخرى فيجعله مثلا درسا للمطالعة بدلا من درس الخط، وفي ساعة الظهر يخرج الطلاب ليتجاذبوا اطراف الحديث. وكان سن بدء التعليم عندهم هو السادسة من عمر الطفل، وكا الطلاب يجلسون على مصطبة منخفضة ذكوراً واناثا، ويكون عددهم بين الاربعين والستين، وفي اليد اليسرى لكل منهم صحيفة من الطين الرطب اعدت لتنقش عليها رموز شبيهة بالمسامير، بواسطة قطعة من القصب، وكانوا يشوون هذه اللوحة في التنور لتغدو آجرة صلبة قاسية. ومما يجدر ذكره أن التعليم عندهم كان يشمل الاناث ايضا كالذكور. كما وجد على صفائح الآجر خاصة أن الذكور والاناث كانوا يمارسون مهنا معينة كالتجارة وغيرها، وقد شاع عندهم أن الفتى او الفتاة التي لا تحسن القراءة والكتابة لا تعرف من احوال الحياة شيئاً كثيرا. [١]

- **المرحلة العليا:**

تقتصر المرحلة العليا على السحرة وعلى الطبقات العليا كما اسلفنا، غير ان الطفل الذكي من عامة الشعب يستطيع ان يبلغ شأنا عظيماً من الثقافة يتيح له ان يصل الى وظائف الدولة. وقد وجدت عند البابليين عدد من المدارس العليا تدرس التخصصات المختلفة وأهم هذه المدارس التالية: [٢]

---

(١) عمر رضا كحالة، جولة في ربوع التربية والتعليم، بيروت، مؤسسة الرسالة، ١٩٨٠، ص٢٨-٢٩.

(٢) روفائيل ابو اسحق، مدارس العراق قبل الاسلام، بغداد، مطبعة شفيق، ١٩٥٥، ص٢٦-٢٤.

١- مدرسة كيش (تل الاحيمير): كانت كيش من بلاد مملكة أكد، وتبعد عشرين كلم من الشمال الشرقي من مدينة الحلة. وهذه المدرسة قديمة جدا وتعود الى عصر إسن. وقد كان التلميذ ملزما بالذهاب الى المدرسة ليتعلم ما يجب من المعارف. وقد وجدت العديد من الألواح الدينية والأدبية والنحوية واللغوية في بيوت ترجع الى عهد اسن، وفي غرف المدرسة كان التلاميذ يتلقون المعارف الادبية والعلوم الدينية وكتابة المقالات الاقتصادية والمستندات التجارية.

٢- مدرسة نبور (نفر): تبعد نبور بنحو مائة ميل من جنوب مدينة بابل، وقد اكتشفت بين جدرانها الواح دون على صفحاتها كل ما كان يعلم في مدارس ذلك الزمن من علوم دينية ونظرية بالإضافة الى اسفار في المطالعة. وابرز ما وجد جداول الالفاظ المترادفة والرقم الرياضية، وجدول الضرب وقوائم بأسماء الجبال والبلدان والنباتات والاحجار والجداول التاريخية باسماء الملوك والحوادث التي وقعت في ايامهم، والألواح الفلكية والطبية والدينية وكذلك الأدعية والصلوات والتسابيح والتعاويذ.

٣- مدرسة سبار (ابوحبة) Sippar : تقع اليوم في اطلال ابو حبة غرب المحمودية وتبعد عن بغداد حوالي عشرين ميلا. وهي أول مدرسة منظمة في العالم. وقد وجد فيها الفرنسي فنسان شل ألواحا مدرسية وجداول علامات الكتابة، ومقاطع لغوية، وموازين تصريف الافعال وتمارين الانشاء وجدول المقاييس وجدول الضرب. وهناك ايضا الألواح الفلكية والتاريخية والأدبية كالأدعية والصلوات، تلك الكتابات التي يتلقاها من يطمح الى درجة الكهنوت. وقد كانت المدرسة كبيرة الارجاء واسعة الساحات وكانت مدرسة مختلطة للذكور والاناث. إنها اول مدرسة منظمة في عهد حمورابي (١٧٩٢-١٧٥٠ ق.م).

٤- مدرسة بورسبا (Borsippa): تقع اليوم جنوب غربي الحلة، وهي مدرسة عليا، وكانت تقوم في اخربة هيكل نبو اله المعرفة ومخترع الكتابة والرسائل. وقد اكتشفها البحانة اوبر. وقد وجد فيها الواحا كثيرة في شتى العلوم، وكانت مقصد الغربيين والشرقيين يدرسون فيها شتى العلوم كعلم الكلام.

٥- مدرسة ارك Urak: تقع شمال غربي الناصرية، وهي من المدن المقدسة عند البابليين. وقد اكتشفتها البعثة الألمانية عام ١٩٣٩، ووجد في صفحات رقمها الكثير من العلوم والمعارف، وقد كانت هذه المدارس العليا مركزاً للعلوم الدينية، اذ كان الشرقيون والغربيون يجيئون اليها لدراسة الطب والفلك والرياضيات.

٦-مدرسة بابل: كانت مدينة بابل مركز نشاط فكري حافل. وكان الملك نفسه يرعى في قصره مدرسة عليا تدرس فيها اللغات والعلوم الطبيعية والفلك والرياضيات. ومدة الدراسة فيها ثلاث سنوات. وطلابها تنفق عليهم الدولة، وعندما ينهون الدراسة يقوم الملك بامتحانهم ليختبر ذكائهم وحكمتهم، وفي هذه المدرسة تلقى النبي دانيال واصحابه علوم زمانهم.

وقد كشفت الحفريات الحديثة في مدن العراق القديمة عن طائفة من المؤلفات حول شتى جوانب المعرفة الانسانية في الرياضيات والفلك والتنجيم والقانون والطب والعلوم الطبيعية والجغرافيا، إلا أن الطب لم يزدهر كثيراً لأن القوم كانوا يردون الامراض لأثر الارواح الشريرة، ويعالجونها عن طريق التعاويذ والاناشيد الدينية.

الكتابة ومراحلها:-

مرت الكتاب في بلاد ما بين النهرين بالمراحل التالية: [١]

١- المرحلة التصويرية: كانوا يعبرون عن الشيء بصورته، ثم اختصرت هذه الاشكال، وقل عدد المستعمل منها بالتدريج، بحيث اصبحت الصورة تعبر اضافة الى الشكل المرسوم عن كل ما يرتبط به من معاني ايضا، الأمر الذي ادى الى صعوبة تأويل ما تدل عليه هذه العلامات. وقد امكن تذليل هذه الصعوبات بالاصطلاح على معان محددة لتلك الصور.

٢- المرحلة الرمزية: وفي هذه المرحلة استعملت الصور في كتابة ما تدل عليه من اصوات للتعبير عن الافعال والأمور المعنوية، فأصبحت كل منها ترمز إلى نطق معين يدل على الكلمة، ومن هذه المرحلة امكن التوصل الى جعل معظم الرموز تعبر عن مقاطع لفظية، لكنهم لم يصلوا الى استخدام حروف هجائية كما فعل المصريون.

ظلت العلامات المستخدمة كرموز تدل على الكلمات جنبا الى جنب مع العلامات المستخدمة كمقاطع صوتية، فكان عدد الكلمات المستخدمة لا يقل عن (٦٠٠) علامة تقريباً، منها نحو (١٥٠) علامة فقط هي التي كانت تستخدم استخداما صوتيا بحتاً. وقد اطلق على كتابة بلاد ما بين النهرين "الكتابة

---

(١) محمد ابو المحاسن عصفور، معالم حضارات الشرق الادنى القديم، بيروت، دار النهضة العربية، ١٩٨٧، ص٢٤٢.

المسمارية"، كما اشرنا سابقا، حيث كانت تكتب على الـواح الطين بقلـم مثلـث. ولمـا كـان مـن الصعب رسم الخطوط المنحنية على هذه الألواح افقد استعيض عنها بما يقاربها مـن الخطـوط المسـتقيمة، كما أن الخطوط التي كانت ترسم بذلك القلم تتخذ في نهايتها شكلا يشبه رؤوس المسامير، لذا فقد اطلـق عليها مصطلح المسمارية.

وقد انتشرت هذه الكتابة في انحاء كثيرة مـن بـلاد الشرق الأدنى القـديم، فاستعملها الحثيـون، والحوريون، والميثانيون، وظلت مستعملة الى العصر المسيحي، وفيما بعد حل الخط الآرامـي محـل الخـط المسماري نظراً لسهولته ولأنه كتب بحروف هجائية، وظل الخط الآرامي منتشرا إلى بداية التاريخ الميلادي.

أغراض الكتابة ووظائفها:

وجد للكتابة ثلاثة استخدامات هي:

أولاً: تدوين المعلومات للاستخدام المستقبلي، حيث كانت الكتابة هنا تنفرد بخمس وظائف هي:

١- تسجيلات للأغراض الإدارية مثل تدوين ضرائب الدخل والجزية وغيرها.

٢- تسجيلات لتصنيف القوانين بحيث تصبح في متنـاول اليـد مكتوبـة وليسـت شـفوية، إضافة إلى وضـع القانون ضمن خط يتميز بظروف اجتماعية واقتصادية وسياسية.

٣- تسجيل التواريخ مثل تسجيل الأحداث المعاصرة والانتصارات والهزائم.

٤- تسجيلات للأغراض العلمية، مثل وصف حركات الكواكب وغيرها من الظواهر الفلكية.

ثانياً: ايصال المعلومات بدقة، مثل المراسلات والمراسيم الملكية، والتبليغات.

ثالثاً: استخدامات طقوسية للكتابة مثل نصوص مراسم الدفن، اضافة الى مهمات بحرية مثل الوقاية مـن الجن والشرور.

المكتبات:

كانت هناك مؤسسات خاصة أشبه بالمكتبـات ودور السـجلات لحفـظ الكتـب والوثـائق، وكـان بعضها يلحق بالمعابد والقصور الملكية، وقد عثر في قصر الملك (آشور بانيبال) على مئات مـن ألـواح الطين المدونة بمختلف نواحي المعرفة،

والعديد من السجلات والوثائق التاريخية التي أمكن من خلالها إلقاء الضوء على جوانب كثيرة من حضارة هؤلاء القوم وتاريخهم.

وعثر ايضا في (تل حرمل) بالقرب سن بغداد على أكثر من(٣٠٠) لوح كتبت في مختلف انواع المعرفة، ويظهر انها كانت موضعا لحفظ السجلات والوثائق او مكان مدرسة، وقيل انهم انشأوا المكتبات في المدن ونظموها حتى كانوا في اثناء الحروب يقتلون الناس ويستبقون الكتب لأنها في حرز الآلهة، ومن اشهر المكتبات مكتبة آشور بانيبال.[١]

العلوم والمعارف التي برع فيها البابليون:

١-الجغرافيا:

- حاول البابليون التعرف على الأرض والكون، ومكان بلادهم منه، وما حواه من بلاد أخرى.
- وضع البابليون معاجم في أسماء المدن والبلدان والأنهار وغيرها من المعالم الجغرافية في بلادهم، وفي الأقطار المجاورة.
- كانت لديهم محاولات في علم المساحة ورسم تخطيط المدن
- كانت كتب الجغرافيا، خاصة، كتبا منهجية ومنظمة.[٢]

٢-العلوم الطبيعية والرياضيات والفلك

أ-الرياضيات: هم من الأوائل الذين عرفوا علم الرياضيات، وقد بدأ عندهم بالعمليات الحسابية البسيطة، ثم امتد ليتناول حساب المعاملات التجارية وأرباحها، وقد عرف هؤلاء جدول الضرب وعرفوا النظام العشري في العد، والاسس والجذور، كما عرفوا جداول معكوس الأعداد.[٣]

---

(١) عمر رضا كحالة، جولة في ربوع التربية والتعليم، مرجع سابق، ص٢٨.

(٢)عبد الله عبد الدايم، التربية عبر التاريخ، مرجع سابق، ص٤١.

(٣) ابراهيم ناصر، اسس التربية، مرجع سابق، ص٤٢.

ب-الهندسة: عرفوا بعض النظريات الهندسية التي تتعلق بتشابه المثلثات ومساحتها، كذلك توصلوا الى حساب مساحات وحجوم بعض الأشكال، وعرفوا بعض خواص الدوائر.

ج-الفلك: اشتهروا به حتى عد بعض المؤرخين أنهم هم الذين أسسوا هذا العلم، ومما اعتقدوا به:

- أن الشمس هي مركز الكون
- أن المد والجزء يرجعان الى تأثير القمر
- رصدوا النجوم والأجرام السماوية، واستخدموا ما يسمى بالزقورات وإن كان في مجال الأجرام يرتبط بأمور دينية
- قسموا السنة الى اثني عشر شهرا، وأضافوا اليها شهراً لحاجة ضبط الفصول.
- استعملوا ساعات شمسية (مزاول) لقياس اجزاء النهار، واخرى مائية لقياس اجزاء الليل.[١]

د-العلوم:

- وضعوا تصنيفات رائعة للمملكة الحيوانية والنباتية [٢].
- عرفوا خواص الطين وتأثره بالحرارة والاصباغ المختلفة، كما عرفوا العجائن واللدائن الكيماوية.
- عرفوا واتقنوا التعدين، وصهر المعادن ومزجها.
- تقدموا في الصناعات الكيماوية، فاستخلصوا الزئبق والماء الملكي المذيب للذهب.

---

(١)محمد ابو المحاسن عصفور، معالم حضارات الشرق الأدنى، مرجع سابق، ص٢٤٩-٢٥٢.

(٢)عبد الله عبد الدايم، التربية عبر التاريخ، مرجع سابق، ص٤١.

٣- الطب والصيدلة:

ذهب البعض إلى أن الطب لم يزدهر كثيراً عند البابليين والآشوريين، لأن القوم كانوا يردون الأمراض لأثر الأرواح الشريرة، ويعالجونها عن طريق التعاويذ والأناشيد الدينية[1].

وقد اعتبرا أن الاله (إيا) وهو إله الماء او البحر هو إله الطب ايضا، ومن آلهة الطب عندهم أيضا (ننازو) أي سيد الأطباء، وابنه (ننجشزيدا)، ومن الرموز المقدسة عندهم شارة العصا تلتف عليها حية او حيتان، ولا يزال هذا الرمز مستخدما الى اليوم وإن استبدلت العصا بالكائن.

ونظرا لاستخدامهم الماء بكثرة في العلاجات، فإن الطبيب عندهم كان يطلق عليه "العارف بالماء"، وكان غالبية الأطباء من الكهنة لأن العلاج عندهم كان كثيرا ما يتضمن الرقى والتعاويذ لاسترضاء الآلهة.

٤-الفنون والعمارة

شاع عندهم النحت مثل نحت تماثيل الآلهة، والنحت على الأواني والأدوات الحجرية، وعرفوا اللبن واستخدموه في البناء، وكانت بيوتهم تتألف من طابق واحد أو طابقين، تغطى بطبقة من الجص، ومن مآثرهم العريقة ما عرف "بحدائق بابل المعلقة" التي عدها اليونان من عجائب الدنيا السبع، وقد بناها الملك "نبوخذ نصر" الثاني.

٥-القانون والقضاء:

اشتهرت بلاد العراق القديم بما عثر عليه من قوانين تعد أقدم ما عرف حتى الآن، وهذا إن دل على شيء فإنما يدل على تقدم وحضارة تلك البلاد، ويعد حمورابي أكثر ملوكهم شهرة في مجال التشريع ووضع القوانين، وتعد شريعة حمورابي أكثر قوانين العراق القديمة شهرة، وهو مدون بالخط البابلي المسماري القديم وباللغة الاكدية السامية على مسلة من حجر الديوريت الأسود، وقد حوى قانون حمورابي حوالي (٢٨٢) مادة قانونية بهيئتها الكاملة، بالاضافة الى المقدمة والخاتمة، ويمكن تصنيف هذا القانون الى خمسة ابواب:

---

(١)عبد الله الرشدان وزميله، المدخل الى التربية والتعليم، مرجع سابق، ص١٠١.

الباب الأول: التقاضي (الاتهام بالكذب، شهادة الزور، تلاعب القضاة).

الباب الثاني: الاموال (السرقة، هروب الرقيق، الاراضي والعقارات، التجارة، الوديعة).

الباب الثالث: الأشخاص (الأحوال الشخصية، الارث، التبني، الرضاعة، إيذاء الأشخاص)

الباب الرابع: اجور الأشخاص (مسؤوليات أصحاب المهن واجورهم)

الباب الخامس: بيع الرقيق.[1]

ومن القوانين الأخرى المشهورة ما يلي:[2]

- قانون "أور- نمو": ويعد هذا القانون اقدم قانون في العالم قاطبة، وهو مدون بالخط المسماري وباللغة السومرية، وينسب الى الملك "اور- نمو" مؤسس سلالة أور الثالثة، ويتضمن موادا حول الأحوال الشخصية،وهروب الرقيق، والاعتداء على الاشخاص، والتجاوز على الاراضي.

- قانون "لبت-عشتار": يعود الى بداية العهد البابلي القديم، وينسب الى "لبت- عشتار" خامس ملوك سلالة إسن، وهو مدون باللغة السومرية، وقد تضمنت مقدمته كسابقه تمجيد الآلهة وصفاتها، ويتضمن المجموعات التالية: الأراضي الزراعية، السرقة، الرقيق، الاعتداء على الاشخاص، الضرائب، والرسوم، والاحوال الشخصية والأضرار.

- قانون اشنونا: وهو مدون باللغة الأكدية، وينسب الى مملكة اشنونا احدى الدويلات التي حكمت في منطقة ديالي في بداية العهد البابلي القديم، ويرى بعض الباحثين أن مواد هذا القانون لا تمثل تبويبا منطقيا مقبولا، بل هي تجميع لبعض القواعد والأحكام الصادرة عن المحاكم وسلسلت كيفما اتفق، وقد صنفها بعضهم الى تسع مجموعات هي: (تسعير المواد وتثبيت الأجور، والسرقة، وعقود تجارية، والاحوال الشخصية ومخالفة أحكامها، الوديعة، وعقود البيع، والإيذاء، والرقيق، واضرار العجماوات "الحيوانات والجمادات"، ويعتبر قانون حمورابي اكثرها تطورا وشهرة.

---

(١) (٢) عامر سليمان، القانون في العراق القديم، بغداد، دار الكتب، ١٩٧٨، ص١٩١-٢٠١.

سادساً: التربية في اليابان

نظرة تاريخية

أن اليابان عبارة عن سلسلة من الجزر تضم خمسة من الجـزر الكبرى وعـدداً كبيراً مـن الجـزر الصغرى، كما أن أرض اليابان جبلية، ولا تزيد المساحة الصالحة للزراعة فيها على ١٦ في المائة مـن مجمـوع أراضيها والمعدن المتوفر فيها بكثرة هو الفحم وتشتد فيها ثورة البراكين وهي مهددة على الـدوام بالزلازل، ويسقط عليها المطر، ما يفوق الحد المألوف.

يرجع إنشاء الإمبراطورية اليابانيـة إلى القرن السابع قبـل المـيلاد وقد كان للإمبراطور سلطة عسكرية مطلقة حتى القرن السـابع، حـين أوكل هـذه السـلطة إلى قائد الجيش الـذي يـدعى شوغون (Shogun) وفي القرن السابع غدت مكانة "الشوغون" وراثية ولم تبق للامبراطور سوى سلطة اسمية كما أن النبلاء فقدوا مكانتهم وغدوا مجرد اتباع، ودام هذا إلى عام ١٨٦٨ وفي ذلك العام عادت للإمبراطور سلطاته الفعلية وعرفت اليابان منذ ذلك الحين ازدهاراً فكرياً ومادياً لا مثيل له في تاريخ الإنسانية.

وما يزال المؤرخون يردون اصول نهضة اليابان الحديثة إلى ما تحقق مـنذ ذلك العصرـ الـذهبي الذي يعرف باسم عصر "ميجي Meiji" نسبة إلى الامبراطور الذي قاد نهضة اليابان الحديثة منذ عام ١٨٦٨ وقد تم تحقيق تلك النهضة الكبرى كما نعلم عن طريق العناية الخاصـة التي وجهـت للتربية، ولا سـيما التربية المهنية وذلك بتعميم التعليم الابتدائي وارسال البعثات الدراسية وانشاء جامعة طوكيو وواستخدام الخبراء الأجانب والتأكيد على التقدم العلمي والصناعي إلى جانب التربية الخلقية والقومية فحلت العلـوم الحديثة في الطب والعلوم محل الفلسفة الكونفوشيوسية، وقد بدأ تعميم التعليم الإجباري بصورة جديدة ولم تأت سنة ١٩٠٠ إلا وكانت هناك أربع سنوات من التعليم الإلزامي الإجباري امتدت فيما بعد إلى ست سنوات من ٦-١٢ سنة [١].

(١)عبد الله الدايم، التربية عبر التاريخ، مرجع سابق، ص٣٦.

الدين في اليابان

تتقاسم اليابان ديانات ثلاث هي:

١- ديانة "شنتو Shinto": فهي ديانة اليابان القديمة وقوامها تقديس الآلهة، أي أجداد الأسرة المالكية، وبعض الصلوات لآلهة الريح والنار ولإلهة الطعام والطبخ، وفيها أيضا بعض ضروب التطهر التي تعني بتطهير الجسد أكثر من عنايتها بتطهير الروح والخلق.

٢- الديانة البوذية: فقد دخلت اليابان في القرن السادس للميلاد وتبناها أكثر أبناء البلاد، ومنذ ذلك الحين سارت اليابان في منحى من التطور مواز لمنحى التطور في الصين بل خاضع له.

وتتلخص الأوامر الخلقية التي أتت بها البوذية في نوعين من الأوامر الأولى تدعى "غوكاي Gokai" والثانية "غورين Gorin" أما الأولى فهي الأوامر الأساسية: لا تقتل، لا تسرق، لا تستسلم للشهوات والمتعة، لا تكذب، لا تتناول أي شراب روحي، وأما الغورين فهي العلاقات الإنسانية الخمس التي عرفها الصينيون وأعاروها أهمية كبرى واعتبروها أساس العلاقات المشتركة بين الناس: العلاقات بين الحاكم والمحكوم، العلاقات بين الآباء والأبناء، وبين الزوج وزوجته، وبين الأخ والأخ وبين الصديق والصديق.

٣-الديانة المسيحية: ضلت مضطهدة طويلاً، ولم يسمح بها إلا في العصر الحديث، نتيجة للأخذ بحرية الاعتقاد.

وفي اليابان أيضا معتقدون قلائل للإسلام وللديانة اليهودية [١]

التربية:

يعتبر اليابانيون من الشعوب القديمة ذات الثقافة الخاصة المتميزة وقد عاشوا طيلة ألفي عام منعزلين على سلسلة من الجزر في الجزء المقابل للساحل الشرقي لآسيا، وفي منتصف القرن السادس الميلادي بدأ اتصالهم بالحضارة الصينية فأعجبوا بها وبالفلسفة البوذية، وبدأوا يستعيرون كثيراً من عناصر الثقافة الصينية فتبنوا نظام الصين في الكتابة ليكتبوا بها لغتهم التي تختلف عن الصينية

---

(١)عبد الله الدايم، مرجع سابق، ص٣٧.

تماماً وما إن جاء القرن السابع الميلادي حتى أصبحت اليابان جزءاً من الحضارة الصينية[١].

واستندت التربية في اليابان لقرون متعددة إلى المبادئ الكنفوشيوسية التي انتشرت وسادت اليابان القديمة حوالي عام ٢٧٠م. وقد نقل مثقف صيني قادم من كوريا الكتابة الصينية إلى اليابان وفي ذلك التاريخ كان معظم اليابانيين يجهلون فن الكتابة، وقد أنشأ الملك مومو Mommu عام ٧٠١م جامعة طوكيو وأمر بإنشاء مدارس في كل مقاطعة وسن بعض التشريعات الخاصة بالتربية، وقد ضمت جامعة طوكيو إذ ذاك مشرفاً ومساعداً للمشرف وأساتذة وارتبطت بها المدارس الخاصة بالطب والفلك "التنجيم" والموسيقي[٢].

لقد أكدت التربية الكنفوشية في عهد طوكوجاوا (Tokugawa) على مبادئ أهمها حب الخير والعدل وحسن المعاملة مع الآخرين وكان نظام طوكوجاوا التربوي نظاماً طبقياً وكان التعليم موجهاً في الأساس إلى طبقة المحاربين المسماة بـ(الساموراي) (Samurai) في سبيل إعدادهم للعلم وللقتال لذلك دعمت حكومة طوكوجاوا المدارس لتعليم أبناء المحاربين وكان مضمون التربية الموجهة لأبناء المحاربين يؤكد البناء الأخلاقي للأفراد وعلى الإعداد المهني.

ومع هذا لم يهمل طوكوجاوا ابناء العامة من الناس بل لقي تعليم العامة تشجيعاً ودعماً مالياً من الحكومة على أساس أن بناء شخصية الأفراد في ضوء المبادئ الكنفوشية سيزيد من تآلف المجتمع وتناسقه، لذلك كان أبناء العامة من المجتمع تتلقى تعليماً أولياً في أماكن خاصة لهم تسمى ب (اليزاكويا) أو (الجوجاكو) والتي كانت منتشرة على نطاق واسع لذلك فقد كانت هناك نسبة عالية من أفراد الشعب الياباني في نهاية عهد طوكوجاوا وبداية عهد (ميجي) يعرف القراءة والكتابة[٣].

وكان نظام التعليم الياباني يعاني قبل سنة ١٨٦٨ صعوبات عديدة فكان النظام السائد هو (الاقطاع) وكانت اليابان تنقسم إلى ٣٠٠ منطقة إقطاعية، يحكم كلا منها سيد اقطاعي وكانت العشائر الإقطاعية هي التي تهتم بالتعليم حسب ما

---

(١)محمد منير مرسي، التربية المقارنة بين الاصول النظرية والتجارب العالمية، القاهرة، عالم الكتب، ١٩٨٢، ص٢٩١.

(٢)عبد الله عبد الدائم، التربية عبر التاريخ، مرجع سابق، ص٣٨.

(٣)جمال أسد مزعل، دراسات في التربية المقارنة، عمان، ص٢١٦.

تراه صالحاً، لهذا فقد بدأت هذه العشائر إدخال العلوم الغربية ولا سيما الطبية والعسكرية، وقد اكتسبت بعضها مستوى رفيعا إلى حد ما. إلا أن هذا التعليم في عمومه كان قديما، ضيقا، ومن ثم استطاع نظام التعليم الحديث في اليابان بعد سنة ١٨٦٨ أن يرث تركة كبيرة إلى حد كبير.

نظام التربية في اليابان

كان نظام التربية غير متطور وذلك:-

- من سن ٦-١٢سنة تعليم ابتدائي ويتعلم فيها القراءة والكتابة مع التركيز على الشؤون الدينية والخلقية.
- من سن ١٣-١٦ سنة كان يوضع بين أيدي الدارسين في البداية كتابان "الكوكيو Kokio" أو كتاب الواجبات نحو الأباء وكتاب "الرونغو Rongo" الذي يشتمل على فلسفة (كونفوشيوس) ثم يدرسون بعد ذلك فروع الاختصاص التي كان يدرسها الطلاب وهي:- الآداب الصينية الكلاسيكية- والعلوم السياسية، الحقوق، الرياضيات، الطب، والفلك، أما مدارس المقاطعات فكان فيها أستاذ يختاره أرباب الحل والعقد في كل مقاطعة فإذا لم يوجد فيها من هو أهل لهذا المنصب لجأت المقاطعة إلى وزير المهرجانات الذي يقوم عندئذ بتسمية صاحب المنصب والتعليم فيها كأن يبدأ بتعليم القراءة والكتابة، ثم يفهم الحروف الصينية واخيرا بقراءة الكتابين" الكوكيو والرونغو" ومن أراد من الطلاب أن يستزيد من المعرفة فوق هذين الكتابين التقليديين نقل إلى الجامعة.

وخلال الحكم العسكري زالت جامعة طوكيو وحلت محلها كلية كونفوشيوس في "ييدو Yedo" وقد كان في هذه الكلية حوالي ثلاثة آلاف طالب، كذلك إنشأ النبلاء مدارس في مقاطعاتهم، أما الباعة والزراع والصناع الذين كانوا يرغبون في تعلم أطفالهم فكانوا يوكلون أمرهم إلى معلمين متخصصين، وقد كان عدد اليابانيين الذين يتلقون تعليما ابتدائيا كبيرا منذ ذلك الحين، أما المرأة فلم تكن تحضى إلا بثقافة محدودة على أن بين النسوة من تفوقن بثقافتهن الواسعة ومواهبهن الشعرية[1]

(١) عبد الله عبد الدايم، مرجع سابق ص٣٨-٣٩.

سابعا: التربية عند الفرس

لمحة تاريخية:

ينحدر الفرس من الآريين الذين استقروا في القرن الثامن قبل الميلاد شرقي دجلة، بين بحر قزوين والخليج العربي، وعرفت فارس خلال قرون عديدة إمبراطورية واسعة وقوية، غزاها الإسكندر المقدوني، وتتالى عليها بعد موته السلجوقيون والبارثيون والساسانيون، ثم فتحها العرب في القرن السابع للميلاد[١]، ولكن قبل ذلك استطاع حاكم ولاية انشان الفارسية التي كانت تابعة للميديين وهو (قورش) أن ينتصر على الحاكم الميدي الذي كان طاغية جبارا إلى الدرجة التي جعلت الميديين أنفسهم يتنفسون الصعداء لتخلصهم منه، وإنهم وافقوا بسهولة على أن يكون (قورش) حاكما عليهم وكانت تلك نقطة البداية التي انطلقت منها فارس لتصبح امبراطورية لها شأن كبير في التاريخ.

وفي عهد ابنه قمبيز، غزا الفرس مصر وعلى عكس ما كان يظهره قورش من احترام الأديان للدول التي يغزوها، سخر قمبيز من دين المصريين وطعن بخنجره العجل (ابيس) الذي كان معبودا عند الفراعنة وموضع اجلالهم وتقديسهم بل تعدى هذا الحد إلى اخراج الجثث المحنطة من المقابر ونبش مقابر الملوك إلى غير ذلك من أعمال القهر.

وقد جاء بعده حاكم فارسي آخر نال شهرة يحسده عليها الكثير من عظماء التاريخ وهو (دارا) الذي أخذ يعيد تنظيم ملكه على نسق أصبح مثالا يحتذى به في جميع الامبراطوريات القديمة إلى سقوط الدولة الرومانية وقد بلغت الدولة الفارسية أعظم اتساعها في أيام (دارا) وكانت تشمل عشرين ولاية أو إمارة[٢].

وكانت إمبراطورية الفرس آخر الإمبراطوريات الكبرى في ذلك العصر، وقد قهرت هذه الإمبراطورية معظم البلاد التي تقع غرب الهند، ومرت الإمبراطورية الفارسية في تطور سياسي طويل، بدأ بالتنظيم القبلي، ثم تطور إلى نظام المدينة ودولة المدينة، ثم أصبحت مملكة جمعت تحت سيطرتها مدناً كثيرة.

---

(١)عبد الله عبد الدايم، مرجع سابق، ص٤٢.

(٢) سعد مرسي أحمد وزميله، مرجع سابق، ص٦٩-٧٠.

وانتهت أخيراً إلى إمبراطورية ذات حكومة مركزية شملت جزءاً كبيراً من الأراضي وحكمت ملايين عديدة من الناس[١].

اللغة عند الفرس

عرف الفرس لغات متعددة، وكانت اللغة الفارسية القديمة مرتبطة باللغة السنسكريتية إلى الدرجة التي جعلت بعض المؤرخين يرجعون اللغتين إلى لهجتين من لغة أقدم منهما عهداً ويميلون كذلك إلى القول بأنهما وهما واللغة الانجليزية من أصل واحد[٢].

الدين والأخلاق

كانت "الزرادشتية" من أهم الديانات التي ظهرت في فارس، وهي ديانة قديمة كانت موجودة قبل قرون من الميلاد، وكان صاحبها زرادشت موجوداً في أول القرن السابع قبل الميلاد، وهو الذي كتب الكتاب المسمى "آفستا" "Avesta" ولو أن كثيرين من الثقات يقولون أن الديانة، منزلة كالإسلام.

والزرادشتية في الأصل ديانة موحدة، ثم تطورت إلى ديانة ثنوية، ونشأ عنها الديانة الصرفانية، ثم الديانة المانوية.

وفي الدينة الزرادشتية المتأخرة، عقيدة ثنوية غالبة تقول بوجود قوتين روحيتين اثنتين، احداهما للخير والأخرى للشر وتقول أيضاً بالتناقض أو التعارض بين الأشياء كالنور والظلمة، والليل والنهار وفيها ما يسمى بالثنوية الأخلاقية، وهي أن الخالق، وهو هنا أهورامزدا، يعمل دوما للخير ولا يستطيع اتمام هذا لأن في الكون قوة أخرى تعمل للشر وتحبط أعمال الخير والقوة الروحية المسؤولة عن أعمال الشر تعمل عن طريق البشر، بمعنى أن هناك تعارضا بين الاتجاه الرباني والاتجاه الإنساني، أو بين الله والإنسان.

ومن الزرادشتية جاءت الديانة المزدية في القرن الخامس قبل الميلاد، وتدور حول ألوهية مزدا وتقول بعض المصادر أن المزدية هي أقدم الديانات الايرانية والهندية وكان منشؤها في الألف الثاني قبل المسيح، فهي على ذلك أم الزرادشتية وليس العكس، والعقيدة المزدية تقول بأنه كان يوجد من الأزل أخوان

---

(١) المرجع السابق، ص٦٩.

(٢) المرجع السابق، ص٧٠.

توأمان أحدهما هرمز أو أهورامزدا، والثاني أهرمان فالأول هو المثال الشخصي للنور والخير، والثاني هو المثال الشخصي للظلمة والشر، والتوأمان منذ الأزل في صراع دائم.

وكان الكتاب المقدس للدين الفارسي، هو مجموعة الكتب التي جمع فيها أصحاب النبي ومريدوه أقواله وأدعيته، وسمى أتباعه المتأخرون هذه الكتب الأبستا (الابستاق) ومن القوانين الأخلاقية الهامة ذلك القانون الذي يدور حول تلك القاعدة العظيمة وهي أن "الطبيعة لا تكون خيرة إلا إذا منعت صاحبها أن يفعل بغيره ما ليس خيراً له هو نفسه".

وتقول الابستاق أن على الإنسان واجبات ثلاثة:-

١- أن يجعل العدو صديقاً

٢- أن يجعل الخبيث طيبا

٣- أن يجعل الجاهل عالما

واعظم الفضائل عنده هي التقوى ويأتي بعدها الشرف والأمانة عملاً وقولاً وحرم أخذ الربا من الفرس ولكنه حول الوفاء بالدين واجباً اساسياً، ورأس الخطايا كله هو الكفر، وبالرغم من المبادئ السامية فقد عرف الفرس بالقسوة والوحشية، وكانت الشرائع الفارسية صارمة في عقاب خطايا الجسد وأمثلة ذلك الاستمناء باليد حيث يعاقب عليه بالجلد، أما جريمة الزنا واللواط والسحاق من الرجال والنساء فعقابها القتل[1].

التربية والتعليم

كانت التربية في ذلك النظام تبدأ في الأسرة، فللأب في الأسرة الفارسية سلطة مطلقة، وهو السيد المطاع المحترم ومثله الأعلى أن يدرب أبنائه على الفضيلة وأن يسهر على صحتهم وأن يجعل منهم خداماً نافعين للدولة.

---

(١)المرجع السابق، ص٧١-٧٢.

التربية والتعليم

كانت التربية في ذلك النظام تبدأ في الأسرة، فللأب في الأسرة الفارسية سلطة مطلقة، وهو السيد المطاع المحترم ومثله الأعلى أن يدرب أبنائه على الفضيلة وأن يسهر على صحتهم وأن يجعل منهم خداماً نافعين للدولة.

ويخبرنا "هيرودوث" أن الفرس كانوا يعلمون أبنائهم أموراً ثلاثة: ركوب الخيل، ورمي السهام، وقول الحق، وكانوا يتعهدون فيهم جملة من الصفات الخلقية الحميدة: كالطاعة ومحبة الأباء والعدل والشجاعة والاعتدال والتعلق بالشرف والسعي إلى إرضاء هرمزد.

وبعد السابعة يصبح الطفل بين يدي الدولة، وأغلب الظن أنها كانت مقصورة على أبناء الطبقة العليا. ونجد في "الافستا" بعض المبادئ المتصلة بها (إن التربية حياة الإنسانية... بفضلها يرقى الناس إلى أسمى المناصب والرتب ويتعلمون القراءة "والكتابة") ويبدو أن جزأً برأسه من هذا الكتاب كان مخصصاً لفن تربية الصغار وقد فقد هذا الجزء.

والراجح أن أبناء الفقراء كانوا لا يتلقون إلا تربية محدودة جداً ويؤكد (استرابون Strabon) وسواه من الكتاب أن أبناء النبلاء والأغنياء كانوا يتلقون في البلاط تربية يقدمها لهم أناس رفيعو الشأن ذوو خلق عظيم.

مراحل التربية

١- كان التعليم النظامي يبدأ في سن السابعة، وفي مجال التربية البدنية كان يضم الجري والمبارزة ورمي السهام ورمي الرمح وفي مجال التربية الفكرية كان يشتمل على قراءة "الافستا" وعلى الكتابة، أما الدين فكان يعد الأساس الضروري لإعداد المواطن.

٢- مرحلة ما بين الخامسة عشر والخامسة والعشرين من العمر كانت تتم التربية العسكرية فكان الشباب يتلقى أولاً حزام الرجولة ثم يقسم أن يتبع تعاليم زرادشت وان يخدم الدولة بإخلاص، ثم يأخذ بالتدرب على المبارزة والنزال واستخدام السلاح.

٣- مرحلة ما بين الخامسة والعشرين والخمسين من العمر ينخرط الفرس في الجندية فيشاركون في الحروب والغزوات، وفي الخمسين من العمر يغدو أفاضل الناس وأعلمهم معلمين، وفي فارس، كما لدى الكلدانيين، كان السحرة

هم المعلمون الممتازون، ويأمرهم "الافستا" أن يقيموا بينهم وبين طلابهم صلة كالصلة بين الأخ وأخيه أو بين الأب وأبنه ويجل الفرس معلميهم ويضعونهم بعد موتهم في مصاف القديسين[١].

أهداف التربية

كان التعليم الفارسي يهدف إلى القوة أكثر مما يهدف إلى الثقافة الخالصة وكانت الأهداف الغالبة لهذا التعليم عملية أكثر منها أدبية أو مدرسية، لم يكن الفرس راغبين في إنتاج هيكل عظيم من العلوم والآداب إنما كانوا يرغبون في إنتاج أمة من الجنود مزودة باللياقة البدنية والشجاعة، مع كل الفضائل التي يتضمنها لفظ "جندي صالح". كان تعليمهم عسكرياً أكثر منه كهنوتياً في أغراضه وكان يستهدف تبني المثل القومية ونشرها، لقد كانت المسألة بناء حياة قومية، وكانت الفضائل التي تلقن شبيهة إلى حد كبير بتلك التي يهتم بها البروتستانت البيوريتانز أو الكاثوليك الجزويت.

كانت التربية الفارسية على عكس الثقافات الشرقية الأخرى كالهندوسية والصينية فكانت الثروة المادية تلقى أهمية أكثر في فارس، كان الهدف النهائي للفارسي هو اكتساب الممتلكات ونمو الإمبراطورية، وكان شعوره بالنجاح متوقفاً على ذلك[٢].

الأنماط

نتيجة لما أشرنا إليه من المثل المادية والقومية، كان للتربية العسكرية والتربية البدنية كل الأهمية كأنماط للتعليم، وقد كانت اجبارية على كل صبي وعلى أبناء الطبقات الارستقراطية بالذات. وكان هناك تعليم ديني منظم "للماجي Maji" كما كانوا يسمون الكهنة.

وكان التدريب الخلقي بمعناه الحديث (وهو بناء الخلق) يستمد أسسه من معتقداتهم الدينية، فقد كان كل طفل يتعلم فضائل الحياة الطيبة اللازمة للخلاص يوم الحساب.

---

(١)عبد الله عبد الدايم، مرجع سابق، ص٤٤.

(٢) محمد ابراهيم نبهان، ماهر نسيم، التعليم في خدمة السلام، القاهرة، دار الكرنك للنشر والطبع والتوزيع، ١٩٦٥، ص٥٦-٥٧.

وكان التوجيه المهني لأنشطة العمل المختلفة في الحياة من نصيب أبناء الطبقات الدنيا، كما كان التدريب المنزلي يعطى للبنات متضمناً واجباتهن المنزلية، وكانت النساء في منزلة دنيا كما كانت الحال في معظم البلاد الشرقية حينئذ، وكن يستثنين من كل تعليم رسمي وثمة نمط من التعليم كان مهملاً إهمالاً مؤلماً ألا وهو التدريب على الهوايات المختلفة، لقد أصبح الفارسي فارغ الصبر لا يكاد ينعم بالحياة في وقت السلم. (١)

المحتوى

كانت أهم البنود في المنهج الفارسي هي التمرينات البدنية والألعاب الرياضية لتنمية الاحتمال، وإنكار الذات، وضبط النفس، كانوا يمارسون الجري ورمي الاحجار بالمقلاع والرمي بالقوس ورمي الحراب والنبال بحمية وحماس.

وكان الصبي يتعلم الركوب والصيد، والسباحة واحتمال أقصى درجات البرد والجوع، والسير لمسافات طويلة، والنوم في العراء، والرضى بالوجبات الغذائية البسيطة، وتدبير الطعام الذي يلزمه. وكان يلي ذلك في الأهمية تنمية الصفات الخلقية كالصدق والعدل وعرفان الجميل، والشجاعة والشفقة والأمانة والصفاء.

وكان "للماجي"-الكهنة- نظامهم التعليمي الخاص بالإضافة إلى تمكنهم الكامل من النصوص المقدسة، كانوا يتلقون تدريباً في علم التنجيم، والتكهن (معرفة الغيب) والطب، والقانون، وكان "الماجي" حينئذ هم الرجال الحكماء المالكون للمعرفة، وكان الملوك والنبلاء غالباً ما يستثيرونهم في المشروعات الهامة(٢).

المؤسسات:

كانت الأسرة هي المدرسة الأساسية لجميع الطبقات فحتى سن السابعة، كان الولد يدرب في المنزل، بواسطة النساء دون أن يراه أبوه، أما البنت فقد كان تعليمها الوحيد هو التدبير المنزلي، وحتى بعد سن السابعة كان الولد يتلقى كثيراً من تعليمه الديني والخلقي في الأسرة، أما التدريب العسكري فكانت تقوم به الدولة،

---

(١)محمد إبراهيم نبهان، ماهر نسيم، المرجع السابق، ص٥٧.
(٢)المرجع السابق، ص٥٨.

ولعل هذا يعطينا أول مثل عن سيطرة الدولة على التعليم من أجل عظمة الدولة ومجدها[1].

التنظيم:

لم ينش الفرس أية مؤسسات متخصصة للتعليم، وكان تعليم الولد بدنياً وعسكرياً يعطى عـادة في بلاط النبلاء تحت إشراف الطبقة الحاكمة، وكان الولـد بعـد أن يؤخـذ بعيـداً عـن رعايـة أمـه في سـن السابعة يعتبر ملكاً للدولة ويجتاز مرحلة طويلة من التدريب العام.

وحتى سن الخامسة عشرة كان يعطى تـدريباً بـدنياً ويتـزود بالصفات والمهارات العسكرية العملية والطاعة، عن طريق الرجال الكبار، وبعـد الخامسـة عشرة كان يشهد خدمـة فعليـة في الميـدان ويؤدي بعض الواجبات التي تتطلبها الحراسة المسلحة للدولة، وحين يبلغ الشاب النضج في سـن العشرين، فإنه يتقلد امتيازات الرجل كامل النمو، ويصبح مستحقاً لشرف التأهب للـدفاع عـن البلاد في حـالات الطوارئ وتقلد الوظائف العامة[2].

طرق التعليم:

كانت أهم الطرق المستخدمة في التدريب هي الملاحظة والتقليـد والممارسـة، كـما كـان النشـاط المستخدم أبعد ما يكون عن التروي وإمعان الفكر، كان الولد يكتسب المهارة البدنية والعسكرية والصفات الخلقية المرغوب فيها عن طريق الكبار، وبين الطبقات الدنيا كانت" التلمذة الصناعية" تستخدم في تعليم الأنشطة المهنية العملية وكانت القدوة- المبادئ والقواعد التعليمية- هي السائدة.

أما القراءة والكتابة فقد كانت تـدرس عـلى نطـاق محـدود ويبـدو أنـه لم يكـن مـن التـدريب الضروري للشاب الفارسي أن يتعلم القراءة وكان يزود بأفكار دينية وخلقية عـن طريـق الأشـعار الخرافيـة التي كانت تمجد أعمال الآلهة والأبطال.

(١)محمد ابراهيم نبهان، ماهر نسيم، مرجع سابق، ص٥٩.
(٢) المرجع السابق، ص٥٩.

هذه الأساطير، كان معلموه يرددونها أو يغنوها في حضوره ثم يطلبون منه فيما بعد أن يردد ما سمعه أو أن يقدم عنه بيانا على أي درجة من الاتقان، وربما كان هذا على نحو ما نمطا آخر من أنماط التعليم بالقدوة أو المثل[1].

نظرة نقدية

من خلال ما تقدم نجد أن هذا النظام التربوي نظام يفرض سيطرة الدولة على التربية وينتقص من حق الأسرة في تربية أطفالها، ثم أن جانباً كبيرا من الناس، لم يكن يصيبهم سوى حظ ضئيل من التربية، بالإضافة إلى أن التربية البدنية تولى عناية كبيرة على حساب التربية الفكرية.

ومع ذلك استطاعت تلك التربية أن تحقق نتائج قيمة، فعرفت فارس العديد من الكتاب والشعراء الكبار على مر العصور، كما استطاعت أن تكون قوة عسكرية ذاع صيتها ومكنت للإمبراطورية الفارسية ووسعت حدودها[2].

ثامناً: التربية عند المصريين

لمحة تاريخية واجتماعية

تعد الحضارة المصرية القديمة من أعرق وأقدم حضارات العالم، ولئن كانت آراء العلماء قد تفاوتت عن قدم هذه الحضارة، إلا أن كثيراً منهم يكاد يجمع على أن الثقافة عندهم قد بلغت شأواً عظيماً، حيث ترقت صناعة الأدوات الحجرية، ووصلت إلى درجة عالية من دقة الصنع، وتبعها في نهاية العصر الحجري ظهور صناعة المعادن، التي كشفت الحفريات عن العديد من آثارها، كالمثاقب، والمزهريات من النحاس، إلى جانب حلي من الذهب والفضة.

وتشير قشور حب الشعير التي وجدت في أمعاء جثث الموتى الذين عثر عليهم في بلدة (البداري) حوالي عام (٤٠٠٠ق.م) على أن المصريين عرفوا الزراعة، وبالتالي فقد عرفوا اساليبها كتنظيم الري وغيره، وهذا يدل على جانب آخر من جوانب تلك الحضارة.

---

(١)محمد ابراهيم نبهان، ماهر نسيم، مرجع سابق، ص٦٠.

(٢) عبد الله عبد الدائم، مرجع سابق ص٤٥.

ويرجع ماسبيرو "Maspero" فجر ثقافة المصريين الأوائل إلى ما بين (١٠.٠٠٠ و ٨.٠٠٠) سنة قبل الميلاد، على أن التاريخ المدون عن مصر يبدأ من عام (٤٢٤١ق.م).

ويقول "برستد Breasted" أن وادي النيل سكنته أقوام ترجع إلى حوالي ١٨.٠٠٠ سنة قبل الميلاد.

وقد تساءل الباحثون عن أصل الجنس المصري، ومنشئه، ومن أين جاءوا؟

يقول "ول ديوارنت" نقلا عن ثقات في التاريخ القديم، أن غزاة وفدوا أو هاجروا من غرب آسيا، وجاءوا معهم بثقافة تفوق ثقافة أهل البلاد، وتزاوجوا معهم، وأنجبوا سلالة هجينة كانت مطلع حضارة جديدة، ثم اخذت هذه السلالات تمتزج امتزاجاً بطيئاً حتى تألف من امتزاجها فيما بين عام (٤٠٠٠ و ٣٠٠٠ ق.م) شعب واحد هو الشعب الذي أوجد مصر التاريخية.[١]

ويتخذ تقسيم التاريخ المصري شكلين مختلفين:

أولهما: يرجع إلى الكاهن المصري (مانيتون) الذي عاش في عصر بطليموس الثاني حوالي (٢٨٠ق.م)، حيث كتب تاريخاً لشعبه باللغة الاغريقية، فقسمه طبقاً لعائلات الحكام الذين توالوا على عرش مصر ابتداء من (مينا) أول ملك مصري، حتى الاسكندر الأكبر، فقدرها جميعها بثلاثين أسرة*

وثانيهما: هو التقسم الشائع، الذي ينقسم بمقتضاه التاريخ المصري الى (الدولة القديمة، والوسطى، والحديثة) وكل واحدة من هذه الدول تضم عصراً من عصور الازدهار، وتقع بينها عصور من الانحطاط في السياسة والحضارة.[٢]

---

(١) سعد مرسي احمد، تطور الفكر التربوي ص٦٧-٦٨، ايضاً، سعد مرسي احمد، وسعيد اسماعيل علي، تاريخ التربية والتعليم، ص٧٤،٧٥، وعبد الله الرشدان ونعيم جعنيني، المدخل الى التربية والتعليم، ص١١٥.

* انظر تفصيل الأسر الثلاثين في /أحمد أيمن سليم، دراسات في تاريخ مصر والعراق منذ أقدم العصور وحتى مجيء الاسكندر الأكبر.

(٢)ادولف ارمان، وهرمان رانكة، مصر والحياة المصرية في العصور القديمة، ص٢٥١.

وقد عاش الناس حول شاطئ النهر منقسمين اقساماً، فلما عرفوا الزراعة، انضمت القبائل بعضها الى بعض وتكونت منها إمارات صغيرة ما لبث أن انضمت فكونت مملكتين: مملكة الشمال وعاصمتها (ممفيس) والهها (حورس) الذي يمثل في نظرهم النور المنبعث من نجوم السماء، ومملكة الجنوب، وعاصمتها (طيبة) والهها (ست)، ويمثل الظلمة والهلاك، وقد تمكن الملك (مينا) أخر ملوك مصر الشمالية من توحيد المملكتين -بعد طول الحروب بينهما- عام (٣٢٠٠ق.م) واتخذ من (منف) عاصمة له، وبذلك بدأ العصر التاريخي، وبدأ معه قيام الأسر التي حكمت مصر طيلة قرون عديدة [١].

استمرت الدولة القديمة من (٣٥٠٠ق.م الى ٢٦٣١ ق.م) وشملت الأسر الست الأولى، وتميزت بعصر بناه الأهرام،وفن التحنيط، وقد اعقبتها فترة من الفوضى.

ثم جاءت الدولة الوسطى (٢٣٧٥ق.م- ١٨٠٠ ق.م) وشملت الاسر من الحادية عشر إلى الرابعة عشرة، حيث ازدهرت الزراعة والفنون خاصة في عهد الأسرة الثانية عشرة، ومن اشهر ملوكها سنوسرت الاول والثالث.

وبدأ عصر الدولة الحديثة بطرد الهكسوس على يد (أحمس) وهو ما يسمى (بعصر الإمبراطورية) وامتد من (١٥٧٥-١٠٩١ ق.م) ويشمل الأسر من الثامنة عشرة إلى العشرين. [٢] ومن اشهر ملوكها تحتمس الاول، ثم خلفته ابنته حتشبسوت وزوجها- اخوها- تحتمس الثاني الذي نحّتهُ عن الحكم، ثم خلفها تحتمس الثالث بطل مجدو.

وخلال هذه المدة الطويلة، فقد تمكن المصريون القدماء من تأسيس حضارة راقية لا تزال آثارها قائمة ليومنا هذا، ومن أهم العوامل التي ساعدت على قيام الحضارة المصرية: الموقع الجغرافي المناسب، والحدود الطبيعية التي حمت البلاد من غزوات الاعداء المستمرة، واعتدال المناخ الذي ساعد على استقرار الحياة، ووفرة الصخور والمعادن، إضافة إلى وفرة المياه المتمثلة بنهر النيل [٣] الذي لعب

---

(١) فخري رشيد خضر، تطور الفكر التربوي، ص٣١.

(٢) فرنسيس عبد النور، التربية والمناهج، ص٢٣، وايضاً: عبد الله الرشدان، ونعيم جعنيني، مرجع سابق، ص١١٥، وسعد مرسي أحمد، وسعيد اسماعيل علي، تاريخ التربية والتعليم، مرجع سابق، ص٧٥-٧٦.

(٣) فخري خضر، مرجع سابق، ص٣١، ايضاً

- سيد ابراهيم الحيار، دراسات في تاريخ الفكر التربوي، ص٤٤.

منذ القدم- وما يزال- دوراً رئيسياً هاماً في حياة مصر- ليصدق عليها وصف المؤرخ اليوناني القديم (هيردوت) بأنها "هبة النيل" "الذي جعل من شمال البلاد وجنوبها وحدة واحدة، وعلى شاطئيه يتركز السكان، ولذلك كان النيل منذ القدم العامل الرئيسي- في تشكيل اقتصاد مصر- ووحدتها السياسية والادارية على أساس مركزي..."[١]

أما من الناحية الاجتماعية، فقد ظهر في مصر الفرعونية نوع من النظام الطبقي المفتوح، حيث أن ميلاد الفرد لم يتحكم في وضعه ضمن طبقة معينة لا يستطيع الخروج منها- كما هو الحال في النظام الطبقي في الهند- بل باستطاعة الفرد أن ينتقل ويترقى من طبقة الى طبقة باستثناء الانتساب لأسرة الفرعون الذي الهه المصريون في أوقات من تاريخهم.[٢] أي لا توجد حدود فاصلة بين الطبقات.

ويذكر بعضهم أن المجتمع المصري أول أمره كان يتكون من طبقتين بينهما فرق واضح:

طبقة عليا وهي الحاكمة، وعلى رأسها فرعون وأسرته، وحاشيته، ومن حولهم من كبار موظفي الدولة، وامراء الأقاليم، وكبار الكهنة، ثم طبقة دنيا: وهي العاملة الكادحة، وتتكون من عمال الزراعة والصناعة، والصيادين، والملاحين، والرعاة والخدم، وجميع أصحاب الحرف الذين يعملون في الخدمات العامة والخاصة"... وتقدمت الحياة بالناس فنشأت طبقة ثالثة بين الطبقتين المذكورتين قوامها صغار الموظفين، والتجار، وأصحاب الحرف الممتازة.[٣]

وهكذا فقد انقسم المجتمع المصري القديم إلى ثلاث طبقات (عليا، ووسطى، ودنيا)

- اما العليا فقد كان على رأسها-كما أشرنا-الفرعون المؤلة الذي كان المصريون يؤمنون به على "أنه ظل الله الممدود على الأرض، ويحكم الناس بمقتضى الحق الالهي الموروث، يدير شؤون الشعب، وينظم له أمور دنياه وفقا لمشيئة الله...

---

(١) محمد منير مرسي، تاريخ الشرق والغرب، ص٣١.
(٢) سعد مرسي أحمد، وسعيد اسماعيل علي، مرجع سابق، ص٨٠، ايضاً: محمود السيد سلطان، مسيرة الفكر الاموي عبر التاريخ ص٢١.
(٣) أحمد بدوي ومحمد جمال الدين مختار، تاريخ التربية والتعليم في مصر، ص٤٧-٤٨.

فدانوا لسلطانه في الدنيا، وآمنوا باستئنافه في الآخرة، وكانوا يدعونه "الإله الطيب" في حياته، والإله الأعظم بعد وفاته.

وتحت هذه الطبقة أيضاً كانت عائلة الفرعون، وكبار رجال البلاط، ثم الكهنة وبعض النبلاء وهم كانوا الأعلى جاها، وغنى، وسلطانا ونفوذا في البلاد، فقد كانت تملك ثلث الأراضي المصرية معفاه من الضرائب، ويعد الكهنة الأكثر نفوذا وسلطاناً على الشعب والفراعنة.

- أما الطبقة الوسطى، فقد كانت مكونة من طبقة الجند وكبار التجار، وأصحاب المهن والأثرياء، وهذه الطبقة كان لكل فرد منهم قطعة أرض معفاة من الضرائب.

- الطبقة الدنيا: وهؤلاء كانوا يمثلون الكثرة الساحقة من السكان، مثل الرعاة، والفلاحين، والعبيد، والصناع، والعمال، ثم الموالي وهم من أسرى الحرب عادة(١).

وكان التفاوت واضحاً بين حياة علية القوم وسواد الشعب، تفاوت في الملابس، والغذاء، والسكن... ونالت النساء في هذا المجتمع منزلة مرموقة، فقد تساوت مع الرجال في الطبقة الواحدة التي ينتمون اليها، بل إن في عقود الزواج شرط طاعة الزوج لزوجته، كما كانت النساء يمتلكن ويورثن، وكانت آلهة منهن عبدها الشعب(٢).

الدين:

يعد المصريون القدامى، من أكثر الأمم القديمة تعبداً وتديناً، ويظهر ذلك واضحاً في معابدهم ومقابرهم، وقد استمدت الديانة المصرية عناصرها الأولى من البيئة، فالشعور بالولاء والحب او الخوف والرهبة تجاه عنصر من عناصرها جعل

---

(١) المرجع السابق، ص٤٩-٥٣ ايضاً ابراهيم ناصر: مقدمة في التربية ص٣٧.
-عبد الله الرشدان ونعيم جعنيني، مرجع سابق، ص٨٧
- سعد مرسي احمد، وسعيد اسماعيل علي، مرجع سابق، ص٨١.
-عبد الله عبد الدائم، التربية عبر التاريخ، ص٤٧.
(٢) سعد مرسي احمد، وسعيد أسماعيل علي، مرجع سابق، ص٨١.

المصري يعتقد بقدرة ذلك العنصر، فيتصرف ازاءه بما يتخيل أنه يرضي ذلك العنصر أو يتجنب اذاه.[1]

وفي العصور الموغلة في القدم عبد المصريون مظاهر الطبيعة المختلفة كالشمس، والنيل، والأرض، والسماء، والنجوم، أي كل ما له تأثير ظاهر في حياتهم، فتقربوا اليها بالعبادة وتقديم الهدايا والقرابين.

وقيل بأن تسعة أعشار الآلهة المصرية كانت من الكواكب اشهرها (رع) اله الشمس- ومن اسمائها آمون، وهور وفتاح، وتوم، وأوزيريس، ومن أقوالهم في تحيتها "تحية لك أيها السائح المنير الداير في فلكه، تحية لك يا أعظم الآلهة ويا رب الأرباب"-[2]اضافة الي (هابي) اله النيل، (وجيب Geb) اله الأرض، (ونن Nun) إله المحيط، وقد عبدت الشمس والنيل لارتباطها بالنماء والزرع والحياة...[3]

وقد قدس المصريون القدماء الحيوانات، يقول ماسبيرو: انه عندما عاش المصريون في زمن ما قبل التاريخ منقسمين إلى اقسام، اتخذ كل قسم حيواناً يطعمه إلى جانب الإله الخاص به، وقد قدس كل قسم حيوانه إما رهبة منه فيتقي شره، أو رغبة في استرضائه لما يجلبه له من خير، فقد قدسوا التمساح والأسد، كما قدسوا العجول والكباش. أما في العصور التاريخية فقد آمن المصريون بأن الحيوانات التي عبدوها، قد حلت فيها أرواح الآلهة التي كان عليها أن تسكن جسداً فيه عند هبوطها الى الأرض، فالنسر مثلاً لم يكن هو نفسه هوروس الاله، ولكنه مأوى لبعض أسراره... وعقيدة التجسيد والحلول هذه لم تقتصر على الحيوان فقط، بل تجد أن هوروس مثلاً قد يتجسد في إنسان، أو إنسان له رأس نسر، أو نسر له رأس انسان... وتطور الأمر إلى أن أصبحت العبادة لا تقتصر على حيوان من بين القطط مثلاً، ولكنهم عبدوا القطط جميعها.

كما آمن المصريون بأن هذه الحيوانات التي عبدوها تعلم الغيب، وتثيب وتعاقب، وتتكلم لتنقذ شخصاً على وشكل الهلاك.[4]

---

(١) محمد ابو المحاسن عصفور، معالم حضارات الشرق الأدنى القديم، مرجع سابق، ص٦٤.

(٢)عبد الله الرشدان، ونعيم جعنيلي، مرجع سابق، ص٨٧.

(٣) محمد منير مرسي، مرجع سابق، ص٣٢.

(٤) سعد مرسي أحمد، مرجع سابق، ص٧٢-٧٣، ايضاً: عبد الغني عبود، دراسة مقارنة لتاريخ التربية ص١٠١.

وكذلك عبد المصريون أرواح موتاهم في عصر الأهرام، وكانوا يزينون قبورهم بكل أدوات الزينـة، والأسلحة وصنوف الطعام والشراب، وكانوا يعتقدون أن الميت المكرم يرتفع إلى درجة الآلهة[1]... كما آمـن المصريون القدامى بالبعث بعد الموت، وبخلود الروح والثواب والعقاب في الدار الآخـرة. وكـانوا يعتقـدون أن الأرواح تعود لتسكن الأجساد، ولهذا لجأوا إلى التحنيط، وبنوا الأهرام، ليحفظوا فيها جثث موتاهم"[2].

وقد ارتبطت بفكرة الحياة بعد الموت اعتقادات شـعبية عديـدة، ومنهـا أن كـل إنسـان لا يملـك جسداً فحسب، وانما له روح أيضاً، وهي تحيا في العالم الآخر، وهذه الروح تأخذ شـكل الطـائر، وفي الأزمنـة اللاحقة شكل صقر برأس المتوفي، وكانوا يعتقدون أن هذه الروح تفارق الجسـد الميـت وتنطلـق بحريـة في العالم، ولكنها تعود في الليل إلى تلمس السلامة في المقبرة، وهذا الأمـر لا يحـدث إلا إذا كـان جسـد المتـوفى محفوظاً وممنوعاً من التحلل..

ومن المعتقدات أيضاً أن المتـوفى يمكـن أن يتخـذ أشـكالاً مختلفـة، ويسـتطيع بصيغ سـحرية أن يتحول إلى مختلف الكائنات، ويجوب الأرض نهاراً بهذا الشكل.

ولعب ما يسمى بـ(الكا) أو القرين دوراً هاماً في المعتقدات المصـرية، "(والكـا) نـوع مـن الـروح الحارسة، أو القرين الذي يولد في نفس الوقت مع الفرد، ويلتصـق بـه التصـاقاً وثيقـاً طيلـة حياتـه، ولكـن (الكا) لا تشاركه تجربة الموت، وإنما تواصل البقاء بعد المتوفي من أجل أن تـرب فيـه الحيـاة وتحميـه مـن اعدائه في العالم الآخر"[3].

وقد عرف المصريون القدماء مذهب توحيد الآلهة، عندما قـام الملـك المصلح امنـوفيس الرابـع- امنحتب- بثورة على تعدد الآلهة، والخلط فيها، وخرج على البشرية بآلهة الجديـد "آتـون" بـدلاً مـن الإلـه (آمون -رع) فانشأ لهذا الاله عاصمة جديدة هي (اخيتاتون) أي مدينـة "أفـق آتـون"، وغـير -هـو نفسـه- اسمه إلى (اخناتون) بدلاً من اسمه السابق المنتسب للإله آمون، واخناتون تعني "آتون راضي" وقد رأى

---

(١)عبد الله الرشدان، د. نعيم جغبيلي، مرجع سابق ص٨٨.
(٢)عبد الله عبد الدائم، مرجع سابق، ص٤٦-٤٧، ايضاً، عبد الله الرشدان ونعيم جعنيني، مرجع سابق، ص١١٧.
(٣)ج. شتيندورف و ك. سيل، عندما حكمت مصر الشرق، ص١٦٥، أيضاً سعيد اسماعيل علي، تاريخ التربية والتعليم في مصر، ص٤٨.

اخناتون أن الهه رب الأمم كلها، وآتون الشمس مصدر الضوء، ومصدر كل حياة على الأرض، إلا أن هذا العمل بما رافقه من تعصب طاغ على العقائد، وتسرع في اصدار أحكامه بتخريب كل ما يحمل اسم آمون، اغضب فئات كثيرة، متناسيا كل ما جبل عليه المصريون من حب لآلهتهم التي أعدمها محرماً عبادتها، ومهدماً هيكاكلها، فقام الكهنة الذين فقدوا كل شيء يتآمرون عليه في الظلام، وانضم اليهم أصحاب الحرف التي اندثرت باندثار الهياكل.

وبموت هذا الملك حوالي عام (١٣٦٢ق.م) انتهت هذه التجربة، وخلفه توت عنخ آمون، فاعاد الأمور إلى ما كانت عليه قبل حركة الإصلاح الآنفة الذكر.[١]

التربية:

كان السعي وراء التعليم، والقيام بعملية التعليم من الأعمال التي حظيت بكثير من الاهتمام والحب والتقدير عند المصريين، وتجلى ذلك في كثير مما نقرا من وصايا المصريين لأبنهائهم، وحضهم على التعليم من مثل:

-اذكر يا بني أن أي مهنة من المهن محكومة بسواها، الا المثقف فانه بحكم نفسه بنفسه.

ووصية أحد الحكماء لابنه: "افتح قلبك للمعلم، واحبه كما تحب أمك... فلا يعلو على الثقافة شيء...".[٢]

ومما يؤثر عنهم أيضاً قولهم: ما أشبه الجاهل بالحمار المثقل يحتاج دائماً إلى من يقوده أو يدفعه.

وقولهم: أقبل على عملك وتعلم الكتابة تكن أهلاً للقيادة والزعامة بين الرجال[٣].

---

(١) سعد مرسي أحمد، مرجع سابق، ص٧٥-٧٦ أيضاً

-ادولف إرمان وهرمان رانكة، مرجع سابق ص٢٨٠-٢٨١.

- سعد مرسي أحمد، وسعيد إسماعيل علي، مرجع سابق، ص٧٨-٧٩.

(٢)عبد الله الدايم، مرجع سابق، ص٤٧أيضاً ابراهيم ناصر، مرجع سابق، ص٣٧.

(٣)عمر رضا كحالة، جولة في ربوع التربية والتعليم، ص١٦.

أهداف التربية ودوافعها:

يمكن أن نجمل الهدف من التربية بقولنا انه كان هدفاً دينياً، وثقافياً، ومهنياً، ويتمثل في الدوافع التالية أحدها-أو كلها مجتمعة:

أولاً: التعلم للانخراط في سلك الهيئة الحاكمة:

وانصار هذا الدافع كانوا ينظرون إلى التعلم بأنه يقسم الأمة الى فريقين: فريق الحاكمين: وهم المتعلمون الذين عرفوا الكتابة والكتب، ففتحت لهم تبعاً لذلك أبواب الإدارة، فتيسر- لهم الاتصال بأصحاب النفوذ والتنفيذ، واستطاعوا الاسهام معهم.

فريق المحكومين: وهم الذين حرموا من العلم فحرموا بذلك من الاشتراك في تصريف شؤون الدولة، واضطروا للخضوع الى توجيهات غيرهم.

ونذكر فيما يلي بعض النصوص التي تبين، وتوضح الفروق التي ذكرت بين الفريقين، وهي على شكل نصائح كان يقدمها الأب لولده، أو المعلم لتلميذه، ابتغاء تشجيعه على الدراسة، وطلب العلم، فكان من قولهم في ذلك:

- اعمل على أن تكون كاتباً، ينعم بدنك وتصبح كفك لينة.

- التعلم يجعل صاحبه يؤاخي من هم أرفع منه

- وجه وجهك لتصبح كاتباً، ولتصبح المرتبة الطيبة من نصيبك وحينئذ اذا ناديت واحداً لباك ألف.

ومن أهم العوامل التي كانت تشجع المتعلمين على التعلم للانخراط في السلك الاداري:

أ- قدرة الحكومة على استيعاب كل متعلم منهم في وظائفها لتسجيل كل صغيرة وكبيرة من شئون البلاد وأهلها، خاصة في عصور التوسع الخارجي، وعصور الدولة الحديثة، نتيجة للنشاط الكبير في إعداد الجيوش، وما كان يتبعه من تقييد ومراسلات، وإصدار أوامر، وصرف مؤن، ثم الاهتمام بشؤون الحكم في البلاد التابعة.

ب- رغبة الوصول الى مكانة طيبة تكفل لصاحبها الكرامة واحترام الغير، وتكفل لـه القوامـة دون التبعيـة، وتضمن له نصيباً من العيش المستقر الهنيء، خاصة أن هيئات الكتبة هذه هـي التـي كانـت تتصل بفئات الشعب نيابة عـن حكومـة الفراعنـة المصريين التـي وصفت بالقدسية، فهم الـذين كانوا يحاسبون ويراقبون، وينفذون وينوبون عن الرؤساء، ويفترض النـاس فيهم السـلطة تبعـاً لهـذا كلـه، يولونهم الاحترام والتبجيل.

ج- رغبة التخلص من أعمال الخدمة الاجبارية ومن تكاليف الضرائب، ولا يبعد أن الحكومـة كانـت تعفـي موظفيها المتعلمين من السخرة والضرائب فعلاً، في الوقت الذي لم تكن تعفي فيه مواطناً آخر منهـا ولو كان كاهناً (عادياً) كما تذكر احدى الرسائل التعليميـة، ويحتمـل أنهـا كانـت تقـدم علـى ذلك الإعفاء تشجيعاً منها على التعلم، وحرصاً على كرامة موظفيها، أو حرصـاً علـى عـدم تعطيل اعمالهـا الرسمية باشتغال موظفيها بأعمال السخرة.

ثانياً: التعلم لخدمة المطالب الدينية أو لاكتساب نصيب من العلم الديني الشخصي- الاستقامة الخلقية-

فمن المعروف أن المصريين كانوا من أكثر شعوب الأرض اهتمامـاً بالدين والآخرة، ويتضح اثر هذا الاهتمام في اقبال بعض طوائف المصريين على التعليم من الحقائق التالية:

أ- اهتمام الكهنة الرئيسيون بالتعلم ليسهل لهم القيام بأعمالهم، ومن ثم توجيه ابنائهم للتعلم رغبة في أن يخلفوهم في وظائفهم.

ب- اعتقاد المصريين بأن النصوص المكتوبة تحقـق السعادة لأصحابها في اخراهم، الأمـر الـذي سـاهم في تكوين طائفة كبيرة من المتعلمين (أو أنصاف المتعلمين) لكتابة ونقش هـذه النصوص علـى جـدران معابد الشعائر الملكية، والمقابر الخاصة، وعـلى سـطوح التوابيـت... أو لكتابة المتون الدينيـة عـلى صفحات البردى.

ج-اعتقاد المصريين في آلهتهم العلم والمعرفة، واعتبارهم الواضعين لأصولهما، لذا فهم يتزودون مـن منـاهـل العلم كنوع من التعبد في الدنيا، وقرباناً يتقربون به الى الآلهة في الآخرة، فكـان الـداعي إلى الدراسـة يعتبر نفسه داعياً إلى "أقوال الرب" وكذلك المنصرف عن الدراسة يعتبر منصرفاً عن أقوال الرب".

ثالثاً: التعلم تقديراً للعلم وكرامته- أو تقدير العلم لذاته- (العلم من أجل العلم)

وهذا الهدف كان محصوراً في غالب الأوقات في الطبقة الارستقراطية نظراً لعدم حاجتها إلى الكسب والعمل، فقد ظلت القصص المصرية حتى آخر عصورها تخص بالذكر جماعة من الأمراء أثر عنهم سعيهم إلى العلم والعلماء بوحي أنفسهم، ودون أن يضطروا إليه بطبيعة الحال في كسب المعيشة، ومن هؤلاء الأمير حوردوف بن خوفو الذي يقيت لتعاليمه شهرتها حتى عصر الرعامسة وخعمواس بن رمسيس الثاني ... وغيرهم

تلك هي أهم الدوافع التي جعلت للتعليم أهمية في مصر الفرعونية، بحيث برزت تلك النسبة العالية من المتعلمين بين المصريين، غير أن هذا العوامل وإن وجدت انصاراً يستميون لها- إلا أنها لم تسلم من عوامل معارضة تقف في سبيلها وتحد من تأثيرها خاصة بين جمهور الناس، فلو أخذنا العامل الأول وهو "اغراء الوظيفة الحكومية" وما كان يرافقه من تمجيد للكتاب وبيان لأدوراهم ومنزلتهم في المجتمع المصري القديم، لوجدنا أن هناك أربعة عوامل تحد من تأثيره وهي:

أ- إن كثيراً من المهن اليدوية التي رتب الأدباء والمعلمون أفضلية الوظيفة عليها، لم تكن على الحال البائسة التي صورها عليها في رسائلهم وتعاليمهم، فمهنهم التي ابدعوا فيها الآيات العجاب من صناعات الذهب، والعاج، وغيرها.. كانت تدر عليهم ما يجعلهم راضيين عنها، ومقتنعين بها، من صناعات الذهب، والعاج، وغيرها.. كانت تدر عليهم ما يجعلهم راضين عنها، ومقتنعين بها، ولا يمانعون أن يخلفهم ابناؤهم فيها دون حاجة إلى التعليم المدرسي أو التعلق بأهداف الوظيفة الحكومية.

ب- إن الصبغة الزراعية التي اتصف بها المجتمع المصري، وقامت عليها اقتصادياته كانت تحتاج الى كثير من الأيدي العاملة، وليس اقرب للفلاح- في العادة- من أبنائه يأتمنهم على أعماله. ويخلفوه في ملكيته الأمر الذي منع الكثيرين من الابناء من طرق باب التعليم.

ج- كذلك فالصبغة الزراعية السابقة تطلبت أن يتركز السكان في الأرياف، وأغلب الظن أن دور العلم - خاصة الراقي منه- كانت تتواجد في المدن أو في المراكز الحضارية المتناثرة، الأمر الذي كان يقف عائقاً أمام انتشار التعليم.

د- إن الموظفين من المتعلمين- في تلك الحكومة لم يكونوا يتمتعون برغد العيش وسلطان الوظيفة على سواء بينهم، بل إن بعضهم لم تكن مرتباتهم لتكفل لهم غير العيش المتواضع[1].

مراحل التربية ومنهاجها:

قبل الخوض في تناول مراحل التربية عند المصريين، يجدر بنا أن نتوقف قليلاً لنتعرف على بعض جوانب حياة الطفل قبل التحاقه بالمدرسة، حيث اعتبر المنزل هو مدرسة الطفل الأولى، وتنشئته تقع في الدرجة الأولى على عاتق أمه، فهي التي يظل في حضانتها حتى سن الثالثة ترضعه وتتولى حمله وتربيته، وكانت الأسر الغنية تستأجر أحياناً مرضعات لترضع أطفالها.

وخلال سنوات الطفولة هذه كان الطفل يتعلم القواعد الأولى للحياة باحتكاكه بوالديه ورفاقه في اللعب، وقد عرف الأطفال اللعب، وكانوا يفرحون بها أيما فرح، فهناك الألعاب الخشبية،والدمى المصنوعة من الكتان أو الخشب بعضها ذات أذرع وأقدام متحركة، وهناك رجل متحرك بطحن القمح، وتمساح من الخشب دقيق الصنع يستطيع أن يفتح فمه ويقفله، إضافة إلى أن الزهور والطيور الحية كانت تعد أيضاً لعباً محببة إلى النفس.

وكان عهد الطفولة في الدولة الحديثة في حالة الذكور لا يعتبر منتهياً فعلاً إلا بعد مضي أربع سنوات على الأقل، يأتي بعدها دور التربية، وكان المصريون يعتقدون أن واجب الأب يقضي عليه بالاشراف على تربية أولاده في هذه الحقبة، أما أولاد الطبقات الراقية فكانوا يؤخذون غالباً في هذه السن المبكرة من منازلهم ويرسلون إلى بلاط الملك ليتربوا ويتثقفوا مع أبناء الملك، أو يكون عليهم أن يدخلوا إلى مدرسة تابعة لاحدى مصالح الحكومة لكي يعدوا أنفسهم لحياة الوظيفة الرسمية[2].

وهذا ينقلنا للحديث عن المرحلة الأولى من مراحل التربية، أو مراحل التعليم كما تسميها مراجع كثيرة:

---

(١) عبد العزيز صالح، التربية والتعليم في مصر القديمة، القاهرة، الدار القومية، ١٩٦٦، ١٣٨-١٣٩.

(٢) ادولف ارمان وهرمان رانكة، مرجع سابق ص١٧٤-١٧٥.

١-المرحلة الأولى (٤-١٠) سنوات:[(١)]

كان التعليم في هذه المرحلة ارستقراطياً يقتصر على الطبقات الراقية، أما أبناء بقية الشعب فكانوا يتعلمون مهنياً عن طريق التلمذة المهنية على يد آبائهم أو من يقومون مقامهم عن طريق الخبرة المباشر في كل عنصر من عناصر الثقافة لاعدادهم للحياة وبالذات المهنة.

ومع ذلك فلم تكن الأبواب موصدة أمام أبناء الشعب، خاصة بعد أن اتسع نطاق الدولة- فمن أراد منهم أن يعتلي المناصب العليا ويرتقي فيها، كانت تتاح له فرصة إتقان القراءة والكتابة خاصة من تظهر علامات نبوغه وتفوقه في بداية التعليم:

ونستطيع أن نصنف التعليم في هذه المرحلة إلى ثلاثة أنواع :

أ-النوع الأول: بواسطة الأب- كما أسلفنا- حيث يلقن أبنه الأمور الدينية، والسلوك الخلقي ويعلمه قواعد الحرفة وأسرارها، وكان يعلمه أيضاً الكتابة.

ب-النوع الثاني: ويتم بواسطة أحد المربين، حيث يرسل الأب ولده إلى أحد المربين المتفرغين لهذا العمل التربوي ليعيش معه في منزله، فيربيه على أمور الحياة اللازمة للطبقة الأرستقراطية- لأن الطريقة كانت تتبع في الطبقة الأرستقراطية- ويعلمه القراءة والكتابة، ويلقنه الخبرات المختلفة.

والنوع الثالث:إرسال الطفل إلى المدرسة التي كانت تسمى "بيت التعليم" ليتعلم فيها، حيث كانت تنتشر هذه المدارس في المدن الكبيرة، وتفتح أبوابها لكل راغب في التعليم، يشرف عليها الكاتب المصري القديم، وكانت هذه المدارس تلحق بالمعابد.

---

(١)محمود السيد سلطان، مسير الفكر التربوي عبر التاريخ، ص٢٣-٢٥ ايضاً؛ فخري خضر، مرجع سابق ص٢٧.

-عبد الغني عبود، دراسة مقارنة لتاريخ التربية، ص١٠٧-١٠٨؛ ايضاً عبد الله الرشدان ونعيم جعنيني، مرجع سابق ص١١٧-١١٨.

-سعيد اسماعيل علي، مرجع سابق، ص٥٦-٥٧، ايضاً ؛ أحمد بدوي ومحمد جمال الدين، مرجع سابق، ص١٧٥-١٧٦.

وهناك مدارس كانت خاصة بأبناء الطبقة الراقية يتربى الأطفال فيها على أن يكونوا مؤهلين لشؤون الحكم، وقيادة الجيوش، ولرعاية النظام الديني.

أما منهاج الدراسة في هذه المرحلة فقد كان يشتمل على الدين، وآداب السلوك، والقراءة، والكتابة، والحساب والسباحة، والرياضة البدنية، كما كان يحتوي على الأغاني المقدسة والرقص.

وكان المنهج يختلف باختلاف المدارس والبيئات، ولكن كان هدفه واحداً في نهاية الأمر، وهو أن يتعلم الأطفال الكتابة والحساب وما يخدمهم في حياتهم الوظيفية العملية. وكان اليوم المدرسي يستمر حتى وقت الظهر.

المرحلة الثانية (١٠-١٥) سنة(١)

ويتم الانتقال إلى هذه من المرحلة الأولى بعد امتحان يؤديه الطالب، وكان على التلميذ في هذه المرحلة أن ينسخ بعض الكتب المعروفة، ليكون لديه أسلوب كتابي، وفي مرحلة تالية يقوم الطالب بكتابة الموضوعات الإنشائية من خيالاتهم وتصوراتهم حول الرحلات التي يتخيلونها، أو يطلب منهم وصف شيء من الأشياء كالمعابد والمراكب.

وكانت قدرة التلاميذ تقاس بعدد الصفحات التي يتمكنون من نسخها في اليوم الواحد، والتي كانت تصل في الغالب إلى ثلاث صفحات، وكان المعلم يصوب الأخطاء في أعلى وأسفل الصفحات المنسوخة.

وهذه الطريقة في تعلم الكتابة كانت تستهدف خلق عادات النظام والصبر إلى جانب إتقانه لمهارات الكتابة.

ومن المواد التي اشتملت عليها هذه المرحلة: كتابة الحروف، والرسم، والمحاسبة، والإنشاء الأدبي، والجغرافيا العملية، وأدب الوصف ورسائله، والموسيقى والأغاني الدينية، إضافة إلى التدريب المهني على صناعة ما أو حرفة معينة...

---

(١) محمود السيد سلطان، مرجع سابق، ص٢٥-٢٧، ايضاً: عبد الله الرشدان ونعيم جعنيني، مرجع سابق ص١١٨ عبد الغني عبود، مرجع سابق، ص١٠٨ ايضاً: فخري رشيد خضر، مرجع سابق، ص٢٧.

المرحلة الثالثة: (مرحلة التعليم العالي والجامعات) [1]

كان التعليم في هذه المرحلة يتم في المعابد التي كانت بمثابة الجامعات في ذلك الزمان، ومن أهم المعابد هذه معبد ممفيس، وطيبة، والكرنك، وادفو، وتل العمارنة.

ومن اشهر جامعات ذلك الزمان أيضاً "جامعة اون بعين شمس التي كان يعلم ويدرس بها علوم كثيرة منها الطب والفلك والرياضيات، يسبقها دراسة إعدادية في حساب المثلثات والمقاييس والمكاييل، وممن درس في هذه الجامعة من علماء وفلاسفة اليونان القديمة، صولون، وأفلاطون، وليكرجس، وطاليس

"وكان يغلب على الدراسات العليا طابع الدراسة التقنية والمهنية، حتى الأدب نفسه كان يدرس لغايات عملية وهي اكتساب الصيغ اللغوية والقدرة على التعبير ليتمكن المتعلم من كتابة النصوص القانونية والتجارية".

"أما الدراسات اللاهوتية فكانت تقتصر على الكهنة فقط، وهم الذين كان يسمح لهم بمعرفة الأسرار المتعلقة بهذه الناحية، أما الأسرار الخطيرة، فلم يكن يسمح بالاطلاع عليها إلا لأولياء العهد، وكبار الكهنة، والنابهين منهم".

ومن المواد التي اشتملت عليها هذه المرحلة إضافة إلى ما ذكر فقد وجدت الدراسات التالية: الجغرافيا، والفلك، والتاريخ، والنحت، والرقص، والموسيقى، والقانون، والطب، والأخلاق، والهندسة التي كانت من المهن الهامة في مصر القديمة نظراً لاهتمام الفراعنة بالمنشآت واقامة المعابد والأهرامات. وكان المهندسون الملكيون يختارون من بين الأمراء.

ومن الجدير بالذكر أن هذه الجامعات أيام الفراعنة كان يطلق عليها "دار الحياة"[2] وكانت من ملحقات دور العبادة-كما أسلفنا-

---

(١)عبد الله الرشدان ونعيم جعنيني، مرجع سابق ص١١٨ ايضاً عبد الغني عبود: مرجع سابق، ص١٠٨ ايضاً فخري رشيد خضر، مرجع سابق، ص٣٧،٣٨ ايضاً، محمود السيد سلطان: مرجع سابق، ص٢٧.

(٢) أحمد بدوي ومحمد جمال الدين مختار، مرجع سابق ص١٧٩.

ونستطيع أن نصنف المناهج حسب التخصصات إلى ما يلي:[1]

أ- طلبة اللاهوت، وكانوا يدرسون اللغة الهيروغليفية، والهيراطية، ثم زيدت عليها الديموتيقية في العصور الحديثة، إضافة إلى علوم أخرى مثل علم الفلك، والهندسة الفراغية، والحساب، وتهذيب الخلق، وترويض النفس.

ب- العسكريون، وكانوا يدرسون العلوم العسكرية، إضافة ألي علوم ثقافية أخرى مثل علوم التربية البدئية مثل الجري والقفز، والسباحة، والصيد والقنص، وكانت هذه الدراسة متوارثة، حيث الأطفال يؤخذون الى الثكنات العسكرية لتعليمهم استعمال الأسلحة المختلفة كالدرع والرمح والبلطة.

ج- مهنة الهندسة: كانت تقتصر على أبناء الأمراء، والوزراء، وقد وجدت اهتماماً كبيراً لبناء حضارة المصريين على أساس هندسي راق.

وكان هؤلاء يدرسون بوجه خاص علم الحيلة "الميكانيكا" وعلم الاقنية، وعلم الفلك، "وكان نظام العد عندهم معقداً، اذ لم يكونوا يملكون سوى الاشارات (١٠٠٠،١٠٠،١٠،١) للدلالة على الأعداد جميعها، وللحصول على مساحة الدائرة كانوا يربعون نصف القطر، وقادتهم الحاجة العملية إلى اكتشاف صيغة لقياس الحقول وتحديد حجوم عنابر القمح، ورسم فلكيوهم خرائط النجوم وتجمعاتها، واكتشفوا قبل الكلدانيين طول السنة المؤلف من ٣٦٥ يوماً. وحقق مهندسوهم أعمالاً رائعة لا تزال شواهدها مثار إعجاب حتى عصرنا الحاضر.

د-الأطباء: وكانت دراستهم عميقة، حيث كانت كتب العلاج الطبي عندهم عديدة، وكان على الطلاب أن يقدموا أدلة على كفايتهم ومعرفتهم قبل السماح بممارسة مهنة الطب. وقد اختص بعضهم بفن التحنيط وحده، "وبعضهم في اضطرابات المعدة، والعيون، وامراض النساء والتوليد، وأطباء الأسنان"[2]

ومما يدل على تقدم المناهج زمن المصريين القدماء ما قاله الفيلسوف والمربي اليوناني المشهور (افلاطون) مخاطباً قومه، وكان قد درس تحت إشراف الكهنة المصريين.

---

(١) محمود السيد سلطان، مرجع سابق، ص٢٨، ايضاً عبد الله عبد الدايم، مرجع سابق ص٤٨-٥٠.

(٢) سعد مرسي أحمد وسعيد اسماعيل علي مرجع سابق، ص٨٧.

"يا أبناء يونان، ما تزالون أطفالاً"[١]

ونقف قليلاً عند القراءة والكتابة في مناهج المصريين القدامى: حيث اشتملت على قراءة وكتابة المخطوطات، وقد اعتقد المصريون أن الههم (توت) هو الذي اخترع الكتابة ثم علمها لسكان الوادي الاوائل والظاهر أن كتابتهم في بدايتها الأولى كانت تصويرية، تعبر عن الشيء برسم صورة له، ولما كانت بعض المعاني مجردة يصعب تصويرها حرفياً، فقد استعيض عن الصور بوضع رموز للمعاني، حيث كانت مجموعة الصور أحياناً تعبر عن لفظ واحد، ثم حدث تطور فاستخدمت الصورة لتدل على الحرف، وأصبح هناك أربعة وعشرون حرفاً هجائياً انتقلت مع التجارة الفينيقية إلى البلاد الواقعة حول البحر المتوسط، يقول برستد "أن المصريين عرفوا الحروف الهجائية قبل غيرهم بخمسة وعشرين قرناً".

ولاتصالات مصر بالخارج فقد اشتمل المنهاج على لغات أجنبية، وليصبح الكاتب قادراً على كتابة مراسلات لأجزاء الامبراطورية المترامية.

- أما الأدب: فقد خلف المصريون ثروة طائلة من المخطوطات التي تضم أخبار الرحلات، وسير مشاهير الرجال، وكتب الأمثال، والقصص والأغاني والأهازيج الدينية، والمواعظ، والسلوك الخلقي، فهذه تعاليم (بتاح حوتب) التي يرجع تاريخها إلى (٢٨٠٠ ق.م) تؤكد أن مصر بدأت الفلسفة الأخلاقية في العالم ولعل أقدم ما بقي من الأدب المصري القديم "نصوص الأهرام" المنقوشة على جدران أهرامات الأسرتين الخامسة والسادسة، وهي موضوعات دينية ورعة[٢].

ادوات الكتابة وموادها[٣]

يجدر بنا ونحن نتناول موضوع القراءة والكتابة والأدب، وقبل استعراضنا لطرق التعليم وأساليبه أن نتعرف إلى أدوات الكتابة وموادها عند المصريين القدامى لأنهم كما يصفهم بعض الباحثين: "إن الشعب المصري كان أغنى شعوب الدنيا مادة وأوفرها أداة في مجال النقش والكتابة والرسم، فهم قد ركبوا من المعدن أدوات

---

(١)عبد الله عبد الدايم، مرجع سابق، ص٥٠.

(٢) سعد مرسي أحمد، وسعيد إسماعيل علي، مرجع سابق، ص٨٣-٨٥ ايضاً فرنسيس عبد النور، مرجع سابق، ص٢٤-٢٦ انظر للاستزادة أيضاً ادولف ارمان وهرمان رانكة ص(٣٥٣-٤٠٨).

(٣) أحمد بدوي، ومحمد جمال الدين مختار مرجع سابق ص١٨٩-١٩٣.

نقشوا بها على مختلف أنواع الحجر، وهم قد استطاعوا خلق القراطيس من النبات ونعنى نبات البردى".

-"وقد ظل المصريون يستخدمون البردى حتى القرن الحادي عشر الميلادي برغم وصول الورق الصيني إلى مصر في القرن الثامن".

"ولم يكن يسمح للمبتدئين من التلاميذ بالتسطير في القراطيس، وانما كان يفعل ذلك المتقدمون منهم، وقد عثر بطائفة من تلك القراطيس التي نسخها التلاميذ وعليها تصويبات المعلم".

-اللخاف والشقف: هي ألوان من شطف الحجر الأبيض أو الفخار كانوا يقعون عليها غالباً عند عمائر البناء، ومصانع الفخار، وكان يسطر عليها أحيانا بعض الغوالي من وثائق الحياة.

-الدواة والمقلمة: أداة واحدة من خشب او عاج مركبة من جزئين، بها للمواد عينان أحداهما للأسود، والثانية للأحمر، وبها في الوقت نفسه صندوق مستطيل لحفظ الأقلام.

-البراع: استخدمه اليونانيون وسموه Calamos، وعربه العرب فأسموه (قلماً)، وقد كانوا يأخذونه من القصب المعروف باسم Juncus Maritimus، والذي كان منتشراً في المناقع إلى جانب البردى.

-المداد: وقد عرف المصريون منه ألواناً عدة كالأخضر، والأزرق، والأصفر، والأبيض إلى جانب اللونين الرئيسيين (الأسود، والأحمر)، فالأسود كانوا يعدونه من الاسبيداج الممزوج بالصمغ ويستخدم للكتابة العادية، أما الأحمر فقد كانت مادته متوفرة في بعض مناطق الوادي الجبلية، ويستخدمونه لكتابة العناوين، وأوائل المفردات، وكان كلا النوعين يعد في شكل اقراص صغيرة تجف وتوضع في الدواة، ثم تدق وتذاب في الماء عند الاستعمال.

طرق التربية وأساليبها:

يذكر بعضهم أن اللغة المصرية القديمة وخطوطها ورموزها كانت كثيرة إلى الحد الذي يصعب معه تعلمها، "فالخط الهيروغليفي مكون من ٦٥٠ رمزاً،

والخط الهيراطيقي ليس سوى شكل مبسط للخط الأول، والخط الشعبي (الديموطيقي) مكون من ٣٥٠ رمزاً على الأقل" [١].

أمام هذه الحقيقة فقد غلب على تعليم القراءة والكتابة استخدام الأشكال التقليدية في التدريس وأهمها التقليد والتكرار، فكان المعلمون يكتبون للأطفال نماذج يحاكونها باستخدام الأقلام والألواح الخشبية، ويجتهدون في ذلك حتى اذا نجحوا انتقلوا إلى الكتابة على أوراق البردى[٢]، حيث يكتبون نصوصاً مختارة، يرجعها المعلم، ويسجل في الهامش الإشارات التي اخطأوا رسمها، أو الألفاظ التي أساؤوا كتابتها[٣].

أما الأدب فكان يعلم بطريقة الحفظ والاستظهار خاصة الأدب الديني.

وأما مناقشة النصوص الدينية وشرحها فكانت حقاً قاصراً على كبار الكهنة، ولذلك فقد اعتمدت طريقة تدريسها على الحفظ الآلي، وهذا ما أدى إلى الثبات والجمود في الحياة المصرية القديمة بحيث أصبحت الكلمات مقدسة لا يجوز الخطأ فيها.

وفيما يتعلق في تعلم المهن فقد اتبع نظام التلمذة الصناعية (المهنية)

وقد ساد في تلك الفترة من الزمن النظام القاسي في المدارس، حيث كان الضرب والجلد شائعاً إذا ما أهمل التلاميذ أو قصروا في اداء الواجب أو خالفوا النظام، وكانوا يلجأون في الأمور البسيطة إلى التوبيخ والتأنيب، أما في الأمور العظيمة فكان يقتضي أحياناً تقييد التلميذ بالحبال وإرساله إلى سجن المدرسة والحبس لمدة قد تصل إلى ثلاثة شهور[٤].

وإلى جانب استخدام المصريين لأساليب الترهيب السالفة الذكر، فقد استخدموا أسلوب الترغيب، فقد عمل المربون على أن يغروا تلاميذهم بمستقبل

---

(١) عبد الله عبد الدايم، مرجع سابق، ص٥٠-٥١.

(٢) عبد الله الرشدان ونعيم جعنيني، مرجع سابق، ص١١٨.

(٣) عبد الله عبد الدايم، مرجع سابق، ص٥٠.

(٤) عبد الله الرشدان، ونعيم جعنيني، مرجع سابق ص١١٨ ايضا محمد منير مرسي، مرجع سابق، ص٣٨ ايضا سعد مرسي أحمد وسعيد اسماعيل علي، مرجع سابق، ص٨٧.

باهر إن هم حرصوا على اغتنام شبابهم للاستفادة من الدرس والتحصيل، ويدفعونهم إلى التطلع إلى حياة أفضل"[1].

وقدماء المصريين سباقون إلى استخدام وسائل الإيضاح والمشوقات، وتعليم الحساب باستخدام وسائل عملية.[2]

المعلمون:

كانت مهنة تعليم مبادئ الكتابة تتم في أغلب الأحوال على أيدي موظفي الدولة في المجالات المختلفة إضافة إلى عملهم الأصلي في دواوين الحكومة، واليهم أيضاً عهد الإشراف على نسخ المواد المكتوبة، والتي كان الطلبة يقومون بنسخها، أما تدريس الدين والمحافظة على التراث الأدبي والديني، وتدريس العلوم والرياضيات، فقد كان يعهد فيه إلى أفراد من جماعة الكهنة، الذين كانت سيطرتهم على التعليم العالي لأبناء الطبقة الراقية سيطرة كاملة، إضافة إلى السيطرة على التعليم النظامي الذي أعطاهم السيطرة على العقل المصري القديم، وباتحادهم مع الهيئة الحاكمة- لتحقيق أهداف مشتركة، أمكن لثقافة الأمة أن تستمر محتفظة بطابعها دون إحداث تغييرات تذكر.

ويذكر بالفضل أن المصريين القدماء أبقوا للأسرى ثقافتهم بحيث كانت آلهتهم لا تمانع بذلك[3] ومما يدعو إلى الإعجاب والفخر أن ينظر المصريون القدماء إلى "التعليم" أنه واجب على الفرد الذي حصل قدراً لا بأس به من العلم والثقافة بحيث يصبح مستحقاً اللوم لو أنه لم يفعل ذلك، فهذا أحد الحكام يرد على أحد الشاكين ويلومه على بعض جوانب التقصير عنده فيقول: "إنك لم تنطق ساكتاً، ولم توقظ نائماً، ولم تفتح فم من أغلق فمه، ولم تعلم جاهلاً، ولم تهذب من خرق".

---

(1) سعيد إسماعيل علي، مرجع سابق، ص٧٩.

*وللتعرف الى المزيد من وسائل التأديب والتقويم وشواهدها انظر احمد بدوي ومحمد جمال الدين مرجع سابق ٢١٩-٢٢٩.

(2) فرنسيس عبد النور، مرجع سابق، ص١٢٥.

(3) سعد مرسي أحمد، مرجع سابق، ص٨٧ ايضاً، سعد مرسي أحمد وسعيد اسماعيل علي، مرجع سابق، ص٨٩.

"ولم يعثر أحد حتى الآن في الآثار المصرية على ما يشير إلى الهيئة التي كان يتخذها المعلمون أثناء التدريس، إلا مما عرف من هيئة جلوس الكتاب".

وقد كان المعلمون يستعينون بالمتقدمين الناضجين من التلاميذ ليعاونوهم في أعمالهم، ومن المرجح أن أبناء الملوك والأمراء قد حظوا بمربين خصصوا على عكس ما ذكرنا من عدم وجود طائفة متخصصة لتعليم بقية المواطنين[١].

الطلبة:

بالرغم من المكانة الكبيرة التي وصلت إليها المرأة في المجتمع المصري، وما حصلت عليه من حقوق وما أتيحت أمامها من فرص حتى وصلت إلى أعلى المراتب، إلا أن الباحثين يختلفون في حصولها على قسط من التعليم، فبعضهم يرى أن حظها من التعليم كأن مثل حظ الرجل انطلاقاً من مبدأ المساواة في الحقوق والواجبات[٢] وبعضهم يرى أن حظها من التعليم لم يتعد حدوده الأولى (قراءة، كتابة، حساب) ليكون معيناً لها في تربية أولادها في المنازل في الأدوار الأولى من أدوار الحياة"[٣] إلا أن أكثر الباحثين يجمعون على أن التعليم كان مقتصراً على الذكور دون الإناث، لكنهم يشيرون إلى أن بنات الطبقة الراقية كن يدرسن نفس مناهج الذكور، ولكن على أيدي مدرسين خصوصيين"[٤].

ولم يقتصر التعليم خاصة -في المراحل الدراسية العليا- إلا على نسبة ضئيلة من التلاميذ بسبب النظام الصارم، والشدة التي أشاعت الخوف والإرهاب في نفوس التلاميذ[٥].

---

(١) سعيد إسماعيل علي، مرجع سابق، ص٧٩-٨١.
(٢) فخري رشيد خضر، مرجع سابق، ص٤١.
(٣) عمر رضا كحالة، مرجع سابق، ص٢٠.
(٤) سعد مرسي أحمد، مرجع سابق، ص٨٧ ايضاً سعد مرسي أحمد وسعيد اسماعيل علي، مرجع سابق، ص٨٩، ايضاً عبد الله الرشدان ونعيم الجعنيني، مرجع سابق ص١١٩، ايضاً محمود السيد سلطان، مرجع سابق، ص٢٥ وانظر ايضاً بالتفصيل احمد بدوي، ومحمد جمال الدين مختار مرجع سابق، ص١٦٧-١٧١.
(٥) سعد مرسي أحمد مرجع سابق، ص٨٧ ايضاً المراجع السابقة اعلاه، وبنفس الصفحات.

ويوضح أحدهم بعد أن يضرب أمثلة على العقاب الذي كان متبعاً في ذلك الزمن مثل:

- وصف أحد المعلمين شقاوته في الصغر وما لقيه جراء ذلك "لقد قضيت زمناً في الفلقـة التـي شـدت أعضائي وبقيت ثلاثة اشهر وأنا محجوز في المعبد".

- وتحذير من أحد المعلمين لاحد التلاميذ "لا تقضي يوماً في كسل، وإلا ضربت، فإن للصـبي ظهـراً يطيـع حين يضرب عليه".

- وقول آخر "أني لو ضربتك بكل عصا ما أطعت، وليتني كنت أعرف طريقـة أخرى يمكـن عملهـا إذن لفعلتها لك حتى تطيع (أو تستمع)".

من الأمثلة أعلاه وغيرها يتضح

أ- أن أنواع العقاب كانت تتمثل في الضرب على القدمين، والحجز والتقييد، والضرب بالعصـا، أو بسـير مـن الجلد، ثم الضرب على الظهر باليد أو العصا أو الجلد" فضلاً عن التعنيف والتحذير.

ب- أن الضرب والعقاب كان يلجأ إليـه بعد أن تخيب الوسائل الأخرى التي كان منها تكرار النصائح والتوجيهات.

ج- أن العقاب كان يبرر دائماً باستذناب من يستحقه "ولم يكن أساساً للتعليم كله"، وإنما كـان مـن نصيب المتكاسل، ومن يهجر الكتابة، ومن يفر من لدراسة ويهرب، ومن ينغمس في الملاذ، ومن يجعل همه أن يتسكع في الطرقات، ومن يتعالى على معلمه، ويعزف عن الاستماع إليه..."[1]. وهناك اساليب اخرى اتبعها المصريون في تأديب أبنائهم كالتهديد والوعيد، ومن أقوالهم فيه "علق سوطك حيث يـراه أهل بيتك"، وكذلك التحذير والتذكير، إذ يقول معلم لأحد تلاميذه "تفوق على نظرائك ليبعـث إليـك بـأمر تكليف" كما استخدموا الوعظ والإرشاد والإغراء.

(١) أدولت أرمان، وهرمان رانكة، مرجع سابق، ص٣٤٦-٣٤٧.

موارد التعليم:

ذكرنا فيما سبق أن السلطات الرسمية والدينية قد سيطرتا سيطرة كاملة على المدارس وإن لم تنص القوانين على ذلك، بل تحكم العرف في إبقاء هذه السيطرة، أما هيمنة هذه السلطات على تدريب الفنانين والصناع فكانت غير مباشرة.

ويبدو أن مصاريف الدراسة كانت قليلة جداً سواء في المدارس العامة، أو كليات المعابد. إلا أن الأخيرة بحكم ارتباطها بالأماكن الدينية كانت غنية جداً، وينعم فيه الطلبة برغد من العيش بفضل البذخ في الهدايا التي كانت تقدم للمعابد.

وكانت الأسر تمد ابناءها بالطعام حتى يصل الى صفوف مهنة الكاتب، وحينئذ تصرف له وجبات مجانية من المخازن الملكية[١].

وقد كان من المألوف أن تذهب الأم بطعام ولدها إلى المدرسة، وهو يتألف غالباً من إناء ين من الجعة تحضرهما الأم من المنزل [٢]، وفي هذا يقول الحكيم آني مذكراً الأبناء بما عملته لهم أمهاتهم وما قدمته لهم: "يجب عليك ألا تنسى أمك، وكل ما عملته من أجلك، فإذا نسيتها فإنها تستطيع أن تلومك، وترفع أذرعها إلى الله فيستمع نداءها، فهي قد حملتك طويلاً تحت القلب، وبعد أن انتهت شهورك وولدت حملتك... وكان ثديها طوال ثلاث سنوات في فمك... وهكذا ربتك دون أن تشمئز من قذارتك، وبعد أن دخلت المدرسة لكي تأخذ دروساً في الكتابة بقيت ترعاك في كل يوم بالخبز والجعة من بيتها"[٣]

بعض إسهامات المصريين في العلوم وفي فن التعليم والفنون الأخرى:

اسهم المصريون القدامى في العديد من العلوم، وكان لهم قصب السبق في كثير منها، وسأورد فيما يلي بعضها من إسهاماتهم وأفضالهم التي لا نزال نلمسها حتى عصرنا الحاضر.

---

(١) سعد مرسي أحمد وسعيد اسماعيل علي مرجع سابق ص٩٠ ايضاً عبد الله الرشدان ونعيم جعنيني، مرجع سابق، ص٨٧.
(٢) محمد أبو المحاسن عصفور، مرجع سابق، ص١٢٥.
(٣) ادولف ارمان، وهرمان رانكة، مرجع سابق، ص١٦٤.

١- هم أول من استخدم أوراق البردى من أجل التدريب على الكتابة.

٢- استخدموا الوسائل والطرق الحسية في تعليم العد والأعمال الحسابية، كما استخدموا الأشكال في تعليم الهندسة.

٣- برعوا في فنون البناء والهندسة، ولا تزال آثارهم حاضرة للان كالأهرامات وغيرها.

٤- برعوا في ميدان الفلك والرياضيات، فقاسوا مساحات كثير من الأشكال وحجومها، ورسم فلكيوهم خرائط النجوم وتجمعاتها.

٥- قاسوا طول السنة المؤلفة من ٣٦٥ يوماً قبل الكلدانيين.

٦- يعود الفضل إليهم في إنشاء أول المكتبات العامة، حيث كانوا يمتلكون العديد من الكتب في موضوعات شتى، وكان يشرف على المكتبات موظف خاص يحمل لقب "حاكم دار الكتب" حيث اغتنت المكتبات خلال عهد الإمبراطورية الوسطى، وقيل بأن عدد الكتب التي ألفت بلغ ٣٦٥٢٥ وهو عدد أيام القرن الكامل ٣٦٥,٢٥٠× ١٠٠=٣٦٥٢٥[1].

٧- اشتهر المصريون القدامي بالطب بحيث كانت لاطبائهم شهرة ملأت اسماع الدنيا، حيث عرفوا طبيعة الجسم وكشفوا اسراره من خلال ممارستهم لفن التحنيط، كما عرفوا واهتموا ببعض الأمراض كامراض العيون من التهابات رمدية وماء أزرق.

٨- اقتصر اهتمامهم في الجراحة على معالجة الجروح والدمامل.

٩- كان المصريون أول من وضع دستوراً للادوية في مجال الصيادلة، حيث كتبوا على ورق البردي، وحددوا فيه مجموعة كبيرة من التركيبات الدوائية مع تسمية كل عقار وتحديد الجرعة المناسبة وطريقة تناولها.

١٠- استخدم المصريون الكيمياء في مجال تحنيط الجثث لتحقيق أغراض دينية.

---

(١) عبد الله عبد الدايم، مرجع سابق ص٥١ وعبد الله الرشدان ونعيم جعنيني، مرجع سابق ص١١٩.

١١- عرف المصريون صناعة تعدين المعادن الثمينة وفي مقدمتها الذهب الذي صنعوا منه حلياً فائقة الجمال.[(١)]

ملامح الفكر التربوي في مصر القديمة

استندت التربية في مصر القديمة الى مجموعة من المفاهيم التربوية التي شكلت الجوانب الأساسية لفكرها التربوي الذي احتوى على أهداف تربوية واقتصادية ودينية واخلاقية، بحيث وظفوا مناهجهم التربوية وطرائقهم في التدريس لتحقيق هذه الأهداف بكل دقة وفعالية.

ومن ملامح الفكر التربوي التي يمكن ان نستنتجها في مصر القديمة من الاتجاهات التربوية والتطبيقات العملية التي وضحت في التعليم المدرسي، وفي التربية خارج المدارس على النحو التالي:

١- ان تنظيم النظم الاجتماعية عكس نفسه في تنظيم النظام الاجتماعي التربوي في صورة مراحل تعليمية منظمة لها قواها البشرية المعدة وأدواتها وآلاتها المختلفة، ولها معاييرها وتقاليدها، وتنظيمها واداراتها وأهدافها.

٢- وجود المجتمع الطبقي في مصر الفرعونية عكس نفسه على النظام التربوي، بحيث كان التعليم طبقياً الى حد ما، مع امكانية الانتقال من طبقة إلى أعلى منها لمن يثبت جدارته من أبناء الشعب حيث يوصله التعليم الى أعلى المناصب.

٣- وجود المركزية في إدارة الدولة عكس نفسه في مركزية الأدارة التربوية وفي اشراف الدولة عليها.

٤- ساعدت حاجة المجتمع المصري ذي الحضارة المتطورة على ايجاد المدارس والجامعات وطبعها بطابع عملي، بحيث كانت العلوم في خدمة الحياة في الزراعة والصناعة، والبناء والفنون.

٥- عكست سيادة النزعة الدينية ووصولها إلى آراء في قضايا الحياة الأولى والآخرة مثل الخلود نفسها في مفاهيم تربوية سادت المجتمع عن طريق التربية المدرسية واللامدرسية، وقد قاد نشر هذه المفاهيم وعمل على المحافظة عليها

---

(١) فخري رشيد خضر، مرجع سابق، ص ٣٩-٤١.

طبقة الكهنة ورجال الدين الذين كان لهم نصيب كبير من السيطرة على الحياة السياسية والتعليمية الى جانب طبقة الملوك والأمراء.

٦- مورست التربية المدرسية من خلال نظام تعليمي دقيق محكم الحلقات والمراحل أما التربية اللامدرسية فقد كانت تمارس من خلال المؤسسات الاقتصادية والاجتماعية المختلفة في المجتمع ابتدأ من الأسرة واستمراراً بالحوار، والحقل، والمزرعة، والمتجر، والورشة، ودور العبادة المختلفة.

٧- كانت التربية تستهدف الجانب الأخلاقي إلى جانب الإعداد المهني، والإعداد الديني للناشئين [١]

وهكذا نرى أن المصريين كانوا ينظمون تربيتهم على أساس فكر تربوي متكامل الحلقات، واع بأبعاد التطبيقات التربوية، وإلا لما توصلوا إلى مثل هذه التنظيمات الدقيقة، والمناهج والطرائق والأهداف الواضحة.

تاسعاً: التربية عند اليونان

لمحة تاريخية واجتماعية:

يرجع اصل الشعب اليوناني الى آسيا حيث قدموا منها الى بلاد اليونان وأنشأوا مستعمرات فيها حوالي عام ٣٠٠٠ ق.م. فهم آريون او هنود اوروبيون، وكانوا يتألفون من اربع قبائل كبرى تختلف خلقا ولهجة هي: الايوليون Aeolians والدوريون Dorians في شمال اليونان، والاخيون Achaeans والأيونيون Ionians في الجنوب. الا ان الحروب اليونانية قد ادت الى الهجرة ببعض القبائل من اماكنها، فقد أغار أهل تساليا Thessaly على شمال اليونان ، فهاجر الايوليون الى اسيا واحتلوا لسبوس Lesbos والشاطىء من الدردنيل الى خليج ازمير ، فسميت هذه المنطقة ايولية . اما الدوريون فهبطوا المورة واخضعوا الاخيين وتهددوا الايونين، فهاجر هؤلاء ، فريق منهم صعد الى الاتيك في شمال المورة ، وفريق أبحر الى اسيا فاحتل جزيرتي خيوس chios وساموس samos من ازمير الى نهر مياندر، فعرفت هذه المنطقة باسم ايونية وقامت فيها مدن شهيرة ، وهمها ازمير التى اغتصبوها من الايونين وافسوس وملطية . ولم يقتصر الدوريون على فتح المورة،

(١) محمد السيد سلطان، مرجع سابق، ص٢٩-٣١.

بل استعمروا الجزر الممتدة من قيثارة الى رودس وجزء من الشاطئ الاسيوي الى جنوب ايونية وسمي هذا الجزء بالدورية [١].

وقد كونت هذه القبائل في بلاد اليونان ما يسمى بالدولة المدينة ، (city state) من اهمها اسبرطة واثينة وطيبة ، وكانت هذه المدن والمستعمرات مستقلة في السياسة والادارة ولكنها كانت تؤلف عالماً واحداً هو العالم اليوناني تجمعه وحدة الجنس واللغة و الدين ، فكانوا جميعا يعبدون زيوس ويحجون الى هيكله الاكبر في اولمبيا بالمورة ، كما كانوا يذهبون الى دلفي في سفح جبل برناس يستنزلون وحي أبولو ، ويبعثون القرابين والنذور . [٢]

وفي القرنين الثامن والسابع قبل الميلاد نشبت حروب اهلية بين الشعب والاشراف انتهت في اثينا واسبرطة بديموقراطية مقيدة نظمها في الاولى دستور صولون ، وفي الثانية دستور ليكرجس ، وقد كانت المجتمعات اليونانية في هذه المدن متباينة في تنظيمها الاجتماعي ، فقد كان بعضها يتالف من طبقتين : الطبقة العليا وعامة الشعب ، وبعضها كان يتالف من ثلاث طبقات : السادة : والاجانب : والعبيد ، اما نظام الحكم في هذه الدول فقد تباين كذلك ، فمنها ما كان ملكيا ومنها ما كان جمهوريا[٣].

الدين :

لم يكن للدولة دين رسمي يتمسك به جميع افرادها او عقائد ثابتة مقررة، ولم يكن قوام الدين هو الاقرار بعقائد معينة ، بل كان قوامه الاشتراك في الطقوس الرسمية .وكان في وسع أي انسان ان يؤمن بما يشاء من العقائد شريطة الا يكفر بآلهة المدينة او يسبها . وخلاصة القول ان الدين والدولة كانا شيئا واحدا في بلاد اليونان[٤].

---

(1)E. P. Cubberley, The history of education, Cambridge, Massachusettes Houghton Mifflin, 1948. P.18.

(٢) محمود عبد الرزاق، شفيق وزميله، تاريخ التربية، ط٢، القاهرة، دار القلم، ١٩٦٨، ص١٥.

(٣) عبد الله الرشدلن، مدخل الى التربية، مرجع سابق، ص٩١.

(٤) وهيب سمعان، التربية والثقافة في العصور القديمة، القاهرة، دار المعارف بمصر، ١٩٦١، ص١٣٨.

وقد كان للمجتمع اليوناني عدد كبير من الالهة ، اقاموا لها التماثيل في هياكل المعابد ، وأوقدوا امامها اضواء لن تنطفئ ابدا . و كثيرا ما كان الناس يعتقدون ان الأله هو التمثال نفسه ، ولقد بنى الناس مثلهم العليا على التشبة بها ، وشبهوا الهتهم بالبشر . فهي تغضب وتحارب وتاكل وتقوم بكل انواع النشاط البشري ، الا انها خالدة لا تموت كما يموت البشر ، وقوية تفوق قوتها قوة البشر . فلا يوجد بين البشر من يضاهيها في القوة و العنفوان . وعلى الرغم من ان الكهنة في ذلك الوقت لم يتمتعوا بالقداسة التي كان يتمتع بها زملاؤهم في المجتمعات القديمة الاخرى ، الا انهم كانوا يتمتعون بقسط كبير من الاحترام ، وكانت العقيدة السائدة هي ان الصلة بين الناس وبين الالهة ليس في حاجة الى وساطة الكهنة . كما ان الكهنة عند اليونان لم يكن لهم طبقة خاصة كما هو الحال عند الشرقيين بل كانوا يختارون من المواطنين واحيانا من النساء . وكانت وظيفتهم الظاهرة و اهميتهم تقتصر على قيامهم بالطقوس والمراسم الدينية المختلفة التي كان لها شأن في المجتمع اليوناني كالموالد والجنازات وغيرها . وقد تميزت هذه المراسم و الاحتفالات بالبهجة والسرور استرضاء لهذه الالهة ، مما انعكس بالتالي على شخصية الشاب اليوناني وسلوكه.[١]

عصور التربية اليونانية :

تقسم التربية اليونانية الى قسمين:[٢] التربية اليونانية القديمة ، والتربية اليونانية الحديثة ، ويفصل بينها عصر بركليس pericles أي منتصف القرن الخامس قبل الميلاد . ومع ان هذا التقسيم مبنى على التقيم السياسي فانا نرى اختلافا في الأحوال الاجتماعية و الادبية التهذيبية بين العصرين. وتقسم التربية القديمة الى:

١-العصر الهومري (الحضارة الايجية او الهومرية) : ٣٠٠٠ ق.م - ٧٠٠ ق.م

٢- نهضة اثينا واسبارطة ٧٠٠-٥٠٠ ق.م

وتقسم التربية الحديثة الى :

١- عصر الانتقال من القديم الى الجديد ٥٠٠ – ٣٣٨ ق.م

(١) فتحية حسن سليمان، التربية عند اليونان والرومان، القاهرة، مطبعة دار الهنا، ص٨.

(٢)عبد الله الرشدان، المدخل الى التربية، مرجع سابق، ص٩٢.

٢- العصر العالمي (الهليني) ٣٣٨ - ١٤٦ ق.م

العصر الهومري : ويعرف هذا العصر بعصر البطولة والابطال . وهو يشمل القرون القديمة التي مرت قبل ظهور هوميروس المملوءة بالاساطير والخرافات. ولم يكن لدى اليونان في ذلك العصر مدارس نظامية بسبب طبيعة المجتمع البدائية، وانما كان الصبي يتعلم ويتدرب بالتقليد على حرفة والده اذا كان مستقبله ان يتعاطى احدى الحرف الوضيعة التي تتعلق بضرورات الحياة من ماكل و ملبس ومشرب ، اما اذا كانت غايته ان ينخرط في سلك المقاتلين او الحكماء، وهما مهنتا الجندية و الحكمة اللتان تعدان رجل العمل ورجل القول .

وكان المجتمع يتكون من سادة وعبيد ، الا ان معامله السادة للعبيد كانت على جانب من السماحة . ولم تكن للمرأة مكانه مهمة في ذلك المجتمع القديم ، فقد عوملت كما يعامل التابع و تقدر قيمة المراة عند الزواج بما تساويه من رؤوس الاغنام وقد عرف هذا المجتمع القديم التجارة والصناعة ، وكان الشعب على درجة من المهارة في بعض الحرف كالحدادة والنسيج ، الا ان الابطال و الشجعان كانوا يترفعون عن القيام بهذه الاعمال المهنية ، الا انهم لم يترفعوا عن الزراعة و الحراثة .

التربية الاسبارطية: تأثر النظام التربوي في المجتمع الاسبارطي بثلاثة عوامل هي:(١)

العامل الأول: هو موقع اسبارطة الجغرافي الجبلي في البوليبونيز والذي يتطلب الصلابة والاحتمال، والعامل الثاني: هو النظام الاجتماعي الاسبرطي، فقد انقسم المجتمع الى ثلاث طبقات وهي السادة Spartans، والطبقة الوسطى Perrioeci، والعبيد Helots، وقد حكم السادة الاسبرطيون، وسخروا افراد الطبقتين الأخريين في خدمتهم والقيام بجميع الاعمال اليدوية والشاقة في الدولة مما ادى الى سخط هاتين الطبقتين وايجاد حالة من عدم الاستقرار داخل البلاد، والعامل الثالث: هو العلاقات السياسية الخارجية لاسبارطة وما كانت تقوم به من سيطرة على العشائر القريبة منها وفرض الضرائب عليها، مما ادى الى كثرة القلاقل والثورات الداخلية والخارجية وقمع اسبارطة لها، اما النظم والقوانين التي ابتعها الاسبارطيون فهي تعزى الى المشرع ليكرجس Lycurgus الذي عاش حوالي عام ٨٥٥ ق. م، وقد اتخذوها دستورا لهم في الحياة، كما اصبحت مصدر خوف ورعب لإعدائهم.

---

(١)المرجع السابق، ص٩٢، ٩٣.

نظام التربية في اسبارطة: كانت الدولة الاسبارطية هي المهيمنة على تعليم الاسبارطيين في جميع مراحله المختلفة التي تبدأ منذ الولادة، فكانت تهدف الى تزويد الافراد بالكمال الجسماني والشجاعة والطاعة العامة للقانون، واعداد افراد متقشفين يتحدون الصعاب ومشقات الحياة، بحيث يصبح جنديا لا يعرف الهزيمة، اما المرأة الاسبرطية فكانت تتصف بالترفع والنشاط.

- أما مراحل التربية الاسبرطية فهي كما يلي:[1]

- فعند ولادة الطفل يعرض على شيوخ الدولة ليقرروا صلاحيته للحياة أو موته، فإذا أنسوا فيه ضعفا تركوه عاريا في الجبال ليموت، وقد يلتقطه العبيد ليربوه، واذا رأوا صلاحيته اعادوه الى امه لتربيه تربية خشنة ليشب قويا شجاعاً.

- وفي سن السابعة يرسل ابناء المواطنين جميعا الى المعسكر العام (Agoge) حيث يتدربون تحت اشراف الدولة، ولم يعف إلا اولياء العهد، حيث يقوم الرئيس العام للمعسكر المسمى بيدونوموس (Paedonomos) ومساعدوه بتقسيمهم الى مجموعات كل مجموعة تتألف من (٦٤) طفلا، ويرأس كل مجموعة ولد من المتقدمين في السن يسمى ايرين (Eiren) يختار لشجاعته وقوة شخصيته وعليهم اطاعته طاعة عمياء، حيث كانوا يحيون حياة خشنة في اللباس والطعام ليتعودوا على الشجاعة والصبر، وكانوا يمارسون مختلف انواع الرياضة البدنية من جري وقفز وركوب الخيل ورمي القرص والسباحة والصيد والقنص ثم المصارعة والملاكمة فيما بعد، وكذلك الرقص، وكانت تربيتهم تخلو من التربية العقلية والثقافية والفنية باستثناء الموسيقى الحماسية واشعار هوميروس، ويقول بعض المؤرخين أن عددا قليلاً جدا من العبيد كان يسمح لهم بدخول المعسكر والاقامة فيه، وذلك لكونهم اخوانا في الرضاعة لبعض ابناء المواطنين، واذا اتموا تدريبهم منحوا حقوقهم المدنية واصبحوا مواطنين.

- وفي سن الثامنة عشرة ولمدة سنتين أي الى سن العشرين، يلحق الشاب بفرقة الافيبي أي الطالب الحربي حيث يتدربون على فنون القتال واستخدام الأسلحة، والنابهون منهم يصبحون معلمين للصغار.

- وفي سن العشرين يلتحق الشباب بصفوف الجيش بعد أن يجتازوا امتحانات عسيرة شاقة لمدة عشر سنوات كجنود نظاميين يمارسون الحرب عند وقوعها.

---

(١) المرجع السابق، ص٩٢،٩٣.

وفي سن الثلاثين يصبح الشاب الاسبرطي مواطنا مستوفيا شروط المواطنة، ويطلب منه أن يتزوج استكمالا للمواطنة والاسهام في شؤون الدولة.

أما البنات فكان يجري عليهن من تدريبات شاقة ما يجري على الصبيان وذلك تحت اشراف امهاتهن في الساحات العامة دون الاقامة في معسكرات عامة، وذلك لتقوية اجسامهن وتمكينهن من انجاب الاطفال الاقوياء.

ومما هو جدير بالذكر أن الخمسة الكبار (Ephors) يزورون معاهد العلم للتفتيش ويأخذ الواحد منهم في مراقبة المدرس وطريقة تدريسه وعلاقته بالتلاميذ، وكان المراقب يعاقب المدرس اذا لم تعجبه طريقة التدريس.

وهناك عادات غريبة واساليب مستهجنة لدى الاسبارطيين في تربيتهم البدنية، فإنهم كانوا يريدون أن يعودوا صغارهم تحمل المتاعب والمشاق وعدم المبالاة بالألم، فكانوا يتوصلون الى هذه الغاية كضرب الاولاد ضربا مبرحا بشدة وفظاعة مريعتين امام مذبح الإلهة ارتيميس Artemis قد يؤدي الى الموت، كما اباح الاسبرطيون نوعاً قاسيا من الرياضة تجمع بين الملاكمة والمصارعة، وكان يسمح في هذا اللون من الرياضة باستخدام كافة السبل للتغلب على الخصم ولو ادى ذلك إلى اصابته بعاهة مستديمة، وتسمى هذه الرياضة البانكراتيوم.[(١)]

ورغم نجاح التربية الاسبارطية في تكوين افراد امتازوا بالطاعة والولاء والتواضع وقبول النصح والقوة والشجاعة والصبر والاحتمال، إلا انها طبعتهم بخصال اخرى كانت سببا في فشلهم فيما بعد، اذ لم يتعودوا الاعتماد على انفسهم او القدرة على التفكير ومواجهة المشكلات، كما افقدتهم القدرة على التكيف مع الظروف المتغيرة، وانتشار الانحلال الخلقي والاجتماعي بعد الهزيمة في الحروب، فبعد ضعف مركز الحكومة وزوال الاحكام والروادع الخلقية المفروضة ظهرالاسبارطيون على حقيقتهم فاظهروا النهم والجشع واكتناز المال وحتى الشجاعة التي ميزتهم في الحروب ضعفت واصبح بعضهم لا يخجل من اظهار الجبن او الفرار من المعارك، وهذا ما حصل للدولة الديكتاتورية في العصر الحديث كالنازية والفاشية.

---

(١)عبد الله مشنوق، تاريخ التربية، مرجع سابق، ص٢٨.

التربية الأثينية:

كان الاثينيون يعتبرون انفسهم اعرق شعوب العالم، واكثرهم ثقافة، وقد ساعد على تقدم الاثينيين العامل الجغرافي والمناخي، كما اشتهر المجتمع الاثيني بكونه أكثر ديمقراطية من المجتمعات اليونانية القديمة الاخرى، فكانت حضارته مضرب المثل واساسا للحضارة الغربية الحديثة.

وقد تكون المجتمع الاثيني من المواطنين والاجانب والعبيد أو سادة ومسودين، ولم تكن للعبيد حقوق مدنية ولكن كانت هناك تشريعات لحمايتهم، اما الاجانب فلم يكن لهم الحق في الاشتراك في الحكم أو امتلاك الاراضي، ولكن كانت لهم حرية التجارة مع القيام بدفع ضرائب سنوية، وكان بعضهم يخدم في الجيش[(١)].

اما بالنسبة لنظام الحكم فقد كانت اثينا في القرن العاشر قبل الميلاد تحكم حكما ديكتاتوريا ثم تطور بعد ذلك الى جمهورية ارستقراطية وانتخاب حاكم لمدة عشر سنوات.

ويعتمد هذا الحاكم المدني والمسمى (الأرخون) في حكمه على جمعية عامة يهيمن عليها النبلاء، وفي القرن السادس قبل الميلاد وبعد حصول منازعات بين الشعب والارستقراطيين، وتحت حكم كليستينس (Cleisthenes) ظهرت النظم الديمقراطية.[(٢)] أما بالنسبة لنظام الحكم في اسبارطة، فقد كان هناك ملكان وجمعيتان تشريعيتان تمتلكان كل السلطة، الأولى هي مجلس الشيوخ ويتكون من (٢٨) عضوا يزيد سن كل منهم عن (٦٠)سنة ويظل عضوا مدى الحياة، اما الجمعية الثانية فتضم اعضاء فوق سن الثلاثين يتم اختيارهم بطريق الانتخاب ويقوم الاعضاء بانتخاب خمسة لتمثيلهم وسموا باسم الايفورز (Ephors).[(٣)]

نظام التربية الاثينية:[(٤)]

كان الاثينيون ينظرون الى التربية نظرة تختلف كل الاختلاف عن نظرة الاسبارطيين اليها، لأن حياتهم ومحيطهم كانا يختلفان عن حياة الاسبارطيين

---

(١) محمود عبد الرزاق شفق وزميله، تاريخ التربية، مرجع سابق، ص٢٢.

(٢) المرجع السابق، ص٢٣،٢٢،١٦.

(٣)المرجع السابق، ص٢٣،٢٢،١٦.

(٤) فتحية حسن سليمان، التربة عند اليونان والرومان، مرجع سابق، ص٢٥-٣١.

ومحيطهم كانا يختلفان عن حياة الاسبارطيين ومحيطهم وكانت التربية الاثينية تهدف الى تكوين الرجل الكامل جسما وعقلا وخلقا وجمالا.

قسمت فترة التعليم لصغار الاثينيين الى عدة مراحل تبدأ اولاها منذ الولادة حتى سن السادسة او السابعة، وقد اعتبر المنزل في اثينا المدرسة الأولى للطفل حيث يترك شأن التربية للمرأة لأن مكانها المنزل ولا دخل لها بالشؤون الاخرى، فكانت الام تقوم بتربية الاطفال يعاونها في ذلك الخدم والعبيد.

وكان الأب الاثيني بعد أن يستعرض طفله الوليد يقرر وأده او الابقاء عليه؛ وكان الوأد من نصيب الاطفال الاناث غير الشرعيين او المشوهين، حسب المستوى الاقتصادي للأسرة، فإذا ما ابقى الاب على الطفل فإنه يغسل بالماء الدافئ والزيت ويلف لتدفئته، ويقام له حفل اليوم الخامس او السابع، حيث يزين المنزل ويوضع على الباب غصن زيتون أن كان ذكرا، او لفه غزل من الصوف إن كان انثى، ثم يحمل الطفل ويدار به في المنزل، وفي اليوم العاشر يجتمع الاقارب والاصدقاء ويقدمون له الهدايا ويعطى اسماً، وبعد ذلك كانت الام تقوم بتغذية وليدها وتربيته بنفسها، إن كانت متوسطة الحال، اما اذا كانت ثرية فإنها تكله الى مرضع ومربية من الخدم، اذ تقوم الام والمرضع والخادمة بتربية الطفل على الغناء والدلال ويقصصن عليه القصص الخيالية، حتى اذا ما كبر اخذته بشيء من العنف والشدة، فكن يضربنه بالنعال والعصا ليهذبن من سلوكه، ومع ذلك كان الطفل موضع عطف ومحبة، ويدرب خلال السنين الاولى على الالعاب المختلفة حتى سن دخول المدرسة.

وفي حوالي السابعة كان الاطفال من البنين يرسلون الى المدرسة، حيث حتم صولون على المدرسين على أن يفتحوا مدارسهم منذ طلوع الشمس الى مغيبها، ولا يجوز أن يدخل هذه المدارس اثناء وجود الصبية فيها، إلا اقرب الاقارب للمدرس لضمان صيانة اخلاق الصبية عن الفساد تحت طائلة العقوبة للمدرس، ويستمر الاطفال في المدرسة حتى سن الخامسة عشرة او السادسة عشرة. وكان يرافق الاطفال عبد مسن يدعى بيدا جوج Pedagogus للاشراف عليهم ورعايتهم وحمل ادواتهم الدراسية ذهابا وايابا، ومعاقبتهم إن ساءوا الأدب.

وكان غالبية المدرسين الذين يفتحون المدارس اغرابا عن اثينا، وقد تباينت هذه المدارس في جودتها واجورها، وعموما كانت الاجور منخفضة، والمهنة غير محترمة، وقد كانت المدارس بسيطة الاثاث، حيث يجلس المدرس على مقعد عال نوعا، والاطفال يجلسون على مقاعد فردية او تتسع لعدد كبر، كما حوت المدرسة

ايضا الالواح والاقلام والالات الموسيقية وحوامل المخطوطات ثم عصا المدرس، اما النظام في المدرسة فكان قاسيا الى درجة كبيرة اذ استعملت العصا والجلد لعقاب المذنبين.

وقد قسم اليوم المدرس بين مدرسة الرياضة أو Palaestra ومدرسة الموسيقى أو Didaska leon، ففي مدرسة الباليسترا يتلقى التلاميذ دروسا في التربية الرياضية كرمي الرمح والقرص والمصارعة والجري والرقص والسباحة، اما في مدرسة الموسيقى فيتلقى التلاميذ دروسا في الموسيقى والشعر والاغاني، كما يتعلمون ايضا القراءة والكتابة والحساب، وكان تعليم القراءة والكتابة بالطريقة التركيبية، وفي سن الخامسة عشرة او السادسة عشرة كان الشاب الاثيني المقتدر ينتقل الى الجمنازيوم العام بعد أن يتم المرحلة الابتدائية، حيث يدرس فيها حتى سن الثامنة عشرة: اما الشبان غير الاثرياء فكانوا يخرجون لمعترك الحياة للبحث عن عمل لكسب العيش إلا اذا اختيروا حملة مشاعل في الاعياد الرياضية العامة حيث يتدربون مجانا، اما ابناء الاثرياء فكانوا يدفعون تكاليف تدريبهم في الجمنازيوم العامة التي تشرف عليها الدولة حيث يمارسون الرياضة العنيفة وبعض الفنون الحربية، ومن ابرز هذه الساحات العامة الاكاديمية والليسيوم والسينوسارجيس، حيث كانت الساحتان الاوليان لأبناء الاثينيين الاصليين، والثالثة لأبناء الاثينين المختلطين بالاجانب، ثم اصبحت مفتوحة للجميع فيما بعد.

التربية الاثينية في عصر الانتقال: (١)

كان الاثينيون في الفترة الاولى قبل عصر الانتقال عصر بركليس يتميزون بتمسكهم بالعقائد الدينية تمسكا شديدا دون التفكير في مدى صحتها، وبمرور الوقت بدأ عنصر النقد والتساؤل يتدخل في تقديرهم للتقاليد الدينية والألعاب الرياضية وقيمتها، وقد ظهرت بوضوح بعد انتصار اليونانيين على الفرس سنة ٣٢٣ ق.م، وقد ادى هذا الانتصار الى حدوث تطور شامل في الحياة الاثينية، نتيجة الحرب التي ادت الى اختلاط الاثينيين بالشعوب والمجتمعات الاخرى ذات التقاليد والافكار والديانات الجديدة، مما ساعد في خلق وعي شعبي جديد جعل الناس يتساءلون عن مدى صحة ما يدينون به من عقائد دينية واجتماعية وسياسية.

---

(١) فتحية حسن سليمان، مرجع سابق، ص٣٧، ومحمود عبد الرزاق شفشق، مرجع سابق ص٣٤-٣٩، وكذلك بول ضرو، مرجع سابق، ص١٠٢-١٠٩.

ولذا ظهرت روح النقد فيهم، واخذوا يتشككون في عقائدهم الدينية وتقاليدهم الموروثة، مما أدى أن يصبح النظام التربوي التقليدي المتبع في ذلك الوقت، غير مناسب لاشباع حاجات الأفراد وحل مشكلاتهم التي تغيرت وتطورت مع الزمن، وكان لزاما على التربية في عصر الانتقال أن تناسب افراد أرادوا لانفسهم الثراء ورفاهية العيش، والقوة، وقد كان تغيير القيم والاوضاع وما تطلبه من تغيير للتربية في اثينا يكون هدفها زيادة الاهتمام بالفرد أكثر من الاهتمام بشؤون الدولة راجعا الى مجموعة من العوامل السياسية والاقتصادية والاجتماعية والأدبية والخلقية والدينية والفلسفية.

فمن الناحية السياسية أدى استبدال القانون الارستقراطي القديم الذي وضعه صولون بالدستور الديمقراطي الجديد الذي وضعه كليستنيس عام ٥٠٩ ق.م، وكذلك نجاح اثينا في تزعمها الحرب ضد الفرس وتكوين حلف ديلوس عام ٤٧٧ ق.م وتحويله قبل نهاية الحرب الى امبراطورية ترفرف عليها الديمقراطية الاثينية، ادى هذا الى تطوير التربية الاثينية.

أما من الناحية الاقتصادية والاجتماعية فقد تمكنت اثينا خلال حروبها ضد الفرس من أن تتزعم فكرة الإخاء بنمو حركة تبادل الافكار بين التجار والرحالة والمندوبين السياسيين، اضافة الى فئة الفلاسفة الجدد السوفسطائيين وما قاموا به من نشر افكارهم في المجتمع اليوناني كله، واتجاه الاثينيين الجديد لزيارة الاسواق الخارجية والبلاد الاجنبية ادت هذه العوامل جميعا الى قبول الافكار الجديدة ونبذ الافكار القديمة ونقدها وتعديلها.

ومن الناحية الأدبية، أدى ظهور المسرح التراجيدي في النصف الأول من القرن الخامس قبل الميلاد وما يعالجه من مشاكل اجتماعية ودينية واخلاقية، وكذلك ظهور المسرحيات الكوميدية الفكاهية في النصف الثاني من القرن الخامس قبل الميلاد، والتي تنقد الغش والتبذير والفساد في الحياة اليومية، وتتناول مشاكل الاسرة والعلاقات بين الجنسين، والفساد السياسي وشكلية التربية، ادى هذا كله الى مسايرة التغييرات في ميدان التربية التي تؤكد الفردية.

ومن الناحية الخلقية والدينية، فقد تأثرت العادات والتقاليد والقيم والاخلاق التي تتمسك بالديانات اليونانية القديمة ونفوذ الآلهة، بالمسريحات الدرامية والكوميدية التي تنقد المجتمع الاغريقي، وتوضح بجلاء أن مستقبل الانسان لم يعد مسيرا بإرادة الالهة أو رغبة السماء، وقد حل محل هذه الاسس الدينية للاخلاق الاسباب والمسببات الطبيعية، والتقديرات الانسانية، مما ادى الى زيادة الحرية

والانحلال الخلقي، واتباع الاهواء والرغبة في ايثار الصالح الخاص على الصالح العام.

اما من الناحية الفلسفية فقد تخلى الفلاسفة الجدد عن الكثير من آراء الاقدمين كهيراقليطس وزينون.. الخ ونظرهم الى طريقتهم في التفكير نظرة ارتياب، اذ لم تستطيع الفلسفة القديمة أن تضع أي اساس للسلوك او تمد الفرد بأي اعداد عملي لمطالب هذه الحياة، أما الفكر الحديث فقد اتجه في بحثه عن الحقيقة الى الاهتمام بالحياة الفكرية التي تهدف الى اخضاع عالم الحقائق الى البحث التجريبي، وبمعنى آخر اثارة الانتباه نحو عالم الأفكار والانفعالات في تفسير طبيعة هذا العالم المادي بدلا من المحاولات النظرية.

وقد ادت هذه التغيرات السياسية والاجتماعية والاقتصادية والادبية والدينية والفلسفية الى حدوث اصداء لها في ميدان التربية والتعليم تمثلت بزيادة حرية الفرد في التفكير والعمل نتيجة نمو الحرية في ميادين السياسة، وضرورة وجود اعداد خاص او تربية تمكن الفرد من انتهاز الفرص التي لم تسنح من قبل للاكتمال والنمو الشخصي، وقد ساعد على تحقيق هذه التربية الجديدة ظهور طائفة جديدة من المعلمين هم جماعة السوفسطائيين.

السوفسطائيون:

ادت العوامل السابقة الى تغيير مطالب المحيط اليوناني، فنشأت الحاجة الى تربية جديدة تسد مطالب هذه العوامل وتعد رجالا يدافعون في المجالس الحقوقية وينوبون عن الشعب في المراكز السياسية، ويحسنون الخطابة لاكتساب اصوات المواطنين في الانتخابات التي نتجت عن انتشار روح الديمقراطية، وبما أن الدولة لم تعد مدارس خاصة لتقديم هذه العلوم والفنون للتلاميذ، نشأت فئة من المعلمين للتصدي لهذه المهمة وهي فئة السوفسطائيين والسفسطائي في نظر التاريخ هو ذلك الرجل الذي يدعي المعرفة ويستعمل حججاً يعرف أنها مغلوطة حتى يغش بها ويكسب المال، اما من وجهة تهذيبية فالسوفسطائيون طائفة من العقلاء الذين طافوا في البلاد اليونانية والشرقية وجمعوا معلومات هامة عن الحياة السياسية والاجتماعية، والاخلاقية وعرضوها على شبان اثينا لعلمهم انها تلائم احتياجاتهم لحياتهم المقبلة، بعد أن عجزت التربية القديمة عن اعدادهم لتلك الاحتياجات، ولقد وصفهم ارسطو فانيز Aristophanes بأنهم كانوا قوما حُمرُ الشعور، من اصل غير معروف، نزحوا الى اثينا من بلاد مختلفة وكانوا سبباً في جذب شباب اثينا من الباليسترا

والجمنازيوم اليهم، ولذلك قل اقبال شباب اثينا على الدراسة في الباليسترا والجمنازيوم وانصرفوا عن الرياضة البدنية مما ادى الى إضعاف صحتهم، كما ذكر ايضا بأنهم علموا الشباب الاثيني اللباقة في الكلام الى حد الدفاع عن الباطل بطلاقة واقناع، إلا انهم لم يتمكنوا من ارضاء اليونانيين المحافظين الذين تحاملوا عليهم لسببين:

اولا: ادعاؤهم بأنهم مقتدرون دون سواهم، ولذلك دعوا انفسهم بالحكماء.

ثانياً: لأنهم كانوا يطلبون اجورا لقاء خدماتهم.

لم يبحث السوفسطائيون في جميع المواضيع على السواء ولكنهم اهتموا بصورة خاصة بالمباحث الاخلاقية الاجتماعية، ووصلوا فيها الى نتائج تخالف المعتقدات اليونانية القديمة مما ادى الى اعتقاد البعض بأنهم ينشرون مبادئ اخلاقية ساقطة، منافية للفضيلة، والحقيقة انهم كانوا ينظرون الى المباحث من ناحية عقلية بحتة فيحكمون العقل لا الشعور، ولذلك اتهموا بالسقوط الاخلاقي، ولم يكن لهم مبادئ عامة يوافقون جميعهم عليها، سوى انهم يعتقدون جميعاً بأنه لا توجد مقاييس فكرية للسلوك وانما الانسان مقياس كل شيء على رأي احد زعمائهم بروتاجوراس، مما ساعد على نمو الشخصية الفردية كثيرا، وقد استمرت هذه الفئة منتشرة حتى سقطت اثينا وبقية المقاطعات بيد الاسكندر المقدوني عام ٣٣٨ ق.م، أي مدة قرن واحد.

وقد ادت هذه التربية الجديدة الى سقوط الاخلاق نتيجة انتشار المبادئ السوفسطائية التي أطلقت للفرد عنان الحرية، فتسرب الى فكرة العائلة القديمة مبادئ الفساد والشهوات التي ادت الى تلاشي قوة اليونان السياسية، إلا أن هذه المبادئ السوفسطائية قد أفادت المدنية اليونانية من حيث النهضة الفكرية التي قادتهم في ميادين الفلسفة والرقي العلمي لاتخاذهم العقل الحكم الاعلى في كل الامور. ومن اشهر فلاسفتهم الذين وضعوا نظريات عديدة تبحث في الهدف الذي يجب أن يسعى المرء للوصول اليه في الحياة والأساليب التي تحقق ذلك سقراط وافلاطون وارسطو.

سقراط ٤٦٩-٣٩٩ق.م:

يعتبر سقراط من اعظم الفلاسفة والمفكرين في عصره، فقد كانت آراؤه وتعاليمه بعيدة المدى عميقة الأثر، وقد تتلمذ عليه عدد من مشاهير الادباء والفلاسفة والمفكرين القدامى، مثل زينوفون وافلاطون وارسطو فانيز فأضاء عقولهم وأيقظ افكارهم.

كان سقراط ينتمي لعائلة متواضعة، وكان ديمقراطياً في طريقة تعامله مع الناس، كما كان مواطنا اثينيا، مخلصاً للدولة، شارك في بعض المعارك من اجل اثينا، وكان معلما من الطراز الأول. لقد أحس سقراط الخطورة الناتجة عن الاخذ بتعاليم السوفسطائيين وما يترتب عليها من اثر هدام في الحياة الخلقية في اثينا، إلا انه سلم بمبدأ السوفسطائيين الذين قالوا بوجوب جعل الانسان مقياسا لكل شيء. فواجبه أن يعرف نفسه، فإذا عرف نفسه تمكن من كبح ميوله واهوائه. ولهذا فقد سخر سقراط بكل المظاهر الخارجية التي كان يحترمها اليونان وهذا مما يعلل لنا سبب العداء بينه وبينهم. ومن مبادئ سقراط المشهورة قوله بأن "المعرفة هي الفضيلة" أي أن الانسان اذا راعى في سلوكه الافكار والمبادئ المقبولة عند الجميع لا عنده وحده فإنه يتوصل الى حياة فاضلة هنيئة. وغاية التربية في نظره اعطاء المعرفة للفرد بانماء قوة التفكير لا بإكسابه معلومات مصحوبة بمقدرة كلامية ظاهرية كما كان يقول السوفسطائيون. وفي رأيه أن الجهل اعظم الشرور، وان اهم الفضائل هي معرفة النفس، وضبطها والتحكم فيها.

وكان سقراط أول معلم وضع طريقة مرسومة للتدريس، استخدمها في تعليم تلاميذه. وقد لاقت طريقته هذه تقديرا من رجال التربية الحديثة واسموها بالطريقة السقراطية. وهي مبنية على الحوار وتتألف من خطوات ثلاث:

- الخطوة الأولى يبدأ فيها سقراط بسؤال تلميذه عن رأيه في احد الموضوعات، ويطلب منه أن يجيبه بتعبيرات دقيقة. وبعد أن يجيبه التلميذ على سؤاله يتصنع سقراط قبول الاجابة مبدئياً. وكانت الاجابات عادة لا تتعدى المعلومات الشائعة، أو الآراء المقبولة في المجتمع والتي لم يسبق أن فكر احد في فحصها أو نقدها.

- الخطوة الثانية، وفيها يناقش سقراط تلميذه محللا اجابته، حتى يظهر للتلميذ ما بالاجابة من خطأ أو سخف، وكان هذا غالبا، يؤدي الى خجل التلميذ خصوصا اذا كان معتدا برأيه في اول الأمر.

- الخطوة الثالثة، يستمر سقراط في محاورة تلميذه حتى يصل به إلى الاجابة الصحيحة. وكان سقراط اثناء حواره مع تلميذه، يبدو كالمتلمس طريقة للوصول الى المعرفة، لا كالعالم بالحقائق. لذلك فإن من ينتقد الطريقة السقراطية بأنها تهكميه فإنه في الحقيقية يظلم سقراطا الذي اعتبر نفسه كتلميذه جاهلا بالحقائق، ويريد الوصول الى معرفتها. ولم يسم سقراط نفسه Sophos أي الرجل الحكيم، كما فعل السوفسطائيون بل سمى نفسه Philosophos أي

المحب للحكمة او المعرفة، ومن هذه الكلمة اشتقت كلمة Philosopher أي الفيلسوف. وبهذا نفى سقراط عن نفسه كونه واحدا من السوفسطائيين ولو أن بعض المؤرخين يضعه في صفوفهم.

وقد شبه سقراط طريقته في التدريس هذه بعملية الولادة، وشبه نفسه بالقابلة. فالقابلة تخرج الصغير من بطن أمه، وهو يخرج الافكار من عقول الناس. ومن الطريف انه يقال أن ام سقراط كانت قابلة. وقد اتهم سقراط في عام ٣٩٩ق.م بأنه تسبب في افساد شباب اثينا وتشجيعهم على الألحاد والخروج على التقاليد، فحوكم وحكم عليه بالإعدام. واعدمته المدينة التي حاول إصلاحها وتقويمها.

افلاطون ٤٢٠-٣٤٨ق.م

كان افلاطون ارستقراطي المولد بخلاف استاذه سقراط. وقيل أنه كان كثير الاسفار، ولا سيما بعد وفاة سقراط. وكان كاستاذه مواطنا مخلصا، متفانيا في خدمته، واشترك في عدة معارك حربية من اجل اثينا. وقد ظهرت ارستقراطية افلاطون في تفضيله لحكم الارستقراطية المثقفة، واحترامه مهنة الجندية، واحتقاره العمال وذوي المهن والحرف. واهم مؤلفاته كتاب الجمهورية والقوانين وبروتا جوراس. والكتابان الاولان من اهم مؤلفاته في التربية وعلم الاجتماع. وقد كتب الجمهورية في شبابه، اما القوانين فكتبه في خريف حياته، بعد خبرة ومران، ولذا فإن الحماسة العاطفية التي تميز كتاب الجمهورية تكاد تنعدم في كتاب القوانين.

وفي كتاب الجمهورية تكلم افلاطون عن طبيعة الدولة وكيف تستكمل في المجتمع، وذلك عن طريق تنظيم تربية الافراد، وقد كانت التربية في نظره فرعا من فروع علم الاجتماع، وقد كتب افلاطون الجمهورية بأسلوب تأملي يتضح فيه انه كان يتلمس الحقيقة كأستاذه، ويقسم كتاب الجمهورية الى عشرة اجزاء، خص افلاطون السبعة الأولى منها للكتابة في مشكلة العدالة وكيف تتحقق في المجتمع، اما الجزءان الثامن والتاسع فقد تكلم فيها عن انواع المجتمعات والحكومات المختلفة، وتكلم في الجزء العاشر عن الفلسفة وكونها الوسيلة الوحيدة الموصلة للحكمة والمعرفة الحقة، وفيه يوضح سبب اختياره الفلاسفة ليكونوا حكاما وقادة للشعب.

نظرية افلاطون في التربية:

تستند نظرية افلاطون التربوية على اصول مستمدة من علم النفس والفلسفة والاجتماع يمكن اجمالها فيما يأتي: [1]

١-الفرد: استنتج افلاطون من ملاحظاته أن النفس البشرية، تتكون من ثلاثة انواع من القوى او القدرات او الملكات وهي: قوة العقل او التفكير وموضعها الدماغ، وقوة الغضب وموضعها الصدر، وقوة الشهوة، وموضعها البطن، والعقل هو هذا الجزء من النفس الذي يمدنا بالقدرة على اكتشاف الحق والباطل، والتفكير هو الدافع والمؤدي لكل معرفة، والقوة الغضبية عند افلاطون هي الارادة كما تسمى اليوم، اما الشهوة فهي مرتبطة بالوظائف الجسمية.

واهم انواع المعرفة التي يؤدي اليها نشاط العقل هو الحكمة، ولكن لا يستطيع العقل وحده التحكم في الفعل البشري، فقد نعرف ما يجب عمله ومع ذلك لا نسلكه، ويأتي التوجيه بطريق غير مباشر من العقل والتفكير، وبصورة مباشرة من القلب مركز القوة الغضبية، فالحكمة التي يكتشفها العقل تعمل على تحقيق الشهوات الضرورية وغير الضرورية، والارادة هي القوة التي تنفذ ما تقوله الحكمة، ومع أن كل نفس بشرية فيها القوى الثلاث، إلا أن الافراد يختلفون، فبعضهم قادرون على التفكير احسن من غيرهم، وبعضهم تسيطر عليه القوة الغضبية، وبعضهم تسيطر عليه قوة الشهوة، وباختلاف الافراد في القوى، يختلفون ايضا في المهن التي يصلحون لها، ولا فرق في ذلك بين الرجل والمرأة، فهي تقف على قدم المساواة مع الرجل.

٢-المجتمع: يرى افلاطون أن وظيفة المجتمع اقتصادية وحربية وتشريعية لسلامة الحكم، ووجد مثالا لهذا المجتمع في مدينة الدولة اليونانية، ولكي تنجح وظائف المجتمع يجب أن يستشعر كل فرد السعادة في عمله، ولن يتأتى هذا إلا باتقانه هذا العمل، ويجب أن يحتوي كل مجتمع على ثلاث طبقات وهي: طبقة العمال والصناع والمزارعون والتجار تقوم بأداء خدمة، الاحتياجات الاقتصادية للمجتمع، وطبقة الجنود والشرطة وعليها حماية المدينة الدولة من الداخل والخارج، ثم طبقة الحكام الذين يهيمنون على المدينة عاملين على خيرها وموجهين الطبقتين الاخريين.

---

(١) سعد مرسي احمد وزميله، تاريخ التربية والتعليم، مرجع سابق، ص١٠٨-١١٢.

٣- **الميتافيزيقا:** تقول نظرية افلاطون الميتافزيقية إن خلف كل شيء مدرك في هذا العالم نظاما من الافكار يفسر ما في هذا العالم، وما ندركه بحواسنا في هذا العالم صور لتلك الافكار أو المثل، واننا في هذا العالم نرى نسخا باهتة من هذه المثل، والمثل كائنة وموجودة حتى ولو في هذا العالم.

وقد اشار افلاطون في مواطن كثيرة من كتاب الجمهورية بأن العالم الملاحظ متكون من اشياء عديدة، وكل شيء له خاصيته ومكانه ويمتد منتشرا في زمان معين، وكل شيء في تغيير مستمر في صفاته وعلاقاته أو يتحرك من مكان لآخر، وكل شيء ينتمي الى طبقة معينة، وتسمى الصفات المشتركة لكل شيء او الجوهر الواحد له اسم الفكرة. ولكل فكرة صفة العالمية والعمومية وهي خالدة وليست متغيرة.

٤-**الأخلاق:** وتنعكس فلسفة افلاطون في الاخلاق على التربية في نظريته العامة عن طبيعة الخير، وهي تعتمد على فكرته الميتافيزيقية السابقة. فالخير في كل شيء مدرك يتوقف على الدرجة التي يقترب فيها هذا الشيء من صورته المثالية او يعبر عنها. وفي رأي افلاطون أن المجتمع الخير هو المجتمع العادل. وبقدر اقتراب المجتمع بوظائفه الثلاث، والانسان بقواه الثلاث من المثالية الموجودة في عالم المثل، يمكن أن يتحقق العدل بدرجة تتناسب مع درجة الاقتراب من المثالية، ولهذا فقدر افلادون نظامه التعليمي ليحقق بقدر المستطاع هذا العدل والحق.

٥-**المعرفة:** يرى افلاطون أن المعرفة حالة عقلية تتميز بالتأكد من طبيعة شيء ما. وهذا الشيء غير موجود في عالم الواقع المتغير، والتغير يجعل من المستحيل التأكد من طبيعته ولذلك فإن الاشياء التي نعرفها بتأكد هي الافكار في علاقاتها المنتظمة.

وهناك درجتان في التأكد من المعرفة: التأكد القائم على فرض، والتأكد المطلق. فما نعرفه عن العلوم والرياضيات هو تأكد فرضي لأن تأكدنا من صدقها يعتمد على تأكدنا من صدق الفروض التي اشتقت منها. اما التأكد المطلق فهو مرتبط بوعينا بفكرة الخير. وهذا التأكد المطلق صعب المنال وهو يحول المعرفة الفرضية في العلوم الى مطلقات.

التطبيقات التربوية: يرى افلاطون أن التربية هي عجلة توجيه وجذب الاطفال الى الطريق الذي رسمته القوانين وأكدت عدالته خبرات ذوي العقول المحنكة. ولهذا فإن افلاطون في كتابه "الجمهورية" و "القوانين" كان يتصور مدينة مثالية فمزج بين

فن السياسة والتربية، لأنه وجد كليهما يهدف نحو تحقيق النظام الاسمى في الحياة. ويرى افلاطون أن للمدرسة وظيفتين هما التعليم والتصفية التي تتم في نهاية كل مرحلة تعليمية. وقد قبل افلاطون النظام التربوي في اثينا وقبل مراحله المختلفة، لكنه وضع له شروطا تضمن اكتمال النقص وتصحيح الاخطاء فيه، كما تأثر بالنظام التربوي، الاسبرطي في تحبيذه للتدريب على الرياضة العنيفة والحربية والتقشف في المأكل، والمحافظة على التقاليد. وهذه هي مراحل نظام افلاطون التربوي:

١- من الميلاد الى سن السابعة عشرة: وتنقسم هذه المرحلة الى قسمين، حيث يربى الاطفال على ايدي اخصائيين في دور الحضانة العامة بعيدا عن الوالدين، ويهتم المشرفون بالنمو الجسمي للأطفال مستغلين اللعب والرياضة حتى السادسة. وفي القسم الثاني يتعلم الاطفال القراءة والكتابة والتذوق الموسيقي الذي يشمل الموسيقى واللغة والأداب، الى جانب العلوم والتمرينات البدنية وذلك تحت اشراف الدولة ورقابتها. ويرى افلاطون أن تكون هذه المرحلة لأبناء جميع افراد الشعب دون أن تقتصر على الارستقراطيين. ويضيف افلاطون الاخلاق الى الرياضة البدنية والموسيقى، لأن الاخلاق تساعد في كبح جماح الشهوات عند الفرد. وتعتمد الاخلاق على ركيزة حتمية وهي ايمان الناس بإله محدد او دين يهديهم سواء السبيل فيه اساليب ثواب وعقاب.

٢- وتبدأ هذه المرحلة من السابعة عشرة او الثامنة عشرة حتى سن العشرين. وفيها يدرب الشباب تدريبات فكرية وجسمية عنيفة، بعد أن يتم تصفيتهم في المرحلة الأولى وبيان القادرين من غير القادرين بواسطة اختبارات. ويوجه غير القادرين على الانتظام في صفوف عامة الشعب الذين يكونون جماعات الزراع والعمال واصحاب الحرف والمهن.

٣- وبعد اختبارات قاسية صارمة تتم في نهاية المرحلة الثانية التصفية الثانية حيث يسمح للناجحين بدراسة تستمر عشر سنوات تربى فيها اجسامهم وعقوله ونفوسهم. فهم يتعلمون الرياضيات والفلك والموسيقى لا من اجل الكسب المادي او العمل اليدوي، وانما للتمعن والتأمل المعنوي المجرد للعلوم البحتة. اما غير القادرين على الاستمرار في الدراسة فيتجهون الى الجيش والشرطة حيث يكونون طبقة الجند.

٤- وفي سن الثلاثين يجري امتحان صعب، وينضم الراسبون فيه الى طبقة الشرطة والجند الذين يتولون الذود عن حياض الوطن داخليا وخارجيا.

اما الناجحون فهم يواصلون الدراسة رجالا ونساء في الفلسفة لمدة خمس سنوات.

٥- وتبدأ المرحلة الخامسة من سن ٣٥-٥٠، وفيها يعين الناجحون في المرحلة الرابعة في مناصب حكومية حيث يتدربون على الحكم الصالح وسياسة الدولة تدريباً عملياً حتى سن الخمسين. وهذه هي السن التي يصلح فيها الدارس أن يكون ملكاً فيلسوفاً. فهم الاصلح لحكم الناس لعدالتهم وتنزهم عن الشهوات، وقدرتهم على فهم ارادة الله على حقيقتها، وهم القادرون وحدهم على تفهم الاسرار الالهية وتبين مشيئة الخالق، كما انهم لا يتزوجون حتى لا تشغلهم مسؤوليات العائلة عن الدرس والتأمل وخدمة الشعب. ويرى افلاطون أن تشارك النساء المثقفات حياة الفلاسفة، ويكن زوجات شائعات بينهم.

ارسطو ٣٨٤-٣٢٢ ق.م

ولد ارسطو من اسرة غنية وذات صلة مع البلاط المقدوني، اذ كان والده طبيب امنيتاس ملك مقدونيا وجد الاسكندر الأكبر. وقد تربى مع فيليب أب الاسكندر. وغادر ارسطو مقدونيا الى اثينا وهو في السابعة عشرة من عمره ليكمل تعليمه في اكاديمية افلاطون وتتلمذ عليه مدة عشرين سنة. وقد اعجب افلاطون بذكائه ونباهته، فأسماه القراء وعقل الاكاديمية المفكر وعينه معلما للخطابة. وبعد وفاة افلاطون، ترك ارسطو اثينا الى آسوس حتى دعاه فيليب ليقوم على تربية ابنه الاسكندر وهو ولي للعهد. وعندما اعتلى الاسكندر عرش مقدونيا عاد ارسطو الى اثينا واسس مدرسته التي سميت بالليسيوم نسبة الى المكان الذي نشأت فيه، كما سمي اتباعه بالمشائين لأنهم اخذوا عنه عادة المشي اثناء تعليمه. واتهم في آخر حياته بالكفر والالحاد وانه لا يؤمن بآلهة اثينا ولا يقدم لها القرابين، ففر هاربا من اثينا قائلا انه يخشى من خيانة الاثينيين على الفلسفة مرتين: اولها بالعدوان على سقراط، وثانيهما بالعدوان عليه. ولم يلبث أن مرض بعد هربه من اثينا بعام، وعاجلته المنية سريعا في العام التالي من هربه حيث توفي عام ٣٢٢ق.م.

فلسفة ارسطو التربوية:

قبل التعرف على اراء ارسطو التربوية لا بد من الاطلاع على اسسها الفلسفية والاجتماعية كما يلي:

١-في النفس:

يفرق ارسطو بين النفس بمعناها العام وهي المشتركة بين جميع الكائنات الحية، وبين النفس بمعناها الخاص التي لا توجد إلا في الانسان. اما عن النفس بمعناها العام فيرى ارسطو انها اولى صور الجسم الطبيعي المركب وهي مرتبطة به، ولا تفترق عنه كما قال افلاطون. وبارتباط النفس بالجسم يجب أن ندرس قواها ووظائفها كجزء من الكائن الحي. ولذلك فإن ارسطو يتكلم عن قوى النفس النامية والحاسة والمحركة والناطقة. وادنى هذه القوى هي في النبات الذي يتغذى ويتكاثر، ويقتصر على هذين العملين، والحيوان يلي النبات في الرقي اذ يتغذى ويتناسل ويحس ويتحرك بخلاف النبات، والانسان يلي الحيوان رقيا، حيث يجمع ما عند الحيوان من قدرات مضافا اليها العقل.

وللنفس العاقلة وظائف او ملكات، وادناها الادراك بالحواس، ثم يلي ذلك ما سماه بالحس المشترك أي المركز في الدماغ الذي تتجمع فيه الادراكات الحية المختلفة. ويلي الحس المشترك في الرقي قوة الخيال او المخيلة التي تستعيد وتدرك الاحساس في غيبه موضوعه. وتأتي الحافظة بعد المخيلة، وهي تزيد عليها في ادراكها أن الصورة حصلت من ادراك حسي مضى. ثم تلي الحافظة الذاكرة والتي تتميز بأنها تثير الصور وتحضرها امام العقل باختيارها. وتأتي بعد ذلك قوة العقل، وهو قسمان: سلبي وايجابي، او درجة قابلة ودرجة فاعلة، والقسم السلبي شخصي خاص، كالقدرة على التفكير، والقسم الايجابي، أي العقل المفكر بالفعل قد كان موجودا قبل أن يتحد مع بقية قوى النفس. وهو يتصف بالعمومية بين جميع الأفراد.

٢-في الطبيعة:

ترمي الفلسفة الطبيعية عند ارسطوا الى تبيان النشوء والارتقاء الذي سلكه العالم من هيولى (ما يشبه المادة الخام الاولى) إلى صورة تتشكل بها المادة الخام. والعالم في سرة هذا يتحرم نحو غاية في هذا الوجود، والوجود الطبيعي هو الذي يتعلق بالمادة في الحقيقة وفي الذهن.

ولا يؤمن ارسطو بنظرية المثل الافلاطونية، ويرى أن الموجودات على نوعين: احدهما ما هو بالطبع أي الاجسام الطبيعية كالحيوانات واعضائها، والنباتات والعناصر وهي قادرة على الحركة بذاتها، وثانيهما ما هو بالصناعة او الفن مثل المصنوعات المختلفة، وهذه يحركها صانعها او غيره.

٣-في الاخلاق:

كان غرض ارسطو الاساسي في كتاب الاخلاق، البحث عن الوسائل التي تؤدي بالانسان الى الخير والكمال المطلق. اذ رأى أن كمال الانسان وخيره المطلق هو السعادة. فأخذ يعرف السعادة، فذكر انها تتحقق بأن يقوم الانسان باعماله الخاصة به كاملة. ذلك أن هناك أموراً تخص الانسان من حيث هو انسان كالتفكير والروية، وامورا اخرى يشترك فيها مع غيره كالنمو والاحساس والتغذية. فسعادته اذا في أن يتاح له تحقيق شخصيته والقيام بالأمور التي تخصه من حيث هو انسان على وجه كامل. والمقصود بالكمال هنا تأديتها وفق الفضيلة. فالسعادة لا تتحقق اذا إلا اذا اتيح للانسان أن يؤدي الاعمال المتعلقة بالتفكير والروية وفقا للفضيلة. والفضيلة برأي ارسطو تقسم الى اقسام تقابل تقسيمه للنفس الانسانية الى غاذية ونزوعية وناطقة. فيرى أن النفس الغاذية لا تصدر عنها فضيلة ما. اما النزوعية فلا يمكن أن تصدر عنها فضيلة إلا اذا سارت تحت سيطرة القوة الناطقة التي يكون بها التفكير والتأمل. فإذا سارت وفق هذه السيطرة، صدرت عنها فضائل النزوع من اغاثة ونجدة وشجاعة. اما الناطقة فيصدر عنها الفضائل العقلية، وهي ارقى من السابقة لأنها تحقق نوعية الانسان، وهي لا تتاح لجميع الناس، وانما هي وقف على الآلهة وعلى الفلاسفة.

٤-في السياسة:

يقول ارسطو في تكوين الجماعة السياسية انها تبدأ بالأسرة ثم القرية ثم المدينة التي تكفي نفسها بنفسها، ومهمتها توفير الاسباب لسعادة الافراد. اما عن تكوين الاسرة، فيرى ارسطو انها تتألف من الزوج والزوجة والذرية والعبيد. والرجل رأس الاسرة، والمرأة اقل عقلا ووظيفتها العناية بالمنزل والاولاد تحت اشراف الرجل. ويرى ارسطو أن الرق نظام طبيعي، فمن الناس من هم على ذكاء وقدرات وهؤلاء هم الاحرار، وهم الاذكياء الشجعان كاليونانيين، وما عداهم اما اذكياء فقط او شجعان فقط. ولم يقر ارسطو استعباد الشعوب بالفتح، كما فتح الطريق امام عتق العبيد، واوجب على السادة حسن استعمال سلطانهم. ويعارض ارسطوا افلاطون باحترامه نظام الاسرة والملكية لأنهما صادرتان عن الطبيعة لا عن العرف، كما انه لا يقبل فكرة شيوعية النساء والاولاد كما رآها افلاطون. والحكومة الصالحة برأيه هي التي تعمل لخير المجموع، والفاسدة هي التي تعمل لخير الحكام ومصالهم الخاصة. ومن أشكال الحكومات الصالحة: الملكية والارستقراطية والديمقراطية، ومن اشكال الحكومات الفاسدة: الدكتاتورية، والأوليجركية والديماجوحية.

آراء ارسطو في التربية:

يتفـق ارسطوا مـع استاذه افلاطـون في كثير مـن الآراء التربويـة، فقـد أورد أرسطو في كتابـه "السياسة" عن العلاقة بين الدولة والتربية، ويظهر في كتاباته متأثرا بأفلاطون، وينظر كلاهما الى التربية على أنها من مهام الدولة، ولذلك لم يعجبهما عدم وجود نظام تربوي عام موحد في اثينا، وطالبا بثورة شاملة في طرائق تربية الاجيال الصاعدة الاثينية.

ومع اتفاق ارسطو وأفلاطون في بعض الجوانب إلا أنهما اختلفا في جوانب أخرى واضحة. فبينما كان أفلاطون مثاليا في تفكيره، نجد أن ارسطو اكثر ميلا للواقع، فقـد رأى أفلاطون أن الوجود يتكون مـن محسوسات ومجردات أو مادة ومثل، في حين أن ارسطو رفض هذه الازدواجيـة أو الثنائيـة ورأى أن المـادة والصورة كل لا يتجزأ. كما كان أفلاطون يرى أن الحقيقة مقرها في العالم العلوي السماوي أي عالم المثل وليس عالم الواقع الذي هو ظل لعالم المثل، أما ارسطو فيرى الحقيقة موجودة في عالم الواقع. ومن هنا فإن ارسطو يهتم بدراسة حقائق البيولوجيا بينما أفلاطون يهتم بدراسة النظريات الرياضية. كـما كان أفلاطون يبحث عن الحق في عالم مثالي خيالي ولا يثق في الحواس، أما ارسطو فقـد عـاش علـى الأرض يبحـث عـن الحق، وهو يستخدم الحواس كأدوات للتوصل إلى معرفة بعض الحقائق الأولية.

والتربية في نظر ارسطو جزء من السياسة العامة للدولة، ولذا فإن أي إصلاح سياسي أو اجتماعي لابد أن يصحبه تربية تتضمن تـدريب الأفراد منـذ حداثتهم تـدريبا يتمشى- مـع طبيعتهم ومع النظـام الحكومي. ولما كان واجب الدولة هو توفير أسباب الخير للمواطنين فإن تربيتهم يجب أن تكون مـن مهـام الدولة تتولاها وتشرف عليها إشرافا كاملا شاملا للخطوط العريضة والتفاصيل.

أما مراحل التربية التي رسمها ارسطو فهي تتمشى مع مراحل نمو الإنسان، حيث يمر الفرد بثلاث مراحل: المرحلة الأولى، وهي مرحلة النمو الجسمي أو النشأة الجسـمية، والمرحلة الثانيـة وهي مرحلـة النفس النزوعية أي نشأة الحساسية والغريزة أو الجانب اللاعقلي من النفس أو غير المنطقي، أمـا المرحلـة الثالثة فينمو فيها العقل نمواً منطقيا ويكتسب القدرة على التفكير. ولذا يجب أن تهتم

التربية أولا بتربية الجسم، ثم بتدريب العقل غير المنطقي حتى يصبح منطقيا في النهاية. أما مراحل التربية عند ارسطو فهي كما يلي:[1]

- المرحلة الأولى من السنة الأولى حتى سن الخامسة، ويرى ارسطو أن تبتدئ هذه التربية قبل ولادة الطفل، وذلك بتدخل الدولة في شؤون الزواج، وان لا تبيحه إلا للأصحاء الخالين من العاهات. ويرى أن السن المناسب للإناث هو سن الثامنة عشرة، وللذكور سن السابعة والثلاثين حتى يكون النسل صحيح الجسم سليما. وطالب الاهتمام بالمرأة الحامل وصحتها وغذائها وضرورة استحمامها بالماء البارد إلى غير ذلك من الأمور التي يقرها الطب الحديث. ويجب العناية بتغذية الطفل باللبن ورياضة جسمه، وتعويده احتمال البرد بالتدريج، والاهتمام بالألعاب المسلية من أجل النمو العقلي، ويرى أن بكاء الأطفال وصراخهم في هذه المرحلة من التمرينات البدنية المهمة للنمو . كما طالب بعدم ترك الأطفال للخدم أو العبيد حتى لا يتعرضوا لسماع الألفاظ البذيئة أو رؤية الأعمال المشينة، وان لا يعطي الأطفال دروسا علمية حتى لا يعيق النشاط العقلي نموه الجسمي في هذه المرحلة.

- المرحلة الثانية من سن الخامسة حتى السابعة، وفيها يبدأ الطفل في مراقبة العمل الذي سوف يزاوله عندما يكبر. ولا يلتحق الطفل بالمدرسة إلا في السابعة من عمره.

- المرحلة التالية من السابعة حتى الرابعة عشرة أي سن البلوغ، وفيها يدرب جسم الطفل تدريبا رياضيا على يد مدرب الألعاب، ثم مدرب المصارعة، وان تتدرج الرياضة البدنية التي يمارسها الطفل من التمرينات البسيطة إلى التمرينات العنيفة .

- والمرحلة التالية من الرابعة عشرة حتى السابعة عشرة يدرس الصبي القراءة والكتابة والموسيقى والرسم إلى جانب الرياضة البدنية. فالقراءة والكتابة ضروريتان للمواطنين، والرسم يساعد الشخص على تذوق الجمال في الأشكال والأجسام، أما الموسيقى فيجد فيها الشخص لذة روحية وغذاء عقليا. فدراسة الصبي في هذه المرحلة دراسة نظرية مناسبة للمواطنين الأحرار لشغل أوقات الفراغ عندهم لا من أجل الكسب المادي أو تعلم حرفة، أما التعليم المهني أو الحرفي فهو لا يليق بالمواطن الحر.

---

(١) فتحية حسن سليمان ، التربية عند اليونان والرومان ، مرجع سابق ، ص ٥٨- ٦١ .

- والمرحلة الأخيرة يكون الصبي قد وصل إلى الثامنة عشرة من عمره، لذلك يدرب تدريبا رياضيا عنيفا متواصلا حتى سن الحادية والعشرين. ومن الضروري عدم ترك الرياضة البدنية ، بل يجب أن يزاولها الكبير والصغير دائما لأنها تكسب الجسم جمالا وقوة وصحة. وقد خالف أرسطو أستاذه أفلاطون في تعليم المرأة وعدم مساواتها للرجل، فهي برأيه مخلوق ضعيف لا يصلح إلا للمنزل والأعمال المنزلية، ومع أنها حرة إلا أنها لا تعتبر مواطنة وليست لها حقوق المواطنين. فهي تابعة للرجل وملك له، ويجب أن لا يخرج تعليمها عن الإعداد في المنزل كي تصبح ربة بيت لا أكثر ولا أقل.

التربية الأثينية المتأخرة (العصر العالمي) ٣٣٨-١٤٦ ق.م :

يتبين مما تقدم أن فترة الانتقال من تاريخ أثينا كانت فترة إنتاج عقلي غزير لم تبلغه في أي فترة أخرى من تاريخهم. إلا أن قدرة الأثينيين على الابتكار والتجديد في النواحي الفكرية والفلسفية أخذت تضعف بالتدريج حتى كادت تتلاشى، منذ عصر الاسكندر الأكبر. وقد اهتم الاسكندر بنشر المعرفة اليونانية بين حضارات البحر المتوسط حتى وصلت إلى الهند وامتزجت بحضارات الشرق وشاعت اللغة اليونانية في تلك الربوع. وبمرور الزمن ظهرت مراكز ثقافية أخرى في حوض البحر المتوسط مثل رودس، وسوريا، وانطاكيا، ثم الإسكندرية فيما بعد.

وفي هذه الفترة قل الاهتمام بالتربية البدنية والإعداد الحربي، وأقبل الأفراد على تعلم الفنون والموسيقى لشغل أوقات الفراغ. أما المدارس فقد بقيت مدرسة الرياضة والموسيقى حرة لتعليم الأفراد. أما المرحلة الثانوية والعالية التي كان الشباب يمضونها في الرياضة البدنية وفنون الحرب، فقد حلت محلها دراسات نظرية وعقلية في مدارس الفلسفة كالأكاديمية لأفلاطون، والليسيوم لأرسطو، ومدارس الخطابة والفضل في إنشائها لايزوقراط. وبمرور الوقت اتحدت هذه المدارس وشكلت جامعة أثينا، ثم تبعتها جامعة الإسكندرية وغيرها من جامعات حوض البحر الأبيض المتوسط.

عاشرا: التربية عند الرومان :

لمحة تاريخية واجتماعية (١)

سكنت إيطاليا في العصور القديمة أعداد كبيرة من القبائل ينتمي معظمها إلى ثلاثة أجناس رئيسية. وأهم هذه الأجناس الثلاثة الإيطاليون، وهم في الأصل قبائل آرية نزحت عبر جبال الألب فوسط إيطاليا واستقرت على شواطئ نهر

---

(١) فتحية حسن سليمان ، التربية عند اليونان والرومان ، مرجع سابق ، ص ٧٢٥٧١.

التيبر، ومن أشهرها القبائل اللاتينية وغيرهـا. أمـا الجـنس الثـاني فهـم الأترسـكانيون Etruscans وأصلهم غير معروف، ويرجح أنهم نزحوا من بلاد اليونان وسكنوا صـقلية في جنـوب إيطاليـا حـوالي القـرن الثامن قبل الميلاد، ومن اختلاط هذه الأجناس جميعا تكون الشعب الروماني .

وعندما استقرت القبائل في إيطاليا أسسوا ما يسمى بالدول المدينة كـما حصـل في بـلاد اليونـان، وكانت أبرز هذه المدن مدينة روما، وقد أسست حوالي منتصـف القـرن الثـامن قبـل المـيلاد أي ٧٥٣ق.م . وكان يسكن روما عدد من القبائل كونت فيما بينهـا رابطـة أو اتحـادا يرأسـه ملـك ينتخبـه مجلـس نيـابي ينتمي أعضاؤه إلى العائلات النبيلة(Patricians)، وعندما ينتهي حكمه ينتخـب ملـك آخـر، أي أن الملكيـة غير وراثية. وكان يدير شؤون روما ويسيطر عليها مجلس نيابي Senate يضم أرباب العائلات النبيلة المكونة للطبقة الأرستقراطية. وكانت هذه الطبقة تملك الأراضي والضياع وتتفاخر بالأصل والنسب. أما بقيـة أفـراد الشعب كالتجار وأصحاب المهن والحرف والمزارعين وغيرهم فقد كونوا طبقة الشعب في المجتمـع الرومـاني (Plebians) .

وفي حوالي عام ٥٠٩ ق.م خلع آخر ملك لروما. ولما لم يكن للطبقة الشـعبية في رومـا ممثلـون في المجالس الحكومية، فقد كانوا يعانون ألوانا مختلفة من سوء المعاملة والاضطهاد، لذلك ثارت هذه الطبقـة حوالي عام ٤٩٤ق.م، وتمردت ورفض أفرادها الاشتراك في الجيش حتى تجاب مطالبهم. ودام كفـاحهم حتـى وضعت القوانين العشرة حوالي عام ٤٥١ق.م ، ثم أضيف إليها قانونان فأصبحت القوانين اثني عشر- قانونـا مشهورة استجابت لكثير من مطالبهم، كتمثيلهم في المجالس الحكومية، والتزاوج مع الطبقة الأرستقراطية.

وقد صحب هذا التطور السياسي والاجتماعي تطوراً في الحالة الاقتصادية للـبلاد، كظهـور قـوانين تخفف وطأة الأرباح المفروضة على القروض، وقوانين أخرى لتنظيم عمليـات الحجـز بـين الـدائن والمـدين حوالي منتصف القرن الرابع قبل الميلاد. وبمرور الزمن ارتفـع شـأن الطبقـة الشـعبية بيـنما أخـذت الطبقـة الأرستقراطية في الانقراض نتيجة إصرارها على التزاوج فيما بينهم .

ودام كفاح روما وحروبها مع بعض القبائل المجاورة مثل القبائل السامنية، والقبائل الأترسـكانية وغيرها حوالي قرنين ونصف، استطاعت في النهاية بسط نفوذها على جميع أنحاء إيطاليا. ثم بدأوا بالتوسع إلى الخارج تدريجيا حتى ضمت معظم العالم القـديم، ووصـلت ذروة اتسـاعها في القـرن الأول المـيلادي في عهد

أغسطس قيصر- وفي عام ٣٩٥م انقسمت إلى إمبراطوريتين إحداهما الإمبراطورية الرومانية الغربية وعاصمتها روما ثم سقطت على يد الجرمان عام ٤٧٦م ، والثانية الإمبراطورية الرومانية الشرقية وعاصمتها القسطنطينية والتي سقطت عام ١٤٥٣م على يد محمد الفاتح العثماني.

أما من الناحية الاجتماعية فقد تكون المجتمعة من طبقتين: النبلاء، وعامة الشعب. وكان الحكم ملكيا وفيه يتم انتخاب الملك عن طريق مجلس الشيوخ، ثم أصبح نظام الحكم جمهوريا يرأسه قنصلان، وبعد ذلك تحول إلى النظام الإمبراطوري. وقد امتاز الرومان بحب المال، وقوة الجسم والشجاعة، وكانوا قوما عمليين واقعيين .

الدين :

كان للدين الروماني أثر عظيم في عقلية الشاب الروماني بعكس الدين عند اليونان وذلك للفرق الكبير بين الدينين رغم تشابهما العام، فقد كانت ديانة الرومان وثنية، عبروا عن الآلهة بتماثيل أقاموها في المعابد تمثل مظاهر الحياة المختلفة. وقد كانت آلهة الرومان قوى خفية لا ترحم ولا تعرف الشفقة وكذلك اهتم الرومان باكتساب رضاها بإقامة المراسم المهيبة الجليلة عكس اليونان تماما. وهكذا نرى أن الشاب الروماني أقل خلاعة واكثر اتزانا من الشاب اليوناني. ولكثرة خوف الرومان نشأت عندهم مراسم عديدة في جميع المناسبات العادية يتوخون بها التودد للآلهة فقد وضع الدين لهم طرقا يجب اتباعها في حياتهم العملية، وخوفهم من الآلهة عودهم احترام الواجبات [1].

وقد ألهت الطبقات الأرستقراطية ثلاثة آلهة كانت تكرمها على تل كابيتولن، وهذه الآلهة هي الإله جوبيتر حارس السماء والدولة، والإله جونو، والإلاهة منيرفا. أما عامة الشعب في المدن فكانوا يعبدون الإلاهة سيرس إلاهة الوفرة والحبوب، والإله ديونيسوس إله الحقول والخمر. وقد أخذت الدولة في النهاية سلطة الرقابة على عبادة الآلهة، وأقامت جماعات خاصة لرعاية الشؤون الدينية، من وظائفها تحديد أيام العطلات الرئيسية ونوع الطقوس التي تمارس، وبعبارة أخرى كانت هذه الجماعات تقوم بوظيفة الرقابة الرسمية على كل الشعائر الدينية [2].

(١) عبد الله مشنوق ، تاريخ التربية ن مرجع سابق ، ص ٥٠.

(٢) وهيب إبراهيم سمعان ، الثقافة والتربية في العصور القديمة ، مرجع سابق ، ص ٢٨١ .

عصور التربية الرومانية :

تنقسم التربية الرومانية إلى عصرين كبيرين هما: [١]

التربية الرومانية القديمة، والتربية الرومانية الجديدة. ويقصد بالتربية القديمة تلك الأساليب والطرق التهذيبية في الأجيال التي سبقت دخول المدنية اليونانية وانتشارها بصورة عامة في الإمبراطورية الرومانية التي نشأت بعد انتشار المدنية الإغريقية في روما.

التربية الرومانية القديمة (٧٥٣-٥٠ق.م) : تقسم هذه الفترة إلى عصرين فرعيين، العصر القديم ويمتد من (٧٥٣- ٢٥٠ق.م) والثاني من (٢٥٠-٥٠ق.م).

العصر الأول (٧٥٣-٢٥٠ق.م) : عصر المواطنين أو عصر التربية الرومانية الأولى لا يوجد في أوائل هذا العصر مدارس يدخلها الطفل وإنما كان البيت هو المعهد التهذيبي الوحيد. فكانت الأم تتعهد الطفل منذ صغره وتشرف على تربيته ولا تلقي بذلك إلى المرضعات أو المربيات كما هو الحال عند اليونان.فإذا أصبح غلاماً تعهده أبوه. وكان الطفل يصاحب أباه في العمل، ويقف بجانبه على منصة الخطابة، ويذهب معه إلى المعسكر وأي مكان آخر. وكانت التربية خلقية والنظام قاسيا، والمثل العليا جامدة شديدة. وفي أواخر هذا العصر ظهرت المدارس الأولية وتعرف باسم (Ludi) ومعناها اللعب، وكانت قليلة العدد، وغايتها تعليم القراءة للتمكن من حفظ الألواح الاثنى عشر. وأصبحت هذه المدارس تهتم بتعليم القراءة والكتابة والحساب بالإضافة إلى حفظ الألواح الاثنى عشر.

عصر الانتقال (٢٥٠-٥٠ق. م) :

في هذا العصر دخلت المبادئ والأفكار والعادات اليونانية إلى روما تدريجيا من أواسط القرن الثالث قبل الميلاد إلى منتصف القرن الأول قبل الميلاد. وفي أوائل هذا العصر كثر عدد المدارس الأولية (مدارس الأدب)، كما قام ليفيوس اندرونيقوس"Livius Andronicus" بترجمة الأوديسا لهوميروس إلى اللاتينية عام ٢٤٠ق.م وأصبحت تدرس في مدارسها الأولية وحلت محل القوانين الاثنى عشر في أنها أصبحت المادة التي يتعلم الناس بها القراءة والكتابة. ثم دخلت مدارس النحو ومدارس الخطابة اليونانية إلى روما، ولكنها لم تنتشر الانتشار الكافي، وأخيرا تحولت هذه المدارس إلى مدارس لاتينية إلا أن مجلس الشيوخ عاكسها

---

(١) محمود عبد الرزاق شفشق وزميله ، تاريخ التربية ، مرجع سابقة ، ص ١٠٥ -١٢٠ .

وأمر بإغلاق المدارس وطرد المعلمين بإصدار القرار التالي عام ٩٢ق.م : "بلغنا أن بعض الأشخاص ينتحلون لقب الخطباء اللاتين أسسوا مدارس للخطابة اللاتينية وقد نمى إلينا أن شبابنا الرومانيين يضيعون أوقاتهم هناك حيث يدرسون عادات وتعاليم جديدة لا تتناسب مع تقاليد أجدادنا ولذلك نعلن للملأ أجمع سخطنا على وجود هذه المعاهد ونأمر بطرد هؤلاء المعلمين" .

التربية الرومانية الجديدة : وتنقسم إلى عصرين: العصر ـ الإمبراطوري أو عصر ـ الزهو أو عصر ـ المعاهد والثاني عصر الانحطاط والانحلال.

العصر الإمبراطوري (٥٠ق.م ـ٢٠٠م): أصبح نظام المعاهد في هذا العصر وطيد الأركان وازداد الإقبال على الثقافة اليونانية. وعلى الرغم من ذلك فإن المدارس الأولية (الأدب) لم تتغير ولم تترق بل بقيت منحطة يعلمون فيها مبادئ القراءة والكتابة والحساب بصورة بسيطة جدا، ويدرسون فيها الأوديسا اللاتينية عوضا عن اللوائح الاثنتي عشرة التي كانت تدرس سابقا. أما مدارس النحو التي عاكسها مجلس الشيوخ في العصر الماضي فإنها أصبحت رسمية. وقد كانت على نوعين: أحدهما النحو اليوناني والثاني لتعليم النحو اللاتيني. وكانت هذه المدارس تعلم النحو، إنما كان النحو في نظرهم يشمل دراسة الأدبيات والتاريخ والعلوم. وكانت غاية هذه المدارس هي إتقان القراءة البليغة والإنشاء الحسن المتين. أما مدارس الخطابة عند الرومان فكانت بمثابة مدارس السوفسطائيين لليونان، غايتها تدريب الشاب الروماني الذي أنهى المدارس الأولية ومدارس النحو، على الخطابة، والإلقاء، فلا يدخلها إلا الذين ينوون الاشتغال بالسياسة أو المحاماة أو الذين ينتمون إلى طبقة الأعيان.

وبالإضافة إلى التدريب على الخطابة فقد كان الشاب يدرس الهندسة والفلك والفلسفة والموسيقى. وقد وصف كانيلينان المربي اليوناني، الخطيب هو من تتوفر فيه الشروط التالية وهي: معرفة العلوم وإتقان اللغة وحسن اختيار الألفاظ ودرس العواطف البشرية وكيفية اثارتها، ورشاقة الحركات ومعرفة الشرائع وحسن الإلقاء والحافظة الجيدة، وأهم من ذلك يجب أن يكون الإنسان فاضلا شهما حتى يكون خطيبا مجيدا. ويوضح الجدول التالي مناهج المدارس الرومانية ودرجاتها في أرقى أطوارها:

السن	الدرجة	اسم المدرسة	العلوم
٧-١٢	التعليم الأولي	المدارس الأولية Ludi	القراءة والكتابة والحساب
١٢-١٦	التعليم الثانوي	مدارس النحو	الصرف والنحو والأدبيات
١٦-١٨	العلمي	مدارس الخطابة أو البلاغة	النحو والخطابة والجدل والحقوق
٢٠-٢٥	العالي	الجامعات	الحقوق والطب وفن البناء والرياضيات والخطابة والنحو.

وعندما أصبحت الديانة المسيحية دين الدولة الرسمي في القرن الرابع الميلادي على يد الإمبراطور قسطنطين عام ٣٢٥ م بعد ترؤسه لمجلس نيقيه، ظهر نوع جديد من المدارس يسمى المدارس المسيحية، ويلتحق بها الطلاب ما بين سن الثامنة عشرة والعشرين، وفيها يتعلمون تعليما عاليا في المعتقدات واللاهوت المسيحي. أما في العصور السابقة على ذلك فقد كان الطلاب يلتحقون في هذه السن بالمدارس الرياضية ليتلقوا فيها تدريبات رياضية متقدمة.

عصر التدهور والانحطاط ٢٠٠-٥٢٩م :

اتسم هذا العصر بالفساد والانحلال، فقد استبدت الحكومة الملكية، وجمعت السلطة في يدها، واستنزفت ثروات الشعب وفسدت طبقة الموظفين إلى أبعد مدى، ولم يتورع القضاة عن قبول الرشوة، وفرض قواد الجيش الضرائب النقدية والعينية لتسليح جيش كبير، وبالغ موظفو الضرائب في جباية الضرائب، وزادت الطبقة الأرستقراطية الفاسدة، وتقلصت الطبقة المتوسطة، وقل عدد العاملين في الزراعة، وتركت الأرض بلا استغلال، وكثر الجنود المرتزقة. وقد انعكست مظاهر الفساد والانحلال على التربية والتعليم، فتغلبت النواحي الشكلية. إذ أصبح البيان والبلاغة أهدافا لا وسائل، وطغى المظهر على المضمون، فكان التلاميذ يرصون الكلمات المنمقة ويتخيرون الغريب الشاذ منها على حساب المعنى، واقتصر تعلم الأخلاق على حفظ حكم ومواعظ وكتابة موضوعات إنشائية عن الأخلاق.

ويبدو أن المدارس الأولية قد اختفت في هذه المرحلة من تاريخ التربية الرومانية، وهذا راجع إلى حالة البؤس والذل التي وصلت إليها طبقة الشعب التي كانت تدخل هذه المدارس. أما مدارس النحو والخطابة فقد استمرت بصورة شكلية يتعلم فيها أبناء الطبقة العليا. وفي عهد القياصرة سيطرت الدولة سيطرة كاملة على

التربية، وبلغت هذه السيطرة مداها في عهد الامبراطور جستنيان المسيحي عام ٥٢٩م، عندما أصدر أمراً بإغلاق جامعة أثينا الوثنية.

أشهر مربي الرومان : [١]

لم يترك المربون والكتاب الرومان نظريات تربوية مفصلة أو مبنية على فلسفات تأملية كالتي خلفها فلاسفة اليونان وكتّابهم ومربوهم. إلا أن بعض الكتّاب الرومان، وبعض المهتمين بشؤون التربية والتعليم أبانوا آرائهم في التربية في بعض مؤلفاتهم. وكانت هذه الآراء في غالبيتها نصائح عملية، ومبادئ يمكن تطبيقها لإصلاح طرق التدريس، ونظمه المحلية التي اتبعت في تلك الأوقات.

ومن أهم الكتّاب والمربين الرومان الذين كتبوا عن التربية في العصور المختلفة لتاريخ الرومان، كاتو الكبير(٢٣٤-١٤٨ق.م) الذي كره الثقافة اليونانية بأسرها، واضطهد المدرسين اليونانيين، وألف أول كتاب نثري باللغة اللاتينية، وشيشرون (١٠٦-٥٣٠ق.م) الذي أعجب بكل ما هو يوناني، وكونتليان (٣٥-٩٥م) المدرس والمربي وصاحب أهم الآراء التربوية الرومانية، وتاسيتوس (٢-١١٧م) الذي انتقد التربية في عصره ووصفها بكونها سطحية لا عمق فيها، وبلوتارك (٤٦-١٢٥م) الذي اعتقد أن التربية الصحيحة تصلح النقائص الطبيعية، لأن أثر التربية أقوى من أثر الفطرة على تكوين الفرد، وسنيكا (٣-٦٥م) الذي رأى أن واجب التربية أن تستأصل ميول الطفل الشريرة، وان تدرس طباع الأطفال وتسير كل طفل وفق ميوله الخاصة وغيرهم.

شيشرون ١٠٦-٤٣ق.م :

يعتبر شيشرون من أهم الكتاب والمربين الرومان، ذلك لأن آراءه التربوية أثرت في نظم التربية وطرقها في عصره، كما كان له تأثير كبير في عصر النهضة في أوروبا. ينتمي شيشرون إلى عائلة نبيلة مكنته من الانخراط في سلك السياسة حتى أصبح قنصلا في روما، فأظهر إخلاصا ووطنية حتى أن الرومان لقبوه بأبي الوطنية .

(١) عبد الله مشنوق ، تاريخ التربية، مرجع سابق، ص ٥٨، ٥٩ ، أيضا : فتحية حسن سليمان، التربية عند اليونان والرومان، مرجع سابق، صر ٩٧-١٠٩، أيضا: عبد الله عبد الدايم، التربية عبر التاريخ، مرجع سابق، ص ٨٩-٩٨ .

وطبع شيشرون مؤلفات عديدة، من أهمها كتاب بروتس والخطيب، حيث وردت فيه أهم آرائه التربوية. كان لشيشرون أسلوب طلي في الكتابة اللاتينية ومعظم أبحاثه هي فلسفة التربية، ومن أهم أقواله فيها مجاهرته بعدم وجوب استعمال العقوبات الجسدية مع الطالب إلا بعد أن يقنط المدرس من النصح والتوبيخ والزجر، ولا يجوز إيقاع العقوبة على الطفل إلا بعد أن تهدأ سورة الغضب والحدة عند المدرس، ويرى شيشرون أن التربية البدنية والألعاب هي نوع من الأنشطة الكمالية، التي لا يقوم بها الفرد إلا بعد اكتمال أعماله العقلية المهمة.

سنيكا (٣-٦٥م) :

درس سنيكا العلوم الأولية في روما كشيشرون ثم زار مصر وبلاد اليونان واكتسب هناك أهم العلوم. وبعد ذلك عاد إلى روما وتعاطى مهنة المحاماة ثم تركها بعد أن عهد إليه بتربية نيرون الطاغية وهو في الحادية عشرة من عمره، دون أن يتمكن من استئصال ميوله الشريرة الراسخة. ثم أصبح مستشاراً له بعد توليه عرش الإمبراطورية، إلا انه حقد عليه وحكم عليه بالإعدام فانتحر تخلصا من حاكم عاق ناكر للجميل.

ومن أهم أقواله التهذيبية وجوب استئصال التربية للميول الشريرة عند الطفل، وضرورة دراسة طباع الأطفال ومسايرة هذه الميول الخاصة عندهم، أو تعويد الأطفال على الصدق والتواضع والاحترام لا الخداع، والاهتمام بالقدوة الحسنة أفضل من النصح والإرشاد، وتعلم الأفراد للحياة لا للمدرسة، كما اعتبر مهنة التعليم من أقدس المهن وأشرفها في هذا العالم. ولذا يجب احترام المعلم وإجلاله كالطبيب المداوي نظير ما يقدمه من خدمات عظيمة للنشئ التي لا توازيها تلك الأجور التي يتقاضاها لقاء ذلك .

بلوتارك (٤٦-١٢٠م) :

ترجع أهمية بلوتارك لكونه أحد الكتّاب القدماء الذين كتبوا قصصا عن حياة الأبطال ومقالات ملهمة في شتى الموضوعات. ومن أشهر مؤلفاته كتاب"حيوات متوازية" وكتاب"موراليا"، إذ يهتم به في تربية أبناء الطبقة الأرستقراطية والعناية بتكوين الأخلاق الحميدة والخصال النبيلة فيهم كي يشبوا مواطنين صالحين وممتازين.

وقد تجمعت آراؤه التربوية في الجزء الأول من كتابه المسمى موراليا، حيث ينصح الآباء بأن لا يعاشروا إلا النساء الفاضلات والزواج من ذوات الأصل الرفيع لأن وضاعة الأصل تترك طابعها على الأبناء، وعدم الإفراط في الشراب. ويرى بلوتارك أن للتربية والخلق الكريم مقومات ثلاث هي: طبيعة الفرد، وتفكيره أو قدرته على التعليم، وعاداته حيث تعمل متعاونة على تقويم أخلاقه. ويطالب الأمهات بتغذية صغارهن بأنفسهن، لأنهن بذلك يشبعن الصغار عطفا ومحبة. وطالب بلوتارك بأن تكون تربية أبناء الأحرار بالثقافة الواسعة المتنوعة عن طريق التجارب والمشاهدات الحياتية، والتركيز على دراسة الفلسفة دراسة وافية لأنها ضرورية لصحة العقل، كما أن الطب والتربية الرياضية علمان ضروريان لصحة الجسم. كما طالب بعدم الشدة واستعمال الضرب والعقاب البدني مع الصغار، واستبدالهما بالحكمة والنصح والتشجيع، واللجوء إلى المدح والتأنيب في الوقت المناسب.

فلوطارخس (٥٠-١٣٨م) :

يعتبر فلوطارخس من أشهر الكتاب في العصور الأخيرة من الحضارة الرومانية رغم ولادته في بلاد اليونان وكتابته باليونانية.

وقدم روما مرات عديدة وفتح فيها مدرسة في عهد دوميتيان علم منها الفلسفة والأدب والتاريخ ومن أشهر مؤلفاته كتاب "ترجمات شهيري الرجال" ويعتبر مرجعا دائما للباحثين في أمور الأخلاق عن طريق التاريخ، "ورسالة في تربية الأطفال" حيث يركز على الدور الكبير الذي تقوم به الأسرة في تربية الأطفال، وكتاب "مبادئ الزواج" الذي يعيد للمرأة مكانتها في المنزل من حيث اهتمامها بالشؤون المادية والعناية بتربية الأطفال وإرضاعهم، وأخيرا كتابه المعروف بـ "كيف نفهم الشعراء" إذ انصف فيه الشعراء أكثر من أفلاطون وطالب أن نختار من بينهم من يمزجون في أشعارهم بين الإلهام الخلقي والإلهام الشعري.

مارك أوريل (٢١-١٨٠ق.م) :

هو ذلك الإمبراطور الحكيم، بل أكثرهم حكمة، وهو صاحب كتاب "إلى نفسي-" والذي عرف باسم كتاب "الأفكار" ويحتل مكانة خاصة في التربية. كان أوريل خير من يمثل الأخلاق الروائية وهي أسمى مظهر للأخلاق القديمة. وقد وصل إلى هذا المستوى الخلقي عن طريق القدوة في التربية المنزلية، والمشرفين على التربية أو الجهد الشخصي، مما جعل منه متخلقا كاملا أو حكيما لا نجد بين حكماء اليونان من يدانية قدسية غير سقراط.

كونتليان (٢٥-٩٥م) :

ولد كونتليان في إسبانيا ثم قدم روما ودرس فيها الخطابة وتعاطى المحاماة مدة ثم تركها لأنها لم ترق له فأسس مدرسة في روما وتولى إدارتها بنجاح مقدار عشرين عاما، ثم منحه الإمبراطور فسبازيان لقب "أستاذ الخطابة". وذاع صيته واكتسب شهرة واسعة، وقد ألف كتابا سماه أسس الخطابة أو "معاهد الخطابة" دون فيه أهم آرائه التهذيبية. وهذا الكتاب من أهم المؤلفات التربوية الرومانية إن لم يكن أهمها. ويمكن تقسيمه إلى أربعة أجزاء:

- يختص الجزء الأول منها بطرق التدريس، وكيفية تطبيقها في المدارس الأولية والثانوية التي تعد لمدارس الخطابة أو البلاغة.

- ويختص الجزء الثاني من الكتاب برأيه في تدريس العلوم والفنون واللغة اللاتينية والخطابة.

- ويتحدث المؤلف في الجزء الثالث عن الأدب اليوناني والروماني وينقدهما.

- ويتحدث في الجزء الرابع عن أوصاف الخطيب المثالي وكيفية أعداده. وقد كان كونتليان من أشد المعجبين بشيشرون، ولذا فإنه كثيرا ما يذكره في كتابه وينقل عنه آراءه.

ومن أهم الآراء التربوية التي وردت في كتابه ما يلي:

١. ينصح بأن يبدأ تعليم الصغار في سن مبكرة قبل الدراسة الرسمية في المدارس التي تبدأ في سن السابعة.

٢. ينبغي البدء بتعليم اللغة اليونانية قبل اللاتينية واستخدام كتب أشهر المؤلفين مع البدء بالبسيط أولا.

٣. يجب أن يكون المدرسون من ذوي العلم الغزير والثقافة العالية والاقتدار.

٤. يجب تعليم المرأة كالرجل تماما، فالأم المتعلمة أقدر على تعليم أطفالها من الأم الجاهلة.

٥. يجب الإكثار من مدح التلميذ لتشجيعه على التعليم وترغيبه فيه.

٦.   عدم اللجوء إلى الضرب والعقاب الجسماني لأنهما غير مجديين ومراعاة الفروق بين التلاميذ.

٧.   يجب عدم الإسراع في التعليم، وان تكون المادة الدراسية مناسبة لأعمار التلاميذ.

٨.   يجب أن تكون المرضعات من خيار النساء في الأدب والطهارة.

٩.   يجب أن نعلم صور الحروف وأسماءها في الوقت نفسه، ويستحسن استعمال الألعاب والأشياء المشوقة في تعليمها.

١٠. يجب أن نعود الطفل الشغف بالعلوم وعندما يدرس الطفل القراءة يجب أن يتقدم ببطء وفي تعليم الخط يستحسن أن تكون النماذج حكما أخلاقية.

١١. يفضل إرسال الطفل للمدارس العامة حيث يختلط برفاقه وتتولد الصداقة والمحبة والمباراة.

١٢. فن الخطابة أسمى الفنون.

أما تعليم الخطابة فإنه يشمل خمس مراحل هي : [١]

أولا- الابتكار: أي اختيار موضوع الخطبة.

ثانيا- التنظيم: أي تنظيم الأفكار وتبويبها.

ثالثا- التعبير: أي وضع الآراء والأفكار في صور كلامية وتعبيرات مناسبة.

رابعا- الحفظ: وهو استظهار الخطبة.

خامسا- الإلقاء: أي عملية إلقاء الخطبة على السامعين.

ومن الجدير بالملاحظة أن التربية الرومانية لم تكن ديمقراطية أو عامة بل اقتصرت على الطبقة الأرستقراطية، دون أن تهتم بتعليم عامة الشعب، ورفع مستواهم الفكري والثقافي، أو حتى العناية بتربيتهم تربية خلقية سليمة مما أدى إلى تدهور القيم الخلقية. كما نالت تربية المرأة في روما اهتمام الكتاب والمربين بينما

---

(١) فتحية حسن سليمان ، التربية عند اليونان والرومان ، مرجع سابق ، ص ١٠٤ .

أهملت تربيتها إلى حد كبير في بلاد اليونان. وكانت للمرأة الرومانية مكانة ممتازة ومحترمة وكان لها أثر كبير في تربية النشئ، حيث تعاونت مع الرجل في تربية الصغار في المنزل في عهد الجمهورية. وبتكوين الإمبراطورية تعلمت المرأة الرومانية كما تعلم الرجل أما في المنزل على أيدي مدرسين خصوصيين أو في المدرسة.

ولعل من أبرز ما يميز التربية في عهودها الأخيرة أخذها بمبدأ التعليم الرسمي الحكومي. فلقد أنشأ الأباطرة المتأخرون من فيسبازيان إلى ثيودوس الثاني تعليما رسميا تشرف عليه الدولة وتحتكره، وتحرم في إطاره قيام التعليم الخاص والمدارس الخاصة.[١]

(١) عبد الله عبد الدايم ، التربية عبر التاريخ ، مرجع سابق ، ص ١٠١.

الباب الثالث

التربية في العصور الوسطى

أولاً: التربية المسيحية:

يتفق المؤرخون من أبناء المدرسة القديمة على أن العصور الوسطى تمتد من ٤٧٦م أي السنة التي سقطت فيها الامبراطورية الرومانية الغربية عل يد البرابرة الجرمان، وسنة ١٤٥٣م، وهي السنة التي سقطت فيها القسطنطينية في أيدي العثمانيين وانتهت حرب المائة عام بين انجلترا وفرنسا.

أما الاتجاه الحديث بين الباحثين فهو يقصر العصور الوسطى على القرون الأربعة الأخيرة التي سبقت عصر النهضة مباشرة، على أن تعتبر الفترة الواقعة يبن القرنين الخامس والحادي عشر بمثابة فترة انتقال طويلة من العصور القديمة إلى العصور الوسطى، وذلك نتيجة للتقدم الذي أصابته أوروبا منذ القرن الحادي عشر، وغالباً ما يطلق على الفترة السابقة بين القرن الخامس والقرن الحادي عشر بالعصور المظلمة.[١]

وقد اختلف الناس في تقدير العصور الوسطى، فهاجمها كتاب وفنانو القرنين الخامس عشر والسادس عشر الذين كانوا ينظرون بإعجاب إلى عصور اليونان والرومان كعصور هامة في تاريخ البشرية، ووصلت سمعة العصور الوسطى إلى الدرك الأسفل في القرن الثامن عشر، عصر النثر والعقل، إلا أنها عادت وانتعشت تلك السمعة في مطلع القرن التاسع عشر حيث مجدتها الحركة الرومانتيكية، ولكن ما فتئت أن تدهورت في نهاية القرن التاسع عشر. أما في الوقت الحاضر فهناك ثلاثة اتجاهات نحو هذه العصور: الاتجاه الأول منها، لا يهتم كثيراً بتلك العصور، وهو رأي الغالبية، والاتجاه الثاني يراه المحبون لتلك العصور ولا سيما القرن الثالث عشر منها تمثل قمة ما وصل إليه الإنسان. أما الاتجاه الثالث

(١) عبد الله الرشدان، المدخل إلى التربية، مرجع سابق، ص ١٠٠.

فيعتنقه المتطرفون، الذين يهاجمون الدين، ويؤمنون إيماناً مطلقاً بالتقدم، ويرون بأن هذه العصور عصور بربرية، سادتها الخرافات والطبقية البغيضة والشقاء.(١)

وقد شهدت العصور لوسطى تغيرات ثورية متعددة في النواحي السياسية والاقتصادية والاجتماعية والدينية أثرت تأثيراً كبيراً على التربية أهمها ما يلي:(٢)

١- النظام الإقطاعي:

ظهر النظام الإقطاعي في القرون الستة التي تلت موت الامبراطور جستنيان (٥٢٧-٥٦٥م)، عندما أخذ ملوك الفرنجة، من المروفنجيين والكارولنجيين يؤجرون المساحات الواسعة من الأرض للقادة والموظفين الإداريين، ثم ما لبث أن أصبحت هذه الإقطاعات وراثية في القرن التاسع بسبب ما لحق هؤلاء الملوك من ضعف واستكانة. ويرتبط التنظيم الإقطاعي بنظام المجتمع في العصور الوسطى، حيث كان المجتمع يتألف من الملاك الإقطاعيين الأحرار والعبيد ورقيق الأرض. ويتألف الأحرار من النبلاء الأعيان ورجال الدين، والجنود النظاميين، وأصحاب المهن، ومعظم التجار والصناع، والفلاحين الذين يملكون أرضهم ولا يلتزمون إلا بالقليل، أو لا يلتزمون بشيء على الإطلاق، لأي سيد إقطاعي، ولا يستأجرونها من سيد نظير ايجار نقدي. أما العبيد فهم من الأفراد الذين يسبون ثم يباعون للإقطاعيين ورجال الدين للعمل في خدمة المنازل أو الزراعة أو غيره من الأعمال الحقيرة.

أما رقيق الأرض فإنه رجل يفلح مساحة من الأرض يمتلكها سيد أو بارون يؤجرها له طوال حياته ويبسط عليه حمايته العسكرية ما دام يؤدي له الأجر سنوياً من الغلات أو العمل أو المال. وكان في وسع هذا المالك أن يطرده منها متى شاء، وإذا مات لا تنتقل الأرض إلى أبنائه إلا بموافقة المالك ورضاه. وقد تباينت أوضاع رقيق الأرض في دول أوروبا بين سيد يحق له بيع الرقيق مستقلاً عن الأرض كما في فرنسا، أو لا يحق له إطلاقاً إذ بإمكان هذا الرقيق في فرنسا أن يحل العقد الإقطاعي إذا سلم الأرض وكل ما يملك إلى سيده، أو لا يمكنه أن يحل العقد إطلاقاً كما في انجلترا.

وكان إيجار الأرض للرقيق يتم نظير القيام بعدد كبير من الواجبات يؤديها الرقيق إلى مالك الأرض، من أهمها ضريبة ثلاثية، وعشر المحصول من

---

(١) وهيب ابراهيم سمعان، التربية والثقافة في العصور القديمة والوسطى، مرجع سابق، ص ١٢.

(٢) بول منرو، المرجع في تاريخ التربية، ج١، مرجع سابق، ص ٢٤٢-٣٣٠.

المحصول والماشية، وعدد من أيام السخرة بدون أجر خلال العام، كما أن عليـه أن يطحـن حبوبـه ويخبـز خبزه، ويصنع جعته، ويعصر عنبه في مصانع المالك، وأن يؤدي أجراً على صيد السمك أو اقتناص الحيوانات البرية أو رعي ماشيته في أرض المالك، كما أن عليه أن يشترك في تقديم الهدايا القيمة لابن المالك والمشاركة في دفع الفدية إذا ما أسر المالك، وتلبية دعـوة المالـك في الانضـمام إلى جيشـه إذا نشـبت الحـرب. وهنـاك حالات فردية عن حق الليلة الأولى، أي حق السيد في أن يقضي مـع عـروس رقيـق الأرض الليلـة الأولى مـن زواجها، وقد يسمح للرقيق أحياناً أن يفتدي عروسه بأجر يؤديه للسيد وغير ذلك من الخدمات كثيرة.[1]

٢- الرهبنة أو الديرية:

كانت الرهبنة في معناها الأول زهداً ورياضة. أما بالمعنى المجازي فتعني النظم التي يستطاع بها إخضاع الشهوات الجسمية والوجدانات الإنسانية حتى يستطيع كـل مـن الـروح والعقـل أن يتفـرغ لمهـام الحياة الراقية. وهي تطلق على الأفراد الذين أخذوا على أنفسهم عهداً دينياً بأن يقضوا حيـاتهم في الأديـرة مقيدين بقوانين خاصة تنظم شؤون حياتهم جميعها. وللرهبنة أهميـة كبـيرة في تـاريخ التربيـة لأن الأديـرة كانت المعاهد التهذيبية الوحيدة في الغرب المسيحي أثناء العصـور المظلمـة، وثانيـاً، لأن التربيـة في الأديـرة كانت تشمل عدا الأبحاث الدينية المسيحية علوماً وفنوناً نظرية وعملية كان لهـا تـأثير كبـير عـلى النهضـة الاوروبية.

وفكرة الرهبنة أو التنسك والتقشف قديمة جداً وجدت في معظم الأديان عند العبرانيين والفـرس والمصريين وعند كثير من المدارس اليونانية الفلسفية التي احتكت به المسيحية، ويمكن القول أن الرهبانيـة المسيحية الأولى قد جمعت فضائل الـرواقيين مـن احتقـار لـلألم والمـوت وعـدم الاكـتراث بتقلبـات الحـظ، والأعراض عن متاع الدنيا، واعتياد الصمت وإخضاع الطبيعة البدنية كالفيثاغوريين، ومن تجاهل للمجتمـع وعدم الاهتمام بالواجبـات تجاهـه كـما في طائفـة الكلبيـين، وكـذلك تشـجيع تعـاليم السـيد المسـيح عـلى الأعراض عن الحياة الدنيا. ومن العوامل الأخرى التي ساعدت على ظهور الرهبانية وتطورها، هـو انشـغال الكنيسة منذ منتصف القرن الثالث الميلادي بالأمور الدنيوية كثيراً، واعتناق الامبراطوريـة الرومانيـة الـدين المسيحي منذ مطلع القرن الرابع الميلادي مما أدى إلى انـدماج المسـيحيين بأبنـاء المجتمـع وعـدم تميـزهم. كذلك من العوامل المساعدة على ظهور الرهبنة الاضطهاد

---

(١) وهيب سمعان، مرجع سابق، ص ٦٧، ٦٨.

الذي تعرض له المسيحيون ولجوئهم إلى الصحارى والجبال: بالإضافة إلى استعداد المسيحيين الروحي لاستقبال السيد المسيح الذي أصبح وشيكاً كما يشاع.

بدأت الرهبنة عند المسيحيين في مصر حيث ساعدت طبيعة البلاد وجوهاً على نشأتها. ويعتبر القديس بولس الطيبي والقديس أنطونيوس أول مثلين نعرفهما عن الرهبنة في المسيحية. فقد ارتحل انطونيوس عام ٣٠٥م إلى الصحراء الشرقية واعتصم بشاطئ البحر الأحمر، وعرض نفسه للعذاب والحرمان، وصار قدوة لمن جاءوا بعده، وتلاه في الشهرة القديس باخوميوس الذي أنشأ عام ٣٢٥م تسعة أديرة للرجال وديراً واحداً للنساء، حيث لجأ إلى الصحراء ليمارس حياة الرهبنة الانفرادية كسابقة.

وسرعان ما انتشرت الرهبنة أو الديرية خارج حدود مصر في النصف الشرقي من الامبراطورية الرومانية. ففي بلاد الشام اتخذ القديس سيمون مقامه فوق قمة عمود لمدة ثلاثين عاماً، أما في آسيا الصغرى فقد أسست أخت القديس بازل ديرا للراهبات سنة ٣٥٨م. أما القديس بازل نفسه فقد أسس ديراً في قيصريه بآسيا الصغرى حوالى عام ٣٦٠م. وقد كان نظام بازل مزيجاً من المثالية والواقعية في اديرته، إذ قضى على الانفرادية والعزلة داخل الدير وجعل الرهبان يشتركون اشتراكاً فعلياً في جميع مناشطهم.

ويرتبط انتشار الرهبنة في غرب اوروبا بأربعة أسماء بارزة هم: القديس كاسيان المؤسس الحقيقي للرهبنة والديرية الغربية رغم وجود من سبقه من الرهبان. والثاني القديس مارتن التوري وكان واسع النفوذ، والقديس قيصر الآرلي الذي وضع نظاماً للرهبان والراهبات تأثر فيه بآراء كل من كاسيان والقديس اغطين، أما الرابع فهو القديس بندكت وهو صاحب الفضل في تأسيس النظام الديري الذي عرف باسمه وانتشر في الغرب وحل محل كثير من الأنظمة الديرية، كما نال عطف البابوية وتأييدها. وتخضع الأديرة البندكية إلى عدد من القوانين مقدارها ٧٣ قانوناً: تسعة منها تمثل الواجبات العامة كرؤساء الأديرة والرهبان، وثلاثة عشرة تخصصت للعبارة، وتسع وعشرون خاصة بالتهذيب وبالأخطاء وبالعقوبات، وعشرة منها للإشراف على الأديرة، واثنا عشر خاصة بمختلف الشؤون كاستقبال الضيوف وسلوك الرهبان أثناء سفرهم وحلهم وترحالهم. وكانت الظاهرة المميزة للنظام البندكي، هي التمسك بالعمل اليدوي. وقد ضمت قوانين بندكت على كل راهب أن يقضي ساعتين في اليوم في قراءة بعض أجزاء الإنجيل، وسبع ساعات في الأعمال اليدوية الزراعية أو الحرفية. وقد أضيف إلى القوانين البندكيته في القرنين الحادي عشر- والثاني عشر قوانين أخرى أشد قسوة وضعتها

طوائف جديدة من الرهبان أهمها طائفة السسترسيان التي غالت في قوانين التقشف والعيشة الانفرادية.

٣- البابوية:

بعد تقسيم الامبراطورية الرومانية إلى شرقية وغربية، تمكن الأباطرة في الامبراطورية الشرقية من تسلم زمام السلطتين الدينية والدنيوية، أما في الغرب فقد وجدت الكنيسة ضالتها في شخص أسقف روما الذي تحول كرسيه إلى بابوية لها السيادة العليا على الكنيسة في مختلف بلدان العالم الغربي، وذلك بسبب التفويض الذي أولاه إياه القديس بطرس. والواقع أننا لا نعرف عن أساقفة روما أكثر من أسمائهم في القرنين الأول والثاني، أما في القرن الرابع وفي عهد قسطنطين بدأت المراجع تشير إلى بعض البابوات الذين لعبوا دوراً هاماً في توجيه سيادة الكنيسة، ومن أبرزهم داماسوس (٣٦٦-٣٨٤م)، وخليفته البابا سركيوس (٣٨٤-٣٩٩م) فترجع إليه أولى المراسيم البابوية، وبعد ذلك اشتهر البابا ليو العظيم (٤٤٠-٤٦١م) الذي تم في عهده الاعتراف بسيطرة البابوية على كافة الكنائس المحلية في الغرب. وفي عهد البابا جريجوري الأول الملقب بالعظيم (٥٩٠-٦٠٤م) دانت لنفوذه الكنيسة الغربية بأكملها بوصفه خليفة للقديس بطرس.(١)

٤- الفروسية:

تمثل الفروسية النظام السائد في المجتمعات المدنية تبين اولئك الذين يعتدون بالمثل العليا الاجتماعية الراقية، ويحاولون تحقيقها باتباع عادات وأساليب شكلية مقررة. فكانت منزلة الفروسية في الحياة الدنيوية لمنزلة الرهينة في الحياة الدينية. ولا تضم الفروسية جميع النبلاء، بل تضم فقط أولئك الذين تقبلوا النهوض بأرقى الواجبات ذات الصيغة الاجتماعية التي اقرتها الكنيسة. وليست البطولة وصفات الفروسية من الأمور المتوارثة كما هو الحال في وراثة الأصول النبيلة وألقابها، ومع ذلك لا يستطيع أحد أن يصل إلى مميزات الفروسية الخاصة إلا إذا كان حر النشأة مالكاً لبعض الأراضي، ويستطيع مساعدة من هم دونه منزلة.

وترجع نشأة الفروسية إلى أخلاق التيوتون الذين تأثروا بالمجتمع الروماني وأنشأوا على نمطه النظم الحديثة، وغلى الكنيسة المسيحية التي وجهت جهودهم نحو أهداف معينة وكشفت لهم في تعاليم المسيحية عن وجود رابطة من العطف بين الكنيسة وبين الصفات المكونة للشخصية الجديرة بالتقدير عند البرابرة. ففي القرنين

---

(١) عبد الله الرشدان، المدخل إلى التربية، مرجع سابق، ص ١٠٠.

التاسع والعاشر، كان الفرسان هم الهيئة الحربية صاحبة السلطان. وكان الملوك أو البارونات أو اللوردات أو الرجال الأحرار أصحاب الأملاك يعدون من الفرسان. وقد سارت الفروسية والنظام الإقطاعي جنباً إلى جنب متماثلين في نواح كثيرة لأنهما يرجعان إلى أصل واحد.

ومن الصفات الحميدة والمثل العليا التي يتحلى بها الفرسان الشجاعة الفائقة والكبرياء واحترام الذات واحترام كلمة الشرف، كما نلاحظ عدم اهتمام الفرسان بأي ميزة شخصية ما عدا المجد الحربي، هذا من ناحية، ومن ناحية أخرى نرى منهم قوة وحشية وقسوة فظيعة وغضباً ربما يصل إلى درجة الجنون ورغبة صبيانية في الإنفاق. ومن المثل المرعية للفروسية والتي تضمنها المثل الأعلى للخدمة والطاعة، احترام العظماء، والرفق بالضعفاء، والعطف على المساكين ومن لا ناصر لهم، واحترام المرأة ومجاملتها. وإلى جانب هذه الفضائل والمثل نجد بعض الرذائل لدى الفرسان وهي الكبرياء، والشغف بسفك الدماء، واحتقار الضعفاء، وانحلال الأخلاق. لقد كانت الفروسية نظاماً ناقصاً، ولكنها كانت على أي حال نظاماً ملائماً لروح عصره. ولقد أصبح نظام الفروسية نظاماً تربوياً أمد طبقة الأحرار أي الطبقات الراقية في المجتمع بنوع من التربية اقتصروا عليه وحده من القرن السابع الميلادي إلى القرن الخامس عشر بل إلى القرن السادس عشر.

نظام الفروسية التربوي:

تنقسم تربية الفارس إلى مرحلتين متميزتين: مرحلة الغلام من سن السابعة إلى سن الرابعة عشرة، ثم مرحلة البالغ وتمتد من الرابعة عشرة إلى الحادية والعشرين. وكل سيد إقطاعي مهما كانت درجته، وكذلك كل من رجال الدين، كان له قصر يحضره أبناء أتباعه الذين يشتغلون في أرضه. أما كبار الاتباع فكانوا يرسلون ابناءهم إلى بلاط الملك أو إلى بلاط أحد العظماء الذين ينتمون إليهم، وكثيراً ما كان يخدم أبناء الملوك في قصورهم الخاصة، ولكن العادة جرت على إبعاد الأبناء من بيوتهم بين جميع مراتب الفرسان.

ويبدأ الغلام حياته بخدمات بسيطة في القلعة، يخدم السيدات؛ فإذا ما شب الغلام وكبر، كان عليه أن يخدم على المائدة حتى يصبح بالغاً، بالإضافة إلى تقديم عدد من الخدمات الشخصية لسيده حتى يصل إلى مرتبة شاب الجماعة حيث يكون الشخص المباشر للفارس في كل الظروف. ويفترض من الغلام والشاب أن يتعلم مبادئ الحب والحرب والدين حماية له من مساوئ الغضب والحسد والبلادة والنهم والإفراط بكل أنواعه، إذ تكتسب هذه المبادئ من خدمة النساء ورجال الفن

المتجولين. وكثيراً ما يضيف البالغ إلى هذا كله اللعب بالقيثارة والغناء والمشاركة في رحلات الصيد ومسرات البلاط وقراءة أدب الفروسية ولعب الشطرنج، الخ.

وكلما اقترب الشاب من سن الفروسية، بدأ الاهتمام بالعنصر ـ الديني والتدريب على الخدمة الدينية لأسابيع طويلة، وكان على الفارس الذي يعد نفسه لمرتبة الفروسية، أن يقوم بطقوس دينية لتطهيره، ويجب أن يبارك سيفه قسيس. وفي الحفل الديني الذي كان يقام عامة في الكنيسة، يقسم الفارس أن يدافع عن الكنيسة، وأن يهاجم الأمراء، وأن يحترم القسيس، وأن يدافع عن النساء والفقراء، وأن يحافظ على البلاد وأمنها، وأن يريق دمه في سبيل اخوته وأهله.

٥- الجامعات: [١]

أصل الجامعات ونشأتها:

برز إلى الوجود في أواخر القرن الحادي عشر وأوائل القرن الثاني عشر ـ عدد من المدارس تابع للكاتدرائيات والأديرة بدافع حب الجدل. ولعل أهم هذه المدارس تلك التي نشأت في باريس ويديرها وليم شامبو. وسرعان ما أصبحت باريس مركزاً للنشاط الفكري الحر، لنجاح ابيلارد في حمل وليم هذا على تعديل آرائه الجدلية، ولاتخاذه موقفاً حاسماً معادياً للمذهب الواقعي السائد آنئذ، ولما ترتب على ذلك من أن الآراء الحرة الجدلية المخالفة للعقيدة قد بدأت تعبر عن نفسها، كما بدأت تثور مناقشات حرة طليقة حول الآراء والمذاهب المختلفة. وبدأ الطلبة يتجمعون حول ابيلارد بأعداد كبيرة في باريس، وما تتطلبه هذه الأعداد الكبيرة من صغار المدرسين لإعدادهم للحوار والجدل العميق مع الأستاذ الكبير، وبذلك وجدت العناصر الأساسية لنشأة الجامعات القديمة وهي الطلبة والمدرسون في باريس قبل منتصف القرن الثاني عشر. كما أن رجال أوروبا الغربية ومنهم رجال الكنيسة بدأوا يزيحون عن أنفسهم القيود والاغلال ويزيلون العقبات للسير نحو تلك الحياة الفعلية الحرة منذ القرن الحادي عشر.

وتختلف الأسباب التي أدت إلى إنشاء الجامعات من بلد إلى آخر، فهي في ايطاليا غيرها في فرنسا وانجلترا. فقد كانت نشأتها في فرنسا وانجلترا نتيجة لزيادة في النمو والتقدم في العلوم الكنيسة واللاهوت والجدل. أما في جنوب ايطاليا، ونتيجة للصلات الودية الوثيقة بين العرب والنورمان واليونانيين، فقد نمت هناك نزعة قوية للدراسات الطبية النظرية والعملية بدير سالرنو Salerno، أدت إلى

(١) بول منرو، المرجع في تاريخ التربية، ج١، مرجع سابق، ص ٣١٥-٣٣٠.

ظهور مدرسة لتعليم الطب أصبحت أولى الجامعات دون أن يتم الاعتراف بها من قبل السلطات، وذلك بعد منتصف القرن الحادي عشر بقليل. وباتحاد هذه المدرسة مع مدرسة نابولي القريبة منها اعترف بها فردريك الثاني وسماها الجامعة عام ١٢٢٤م.

أما في مدن ايطاليا الشمالية، ونتيجة للصراع الدائر بينها وبين الأباطرة الجرمان لنيل حقوقهم السياسية، نما اتجاه قوي لدراسة القانون الروماني الذي كان مجهولاً وغير معمول به في ذلك الوقت، أدى إلى انتشار الدراسات القانونية في مدارس كثير من مدن الشمال، ولعل أهمها مدرسة مدينة بولونا التي هرع إليها عدد كبير من الطلاب. ونالت هذه المدرسة بعض الامتيازات للطلاب والأساتذة وأصبحت بذلك أول جامعة نظامية حيث منحها فردريك الأول أول قانون يضمن امتيازاتها عام ١١٥٨م. أما جامعة باريس والتي اشتهرت بدراسة الفلسفة فقد اعترف بها لويس السابع عام ١١٨٠م ثم تلاه البابا بصورة نهائية عام ١٢٠٠م. ثم جاءت بعد ذلك جامعتا اكسفورد وكمبردج في انجلترا في القرنين الثاني عشر والثالث عشر ـ على التوالي. ثم ظهرت بعد ذلك الجامعات الاسبانية في القرن الثالث عشر، وجامعات اسكتلندا الشهيرة ادنبرة وجلاسكو وسانت اندروز وابردين في القرنين الرابع عشر ـ والخامس عشر ـ ثم تتالت بعد ذلك بقية الجامعات في الدول الأوروبية.

وتمتاز الجامعات عن مدارس الأديرة المنفردة بكونها أسست في المراكز المعمورة لا في الأماكن النائية كالأديرة وإداراتها ذات طابع ديمقراطي، وقد تمتعت هذه الجامعات بعدد من الامتيازات التي كانت وسيلتها لحماية نفسها وتقدمها المضطرد. ومن هذه الامتيازات التي تمتع بها الطلبة والأساتذة كما هو الحال في رجال الدين، الإعفاء من الخدمة العسكرية ومن الرسوم والضرائب، ومحاكمة الطلاب في محاكم خاصة بالجامعات كالكنيسة تماماً. كما تمتعت الجامعات بحق إعطاء الشهادات والرتب العلمية التي تؤهل الطلاب لممارسة المهن التي أعدوا لها. ومن هذه الامتيازات امتياز لم تمنحه السلطة القائمة ولكن اكتسبته الجامعات بحق دوام الاستعمال، وهو حق الإضراب عن إلقاء المحاضرات أو انتقال الجامعة أساتذتها وطلابها إلى بلد آخر إذا ما حدث اعتداء على حقوقها وامتيازاتها، كما حدث عام ١٢٢٩ لما رحل قسم من مدرسي جامعة باريس وطلابها إلى اكسفورد على إثر تدخل السلطة في شؤون الجامعة الباريسية. وحدثت أيضاً اضطرابات في جامعة اكسفورد عام ١٢٠٦ أدت إلى مهاجرة قسم من رجال الجامعة إلى كمبردج.

أما من حيث الرتب الجامعية، فالطالب يلتحق بالجامعة بعد أن يتم تحصيله الابتدائي أو على معلم خاص، ويقتصر عمله في الجامعة على سماع المناقشات والمجادلات وتدريس الصغار تحت إشراف كبار الأساتذة، وأخيراً يطلب منه تقديم رسالة أو أطروحة في الموضوع الذي درسه، وبعد أن يناقش الطالب في ذلك الموضوع بحضور الأساتذة يعطى لقب معلم أو أستاذ إذا نجح في الدفاع عن أطروحته.

كانت اللغة اللاتينية لغة التدريس في جميع الجامعات، كما كانت الكتب الدراسية باللغة اللاتينية. أما طريقة التدريس في الجامعة، فكان المعلم يقرأ النص الموجود في كتابه وكتب التلاميذ، ثم يقرأ بيان الشروح الموجودة بهامش كتابه، وواجب الطلاب أن يدونوا تلك الشروح في ذيول كتبهم ثم منعت الجامعة التدريس بهذه الطريقة منذ القرن الرابع عشر، وبدأت طريقة المحاضرات رغم معارضة الطلاب واحتجاجهم ومقاومتهم لها، واستمرت حتى اليوم. أما المواد الدراسية فقد اعتمدت على مؤلفات المعلم الأول ارسطو التي أضيفت إلى الفنون السبعة الحرة.

ومما هو جدير بالذكر أن الجامعات قد أحدثت تأثيرات مختلفة في شتى نواحي الحياة. فقد كانت الحركة المدرسية منذ مطلع القرن الحادي عشر من آثار نشأة الجامعات. ومن الآثار السياسية المباشرة وغير المباشرة للجامعات هو ظهور النظام الديمقراطي باعتباره القدوة الممثلة للنظام الديمقراطي، كما كانت الجامعة مهد الحرية في الجدل والمناقشة في الأمور السياسية والكنسية واللاهوتية. كما أصبح للجامعة صوت مسموع لدى الحكومة، نظراً لتمثيلها بمقعد خاص في برلمانات فرنسا وانجلترا واسكتلندة. كما كانت الجامعة تتقدم لحل مشكلات الدولة، وكان يحتكم إليها في حل النزاع القائم بين الحكومة والكنيسة، كما حدث في قضية طلاق هنري الثامن ملك انجلترا وطلاق فيليب ملك فرنسا. وكانت الجامعة لسان حال الدولة الذي يعارض البابوية في موقفها من الدولة. وقد حدث في فرنسا أن اضطر البابا إزاء ضغط الملك والجامعة إلى سحب آرائه والاعتذار، كما نجحت الجامعة مرة أخرى في عزل رئيس الكنيسة من منصبه. كما كان للجامعة أثرها الملموس في حل المشكلات المذهبية وفي تحديد مسائل الإلحاد، وتلطيف حدة الآراء المتطرفة التي كانت تعتنقها البابوية والتخفيف من شدة إجراءات محاكم التفتيش في شمال فرنسا.

وكانت الجامعات منذ أقدم عصورها حتى عصر الإصلاح تعتبر حصوناً للحرية سواء من الناحية السياسية أو الكنسية أو اللاهوتية، وتعد الشكوى الدائمة من كثرة تدخلها في كل مسألة من المسائل برهاناً ساطعاً على مبلغ سلطان الجامعات

الذي طغى على نفوذ الملوك والبطارقة الاستبدادي. وأخيراً كان للجامعات أكبر نفوذ في الحياة الفكرية رغم ما كان عليه من ضيق في الأفق وشكلية في الأسلوب وقلة في المادة. ورغم أن الجامعة قد ظلت خلال تلك العصور معارضة لروح التجديد والتعمق في التفكير الحر، فإنها قد احتفظت بروح من البحث حية نشيطة كان من آثارها ظهور طائفة من أفذاذ الرجال مثل روجر بيكون ودانتي وبترارك وهس وكوبرنيكوس وغيره من الرجال الذين بعثوا الروح الحديث.

٦- الحروب الصليبية:

تعتبر الحروب الصليبية من أهم الحركات الكبرى التي أثرت في مجرى تاريخ العصور الوسطى وإعطائها طابعاً خاصاً يميزها عن غيرها. وقد تباينت الآراء في تفسير طبيعة هذه الحركة ومعرفة بواعثها. ويستطيع الدارس لهذه الحركة أن يكتشف بوضوح تأثير العوامل الدينية والاقتصادية والسياسية والاجتماعية في توجيه هذه الحروب والتحكم في مصائرها.

فمن الناحية الدينية أتاحت الحروب الصليبية للبابوية فرصة طيبة لإظهار زعامتها على أوروبا وتأكيدها، ومن ثم أدت هذه الحروب إلى ازدياد سلطان البابوية. ومن الناحية الاقتصادية أدت الحروب الصليبية إلى تشجيع النشاط التجاري بين الشرق والغرب، ولا سيما بين المدن الإيطالية وموانئ بلاد الشام، وكذلك مدن غرب أوروبا الأخرى. وقد أدى تدفق الثروات على المدن الاوروبية إلى تقدم أساليب التجارة والمحاسبة ومسك الدفاتر والأعمال المصرفية وغيرها. أما من الناحية الاجتماعية فقد ساعدت الحروب الصليبية على ظهور طبقات جديدة في المجتمع الاوروبي نتيجة لتناقص العبيد وازدياد نفوذ البرجوازية وظهور نفوذ المدن. ومن الناحية السياسية تمكنت بعض الدول المشاركة في هذه الحروب من احتلال بعض بلاد الإسلام وتأسيس ممالك وإمارات لها في هذه البلاد دامت فترات زمنية حتى تمكن المسلمون من تدميرها والقضاء عليها. هذا بالإضافة إلى الآثار الثقافية التي أخذتها غرب اوروبا من احتكاكها بالمسلمين، رغم ما سبق أن أخذوه من علوم العرب بعد الفتح الإسلامي لاسبانيا.

وقد امتدت الفترة الحاسمة في الحروب الصليبية ما بين عامي ١٠٩٦، ١٢٩١م وكان أبرزها ثماني حملات صليبية، إلا أن الباحث يستطيع أن يتتبع جذور الحركة الصليبية وروحها قبل القرن الحادي عشر، وأن يقتفي ذيولها إلى ما بعد نهاية القرن الثالث عشر، وأن هناك كثيراً من الجموع الصليبية التي اتجهت إلى بلاد الإسلام فاقت في عددها وأهميتها ما أحدثته الحملات الثماني المعروفة. وقد اتجهت أربع حملات نحو الأراضي المقدسة، الأولى في عام ١٠٩٦، والثانية في

عام ١١٤٧، والثالثة في عام ١١٩٠، والسادسة في عام ١٢٣٨)، واثنتان ضد مصر (الخامسة في عام ١٢١٩ والسابعة في عام ١٢٤٩)، وواحدة ضد القسطنطينية (الرابعة في عام ١٢٠٤)، أما الثامنة فقد نزلت بشمال افريقيا.

٧- التصوف أو التربية كتهذيب روحي:[١]

طبيعة التصوف ونشأته:

التصوف نوع آخر من أنواع التربية، له أهميته الخاصة، إذ أنه يتمم المظاهر الأخرى من مظاهر الفكرة التهذيبية في التربية. ويختلف التصوف كضرب من ضروب الحياة عن حياتنا العادية، دينية كانت أم دنيوية. فيختلف عن الديرية أي الحياة الدينية المنظمة، كما يختلف عن الحركة المدرسية أي الحياة العقلية المنظمة. فللتصوف نظام في التربية والتعليم خاص به. وفي مثل عصرنا هذا، حيث نتعلم ما نتعلم من وجهة النظر الواقعية، يصبح من المستحيل أن نعدل في الحكم على معتقدات المتصوفين، ومن المستحيل على شخص لا يعطف على وجهة نظر المتصوفة، أن يفهم معناها فهماً صحيحاً، كما يستحيل على أي شخص أن يحدد هذا النوع من التفكير في ألفاظ مبسطة. وتتلخص فكرة التصوف في أن يكون هدف الشخص الأسمى من الحياة، هو الوصول إلى الكمال الروحي والكمال العلمي والقناعة الروحية، وذلك بأخذ النفس بالتمرين المناسب. وكانوا يصلون إلى هذا الهدف بإهمال كل ما يأتي عن طريق الحواس. وبانصراف العقل عن هذا العالم وانكماشه في نفسه، وفناء شخصية الفرد في عالم الأرواح واندماجها في عالم الحقيقة اللانهائي أو عالم الكل الذي لا يتجزأ. وقد حدد أحد النقاد التصوف تحديداً علمياً فقال:

"التصوف حالة نفسية يتصور فيها الشخص أنه يرى بين الظواهر علاقات مجهولة لا يمكن شرحها، أو يتنبأ بمثل هذه العلاقات وينظر في الأشياء نظرة فاحصة، ويشير إلى الأسرار الباطنية ويعدها رموزاً بها تسعى قوة خفية في أن تكشف عن شتى العجائب وترشد إليها".

وهناك تعريف آخر أكثر عطفاً على المتصوفة وهو: "التصوف هو الشعور بأن كل ما نشاهد هو عنصر ليس غير، أي أنه بحالته الوجودية التي هو عليها، ليس إلا رمزاً لشيء آخر فوقه".

---

(١) بول منرو، المرجع في تاريخ التربية، ج١، مرجع سابق، ص ٢٧٧-٢٨٣.

وقد حدد التصوف فلسفياً بأنه "شغل الشعور بموضوع (وجدان أو إدراك أو رغبة) وذلك بانبعاث هذا الموضوع انبعاثاً غير إرادي من اللاشعور". ويمكن تعريفه دينياً بأنه "نزوع الشخص نحو الاقتراب من ذي الكمال الخلقي باتباع أساليب رمزية".

والواقع أن هناك عنصرين في التصوف: عنصر فلسفي وآخر ديني. فمن الناحية الفلسفية هو محاولة العقل المحدود الوصول إلى فهم الطبيعة الأساسية للأشياء، وإلى فهم الجوهر المقدس أو روح الله التي تسري في كل شيء وتسيطر على كل مادة. والتصوف من الناحية الدينية هو أن تحاول أن تتصل اتصالاً فعلياً مباشراً بالله، والمتصوف لا يعد الله شيئاً، ولكنه يعده فكرة. ويحاول المتصوف عن طريق سلوكه التصوفي أن يقتبس جزءاً من الطبيعة المقدسة أو الله.

مما تقدم فالتصوف ليس بطريقة محدودة ولكنه عقيدة ذات صور مختلفة ظهرت لدى شعوب متباينة في أزمنة مختلفة، ولم يتصل المتصوف بالحياة وبالديانة في الغرب بقدر اتصاله بهما في الشرق. فالتصوف له مركزه الهام جداً في كل من الدين والفلسفة في الشرق. ففي الديانة البوذي والبراهمانية تسود العقيدة بأن العالم الظاهري ما هو إلا ضرب من الخداع، وأن الهدف الأسمى لها هو اندماج مبهم لروح الإنسان في الروح المقدسة. ويجد التصوف في كل من الديانة الفارسية والإسلامية، مكاناً أقل قيمة. وقد اشتق لفظ Mysticism أي التصوف من كلمة Mystries أي الأسرار في الديانة اليونانية التي فيها تنتقل فكرة حبس الأشياء ورفعها من مجال النظر، إلى فكرة إبعاد جميع المحسوسات عن الشخص كي يحظى بنعمة الكشف.

وقد كان رأي افلاطون أن الارتقاء إلى عالم اللامحدود يكون بوساطة مجموعة من الكائنات المادية الظاهرية المتصلة بهذا اللامحدود، وأننا نجد من عالم الظواهر نفسه نموذجاً للعالم المثالي الروحاني. وقد وجد المتصوف المسيحي أساس معتقداته في مقالات القديس يوحنا والقديس بولس عن المعتقدات المسيحية والفلسفة اليونانية المملوءة بالمصطلحات المتعلقة بالأسرار الإغريقية، ونجد تفسيرات مشابهة في مدارس فيلو اليهودي بالاسكندرية، كما نجدها أيضاً فيما بعد في مؤلفات الآباء المسيحيين الأوائل.

أما تربية الصوفيين فهي مبنية على سيكولوجية خاصة صاغها أفلوطين بصورة واضحة. ولا تظهر هذه التعالم الغريبة في كتابات المتصوفة المسيحيين فقط، ولكنها تطبع بطابعها الخاص معظم الرسائل التي ألفها عن الروح خلال

العصور الوسطى كلها، عدد كبير من رجال الكنيسة سواء من المتصوفة أو من رجال الحركة المدرسية. وفي هذه الرسائل تظهر تعاليمهم النفسية. فالروح عندهم شيء غير مادي وغير فان وذلك لأنها تنتمي إلى عالم الحقيقة أي إلى عالم الأفكار وعالم الأرواح. وهي ثلاثية في طبيعتها: فجزؤها الحيواني مرتبط بالجسم، والجزء المنطقي أو المفكر هو مظهرها الإنساني، أما جزؤها الثالث فهو جزؤها الروحاني الذي يرتفع عن مستوى الإنسانية، وهذا الجزء هو الذي به أو فيه يلتقي الإنسان بالعقل الأسمى أي العقل المقدس.

وقد تحددت أطوار التربية الصوفية بعد ظهور حركة المدرسيين. فأول مرحلة كانت مرحلة التطهير أو التخلية، وهي شبيهة بفكرة ارسطو في التربية المطهرة، وبتصوف الرهبان. وفي هذه المرحلة يعمل الفرد على التخلص من المؤثرات الحسية، وكل ما يحجب عنه رؤية الكائن المقدس. أي أن هذه المرحلة تهتم اهتماماً زائداً بالأخلاق والفضائل الاجتماعية، كما تهتم بتربية النفس على الطاعة. أما المرحلة الثانية فهي مرحلة إضاءة الحياة وتنويرها. وكما كانت المرحلة الأولى عبارة عن مرحلة جهاد للناحية الخارجية للحياة، فهذه المرحلة هي مجاهدة لناحيته الداخلية، أما المرحلة الثالثة فهي مرحلة الاتحاد والحياة الفكرية، وهي الهدف الأسمى لجماعة المتصوفة لا يصل إليها غيرهم. وبهذا الأسلوب استطاع المتصوفة التقرب إلى الله. ويسمى سانت هيجو في رسالته الهامة في التربية هذه المراحل الثلاث من الناحية التربوية: مرحلة الإدراك، ومرحلة الوساطة، ثم مرحلة التأمل والتفكير.

وإلى جانب التصوف الفلسفي كان هناك نوع آخر هو التصوف العملي، يماثل التصوف الفلسفي في مراحله، ويمكن لغير المثقفين الوصول إليه عن طريق العبادة. فأهمية الإعداد الفلسفي والعقلي، قد حل محلهما زيادة الاهتمام بالسلوك الرمزي. والتصوف الرمزي هذا يجد في كل شيء مادي عنصراً إلهياً ورمزاً له، وهذا النوع من التصوف له أثر عظيم في التربية الحديثة.

الديانة المسيحية وأثرها على التربية:

أدى الضعف والانحلال الخلقي والفساد المستشري في الامبراطورية الرومانية إلى انتشار الديانة المسيحية التي جاءت تخاطب العاطفة والوجدان، وتدعو إلى صقل الروح وتهذيب الأخلاق. وهذا لم يتسن للفلسفة الرواقية مقارنة بالديانة المسيحية نظراً لضيق أفقها. فعلى الرغم من أن كلتيهما ترفع من شأن الفضيلة، وتحث على اتباعها، فإن البون كان شاسعاً بين الاثنتين بالنسبة لطرق تحقيق هذه الفضيلة. فالفلسفة الرواقية ترى أن الفضيلة يمكن تحقيقها بطريق تنمية

التفكير والتعقل فقط. أما المسيحية فتتخذ طريقاً آخر لتحقيق الهدف نفسه؛ وهذا الطريق هو طريق العاطفة والوجدان. ولذل اقتصرت الفضيلة لدى جماعة الرواقيين على فئة محدودة نمت فيهم الناحية الإداركية وسيطروا عليها وقبضوا على زمامها. أما المسيحية فإنها أفسحت المجال أمام الشخص العادي لأن يتحلى بالفضيلة، إذ أنها ضربت على وتر الناحية الوجدانية الحساس؛ وهذه ناحية مشتركة بين الناس جميعاً، وتهدف الديانة المسيحية إلى تكوين شخصية تتألم لآلام الإنسانية، وتخشى العقاب الأبدي، وترجو الثواب الإلهي.

ولم يقتصر الضيق في أمور الفلسفة على المذهب الرواقي، بل كان شاملاً لجميع الفلسفات القديمة، ولم تجد دعوة الرواقية للتحلي بالأخلاق الفاضلة صدى لها إلا في العقول الراجحة الناضجة، فلم تؤثر إلا في عدد محدود من أفراد المجتمع، وهم خلاصة الطبقة المفكرة. ومهما قربت تعاليمها الخلقية من تعاليم الديانة المسيحية، فلم تكن مثلها في اتساع نفوذها وما تبعه من شخصية تربوية. كما أن الفلسفة لم تعمل عملاً جدياً لمنع الرذيلة بين الناس، وكل ما قدمته عبارة عن عقيدة أخلاقية لتلك الفئة المثقفة القليلة، كما أن ديانة المجتمع الوثني لم يكن لها أثر مطلقاً في تحسين الناحية الخلقية للحياة آنئذ.

وقد قوبل هذا الدين الجديد في أول الأمر بمعارضة شديدة من قبل الحكام، واضطهاد لمعتنقيه. وبقي الحال كذلك حتى مطلع القرن الرابع الميلادي في عهد الامبراطور قسطنطين وإصداره للقرارات المتتالية (٣١٢، ٣١٣، ٣٢١) حيث أصبحت الديانة المسيحية من الأديان المعترف بها داخل الامبراطورية. وبصدور هذه المراسيم وانتصار المسيحية وخاصة في المجال الديني، بدأت الثقافة الوثنية التي كانت ترعاها المدارس اليونانية والرومانية الوثنية في التدهور والانحطاط، وأصبحت الثقافة المسيحية هي السائدة وذلك بفضل المبادئ التي جاء بها الدين الجديد والتي تدعو إلى عبادة الله، وإلى العدل والمساواة، والإخاء، والتراحم بين الناس، والكرامة الفردية، وإلى الإيمان باليوم الآخر.

وقد نجم عن احتكاك الديانة المسيحية بهذا العالم الفكري الوثني نتائج خطيرة، من أهمها انفصال الدين عن الدولة، واستقلال الأخلاق عن الفلسفة: فمن الناحية الدينية قامت الأخلاق على أسس جديدة وكان لها أثر عظيم لم يسبق له

نظير في عقلية عامة الشعب، مما أدى إلى ظهور اتجاه جديد في التربية اصطبغ بالصبغة الخلقية والدينية دام لعدة قرون في المستقبل.(١)

وكان من نتائج الأفكار المتعلقة بالصلة بين التعاليم المسيحية والتعاليم الوثنية انقسام قادة المسيحية الأولى إلى جماعتين متميزتين. وكان الفريق الأول يرى أن العلوم القديمة فيها نفع عظيم للمسيحيين وللكنيسة، وإن أغلب هذه العلوم يؤيد تعاليم الكتاب المقدس، وأن الفلسفة ما هي إلا البحث وراء الحقيقة مثلها في ذلك مثل المسيحية. ولذلك كان لزاماً على المسيحية أن تشمل جميع هذه العلوم القديمة، وأن تتخذ منها أساساً لبناء جديد. أما الفريق الآخر فقد أخذ يستعيد ذكرى سخرية فلاسفة الإغريق، وذكرى الإهانات والسخافات التي صبها رجال الوثنية على رؤوسهم، ويبين ما يتضمنه الأدب الوثني من رذائل خلقية تقرها الديانات الوثنية، فرأوا أن التوفيق بين الحقيقة المسيحية وبين التعاليم الدنيوية، أمر مستحيل وأن الفلسفة إذا اقترنت بالمسيحية أدت إلى الضلال والإلحاد.(٢)

ويمكن أن يقال على وجه العموم أن الرأي المناصر لهذه التعاليم القديمة كانت له الغلبة في القرون المسيحية الأولى وبخاصة في الشرق بين جماعة الإغريق. وساد رأي المعارضين لهذه التعاليم في الغرب بوجه عام وشاع أمره بين مسيحيي تلك الجهات. ويمثل الرأي لمناصر للتعاليم القديمة عدد كبير ممن نهلوا من علوم الإغريق وثقافتهم في القرنين الثاني والثالث الميلاديين من بينهم جوستين الشهيد، وقد كان أستاذاً للفلسفة اعتنق المسيحية وظل يزاول مهنته، وكان يدعي بأن افلاطون وسقراط وهيراقليطس مسيحيون قبل أن يظهر المسيح. وكان ينادي بأن تعاليم الفلسفة تدخل في نطاق التعاليم المسيحية وتنسجم معها انسجاماً تاماً. أما كلمنت السكندري فقد خلف بانتانوس في رياسة المدرسة الحوارية، بالاسكندرية، وكان يعتقد أن المسيحية ما هي إلا المثالية الأفلاطونية، وأن افلاطون ما هو إلا موسى. وكان يبشر بأن الفلسفة الوثنية ما هي إلا تمهيد تربوي لتقريب العالم من المسيح. وكان يرى أن الله سبحانه وتعالى خلق للإنسان ثلاثة أشياء يسترشد بها وهي القانون والإنجيل والفلسفة. وكانت معظم تعاليمه تدور حول التوفيق بين التعاليم المسيحية والفلسفة الوثنية. أما خليفته في المدرسة الحوارية وتلميذ اوريجن Origen فهو أشهر هؤلاء الآباء المسيحيين وأكثرهم علماً. وقد كتب عن العلوم الإغريقية قائلاً "يجب أن نستخدمها حتى نتمكن من فهم الكتاب المقدس". أما القديس

---

(1) Edward Power, Main currents in the history of education, N.Y., McGraw – Hill Book Co., Inc., 1962, P. 194.

(٢) بول منرو، مرجع سابق، ص ٢٢٥، ٢٢٦.

باسيل والأب جريجوري فقد أجمعا على مقاومة تيار العداء بين المسيحية والتعاليم الوثنية وخاصة الفلسفة اليونانية، وبذل الجهد في سبيل إشعار الناس أن الأدب اليوناني حافل بالأصول والحوادث، أي بالمبادئ العظيمة والأمثلة الواقعية التي تفيد في الدراسات الدينية.

أما الفريق الآخر المعارض للتعاليم الوثنية فهم آباء الكنيسة اللاتينية أمثال القديس أوغسطين وجريجوري ولوكتانتيوس وارنبيوس وتيرتوليان والقديس جيروم وكان معظمهم مدرسين للبلاغة والخطابة. كان تيرتوليان أقدم رجال الكنيسة اللاتينية، وقد كشف عن موقف أهل الغرب بصورة جلية واضحة، وكانت الدراسات اليونانية تعتبر في نظره الحادا وزندقة. أما القديس جيروم والقديس اغسطين فرغم شغفهما وحبهما الآداب الوثنية إلا أنهما تراجعا عن ذلك بعد أن ترسما قديسين.[١]

ومما هو جدير بالذكر أن العصور المسيحية الأولى قد كانت فقيرة بالأفكار التربوية نظراً لحلول الديانة المسيحية بين شعوب همجية لم يكونوا قادرين على الارتفاع إلى ثقافة فكرية وخلقية سامية منذ الوهلة الأولى، كما أن هذه الفترة الأولى للديانة المسيحية كانت فترة حروب وغزو وتنظيم لم تترك للأمور الثقافية والتربوية مجالاً وشغلت اتباعها بأمر الحركة الدينية ونشرها. كما أن المثل الأعلى للتربية لدى اتباع الدين الجديد هو حياة الزهد والتقشف والاعتزال في الأديرة والبعد عن كل ما يشغلهم بأمور الحياة الدنيا استعداداً للحياة الأخرى وظهور السيد المسيح. هذا بالإضافة للنزعة الصوفية للمسيحية في بداية ظهورها، فلم يكن يرجى منها أن تكون مدرسة صالحة للتربية العملية والإنسانية.

المدارس المسيحية الأولى:[٢]

اهتم اتباع الكنيسة في الشرق والغرب بنشر تعاليم الدين المسيحي فأنشأوا مدارس خاصة لتدريب المعتنقين الجدد للمسيحية على الدين وتعاليم الكنيسة، وتدعى هذه المدارس بمدارس حديثي العهد بالمسيحية وهي نوعان:

---

(١) المرجع السابق، ص ٢٣٦-٢٤١.

(٢) عبد الله مشنوق، تاريخ التربية، مرجع سابق، ص ٦٨،٦٦،٦٥؛ أيضاً: بول منرو، ج١، مرجع سابق، ص ٢٣٠-٢٣٣؛ أيضاً: وهيب سمعان، الثقافة والتربية في العصور الوسطى، مرجع سابق، ص ١٤٥-١٥٠.

١- مدارس تعليم مبادئ المسيحية (المدارس التنصيرية):

أُسست هذه المدارس في الغرب، وكان يدخلها الذين يريدون أن يندمجوا في الدين المسيحي وينقصهم الإلمام الكافي بمبادئ هذا الدين، ويعوزهم الاتزان الخلقي. ولم يكن الطلبة يقبلون كأعضاء مسيحيين إلا بعد أن يلموا بشيء من التعليم والتهذيب، العقلي لارتباطه بالمبادئ الدينية وقوانينها، وكذلك التهذيب الخلقي. وكان للموسيقى أهمية عظيمة في هذا التعليم تشبه أهمية الموسيقى في التربية اليونانية.

٢- مدارس الحوار الديني (المدارس الاستجوابية):

أسست هذه المدارس في البلاد الشرقية كالاسكندرية وآسيا الصغرى. وقد سميت هذه المدارس بالحوارية لأن تعليم الاتباع الجدد كان يتم عن طريق المخاطبة أو السؤال والجواب والنقاش. وكان يتم تعليم العلوم اليونانية كالفلسفة والخطابة إلى جانب التعاليم المسيحية. ومن أشهر الآباء المسيحيين في هذه المدارس بانتينوس الذي اعتنق المسيحية بعد أن خرج على تعاليم الرواقية، وأصبح رئيساً لمدرسة تعليم مبادئ المسيحية بالاسكندرية. وقد خلفه اثنان من أشهر آباء الكنيسة اليونانية هما كلمنت واوريجن.

- **مدارس الكهنة:**

حكمت الكنيسة على الأفراد الذين يودون الانتظام في سلك الكهنة أن يلتحقوا بمدارس خاصة منذ الصغر تحت إشراف الأساقفة ومقرها عادة الكنائس. وتهدف هذه المدارس إلى إعداد كهنة يديرون المراسم الدينية في الأنشطة المختلفة.

- **مدارس الأديرة (مدارس الرهبان):**

كانت مدارس الأديرة هي المعاهد التي قدر لها أن تحدث تأثيراً كبيراً في الجزء الأول من العصور الوسطى، نظراً لانتشار الحروب والفوضى الدائمة في أوروبا في تلك الفترة. وقد منحت هذه المعاهد الناس الفرصة الوحيدة للتمتع بحياة الراحة النسبية والتأمل الديني. ثم أصبحت فيما بعد المراكز الوحيدة للتعليم، وخاصة بعد أن اختفت المدارس التي أُنشئت في عهد الامبراطورية الرومانية. كما أصبحت المدارس الوحيدة للبحث والنشر والمكتبات البارزة التي حفظت العلم.

ومن الأديرة المشهورة بتعاليمها ديرا فولدا وهيرشان في المانيا، ودير كلنجي في فرنسا، ودير سانت جول في سويسرا وأديرة مالمسبري وكنتربري،

ويورك في انجلترا، ودير مونتي كاسين في ايطاليا، ومدارس الأديرة في ايرلندا، وغيرها الكثير.

وكانت مدارس الأديرة تقبل بين صفوفها الطلاب الذين يعدون أنفسهم ليكونوا رهباناً بالدير ويسمون اوبلاتي Oblati أي الداخليين. كما كانت تقبل طلاباً ينوون العمل كرجال دين خارج الأديرة ويسمون الخارجيين. وكان بعض الأديرة يقبل طلاباً ممن لا يرغبون الاشتغال بالدين مطلقاً. وكانت الدراسة بالأديرة بالمجان بدون رسوم، ولكن القائمين عليها كانوا يقبلون التبرعات والعطايا من الأثرياء.

وكان النظام في مدارس الأديرة صارماً قاسياً. وكان الطلاب الداخليون لا يحصلون إلا على فرص ضئيلة للعب. كما كان الهدوء يسود الأديرة حتى في أوقات الراحة بين الدروس، وكان استخدام العصا، والصوم الإجباري، والحبس من وسائل العقاب المألوفة. ويظهر أن الإجازات المدرسية الطويلة لم تكن معروفة، إنما كان هناك عدد كبير من أيام الاحتفالات موزعة على أشهر السنة بالإضافة إلى أيام الآحاد.

ولقد لعبت الأديرة دوراً بارزاً في مطلع العصور الوسطى. فقد قدمت خدمات جلى للعلم عن طريق الاحتفاظ بالمخطوطات القديمة اليونانية والرومانية ونقلها ونسخها حتى وصلت إلينا في العصر الحاضر. وقد ازدهرت مدارس الأديرة هذه وسيطرت على التعليم حتى القرن الحادي عشر.

- **المدارس الكاتدرائية:**

استمرت الأديرة في القرن الحادي عشر ذات أهمية عظمى كمراكز فكرية، إلا أن اهتمامها بالعلوم المدنية أخذ يقل منذ القرن الثاني عشر. وكانت الأديرة المشهورة تحتفظ بالمكتبات والمدارس، إلا أن الثقافة الفكرية بدأت تتحول منذ القرن الحادي عشر من الأديرة إلى الكاتدرائيات أي الكنائس الكبيرة مقر الأساقفة، وبلاط الأمراء الكبار، والمدن والجامعات. أما أسباب اضمحلال الحركة العلمية في الأديرة فترجع إلى عدم الاهتمام بتدريس العلوم المدنية فيها وبتصريح خاص، وأنها وجدت أساساً لتعليم العلوم الدينية. وهناك سبب آخر للاضمحلال وهو أنها لم تعد مراكز لإنتاج الكتب، بل ظهرت طائفة من النقلة المحترفين في الجزء الثاني من العصور الوسطى قضوا على احتكار الرهبان لهذا العمل.

وكانت الكاتدرائيات في العصور الوسطى تقوم بعمل ضخم يشتمل على العناية بالشؤون الدينية، ورعاية المرضى والفقراء، والاهتمام بالنواحي الخلقية،

ورعاية العلوم والفنون والتعليم. وكانت ببعض الكاتدرائيات مدارس للاهوت تخضع لمدير التعليم مباشرة، وكانت بعض مدارس الكاتدرائيات تدرس الرابوع (حساب، هندسة، فلك، موسيقى)، والثالوث (النحو والبيان والمنطق).

ضعف الفكر في العصر الوسيط وأسبابه:

بحلول القرن الرابع الميلادي على الغرب عم الظلام والجهل المطبق، حتى كأن اليونان والرومان لم يظهروا على الأرض ولم تعرفهم البشرية، ففي القرن الخامس الميلادي مثلاً أعلن سيدوان الابولوني أنه من الواجب أن لا يتعلم الفتيان شيئاً من العلوم، وألا يكون للمعلمين تلاميذ وأن يذبل العلم ويموت. كما نجد بعد ذلك "لودوفيرير" الذي كان مقرباً من "لويس دوبونير"، وشارل الأصلع يقرر أن دراسة الآداب عبث لا فائدة منه. وهكذا عم ظلام العصور الوسطى وانتشر الجهل بين الناس حتى أن كثيراً من الرهبان في الأديرة لا يعرفون الحروف الأبجدية، ولا يحبذون القراءة والكتابة. كما كان من الصعب العثور على كاتب عدل لتوثيق العقود بين الناس، وكانت تتم بصورة شفوية، بل كان الأشراف يفخرون بجهالتهم.

أما الأسباب التي أدت إلى هذه الأوضاع المزرية والتي دامت عشرة قرون، في بلاد الغرب فهي كثيرة، فقد أرجع بعض المؤرخين هذا الجهل والضعف الفكري إلى الكنيسة الكاثوليكية التي لم تتعاطف مع الثقافة الفكرية اليونانية والرومانية، وعدوا كل من يأخذ بهذه الأفكار والعلوم كافراً زنديقاً. كما كان الكثير من المسيحيين لا يفرقون بين الجهالة والقداسة ويعتبرونهما شيئاً واحداً، حتى أن القديس اوغسطين يقول: إن الجهلاء هم الذين يحظون بملكوت السماء.

ومن الأسباب الأخرى لهذا الخمول والضمور الفكري، هو عدم توفر الطمأنينة والفراغ الضروريان للدراسة والعلم، لدى تلك الشعوب. فقد كان الناس في تلك المجتمعات في حالة حروب مستمرة وصد الهجمات البربرية المتتابعة من قبل الفايكنج والنورمانديين والانكليز، بحيث لم تترك لهم الوقت للدراسة والأخذ بالعلوم، بل كانت حياتهم على الدوام تدريب على استخدام الأسلحة وركوب الخيل والمبارزة، وغير ذلك من أنواع الرياضة البدنية.

وهناك سبب آخر لهذا الجهل والخمول هو انتشار العبودية بين الشعوب، وحاجتها إلى الحرية اللازمة لتذوق العلوم والفنون والحاجة إليها. هذا بالإضافة إلى فقدان اللغات القومية الضرورية لانتشار الثقافة بين الناس، لعدم معرفتهم بلغة العلم في المدارس والمعاهد وهي اللاتينية، وكذلك ندرة الكتب اللاتينية وعدم توفرها بين أيدي الناس. وكانت النتيجة الحتمية لهذه الأوضاع أن انزوى الفكر في بعض

الأديرة وعلى نطاق ضيق ومحدود. وعلى الرغم من ذلك فقد عرفت العصور الوسطى نهضات أو حركات بعث ثلاث: الأولى على يد شارلمان، والثانية في القرن الثاني عشر ومنها نشأت الحركة المدرسية أو الاسكلائية، والثالثة هي النهضة الكبرى في القرن السادس عشر- التي أنهت العصور الوسطى وابتدأت العصور الحديثة.

أولاً- حركة إحياء العلوم أو النهضة الكارولنجية:[1]

تعتبر هذه النهضة نقطة تحول حدثت في الفكر الغربي فيما بين القرن السابع والقرن الثاني عشر. ويرجع الفضل في ظهور هذه النهضة إلى الجهود التي بذلها الامبراطور شارلمان بعد توليه السلطة خلال الفترة ٧٧١-٨١٤م. فقد استطاع هذا الزعيم بما يملك من كفاءات نادرة أن يحدث نهضة شاملة في بلاده عرفت بالتاريخ باسم نهضة شارلمان أو النهضة الكارولنجية نسبة إلى الأسرة التي ينتمي إليها.

ولقد اهتمت تلك النهضة بإحداث تقدم وتطور شامل في البلاد من الناحية العسكرية والاقتصادية، كما اهتمت بشكل واضح بالجانب الثقافي والتعليمي. فقد كان شارلمان متحمساً لنشر- العلم والمعرفة، فبفضل رعايته وتشجيعه قامت هذه النهضة العلمية، والتي لم تنحصر- في عاصمة بلاده إكس لاشابل، وإنما امتدت لتشمل سائر دولته الواسعة. وكان من الطبيعي أن يلجأ شارلمان إلى معاهد التربية الوحيدة الموجودة في عصره والبلاد الخاضعة لنفوذه، وكان معظمه دينياً قائماً في الأديرة والكنائس والكاتدرائيات. وقد بعث الكثير من الرسائل إلى الأساقفة والمسئولين عن الأديرة يأمرهم فيها بفتح المدارس في مناطقهم والعناية بتعليم الصغار والكبار مجاناً الموسيقى والغناء والمزامير والقراءة والكتابة والنحو والحساب.

ولتنظيم هذه الحركة التعليمية التي تطلع إليها لم يجد بين الفرنجة مثقفين يعتمد عليهم. لذا استدعى الأساتذة من شتى الأنحاء ومن ايطاليا وبريطانيا خاصة. فاستقدم بطرس دوبيز والكوين من يورك في بريطانيا، واستقدم بانغولف وكثيراً غيره ساهموا معه في بناء كثير من المدارس. وبدأ شارلمان بتثقيف نفسه فأتقن اللاتينية واليونانية والخطابة والفلك.

---

(١) عبد المحسن حمادة، مقدمة في تاريخ التربية، مرجع سابق، ص ١٢٠-١٢٨؛ أيضاً: عبد الله عبد الدايم، التربية عبر التاريخ، مرجع سابق، ص ١١٣-١١٨.

ولقد كان الكوين ساعد شارلمان الأيمن، ويمكن القول عنه أنه أول وزير للمعارف عرفته فرنسا، فأسس مدرسة القصر وكثيراً من المدارس الأخرى. وكان تلاميذ مدرسة القصر من أبنائه وأبناء النبلاء والمتفوقين من أبناء العامة. ورغم كثرة مشاكل شارلمان وحروبه فقد كان يحرص على الحضور إلى تلك المدرسة في مناسبات متعددة ويجلس مع الصبيان ليتزود من العلم ويناقش الأساتذة. كما كان يبعث برجاله إلى مدارس الأديرة للإشراف على تنفيذ أوامره وقراراته الخاصة بتنظيم التعليم.

وقد أدخل الكوين في مقررات المدارس الفنون السبعة الحرة، وتنقسم إلى الثالوث والمؤلف من النحو والخطابة والجدل، والرابع ويتألف من الحساب والهندسة والفلك والموسيقى، وقد أضيف إليها الطب فيما بعد. وعلاوة على ذلك بدأت الفلسفة تظهر شيئاً بعد شيء، إلا أن الفكر الفلسفي الحقيقي لم يظهر إلا على يد مفكر ايرلندي هو لاجان سكوت ايريجين" الذي عرف كيف يخرج بين الفلسفة واللاهوت ويخلق منهما مركباً جميلاً قوياً.

أما طريقة الكوين في التعليم فلا تخلو من جدة وابتكار. إلا أنه من الخطأ أن نشبهها بطريقة سقراط كما يفعل بعض الكتاب: فألكوين يستخدم السؤال والجواب أي الحوار كما يفعل سقراط، إلا أن الطالب هو الذي يسأل والمعلم هو الذي يجيب.

أما أهم خلفاء الكوين فهما رابونس موروس (Rabonus Maurus) (٧٧٦-٨٥٦م)، ويوحنا الاسكتلندي Joannes Scotus (٨١٠-٨٧٥م). رابونوس موروس أقدر تلاميذ الكوين وأشهرهم، فقد كان رئيس ديرفولدا أول الأديرة وأهمها في شمال المانيا. وكان أهم عمل قام به هو دائرة معارف تماثل موسوعة أزيدور التي اتخذها أساساً لموسوعته. أما يوحنا الاسكتلندي فهو من أشهر فلسفاء الكوين. وقد استدعاه شارل الأصلع من بريطانيا سنة ٨٤٥م كما استدعى شارلمان الكوين من قبل عام ٧٨٢م. وكان يوحنا أغرز علماً من كل من الكوين ورابونس. كما أوضح أهمية اللغة اليونانية وثقافة الإغريق، وينظر إلى كتاب الوثنية نظرة أكثر تسامحاً وعطفاً.

خلفاء شارلمان:

كان شارلمان يطمح إلى حكم مجتمع متحضر لا شعوب همجية. فقد كان مقتنعاً بأن وحدة الأفكار والعادات هيا لتي تخلق الوحدة السياسية على أساس الدين. إلا أن هذه الأفكار كانت فوق مستوى عصره، أو صعبة التحقيق في مثل ظروفه.

وهكذا انهارت النهضة التي بدأها وأعقبها عهد انحطاط جديد، فلم يصنع رجال الدين للرغبات والآمال التي بثها الامبراطور العظيم فيهم. كما أن أتباعه لم يحملوا أفكاره، بل أرادوا أن يوطدوا حكمهم عن طريق السلطة والاستبداد فقط لا عن طريق إنشاء المدارس، كما فعل لويس دوبونير وشارل الأصلع.

وما أن حل القرن العاشر الميلادي حتى عمت الاضطرابات العميقة ونسيت النتائج التي وصلت إليها نهضة شارلمان، وخضعت فرنسا فيه لغزوات متواصلة من قبل النورمانديين. ولا نكاد نقع في تلك الفترة على اسم شهير أو مدرسة بارزة سوى مدرسة فلوري التي ازدهرت فيها الدراسات الأدبية والفلسفية واللاهوتية. وقد كان يدير هذه المدرسة الراهب كلوني آبون "Cluny Abbon" عام ١٠٠٤م تقريباً.

وأبرز من نقع عليه في ذلك القرن هو جيربير دورياك الذي درس في دير اورياك ثم ذهب إلى اسبانيا وقضى فيها ثلاث سنوات يتتلمذ على الحضارة العربية، وترقى في السلك الكنسي- إلى أن أصبح بابا باسم "سلفستر الثاني"، وتوفي عام ١٠٠٣م. وقد كان جربير ذا شخصية متميزة تركت آثارها في كثير من تلاميذه وأتباعه وعلى رأسهم فلوبير دو شارتر "Flubert de chartres".

الأهداف التربوية لنهضة شارلمان:

سعت نهضة شارلمان إلى تحقيق الأهداف التالية:

١- رفع مستوى رجال الدين وخاصة بعد أن تأكد شارلمان أن عدداً كبيراً منهم لم يكن يعرف القراءة والكتابة، وإنما كانوا يقومون بأداء الطقوس الدينية حفظاً عن ظهر قلب.

٢- كما استهدفت تلك النهضة توفير المتعلمين اللازمين لإدارة مرافق البلاد والنهوض بمطالبها السياسية والاقتصادية.

٣- اتخاذ التعليم وسيلة من الوسائل المساعدة على تكوين المشاعر والاتجاهات التي تدعم وتقوي الوحدة الوطنية والسياسية في أرجاء مملكته، كما تقوي العلاقات والروابط بينها.

وقد استطاعت تلك النهضة أن تحدث الكثير من التغيرات العامة في المجتمع، رغم محاولة البعض التقليل من قيمتها لارتباطها الوثيق بالكنيسة ورجالها. ومن أهم الآثار التي تركتها تلك النهضة نشر التعليم ومجانيته وإتاحته لأفراد الشعب من غير رجال الدين كما اهتمت بدراسة بعض العلوم الدنيوية

وخاصة الفنون السبعة الحرة، ورعت المكتبات ونسخ الكتب وتصحيحها، ورعاية اللغة اللاتينية والعناية بأسلوبها، وجمع الكتب القديمة، واستدعاء بعض العلماء والمفكرين والشعراء وتشجيعهم للاستفادة من جهودهم. إلا أن هذه النهضة لم تدم طويلاً ولم يكتب لها الاستمرار، فبعد وفاة شارلمان عام ٨١٤م بدأت أوروبا ترتد إلى أحضان الجهل، وساعد على ذلك عدة عوامل أهمها:

١- لم تكن تلك النهضة وليدة عوامل ومؤثرات ثقافية وحضارية نابعة من احتياجات المجتمع وتطلعاته ومعبرة عن دوافعه، وإنما كانت تلك النهضة معبرة عن نزعة شخصية لشارلمان وطموحاته وتطلعاته السياسية، مما أدى إلى موتها تقريباً بعد وفاته.

٢- لم يكن خليفة شارلمان في الحكم ابنه لويس يتمتع بصفات الزعامة والقيادة الحربية والسياسية والكفاءة الإدارية التي تمكنه من النجاح في حكم تلك الامبراطورية الواسعة.

٣- تقسيم لويس الامبراطورية على أبناءه، وما صاحبها من حروب أهلية بين الأخوة.

٤- تزايد خطر التهديدات الخارجية المحيطة بحدود الامبراطورية من جميع جهاتها. فعلى الحدود الشرقية وجدت القبائل السلافية والهنغارية، ومن الجنوب وجد المسلمون، كما وجد الفايكنج على الحدود الشمالية الغربية. وقد أدت تلك العوامل إلى عودة اوروبا إلى احضان الجهل ثانية، وساعد على ذلك إهمال رجال القصر الامبراطوري شؤون التعليم وتركه لرجال الدين ليشرفوا عليه، مما أدى إلى تدهور الحياة الفكرية في أوروبا، ولكن لم تكن بمستوى السوء الذي كان عليه قبل مجيء شارلمان.

النهضة الثانية - الحركة المدرسية

يطلق اسم الحركة المدرسية على الحياة العقلية وعلى التربية التي سادت في مستهل القرن الحادي عشر إلى نهاية القرن الخامس عشر، وكان من نتائجها ظهور الجامعات. وتعتبر هذه الحركة أهم اليقظات التي شهدتها اوروبا في العصر الوسيط، وتسمى أيضاً العصر المدرسي نسبة إلى ازدهار المدارس الكاتدرائية والتي أدت إلى نشأة الجامعات في أوروبا. ولم تظهر هذه النهضة فجأة في المجتمع الغربي، وإنما بدأ التطور بصورة تدريجية منذ القرن الحادي عشر، وأخذ ينمو ويزدهر، وبدأت أوروبا تتخلص من عصور الظلام ولم تعد لها مرة ثانية.

أسباب هذه النهضة:

يرجع هذا التحول والتطور الفكري إلى عدد من العوامل والأسباب ومن أهمها:

١- عودة الأمن والاستقرار إلى ربوع أوروبا بعد أن تخلصت إلى حد كبير من هجمات القبائل البربرية بعد إن اعتنق معظمها الديانة المسيحية على يد الكنيسة والتي قامت بمجهود كبير في مناشدة النبلاء والقادة بالكف عن المنازعات والحروب. وقد أدت هذه الجهود إلى اتفاق الأساقفة والنبلاء على قطع دابر العنف، ووضع الغرامات والعقوبات على المعتدين والمذنبين، وعرف هذا باسم سلم الله.(١)

٢- أدى استتباب الأمن إلى شعور الناس في اوروبا بالأمن والطمأنينة على أنفسهم وأموالهم، وأخذوا يعملون بهمة ونشاط في ميادين التجارة والزراعة والعمران، مما ساعد على ظهور المدن ونموها وبالتالي ظهرت كثير من الممالك والدول في جميع أنحاء أوروبا. وقد أخذت هذه الدول تركز على الاتصال الحضاري والتجاري فيما بينها، وتهتم بالنواحي الحضارية والثقافية، كما أخذ الملوك والحكام يشجعون النشاط الفكري في بلدانهم.

٣- تأثير الحضارة العربية الإسلامية بالحياة الفكرية الغربية نتيجة للاحتكاك بها عن طريق الأندلس والحروب الصليبية وصقلية، مما أدى إلى ازدهار وتطور العلوم والمعارف المختلفة ولا سيما الفلسفة والرياضيات والفلك والجغرافيا والطب والكيمياء عن طريق الترجمة من اللغة العربية إلى اللاتينية. وقد ساعدت هذه العوامل على ظهور المدارس المدنية التي شاركت السلطات المدنية في الإشراف عليها. ويرجع ظهور هذا النوع من المدارس إلى عدد من العوامل من أهمها حاجة الناس إلى تعلم القراءة والكتابة نتيجة لنمو المدن وازدهار التجارة والزراعة والعمران، وقدرة السلطات المدنية على إصلاح التعليم وتطويره، وكذلك تأثير آراء ارسطو والتي تؤكد على ضرورة وجود نوع من التعليم تشرف عليه الدولة وتسيطر عليه.

---

(١) روبرت بالمر، تاريخ العالم الحديث، ترجمة محمود حسين الأمين، ج١، الموصل، دار الوفاء، ١٩٦٣، ص ٥١.

وقد أدى ذلك إلى حصول صراع بين السلطات الدينية والمدنية حول الإشراف على التعليم المدني لأسباب مختلفة، منها خشية رجال الدين من استغناء الناس عن أعمالهم إذا ما تعلموا القراءة والكتابة فيخسرون دخلهم وتحرم الكنائس والأديرة من الهبات والأوقاف، وكذلك خشية بعض رجال الدين من ظهور نوع من التعليم يطور الحياة الفكرية ويبعدها عن الناحية الدينية. وكان من نتيجة الصراع بين السلطات المحلية والدينية إن تم الاتفاق بينهما أن يأخذ المشرف على التعليم الذي يتبع لأسقف الكنيسة ثلث الرسوم الدراسية التي يدفعها التلاميذ، ويكون له الحق في اختيار المدرسين والإشراف على أعمالهم، وأن لا تدرس تلك المدارس طلابها باللغة اللاتينية حتى تبقى مدارس أولية وبسيطة ومفتقرة إلى الثقافية العالية.

أهداف الحركة المدرسية:

امتازت الحياة العقلية في الجزء الأول من العصور الوسطى بظاهرة الخضوع الأعمى للكنيسة وقبول أوامرها دون نقد أو اعتراض، والتسليم الكامل بصحة الحقائق القائمة على أساس تقليدي بدون أدنى شك لأن ذلك يعد خطيئة كبرى. ومنذ مطلع القرن الحادي عشر بدأ يظهر نشاط فكري جديد يتطلب صوغ المعتقدات الدينية في أساليب جديدة. وتهدف هذه الحركة المدرسية إلى غايتين عامة وتهذيبية. فالغاية العامة هي الاستعانة بالعقل في الدفاع عن العقيدة، وتقوية الحياة الدينية والكنسية عن طريق تقوية المواهب العقلية، والقضاء على الشك والتساؤل والإلحاد عن طريق المناقشة. وفي هذا الصدد يقول الفيلسوف المسيحي أنسلم Anselm عبارته المشهورة "انني أعتقد لكي أتعقل أو أفهم" التي ظلت بنداً يؤثر في التفكير طيلة هذه الفترة. أما الأهداف التهذيبية للحركة المدرسية فهي:(١)

١- تقوية القدرة على صوغ المعتقدات في أساليب منطقية والدفاع عنها بأدلة منطقية وصونها مما يوجه إليها من نقد. ولما كانت هذه الحركة تستند إلى سلطة الكنيسة فقد عملت على تجنب آثاره روح البحث والتساؤل، أي أنها لم ترد أن تثير روح التشكك الجدي الذي يعده المفكرون في عالم التربية الحديثة الإعداد الفكري الوحيد لبذر بذور الحق الذي لا تلبث أن تنمو وتزدهر.

٢- تنظيم المعرفة وصبغها بالصبغة الشكلية العلمية. فقد كانت المعرفة في نظر اتباع الحركة المدرسية أولاً وقبل كل شيء ذات صبغة لاهوتية وأخرى فلسفية. وكان منهج البحث العلمي الشكلي يقوم على أساس من المنطق الصوري القياسي الذي كان يتقيد به اتباع هذه الحركة.

---

(١) عبد الله مشنوق، تاريخ التربية، مرجع سابق، ص ٧١،٧٢.

٣- تمكين الأفراد من الإحاطة الشاملة بتلك المعلومات المنظمة والمنسقة تماماً. ويجب أن يكون المنهج تبعاً لذلك مزيجاً من اللاهوت والفلسفة، حيث تكون المبادئ اللاهوتية مصاغة بعبارات منطقية مستمدة من منطق ارسطو. وقد انقسم فلاسفة الحركة المدرسية إلى قسمين: قسم قبل آراء افلاطون بأن الأفكار والمشاهدات هي التي تشكل الحقيقة دون سواها ويعرفون بالواقعيين، والقسم الآخر قبل آراء ارسطو وهي أن هذه الأفكار عبارة عن أسماء وأما الحقيقة فهي موجودة في الأشياء نفسها ويعرف هؤلاء بالاسميين.

وقد لقيت كلمة سكولاستيك أو كلمة عصر مدرسي تفاسير عديدة من قبل الباحثين. فبعضهم يرى أن هذه الكلمة إذا أطلقت عنت كل ما هو تقليد وسنة وعرف وجدل مجرد وعقيم وغموض ديني. وبعضهم الآخر يرى على العكس من هذا أن هذه الكلمة إذا ما أطلقت كان معناها الحقيقة والفلسفة الخالدة التي هي وحدها صحيحة وقوية وما عداها خاطئ وضعيف. كما اختلف المؤرخون حول المعنى اللغوي لكلمة سكولاستيك. فأبسط المعاني لهذه الكلمة في العصر الوسيط هو كل أستاذ يعلم في مدرسة أو كل أستاذ يملك معارف تعلم في المدارس، وهو أقرب التعريفات إلى الواقع وأصدقها وأن يكن تعريفاً ناقصاً.

(١)

وللاسكلائية خصائص عامة وطابعاً مشتركاً. ومن أهم مميزاتها العناية بدراسة البرهان العقلي وممارسة الجدل القياسي. فقد كان القياس وهو عبارة عن الانتقال من مقدمات معلومة إلى نتيجة تلزم عنها بالضرورة، الأداة الأولى التي كانت تستخدم في عصر سيطرت فيه العقيدة ولا يحتاج أبناؤه إلا للبرهان على عقائد خالدة دون التجديد فيها.

مادة المنهج المدرسي:

لكي تتحقق الأهداف التي ذكرناها سابقاً للحركة المدرسية يجب أن يكون المنهاج مزيجاً من اللاهوت والفلسفة، وأن تصاغ المبادئ اللاهوتية في عبارات منطقية مستمدة من منطق ارسطو. أما باقي المعارف فتندرج تحت هذين الموضوعين، وذلك لأن العلوم المدنية لم يكن لها في ذاتها وزن.

وكانت مواد التربية المدرسية تشمل أشهر تلك المجموعات العلمية المنظمة وما يتبعها من تعليقات متعددة. وقد ألف في القرنين الثاني عشر والثالث عشر إثنتان من هذه المجموعات وهما:

---

(١) عبد الله عبد الدايم، التربية عبر التاريخ، مرجع سابق، ص ١١٨، ١١٩.

١- السنتنشيا The Sententiae وهي من تأليف بطرس اللمباردي (١١٠٠-١١٦٠م).

٢- سوماثيولوجيا Summa Theologiae وهي من تأليف توما الاكويني (١٢٢٥-١٢٧٤م).

وقد كان الكتاب الأول أكثر المراجع استعمالاً وأعلاها قيمة إذ تضمن خلاصة وافية لجميع معارف المدرسيين، وقد شاع استعماله فيما بقي من القرون التي ازدهر فيها المذهب المدرسي. أما الكتاب الثاني فقد اعتبر ولا يزال أكمل وأدق عرض لعلوم هذه العصور أو بصورة أدق لمعتقدات الكنيسة.[1]

طريقة الفلسفة المدرسية:

اتبع الفلاسفة المدرسيون طريقتين مختلفتين في أبحاثهم. الأولى طريقة التحليل المنطقي، والثانية طريقة التفسير والشرح. وتتلخص الطريقة الأولى بأن يأخذ الباحث الموضوع ويجزؤه إلى أقسامه ثم يأخذ كلا من تلك الأقسام ويحلله أيضاً إلى أجزائه وهكذا إلى أن يصل ألى ادق تلك الأجزاء، ثم يأخذ بدراستها والبحث في الأسباب والمعاني والعلاقات متبعاً منطق ارسطو. وأما الطريقة الثانية فتتلخص بأن يضع الباحث أولاً نص القضية التي ينوي دراستها ويأخذ بتفسيرها من جميع الوجوه الممكنة، ثم يختار أخيراً التفسير الصحيح. وقد كانت الطريقة الأولى أكثر شيوعاً من الثانية.[2]

بعض كبار المدرسيين:

من اشهر هؤلاء المدرسيين وأولهم الاسكندر الهاليبي (١٢٤٥) وهو أحد أتباع ارسطو الذين خدموا اللاهوت والدكتور الذي لا يمكن إفحامه، وفينسانت البوفيسي (+١٢٦٤) من مؤلفي الموسوعات، وبونافنتورا (١٢٢١-١٢٧٤م) الذي هو أقرب إلى افلاطون منه إلى ارسطو، وكان يمثل الاتجاه التصوفي في الفكر والتربية، ثم البير الكبير (+١٢٨٠) الذي يسمى الدكتور العالمي، وكان أول من قدم فلسفة ارسطو في شكل منتظم مع الاستشهاد الدائم بالوثائق العربية التي لا يستغنى عنها الباحثون. وكان أكثرهم تأثيراً، توما الاكويني (١٢٢٥-١٢٧٤م) الذي كان يسمى الدكتور الملكي والمعبر عن الفلسفة المدرسية في أوجها، ثم جون دونس

---

(١) بول منرو، المرجع في تاريخ التربية، مرجع سابق، ص ٢٩٨.

(٢) عبد الله مشنوق، تاريخ التربية، مرجع سابق، ص ٧٢.

سكوتس الذي يسمى الدكتور الدقيق، ومؤسس مدرسة لاهوتية منافسة لمدرسة توما الاكويني. وأخيراً وليم اوكام (١٢٨٠-١٣٤٧م) والذي يسمى الدكتور الحصين، وهو باعث المذهب الأسمى مرة أخرى ومهاجم المذهب الواقعي. وقد أنكر اوكام أن العقائد اللاهوتية يمكن البرهنة عليها بالعقل، وأنها أمور اعتقادية فقط. كما أكد اوكام أن الجزئيات هي وحدها الحقيقة، وأن الكليات ليست إلا إدراكات في العقل. وبينما نجد الواقعيين يقولون أن أفكار الصواب والخطأ أفكار خالدة لا تتغير لأنها نسخ مستمدة من أفكار الصواب والخطأ في العقل الإلهي، نجد اوكام يقول أن الصواب والخطأ يعتمدان فقط على إرادة الله التي لا يقيدها شيء، وأن الشر الأخلاقي ليس شراً إلا لأن الله أمر بمنعه.[1]

ومن مشاهير المدرسيين بيرانجيه دي تور الذي تتلمذ على يد فلوبير دوشارتر تلميذ جيربير دورياك مؤسس مدرسة شارتر الشهيرة، وقد حاول أن يبرهن على حقائق الايمان بلغة العقل: ومن المدرسيين المعروفين ابيلار Abelard (١٠٧٩-١١٤٢م) الخطيب الباريسي الذائع الصيت، وهو من ألمع من يمثل التربية المدرسية، وقد حكم العقل في أمور الدين، وكان أجرأ من القديس انسيلم في تطبيق الجدل على أمور اللاهوت، وأراد أن يبني عقيدته على أساس الدليل العقلي. ومنهم ايضاً جيرسون (Gerson) (١٣٦٣-١٤٢٦م) الذي اتخذت التربية على يديه اتجاهاً مختلفاً. فقد اتجهت لغة الجدل والفلسفة، وحلت محلها لغة القلب والعاطفة. وقد حارب جيرسون العقوبات البدنية، وطالب الأساتذة بأن يحملوا لتلاميذهم عطف الأب ورحمته. ومن هنا فقد كان من مستبقي فينيلون إلى حد بعيد. ويشبه جيرسون معاصر له ايطالي هو فيكتوران دي فلتر Victorin de Feltre (١٣٧٧-١٤٤٦م) أستاذ جامعة بادوا، ومؤسس معهد التربية في البندقية. وقد عاد بالتربية كما كانت عند اليونان، حيث تركز على إنماء الفكر والجسم وتحقيق الانسجام بينهما. وهناك مربيان آخران في نهاية العصر الوسيط يجدر الإشارة إليهما وهما: فارس حصن لاندري، واينياس سلفيوس بيكولوميني Aeneas Sylvius Piccolomini. وقد كتب الأول كتاباً حول تربية الفتيات لا يسمو فيه فوق تفكير عصره، أما الثاني فقد أصبح بابا باسم بيوس الثاني، وكتب رسالة عن تربية الأطفال فيها ينتسب إلى عصر النهضة، ويرسم منهاجاً للدراسة واسعاً بالمقارنة إلى عصره يشمل جميع العلوم من طبيعية ورياضية وتاريخ وجغرافيا.[2]

---

(١) بول منرو، المرجع في تاريخ التربية، ج١، مرجع سابق، ص ٣٠٥-٣٠٦.

(٢) عبد الله عبد الدايم، التربية عبر التاريخ، مرجع سابق، ص ١٢٠، ١٢٤، ١٢٥.

ومن المؤسسات البارزة في العصر المدرسي مدرسة شارتر الشهيرة التي كانت مركز الحركة الفكرية في النصف الأول من القرن الثاني عشر. وقد اشتهر فيها عدد من الأساتذة، منهم القديس ايف، والأستاذ برناردي شارتر Bernard de Chartres الذي شغل عمادة المدرسة في الفترة (١١٢٤-١١٣٠م). وقد كان هذا خير ممثل لمذهب الافلاطونية في عصره. وقد انتقلت الينا أفكار هذا الأستاذ بصورة غير مباشرة عن طريق يوحنا دي ساليزبوري Jean Salisbury الذي ترك لنا أخباراً شافية عن مذهب برنار وتعاليمه. وممن عرفتهم هذه المدرسة أيضاً تلميذ من تلاميذ برنار هو جيلبر دي لابوري Gilbert de la Porre'e (١٠٧٦-١١٥٤م) الذي أصبح أيضاً أستاذ مشهوراً في المدرسة. وقد شكل لابوري مع كل من تييري دي شارتر، Thierry de Chartres، وغيوم دي كونش Guillaume de conches، وابيلار حلفاً لمحاربة ما يدعى بحزب ال Cornificiens، وهم جماعة كانت تنزع لأسباب مختلفة، لاهوتية خاصة إلى خفض مستوى الدراسة وإنقاص ساعات التدريس. ومن أشهر مؤلفات لابوري كتاب بعنوان "كتاب المبادئ"، حيث لقي من الذيوع والانتشار واختلاف الشروح الشيء الكثير.[١]

نقد الفلسفة المدرسية:

من الواضح أن الحركة المدرسية كانت نهضة عظيمة في الحياة العقلية أبعد مدى من تلك التي كانت في أوائل العصور الوسطى. وقد كان لهذه الحركة عدة مزايا انفردت بها من أهمها:[٢]

- أمدت هذه الحركة عصرها بالتربية الوحيدة الراقية ذات الطابع العقلي عدة قرون وأنتجت طوائف متعاقبة من رجال عظماء لا يجارون في دقة تفكيرهم.
- النقد الآخر يتعلق بطريقتهم الأدبية وسوء استعمالهم اللغوي. وهو نقد وجيه، ولكن يمكن الرد على ذلك بأن أي أسلوب آخر لم يكن لينسجم مع طبيعة تفكيرهم.
- والنقد الجوهري الثالث هو أنهم كانوا يتناولون بالبحث مسائل وهمية لا حقائق واقعية، لكنهم في الواقع كانوا يتناولون المواد نفسها ويتبعون المناهج عينها

---

(١) عبد الله عبد الدايم، التربية عبر التاريخ، مرجع سابق، ص ١٢٠-١٢١.

(٢) بول منرو، المرجع في تاريخ التربة، مرجع سابق، ج١، ص ٣٠٧-٣١٤.

التي يتبعها لاهوتيو العصور الحديثة وفلاسفتهم. فالنقد الموجه إلى الواحد من هؤلاء يوجه إلى الآخر أيضاً.

- أما النقد الرابع وفيه بعض الصحة، فهو أن مواد بحثهم كانت لا تشمل إلا ما يوافق ميول عصرهم العقلية. وهو نقد موجه إلى ذلك العصر أكثر من توجيهه إلى المدرسيين أنفسهم.

- وثمة نقد آخر وهو أن عقائدهم وأحكامهم ومشكلاتهم لا تقوم على أساس من الحقيقة والواقع مطلقاً. وهذا نقد يدل على نقص في الناقد والمنقود معاً. فإن أساس معتقدات المدرسيين كان أولاً وقبل كل شيء مستمد من السلطة الدينية، كما أن الأساس الذي يحاول باحث معاصر أن يبني عليه معتقداته إنما هو التجربة، لكن المدرسي كان يحاول أن يكمل تأييد السلطة الدينية بمعونة العقل. كما أن الباحث العصري يحاول تفسير التجربة. والعقل عند المدرسيين كان يعرف ويدرس بطريق التأمل الباطني والتحليل القياسي. أما الباحث العصري فيدرس العقل بطريق التجربة الموضوعية أو الاستقراء المقارن.

ومما هو جدير بالذكر أن الميزة الوحيدة لرجال الحركة المدرسية هي أنها أطلقت النشاط الفكري من عقاله. ويمكن أن نلمس أثر هذا بوضوح في نمو الجامعات. وأن المذهب المدرسي ليستحق أعظم تقدير باعتباره مسرحاً لتطور التربية. فالتربية في العصور الوسطى المبكرة لم تهتم بالأمور العقلية الخالصة، بل لقد كان هناك ميل نحو إهمالها.

مما تقدم نرى أن العصر الوسيط في نهايته بدأ يخطو في طريق التقدم خطوات متكاملة، ويسير نحو التحرر النهائي الذي سيحققه عصر النهضة والإصلاح من بعد ويعتبرانه شيئاً مقدساً. ويمكن إجمال الخصائص التربوية لهذا العصر في النقاط التالية:

١- قصر التربية العالية على رجال الكنيسة وأبناء الطبقات العليا.

٢- سيطرة الثقافة اللفظية والتمحكات الكلامية، والعناية بآلية البرهان العقلي، واستعباد العقل للقياس وأشكاله.

٣- سيطرة الكنيسة سيطرة مطلقة، فقد رسمت لجميع الناس الحدود التي يجب أن لا يتجاوزوها في الفكر والعقيدة والعمل.

<u>ثانياً- التربية العربية</u>

أ-   في العصر الجاهلي

لمحة تاريخية

بلاد العرب شبه جزيرة متسعة الأرجاء يقدر العارفون مساحتها بثلاثة ملايين كيلو متراً مربعاً ويقدر عدد سكانها حاليا بنحو خمسة واربعون مليونا، وفيها سلسلة من الجبال الجرداء، تسمى جبال السراة، وتمتد من العقبة إلى جنوب اليمن ثم تنعطف شرقاً إلى عمان موازية للساحل وتمتد إلى جنوب البحرين، وأما مياهها فشحيحة وجداولها صغيرة تنحدر من الجبال وقليل منها يصب في البحر. وإقليم بلاد العرب معتدل فهو حار في السهول ولقلة المياه وقلة الأراضي الصالحة للزراعة لم يشتغل العرب بحرث الأرض وإنما اقتضت بلادهم المجدبة أن يتجولوا بالمواشي فتغلب عليهم البداوة فكانوا ينتقلون من مكان إلى آخر في طلب الماء والكلأ كما كانوا يشتغلون بالتجارة فعندهم رحلة الشتاء والصيف، فرحلة إلى بلاد اليمن وأخرى إلى بلاد الشام "لإيلاف قريش إيلافهم رحلة الشتاء والصيف"[1]، ولما لم يكن لهم مورد كاف للارتزاق تغلب عليهم حب الغزو والنهب فكانت الحرب نظاماً لهم وهم مع كل ذلك يكرهون الخضوع، ويتقدمون كرماً وحمية وشهامة ووفاء ويحافظون على أعراضهم وأنسابهم محافظة شديدة وقد حملهم ذلك على وأد بناتهم[2].

يطلق لفظ العرب على قوم من أصل عربي وتجمعهم اللغة العربية، ينقسمون إلى بدو وحضر- ورد في القرآن الكريم لفظ الأعراب قال تعالى ((قالت الأعراب أمنا قل لم تؤمنوا..))[3] وهذه الآيات تدل على البداوة عند العرب، وهي أمة تعيش في الصحراء، والإنسان العربي يمتاز بالأبعاد التربوية المستوحاة من الصحراء كالصبر، والصفاء، وبعد النظر ونحو ذلك.

أما البدو فهم سكان الخيام ينتقلون مع الأنعام طلباً للماء والكلأ، وأما الحضر كالتبابعة والمناذرة في بلاد العرب وكالعمالقة في العراق، فكان لهم ملوك

---

(١) سورة قريش، الآية ١،٢.
(٢) عبد الله مشنوق، تاريخ التربية، ص٧٨-٧٩.
(٣) سورة الحجرات، الآية ١٤.

١٩١

يحكمونهم، وفتحوا البلاد وكانت لهم قوانين وشرائع وعلوم وفنون مدونة ومدارس يتعلمون فيها.

ومن حيث العصبية القبلية كان العرب ينقسمون إلى عرب الجنوب وكانوا أكثر حضارة واشتهروا بالزخرفة والنقش، وكانت لهم حياة اجتماعية وسياسية بينما عرب الشمال لم يتركوا لنا شيئاً مكتوباً. وأما عرب وسط الجزيرة في الحجاز فإنه يستدل على أنه كانت لهم حضارة ودرجة لا بأس بها من الرقي حسب معايير ذلك العصر، بالإضافة إلى خصب الأرض ومنتجاتها الكثيرة.(١)

وجزيرة العرب صافية الجو وهذا ولد في العرب صفاء الذهن وجودة الخيال وأكسبهم ولعاً بالبساطة وتجنب التكلف. ولذلك كانوا يعتمدون على الحفظ ويتبارزون بالشعر في أسواق خاصة بذلك.

نظام العرب السياسي وأثره في التربية

ولد الغزو في نفوس العرب العصبية فتألفت الأحزاب. وللمحافظة عليها اعتنوا بالانساب وأما قبائلهم "فكان ولا يزال يسوسها الشيوخ والأمراء يحكمونها حكماً قريباً من المطلق. والحكم عندهم وراثي للارشد لكنهم لا يراعون في ذلك إلا القوة وكانوا إذا اعتدى فرد من قبيلة على آخر من قبيلة أخرى يدفع المظلوم ظلامته إلى رئيس القبيلة التي منها خصمه. فإذا أنصفه فبها وإلا قامت الحرب بين القبيلتين فسفكت الدماء أشهراً وربما دامت سنين.(٢)

وقد جاء القرآن الكريم فوحدهم بعد فرقة وذكرهم بنعمة الله عليهم بالوحدة بعد أن كانوا أعداء متحاربين قال تعالى ((واذكروا نعمة الله عليكم إذ كنتم أعداء فألف بين قلوبكم فأصبحتم بنعمته أخواناً وكنتم على شفا حفرة من النار فأنقذكم منها..))(٣) وهذا الواقع الممزق الذي عاشه العرب أثر في واقعهم التربوي فبدل أن ينشغلوا بالعلوم والتربية والحضارة وقضايا أخرى مهمة انشغلوا بالحروب الطاحنة.

إذن فالقبيلة تعتبر الوحدة السياسية عند العرب في الجاهلية وذلك لأنهم ينتمون إلى أصل واحد تجمعهم وحدة الجماعة وتربطهم رابطة العصبية للأهل والعشيرة وهذا الواقع السياسي أثر في الواقع التربوي عندهم حيث كان التوجيه

(١) عبد الله الرشدان، نعيم جعيني، مدخل إلى التربية والتعليم، ص ١٣١.
(٢) عبد الله مشنوق، مرجع سابق، ص ٧٩.
(٣) آل عمران الآية رقم ١٠٣.

التربوي من قبل شيوخ العشائر من خلال المواقف والأحداث وهو يحمل جانباً إيجابياً وجانباً سلبياً فمن الجوانب الإيجابية يحمل المربي معنى القيادة والطاعة والسلوك المنتظم خشية من شيخ العشيرة ولكنه في نفس الوقت يجعل الفرد يتلقى تربيته من قنوات محددة كالعشيرة وشيخها دون أن يظهر إبداعاته التربوية وتطلعاته نحو الأفضل خشية مخالفة العشيرة وشيخها، ورابطة العصبية نوعان:

١- عصبية الدم وهي أساس القرابة.

٢- عصبية الانتماء إلى أب بعيد أوجد مشترك من نسله تكونت القبيلة أو القبائل المنتمية إليه. ^(١)

أما بالنسبة للحرب لم يكن عندهم جيوش منتظمة ولكن جميع أفراد القبيلة شيوخاً وشباباً كانوا يلبون نداء القبيلة عندما يستنفرهم رئيسها وكان السبب في دوافعهم العصبية وكانت النساء يشاركن في الحرب لبعث الحمية والحماسة في قلوب الرجال وتضميد الجراح في المعركة، وقد ثبت في كتب السير والتاريخ أن هناك حروباً طاحنة وقعت بين القبائل العربية فمثلاً في المدينة المنورة وقعت صراعات طاحنة بين الأوس والخزرج وهكذا في أغلب المناطق العربية.

صفات العرب في الجاهلية وأثرها في التربية

من أهم الصفات التي كانت عندهم هي:

١- الكرم: كان العربي في أوقات السلم سخياً يبالغ في كرمه ويستهين بالمال، فهو يعتبر الكرم مظاهر التسيد وفي ذلك يقول حاتم الطائي "يقولون لي أهلكت مالك فاقتصد - وما كنت لو لا ما يقولون سيدا".

٢- الشجاعة: اتصفوا بالشجاعة وعدم المبالاة بالموت إما دفاعاً عن ديار القبيلة التي ينتسبون إليها أو عن الحريم صوناً لهن من المهانة وذل السبي، وعرب البادية كانوا أكثر شجاعة من أهل الحضر.

٣- العفة: إذا كان قد وجد من العرب في الجاهلية من انغمس في الملذات وتغزل بالنساء غزلاً بعيداً عن البراءة - فقد كان من العرب من اتصف بالعفة، وغض البصر عن نساء غيره، وكانت العفة من شروط السيادة كالشجاعة والكرم وكانوا يفتخرون بالعفة ويمدحون بها.

_____

(١) محمد مرسي، تاريخ التربية والتعليم، ص٩.

٤- الوفاء: عرف العرب بالوفاء بالعهود، وبكراهية النكث بالوعد وضربوا المثل في الوفاء بالسموأل الذي أبى أن يسلم الحارث بن أبي شمر الغساني دروع امرئ القيس التي أودعها عنده، وتحصن في قصره بتيماء فهدده الحارث بقتل ابن له فلم يزد ذلك بالسموأل إلا إصراراً فضرب الحارث وسط الغلام بالسيف.[١]

وهذه الصفات الكريمة والسلوكيات الايجابية التي اتصف بها العربي الأول تعني سلوكيات تربوية في حياة الفرد، وهي سلوكيات تركز عليها النظريات التربوية السليمة، فالشجاعة خلق تربوي وسلوك تربوي تنادي به النظريات التربوية السلمية وكذلك الكرم والوفاء والعفة وهذه معاني تربوية لا أعتقد أنها تكون مرفوضة لدى النظريات التربوية الحديثة.

الدين في الجاهلية وأثره في التربية

كان دين العرب قبل الإسلام على العموم وثنياً فقسم منهم كان يعبد الشمس والقمر والنجوم حيث نصبوا لالهتهم تماثيل وأصنام وإذا سئلوا أجابوا كما جاء في القرآن ((ما نعبدهم إلا ليقربونا إلى الله زلفاً))[٢] منها اللات وهو اسم للزهرة وأشهر أصنامهم هبل والعزى ومناة ((افرأيتم اللات والعزى.. وما تهوى الأنفس))[٣]، وكان بينهم فريق يعبد الله على دين ابراهيم الخليل وبينهم كثير من القبائل اليهودية والنصرانية، ولم يكن للدين أثر مهم في تربيتهم وذلك لعدم علاقته بحياتهم اليومية العملية وإذا كان الأثر الأكبر في تربيتهم لأنظمتهم الاجتماعية ولحالتهم الاقتصادية.[٤]

وتقوم التربية الوثنية بتدريب أفرادها على التعايش مع البيئة الطبيعية، والتكيف مع الجماعة الذين يعيشون بينهم، ووظيفة الآباء والأمهات والكبار أن يربوا صغارهم لكي يستطيعوا العيش بمساعدة ما توصلوا إليه من حلول، تتعلق بكل أمورهم، وتعديل سلوك الصغار وإرشادهم إلى الحلول الصحيحة في صورة مهارات يدربونهم عليها في الصيد والقنص والطبخ وقطف الثمار وإكساب الفرد

---

(١) سعد مرسي، مرجع سابق، ص ١٠.

(٢) سورة الزمر، آية رقم ٢.

(٣) سورة النجم، الآية رقم ١٩.

(٤) عبد الله مشنوق، مرجع سابق، ص ٧٩، عبد الله عبد الدايم، مرجع سابق، ص ١٣٥.

خبرات اجتماعية نابعة من قيمهم ومعتقداتهم الوثنية، وتهدف التربيـة الدينيـة الوثنيـة في تركيزهـا عـلى الملاءمة للبيئة من أجل:

أ‌- الإعداد اللازم للحصول على ضروريات الحياة العملية بصورة آلية مباشرة.

ب‌- تدريب الفرد على الطرق والقيم المقبولة في الجماعة. [١]

وللتربية الدينية مكانة في المجتمع الوثني، حيث أدى اعتقاد العرب بوجود قوى خاصة، وتمثيلها على صورة أصنام وأوثان، وإقامة بيوت لها، إلى ظهور طائفـة السـلطتين الدينيـة والمدنيـة وكـانوا يقومـون بالوظائف التالية:

١- أعمال التطبيب بالسحر.

٢- القضاء بين المتخاصمين.

٣- الاستقسام بالأزلام.

٤- التوسط لدى الآلهة في تلبية طلبات الناس.

ولقد تضمنت أملاك المعابد خلف جهاز خاص لإدارة الأملاك والأوقاف والإشراف على استحصـال العشور من الدخل وتركات الإرث والمشتريات إلى جانب النذور والقرابين وتوقيع العهـود، وجهـاز يرأسـه كبار رجال الدين الذين يمثلون الآلهة على الأرض وقاعدته صغار رجال الدين ومن عهـد إلـيهم أمـر الإدارة من غير رجال الدين، وصار للمعبد نفوذ كبير في القبائل العربية. [٢]

وهذا المسلك الديني والواقع الوثني الذي كان عند العرب في تربيتهم الفكريـة والروحيـة وغـير ذلك من ألوان التربية، فبدل أن ينطلق العقل في مجالات الكون الواسعة وينشغل في قضاياه الصحية أخذ ينشغل في تصنيع الأصنام والتماثيل وعبادتها، وفي تنصيب الآلهة والكهنـة والاعتقـاد بالخرافـات والأسـاطير وهذا كله سواء سلبية للواقع التربوي بسبب التربية الدينية الوثنية التي كانوا يتربون عليها.

(١) ابراهيم ناصر، التربية المقارنة، ص ١٠٧.

(٢) المرجع السابق، ص ١٠٨.

العلم عند العرب في العصر الجاهلي

كان العرب قبل الإسلام أميين لا يكتبون ولا يقرأون ((هو الذي بعث في الأميين رسولاً..))[1] فلا نجد لديهم مدارس تلقن العلوم المعروفة وإنما كان يكتسبها الطفل من محيطه وتجاربه الخاصة من مخالطته لأفراد القبيلة. ولو دققنا النظر فيما وصل إلينا عن حالة العرب الفكرية لوجدنا أن التربية لديهم كانت عملية تتعهد الأمور التي يحتاجونها في حياتهم اليومية فأغراض التربية في العصر ـ الجاهلي كانت تتلخص في إعداد النشئ لتحصيل ما هو ضروري لحفظ الحياة فكان الغلام يتمرن على أعمال آبائه ليسلك طريقه في كسب العيش وتحصيل اللباس واتخاذ السكن، وليقتدر على مدافعة الأعداء ومنازلة الوحوش ومما يجدر الإشارة إليه أن هناك تربية خاصة عند الحضر وتربية عند البادية كما سنرى فيما بعد.

وأما العلوم الجاهلية عند العرب فقد كانوا عمليين لا يطرقون سوى العلوم التي تفيدهم في حياتهم المادية فالعلم كان عندهم للمنفعة لا مجرد العلم. ومن أشهر العلوم التي تداولوها هي:-

١- علم النجوم: لأنهم كانوا يهتدون بالنجوم في رحلاتهم وتنقلهم من صقع إلى آخر فعولوا عليها في الاهتداء إلى السبل في تلك الصحاري الواسعة ولذلك أشار القرآن إلى هذا العلم فقال تعالى ((وعلامات وبالنجم هم يهتدون)).[2]

٢- علم الرياح والأنواء: اعتمدوا عليه للتنبؤ عن حالة الجو قبيل القيام برحلة أو غزوة.

٣- علم الكهانة والعرافة: فالتكهن يرمي إلى كشف المستقبل والعرافة تختص بالأمور الماضية وكانوا يتقاضون إلى الكهنة والعرافين في خصوماتهم ويطلبون منهم النصح والإرشاد قبيل القيام بعمل ذي شأن.

٤- علم القيافة: كانوا يستخدمونه لتتبع آثار أعدائهم وللاهتداء إلى مواشيهم الضالة وقد أتقن العرب هذا الفن حتى فرق بعضهم بين أثر قدم الشاب والشيخ والرجل والمرأة البكر والثيب.

٥- علم الطب: وفائدته العملية محسوسة لا تحتاج إلى شرح.

---

(١) سورة الجمعة، آية رقم ٢.

(٢) سورة النحل، آية رقم ١٦.

٦- علم الشعر والخطابة: فقد كان لهما الشأن الأكبر بين العلوم الجاهلية لما لها من التأثير في النفوس وقد كان للشعراء والخطباء المنزلة الأولى فهم أمراء الكلام وفرسان الحروب وأهل الحل والعقد وكانت القبيلة تتباهى إذا نبغ فيها شاعر وتقيم له الاحتفالات الكبيرة تقديراً له.

٧- علم الأنساب: كان لعرب الجاهلية مزيد اعتناء بضبط ومعرفة الأنساب لأنه أحد أسباب الألفة والتناصر وأحد أسباب الاختلاف والتناحر فلقد كانوا مختلفين لم تزل نيران الحروب مستعرة بينهم والغارات ثائرة فيهم ولهذا حفظوا أنسابهم ليكونوا متظاهرين بها على خصومهم ومتناصرين على من شاقهم وعاداهم.

٨- علم الأخبار: فمن تتبع شعر العرب واستقراه كما يقول الآلوسي، ووقف على ما قالوه من مثل واستقصاه، تبين ما كان للعرب الأولين من اليد الطولى والقدم الراسخة في معرفة أخبار الأمم الماضيين وأخلاقهم وسيرهم ودولهم وسياستهم. ومن شعرهم دونت الكتب المؤلفة في أخبار ملوكهم وأحوالهم[1] ولذلك تحدى القرآن الكريم العرب بإخبارهم عن الأمم الماضية فهم أمة تعتني بالأخبار.

العرب قسمان/ بدو وحضر

يقسم العرب إلى بدو وحضر، فالبدو يختلفون عن الحضر لأن البدو قوم متنقلون يرحلون من مكان لآخر، ويقيمون حيث يطيب لهم العيش في بيوت مصنوعة من الشعر، ويعتمدون في معيشتهم على ما لديهم من الإبل والماعز والغنم، وينسجون منها أثاثهم وفرشهم ومتاعهم ويتخيرون السهول التي يجدون فيها عيون المياه (كالواحات) حيث تكون أشجار النخيل والأعشاب ويزرع الشعير وأشجار الزيتون والبرتقال ويعيشون في الهواء الطلق في الخلاء متمتعين بالحرية والمناظر الطبيعية وجمالها ولا يحبون المعيشة في المدن كأبناء عمومتهم الذين يسكنون الحضر. أما الحضر من العرب فكان لهم ملوك وأمراء عرفوا بالشجاعة والإقدام ففتحوا البلاد وانتشروا في الأقطار وتنقلوا من قطر إلى قطر.

عاشوا في المدن التي توغلوا فيها، وكان لديهم قوانين وشرائع يتبعونها ويخضعون لها ويعملون بها. ولهم علوم وآداب وفنون وتدل عليها كتبهم ومدارس ومعاهد لتربية أولادهم وتعليمهم.

---

(١) عبد الله مشنوق، مرجع سابق، ص ٨٠-٨١، أيضاً عبد الله عبد الدايم، مرجع سابق، ص ١٣٣-١٣٥.

وكانت التربية العربية عند سكان البادية في الجاهلية مختلفة عن التربية لدى الحضر في وسائلها وأغراضها ونظمها وطرقها.[1]

التربية في العصر الجاهلي عند عرب البادية

أغراضها:

كانت أغراض التربية تختلف في إعداد النشئ لتحصيل ما هو ضروري لحفظ الحياة فكان الطفل يتمرن على أعمال آبائه ليسلك طريقهم في كسب العيش وتحصيل اللباس واتخاذ المسكن، وليقتدر على مدافعة الأعداء ومنازلة الوحوش، فكان يقوم بالصيد والرماية والقنص، وإعداد آلات الحرب، وعمل الآنية ودبغ الجلود وغزل الصوف وحياكة الملابس وتربية الماشية.

والطفلة كذلك تقلد أمها في تصرفاتها وأعمالها فتحلب الماشية وتطحن الحب بالرحى، وتعد الطعام على الطريقة البدوية، وتصحبها في رعي الغنم، وتشاركها في كل عمل تقوم به في الصباح والمساء.

لذلك نلاحظ مما سبق أن أطفال العرب في البادية يربون تربية استقلالية طبيعية، يعتمدون فيها على أنفسهم ولا يتكلون على غيرهم يحبون حياة الحرية، بعيدين عن المدنية، ويحيون حياة فطرية، يتمتعون فيها بالشمس حين تشرق، وجمالها حين تغرب والسماء الصافية والجو الجميل ولم ينس العرب من البدو وفي الجاهلية أن يبثوا الأخلاق العربية والعادات الحسنة في نفوس أبنائهم وبناتهم من الصغر، كالكرم والمروءة والشجاعة والنجدة.. الخ وغيرها من الأخلاق الكريمة التي عرف بها العرب بين الشعوب.[2]

وسائلها:

كانت التربية تأخذ شكلاً غير مقصود، وتتم في الأسرة، وتشاركها العشيرة التي هي صورة مكبرة للعائلة، وتتم عن طريق المحاكاة والتقليد أو طريق النصح

---

(١) محمد عطية الابراشي، التربية الإسلامية وفلاسفتها ص٦، عبد الله عبد الدائم، مرجع سابق، ص ١٩٥.

(٢) عبد الله الرشدان وزميله، مرجع سابق، ص ١٣١، أيضاً ابراهيم ناصر، مقدمة في التربية ص٣٨، أيضاً محمد عطية الأبراشي، مرجع سابق، ص٧، أيضاً عبد الله عبد الدايم، مرجع سابق، ص ١١٦.

والإرشاد والوعظ، وعن طريق الأوامر والزواجر من الأبوين والأقارب وكبار السن ورؤساء العشيرة وذوي العقول الراجحة، إذ كان الطفل يأخذ عن أسرته وعشيرته طرقها الخاصة في كسب القوت وتحصيل اللباس واتخاذ المسكن ويتعرف منها على أساليب الدفاع وطرق الإغارة على الأعداء وفنون الأعمال والصناعات، ومن أشهر هذه الفنون والصناعات: الصيد والرمي والقنص وإعداد آلات الحرب وعمل الآنية ودبغ الجلود.

وبالتجارب وقوة الملاحظة، وبعد النظر ومحاكاة جيرانهم من الأمم تبحروا في الفلك أو علم النجوم، وعلم وصف الأرض، وعلم الطب وأظهروا نبوغاً لا مثيل له في الشعر والخطابة وعلم الإنسان، وأبدوا مهارة في علوم الكهانة والقيافة والزجر والفراسة بدون دراسة في مدارس أو اطلاع على كتب لأن معظمهم كان أمياً لا يقرأ ولا يكتب، وقد عرفوا بقوة الذاكرة والحافظة فكانوا يعتمدون طريقة السماع والتلقين والإصغاء إلى غيرهم.[١]

معاهد التربية عند البدو من العرب في الجاهلية:

لم يعرف عرب البادية معاهد للتعليم لبساطة حياتهم، ولكن كان لهم مجالس للآداب والشعر وتبادل الأخبار يسمونها الأندية.[٢]

ومجالس الآداب تشبه في كثير من الوجوه الأندية اللغوية والمجامع العلمية التي نعرفها اليوم. أما مجالس الآداب فكانوا يعقدونها لمناشدة الأشعار ومبادلة الأخبار، والبحث في بعض الشؤون العامة، وكانوا يسمونها الأندية ومنها نادي قريش.

وأما الأسواق فقد كانت أمكنة يجتمع فيها الناس في أوقات معينة للبيع والشراء وكان العرب يحضرونها بما عندهم من المآثر والمفاخر فينشدون الشعر ويلقون الخطب ويتحاكمون إلى قضاة نصبوا أنفسهم لنقد الشعر. ومن أشهر هذه الأسواق (عكاظ) قرب الطائف و (مجنة) قرب مكة، و(ذو المجاز) على فرسخ من عرفة، وغيرها من الأسواق التي كانت تشبه في حد بعيد معاهد التربية البدنية اليونانية.

---

(١) نفس المراجع السابقة.

(٢) عبد الله الرشدان، نعيم جعنيني. مرجع سابق، ص ١٣٢.

وإلى جانب المجالس والأسواق عرف العرب (المجتمعات) وهي كثيرة الأنواع والأقسام ومما قاله فيها الألوسي: منها ما كان لمحض الإنس وتنشيط النفس وذكر ما سلف لهم من الحروب والوقائع وتناشد الشعر والقريض ونحو ذلك من الكلام الذي تبتهج له الطبائع.

وهذا الحال لا يكون غالباً إلا في الليالي. وكانوا يتحلقون إذا اجتمعوا في طرف، وربما كان وسط الحلقة من ينتهي إليه الشرف، وإذا أراد أحدهم ذكر حادث غريب وإلقاء كلام عجيب قام وتلاه على القوم كما يفعل الخطيب.. ومنها ما كان للمذاكرة والمشاورة في تدارك حرب أو إغارة على قوم آخرين.. ومنها ما كان لأجل الحكومة وفصل الدعاوي والمنازعات التي كانت تقع بينهم كما كانوا يجتمعون في دار الندوة هي دار قصي بن كلاب، .. ومنها ما كان لطلب مثوبة واتعاظ بوعظ.. ومنها ما كان لحلف وعقد معاهدة كما اجتمعت قريش في الجاهلية حين كثر فيهم الزعماء وانتشرت فيهم الرياسة وشاهدوا من التغالب والتجاذب ما لم يكفهم عنه سلطان قاهر فعقدوا حلفاً على رد المظالم وإنصاف المظلوم من الظالم..[1]

وقد عرف البدو بعضاً من أنواع المدارس والكتاتيب وكانوا يتعلمون بها القراءة والكتابة والحساب.[2]

العلوم التي اشتهر فيها عرب البادية:

لقد كان عرب البادية أميين، ولكن كان عندهم جملة من الفنون اكتسبوها بالممارسة وتناقلوها بالرواية مثل الشعر والخطابة وعلم النجوم والأنساب والأخبار ووصف الأرض وعلم الفراسة والطب وغيرها.[3]

---

(١) عبد الله عبد الدائم، مرجع سابق، ص ١٣٧-١٣٨، أيضاً عبد الله مشنوف مرجع سابق، ص ٨١.

(٢) عبد الله الرشدان وزميله، مرجع سابق، ص١٣٢، ايضاً ابراهيم ناصر/ مقدمة في التربية، ص ٣٩.

(٣) عبد الله الرشدان، نعيم جعيني، مرجع سابق، ص ١٣١.

حظ المرأة العربية البدوية من التربية الجاهلية:

كان للمرأة العربية في الجاهلية حظ كبير من التربية فقد كانت تقول الشعر وتنقده وتجيد الخطابة وتروي كثيراً من القصائد والخطب وتتقن الأعمال والفنون التي يحسنها الرجل. ويضاف إلى ذلك مهاراتها في نسج الصوف وغزله والعزف الموسيقي على المزاهر والدفوف والطبول.

وكانت المرأة تعرف كيف تأسو الجروح وتعالجها وتداويها في أثناء الحروب والأم العربية البدوية كانت تعد ابنتها لتكون زوجة مخلصة لزوجها تعرف ماله من حقوق فتؤديها، وتحافظ عليها، وتحسن في المستقبل تربية أولادها وتهذيبهم.(١)

التربية عند العرب الحضر في الجاهلية

أغراضها:

تتلخص أغراض التربية في أمور عديدة منها:

- إعداد الجيل الصاعد لتحصيل ما هو ضروري لحفظ الحياة واستمرارها.
- تهيئة الأحداث للصناعات والمهن المختلفة مثل الهندسة والتجارة والنقش وأعمال البناء وغيرها من الحرف التي تساعد على توفير الرزق وتيسير العيش.
- بث العادات الفاضلة وغرس الصفات الخلقية التي اشتهر بها العرب وكانت التربية في مجملها أرقى من التربية البدوية حيث كانت المدارس موجودة وتدرس الحساب واللغة، وكان عندهم مدارس ابتدائية وأخرى عالية تدرس الهندسة والطب وفن العمارة والفلك والنقش والآداب بالتاريخ، وكان الأطفال في القسم الابتدائي يدرسون الهجاء والمطالعة والحساب وقواعد اللغة.(٢)

---

(١) محمد عطية الأبراشي، مرجع سابق، ص ١٤.

(٢) عبد الله الرشدان وزميله، مرجع سابق، ص ١٣١/ أيضاً عبد الله الدائم، مرجع سابق، ص ١٣٦، أيضاً ابراهيم ناصر، مرجع سابق، ص ٣٩.

وسائلها:

كان عند الحضر خطط وطرائق مألوفة في التدريس، ولكنها كانت لا تبتعد عن الحفظ والتكرار والتقليد فقد كان التعليم عندهم إفرادياً فيختص المعلم كل تلميذ من تلاميذه بجزء من وقته وحصته من عنايته ومن طرائقهم في تعليم الخط أن المعلم يتخذ المملول فيكتب به نماذج على ألواح من الطين الطري ثم يجففها ويضعها للتلاميذ فيحاكونها في ألواحهم. وقد عثر الباحثون في أنقاض مدائنهم على كثير هذه الألواح.[1]

المدارس والمعاهد عند الحضر في الجاهلية:

أهل الحضارة في العصر الجاهلي كانت لهم مدارس ومعاهد للتربية والتعليم، وكانت لهم دور يأتي إليها الطلاب ورواد العلوم، فكان لديهم مدارس أولية منتشرة في البلاد لتعليم الأطفال يدرسون فيها التهجي والمطالعة والتعليم الديني والحساب وقواعد اللغة العربية والتاريخ ومعاهد عالية متصلة بمعابدهم لتعليم الكبار وكانت دور الكتب تشجع الطلبة الراغبين في التزود من العلم والأدب على القراءة والاطلاع وكانوا يدرسون في القسم العالي الهندسة العملية وعلم الفلك والطب وفن العمارة والنقش والآداب والتاريخ.

وتدل الدراسات على أن العرب بدواً وحضر- عرفوا "الكتاتيب" ودور العلم في الجاهلية فالمؤرخون يؤكدون أن يوسف الثقفي أبا الحجاج كان يعلم في كتاب له بالطائف، وأن أبا قيس بن عبد مناف بن زهرة، وأبا سفيان بن أمية بن عبد شمس قد علمها بشر بن عبد الملك العبادي فكانا يعلمان أهل مكة.[2]

العلوم التي اشتهر بها الحضر

علم الفلك وري الأرض، وعلوم الهندسة، وعمارة المدن، والحساب، والطب البيطري، والزراعة ونظراً لحبهم للزراعة فقد طلبوا من محمد عليه السلام مطالب تعجيزية متعلقة بالزراعة ((وقالوا لن نؤمن لك حتى تفجر لنا من الأرض ينبوعاً، وتكون لك جنة من نخيل وعنب فتفجر الأنهار خلالها تفجيراً)) [3] والآداب

---

(١) عبد الله عبد الدائم/ مرجع سابق، ص ١٣٧، أيضاً عبد الله الرشدان وزميله ص ١٣٢.

(٢) المرجع السابق، ص ١٣٨-١٣٩، أيضاً ص٣٩ ابراهيم ناصر، مرجع سابق، ص ٣٩.

(٣) الإسراء، آية رقم (٩٠).

وكانوا يركزون على النواحي العملية والخبرة. ولكن تلك العلوم كانت تمتزج بالكثير من الخرافات.[1]

وغالب هذه العلوم التي اشتهر بها العرب ليست علوماً تربوية، وإن كانت تؤثر في الواقع التربوي عند العرب من جانب معين، وأما بمصطلح العلم التربوي الحديث فعلومهم بذلك ضئيلة جداً.

ب- في العصر الإسلامي:

تمتد هذه الفترة حوالي ستة قرون، ابتداء من القرن السابع الميلادي عندما انتشر الإسلام في شبه جزيرة العرب، ثم انتقل بسرعة إلى ربوع دولتي الفرس والروم، حتى القرن الثالث عشر ـ الميلادي عندما قضي على الخلافة العباسية في بغداد على يد المغول بقيادة هولاكو عام ١٢٥٨م. وبسقوط بغداد فقد العالم العربي الإسلامي الكثير من مظاهر وحدته الفكرية والروحية، وسيطرت عليه أشتات من التتر والمغول وأخذ يسير في طريق الاضمحلال العلمي والاقتصادي، متأثراً في نفس الوقت بتدهور أوضاع المسلمين في بلاد الأندلس.

وتقسم هذه الفترة في الواقع إلى أطوار يتميز كل منها بخصائص ومظاهر تربوية مختلفة نوعاً ما وهي: الطور الأول، طور نمو الإسلام في عهد الرسول، والطور الثاني، طور الفتوحات الإسلامية التي بدأت في عهد أول الحلفاء الراشدين أبي بكر وأوشكت على الانتهاء في عهد بني أمية، والطور الثالث، وهو طور تكوين الحضارة العربية والاختلاط بين الشعوب والحضارات، ويبدأ مع بداية الخلافة العباسية تقريباً ويستمر حتى ظهور الأتراك السلاجقة في القرن الحادي عشر ـ الميلادي، ويضم هذا الطور الحضارة في الأندلس منذ القرن الثامن الميلادي، والطور الرابع والأخير ويبدأ مع ظهور الأتراك السلاجقة وينتهي بسقوط بغداد على يد هولاكو التتري عام ١٢٥٨م وتشكيله امبراطورية مترامية الأطراف تمتد من الهند إلى آسيا الصغرى واستمرت لمدة قرن تقريباً. ولن يتسع المجال للحديث عن كل عصر على حدة رغم تباينها، وإنما سنتحدث عن تربية عربية إسلامية عامة متجانسة إلى حد بعيد، كوحدة واحدة منذ ظهور الإسلام وحتى انهيار الامبراطورية العربية الإسلامية.

(١) محمد عطية الابراشي - مرجع سابق، ص ٢٠.

أهداف التربية العربية الإسلامية:[1]

لم تكن أهداف التربية الإسلامية واحدة في كل العصور الإسلامية، وإنما تختلف بين عصر وآخر نتيجة تطور الظروف السياسية والاقتصادية والاجتماعية. كما أن هذه الأهداف التربوية تتأثر دائماً بالمذاهب العقلية والدينية للمربين المسلمين. فالقابسي يرى أن الهدف من التعليم هو معرفة الدين علماً وعملاً باعتباره فقيهاً ومحدثاً من أهل السنة، وأما ابن مسكوية فيرى أن الهدف من التربية هو الوصول إلى الخير والحق والجمال، وأما إخوان الصفا فيميلون إلى تربية النشئ على مذهبهم الفلسفي وعقيدتهم السياسية وهكذا. ومهما اختلفت أغراض المربين المسلمين فإننا نستطيع إرجاع أهداف التربية الإسلامية إلى غرضين أساسيين وهما الغرض الديني والغرض الدنيوي. وبذلك يختلف هدف التربية عند المسلمين عما كان عليه عند اليونان والرومان، إذ كان دنيوياً محضاً، كما يختلف عما كان عليه عند الاسرائيليين في الصدر الأول إذ كان دينياً محضاً. أما عند المسلمين فقد كان دينياً دنيوياً معاً يرمي إلى أعداء الفرد لعملي الدنيا والآخرة. ففي القرآن الكريم "وابتغ فيما آتاك الله الدار الآخرة ولا تنس نصيبك من الدنيا". وفي الحديث النبوي الشريف "اعمل لدنياك كأنك تعيش أبداً واعمل لآخرتك كأنك تموت غداً". وقد أدى تحقيق هذا الهدف عند المسلمين أن قاد الأمة الإسلامية والعرب إلى الاستزادة من أمور كثيرة، فيها صلاح دينهم ودنياهم، فعنوا بدراسة علوم الدين والشريعة، كما عنوا بدراسة علوم اللغة والتاريخ والجغرافيا والطبيعيات والرياضيات والطب وغيرها. وقد استطاعوا بفضل هذه التربية الشاملة أن يشيدوا حضارة رائعة للعالم، كانت الأساس في تطور الحضارة الحديثة.

معاهد التعليم عند المسلمين:

تتضح أهداف التربية ومعالمها من خلال دراسة معاهدها ومؤسساتها التربوية، بالإضافة إلى دراسة مناهجها وأساليبها.

---

(١) علي الجمبلاطي وأبو الفتوح التوانسي، دراسات مقارنة في التربية الإسلامية، القاهرة، مكتبة الانجلو المصرية، ١٩٧٣، ص ٢٨،٢٩. أيضاً: عبد الله عبد الدايم، التربية عبر التاريخ، مرجع سابق، ص ١٤٢، ١٤٣.

أولاً- أماكن التعليم قبل انتشار المدارس:

يعتبر عام ٤٥٩هـ حداً فاصلاً فيما يتعلق بأماكن التعليم عند المسلمين. ففي هذا العام تم افتتاح أول المدارس النظامية في بغداد من مجموع المدارس النظامية الكثيرة التي أنشأها الوزير السلجوقي الشهير نظام الملك في مختلف بلدان العالم الإسلامي، ثم اقتدى به كثير من الملوك والأمراء والعظماء في إنشاء المدارس في بلادهم سيأتي الحديث عنهم فيما بعد. وقبل ظهورا لمدارس وانتشارها كانت الحلقات العلمية تعقد في أماكن مختلفة كالكتاتيب والمساجد منازل العلماء وحوانيت الوراقين والقصور وغيرها، ثم نتبعها بأماكن التعليم بعد ظهور المدارس. وهذه فكرة موجزة عنها:[١]

١- **الكتاب:** وجدت الكتاتيب قبل ظهور الإسلام وإن كانت قليلة العدد، ويقال إن أول من تعلم الكتابة من أهل مكة هو سفيان بن أمية بن عبد شمس، وأبو قيس بن عبد مناف بن زهرة بن كلاب، وقد علمهما بشر بن عبد الملك الذي تعلم الكتابة بدوره من أهل الحيرة. ويروي ابن خلدون "أن الذي تعلم الكتابة من الحيرة هو سفيان بن أمية ويقال حرب بن أمية وأخذها من أسلم بن سدرة".[٢] ثم أخذت القراءة والكتابة تنتشر بفضل تشجيع القرآن الكريم. وتقسم الكتاتيب إلى نوعين: الكتاب الخاص بتعليم القراءة والكتابة، وكان يقوم في منازل المعلمين، والكتاب لتعليم القرآن ومبادئ الدين الإسلامي، ومكانه المسجد غالباً. ومما هو جدير بالذكر، أن كثيراً من الباحثين لم يفرقوا بين نوعي الكتاب هذين وقرروا أنه كان هناك نوع واحد من الكتاتيب تتعلم فيه القراءة والكتابة ويحفظ فيه القرآن وتدرس به علوم الدين. ومن هؤلاء الباحثين الدكتور فيليب حتي، والأستاذ أحمد أمين. ويختلف منهاج تعليم الأطفال في الكتاتيب باختلاف البلدان الإسلامية، كما ذكر ابن خلدون في مقدمته حيث يقول: فأما أهل المغرب فمذهبهم في الولدان الاقتصار على تعليم القرآن فقط، مع العناية برسمه، ولا يخلطون ذلك بسواه في مجالس تعليمهم، لا من حديث ولا من فقه، ولا من شعر، ولا من كلام العرب، وأما أهل الأندلس فمذهبهم تعليم القرآن والكتاب من حيث هو، وهذا هو الذي يراعونه في التعليم، فلا يقتصرون على القرآن،

---

(١) أحمد شلبي، تاريخ التربية الإسلامية، بيروت، دار الكشاف للنشر والطباعة والتوزيع، ١٩٥٤، ص ٢٠-٩٥.

(٢) ابن خلدون، المقدمة، بيروت، المطبعة الأدبية، ١٩٠٠، ص ٢٩٣؛ أيضاً المرجع السابق، ص ٢٠.

بل يخلطون في تعليمهم للولدان رواية الشعر، والترسل، وأخذهم بقوانين العربية، وتجويد الخط، وأما أهل افريقيا فيخلطون في تعليمهم للولدان القرآن بالحديث في الغالب، ومدارسة قوانين العلوم الدينية وتلقينهم بعض مسائلها. وأما أهل المشرق فيخلطون في التعليم كذلك. ومن أبرز المعلمين الموهوبين الذين لمعوا في الكتاتيب، الضحاك بن مزاحم (١٠٥هـ)، والكميت بن زيد (١٢٦هـ)، وعبد الحميد الكاتب (١٣٢هـ).

٢- **القصور:** وجد نوع من التعليم الابتدائي في قصور الخلفاء والعظماء لإعداد أبنائهم للقيام بمهام المستقبل "فهذا النوع من التعليم مرتبط بسابقه، إذ أن كلا منهما مهمته تغذية الصبيان بنوع من الثقافة وقسط من المعرفة، إلا أنه يتجاوز هذا الحد هنا؛ فالمنهاج هنا يضعه أو يشارك الأب في وضعه ليكون ملائماً لأبنه، والمعلم هنا لا يسمى معلم صبيان، أو معلم كتاب، وإنما يطلق عليه لفظ مؤدب. ويظل المتعلم هنا يتلقى العلم حتى يتجاوز عهد الصبا، وينتقل من مستوى تلميذ الكتاب، إلى مستوى الطالب في حلقات المساجد أو المدارس. وكثيراً ما كان يخصص للمؤدب جناح في القصر ـ يعيش فيه، ليكون إشرافه على الصبي أحكم وأشمل. ومن مشاهير المؤدبين سليمان الكلبي مؤدب ابن الخليفة هشام، والأحمر مؤدب الأمين ابن هارون الرشيد وغيرهم.

٣- **حوانيت الوراقين:** يمكن أن نربط بين أسواق العرب في الجاهلية، عكاظ ومجنة وذي المجاز، وبين دكاكين بيع الكتب في الإسلام. ففي تلك الأسواق كان العرب يجتمعون لعقد الصفقات التجارية، ثم ينتهزون الفرصة ليقوموا بأنشطة أدبية رائعة. وحاكتها في ذلك دكاكين بيع الكتب، حيث فتحت في الأصل للأعمال التجارية، ثم أصبحت مسرحاً للثقافة والحوار العلمي عندما اجتمع فيها الأدباء والعلماء. وتختلف دكاكين بيع الكتب عن أسواق العرب في الجاهلية، أن الاجتماعات الثقافية فيها كانت يومية في حين كانت سنوية في أسواق العرب. وقد ظهرت هذه الحوانيت منذ مطلع الدولة العباسية، ثم انتشرت بسرعة في العواصم والبلدان المختلفة في العالم الإسلامي. ولم يكن بائعو الكتب مجرد تجار ينشدون الربح، وإنما كانوا في أغلب الأحيان من الأدباء ذوي الثقافة يسعون للذة العقلية من وراء ذلك. ولم تقف مهنة الوراقة في الدولة العباسية عند حد الصفقات التجارية وبيع الكتب، وإنما تعدت ذلك إلى مهام ثقافية هامة وهي القيام بنسخ الكتب وعرضها للبيع. وقد حفلت قائمة أسماء الوراقين بشخصيات لامعة، كابن النديم صاحب الفهرست، وعلي بن عيسى ـ المعروف بابن كوجك، وكياقوت مؤلف معجم البلدان ومعجم الأدباء.

٤- **منازل العلماء:** لا تعد المنازل في نظر المسلمين أماكن صالحة للتعليم العام لافتقارها إلى السكون والراحة. إلا أن شدة الحاجة دعت إلى قيام حلقات تعليمية في المنازل الخاصة وذلك قبل ظهور المساجد. فقد اتخذ الرسول الكريم دار الأرقم بن أبي الأرقم مركزاً يلتقي فيه مع أصحابه يعلمهم مبادئ الدين الجديد، كما كان يجتمع في منزله مع أصحابه كذلك. ولظروف خاصة لدى العلماء اتخذت المنازل ملتقى للطلاب والمدرسين، ومن أهمها منزل الرئيس ابن سينا، ومنزل الإمام الغزالي بعد أن اعتزل العمل في نظامية نيسابور على إثر رحلته التي قام بها للحج والاعتكاف بالجامع الأموي بدمشق. وكان يعقوب بن كلس وزير العزيز بالله الفاطمي على معرفة واسعة بالمذهب الاسماعيلي يتخذ من منزله ملجأ للعلماء والطلاب كل يوم جمعة ليفقههم ويناقشهم في المذهب الاسماعيلي. وكان أبو سليمان السجستاني (محمد بن طاهر بن بهرام) يتخذ من منزله مقراً للاجتماع بالطلاب والعلماء للمذاكرة والمناظرة في موضوعات شتى. وممن كانوا يحضرون مجلسه ابو حيان التوحيدي صاحب كتاب الإمتاع والمؤانسة وكتاب المقابسات.

٥- **الصالونات الأدبية:** يرى بعض الباحثين أن الصالونات الأدبية التي بدأت بسيطة في العصر الأموي ثم ترقت وانتشرت بصورة رائعة في العصر العباسي متأثرة بالتقاليد والحضارات الأجنبية، ما هي إلا تطور لمجالس الخلفاء الراشدين التي ينظمون فيها أعمال الدنيا ويفتون في الشؤون الدينية للمسلمين. إلا أن هناك بعض الفوارق بين تلك المجالس وهذه الصالونات؛ حيث يستطيع كل فرد أن ينضم إلى هذه المجالس أو يغادرها بكل حرية متى شاء. أما الصالونات الأدبية فقد وضحت فيها التقاليد والحضارات الأجنبية التي اقتبسها الخلفاء العرب من الدول العظيمة التي خضعت لسلطانهم؛ فأصبح الصالون يؤثث أثاثاً رائعاً، ولا يسمح لكل الراغبين في حضوره، وإنما كان يسمح لطبقة معينة من الناس بالدخول في وقت معين والانصراف كذلك وبإشارة معينة من صاحب الصالون. وقد اتخذ كل خليفة إشارة خاصة به؛ فكان معاوية إذا قال "ذهب الليل" قام سمارة ومن حضره، وكان عبد الملك إذا ألقى المخصرة قام من حضره، وكان الوليد إذا قال "استودعكم الله" قام من حفره، وكان الهادي إذا قال "سلام عليكم" قام من حضره، وكان الرشيد إذا قال "سبحانك الله وبحمدك" قام من حضره، وكان الواثق إذا مس عارضيه وتثائب قام من حضره وهكذا. وللصالونات الأدبية آداب خاصة، وتقاليد معينة، يجب أن يرعاها اولئك الذين كان يسمح لهم بحضورها، وقد سجلها مفصلة الصابي في كتابه "رسوم دار الخلافة". وقد ارتبط تاريخ الصالونات الأدبية بتاريخ القصور، وخاصة قصور الخلفاء. وقد تنوعت الصالونات فيما بعد، فأصبحت

للآداب أو العلوم أو الفنون ومنها الغناء والموسيقى لتناسب الحياة الثقافية المتنوعة الأطراف في ذلك الحين، ولكن مجالس العلم والأدب ظلت أرفع هذه المجالس قدراً، وأعظمها قيمة.

٦- **البادية:** بقيت اللغة العربية حتى عصر صدر الإسلام فصيحة سليمة، إلا أن اتصال العرب بغيرهم عن طريق التجارة سبب وجود لحن قليل بينهم، وكان ارتكاب ذلك اللحن عاراً لا يغتفر. فقد روي أن رجلاً لحن في حضرة الرسول (ص) فقال لأصحابه: أرشدوا أخاكم فقد ضل. واستشرى هذا الداء بزيادة الاختلاط بين العرب والعجم منذ عهد عمر بعد أن انتشر الإسلام في بلاد الفرس والروم، ففسد اللسان العربي وظهرت لغة يسميها الجاحظ لغة المولدين أو البلديين. ولكن الأمر زاد خطورة عندما تعدى اللحن عامة الناس إلى خاصتهم، فوقع فيه الوليد بن عبد الملك، والحجاج بن يوسف الثقفي، وأبو حنيفة النعمان، وبشر المريسي، وشبيب بن شيبة، وغيرهم من الخلفاء والعظماء. وزاد اللحن خطورة، وادعى لاشمئزاز النفس عندما وقع في القرآن الكريم فغير المعنى تغييراً يؤدي بصاحبه إلى الكفر لو كان مقصوداً، كاللحن الذي وقع في الآية الكريمة "هو الله الخالق البارئ المصور" إذ قرأها أحد القراء المصور بفتح الواو، وغير ذلك. ورغم انتشار اللحن في الحضر- حيث اختلط العرب بالأعاجم، بقيت اللغة سليمة تماماً في البادية التي لم تجتذب إليها الأعاجم، مما دفع الكثير من العلماء والأمراء إلى الذهاب إلى الصحراء لتعلم اللغة الفصحى، كما أخذ البدو يفدون إلى القرى والمدن لتعليم اللغة السليمة لمن يرغب من الناس. ومن هؤلاء البدو الوافدين أبو البيدا الرياحي، وأبو جاموس ثور بن يزيد الذي تعلم الفصاحة منهم عبد الله بن المقفع، وعبد الله بن عمرو بن أبي صبح وغيرهم. وهكذا غدت البادية في القرنين الأولين للهجرة مدرسة لتعلم الفصحى لأمراء بني أمية والعباسيين، كما قصدها عدد كبير من العلماء البارزين نذكر منهم الخليل بن أحمد، وبشار بن برد، والكسائي، والشافعي، والرياشي وغيرهم.

٧- **المسجد:** يرتبط تاريخ التربية الإسلامية بالمسجد ارتباطاً وثيقاً. وقد قامت فيه الحلقات العلمية منذ نشأته واستمرت على مر العصور وفي مختلف البلاد الإسلامية من أجل شرح تعاليم الدين الجديد في أيام الإسلام الأولى. ثم توسع المسلمون فيما بعد في فهم مهمة المسجد، فأصبح مكاناً للعبادة، ومعهداً للتعليم، وداراً للقضاء، ومنزلاً لاستقبال السفراء، الخ.

وكان الرسول الكريم يتخذ مصلاه في المسجد الحرام ما بين الركنين، الركن الأسود والركن اليماني. وعندما أرغم المسلمون والرسول إلى الهجرة إلى المدينة، وقف ونظر إلى البيت وقال: والله إنك لأحب أرض الله إلي، وإنك لأحب أرض الله إلى الله، ولولا أن أهلك أخرجوني ما خرجت. وكان أول مسجد أُسس في الإسلام مسجد قباء، ثم تكاثرت المساجد بعد ذلك في مختلف بلدان العالم الإسلامي، ومن أشهرها جامع عمرو بن العاص في القاهرة، وجامع المنصور ببغداد، والجامع الأموي بدمشق، والجامع الأزهر في القاهرة وغيرها الكثير.

ثانياً- المدارس:

اشتدت الحاجة إلى إنشاء المدارس التي يتلقى فيها التلاميذ العلوم الدينية بانتظام، وذلك لازدحام المساجد بالحلقات العلمية للطلاب والمدرسين، وما تحدثه من أصوات المدرسين ومناقشات الطلاب التي تسبب الشيء الكثيرة من الإزعاج والضجيج يمنع الصلاة والعبادة من أن تؤدى على الوجه الصحيح. كما أن تطور العلوم والمعارف بتطور الزمن، وظهور مواد دراسية تستدعي دراستها كثيراً من الحوار والنقاش والجدل، كعلم الكلام والجدل والمناظرة، مما تتنافى طبيعة تدريسها مع ما يجب أن يكون عليه رواد المساجد من هدوء وجلال.

وبإلقاء نظرة فاحصة على كل من المسجد والمدرسة، نجد أن المدرسة تختلف في تصميمها عن المسجد بوجود ايوان فيها، وهو ما يشبه قاعة المحاضرات في العصر الحديث. كما تحتوي المدارس على المساكن التي تبنى فيها ليعيش بها الطلاب والمدرسون الذين يلتحقون بها، وما يتبعها من المرافق الضرورية كالمطابخ وحجرات الطعام وما شابه ذلك. وبالإضافة الى ذلك كان المدرس بالمدرسة معيناً من قبل صاحبها ليعلم بها، بخلاف المسجد الذي طالما جلس به مدرسون دون أن يعينوا للتعلم فيه، كما أن عدد التلاميذ في المدارس كان محدوداً غالباً بخلاف المساجد، وكان ينالهم دائماً نصيب من الأوقاف التي توقف على المدارس.

وكانت أول مدرسة أنشئت في بلدة بست من قبل الأديب المحدث أبو حاتم البستي، ثم المدرسة البيهقية بمدينة نيسابور، والمدرسة السعيدية بنيسابور أيضاً بناها الأمير نصر بن سبكتكين أخو السلطان محمود، وثالثة بنيسابور بناها أبو سعد الاستراباذي، ورابعه بنيسابور أيضاً بُنيت للأستاذ أبي اسحق الاسفرائيني في القرن

الرابع الهجري.[1] أما في القرن الخامس الهجري فقد أُنشئت المدارس النظامية على يد الوزير السلجوقي نظام الملك على نطاق واسع من أجل نشر المذهب السني، ودحض الأفكار الشيعية التي بثها البويهيون في عقول الناس. وقد بدأت سلسلة المدارس النظامية بنظامية بغداد التي بدأ بناؤها على يد البناء أبي سعيد الصوفي عام ٤٥٧هـ وتم البناء عام ٤٥٩هـ ثم تبعتها نظاميات أخرى في مدن بلخ، ونيسابور، وهرات، واصفهان، والبصرة، ومرو، وآمل، والموصل وغيرها. ثم أنشأ نور الدين زنكي الأيوبي المدارس في مدن سورية وقراها ومن أشهرها مدارس دمشق وهي دار الحديث النورية، والصلاحية، والعمادية، والكلاسة، والنورية الكبرى، وفي حلب تم بناء مدارس الحاوية، والعصرونية، والنورية، والشعيبية، كما تم بناء مدرستين بحماة، ومدرستان بحمص، ومدرسة ببعلبك ثم كثرت المدارس في عهد المماليك. ومن المدارس المشهورة المدرسة المستنصرية التي بناها الخليفة المستنصر في بغداد في القرن الثالث عشر الميلادي.

ثالثاً- المكتبات:

لا شك أن الحديث عن المكتبات يدخل في إطار الحديث عن معاهد التعليم، ذلك أنها وسيلة القدماء في نشر العلم، ولما كان يتعذر على غير الأغنياء اقتناء الكتب نظراً لأنها كانت مخطوطات غالية الثمن، لجأ من أحب تعليم الناس إلى إنشاء مكتبة يجمع فيها الكتب ويفتح أبوابها لهم كما فعل البطالسة في مكتبة الاسكندرية، والعباسيون في بيت الحكمة في بغداد. وفيما بعد أصبحت الكتب نواة الجامعات الإسلامية المبكرة، كبيت الحكمة في بغداد ودار الحكمة في القاهرة، ولعل أقدم الخزائن العربية هي خزانة الخليفة الأموي الحكيم خالد بن يزيد بن معاوية بن أبي سفيان، وقد ظلت محفوظة في البلاط االأموي حتى ولي الخلافة عمر بن عبد العزيز، ففتحها للناس للاستفادة منها. ومن المهتمين بالمكتبات أيضاً الوليد بن يزيد بن عبد الملك.

ويمكن تقسيم المكتبات في العالم العربي الإسلامي أقساماً ثلاثة: مكتبات عامة، ومكتبات بين العامة والخاصة، ومكتبات خاصة. أما المكتبات العامة فقد أنشئت بالمساجد لتكون في متناول الدارسين فيها والوافدين إليها، ثم أنشئت في المدارس عندما بدأت بالظهور. ومن أشهر المكتبات العامة بيت الحكمة ويرجع تأسيسها إلى الخليفة هارون الرشيد، ووصل نشاطها إلى ذروته في عهد المأمون

---

(١) محمد أسعد طلس، التربية والتعليم في الإسلام، بيروت، دار العلم للملايين، ١٩٥٧، ص١٢٣، ١٢٤.

الذي كان واسع الثقافة، حر التفكير، وله شغف بالعلوم والآداب. ثم هناك المكتبة الحيدرية بالنجف، وسميت الحيدرية نسبة إلى حيدر وهو اسم الإمام علي بن أبي طالب ومكتبة ابن سوار بالبصرة، وقد أسسها أبو علي بن سوار الكاتب، وهو من رجال عضد الدولة، ومكتبة خزانة سابور، وقد أنشأها أبو نصر سابور بن اردشير عام ٣٨٣هـ وهناك خزانة كتب الوقف بمسجد الزيدي، وهو أبو الحسن علي بن أحمد المتوفي ببغداد عام م٥٧٥هـ ودار الحكمة بالقاهرة، وقد أنشأها الحاكم بأمر الله الفاطمي بالقاهرة، وتم افتتاحها يوم السبت العاشر من جمادى الآخرة سنة ٣٩٥هـ هذا بالإضافة إلى مكتبات المدارس في العراق وخراسان وسورية ومصر التي زودت بمجموعات من الكتب تختلف في حجمها تبعاً لمكانة المدرسة وللأوقاف عليها.

أما المكتبات بين العامة والخاصة فقد أنشأها الخلفاء والملوك تقرباً للعلم، وتظاهراً على أنهم من أهله، وجعلوا دخولها مباحاً لطبقة خاصة من الناس وهم الوجهاء وبإذن خاص من صاحبها، ومن أشهرها مكتبة الناصر لدين الله الذي حكم من سنة ٥٧٥هـ إلى سنة ٦٢٢هـ ومكتبة الخليفة المستعصم بالله آخر الخلفاء العباسيين، وقد تولى الخلاقة عام ٦٤٠هـ وقتله المغول عقب سقوط بغداد عام ٦٥٦هـ، ومكتبة الخلفاء الفاطميين بالقاهرة وقد حوت حوالي ٢ مليون كتاب في مختلف العلوم.

أما المكتبات الخاصة فقد أنشأها العلماء والأدباء لاستعمالهم الخاص، وكانت كثيرة العدد واسعة الانتشار، ومن أشهرها مكتبة الفتح بن خاقان وزير المتوكل العباسي، ومكتبة حنين بن اسحق ٢٦٤هـ وهو أبرز الأطباء والمترجمين في عهد المأمون، واعلم زمانه باللغة اليونانية والسريانية والفارسية بالإضافة إلى براعته في اللغة العربية، ومكتبة ابن الخشاب ٥٦٧هـ ومكتبة الموفق بن المطران ٥٨٧هـ الدمشقي، وكان حاد الذهن فصيح اللسان، كثير الاشتغال والتصانيف في الطب، وقد خدم بطبه الملك الناصر صلاح الدين، ومكتبة جمال الذين القفطي وهو الوزير القاضي جمال الدين أبو الحسن ولد بمصر وأقام بحلب، وكان يجيد الكثير من العلوم، وتوفي عام ٦٤٦هـ ومكتبة المبشر بن فاتك وتوفي في نهاية القرن الخامس، وهو الأمير أبو الوفاء من أعيان مصر وأفاضل علمائها، ومكتبة افرائيم الزفان حوالي (٥٠٠هـ)، وهو من أطباء مصر المشهورين، خدم الخلفاء ونال منهم أحسن العطايا، وقرأ صناعة الطب على ابي الحسن علي بن رضوان فكان من أجل تلاميذه، ومكتبة عماد الدين الاصفهاني.

رابعاً- الخوانق والربط والزوايا والبيمارستانات:

وهي أماكن للتعليم عند المسلمين إلى جانب الأغراض الأخرى التي أُنشئت من أجلها. والخانقاة أو الخانكاة أيضاً وتجمع على خوانق وخوانك، وهي كلمة فارسية الأصل وتعني البيت. وكانت تبنى غالباً على شكل مساجد الصلاة، إلا أن فيها غرفا عديدة لمبيت الفقراء والصوفية وبيتاً كبيراً لصلاتهم مجتمعين للقيام بأورادهم وأذكارهم. ولا يكون فيها غالباً منبر لأن صلاة الجمعة لا تقام فيها إلا نادراً. وكانت تعطى في بعض الخوانق دروس في الفقه والدين والعربية والتصوف والحديث، كما كانوا يجعلون فيها خزائن للكتب والمصاحف القرآنية والربعات، وربما وضعوا فيها بعض الكتب الفلكية وآلاتها.

والرباط في الأصل مصدر رابط مرابطة إذا لازم ثغر العدو. وقد أطلق لفظ الرباط على نوع من الثكنات العسكرية التي تبنى على الحدود الإسلامية وقرب الثغور يقيم فيها المرابطون. وبمرور الزمن تطور معنى هذه الكلمة فأصبحت تطلق على الأمكنة التي يرابط فيها من نذروا أرواحهم للجهاد في سبيل الله ونصرة دينه. وكما جعلوا في الخانقاة شيخاً ومدرسين وقراء فكذلك جعلوا في الرباط.

أما الزاوية فهي كالرباط والخانقاة إلا أنها اصغر في الغالب، وهي أكثر ما تكون في الصحارى والأماكن الخالية من السكان، وربما أطلقت الزاوية على ناحية من نواحي المساجد الكبرى تقام فيها بعض حلقات العلم، على نحو ما كان موجوداً في جامع عمرو بن العاص. وكانوا يقفون هذه الزوايا ومثلها التكايا على الفقراء الصوفية ويجعلون لها شيخاً واحداً أو أكثر ويحددون من يباح لهم الإقامة الدائمة فيها ومن يحق لهم البقاء مؤقتاً.

أما البيمارستان وتخفف على شكل مارستان، وهي كلمة فارسية معناها المستشفى. وتتألف هذه الكلمة من المقاطع التالية، (بي) ومعناها بدون، و(مار) معناها الحياة أو الحيوية و (ستان) ومعناها مكان. فمعنى الكلمة جميعها "مكان المرضى". وقد أطلقت الكلمة في الأصل على كل مستشفى ثم خصصت بمستشفى المجاذيب. وأول من عمل البيمارستانات في الإسلام الوليد بن عبد الملك سنة ٨٨هـ وجعل فيها الأطباء وأجرى عليهم الجرايات. وكانوا يقدمون في هذه البيمارستانات الأدوية والعقاقير والأكحال، ويجعلون فيها الأطباء والكحالين والجراحين والخدم وكل ما تحتاج إليه المشافي من عدد وآلات، وربما جعلوا في بعضها خزائن الكتب وغرفاً وإداريين ومعاهد لتدريس الطب والصيدلة وما إليها، وربما ألحقوا مكان التدريس بجانب البيمارستان ليكون الطلاب في جو هادئ. وممن فعل ذلك الخليفة المستنصر العباسي، فإنه جعل في مدرسته المستنصرية

العظمى معهداً لتدريس الطب والصيدلة، وإلى جانبه شاد البيمارستان ليطبق الطلاب علومهم النظرية على مرضى المستشفى. كما بنى الملك المنصور قلاوون الالفي الصالحي البيمارستان الكبير المنصوري في القاهرة عام ٦٨٢هـ وجعل فيه قبة ومدرسة وبيمارستانا، ومكاناً توزع فيه الأدوية والأشربة، ومكاناً يجلس فيه رئيس الأطباء لإلقاء الدروس في الطب. وهناك مستشفيات كثيرة في الإسلام فيها حلقات لتدريس الطب، وفيما بعد أصبح من يود امتحان الطب أن يتقدم إلى رئيس الأطباء بأطروحة يناقش فيها حتى يحصل على إجازة الممارسة.

المدرسون:(١)

عُني المسلمون في العصور الوسطى بتلقي العلم عن المدرسين عناية شديدة، وكرهوا كثيراً أن يتلقى الطالب العلم عن الكتب وحدها. وكان بعضهم يقول: من أعظم البلية تشييخ الصحيفة، أي أن يتعلم الناس من الصحف. وورد في كتاب الشكوى لمؤلف مجهول "من لا شيخ له فلا دين له، ومن لم يكن له أستاذ فإمامه الشيطان". وقد تحدث المسلمون كثيراً عن علاقة البيت بالمدرسة، وأهمية الدور الذي يلعبه البيت حتى يتم نجاح الطالب. وقد عبر الزرنوجي بدقة عن العلاقة التي يجب أن تقوم بين البيت والمدرسة بقوله "يحتاج في التعلم إلى جد الثلاثة: المتعلم والأستاذ والأب".

ولم يكن المعلمون في بداية عهد الدولة الإسلامية خاضعين للحكومات، ولم يكونوا معينين من قبل الدولة، وإنما كانوا يؤدون عملهم طلباً للثواب من الله كما كان الرسول يفعل من قبل، واتخذ هؤلاء من المسجد مكانهم المختار يجلسون فيه ويلتف الناس حولهم فيأخذون من علمهم ويستفيدون من ثقافتهم.

ثم بدأ تدخل الحكومات عندما اقترح القائمون بالأمر موضوعاً للتدريس، أو عندما شيدت الحكومات معاهد تعليمية فعينت لها المدرسين ونظمت لهم الأجور. وكانت القصص أول موضوع اقترحته حكومة إسلامية واحتضنته. ثم سار تدخل الحكومات قدماً، وأصبح أكثر وضوحاً عندما ظهرت المؤسسات التعليمية التي شيدتها الدولة. فعندما شيد العباسيون بين الحكمة في بغداد وعينوا له العلماء الأجلاء للترجمة والإشراف، ورتبوا لهم المرتبات والأجور السخية، أصبح لهم كامل الحق في السيطرة على البيت وتوجيهه كما يشاؤون. واتضح تدخل الدولة سافراً في المؤسسات التعليمية التي أنشأها الفاطميون في القاهرة لنشر المذهب الشيعي. كما ظهر جلياً عندما أنشأ نظام الملك مدارسه في العالم الإسلامي، ورتب

(١) أحمد شلبي، تاريخ التربية الإسلامية، مرجع سابق، ص ١٨٩-٢٦٧.

فيها المدرسين والعلماء بأجور سخية منظمة كي يكافحوا المذهب الشيعي الذي انتشر في عهد البويهيين، وهكذا فعل نور الدين في الشام، وصلاح الدين في مصر، واقتدى بهما كثير من أقاربهما وأتباعهما. كما سار على نفس المنهج الخليفة المستنصر العباسي في مدرسته المستنصرية لتعقد فيها الحلقات العلمية على المذاهب الأربعة. وينبغي أن يكن واضحاً أن تدخل الحكومات كان خاصاً بالمدرسين الذين عينتهم ودفعت لهم أجورهم، دون أن تتدخل بعمل العديد من المدرسين الذين ظلوا يجلسون بالمساجد يعلمون من يفد إليهم من الناس بكل حرية.

أما المستوى الاجتماعي للمدرسين فقد كان حسناً على العموم، رغم ما رواه الجاحظ من أحاديث عن المعلمين كقوله أحمق من معلم كتاب، وما رواه عن بعض الحكماء أنه قال: لا تستثيروا معلماً ولا راعي غنم ولا كثير العقود مع النساء". وهذا الوضع يقتصر على معلمي الكتاتيب فقط، أما الفئات الأخرى من مؤدبين ومعلمين بالمساجد والمدارس فقد نالوا الكثير من الاحترام والتقدير، ودافع عنهم الجاحظ في كتابيه "رسالة المعلمين" و "البيان والتبيين". وينبغي أن نعترف أنه كان بين معلمي الكتاتيب من احترف هذه المهنة بثقافة ضحلة أو بدون ثقافة، وبأخلاق سيئة دعت إلى احتقارهم والتقليل من شأنهم والسخرية منهم، يؤيد ذلك القصص العديدة التي تروى عن جهلهم:

أما حالة المدرسين المالية فقد اختلفت من عصر إلى آخر ومن مكان إلى مكان آخر. فقد كان أخذ الأجر على التعليم في بداية عهد الإسلام مستقبحاً، وإنما كان طلباً للأجر والثواب كما فعل الرسول والصحابة والتابعين من بعده. وبمرور الزمن أصبح أخذ الأجر على التعليم شيئاً عادياً وغير مستهجن سيما بعد أن رتب نظام الملك الأجور للمدرسين في نظامياته. أما إذا تحدثنا عن الحالة المادية للمعلمين طائفة طائفة، لوجدنا أن أجور معلمي الكتاتيب كانت في الجملة شحيحة، وتتوقف على حالة الطفل وقدرة أهله المالية. أما الفئة من المعلمين وهم المؤدبون فقد نعموا بالغنى والرخاء اللذين تمتع بها العظماء، وفاتحة خير على المؤدب وعلى ذويه. كما تمتع المعلمون بالمدارس بمستوى مالي مرموق وعاشوا في بحبوحة من العيش بسبب المرتبات الشهرية المجزية التي تقاضوها من الخزانة العامة أو من إيراد الأوقاف على هذه المدارس.

وترتبط بوظيفة المدرس وظيفة المعيد، فهو من حيث مكانته وعمله يقع دون الشيخ وأعظم درجة من عامة الطلبة، وهو الذي يعيد الدرس بعد إلقاء الشيخ الخطبة أو المحاضرة على الطلاب في المدرسة. ومنذ العهد الأيوبي أصبح منصب المعيد مرموقاً، وقل أن خلت منه مدرسة من المدارس التي أُنشئت في ذلك العهد.

وقد اشترط المؤلفون المسلمون: أمثال القلقشندي والزرنوجي وابن جماعة والغزالي وغيرهم شروطاً عديدة في معلمي المدارس وتحدثوا عن أخلاقهم وصفاتهم وواجباتهم يمكن إجمالها فيما يلي:

- أن لا يتصدى الشخص لهذا المنصب العلمي إلا بعد أن يستكمل عدته ويشهد له بذلك أفاضل أساتذته وكبار علماء عصره.
- أن لا يمتنع عن تعليم أحد من الطلاب إذا أنس منه الفهم بالتدريج.
- أن يطرح على الطلاب أسئلة كثيرة لمعرفة ما استوعبوه من مقرراته.
- أن يصون مجالس درسه عن الغوغاء وسوء الأدب مراعياً مواعيد الدروس، وأن لا يدعي علم ما يجهل.
- أن يبدأ مع طلابة بالمهم من الدروس، وأن يكون مطلق الحرية في توجيهم ما لم يخالف روح الشريعة.
- أن يكون مهذباً متديناً متحلياً بالأخلاق النبيلة، كاظماً لغيظه حليماً وقوراً رفيقاً بطلابه.
- أن يتقيد بشروط واقف المدرسة منفذاً لرغباته، إلا إذا كانت مخالفة الشروط فيها مصلحة الطلاب.
- أن يكون حريصاً على حفظ أثاث المدرسة وكتبها وأدواتها وأن يوحي للطلاب بذلك.

أما الأوصاف التي أوردها القلقشندي للمدرس فهي قريبة جداً من الشروط التي تتطلبها معاهد التربية في الاختبارات المهنية التي يجرونها لراغبي الالتحاق بها ليعدوا أنفسهم لوظيفة التدريس. فهو يشترط في المدرس من الصفات الجسمية حسن القد، ووضوح الجبين، وسعة الجبهة، وانحسار الشعر فيها. ويشترط له من الصفات العقلية، العقل، وثقافة الذهن، وحدة الفهم.و يشترط من الصفات الخلقية العدل، والعفة، وسعة البال، في الفضل.

وبمناسبة الحديث عن المعلمين لابد لنا أن نتحدث عن الإجازات العلمية التي تمنح لهم. فلم تكن هذه الإجازات معروفة في العهد الأول للإسلام، إلا أن رواية الحديث نالت عناية فائقة عند المسلمين فاقت سواها من العلوم. وللدقة في

ذلك كان المحدثون منذ عهد مبكر يمنحون طلابهم الذين يأخذون عنهم شهادة بما رووا لهم من أحاديث يجيزون لهم روايتها عنهم. ثم انتقل هذا من الحديث إلى سواه من العلوم، فإذا ثابر الطالب على الاستماع لأمالي الشيخ في الأدب أو التاريخ أو غيرهما، أو لشرح يقوم به المدرس لكتاب ما وتأكد المدرس من استفادة الطالب كتب له شهادة على الورقة الأولى أو الأخيرة من الكتاب يقول فيها مثلاً "أتم فلان قراءة هذا الكتاب.. وأجزت له تدريسه..". ومن الحق أن نوضح أن لفظ (سماع) هو اللفظ الاصطلاحي الذي يطلق على الشهادات التي وردت لها بعض النماذج والتي تمنح بعد أن يتم الاتصال بين المدرس والطالب فيسمع هذا من ذاك ويمنح سماعاً يبيح المدرس فيه للطالب أن يروى عنه ما رواه له. أما لفظ الإجازة في الاصطلاح فيدل على إذن يمنح بدون تعليم، يمنحه شيخ إلى آخر يجيز فيه الأول للثاني رواية أحاديث معينة رواها الأول أو تدريس كتاب الله.

أما ما يتعلق بملابس المدرسين، فقد حذا الخلفاء والفقهاء والولاة حذو ملابس الرسول (ص) حتى قيام الدولة الأموية. وهي ملابس سهلة يسيرة بيضاء اللون تتكون في الغالب من إزار وسراويل وقميص وعباءة وعمامة وخفين. فلما قامت الدولة الأموية بدأ خلفاؤها والعظماء فيها يقلدون لباس الدول التي خضعت للإسلام من فرس وروم. وبقيام الدولة العباسية تأثر الخلفاء بالزي الفارسي ولبسوه حتى صار الخليفة هارون الرشيد فاتخذوا له زياً خاصاً. وكان أبو يوسف أول من غير لبس العلماء واقترح لتمييزهم عن الآخرين عمامة سوداء وطيلساناً أو طيلساً، صار منذ ذلك الوقت ضرورياً للمدرسين والفقهاء.

وقد يبدو غريباً أن نتحدث عن نقابات المعلمين عند العرب المسلمين، غير أن ما وصلنا من نصوص صريحة سجلتها المصادر العربية، تدل على أن المسلمين في العصور الوسطى عرفوا النقابات بمختلف أنواعها، حتى الكناسين كانت لهم نقابة ترعى شؤونهم وتدافع عن حقوقهم. أما المعلمون فقد دلت النصوص على وجود نقابات لهم، ويروي أبو شامة في "الروضتين" ما يفيد أن جماعة المدرسين هم الذين كانوا يختارون النقيب ولا يتدخل السلطان إلا إذا وقع خلاف بين الأعضاء لإحلال الوفاق والإصلاح بينهم.

التلاميذ: [1]

برهن الطلاب المسلمون على حماسة منقطعة النظير في طلب العلم، رغم الصعوبات التي واجهتهم في طلبه والعقبات التي وقفت في طريقهم. وهذا راجع

_____

(١) عبد الله عبد الدايم، التربية عبر التاريخ، مرجع سابق، ص ١٧٧-١٧٩.

إلى تشجيع آيات القرآن الكريم، وأحاديث الرسول عليه السلام، ثم الأمثال والأقوال التي تنسب إلى حكماء المسلمين وقادتهم.

يحدثنا ابن جماعة في كتابه القيم "تذكرة السامع عن أهم الصفات التي ينبغي أن يتحلى بها طالب العلم وهي:

- أن ينتخب الطالب لنفسه من المدارس ما كان واقفه أقرب إلى الورع، ووقفها أقرب إلى الحلال.
- أن يكون المدرس فيها ذا رياسة وعقل ومهابة وجلالة وناموس وعدالة ومحبة في الفضلاء وعطف على الضعفاء.
- أن يتعرف شروط الواقف ليقوم بحقوق المدرسة ويستحق معلوم الراتب بحق.
- إذا حصر الواقف سكنى المدرسة على المرتبين بها لم يكن غيرهم فيها، وإذا لم يحصر فلا بأس سكنى المستحقين على أن يكرم أهلها.
- أن لا يشتغل فيها بالمعاشرات والصحبة إلا إذا عاشر من يعينه على تحصيل مقاصده من الأمناء، وأن يجعل الدرس همه.
- أن يكرم أهل المدرسة التي يسكنها بإفشاء السلام وإظهار المودة والاحترام.
- أن يختار لجواره أصلح الطلاب حالاً وأكثرهم اشتغالاً، والمساكن العليا للأقوياء الأصحاء، أما السفلى فللضعفاء.
- أن يحافظ على أثاث المدرسة من الإتلاف والتوسيخ.
- أن لا يتخذ باب المدرسة مجلساً إلا للحاجة، ولا يجلس في الدهليز، وأن لا يكثر من المشي في ساحة المدرسة من غير حاجة.
- أن لا ينظر في غرفة أحد الطلاب من شقوق الباب، وأن لا يكثر من الإشارة والالتفات إلى النوافذ إذا كان بها نساء.
- أن يتقدم الطلاب على المدرس في حضور الدرس ويكونوا في أحسن الهيئات.

أساليب التربية والتعليم عند المسلمين: [1]

عني المربون المسلمون بطرق التعليم وأساليبه، وكانت لهم وجهات نظر ومذاهب في ذلك. وسنورد في هذا المقام عرضاً موجزاً لبعض الطرق والأساليب والمبادئ في تعليم الصغار والكبار في التربية الإسلامية:

سن التعليم: قال عليه الصلاة والسلام "اطلبوا العلم من المهد إلى اللحد". لذا لم يكن هناك سن محدودة لطلب العلم، بل كان كل مسلم يدرك أن من واجبه أن يطلب العلم ما أتيح له ذلك في أي فترة من فترات عمره، حتى ولو كان شيخاً تقدمت به السن. إلا أن المربين المسلمين كانوا يدركون أن التبكير في طلب العلم له فائدة كبيرة وجدوى عظيمة بسبب نشاط الجسم وصفاء النفس، وفراغ البال. ولذا آثروا أن يكون طالب العلم شاباً، وأن يكون عزباً، واستحبوا التغرب عن الأهل والبعد عن الوطن، تفرغاً لواجبات العلم، ومهما يكن من أمر فقد كان المسلمون يرون ن العلم يطلب "من المهد إلى اللحد" كما جاء في الحديث الشريف، ولم تكن هناك عندهم سن محددة لطلب العلم. ومما يرويه ابن قتيبة في عيون الأخبار "لا يزال المرء عالماً ما طلب العلم فإذا ظن أنه علم فقد جهل". وهذا الرأي يتفق مع الآراء الحديثة التي ترى أن التربية تبدأ مع الحياة وتنتهي بانتهائها، بل تبدأ قبل الولادة، عن طريق العناية بالأم.

العقل والجسم: أدرك المسلمون في عصورهم الأولى أن هناك صلة وثيقة بين الجسم والعقل، وقد عبروا عن هذه الصلة بالحكمة القائلة "العقل السليم في الجسم السليم". ومن أجل هذا عنوا بالجسم، وخففوا عنه الأعباء، ليستطيع أن يحمل النفس الكبيرة، ويساعد العقل على الدرس والتحصيل، والتعلم والتعليم.

وقد اتبعت هذه المبادئ في المعاهد التعليمية، وأدرك المربون المسلمون أن الجسم المجهد أو المريض لا يساعد العقل على الفهم. وأوصى الأصفهاني في كتابه محاضرات الأدباء بترفيه النفس في طلب العلم محذراً الطالب من مواصلة الدرس والجهد دون أن يتخلل ذلك راحة ورياضة، فهذا الجهد المتواصل تكون نتيجته الفشل. ويستشهد الأصفهاني بالحديث الشريف "إن المنبت لا أرضاً قطع ولا ظهراً أبقى". ويضيف الأصفهاني أن على الطالب أن يواصل الدرس ما نشط عقله وفطن، فإذا أحس في عقله فتوراً فليتوقف عن العمل ويلجأ إلى اللعب. وقد لجأت المعاهد التعليمية الإسلامية إلى الإجازات توكيداً لراحة التلاميذ وتجديداً لإقبالهم على العلم. فكان التلاميذ يمنحون إجازة يوم الجمعة ونصف يوم الخميس من كل أسبوع، كما

---

(١) المرجع السابق، ص ١٨٣-١٩٩.

كانوا يمنحون إجازات أخرى في مناسبات مختلفة أهمها إجازة عيد الفطر وعيد الأضحى.

طريقة التعليم: تعتمد طريقة التعليم عند المسلمين إجمالاً على التلقين والحفظ، ولا سيما في تعليم القرآن الكريم. وقد كانوا يفخرون بالعلم الذي حوته الصدور لا بالعلم الذي حوته السطور. بل كان بعض علماء المسلمين يرى البدء بالحفظ قبل الفهم، فكان يقال: أول العلم الصمت، والثاني الاستماع، والثالث الحفظ، والرابع العقل، والخامس النشر.

وقد أدرك المربون المسلمون أهمية التدرج في التعليم، وتقريب العلم من أذهان المتعلم شيئاً بعد شئ، يؤكد ذلك ابن خلدون في مقدمته، الفصل التاسع والعشرين.

وطريقة التعليم عند المسلمين "طريقة فردية"، محورها الفرد، وميوله واستعداداته، يعنى فيها المدرس بكل طالب على حدة، لا إلى الطلاب جميعاً. وهنا تلتقي التربية الإسلامية مع التربية الحديثة التي تأخذ بتفريد التعليم. وينصح المربون المسلمون المتعلم دائماً أن لا يخلط علمين في وقت واحد، وأن يتفرغ إلى العلم الواحد حتى يتقنه ثم ينتقل إلى غيره. كما تتميز طريقة التعليم في المراحل العالية بكثرة النقاش والأسئلة بين الطلاب والأساتذة بعد الانتهاء من إلقاء المحاضرة، وكذلك شيوع طريقة المناظرة، على أن يكون غرض المتناظرين البحث العلمي وبلوغ الحق، لا الجدل الخالص وحب الانتصار على الخصم، وأن يكون المتناظران عالمين بارعين متسامحين غير حقودين ولا غيورين ولا مرائيين. ومن الأساليب المشهورة عند المربين المسلمين توجيه التلاميذ على حسب مواهبهم وميولهم، بل لم يقفوا عند هذا الحد، بل خطوا خطوة أخرى، فأشاروا إلى ضرورة إعادة توجيه التلميذ إذا استبان خطأ توجيهه في البداية.

العقاب والثواب: اهتم المربون المسلمون في جميع عصور التربية بأمر عقوبة الطفل، على أن تبدأ بالإنذار فالتوبيخ فالتشهير فالضرب الخفيف. كما أباح آخرون الضرب والعقوبة الجسدية الشديدة إذا ما تجاوز الطفل حدود المعقول ولم تنفع فيه الأساليب السابقة. والعقوبة عند المربين المسلمين نوعان: روحي وبدني، وإيقاعها لا يتم إلا ضمن شروط محددة، كأن يتجاوز الطفل سن العاشرة من عمره، واستعمال العصا الرطبة المأمونة على أن يتم الضرب على الأفخاذ وأسافل الرجلين لا الرأس والوجه، كما لا يتم إيقاعها إلا عند الضرورة القصوى وبلا تشف.

والثواب كذلك نوعان: معنوي ومادي. فالمعنوي كالمدح والتشجيع والمادي كالجوائز التي تستحق نتيجة التفوق في المسابقات، والمكافآت التي يستحقها الطالب بدون مسابقات.

مراحل التعليم: تنقسم مراحل التعليم في أيامنا هذه في معظم دول العالم إلى أربع: التعليم الابتدائي، والتعليم الثانوي، والتعيلم الجامعي، والأبحاث والدراسات العليا. وقد عرف المسلمون في الواقع ما يشبه هذه المراحل التعليمية الأربع. فقد وجد التعليم الابتدائي في الكتاب. كما وجد في حوانيت الوراقين والصالونات ومنازل العلماء ما يشبه التعليم الجامعي اليوم. أما المسجد فقد وجدت فيه المرحلتان الثانية والثالثة. أما المرحلة الرابعة، مرحلة الأبحاث والدراسات العليا، فقد عرفها المسلمون دون شك. ومن أبرز الشواهد عليها ما كان يجري في بيت الحكمة، وفي بيت بني شاكر وغيرهم من أبحاث، وما توصلت إليه هذه المراكز العلمية من اكتشافات علمية وما خرجته من علماء مشاهير.

مناهج التعليم وموضوعات الدراسة: (١)

تختلف مناهج التعليم وموضوعاته تبعاً لاختلاف أمكنة التعليم. فما يعلم في الكتاب غير ما يعلم في المسجد أو المدرسة. وما يعطيه المؤدب غير ما يقدم في الصالونات الأدبية، أو في بيت الحكمة أو حوانيت الوراقين.

ولقد سبق أن ذكرنا اختلاف مناهج الكتاتيب باختلاف البلدان الإسلامية، كما أشار إلى ذلك ابن خلدون في مقدمته. على أن التعليم في المرحلة الأولية، لم يقتصر على الأخذ ببعض العلوم واكتساب المهارات الجسمية، بل تعدى ذلك إلى التربية الخلقية. فقد تنبه المسلمون إلى أهمية السنوات الأولى من حياة الطفل في تقويم نشأته واكتسابه العادات والصفات الحميدة. ويظهر هذا خاصة في كتب ابن الجوزي وابن مسكوية وابن سينا والغزالي.

أما في المرحلة الثانوية والعالية فقد تعددت المناهج كما تعددت المناهج كما تعددت في المرحلة الأولية، ولم يكن الطالب مقيداً بدراسة مواد معينة، كما لا يفرض عليه الأستاذ منهجاً خاصاً. على أن ذلك لم يحل دون وجود مواد مشتركة بين جميع المناهج هي المواد الدينية واللغوية. ويمكن تقسيم المناهج إلى قسمين رئيسيين: المناهج الدينية الأدبية والناهج العلمية الأدبية. أما المناهج الدينية الأدبية فيلخصها الخوارزمي في كتابه مفاتيح العلوم فيما يلي:

---

(١) المرجع السابق، ص ٢٠١-٢١٧.

١- علم الفقه الذي يبحث في الصلاة والصوم والزكاة والزواج والبيع والشراء، الخ.

٢- علم النحو

٣- علم الكلام

٤- الكتابة

٥- العروض

٦- علم الأخبار وخصوصاً تاريخ الفرس والإسلام واليونان والرومان.

وفي حالات كثيرة كان يدرس الحساب نظراً لفائدته في الميراث ومعرفة التقويم.

أما النوع الثاني من المناهج، نعني المناهج العلمية الأدبية، فيساير ظهورها المرحلة الثانية من نمو الفكر الإسلامي، بدءا من النصف الأخير من القرن الثاني للهجرة حتى القرن الرابع، حيث بلغ التقدم ذروته. ويلخص الخوارزمي هذه العلوم غير الإسلامية كما يلي:

١- العلوم الطبيعية وتشمل الطب بفروعه من تشريح وعلم تشخيص الأمراض، وعلم العقاقير والعلاج، والتغذية الخ، ثم علم المعادن والمناجم، والنبات، والحيوان، وكيمياء تحويل المعان إلى ذهب (السيمياء).

٢- العلوم الرياضية: وتشمل الحساب والجبر والهندسة وعلم الفلك والموسيقى والميكانيكا (علم الحيلة) وعلم الآلات الرافعة، الخ.

٣- المنطق والفلسفة.

تصنيف العلوم عند العرب:[(١)]

لعل أقدم مؤلف عربي تعرض للبحث في هذا الأمر هو المعلم الثاني الفيلسوف أبو نصر- الفارابي محمد بن محمد بن اوزلغ (-٣٣٩) فقد ألف رسالة في هذا البحث سماها "مراتب العلم" أو "إحصاء العلوم". وقد شاعت هذه الرسالة بين

---

(١) محمد أسعد طلس، التربية والتعليم في الإسلام، مرجع سابق، ص ١٧٦، ١٧٧.

الفلاسفة والمربين فاعتمدها بعده كل من أراد البحث في تصنيف العلوم وتبويبها. وقد بين الفارابي طريقته في التصنيف في مقدمة رسالته حيث قال: قصدنا في هـذا الكتـاب أن نحصي ـ العلوم المشـهورة علمـاً علمـاً ونعرف جمل ما يشتمل عليه كل واحد منها، وأجزاء كل ما لـه منهـا أجـزاء وجمـل مـا في كـل واحـد مـن أجزائه ونجمله في خمسة فصول:

الأول: في علم اللسان وأجزائه.

والثاني: في علم المنطق وأجزائه.

والثالث: في علوم التعليم وهي العدد والهندسة وعلم المناظر، وعلوم النجوم التعليمـي، وعلـم الموسـيقى، وعلم الأثقال، وعلم الحيل.

والرابع: في العلم الطبيعي وأجزائه، وفي العلم الالهي وأجزائه.

والخامس: في العلم المدني وأجزائه، وفي علم الفقه وعلم الكلام.

والفارابي في هذه المقدمة لم يبين لنا الطريقة التي اتبعها في تصنيف هذه العلوم كما نجده عنـد من جاءوا بعده من الفلاسفة والمربين مثل ابن سينا في "الشفاء" الـذي أحصى ـ فيـه العلـوم وفصـل الكـلام عليها، ومثل جماعة اخوان الصفا الذين كـانوا في البصـرة في النصـف الثـاني مـن القـرن الرابـع في رسـائلهم الاثنتين والخمسين التي ذكروا فيها العلوم وقسموها إلى أقسام أربعة: رياضية، وطبيعية، ونفسانية، والهية، ومثل ابن حزم في كتابه "مراتب العلوم وكيفية طلبها". ومثل الفخـر الـرازي في كتابـه "حـدائق الأنـوار في حقائق الأسرار" الذي أحصى فيه العلوم الإنسانية وابلغها إلى نحو ستين علماً.

وقد اتبع الفارابي في ترتيب العلوم كـما ارتـأى الطريقـة الطبيعيـة أو المنطقيـة. فقـد قـدم علـم اللسان وما يتبعه من لغة ونحو وصرف وغيرها، ثم أتبعه بعلم المنطق. وكـما أن علم اللسان يقوم اللسـان فكذلك علم المنطق يقوم العقل، هما في الحقيقة ليسا علمين مقصودين وإنما هما آلتان تخدمان العلوم. أما العلوم الحقيقية فهي نوعان:

علوم نظرية: وهي علم التعاليم (علم الرياضة)، وعلم الطبيعة، وعلم ما بعد الطبيعة (الالهي).

وعلوم عملية: وهي العلم المدني، وعلم الفقه، وعلم الكلام.

أما علم اللسان فهو سبعة أقسام:

- علم الألفاظ المفردة في لغة أمة ما من أصيل ودخيل.
- علم قوانين الألفاظ المفردة من معاني الألفاظ واشتقاقها وصرفها ونحو ذلك.
- علم قوانين الألفاظ المركبة التي صنفها خطباؤهم وكتابهم وشعراؤهم.
- علم قوانين الألفاظ عندما تتركب في أطراف الكلم أو في أحوال التركيب.
- علم قوانين الكتابة والإملاء.
- علم قوانين القراءة.
- علم الأشعار وأوزانها وقوافيها وألفاظها.

أما علم المنطق فهو الصناعة التي من شأنها أن تقوم العقل وتسدد الإنسان نحو الصواب في كل ما يمكن أن يغلط فيه من المعقولات.

هذه هي أصناف العلوم على ما ارتآه الفارابي، وقد تبع هذا التقسيم من بعده أكثر الفلاسفة والمربين الذين كتبوا في تصنيف العلوم، وذلك لسهولته وانتظامه. ولعل أفضل من بحث في هذا المجال من العلماء المتأخرين، ودقق فيه وأجاد في تعريفه وتقسيمه العلامة المولى أحمد بن مصطفى طاش كبرى زادة حيث قسم العلوم إلى دوحات سبع.

المبادئ التي تتحكم في اختيار المنهج: (١)

تستند المناهج في التربية الحديثة على مجموعة من الأسس أهمها: الأسس الاجتماعية والنفسية والفلسفية والمهنية والقومية وغيرها. أما المربون المسلمون فقد استندوا في اختيارهم لمناهج الدراسة إلى أسس مختلفة واعتبارات متعددة، يمكن تلخيصها فيما يلي:

١- قيمة المادة من الوجهة الدينية: وهذه وظيفة الالهيات والعلوم الدينية. ذلك أن أشرف العلوم هي معرفة الله وصفاته اللائقة به.

---

(١) عبد الله عبد الدايم، التربية عبر التاريخ، مرجع سابق، ص ٢١٠-٢١٧.

وهكذا نرى الفارابي يضع الالهيات في المرتبة الأولى من الشرف والأهمية ويعتبرها أسمى العلوم وأعظمها، ويضع في المرتبة الأخيرة العلوم الطبيعية أو الفنون والصناعات العملية. ويذكر ابن عبد البر في "جامع بيان العلم" أن العلوم عند أهل الديانات ثلاثة: علم أعلى وعلم أسفل وعلم أوسط. فالعلم الأعلى عندهم هو علم الدين، والعلم الأوسط هو معرفة علوم الدنيا، كعلوم الطب والهندسة، والعلم الأسفل هو أحكام الصناعات وضروب الأعمال كالسباحة والفروسية والخط.

ومن خلال هذه الغاية نظر مربو المسلمين إلى بعض العلوم الأخرى. فهي عندهم ذات قيمة بقدر ما تؤدي إلى خدمة الهدف الأول، أي الهدف الديني. وقد اعتبر كثير من العلماء المسلمين دراسة أكثر العلوم، دينية كانت أو فلسفية، دراسة تؤدي إلى تحقيق الغاية الروحية والخلقية، ويظهر ذلك واضحاً في رسائل اخوان الصفا. وقد حاول علماء المسلمين دوماً أن يربطوا أي علم من العلوم بهدف ديني، وأن يردوا أصوله إلى الدين نفسه وأن يجددا ما يؤيده في القرآن والحديث. وهذا يدل على أن المكانة الأولى عندهم للدين وأن قيمة المواد التعليمية الأخرى تقاس بمقدار خدمتها للهدف الديني الأسمى.

٢- قيمة المادة من حيث أثرها التدريبي: يرى المربون المسلمون أن لبعض المواد قيمة تثقيفية تدريبية، وأنها تؤدي إلى إكساب عادات عقلية تنتقل إلى ميادين أخرى ومواد أخرى، كما يقول أنصار الدراسات الكلاسيكية من لاتينية ويونانية. وهكذا يقول مربو المسلمين عن المنطق بأنه آلة قانونية تعصم مراعاتها الذهن عن الخطأ في الفكر، أو أنه أصل كل علم وتقويم كل ذهن. وفيما يقوله الفارابي عن وظيفة المنطق أبرز شاهد على القيمة التدريبية للمادة. فهو يذكر أن صناعة المنطق تعطي جملة القوانين التي من شأنه أن تقوم العقل وتسدد الإنسان نحو طريق الصواب ونحو الحق في كل ما يمكن أن يغلط فيه من المعقولات.

ويؤكد هذا الرأي ابن خلدون في مقدمته عندما يتحدث عن العلوم العددية فيقول: "ومن أحسن التعليم عندهم الابتداء بها لأنها معارف متضحة وبراهين منتظمة فينشأ عنها في الغالب عقل مضيء درب على الصواب. وقد يقال من أخذ نفسه بتعليم الحساب أول أمره أنه يغلب عليه الصدق ويلازمه مذهباً".[(١)] ومما يجدر ذكره أن علماء المسلمين لم يستخدموا في الواقع القيمة التدريبية للمواد على نطاق واسع، سيما وأن نظرية الملكات لم تكن شائعة لديهم كما هو الحال في اوروبا في

(١) مقدمة ابن خلدون، ص ٤٨٣.

العصور الوسطى، ولم يقولوا بالتالي بتقسيم العقل إلى ملكات، ينتقل أثر التدريب من إحداها إلى الأخرى.

٣- قيمة المادة التثقيفية: عرف المسلمون معنى الثقافة من أجل الثقافة والعلم خالصاً لوجه العلم، وكانوا أبرز من تحدث عن لذة الاستمتاع العقلي والمتعة الناشئة عن إشباع ميل الإنسان الطبيعي إلى المعرفة. ولقد تحدث الكتاب المسلمون كثيراً عن لذة العلم في مؤلفاتهم. إذ يذكر حاجي خليفة في كتابه كشف الظنون "والعلم ألذ الأشياء وأفضلها. وشرف الشيء إما لذاته أو لغيره.. والعلم حائز للشرفين جميعاً لأنه لذيذ في نفسه فيطلب لذاته، ولذيذ لغيره فيطلب لأجله. أما الأول فلا يخفى على أهله أنه لا لذة فوقها لأنها لذة روحانية وهي اللذة المحضة. أما اللذة الجسمانية فهي دفع الألم في الحقيقة".[1] وقد أشار ابن خلدون في مقدمته إلى الدور التثقيفي للعلوم عند العرب، بالإضافة إلى قيمتها الدينية أو التدريبية.

٤- قيمة المادة النفعية المهنية: بالإضافة إلى اهتمام المربين المسلمين بالقيمة المعنوية للعلوم، لم يهملوا القيمة المادية النفعية للمواد الدراسية، وما توفره لأصحابها من عيش كريم، ودور بارز في القضاء على الفوارق الطبقية في المجتمع. ولهذا جعلوا للفنون والصنائع مكاناً في التعليم، وعنوا بإعداد الأفراد للمهن. وقد ذكر ابن خلدون في مقدمته أن العمل مفتاح النظر، وأن الصلة بين العمل والفكر صلة عضوية، على نحو ما يرى المربون المحدثون. فعن طريق اليد والصناعة يشحذ العقل ويزكو. وقد أيد ابن خلدون ذلك في الفصل الثالث والثلاثين من مقدمته وهو بعنوان "في أن الصنائع تكسب صاحبها عقلاً". ورغم نظرة المسلمين إلى التعليم كوسيلة من وسائل الكسب والرزق، وكإعداد للمهنة، فقد ظل العلم في نظرهم شيئاً رفيعاً يقصد لذاته أولاً ولنتائجه المعنوية ثانياً.

٥- قيمة المادة كأداة لدراسة علوم أعظم شأناً: هناك بعض العلوم اعتبرها المسلمون أداة لدراسة غيرها من العلوم الدينية، وسموها بعلوم الآلة. وأبرز هذه العلوم النحو والحساب والمنطق. وقد ذكر ابن خلدون في مقدمته "أن العلوم المتعارفة بين أهل العمران على صنفين: علوم مقصودة بالذات كالشرعيات من التفسير والحديث والفقه وعلم الكلام، وكالطبيعيات والإلهيات من الفلسفة، وعلوم آلية وسيلة لهذه العلوم كالعربية والحساب..". كما أشرنا سابقاً أن المربين المسلمين ينظرون إلى تعلم اللغة والنحو والشعر والأدب كأداة

(١) حاجي خليفة، كشف الظنون، ليبسك، ١٨٢٥، ص ١٦.

لتعليم القرآن الكريم وفهمه، كما تم تأليف كثير من الكتب اللغوية والتاريخية وغيرها شرحاً للأحاديث الشريفة.

تربية المرأة في الإسلام:[1]

اختلف المربون المسلمون حول ضرورة تعليم المرأة، رغم أن الإسلام ساوى بين الرجل والمرأة في الحقوق والواجبات. وانقسموا في هذه المسألة إلى فريقين: الفريق الأول يرى عدم تعليم المرأة غير الدين والقرآن الكريم، وينهى عن تعليمها الكتابة، لأن المرأة التي تتعلم الكتابة في نظرهم أشبه بأفعى تحتسي سماً. والفريق الثاني يرى ضرورة تعليم المرأة معتمداً على بعض الأحاديث النبوية. من هذه الأحاديث "طلب العلم فريضة على كل مسلم ومسلمة"، ومنها "أيما رجل كانت عنده وليدة فعلمها فأحسن تعليمها وأدبها فأحسن تأديبها ثم أعتقها وتزوجها فله أجران". ومما يذكر عن الرسول (ص) أن حض على تعليم أزواجه الكتابة. وقد دام هذان الرأيان المتعارضان مدة طويلة في العالم العربي الإسلامي، ولا يزال لهما بقية حتى يومنا هذا. إلا أن الرأي الثاني المؤيد لتعليم المرأة قد ساد وانتصر على الرأي الأول، سيما في عصر النهوض العربي والإسلامي، حيث تمكنت المرأة من بلوغ أقصى درجات العلم والمعرفة ولا سيما في الفترة الممتدة ما بين ظهور الإسلام وبين القرن الرابع أو الخامس الهجري، وباشتداد الصراع السياسي بين العباسيين والعلويين وانتشار الفساد والمجون وعدم الاستقرار في الدولة الإسلامية أبعدت المرأة عن التعليم إلا ما ندر.

أما مكان تعليم المرأة الحرة فقد كان يتم في المنازل على يد أحد أقاربها أو بمؤدب يعين لها طبقاً للرأي الغالب، دون أن تلتحق بالكتاب صبية أو تلتحق بحلقات الرجال شابة، كما هو الحال في الجواري.

وقد تفوقت المرأة العربية في الإسلام في العلوم الدينية، والآداب، والموسيقى والغناء، والطب، إلى جانب بعض العلوم الأخرى. ففي العلوم الدينية برزت النساء المسلمات في رواية الحديث، ومن أشهرهن عائشة أم المؤمنين زوجة الرسول الكريم، ونفيسة بنت الحسن بن زيد بن الحسن بن علي، والشيخة شهدة التي كانت تلقب "فخر النساء" التي كانت تحاضر للجماهير في مسجد بغداد، وزينب بنت عبد الرحمن الشعري العالمة التي أجازت ابن خلكان عام ٦١٠هـ وهو طفل، وعنيدة جدة أبي الخير التيناني الأقطع، وكريمة بنت أحمد المروزي التي قرأ عليها الخطيب البغدادي صحيح البخاري وغيرهن.

---

(١) عبد الله عبد الدايم، التربية عبر التاريخ، مرجع سابق، ص ٢٢٣-٢٢٧.

ومن أبرز من اشتهر من النساء في دراسة الأدب، زوجة الفرزدق، ورابعة العدوية المتصوفة الشهيرة، وزبيدة أم جعفر زوجة الرشيد التي كانت تنظم الشعر، وحمدة بنت زياد المؤدب وأختها زينب، وهما شاعرتان أديبتان من أهل الجمال والمال والمعارف والصون، وكانت حمدة تلقب بخنساء المغرب وشاعرة الأندلس، ومريم بنت أبي يعقوب الأنصاري الأديبة الشاعرة، وعائشة بنت أحمد قادم القرطبية، ولبنى كاتبة الخليفة الحكم بن عبد الرحمن، وولادة بنت الخليفة المستكفي بالله؛ وغيرهن كثيرات.

أما في الموسيقى والغناء، فقد برعت نساء كثيرات، وخاصة الجواري منهن، أمثال جميلة مولاة بني سليم، ودنانير مولاة يحيى بن خالد التي كان الرشيد شغوفاً بها، وعليه بنت المهدي أخت هارون الرشيد، وخديجة بنت الخليفة المأمون، وعنيدة الطنبورية امرأة فاتنة الجمال عالية الأخلاق موفورة الذكاء وكانت تجيد العزف على آلة الصنبور.

أما في الطب فقد قامت النساء المسلمات في الحروب بالدور الذي تقوم به اليوم منظمات الصليب الأحمر. كما برعت بعض النساء في الطب ومن أشهرهن: زينب طبيبة بني أود، وأم الحسن بنت القاضي أبي جعفر الطنجالي، وأخت الحفيد بن زهر وابنتها وكانتا تدخلان لمداواة نساء المنصور.

كما برزت عدد من النساء في شؤونا لحرب أمثال نسيبة زوجة زيد بن عاصم التي قامت بدور هام في معركة أحد، كما شاركت هند بنت عتبة في معركة اليرموك، وجويرية بنت أبي سفيان مع زوجها في المعركة. وفي معركة صفين كانت الزرقاء بنت عدي تركب جملاً أحمر وتشجع شيعة علي على القتال، كما شاركت في نفس المعركة عكرشة بنت الأطرش متقلدة حمائل السيف تقاتل أهل الشام.

وهناك نواح أخرى أسهمت فيه المرأة المسلمة إضافة إلى ما سبق، كالاشتغال في السياسة وشؤون الحكم، أمثال الخيزران زوجة الخليفة المهدي، وزبيدة زوجة الرشيد، وقد تدخلت في السياسة، إلا أنها برزت أكثر في ميدان الإصلاح الاجتماعي، كما شغلت لبانة في قرطبة وظيفة سكرتيرة خاصة للخليفة الحكم. إلا أن ميدان العمل الذي اجتذب أكبر عدد من النساء هو التدريس كما هو الحال اليوم.

أشهر المربين المسلمين

ظهر عدد كبير من المربين في العصر الإسلامي كانت لهم نظرات تربوية ومذاهب تعليمية، نكتفي بالحديث عن اثنين بارزين هما الإمام الغزالي وابن خلدون.

أولاً- الإمام الغزالي:

هو حجة الإسلام محمد بن أحمد الغزالي، المعروف بأبي حامد. ولد بطوس عام ٤٥٠هـ-١٠٥٩م القريبة من خراسان، من أب فقير يعمل بغزل الصوف ويحب مجالسة الفقهاء والمتصوفة: درس الفقه في بلدة طوس ثم سافر إلى جرجان ودرس على أحد أئمتها، ثم قصد نيسابور ولازم أمام الحرمين أبي المعالي "ضياء الدين الجويني"، شيخ زمانه وإمام الشافعية وتعلم على يديه الفقه والأصول والجدل والمنطق والكلام والفلسفة. ثم التحق الغزالي بنظام الملك صاحب المدارس النظامية، حيث أثبت كفاءته العلمية، فولاه عملية التدريس بمدرسته النظامية ببغداد عام ٤٨٤هـ حيث بقي فيها أربع سنوات يدرس الطلاب ويشتغل بالتأليف حيث وضع كتابه "مقاصد الفلاسفة، وتهافت الفلاسفة، والمنقذ من الضلال". ثم قصد الحج إلى البيت الحرام في مكة، وتاه خلال عشرة أعوام في زي الفقراء متنقلاً بين القدس ودمشق والقاهرة والاسكندرية، حيث وضع كتاب أحياء علوم الدين وهو في دمشق. ثم رجع إلى نيسابور ودرس في مدرستها النظامية مدة يسيرة، ثم عاد إلى مسقط رأسه طوس في أواخر أيامه حيث توفي فيها عام ٥٠٥هـ الموافق ١١١١م عن عمر بلغ الثالثة والخمسين. وقد ترك الغزالي بعد وفاته ما يزيد على السبعين مؤلفا معظمها في الفقه والجدل والمناظرة والرد على الفلاسفة والدفاع عن الدين، من أشهرها: إحياء علوم الدين، وميزان العمل، وفاتحة العلوم، والرسالة اللدنية.

آراؤه في التربية والتعليم:[(١)]

رأيه في التربية وأغراضها: يرى الغزالي أن الغرض من التربية والتعليم هو الفضيلة والتقرب من الله، دون التطلع إلى الرياسة والتفكير في الوظائف الكبيرة، والتفاخر والتظاهر والمنافسة التي تؤدي إلى الحقد والبغضاء والكراهية.

ويرى الإمام الغزالي أن صناعة التعليم أشرف الصناعات، ويستدل على ذلك بأدلة نقلية وأدلة عقلية. وتقسم العلوم برأيه إلى شرعية وغير شرعية، والعلوم

---

(١) المرجع السابق، ص ٢٢٢-٢٤٢، أيضاً محمد عطية الأبراشي، التربية الإسلامية وفلاسفتها، ط٥، القاهرة، مطبعة عيسى- البابي الحلبي وشركاه، ص ٢٣٨-٢٧٣.

الشرعية هي ما استفيد من الأنبياء (ص)، أما غير الشرعية فتقسم إلى ما هو محمود وإلى ما هو مذموم، وإلى ما هو مباح. والمحمود ما ترتبط به مصالح أمور الدنيا كالطب والحساب، وذلك ينقسم إلى ما هو فرض كفاية وإلى ما هو فضيلة وليس بفريضة. أما فرض الكفاية فهو كل علم لا يستغنى عنه في قوام أمور الدنيا كالطب إذ هو ضروري في حاجة بقاء الأبدان على الصحة، والحساب فهو ضروري في المعاملات وقسم التركات والوصايا والمواريث وغيرها، وهذه العلوم التي لو خلا البلد ممن يقوم بها حرج أهل البلد، وإذا قام بها واحد كفى وسقط الفرض عن الاخرين. فالطب والحساب، وأصول الصناعات أيضاً كالملاحة والحياكة والسياسة والحجامة والخياطة هي من فروض الكفاية. وأما ما يعد فضيلة لا فريضة كالتعمق في دقائق الحساب وحقائق الطب وغير ذلك مما يستغنى عنه ولكن يفيد زيادة قوة في القدر المحتاج إليه. وأما المذموم منه كعلم السحر والطلمسات وعلم الشعوذة. والمباح منه كالأشعار التي لا سخف فيها وتواريخ الأخبار وما يجري مجراه.

والعلم لذيذ في نفسه، مطلوب لذاته، ووسيلة إلى الدار الآخرة وسعادتها، وذريعة إلى القرب من الله تعالى. وأعظم الأشياء رتبة في حق الآدمي السعادة الأبدية، ولن يتوصل إليها إلا بالعلم والعمل، فأصل السعادة في الدنيا والآخرة هو العلم، فهو إذا أفضل الأعمال. والعلم عند الغزالي فضيلة، ويستشهد في ذلك بكثير من الشواهد من آيات القرآن الكريم، وأحاديث الرسول الكريم، وأقوال الصحابة رضوان الله عليهم.

- **رأيه في فطرة الطفل:** يرى الغزالي أن الصبي أمانة عند والديه، وقلبه الطاهر جوهرة نفيسة ساذجة خالية من كل نقش وصوره، وهو قابل لكل ما ينقش عليه ومائل إلى كل ما يحال إليه. وهو في هذا يوافق أصحاب المذهب التجريبي من الفلاسفة ولا سيما أصحاب المدرسة التجريبية الانكليزية أمثال لوك وهيوم. وبناء على ذلك، يتقبل الطفل الخير والشر على حد سواء. والغزالي لا يغالي مغالاة أصحاب المذهب التجريبي في الفلسفة، ولا يصل به الأمر إلى حد إنكار الاستعدادات الموروثة التي تتحكم في عملية التعلم. فهو وإن كان يقرر أثر التربية ودورها في توجيه الغرائز وفي تقويتها أو إضعافها. لا يهمل دور الطبيعة الأصلية ويعرف حدود التربية والاكتساب والتطبع، ويلتقي في هذا مع علماء النفس المحدثين.

- **آراؤه في تربية الطفل وتأديبه:** بناء على نظرته إلى طبيعة الطفل، يرى الغزالي أن من واجب المربي أن يحفظ الطفل من الآثام، بأن يؤدبه ويهذبه ويعلمه

محاسن الأخلاق، ويحفظه من قرناء السوء. وتربية الصبيان لا تقتصر على تعليمهم فحسب، وإنما يجب أن تراعي أشياء أخرى، كالاهتمام بحضانته وإرضاعه من امرأة صالحة متدينة، وأن يقوى فيه خلق الحياء، وأن يعلمه الطريق المستقيم في تناول الطعام والمشاركة فيه، وأن ينشغل في المكتب بتعلم القرآن وأحاديث الأخبار والشعر العفيف. ويمنع من النوم نهاراً لأنه يورث الكسل، والاهتمام نهاراً بالمشي والحركة والرياضة، وأن يعود التواضع وعدم الافتخار على زملائه. ويهتم الغزالي شأن معظم المربين المسلمين باللعب للطفل وحاجته إلى النشاط الجسمي والترويح من عناء الدروس ليجدد نشاطه.

- **آراؤه في التربية الخلقية:** اهتم الغزالي بتربية الخلق وتهذيبه عناية خاصة، وركز على طرق التربية الخلقية كثيراً. وأهم هذه الطرق برأيه هي طريقة المعاناة للعمل الخلقي، وفيها يلتقي مع مبادئ التربية الحديثة التي ترى أن التربية الخلقية لا يكفي فيها تقرير المبادئ الخلقية وتعليمها، ولا القدوة الصالحة والمثل الحسن، وإنما الوسيلة المثلى هي تعويد الطفل على العمل الخلقي ومعاناته له، بحيث يتمرس بالتجربة الخلقية بنفسه مذ الصغر. ومن النصائح القيمة فيما يتعلق بطرق التربية الخلقية أن لا يعامل الأطفال بطريقة واحدة في العلاج والتهذيب، وإنما يختلف الأمر تبعاً لأمزجة الأطفال وطباعهم وأعمارهم وبيئاتهم. وعلى المربي كذلك أن يتدرج في معالجة الأطفال ذوي الأخلاق السيئة لا أن يجبرهم على تركها دفعة واحدة.

- **آراؤه في آداب العالم والمتعلم:** لا تختلف آراء الإمام الغزالي في آداب العالم والمتعلم عن آراء غيره من المربين المسلمين أمثال الزرنوجي والعلموي، وابن عبد البر، وابن جماعة وغيرهم.

ثانياً- ابن خلدون(1)

هو زعيم المؤرخين وكبير المربين، أبو زيد عبد الرحمن بن محمد الشهير بابن خلدون. ولد بتونس في غرة رمضان سنة ٧٣٢هـ الموافق ٢٧ من مايو ١٣٣٢م، وتوفي في ٢٦ من رمضان سنة ٨٠٨هـ الموافق ١٦ من مارس سنة ١٤٠٦م وسنة ٧٦ عاماً. نشأ ابن خلدون بين أسرة عريقة في الشرف والرياسة، وهو من أصل عربي ينتهي إلى وائل بن حجر من كندة إحدى قبائل اليمن.

(1) محمد عطية الابراشي، التربية الإسلامية وفلاسفتها، مرجع سابق، ص ٢٨٠-٢٩٨، أيضاً عبد الله عبد الدايم، التربية عبر التاريخ، مرجع سابق، ص ٢٤٦-٢٥١.

حفظ القرآن وقرأه وهو ابن سبع سنين، ثم تلقى ثقافته الأولى على والده، واتصل بأساتذة تونس، وأخذ عنهم ما شاء من العلوم والمعارف، ودرس العلوم العقلية والفلسفية على بعض حكماء المغرب، وأجاد الأصول والفقه على مذهب الإمام مالك، ثم قرأ التفسير والحديث، وتعمق في الفلسفة والمنطق، ونبغ في كل ما تعلمه وقرأه وهو لم يبلغ العشرين من عمره حتى أقر له أساتذته بالعبقرية والنبوغ.

تولى منصب الكتابة للسلطان أبي اسحق صاحب تونس، ولكنه سرعان ما ترك المنصب عندما شبت الفتن والاضطرابات في عاصمة الدولة الحفصية. ثم تركها إلى تلمسان حيث استخدمه السلطان أبو عنان المريني كاتباً للدولة عام ٧٥٥هـ وقربه إليه فحسده أقرانه وسعوا فيه بتهمة المؤامرة فسجن وبقي حتى مات السلطان عام ٧٥٩هـ وأطلقه الوزير ابن عمر. ثم رحل إلى بلاد الأندلس واستقر عند أبي عبد الله محمد بن الأحمر ملك غرناطة الذي ضمه إلى حاشيته مكرماً معززاً. ثم رحل إلى مصر في عهد السلطان برقوق الذي أكرمه وأحسن لقاءه، وولاه قضاء المالكية عام ٧٨٦هـ وأسند إليه التدريس ببعض المدارس. وقد كثر معجبوه وحساده في مصر، وكان قد بعث يستقدم أهله وولده من تونس فغرقت بهم السفينة، وتولاه الجزع والحزن فاستقال من مناصبه وانقطع للتدريس والتأليف، فأتم تاريخه. وفي عام ٧٨٩هـ خرج من القاهرة للحج وعاد لمصر وأقام بها حتى مات عام ٨٠٨هـ.

إنتاجه الفكري:

قضى ابن خلدون معظم حياته في تأليف كتاب واحد هو "كتاب العبر وديوان المبدأ والخبر في أيام العرب والعجم والبربر، ومن عاصرهم من ذوي السلطان الأكبر" وهو ثلاثة كتب في سبعة مجلدات: الكتاب الأول وهو المعروف بالمقدمة حيث نال بها شهرته الكبيرة، والكتاب الثاني في أخبار العرب ودولهم ومعاصريهم من الأمم كالنبط والسريان والفرس والقبط واليونان وغيرهم، والكتاب الثالث في أخبار البربر ودولهم في بلاد المغرب. ويعتبر ابن خلدون مؤسس علم الاجتماع وفلسفة التاريخ. وكانت آراؤه في التحقيق التاريخي على درجة كبيرة من السداد والصواب، كما كان أحد زعماء التربية الإسلامية الذين شاركوا في وضع مبادئها.

آراء ابن خلدون في التربية وطرقها:

احتوت مقدمة ابن خلدون أفكاراً محدثة في ميدان التربيـة والتعلـيم. فقـد تحـدث عـن مكانـة التعليم وأهميته، والعلوم وأنواعها ومنازلها، وعن طرق التعليم وأساليبها.

أغراض التربية الإسلامية: تستهدف التربية الإسلامية لديه غرضين:

١- الغرض الديني ويقصد به العمل للآخرة.

٢- الغرض العلمي الدنيوي وهو ما تعبر عنه التربية الحديثة الغرض النفعي أو الإعداد للحياة.

- مكانة التعليم: يرى ابن خلدون أن العلم والتعليم طبيعي في العمران البشري لتميز الإنسان عن الحيوان بالفكر. أما من حيث مكانة التعليم فيرى أنه لابد للعلم مـن التعلـم، وأن التعلـيم للعلـم مـن جملـة الصنائع كما جاء في المقدمة.

- أنواع العلوم ومنازلها: يرى ابن خلدون أن العلوم المتعارفة بين أهل العمران على صنفين: علوم مقصـودة بالذات كالشرعيات من التفسير والحديث والفقه والكلام، والطبيعيات والآلهيات من الفلسفة، وعلـوم وسيلة آلية لتلك العلوم كالعربية والحساب وغيرهما للشرعيات، وكالمنطق للفلسفة وربما كـان آلـة لعلم الكلام وأصول الفقه. أما العلوم المقصودة فلا حرج من التوسع فيها، أما العلوم الآلية لغيرهـا فـلا ينبغي النظر فيها إلا من حيث هي آلة لغيرها ولا ضرورة للتوسع فيها. والقرآن هو أصل الـتعلم وأول ما ينبغي تعليمه للولدان، وتختلف البلاد الإسلامية في طرق تعليمه. وينحو ابن خلـدون باللائمـة عـلى كثرة التآليف في العلوم المختلفة في عصره مما يؤدي إلى كثرة المصطلحات في العلم الواحـد وصعوبة استيعابها، كما أنه يأخذ على المتأخرين لجوئهم إلى اختصار البحوث العلمية اختصاراً مخلاً في الألفـاظ وحشوها بكثير من المعاني، كما فعل ابن مالك في النحو وابن الحاجب في الفقه.

- ينبغي أن يُراعى في التدريس التدرج والتكرار، أو الإجمال في البدء ثم التفصيل فيما بعد. وبذلك يتفـق ابن خلدون مع التربية الحديثة في ضرورة مراعاة الاستعدادات والمواهب الفكرية في التدريس.

- الانتفاع بوسائل الإيضاح والرحلات في تبسيط الـدروس: يحـث ابن خلـدون عـلى الاعتماد عـلى الأمثلـة الحسية في تفهيم التلاميذ، لأنهم يكونون في البداية ضعيفي

الفهم، قليلي الإدراك. والأمثلة الحسية تكون عوناً صادقاً لهم على فهم ما يلقى عليهم، كما يحث على الرحلة إلى البلاد البعيدة في طلب العلم، لأنها تفتح أمام الناشئين كثيراً من أبواب العلم، وتزيد في خبراتهم، وتكسبهم علوماً وأفكاراً لا تتاح لهم لو عاشوا طول حياتهم في بلادهم، وبذلك يتفق مع التربية الحديثة في ذلك.

- ألا يؤتى بالغايات في البدايات: أي أن لا نقدم إلى الناشئ التعريفات والقوانين الكلية في أول عهده بالدرس، بل يجب أن نبتدأ بالأمثلة المتعددة التي تساعد في فهم القواعد والتعريفات، لأن الابتداء بالقواعد الكلية والقوانين في تدريس العلوم يصيب عقل الناشئ بالكلال والكسل، ويقتل نشاطه الفكري، ويكرهه في العلم، قبل أن يكون مستعداً لذلك.

- ضرورة الاتصال في مجال العلم: يرى ابن خلدون ألا نطيل على المتعلم في الفن الواحد بتفريق المجالس، وتقطيع ما بينها، لأن ذلك يؤدي إلى النسيان، فلابد أن تكون الدروس متصلة لا انفصال بينها. وهذا الرأي لا تقره التربية الحديثة لأنها تنادي بضرورة التنويع والتغيير في الدروس، لما يسببه العمل الواحد من سأم، ولأن فترات الراحة بين الدروس تنشط العقل وتثبت المعلومات.

- عدم الخلط بين علمين في وقت واحد: ينادي ابن خلدون بأنه لا يجوز أن يعلم الناشئ علمين معاً في وقت واحد، لأنه قل أن يظفر بواحد منهما بسبب انشغال البال وانصرافه عن كل واحد منهما إلى تفهم الآخر فيسغلقان معاً، وبذلك يبوء بالفشل فيهما، ولكنه إذا تفرغ لعلم واحد كان جديراً بتحصيله. وهذا يخالف رأي التربية الحديثة التي تدعو إلى تنويع الدروس لتجديد نشاط المتعلمين وزيادة إقبالهم، بعكس الاستمرار في دراسة مادة واحدة تدعو إلى الملل والتعب العقلي.

- ألا يبدأ المعلمون بتدريس القرآن للطفل إلا عندما يصل إلى درجة معينة من التفكير، تمكنه من فهم معانيه. والأجدر أن يبدأ التلميذ بتعلم القراءة والكتابة والحساب ثم ينتقل إلى قراءة القرآن الكريم، وتفهم معانيه وحفظه.

- استعمال الشفقة في معاملة الأطفال وتهذيبهم: يدعو ابن خلدون إلى الرحمة بالأطفال، وتهذيبهم باللين والتفاهم، لا بالشدة والغلظة، لأن مجاوزة الحد مضرة بالمتعلم، ومفسدة لأخلاقه. فهي تؤدي به إلى الكذب والكسل والخبث، وعندئذ يتظاهر بما ليس فيه، فيفسد منذ الصغر. فاستعمال الشدة مع التلاميذ مضرة بهم

جسمياً، وخلقياً، واجتماعياً، ووجدانياً. وقد تأثر ابن خلدون في رأيه بآراء من سبقه من المربين المسلمين.

- القدوة الحسنة: لم تصل التربية الحديثة إلى وسيلة أفضل من اتخاذ القدوة الحسنة وسيلة إلى تعليم الأخلاق، وغرس الفضائل في النفوس. فالأطفال برأي ابن خلدون يتأثرون بالتقليد والمحاكاة والمثل العليا التي يرونها أكثر من تأثرهم بالنصح والإرشاد. وقد تأثر ابن خلدون في هذا الرأي بما كتبه عمرو بن عتبة إلى أحد المؤدبين لولده جين قال: "ليكن أول إصلاحك لولدي إصلاحك لنفسك..". فالمدرس يجب أن يكون مثلاً عالياً، وقدوة حسنة للتلميذ، يحذو حذوه، ويحاكيه في عمله وإخلاصه ووفائه. فهو روح التربية، وهو القائد والصديق والمربي لا بالاسم فحسب بل بالحقيقة والروح.

- تقوية الصلة بين الأساتذة والتلاميذ: يستهدف ابن خلدون من وراء ذلك غاية بعيدة، تدعو إليها التربية الحديثة، وهي العمل على تقوية الصلة بين الأساتذة والتلاميذ خارج فصول الدراسة، كي تتهيأ لهم الفرص ليحتكوا بأساتذتهم عن قرب، وينتفعوا بأخلاقهم، ويأخذوا عنهم آرائهم وتجاربهم في الحياة.

- تدريس العلوم باللغة الأصلية، يقرر ابن خلدون أنه ينبغي تدريس العلوم باللغة الأصلية لا الأجنبية لكمال الفائدة. وهذا ما نطالب به اليوم بشدة أن يتم تدريس العلوم جميعها في كلياتنا وجامعاتنا باللغة القومية، وهي اللغة العربية لغة القرآن والدين. ونحن لا نحارب دراسة لغة أجنبية، بل نطالب بإتقانها قراءة وكتابة ومحادثة للاستفادة منها بالاطلاع على المراجع والمجلات العلمية بتلك اللغة ليكون على صلة دائمة بالآراء الحديثة، والنظريات الجديدة لينمي معلوماته، ويزود نفسه بكل حديث وجديد فيها.

الباب الرابع

التربية القديمة وموقفها من عناصر العملية التعليمية

مرت التربية - كما مرّ كل مظهر آخر من مظاهر الفكر الإنساني - على مرحلة طويلة من التطور أصاب منها جوانبها المختلفة كما أصاب الأسس المتعددة التي تقوم عليها . وليس الاختلاف في الحديث عن الأهداف التربوية التي رأيناها في الفصل السابق إلاّ واحدا من الأمثلة الكثيرة التي يستطيع الكاتب الرجوع إليها لتبيان أوجه هذا التطور . وقد درج عدد غير قليل من الباحثين المعاصرين المهتمين بأسس التربية ومقوماتها على مقابلة المفهوم الحديث الذي يغلب على التربية في عصرنا الحاضر - والذي يظهر في أهدافها ، وطرقها، وأساليبها، وجوانبها الأخرى - بمفهوم آخر قديم كان يطغى على التربية وعلى المؤسسات التربوية في أكثر العصور التي سبقت هذا العصر. فنحن نقرأ مثلا حديثا عن طرق التربية التقليدية وطرق التربية الحديثة ، وعن أهداف التربية القديمة وأهداف التربية الحديثة ، وعن مبادئ التربية القديمة ومبادئ التربية الحديثة، عن المنهاج وأسسه في التربية القديمة وفي التربية الحديثة .. إلى آخر ما هنالك من تفصيلات تمس التربية تقابل فيها التربية القديمة مع الحديثة.

إن غرضنا المباشر من هذا الفصل هو التعرف على التربية القديمة في مبادئها، وجوانبها المتعددة ، وفي نواحي ضعفها ونواحي قوتها. أما التربية الحديثة وفلسفتها فسوف نترك أمر الكلام عنها إلى الباب التالي .

معنى التربية القديمة

يطلق اسم التربية القديمة عادة على اتجاه عام في التربية له مميزاته وفلسفته. إنه يتميز بنظرة تقليدية محافظة إلى أهداف التربية، ومهمة المدرسة، ودور المعلم والتلميذ فيها، ومكانة الوسائل والطرق. يقوم على فلسفة تقليدية محافظة من حيث فهمه للإنسان وطبيعته، والوجود وخصائصه، والمعرفة الإنسانية وقيمتها، والأخلاق ودورها في حياة الجماعة. إنه اتجاه يرى في التربية عملية تعليم وتهذيب تهدف إلى المحافظة على تراث الماضي، والى تثبيت الحقائق العليا في نفس الطفل الناشئ، وإلى تعويده تحمل الجهد، والصبر، وضبط النفس، ليكون في المستقبل الرجل الذي يستطيع أن يعمل في حياة كثرت فيها الآثام ويكون

قائده الخير والفضيلة وتراث الآباء الكرام. إنها تربية تؤمن بسيادة الكبير وتبعية الصغير له، وتؤكد على حق الكبير في أن يكون الصغير ويصنعه طبقا للمفاهيم التي أوجدها هذا الكبير الراشد ومارسها، إنها تربية تتنكر اللعب وتعتبره لهواً ومفسدة ، وتتنكر لما يحب الطفل ويكره وتعتبر مجابهة الصعاب الأمر اللازم الذي يجب أن تكثر منه المدرسة ليعتاد الطفل مغالبة الصعاب التي سوف يحملها له المستقبل .

لقد عملت عوامل متعددة في إيجاد هذا النوع من التربية. فقد تعاونت العقائد الدينية ، والنظريات الفلسفية ، والاتجاهات السيكولوجية والاجتماعية على إيجاد ودعم هذا الموقف الذي أخذه الكبار من تربية الصغار . فالعقائد الدينية تصر من جهة على ضرورة كبت الغرائز . والتفكير الفلسفي يصر من جهة أخرى على عدم الثقة بالتربية المؤسسة على تدريب الحواس واستغلال الخيال ، ويؤكد التقصير والنقص في الطبيعة الإنسانية . والاتجاهات السيكولوجية القديمة ترى في العقل مجموعة واسعة من الملكات يجب تدريبها بما يناسبها من الأعمال معتمدة على صعوبة العمل وعلى التكرار والإعادة . وكذلك الأمر بالنسبة للاتجاهات الاجتماعية التي كانت تعتبر حياة الجماعة مليئة بالمفاسد والآثام ، وتعتبر الخير في الفرد حين يتبع نمطا أخلاقيا معينا يقوده إلى الانعزال عن هذه الحياة الدنيا في سبيل الاستعداد لحياة أخرى تعتبر أفضل وأعظم خيرا مما يمكن أن يراه الإنسان هنا .

لقد تضافرت كل هذه العوامل ، في مناسبات متعددة وظروف متنوعة، على إيجاد هذا المفهوم القديم للتربية وعلى دعم أشكاله المتعددة. ولن يكون من السهل فهمه فهماً شاملاً ما لم نأخذ العملية التربوية في كله من جهاتها الأصلية ونبحث موقف التربية القديمة منها. إلاّ أن علينا أن نقدم لذلك بثلاث ملاحظات أساسية .

١- الأولى : هي أن صفة القدم التي نصف بها هذا الاتجاه العام في التربية يجب أن لا تخدعنا فنظن بتأثير منها أنها تشير إلى تربية وجدت في الماضي ثم انقضت وأصبحت جزءا من التاريخ . فالاتجاه الذي نحن بصدد الحديث عنه كان ، في الواقع ، يغلب على التربية في العصور القديمة ، ولكنه لا يزال موجودا حتى وقتنا الحاضر . إن آثاره لا تزال قائمة في عدد من بلاد العالم ومدارسه ، وهي ظاهرة لدرجة يستطيع معها أي ملاحظ له إلمام بسيط بالتربية وأنواعها أن يراها في طرق التدريس ، واستعمال الكتب ، وسيطرة المعلم، وتنظيم المنهاج .. الخ إننا قد نقول مع المتفائلين بأن ظل هذه التربية القديمة آخذ في الانكماش والتقلص . ولكننا مع ذلك لا نقدر لهذا الانكماش أن ينتهي

إلى ذروته في وقت قريب، والأكثر أننا سوف نحتاج إلى مدى حياة عدد من الأجيال قبل أن تزول آثار هذا الظل .

٢- والثانية : هي أن الحديث عن التربية القديمة حديث عن اتجاه عام واسع، وليس حديثا عن فكرة واحد من المربين أو عن نظرة لواحدة من المدارس التربوية. إنه حديث عن روح عامة لاتجاه تربوي عام يقوم على عدد من الأسس والمبادئ قد ظهرت في مناسبات متعددة وضمن مجتمعات مختلفة . إن نقاط الاشتراك بين التربية الصينية القديمة ، والتربية الرومانية، والمدارس الدينية التي شهدتها القرون الوسطى ، والتفكير التربوي الذي عبّر عنه جماعة مثل ألكوين (Alcuin) (٧٣٥- ٨٠٤) والغزالي (١٠٥٩-١١٢١) وكومينوس (John Amos comenius) (١٥٩١- ١٦٧٠) ـ هي دوما وما يشبهها تؤلف بمجموعها هذا الاتجاه العام الذي يسمى بالتربية القديمة أو التقليدية .

٣- والثالثة : هي أن عدداً من هؤلاء الكتّاب والمعلمين الذين يحيط بهم إطار التربية القديمة قد ظهرت عندهم في بعض الأحيان مظاهر الثورة على جانب أو اكثر من الجوانب التي صبغت بها التربية القديمة . ولكن هذه الثورة الجزئية ـ التي تذكر لهؤلاء ـ لم تكن وحدها كافية لإخراجهم من الإطار العام لهذا الاتجاه التربوي التقليدي .إننا نستطيع مثلا أن نذكر بكل تقدير هذه الروح المتأنية التي تظهر عند ابن مسكويه في حديثه عن ضرورة رعاية الطفل قبل إنزال العقاب به ، ولكن ذلك لا يكفي لإخراجه من إطار التربية القديمة الذي وضعه فيه إيمانه بفائدة العقاب الجسدي ونظرته إلى أهداف التربية ، ونظرته إلى ما يجب أن يتعلمه الطفل [١]. كذلك نذكر بكل تقدير النزعة الإنسانية التي نجدها في بعض الفصول في كتاب كومينوس عن التربية [٢]، ولكننا لا نستطيع أن نجعل ما في الفصول القليلة كافيا لتخطي ما في الجزء الأكبر من الكتاب من اتجاه يصطبغ بما اصطبغت به التربية القديمة .

فإذا أخذنا هذه الملاحظات الثلاث بعين الاعتبار كان من السهل علينا بعد ذلك أن ننتقل إلى بيان موقف التربية القديمة من العناصر التي تضمها العملية التربوية .

---

(١) راجع تهذيب الأخلاق لابن مسكويه

(٢) كتاب كومينوس في التربية هو The Great Didactic

موقف التربية القديمة من عناصر العملية التربوية

تضم العملية التربوية المنتظمة التي تأخذ مجراها في المدرسة عدداً كبيراً من العناصر . فهناك الأهداف التي وضعتها المدرسة لنفسها والوظيفة التي تؤديها، وهناك المعلم والتلميذ ، وهناك المنهاج والكتاب ،وهناك الطريقة والامتحان، وهناك التوزيع اليومي للعمل وأنواع النشاط والفعاليات اليومية ، وهناك انتقاء التلاميذ للفرق المتعددة الخ... هذه وغيرها من جوانب أو عناصر للعملية التربوية. ولكن حديثنا عن موقف التربية القديمة منها سوف يقتصر على الجوانب الأساسية .

موقف التربية القديمة من التلميذ

تنظر التربية القديمة إلى التلميذ على أنه رجل صغير قد جاء إلى المدرسة ليكتسب فيها المعارف اللازمة ويكتسب القواعد الأساسية التي تقوّم طبعه وتحدد له السلوك الأخلاقي الذي يجب أن يسلكه في حياته داخل المدرسة وخارجها وتعدّه لهذه المرحلة القصيرة من الحياة في دنياه ، ولتزوده بما يؤهله لأن يتجه إلى الحياة الأخرى المفضلة . فإذا أردنا تلخيص هذا الموقف الذي تقفه التربية القديمة من التلميذ - وهو عماد العملية التربوية - أمكننا أن نذكر النقاط التالية :

١- يأتي التلميذ إلى المدرسة ليتزود بالمعرفة: تؤكد التربية القديمة في كل مناسبة على المعرفة وتجعل الدور الأساسي للمدرسة نقل المعرفة من المعلم والكتاب إلى التلميذ . والتلميذ كما تراه قد جاء إلى العالم الذي يعيش فيه وعقله صفحة بيضاء نستطيع أن ننقش عليها ما نريد . إن أهله يبدأون في البيت بتزويده ببعض المعارف والعادات ، ولكن ذلك لا يكفي وحده لإنماء قواه وملكاته. ويبقى عمل نقل المعرفة الأساسية إليه المهمة الرئيسية للمدرسة. تمارس المدرسة عملها بأن تقدم له كل ما تستطيع تقديمه من أنواع المعارف الأساسية حتى يمتلئ عقله تدريجيا بهذا التراث الفكري الواسع الذي خلفه الآباء والأجداد. وحين تفعل المدرسة ذلك لا تنتبه إلى ما يحب هذا الطفل من المواد وما لا يحب ، وما يهتم به وما لا يهتم به . أنها تنكر عليه أن يكون قادرا على معرفة ما هو لازم ومفيد له . وتنكر عليه أن يكون له أي رأي في المادة الغزيرة التي يجب أن تقدمها المدرسة له . إنه في المدرسة ليتلقى منها العلم والمعرفة ، وكل ما يجب أن يفعله في هذا المجال هو أن يستوعب أكبر حظ ممكن من هذه المعرفة . إن مقدار ما يحمل الطفل من المعرفة من المدرسة هو مقياس مقدار تربيته . إنه يتلقى هذه المعرفة كما تقدم له ويعمل على تقوية حفظه له بالتكرار ، ولا يهم هنا أن يكون التكرار آليا أن واعيا طالما أن النتيجة التي تنتظرها المدرسة منه هو أن يستطيع إعادة ما حفظه حين يسأل

عنه داخل الصف أو في قاعة الامتحان. إن هذه العمليات المتعددة من تكرار وحفظ وإعادة حين يسأل التلميذ هي التي تساعد التلميذ على إنماء ملكاته العقلية الأساسية التي يكون من أهمها ملكة التذكر وملكة التفكير. والتلميذ الذي لا يستطيع أن يختزن جزءا عظيما من المعرفة في ذاكرته ولا يستطيع أن يعيدها عند الطلب يعبر في ذلك عن تقصيره وعن تقصير المدرسة في أداء مهمتها.

٢- إن عجز التلميذ عن تمييز الصحيح من الخاطئ أمر واضح ولذلك فيجب أن يأخذ الحق عن معلمه والمجتهدين الأوائل : أن كل الظواهر تدل على أن عقل التلميذ ضعيف وغير ناضج ، وأنه غير قادر وحده على اكتشاف الحق . وهو سوف يبقى كذلك فترة طويلة من الزمن ، والتربية يجب أن توفر له طريق السلامة ومصدر المعرفة الصحيحة . لهذا يجب أن يعوّد على قبول الحقيقة كما تأتيه من معلمه . يضاف إلى ذلك أن الذين أوتوا القدرة على الاجتهاد واكتشاف الحقائق بأنفسهم من بين بني الإنسان قلائل . والأكثرية الغالبة يجب أن يقبلوا عن المجتهدين ورجال الدين ، ورجال العلم ، والمتقدمين من الكبار ، الحقائق كما يقدمها لهم هؤلاء . أن مبدأ السلطة في دعم الحقيقة ـ وهو المبدأ الذي يجعل الحق ما قال به القادرون عليه وحدهم أمثال أفلاطون ، وارسطو، والرسل ، والأنبياء ، والغزالي ، وأبي حنيفة ... ـ يجب أن يسود عقل التلميذ منذ الصغر حتى يستطيع أن يحمل معه ـ وهو مطمئن ـ مجموعة من الحقائق الثابتة التي أكد أصحاب السلطة العلمية صدقها .

٣- أن التلميذ الذي يأتي إلى المدرسة يحمل معه عددا من الغرائز والميول أصلها شر وتجب محاربتها : إنه إنسان، وهو ككل إنسان آخر يحمل معه عددا من الغرائز التي تدفعه إلى الشر ، والاعتداء ، والحيوانية .وهو يحمل معه عددا من الميول ليس لها أصل من الخير. أن هذه الغرائز والميول هي التي تمثل الإثم الذي ينزع إليه الإنسان ،وهي التي تمثل الهوة التي تردى فيها آدم أبو الإنسانية . فإذا كنا نريد الخير لهذا الإنسان في حاضره في المدرسة وفي مستقبله خارجها ، فيجب أن نحارب فيه هذه الغرائز الحيوانية ،ويجب أن نربيه منذ البدء على التغلب على سلطانها وعلى كبح جماحها . ولن يكون ذلك يسيرا أو هينا ، ولن يكون ذلك عن طريق مداراتها أو مراعاتها ، وإنما يكون ذلك عن طريق محاربتها محاربة لا هوادة فيها.ومن مظاهر هذه الحرب أن لا نقبل من الطفل أن يدرس ما يحبه وان يهمل ما لا يميل إليه ففي ذلك تقوية له، ولذلك فالعكس هو الأصح . ولن يكون ذلك عن طريق تعويده اللعب، فاللعب لهو ، واللهو مفسدة . ولن يكون ذلك عن طريق تعويده المهمات السهلة ، فإنها تترك جزءا كبيرا من وقته دون أن يملأ ، والوقت الفارغ مصدر خطر تنفذ

منه هذه الغرائز لتحيك خيوطها ومؤامراتها حوله . يضاف إلى ذلك أن هـذه الغرائز ليست إلاّ الرباط الذي يوثق ارتباطه مع هذه الحياة الدنيا ، والحياة الحرة الكريمة الخيرة ليست إلاّ في البعد عن هـذه الحياة الدنيا وما فيها والتجرد عن مظاهرها المادية . فكل ما يؤخر تقدمه نحو الحياة العليا يجب آذن أن يحارب فيه ، وكل ما يوصله إلى الحياة العليا يجب أن ينمى عنده ويقوى. ولهذا تكون المهمة الأساسية للمدرسة امداده بالمعرفة ليرتفع نحو الحق الأعلى، وتهذيب سلوكه ومحاربة غرائزه ليكون ارتباطه المادي بهذه الحياة الدنيا المليئة بالآثام ضعيفا أو شبه معدوم .

٤- الطفل "رجل صغير" فيجب أن يعامل كالرجال ليعتاد حياتهم : لقد اعتادت المجتمعات الكثيرة التي شهدتها القرون الوسطى أن تنظر إلى الطفل "كرجل صغير" لا ينال من احترام الآخرين لـه إلاّ بمقدار ما يظهر من " الرجولة". ولما كانت مظاهر الرجولة مختلفة بـاختلاف الطبقات الاجتماعية وأنواع المجتمع، فان نوع تقليده للكبار لم يكن لذلك على شكل واحد .فالرجولة في بعضها تظهر في القـوة ، والتغلب ، والاعتداء على الآخرين اعتداء ناجحا . وهي في غيرها في الملبس ، والتأنق ، وطريقة الكلام ٠٠٠ إلى غير ذلك .

أن هذه الظاهرة كانت ولا تزال تؤلف جزءا من التربية القديمة. فالطفل في المدرسة لفترة مؤقتة ينتقل بعدها إلى الحياة العامة ليعيش عيش الرجال ، فهو منذ الآن رجل صغير ، ويجب أن يكون كـذلك ، ويجب أن يعامل معاملة الرجال. انه يجب أن يعتاد حياة الصعوبات والجهد والصبر ، فلا خير في رجـل لا يستطيع أن يصمد أمام الصعوبات . ويجب أن يعتاد حياة الجد والعمل ، فمصدر الشر للإنسانية إنّما هو الرجال الذين شغلوا بلهوهم عن العمل المنتج والمعرفة الصادقة. ويجب كـذلك أن يبتعد عـن النظرة إلى الحياة على أنها سعادة : فهي ليست كذلك، وحياة الكبار تؤكد لنا أنها ليست كذلك .

وقد نتج من كل ذلك أن النظرة إلى المدرسة والحياة فيها لم تكن نظرة تـوفير شروط السـعادة للطفل ، أو شروط المرح واللهو ، بل كانت نظرة تجعل مـن المدرسة نقطة انتقال مـن مرحلة مـا قبـل المدرسة إلى مرحلة الحياة، أنها جسر بين طرفين ، ويجب أن تكون قاسية ليكون إعدادها للطفل للطرف الآخر جيدا.

٥- أن القيم الأخلاقية التي يعد هذا الطفل على أساسها قائمة على مبدأ البعد عن الشرـ: إن إعداد التربية القديمة الطفل للمستقبل لم يكن مرفقا بأي إعداد اجتماعي مناسب له . فالتعاون بينه وبـين غـيره في المدرسة تعاونا يعده لحياة تعاونية ضمن الجماعة شيء لم تألفه المدرسة التقليدية. والأصح القول أنها قد

أقرت مجموعة من القيم الأخلاقية القائمة على سعي الفرد، وعلى جهد الفرد، في توجيه سلوكه الشخصي- طبقا لهذه القيم المستمدة من فكرة الخير الظاهرة في البعد عن الشر- والانكماش ، والانعزال عن الحياة الدنيا .

إننا قد نجد إشارات عند بعض المربين تؤكد على ضرورة لعب الطفل مع غيره ، وعلى ضرورة معاملته لغيره معاملة حسنة . ولكننا يجب أن ننظر إلى هذه الإشارات من ضمن المفهوم العام للخير والسلوك الحسن الذي كان يسيطر على هذه المدارس التقليدية ، ومن ضمن الملاحظة الثالثة التي سبق لنا أن ذكرناها في مطلع هذا الحديث .

نستخلص من هذه النقاط الخمس التي سبقت أن موقف المدرسة التقليدية - أو التربية القديمة - من التلميذ كان موقف من يريد أن يضعه ضمن مجموعة خاصة من القيم ، وان يخزن فيه أكبر مقدار ممكن من المعرفة ، وان يجعل منه الرجل الذي يستطيع مغالبة الصعاب متى تأتيه في مستقبله . ولعل خير مثال نستطيع أن نذكره في هذا المجال هو النظام التربوي للجيزويت كما أقر في أواخر الفرن السادس عشر [١].

موقف التربية القديمة من المعلم:

حين ننظر إلى المعلم والتلميذ في التربية القديمة والى العلاقة بينهما، فإن أول صورة نحصل عليها هي صورة السيد والتابع. أن المعلم هو السيد الآمر ،والتلميذ تابع له يأخذ عنه ما يقوله، ويقتدى به، ويطيع أوامره، وينفذ ما يريده دون شك أو تردد أو تساؤل . انه هو الذي يحمل التراث القديم ، وهو المكلف بنقله إلى التلميذ نقلا ليس للتلميذ فيه رأي . انه هو الذي يعرف ما يجب أن يفعل، وما يجب الابتعاد عنه: والتلميذ يأخذ عنه ويقبل. حين يدخل قاعة الدرس، فأول ما يجب على التلاميذ هنا هو إظهار احترامهم والمحافظة على النظام، والهدوء التام. فكل حركة دليل على فساد النظام، ودليل بالتالي على تحد لسلطان المعلم. انه يقرر في الدرس، وعلى التلميذ أن ينصت ،ويتقبل. ليس هناك من حاجة لأن يسأل المعلم تلاميذه إلاّ إذا أراد أن يمتحنهم. فالأساس في الدرس أن يكون هو قد حضره، وان يعطيه هو إعطاء أو تقديما، وأن يكون صعبا في لغته ومادته حتى يعتاد التلميذ زيادة الانتباه والتعلم بعد التعب والجهد. والمعلم لا يسأل هنا عما إذا كان التلاميذ قد فهموا عليه

---

(١) راجع صفحة (٢٠٢) :

Monroe , p .: A Brief Course in the History of Education The Macmillan Co., N.Y., 1949 .

ما قاله، واستفادوا منه أم لم يفهموا ولم يستفيدوا. فالأصل بالنسبة إليه هـو أنـه يقـرر وأن عليهم أن يستفيدوا مما يقرره . فإذا وجد بينهم من يقصر في ذلك ، فالذنب عندئذ هو ذنب التلميذ لا ذنب المعلم .

إن المادة التي يقررها المعلم هي المادة المقررة في المنهاج ، وهو في هـذا المجال لا يأخذ بعين الاعتبار ما إذا كان الصف يضم عددا من المتخلفين : فالأصل بالنسبة إليه هـو أن كل مـن وجد في ذلك الصف يجب أن يكون أهلا لأن يتلقى عنه ما يقرره . وهو في الواقع يعد ما يقرره إعدادا مـنظما ودقيقا ، ويكون في قاعة الدرس المتكلم الوحيد حين يقرر، أو الحكم الأعلى حين يعطي الدرجة في الامتحان أو حـين يعاقب . فالمناقشة إذن شيء بعيد عن جو الدرس ، والمشاريع التي تتطلب مشاركة التلاميذ وفعاليتهم أمر غريب بالنسبة لهذا النوع من التربية التقليدية التي تجعل المعلـم المحور الـذي يجب أن يدور حولـه التلاميذ ويأخذون منه علمهم وأخلاقهم ٠٠٠ وعقابهم كذلك .

موقف التربية القديمة من المنهاج :

كان المنهاج في المدارس التقليدية ضيقا ومحدودا في غالـب الأحيـان ، وكان بعيـدا عـن شـؤون الحياة اليومية ومشاكل الحضارة المعاصرة ، وكان غريبا عن الوظيفـة الاجتماعيـة للمنهاج والمدرسة عـلى السواء ، ولذلك كان أضعف من أن يؤهل التلميذ التأهيل الكافي لحياة المستقبل ومتطلباتها . وقد أشـار هربرت سبنسر (Herbert Spencer) (١٨٢٠ـ ١٩٠٣) إلى هذا النوع من الضيق الـذي كان عليه منهـاج المدرسة القديمة حين أكد ـ في حديثه عن مدارس عصره ـ إنها قد فشلت تماما في حسـن إعداد أبنائهـا للحياة الكاملة من حيث المهنة ، أو من حيث إعدادهم كمواطنين صالحين ، أو مـن حيث استعمالهم لأوقات فراغهم ، أو من حيث تحمل الأعباء الملقاة على عواتقهم كآباء وأرباب أسر .

على أن هذا الضيق في المنهاج كان نتيجة للموقف الأساسي الذي كانـت تأخذه التربيـة القديمـة من المدرسة ووظيفتها . إنه منهاج يمكّن المعلم من أن ينقل إلى عقول التلاميذ المعارف الأساسية اللازمة ، ويقوّى فيهم ملكات التذكر والتفكير، ويحكم الرباط بينهـم وبيـن الـتراث القـديم ، ويسـاعدهم عـلى أن يتعلموا النصائح اللازمة لضبط النفس والتحكم بالميول . وهو منهاج قد وضع لجميع تلاميذ الصف الواحد أو الفرقة الواحدة على السواء بغض النظر عن وجود أي نوع من الفروق بين هؤلاء التلاميـذ في تحصيلهم أو قدراتهم. إنه يأخذهم وكأنهم من قدرة واحدة،

والذي لا يستطيع السير بنفسه يسيّره الجهد والاستمرار، أو يترك المدرسة إلى عمل آخر يستطيعه .

كان معظم التأكيد في المنهاج القديم ينصب على العقائد واللغة وآداب القدماء . وقد كان يضم أحيانا الحساب على درجات منه مختلفة . ولم تضف عليه مواد أخرى إلاّ في فترات متقطعة ومتباعدة. ولنا في المناهج التي كانت مقررة في المدارس أيام الحكم العثماني مثال واضح على ذلك .

موقف التربية من طريقة التدريس :

الطريقة الإلقائية هي الطريقة التي كانت تسود المدرسة القديمة، فقد كان المعلم يأتي إلى قاعة الدرس وقد أعد درسه إعدادا جيدا وبذل في ذلك الشيء الكثير من الجهد . وحين يتأكد من توفر النظام ، واستعدادا التلاميذ للإصغاء استعدادا تاما يبدأ درسه الإلقائي بحيث يكون هو المتكلم الوحيد ويكون التلاميذ في وضعية الإصغاء والتلقي. وكان من شروط الإعداد الجيد للدرس أن يعدّ معهم الأمثلة والشروح الممكنة التي يجب أن لا يكون فيها إكثار أو تبذل حتى لا تصبح المادة سهلة يتعلمها التلاميذ دون بذل الجهد . أما موقف التلاميذ في هذه الطريقة فهو موقف الذي يسمع ، ويصغي ، ويقبل ، ثم يذهب إلى البيت أو إلى ساحة المدرسة ليحفظ على أساس من الإعادة والتكرار .وهكذا كان المعلم هو الطرف الذي يعطي، وكان التلاميذ الطرف السلبي الذي يتلقى . ولم يكن هناك إذن أي اعتبار لما يسمى بضرورة إشراك التلميذ في الدرس واستغلال اهتمامه ونشاطه .

لم يكن من الممكن للتلميذ أن يسأل في أغلب الأحيان. فإن كان هناك موضوع للسؤال فهو في الواقع محفوظ للمعلم ، والغاية التي يقصدها المعلم منه هو الرغبة في استعادة الدرس ، أو معرفة مقدار ما حفظ التلميذ من المادة.

كانت هذه الطريقة تتكرر في كل مادة. ولم يكن هناك إذن شيء اسمه مشروع يعمل فيه عدد من التلاميذ ، ولم يكن هناك كذلك شيء اسمه سؤال للتلميذ بغية استخراج جوانب البحث الجديد من أجوبته. فإذا أردنا تلخيص هذه الطريقة الإلقائية قلنا عنها : أنها تلقين المعلم للتلميذ مادة يعدها المعلم ضمن غرض "تربوي" معين، ويضع التلميذ في موقف المصغي ليتقبلها دون أي اعتبار لمبلغ اهتمام التلميذ بها وأي رغبة في استغلال فعاليته في تقبلها .

التربية القديمة والكتاب المدرسي

يظهر من تاريخ المدرسة القديمة أنها كانت تلح على مصدرين رئيسيين في تقديم المعارف اللازمة للتلميذ وهما المعلم والكتاب. فالمعلم يحضّر الدرس ويقرره، ويقدمه جاهزا للتلميذ الذي يستمع وينصت. والكتاب هو المرجع الذي يعود إليه التلميذ بعد ذلك ليقرأ فيه مرة أو مرات، وليحفظ منه المادة التي يحتويها. وقلّ أن يحاول التلميذ البحث عن مصدر آخر غير المعلم والكتاب المدرسي وما أكثر ما كان يقع تحت سحر الكلمة المطبوعة يرددها ويكررها حتى وان لم يفهم معناها ـ وما أكثر ما كان يحدث له ذلك .

ولم تكن حالة هذا الكتاب مرضية ولا جذابة. فدرجة حضارة الإنسان تظهر في ورقته ، وطريقة كتابته أو طباعته ، ونوع ما فيه من شرح أو تعقيد . ثم انه لم يكن يهتم بأن يعرض إلى جانب الحرف المطبوع أي وسيلة أخرى من رسم أو تصوير أو ما يشبههما .

فإذا أخذنا بعين الاعتبار هذين المصدرين: المعلم والكتاب ، وما كانا عليه، وإذا عرفنا أن التلميذ قلّ أن يرجع إلى غيرهما ، وإذا تذكرنا انه كان يصغي في الدرس ـ قدّرنا بنتيجة ذلك كيف كان العلم الذي يحمله التلميذ معه بعيدا عن أن يحمل "طعم الحياة " أو لونها .

موقف التربية القديمة من النظام والعقاب

تصر التربية القديمة على فكرة النظام في المدرسة وتجعل اعتياد النظام حجر الزاوية في أداء المدرسة لمهمة تهذيب التلاميذ . والنظام كما تراه مرتبط دائما بفكرة الهدوء والسكوت داخل قاعة الدرس ، والهدوء أثناء الدخول إلى هذه القاعة والخروج منها ، والهدوء في كل مناسبة أخرى ولا يشذ عن هذه القاعدة سوى ساعة الاستراحة في باحة المدرسة: هنا قد لا يكون الهدوء مطلوبا. والنظام كما تراه مرتبط بفكرة ثانية وهي العادات المنظمة في الملبس ، والحديث مع الآخرين، والحديث مع المعلم: أي إنه مرتبط بنظام دقيق من قواعد السلوك الاجتماعي . ولو رجعنا إلى الدرجات التي تعطى للسلوك في المدارس التي لا تزال متأثرة بالتربية القديمة لرأيناها تنقص عن المستوى الأعلى تبعا لتنفيذ الطفل مبدأ الهدوء والسلوك الاجتماعي اللائق .

إن هذه الكلمة الأخيرة عن الدرجات التي تعطى للسلوك ويحرم بعضها الطفل أحيانا إذا أساء التصرف ـ ضمن قواعد النظام طبعا ـ تنقلنا إلى الناحية

الثانية التي ترتبط مع النظام في المدرسة وهي العقاب وأشكاله . فقد استعمل المعلمون العقاب في مناسبات متعددة : يرجع بعضها إلى رغبة المعلم في حض التلميذ على الدروس والحفظ ، ويرجع بعضه الآخر إلى تنفيذ الجزاء بحقه حين يرتكب ذنبا أو يتصف بالتقصير.

وللعقاب أشكاله المتنوعة. يظهر بعضها سهلا ومعقولا: كاللوم ، أو الحرمان من جائزة . ويظهر بعضها الآخر قاسيا: كالعقاب البدني. وقد استعملت التربية القديمة أشكالا متعددة من العقاب ، وأكثرت من العقاب البدني. وهي ترى أن العقاب البدني وسيلة مثمرة في الحض على التعلم ، وأنه وسيلة مناسبة لتوطيد دعائم النظام ، وأنه مناسب كذلك لترويض التلاميذ وتعويدهم على الطاعة. فالألم الذي يأتي عن الضرب بالعصا ، أو عن السجن والتعذيب ، يعوّد على الخوف من تحمل الألم مرة جديدة . والخوف نفسه يدفع بالتلميذ الذي عوقب إلى الامتناع عن التقصير أو الذنب الذي سبب له العقاب، ويدفع بغيره إلى الاقتداء به والارتداع عما يمكن أن يسببه له الضرب والتعذيب .

لقد عرف عن الرومان ، كما عرف عن الصينيين القدماء، أنهم كثيرا ما كانوا يصرون على ضرورة استعمال العقاب البدني في المدرسة لأنه أداة لا غنى عنها لارغام التلاميذ على الحفظ والاستظهار. وعرف عن الكثير من مناطق العالم العربي في العصور الوسطى أن العقاب كان شائعا في عدد من الكتاتيب ، كما عرفت عصا المعلم أنها من الجنة . وقد أشار ابن مسكويه (١٠٣٠م) في كتابه "تهذيب الأخلاق" إلى أن المعلم يستطيع أن يلجأ إلى العقوبة البدنية عند الضرورة القصوى ، ولكن عليه أن لا يكثر استعمالها. فإن اضطر إلى استعمالها، فيجب أن لا يكون متشفيا قاسيا ، بل مؤدبا رحيما .

وتذكر الكتب التي تروى تاريخ المدارس في أوروبا الشيء الكثير عن العقاب البدني. فقد قيل أن أول دعاء للقديس (اوغسطينوس) (Saint Augustin) (٣٥٤ - ٤٣٠ م) كان دعاؤه بأن لا يضرب في المدرسة . وقيل أن الشاعر الإنكليزي جون ملتون (John Milton) (١٦٠٨- ١٦٧٤ م) قد جلد في جامعة كمبردج . والذي يرجع إلى " الكتّاب " كما كان قبل سنوات في بلادنا يجد أن الضرب كان شيئا مألوفا . وفي دراسة أجريت عن العقاب في بعض مدارس عمان منذ فترة قصيرة اعترف الكثير من المعلمين انهم هم أنفسهم قد عوقبوا عقابا بدنيا مرات عديدة عندما كانوا في مرحلة التلمذة .

موقف المدرسة القديمة من المجتمع

كانت المدرسة القديمة تتميز برغبتها في أن تكون بعيدة عن المجتمع ومشكلاته ، وأن تكون نقية من أنواع الصعوبات والآثام التي كانت تسود المجتمع. وكانت في كثير من الأحيان رفيقة الكنيسة أو الجامع ، أو بعيدة عن المساكن. وكانت الرغبة الملحة للمعلمين في أن يبعدوا ما أمكنهم عن الاختلاط بأعضاء الهيئة الاجتماعية . لم يكن هناك أي رغبة في اشراك الأهل بإدارة المدرسة ، أو معالجة مشاكل أطفالهم مع المدرسة. ولم تكن كذلك هناك أي رغبة في أن تؤدي المدرسة مهمة بالنسبة للمجتمع الذي تنشأ فيه. وحتى عملية الترجمة التي قامت بها الأديرة لم يكن المقصد منها خدمة الجماعة، بل كانت خدمة رجال الكنيسة والذين يعملون في العلوم المرتبطة بها .

مبادئ التربية القديمة

قلنا في مطلع هذا الحديث عن التربية القديمة أن عددا من الأنظمة الفكرية والدينية والاجتماعية وغيرها قد تضافرت جميعها وفي أشكالها المختلفة ومناسباتها المتعددة على هذا النوع من الفهم القديم المحافظ للتربية. والواقع أن الذي يذهب إلى الأعماق من هذا الفهم يستطيع أن يستخلص عددا من المبادئ التي يقوم عليها، أو يستطيع أن يستخلص نوعا من الفلسفة التقليدية التي تقوم عليها . لن نسعى هنا إلى التفصيل ـ فالتفصيل أمر سوف نعرض له في موضوع آخر . ولكننا نقنع هنا بذكر الأربعة مبادئ أساسية .

الأول هو نظرة هذه التربية إلى طبيعة الإنسان: فهو ، كما تراه، مخلوق مركب من جسم وعقل ، يكون فيه الأول مركز الشهوات ، ويكون الثاني موطن المعرفة. والحياة التي يجب أن تتوفر لهذين العنصرين يجب أن تكون حياة فيها يستطيع العقل أن يكون سيد نفسه وسيد الجسد .

والثاني هو نظرة هذه التربية إلى طبيعة الوجود الذي يضم الإنسان. فالوجود الذي يحيط بنا من صنع خالق عظيم الشأن : وكل ما فيه منظم طبق خطة مرسومة موضوعة من قبل الخالق . إن هذا العالم يرينا الشيء الكثير من التغيير، ولكن كل ما فيه من تغير هو وهم ظاهري ، والمبادئ العميقة القائمة وراء ظواهر الأشياء ثابتة لا تتغير .

والثالث هو نظرة هذه التربية إلى طبيعة معرفة الإنسان. فالإنسان قاصر بمعرفته : لأن حواسه قاصرة ، ولأن عقله في النهاية يبقى قاصرا. وليس للإنسان

من مخرج إلاّ الرسالات الخالدة، ولذلك يكون سبيله الوحيد أن يؤمن، ويثق، ويعتاد أخذ الحقيقة عمن يؤمن به .

والرابع هو نظرة هذه التربية للقيم الأخلاقية . فالإنسان كما تراه أميل إلى الشر ، وهو يحمل وزر أو آثار خطيئة آدم. ولا يمكن أن يرجى منه الخير إلاّ بأن تهذب نفسه عن طريق قبوله وإيمانه بهذه القيم الإنسانية التي قبلتها الأجيال السابقة ومعها القيم الدينية السامية. أن هذه القيم هي طريق خلاصه . وهي في الأصل قيم ثابتة خالدة .

نقد التربية القديمة

كان حديثنا يدور حتى الآن حول تفصيلات هذا الاتجاه التقليدي العام في التربية الذي ساد المدرسة فيما سبق من العصور ولا يزال يسود بعضها. وقد آن لنا أن نلقي نظرة نقدية على هذه التربية لنرى ما فيها من خير ولنشير إلى الأخطاء التي ترتكبها والصعوبات التي تقع فيها . على أن علينا أن نقدم لهذه النظرة النقدية بملاحظتين أساسيتين . أولاهما هي أن التربية الحديثة التي يدور حولها الحديث في الفصل القادم هي الثورة الشاملة التي قامت في وجه التربية القديمة ، وكل جهة تفصيلية فيها بذاتها نقد للجهة التي تقابلها من التربية القديمة . والثانية هي أن التربية القديمة قامت على أسس تضافرت في إيجادها وتركيبها اتجاهات دينية وفلسفية خاصة وتعاونت معها ظروف اجتماعية ذات صلة بالمراحل المعينة التي مرت بها الحضارة الإنسانية في تطورها .

والمجال هنا ليس مناسبا للتعرض لهذه الأسس والعوامل القائمة وراءها . ولذلك فالنقد سوف يعرض لهذا الاتجاه التربوي التقليدي كما يظهر في اتجاهه العام وكما يظهر في نتائج تطبيقاته في المدرسة .

أخطاء التربية القديمة وصعوباتها

إن من الممكن إجمال الصعوبات والأخطاء الرئيسية التي تقع فيها التربية القديمة في النقاط التالية :

أولاً: لقد أساءت التربية القديمة فهم مهمة التربية ووظيفة المدرسة

كانت التربية القديمة تؤكد على المعرفة وتجعل المهمة الأساسية للمدرسة توفير أكبر مقدار ممكن من المعرفة للتلميذ على أن تكون القاعدة في كسبه لهذه المعرفة الحفظ القائم على التكرار، وبتأثير من هذا التأكيد على المعرفة كثيرا ما

كانت المدرسة القديمة تسمى باسم مدرسة المعرفة. فإذا مالت هذه المدرسة عن المعرفة التي هي غاية التعليم إلى التهذيب الذي هو غاية التربية وقفت في مهمتها الأساسية عند قبول مجموعة من القيم الأخلاقية تقوم هي كذلك على نوع من التعليم قائم على الحفظ والتكرار .

والتربية التقليدية هنا قد قصرت في إعطاء الاعتبار الكافي لسمات أخرى من سمات الشخصية ، كالتربية الانفعالية ، والتربية الاجتماعية . وهي في الوقت نفسه قد أساءت فهم المهمة الأساسية للمدرسة . أن تراث الأجيال السابقة هام ولاشك ، والمدرسة يجب أن تقوم بوظيفتها في نقل تراث الأجيال الماضية إلى الأجيال اللاحقة . ولكن هذا النقل يجب أن يتم من ضمن المهمة العامة للمدرسة التي تتمثل برعاية الطفولة لتتفتح فيها كل قواها ولتنمو كل هذه القوى نموا منسجما متناسقا . ثم إن نقله بهذا الشكل من التكرار والحفظ يجعله محروما من "روح الحياة" أو من طعمها، ويجعله قاتما جافا. وقلّ أن يتاح لمعرفة من هذا النوع أن تثير الفكر وتغني قدرة الإنسان المبدعة. وقد لا نغالي هنا إذا ذهبنا مع من قال بأن التربية القديمة تحمل قسطا كبيرا من المسؤولية في تأخير سير عملية الحضارة الإنسانية .

ثانياً : وقد أساءت التربية القديمة فهم التلميذ وقصرت في اعتبارها لقدراته:

كانت التربية القديمة تنظر إلى الطفل كوعاء يجب أن يملأ، ولا تعطي أي اعتبار إيجابي لقدراته أو لميوله أو لمبدأ مشاركته في عملية التعلم . والأمر الذي أصبح لا يقبل الشك عند باحثي شؤون الطفل خاصة . والإنسان عامة منذ عصر النهضة هو أن الطفل عضوية فاعلة نشطة بقدر ما هي مفكرة أو أكثر. فإذا اكتفى المعلم من التلميذ بأن يأخذ موقف المنصت الهادئ، فإنه يبعده بذلك عن أهم عنصر من عناصر تكوينه ، ويبعده بالتالي عن الاستفادة من هذا العنصر، أو هذه الفعالية النشطة التي يجب أن تكون هي القاعدة في تعلم التلميذ من معلمه ومدرسته .صحيح أن المعلم في المدرسة القديمة كان نشطا ، ولكن الشيء الذي يتطلبه تعلم التلميذ لا يكفي فيه نشاط المعلم : إن هذا النشاط يجب أن تقابله عند التلميذ فاعليته الآخذة والمنتجة ، فبهذا الشكل يتم التفاعل بين قدرات التلميذ وبين الخبرات التي يوفرها المعلم أو يقدمها . يضاف إلى ذلك أن الأفراد ليسوا جميعا على قدر واحد من قدراتهم: وإذن فعملية التعلم يجب أن تراعي عند كل منهم ما يحمله من قدرات ـ وهذا ما تقصر فيه التربية التقليدية . ثم أن القول بأن ميول التلميذ وغرائزه شر كله قول ليس له ما يدعمه . فهل نقول عن "الأمومة " أنها ميل شرير ؟ وهل نقول عن الدافع إلى الكشف والاطلاع انه شر ؟ إن الثورة التي بدأ بها رو سو حين قال: "كل

ما خرج من بين يدي الخالق خير " تحمل من التفاؤل والافتراض المفيد ما يجعلها متقدمة من حيث القيمة على أي افتراض آخر يعارضها.

ثالثاً : وقد أساءت التربية القديمة فهم الصلة بين المعلم والتلميذ ووظيفة الأول:

إنها قد جعلت الثاني تابعا للأول ، وجعلت الأول سيدا يعطي الأمر ليطاع. ولكننا إذا نظرنا إلى وظيفة البستاني أمام النبتة لا نجد فيها هذه التبعية . إنه يرعاها لتنبت هي بقواها الداخلية . فكيف يكون الأمر إذن حين تكون النبتة شخصا إنسانيا له ذاتيته . وجعلت التربية القديمة قول المعلم هو القول الحق . ولكن المعلم لن يكون دائما مع الطفل في حياته خارج المدرسة أو بعدها . فإذا ربي هذا الطفل على أن يأخذ الحق دائما من غيره دون أن يعمل فيه فكره ، فكيف يستطيع إذن أن يفكر بنفسه ، وان يحل مشكلاته .أو لنقل كيف يمكن أن يكون عقله مسرحا لتفكير حر منتج ؟

رابعاً : وقد أساءت التربية القديمة انتقاء الطريقة :

إن التعلم الذي يقف عند حدود " المعلم يلقي والتلميذ يصغي "بعيد عن أن يستغل قطبي الرحى. فالتلميذ فاعلية ، ويجب أن يشارك مشاركة إيجابية في عملية التعلم التي يفترض أنها تحدث عنده . انه بهذه الطريقة يستطيع أن يكسب معرفة يتمثلها، ويتجاوب معها، ويستطيع استغلالها في المستقبل في معالجة مشاكل الحياة الكثيرة .

لقد كان معلم المدرسة التقليدية يمنع المناقشة ويبتعد عن قبول السؤال: فهذه كلها دليل تقصير من قبل التلاميذ ، أو دليل رغبة في التبجح وحب الظهور والتجني. ولكن كيف يمكن أن يربى فكر التلميذ إن لم يسأل سعيا وراء المعرفة والحق ؟

خامساً : وقد أساءت التربية القديمة فهم الوسيلة التي استعملتها للتعليم وتقويمه:

لقد كان اعتماد المعلم الأساسي على الكتاب المقرر، وكان المفروض أن يحفظه التلميذ ، وكانت قدرة التلميذ تقاس بمقدار ما حفظ . ولكن في هذا العمل تضييقا لأفق التلميذ من جهة ،وفيه اعتماد على آلية الحفظ لا يتناسب مع الهدف العميق للتربية التي تقصد إلى إنماء الفكر . يضاف إلى ذلك أن الامتحان كان دائما السيف الذي يلاحق التلميذ ،وكثيرا ما كان ينهك قواه . ويؤدي به إلى حالات من الألم والتعاسة تظهر آثارها في جسده وعقله على السواء .وهكذا تكون التربية قد

أساءت استعمال الامتحان في كثرته ، وقيوده ،وقصرت في البحث عن وسائل أخرى لتقويم عمل التلميذ تحل محل الامتحان أحيانا وتتبرأ من الكثير من شروره.

سادساً : لقد ضيق المنهاج على التلاميذ أفقهم وحدودهم :

لا شك أن التأكيد على الدراسات الدينية ، والدراسات القديمة قد حمل التلاميذ تفصيلات كثيرة عن هذه الحقول الأدبية أو الفكرية ،ولكن الحياة التي يعيشها لا تقف عند حدود هذه الدراسات في مظاهرها . وهنا قد نضطر إلى إعادة الكلمة السابقة من أن التربية القديمة تتحمل قسطا كبيرا من مسؤولية تأخر عملية الحضارة الإنسانية .

سابعاً: وقد أساءت التربية القديمة فهم النظام وطريقة المحافظة عليه:

فالنظام كما كانت تراه يتمثل بالهدوء والسكون، وليسا في الواقع رفيقين صادقين لنشاط الطفل ونموه . والإخلال بالنظام كان جزاؤه العقاب ، وكثيرا ما كان هذا العقاب جسمانيا ، وكثيرا ما كان قاسيا. والسؤال الذي يجب أن نطرحه هنا هو: ما هو الثمن الذي دفعه التلاميذ من جراء تحملهم للعقاب ؟ أي نوع من الآلام مروا بها ؟ أي نوع من الذل والاستكانة ربوا عليها ؟ أي أنواع الخوف عقّدت نشاطهم وعطّلته ؟ أن الإجابة على أمثال هذه الأسئلة خير دليل على الثمن الباهظ الذي دفعه التلاميذ في سبيل المحافظة على نظام تدعي التربية القديمة انه لازم لتؤدي التربية مهمتها .

ثامناً : إن التربية القديمة لم تكن اجتماعية بالقدر الكافي :

فالمدرسة التقليدية لم تعمل لتؤلف مجتمعا ديناميكيا يشعر أفراده بالوحدة فيما بينهم أو بالعلاقات المتبادلة . وكان الظاهر عليها في كثير من الحالات أنها لا تساعد مبدأ التساعد بين التلاميذ ، بل كانت كثيرا ما تعمل على معارضة شعور بعض التلاميذ بشعور الآخرين . يضاف إلى ذلك أنها لم تكن تقوم بالوظيفة الاجتماعية التي يجب أن تنتظر من المدرسة . والوظائف الاجتماعية للمدرسة التي نتحدث عنها في حضارتنا المعاصرة ، والتي تظهر في أقوال مثل " المدرسة مركز إشعاع في المجتمع " "المدرسة تلعب دور القائد في المجتمع" "مجلس الآباء والمعلمين" ، "دور المدرسة في تعليم الأميين" ، "دور المدرسة في تطور المجتمع" ... هذه الأقوال وأمثاله لا نجد أنها تتكرر بالنسبة للمدرسة القديمة أو يظهر أنها تؤلف جزءا من العملية التربوية للمدرسة . والأصح أن توصف المدرسة القديمة

بأنها كانت تحاول البعد عن المجتمع والانعزال عنه " لتبقى له بذلك نقاوتها " التي كانت تؤكد عليها .

إن أوجه التقصير الأساسية التي ذكرت لا تمنع أبدا من أن نؤكد أن للمدرسة القديمة فضلا وعددا من الحسنات . ويكفي هنا أن نذكر فضيلتين لها. الأولى أنها عملت بنجاح ـ في كثير من الأحيان ـ على تكوين شخصية أخلاقية عند الطفل . أنها ولا شك قد استعملت في ذلك طرقا لا تقرها التربية الحديثة، ولم تكن دائما صالحة . وأنها ولا شك قد أكدت أحيانا على اتجاهات أخلاقية تلاقي هجوما عنيفا من اتجاهات الحضارة التي نعيشها في أيامنا هذه . ولكن كل هذا لا يمنع من القول أن عددا من الأهداف التي عليها كان ساميا وعاليا، ويكفي لمعرفة ذلك أن يرجع أحدنا إلى ما كتبه الغزالي مثلا عن تربية الولد التربية الأخلاقية ليرى قيمة التكوين الأخلاقي لشخصية الطفل .

والثانية أن هذا النوع من التعليم الذي كانت تؤكد عليه كان منتجا أحيانا رغما عن انه كان مجهدا وقتالا . إن عدد الضحايا كان كثيرا، والذين كانوا يستطيعون أن يجتازوا عتبات الامتحانات المتعددة كانوا قلائل. ولكن هؤلاء القلائل كانوا يحملون معهم المعرفة الدقيقة التي كانت تنتج حين تجمع عندهم في حياة المستقبل مع من اعتادوه من احترام الجهد، والاستمرار، وروح الدقة. ويجب هنا أن نعترف بالدور الذي لعبته مدارس الرهبان في ترجمة آثار القدماء، والإنتاج الذي ظهر عند عدد من مفكري العرب كمثال على هذه النقطة .

الباب الخامس

التربية في العصور الحديثة

أولاً- التربية في عصر النهضة والإصلاح الديني

عصر النهضة: إن كلمة النهضة تعني البعث والتجديد والتطور والتقدم، ويعتقد أن هذه التسمية حديثة النشأة شاع استعمالها في القرن التاسع عشر.(١) وقد أطلق كثير من المؤرخين هذه التسمية على عصر النهضة تمييزاً له عن العصور الوسطى اعتقاداً منهم أن فترة القرون الوسطى كانت فترة مظلمة شبيهة بالسبات يجب إيقاظ النفس البشرية فيه.(٢)

ولقد برز انطباع لدى بعض المفكرين جعلهم يتصورون أن العصور الوسطى عملت على هدم الحضارة الإنسانية بعد أن وقف ذلك التقدم الحضاري والفكري الذي كانت تسير فيه البشرية، من خلال القيود والأغلال التي وضعتها على عقل الإنسان فحرمته من التفكير الخلاق والبحث العلمي، ورأوا أن واجبهم اليوم يتطلب إيقاظ فكر الإنسان وتحريره من تلك القيود والأغلال حتى يتمكن من تشييد الحضارة الإنسانية وبعثها من جديد.(٣)

كانت نهضة أوروبا الكبرى التي حدثت في القرنين الخامس عشر والسادس عشر نهضة عامة شاملة فكرية وبديعية وحركة اجتماعية، كما أحدثت انقلابات بينة في كل ناحية من نواحي التربية والتعليم النظرية والعملية. فالأساليب الفكرية والتهذيبية التي وصلت إليها العصور الوسطى عن طريق المنطق، كانت جامدة لا تسمح لروح الفرد بالظهور، كما أن البنيان الكبير الذي شادته الأديرة والفلسفة المدرسية ظهر للملأ كسجن قضي فيه على الحرية الشخصية، فسرعان ما سنحت الفرصة لروح التجدد بالظهور، فهدمت ذلك البنيان وقوضت دعائمه وأقامت على

---

(١) نور الدين حاطوم، تاريخ عصر النهضة الأوروبية، بيروت، دار الفكر الحديث، ١٩٦٨، ص ٧٤.

(٢) روبرت د. بالمر، تاريخ العالم الحديث، ج١، ترجمة محمود حسن الأمين، الموصل، مكتبة الوفاء، ١٩٥٣، ص ٩٥-٩٦.

(3) William Boyd, the history of western education, 4th edition, London, Adam Charles Black, 1961, P. 158.

أنقاضه أسس الحضارة الحديثة. ومن أهم مميزات النهضة اهتمامها بتنمية روح الفردية التي كانت قد قضت عليها الأساليب التهذيبية الجامدة في القرون الوسطى.

ومع أن أعمال النهضة كانت متنوعة ومختلفة فبوسعنا أن نرجع النشاط الذي قام فيها إلى نزعات ثلاث طوي ذكرها في القرون الوسطى المظلمة وأسدل عليها ستار الإهمال والنسيان. النزعة الأولى هي العودة إلى الأقدمين اليونان والرومان والبحث فيما تركوه عن فلسفة الحياة وإمكانياتها، على حين هجرها أبناء العصور الوسطى. والنزعة الثانية تقدير العاطفة وصدق الاستمتاع بالحياة وتأمل لذائها، وإكبار الجمال في شتى صوره، وأنتجت الفنون والآداب. وأما النزعة الثالثة فهي العناية بالطبيعة الجامدة، التي لم يهملها أبناء العصور الوسطى فحسب بل كانوا ينظرون إلى دارسيها نظرة ازدراء واحتقار، ودراستها شيء خسيس يحط من قدر الإنسان.

وكان من نتيجة النزعة الأولى أي اهتمام رجال النهضة بآثار العالم القديم، التعمق في دراسة اللغتين اليونانية واللاتينية والتوسع في آدابهما والشغف بجمع المخطوطات القديمة وطبعها ونشرها بعد ظهور الطباعة. وهناك خطأ شائع يجب أن لا نقع فيه وهو أن جمع هذه المخطوطات ودرسها هو سبب النهضة، فهذا غير صحيح، لأن أسباب النهضة الحقيقية ترجع إلى الحركة الفكرية العامة التي قامت في ذلك العصر، ولم تكن هذه المؤلفات سوى واسطة توصل بها رجال النهضة إلى ذلك التقدم والرقي الفكري الذي نراه في عصر النهضة والانتعاش. وكان من نتيجة النزعة الثانية، أي تقدير العاطفة، الإنتاج الفني والأدبي بشتى صورهما، وظهور روح جديدة في الشعر والتمثيل والنحت والتصوير والموسيقى التي أهملت في العصور الوسطى. أما اهتمامهم بالطبيعة الجامدة فقد أدى إلى نتائج مهمة في ميدان العلوم الطبيعية، وإلى التجريب عليها، مما عمل على خلق اكتشافات جغرافية وفلكية، وطبع الحياة بطابع العناية آوديكارت في القرن السابع عشر، والأبحاث الفيزيائية والبيولوجية التي حققها العلم الحديث.

وغني عن البيان أن الانتقال من القديم إلى الجديد كان تدريجياً، كما أنه لم يمح أثر الأفكار والمبادئ القديمة بانتصار المبادئ الجديدة وانتشار روح النهضة، بل بقي قسم منها موجوداً وقسم منها لا يزال شائعاً حتى يومنا هذا.

متى بدأ عصر النهضة:

من الصعب وضع حد فاصل بين العصور الحديثة والعصور الوسطى، وذلك لأن النهضة كما أسلفنا تعني تبدلاً وتغيراً في الحياة الفكرية والاجتماعية الذي لا يحدث فجأة وإنما يتم غالباً بالتدريج. كما أن العصور الوسطى قد شهدت بعض الحركات والنهضات الفكرية مثل نهضة شارلمان والنهضة المدرسية في القرن الثاني عشر التي أدت إلى نشوء الجامعات في العصور الوسطى. ومع ذلك فإن كثيراً من المؤرخين يرى أن بداية النهضة في ايطاليا كانت في القرن الخامس عشر،[١] ثم انتشرت في معظم دول أوروبا الغربية في القرن السادس عشر، ومن الممكن تتبع جذورها إلى نهضة القرن الثاني عشر.

أسباب النهضة:

تضافرت عدد من العوامل والأسباب وأدت إلى إحداث هذا التقدم والتطور في مظاهر الحياة المختلفة ومن أهمها:[٢]

١- وضعت الحركة المدرسية الأسس الأولى للتقدم الفكري الإنساني عن طريق إمداد الطلبة ومساعدتهم في ممارسة واستخدام الفكر التحليلي. ولم يكن هدف الحركة المدرسية من ذلك في بداية الأمر إلا إثبات العقائد الدينية والدفاع عن الكنيسة، إلا أن الناس بدأوا يستخدمون تلك العلوم في مجالات جديدة كتنمية الحرية الفكرية والتخلص من الفلسفة المدرسية. وبذلك أصبحت تلك العلوم التي شجعتها الحركة المدرسية بمثابة أسلحة تحارب تلك الفلسفة اعتقاداً منها أن تلك الحركة أصبحت قيداً على الفكر لخضوعها لرقابة الكنيسة الصارمة.

٢- شجع ظهور الجامعات الحركة الفكرية، حيث كان يتم داخلها العديد من اللقاءات الفكرية والمناقشات بين طلبة العلم والأساتذة حول المشاكل والقضايا السياسية والاقتصادية والاجتماعية والخلقية، مما أدى إلى أهمية تحرير الفكر الإنساني من القيود المفروضة عليه والتطلع إلى إنجازات فكرية واسعة.

٣- تمكن العالم الغربي نتيجة اتصاله بالعالم الإسلامي من التعرف على الحرية الفكرية في مجال العلوم عند المسلمين وطريقتهم في البحث وتحصيل المعرفة.

---

(١) هربرت فيشر، أصول التاريخ الاوروبي الحديث، ترجمة زينب عصمت راشد وأحمد عبد الرحيم مصطفى، القاهرة، دار المعارف، ١٩٦٢، ص ٢٩.

(٢) عبد المحسن عبد العزيز حمادة، مقدمة في تاريخ التربية، مرجع سابق، ص ٢٠٦-٢٠٨.

كما تقدمت بعض العلوم والفنون التي كانت متأخرة مثل الطب والمنطق والرياضيات، نتيجة هـذا الاتصال والتعرف كذلك على الثقافة اليونانية التي قاموا بترجمتها.

٤- أظهرت الاكتشافات العلمية في الميادين المختلفة كالجغرافيا والفلك أهمية البحث العلمي في التوصل إلى المعرفة وتقصي الحقائق عن طريق الأدلة المادية بدلاً من القضايا المجردة.

٥- ساعد تطور صناعة الورق واختراع الطباعة على انتشار الكتب والاطلاع على الآراء بصورة أكبر مـن قبل.

٦- أدت الكشوف الجغرافية الجديدة إلى نمو التجارة واتساعها وبالتالي ظهور طبقة جديدة في المجتمع وهي الطبقة البرجوازية والتي تتعارض مصالحها مـع النظـام الإقطاعي ورجال الـدين، مما مكن السلطات الملكية من النمو على حساب إضعاف سلطة الإقطاع والبابوية.

٧- أدى فساد رجال الدين وتكالبهم على السلطة وجمع المـال على حساب المبادئ والقيم إلى انحلال الكنيسة وتدهور قيمتها في أعين الجماهير وضعف الشعور الديني لديهم، وفقدانهم الثقة في زعماء الكنيسة والحقد عليهم. وقد ساهمت هذه العوامـل جميعاً في ظهور التغير الاجتماعي في الغرب ووجود حياة روحية وفكرية وخلقية وفنية جديدة أدت إلى النهضة.

النهضة في ايطاليا وشمال اوروبا:

أولاً- النهضة في ايطاليا: [١]

بدأت النهضة الغربية في ايطاليا أولاً، ولذا تعتبر ايطاليا هـي الدولة التـي شـهدت ميلاد الفكر الجديد وتزعمته وأعطته الكثير من الرعاية والاهتمام، ولكن سرعـان مـا بـدأ ينتقـل منهـا إلى سـائر البـلاد الغربية. من هنا يجب أن نميز بين النهضة المبكرة التي حدثت في ايطاليا والنهضة في سائر العالم الغربي.

ويرجع بدء النهضة في ايطاليا إلى أنها كانت المركز المهم للحركات الدينيـة والفكريـة والسياسـية قبل النهضة منذ النصف الثاني من القرن الرابع عشر وخلال

(١) بول منرو، المرجع في تاريخ التربية، ج٢، ترجمة صالح عبد العزيز، القاهرة، مكتبة النهضة المصرية، ١٩٥٣، ص ٩-١٧.

القرن الخامس عشر. ويرجع الفضل في ذلك إلى تأثير الجامعات والنشاط الفكري الذي ظهر في القرن الثالث عشر. ويمثل الشاعر دانتي (١٢٦٤م-١٣٢١م) حلقة الاتصال ما بين القديم وروح العصور الوسطى وروح العصر الحديث. فأفكاره كانت رجعية وعصرية في الوقت نفسه، وله فضل كبير في تهيئة الأفكار لقبول المبادئ الجديدة التي قامت عليها النهضة الكبرى. أما بترارك (١٣٠٤-١٣٧٤م) فهو الرجل الذي أحرز لقب "أول رجل حديث". فقد أعرض عن العصور الوسطى إعراضاً تاماً، وثار على المبادئ التهذيبية الجامدة التي أنتجتها الفلسفة المدرسية وعلى جدليات ارسطو وأوجد في نفوس معاصريه رغبة شديدة في مطالعة الآداب العالية القديمة وحببها إليهم لتحل محل الجدليات الدينية الضيقة في الأديرة والفلسفة المدرسية والجامعات. وقد كان بترارك يكتب بلغته القومية التي استخدمها وسيلة للتغيير في وقت لم يكن فيه أدب قومي يذكر.

ولم يقتصر بترارك وأتباعه على التنديد بالمبادئ الشائعة والحض على دراسة الآداب العالية، وإنما حلل النفس البشرية وطالب بحقوقها في أن تأخذ من الحياة والسعادة الدنيوية. وبذلك عارض فكرة التنسك والزهد وعمل على نشر التعاليم الوثنية القديمة اليونانية، وتلك أهم مميزات النهضة في ايطاليا. ولم يترك بترارك مؤلفات في التربية، فأغلب آثاره كانت مؤلفات في الأدب والشعر وأشهرها كتاب "تراجم الأقدمين" حيث أحيا فيه ذكر كبار اليونان والرومان، وأما "رسالاته" -فمفعمة بروح النهضة. وليست لبترارك قيمة كبيرة في تاريخ التربية، وإنما ترجع مكانته السامية في تاريخ التربية لنظراته الجديدة في الحياة التي تركت أثراً كبيراً في الأساليب والطرق التهذيبية.

ومن أشهر أعوان بترارك، بوكاشيو (١٣١٣-١٣٧٥) وكان بارزاً في الأدب، ثم بارزيزا (١٣٧٠-١٤٣١) وكان بارزاً في البحث العلمي. وقد تزعم هؤلاء الثلاثة حركة إحياء المخطوطات الأدبية القديمة ومضاعفتها، وتأسيس المكتبات.

ويعتبر بترارك صاحب الفضل الأكبر في إحياء الآداب اللاتينية العالية، أما الفضل في إحياء الآداب اليونانية القديمة فيرجع إلى أحد أتباعه وهو مانويل كريزولوراس (توفي عام ١٤١٥م) الذي ألقى محاضرات قيمة عن آداب اللغة اليونانية القديمة في جامعة فلورنسا ثم في بعض المدن الايطالية الأخرى من سنة ١٣٩٧ إلى سنة ١٤٠٠م. والخلاصة أنه بفضل بترارك وأتباعه انتشرت الآداب اليونانية واللاتينية انتشاراً عظيماً، ومن ايطاليا أخذت روح النهضة تتسرب شمالاً مجتازة جبال الألب إلى شمال اوروبا.

ثانياً- النهضة في شمالي اوروبا:

تطورت النهضة تطوراً محسوساً في أواخر القرن الخامس عشر- والسادس عشر- وذلك لانتقال مركزها من ايطاليا إلى شمالي اوروبا. ففي ايطاليا نرى أن الروح الجديدة التي انتشرت فيها في بدء النهضة لم تدم طويلاً هناك بل أخذت تتدهور حتى عادت الحياة الفكرية في ايطاليا إلى سابق عهدها قبل النهضة. أما في بقية الأقطار الاوروبية فبالرغم من أن الفرنسيين كانوا أول من أقبل على الأخذ بتلك الأفكار الجديدة، إلا أن الفضل في الترقي والتقدم الفكري يرجع إلى الشعوب التيوتونية الجرمانية. ففي البلاد التيوتونية كانت النهضة تركز خاصة على الإصلاح الاجتماعي والديني، ولذلك فالنهضة في شمالي اوروبا امتزجت بالإصلاح الديني. ولذا فإن اراسموس وهو أشهر رجال النهضة في الشمال كان يسعى جاهداً إلى القضاء على الجهل العام الذي سهل للكنيسة والحكومة ارتكاب الفضائح والأعمال الشائنة التي ثار عليها لوثر في إصلاحه الديني.

المدلول التربوي للنهضة:

إحياء فكرة التربية الحرة: لم يكن اهتمام رجال النهضة بدراسة الآداب القديمة المظهر الرئيسي- لروح النهضة فحسب، وإنما كان هذا الاهتمام العامل الأكبر في تطور الحياة الجديدة. وغني عن البيان أن الحركة الفكرية لم تجد في ما تركته لها القرون الوسطى أساساً تبني عليه مبادئها الجديدة وهي النزوع إلى فكرة الشخصية الحرة، فرجعت إلى القديم واستمدت منه فكرة التربية الحرة التي وضعها ارسطو وافلاطون وكونتليان، وأصبحت غاية التربية في نظر رجال النهضة إعداد الرجل الكامل الذي يصلح للقيام بأعمال محيطه الاجتماعية. ومن الخطأ أن نتصور أن النهضة من الناحية التربوية، ليست إلا انكباباً على تدارس الآداب القديمة واللغات القديمة، وإنما هي الرغبة في حياة جديدة، وبالتالي في تربية جديدة مخالفة للتربية المدرسية القديمة، تتجلى فيها روح التربية الحرة، على غرار ما كانت لدى القدماء.

وقد كتب بولس فرجير يوس الأستاذ في جامعة بادوا كتاباً سنة ١٣٧٤م بحث فيه عن التربية الحرة وعن الهدف الذي تسعى إليه فقال: "إن العلوم الحرة التي تليق بالرجل الحر هي التي تدربه على الفضيلة والحكمة. والتربية الحرة هي التي تعمل على تنمية مواهب المرء السامية الجسمية والعقلية معاً". ويرى المدقق في التربية أثناء النهضة عناصر جديدة لم تكن موجودة إبان العصور الوسطى، أهمها الاعتناء بالتربية الجسمية أو العنصر الجسماني والذي يركز على الطرق الرياضية البدنية وأشكالها المناسبة. وقد رافق هذا الاهتمام بالتربية البدنية اهتمام آخر شبيه به هو الاهتمام بالسلوك والأخلاق. أما العنصر- الآخر الذي يميز التربية

عندئذ فهو العنصر الجمالي أو البديعي الذي كان معدوماً تماماً في القرون الوسطى وذلك لتغلب مبادئ الزهد والرهبنة في ذلك الوقت.

التربية الإنسانية القاصرة (الضيقة):

أطلق رجال النهضة على محتويات التربية الجديدة التي ضمت آداب اللغتين اليونانية واللاتينية العالية القديمة اصطلاح "الإنسانيات". وقد قال باتيستا جوارينو في مؤلف كتبه سنة ١٤٥٩م ما يلي: "إن تعلم الفضيلة والتدرب عليها هما من الصفات التي امتاز بها الإنسان، ولذلك أطلق عليهما آباؤنا اسم المواد الإنسانية، ويقصد بها أهداف ومظاهر نشاط تلائم الجنس البشري، ولا يوجد أي فرع من فروع العلم أو المعرفة يشمل هذا المدى الواسع من المواد مثل هذه الثقافة التي حاولت الآن أن أصفها".

ويشير هذا النص إلى التغيير الذي طرأ فجأة على التربية وعلى المقصود من معناها الإنساني. فقد كانت العناية بالآداب القديمة في بدء النهضة وسيلة لفهم هذه الأعمال والأبحاث الخاصة بالنوع الإنساني. إلا أنها ما لبثت أن غدت، في القرن السادس عشر ـ غاية في ذاتها. فأصبحت كلمة إنسانيات إذا أطلقت انصرفت إلى لغات الأقدمين وأدبهم. وهكذا غدت غاية التربية تعلم اللغات والآداب بدلاً من الحياة نفسها واتجهت الجهود التربوية نحو السيطرة على هذه الآداب وامتلاكها وأصبحت العناية بصورة هذه الآداب وصيغتها هي الرائد الأول، بدلاً من العناية بمحتواها ومضمونها. فضاق معنى التربية الإنسانية وغدا مقصوراً على العناية باللغات وتعلمها، على نحو ما نجد في المدارس الأوروبية في القرن السادس عشر حتى منتصف القرن التاسع عشر. وضعف العنصر الجسماني والعنصر ـ الاجتماعي، واقتصر ـ العنصر ـ الجمالي أو البديعي على التقدير الشكلي للآداب القديمة، والعناية بنواحي الفصاحة والبلاغة فيها، على نحو ما نجد ذلك في النزعة المعروفة باسم النزعة الشيشرونية. إذ قرر أصحاب شيشرون أن غاية التربية هو امتلاك أسلوب لاتيني كامل، ولما كان شيشرون في نظرهم سيد الأسلوب وزعيمه بلا منازع رأوا أن الدراسات في المدارس ينبغي أن تتجه كلها إلى دراسة مؤلفات شيشرون أو من قلده. وهكذا ضاق معنى التربية، وغدت صورية، وأصبح هدفها تعليم اللاتينية، نحواً وأسلوباً عن طريق دراسة نصوصها مع توجيه عناية خاصة لنصوص شيشرون واوفيد وتيرانس.

مما تقدم نستطيع القول أن التربية الحديثة بدأت بعصر النهضة، فأعقبت تلك التربية القاسية الزجرية التي سادت في العصور الوسطى تربية جديدة هي من الوجهة النظرية على الأقل أوسع من تلك وأرحب وأكثر تحرراً، تقيم وزناً للصحة الجسدية والنفسية، وتتوفر على إيقاظ القوى المعنوية للأفراد بدلاً من أن تكبتها، وتستبدل بالأبحاث اللفظية الجدلية أبحاثاً واقعية، وتنزع إلى تكوين الإنسان ككل، في جسمه وعقله، في ذوقه وعمله، في قلبه وإرادته، بدلاً من أن تنمي ملكة واحدة لديه هي ملكة البرهان العقلي. ويجب أن نفرق في حديثنا عن التربية في القرن السادس عشر بين النظريات التربوية الحديثة الجريئة التي تستبق عصرها، حيث نجدها في مؤلفات ايراسموس ورابليه ومونتيني، وبين التربية المطبقة التي تسير ببطئ شديد، حيث نلقى ذلك في الكليات الأولى التي أنشأتها الجماعات اليسوعية، وفي الكليات البروتستانتية من قبل، ولا سيما كلية ستراسبورج التي كان يديرها شتورم الشهير، وفي التجديد الذي طرأ على التعليم العالي والذي يظهر خاصة في إنشاء كلية فرنسا (١٥٣٠)، ونجدها أخيراً في التقدم الذي أصابه التعليم الابتدائي بفضل محاولات المصلحين البروتستانت أمثال لوثر.

بعض رجال التربية في عصر النهضة: (١)

لم يكن جميع المربين الذين قاموا في عصر النهضة من المدرسين مع أن قسماً كبيراً منهم مارس التعليم والتحق بإحدى الجامعات أو بمدارس البلاط ولكنهم مع ذلك فقد كانت مواردهم من التعليم تكاد لا تقوم بنفقاتهم الضرورية ولهذا نرى أنهم كانوا يدرسون في بيوتهم دروساً خصوصية فانتشار نفوذهم وآرائهم لم يقتصر على الجامعات والمعاهد التهذيبية العامة وإنما كانوا يبثون روح النهضة الجديدة في اجتماعاتهم الخاصة مع طلاب العلم في منازلهم.

أشهر رجال النهضة في ايطاليا: فيتورينو دافلتر (١٣٧٨-١٤٤٦).

يعد من أشهر المربين الايطاليين في عصر التجدد. مارس دافلتر التدريس في جامعة بادوا في بادئ الأمر ثم دعاه أمير مانتوا الواقعة في شمالي ايطاليا وكلفه أن يتولى إدارة المدرسة التي أسسها في بلاطه عام ١٤٢٨م. وتعد هذه المدرسة أول معهد علمي طبقت فيه مبادئ النهضة الحقيقية، ويرجع الفضل في ذلك لدافلتر الذي بث في المدرسة روح التربية الحرة اليونانية، ومن أعماله في ذلك المعهد عنايته بدرس تاريخ المدنية الرومانية وآدابها عوضاً عن التعمق في درس نحو اللغة اللاتينية وصرفها وقد عني دافلتر بالألعاب الرياضية وقدر أهمية الرغبة في

---

(١) المرجع السابق، ص ٣١-٤٤.

التربية والتعليم حتى أنه سمى مدرسته "البيت البهيج" واعترافاً بمنزلته في التربية دعته الأجيال التي أتت بعده "المدرس العصر الأول".[1] وقد كان له عناية خاصة بجعل العلوم عملية تنفع الطالب في مستقبله العلمي. ومن بين المظاهر المثالية في مدرسة مانتوا هذه، تولي التلاميذ حكومة المدرسة بأنفسهم والاعتماد في الدراسة على ميولهم الطبيعية، واعتماد نظاهر نشاط الطفل الطبيعي أساساً لكثير من الأعمال المدرسية.

بعض رجال الحركة الإنسانية الألمان:

من بين رجالات الحركة الإنسانية الالمان الأوائل: جون فسل (١٤٢٠-١٤٨٩م)، ورودلف اجريكولا (١٤٤٣-١٤٩٥م)، والكسندر هيجيوس، (١٤٢٠-١٤٩٥م)، وجون ريوكلين (١٤٥٥-١٥٢٢م)، ويعقوب ومبفلنج، (١٤٥٠-١٥٢٨م)، وكانوا جميعاً ينتمون إلى جماعة اخوان الحياة المشتركة أو كانت لهم صلة بمدارسهم، وترجع أهميتهم التربوية إلى ما قاموا به من مجهود في إدخال مواد الدراسة الجديدة، وفي خلق الروح الحديثة بين الطلبة الألمان.

ومبفلنج:

يشارك ميلانكتون في لقب "معلم المانيا". عمل محاضراً وعميداً في جامعة "هيدلبرج"، وعمل على جعلها مركزاً للدراسات الإنسانية في غرب المانيا. وقد أثر ومبفلنج في طرق التدريس بطريقة عملية، كما دافع عن أهمية التعليم الحديث من أجل الإصلاح الديني والاجتماعي. ومن مؤلفاته التربوية رسالته المسماة "مرشد للشباب الالماني" وهي أول رسالة منظمة كتبها الماني في التربية، وفيها يتبع تقاليد النهضة بمعناها الواسع في عرضه للمنهاج الدراسي وطرق الدراسة، كما ينادي بالتوسع في اختيار النصوص اليونانية واللاتينية. ويناقش في هذه الرسالة أيضاً مشاكل الحياة المدرسية، ومؤهلات المدرسين، وعلاقة التربية بخير المجتمع ورفاهيته. وللتربية في نظره أهداف اجتماعية وخلقية. كما أنه في كتابه "الشباب" يناقش الأسس الخلقية للتربية وعلاقتها العامة بالدين.

اراسموس (١٤٦٧-١٥٣٦):

ولد هذا المربي في روتردام ودرس في مدارس الكنيسة استعداداً للانخراط في سلك الرهبنة، ثم انتقل في سن التاسعة إلى كلية "دافنتر" في هولندا، وكان

---

(1) E.P Cubberley, the history of education, Cambridge, Mass., Houghton Mifflin, 1948, P.256.

يشرف عليها الرهبان المعروفون بالجيروميين أو "اخوان الحياة المشتركة"، وقد أسس هذه الجماعة جيرار غروت عام ١٣٤٠م. ونتيجة لتأثره بآراء هيجيوس واجريكولا بوجه خاص نجد أنه يتشبع بروح التحمس لحركة التعليم الجديدة. ثم حذق فيما بعد آداب القدماء ولغاتهم بالدراسة في باريس واكسفورد وايطاليا، وظل طيلة حياته أشد الطلاب إقبالاً على الدراسة دون ملل، وكثيراً ما كان يحرم نفسه من ضرورات الحياة لشراء الكتب اليونانية. وفي أثناء إقامته في باريس واكسفورد كان يعطي دروساً خصوصية، ثم أصبح أول مدرس للدراسات الجديدة في كمبردج، وظل عدة سنوات أستاذاً متنقلاً بين انجلترا وفرنسا وهولندا وسويسرا وايطاليا. وقبل وفاته بعشرين سنة أقام في "بال" إحدى مراكز الطباعة الكبرى في ذلك الوقت، وهناك أدى خدمات جمة للتعليم بالمراسلات الشخصية والاتصالات المباشرة بالطلبة أكثر مما فعل بالاتصال بالجامعات، ولكن نشاطه كناشر للكتب قد فاق كثيراً نشاطه في هذين الميدانين. ولقد تأثرت جهود اراسموس بالدوافع التربوية والإصلاحية التي سيطرت عليه. ولم يكن لديه إلا القليل من الاتجاهات المعمارية أو الجمالية الفنية التي كانت لدى الكثير من الإنسانيين، كما أنه لم تكن لديه الميول الحوارية والميتافيزيقية التي كانت سائدة لدى القدماء. ولقد كتب يناهض الطائفتين بأسلوب تغلب عليه السخرية والنقد اللاذع الذي تجلى في كثير من مؤلفاته مثل تمجيد السذاجة، والمحاورات، والحكم.

وتقسم مؤلفات اراسموس إلى قسمين، القسم الأول كتب مدرسية تقريباً مثل "طريقة كتابة الحروف"، "وآداب الطفولة"، و"الأمثال"، "والمحاورات"، والقسم الثاني كتب يغلب عليها الطابع النظري يعرض فيها اراسموس آراءه النظرية في التربية مثل "طريقة الدراسة"، "والتربية الحرة للأطفال".

أهم آراء اراسموس التربوية:

يمكن تلخيص آراء اراسموس التربوية فيما يلي رغم ما يعوزها من نظام فلسفي يربطها ببعضها البعض:

١- إن مؤلفات الكتاب القدامى، والآباء المسيحيين والكتب المقدسة تتضمن كل ما هو ضروري لأن يساعد الإنسان في حياته، ويصلح المساوئ القائمة فعلاً، فمن الضروري أن تعرف هذه المؤلفات في صورتها الحقيقية الأصلية دون أن يلحقها أي تحريف.

٢- إن الأم هي المربية الطبيعية للطفل في سنواته الأولى: فالوالدة التي لا تعنى بتربية أطفالها هي نصف أم فقط.

٣- لا ينبغي أن يطلب من الطفل قبل سن السابعة من عمره سوى اللعب حتى ينال الجسم حقه من النمو، وعلى المربي أن يبث فيه الأخلاق والآداب الصحيحة وألا يطلب منه القيام بعمل جدي قبل ذلك السن.

٤- يبدأ العمل الجدي عند الطفل بعد سن السابعة، إذ يجب أن يدرس الطفل اللاتينية واليونانية معاً حتى يتمكن منذ الصغر من إتقان تعلم اللغتين.

٥- إن أول درس يجب على الطفل أن يتقنه هو علم النحو لأن اللغة هي الواسطة الوحيدة لاكتساب المعارف.

٦- يجب أن يتقاضى المدرسون رواتب كافية ويجب أن تبنى المدارس في أماكن مناسبة.

٧- يجب عدم إهمال التربية الدينية.

٨- يجب الاعتناء بقوتي الحافظة والذاكرة، وهذا لا يكون إلا بشرح الأبحاث قبل حفظها وبالتفكير المنطقي وبالمقابلة والتمييز بين المواضيع المتنوعة.

٩- التربية العائلية هي الأساس في التعليم ولذلك يجب أن يعرف الوالدون واجباتهم تجاه أطفالهم ويجب أن يعود الطفل الطاعة.

١٠- إن أهم واجب في تثقيف البنات هو بث الشعور الديني في نفوسهن ويجب الاحتراز من تركهم بلا عمل لأن هذا يدع مجالاً واسعاً لتسرب روح الفساد إلى قلوبهن.

١١- استبعاد الطرق الوحشية في التعليم والنظام القاسي وحمل عليها حملة شعواء، وطالب بأن تستبدل بطرق التشويق والإغراء.

بعض رجال التربية الإنسانية من الانجليز:

وكما أن انجلترا لم تنتج قادة عظام ومشاهير للنهضة، فكذلك نجد أن مربيها الإنسانيين كانوا ذوي تأثير محلي أو قومي على أكثر تقدير. وكان من بين هؤلاء فريق من العلماء لهم الفضل في إدخال دراسة اللغة اليونانية والتعاليم الجديدة في المناهج الجامعية نذكر منهم ليناكر وجروسين وتشيلو، وفريق آخر كان لهم الفضل في تنظيم هذه الدراسة في المدارس نذكر منهم كولت وليلي واسكام، وفريق ثالث

كان لهم من التأثر العام مثل ما كان لاراسموس أمثال مور. ومن أبرز هؤلاء المربين اسكام.

روجر أسكام (١٥١٥-١٥٦٨م):

يعتبر روجر اسكام أشهر المربين الانجليز في عصر النهضة وذلك لسببين:

الأول: أنه كان في طليعة الانجليز الذين كتبوا رسائل في التربية باللغة القومية.

والثاني: أسلوبه الشائق الذي جعل له مكانة كبيرة في تاريخ آداب اللغة الانجليزية وفي تاريخ التربية أيضاً. وقد كان آسكام وليد حركة النهضة الأولى في كمبردج، وقد خلف أستاذه "تشيك" في كرسي اللغة اليونانية. ثم عين مربياً للأميرة اليزابيث التي أصبحت الملكة اليزابيث فيما بعد، ثم سكرتيراً لاتينياً لها. وكان اسكام متشعب النشاط في الحياة العامة وفي التربية، فقد جمع بين السياسة والعلم، وكان يتحدث بلهجة الرجل الذي حنكته التجارب العامة ومارس مهنة التعليم، مثله في ذلك كله مثل شتورم ورشولين وكثير من زعماء الحركة الإنسانية. وإلى نفوذه هذا وإلى اتصاله بالأسرة الملكية يرجع الفضل فيما حظي به من شهرة واسعة طوال حياته. وأشهر ما كتبه في التربية والتعليم كتابة المعلم أو المدرس الذي دون فيه آرائه التربوية، وقد نشر بعد وفاته سنة ١٥٧١م. أما أهم آراؤه التربوية فهي:

- اعتراضه على العقوبات البدنية الوحشية التي عرف بها جميع المدرسين في ذلك الوقت.

- نظريته في الترجمة المزدوجة. والمقصود من هذه النظرية أن يترجم الطالب البحث من اللاتينية إلى الانجليزية، ثم يطلب منه أن يترجم ما كتبه بالانجليزية مرة ثانية إلى اللاتينية.

- الاهتمام بمدح الطالب إذا أجاد لأنه لا يوجد شيء كالمدح والثناء يزيد الطالب رغبة وإقبالاً على طلب العلم.

- بالغ في الحض على تعليم الآداب القديمة.

- وضع طريقة تقدمية جديدة بدلاً من الطريقة الشكلية البحتة القديمة في دراسة النحو والأدب.

أنواع المدارس الإنسانية [1]

انتشرت روح النهضة في المدارس والجامعات، وكانت تهدف إلى نشر التربية الحرة في بادئ الأمر، ولكنها انقلبت فيما بعد إلى تربية إنسانية ضيقة محدودة، فسيطرت في الجامعات وبقية المعاهد روح التربية الإنسانية الظاهرية. وقد بقيت هذه الروح مسيطرة على المعاهد التهذيبية إلى أوائل القرن التاسع عشر. وفي دراستنا هذه لنماذج المعاهد التعليمية الإنسانية علينا أن نتذكر أن إنشائها لم يكن إلا احتجاجاً على هذه النظم الضيقة القاصرة.

أولاً- الجامعات:

سيطرت روح النهضة على الجامعات الايطالية، وكانت تهدف إلى تقليد الأقدمين في أول الأمر، إلا أنها تطورت إلى الشيشرونبة اللفظية كما أسلفنا. وهكذا أهملت دراسة الحقوق والجدل وفلسفة الدين التي كانت شائعة أثناء القرون الوسطى وحلت محلها دراسة الأدب القديم. وأشهر الأساتذة في جامعات ايطاليا بترارك وبوكاسيو.

أما في فرنسا فقد انتشرت اللغة اليونانية وآدابها في أواسط القرن الخامس عشر ولا يخفى أن نهضة فرنسا شبيهة بنهضة ايطاليا نظراً للرابطة اللاتينية التي تجمع الأمتين ولنفوذ ملوك فرنسا في تلك البلاد. ولقد لقيت روح النهضة دعماً قوياً في فرنسا فأسست كلية فرنسا ١٥٣٠ ومطبعة كبيرة في باريس عام ١٥٦٢.

أما في المانيا فقد عمت جامعاتها روح النهضة في أواخر القرن الخامس عشر فأنشئ فرع خاص في جامعة ارفورت وهيدلبرج وليبزيك لدراسة الآداب والبلاغة والشعر. ولقد أسس أول كرسي لحركة التعليم الحديثة الذي سمي "كرسي الشعر والخطابة" في جامعة إرفورت في سنة ١٤٩٤م، ولما أنشئت جامعة وتنبرج سنة ١٥٠٢ نجد أنها تسير على مبادئ النهضة منذ بدء نشأتها. ولم يأت عام ١٥٩٠ حتى كان للتعليم الحديث اثر يذكر في جميع الجامعات الالمانية، ومكانة رفيعة في كثير منها.

أما في انجلترا فقد تسربت روح النهضة إلى جامعاتها من ايطاليا، على أن الفضل الأكبر لنشر الأفكار الجديدة يرجع إلى اراسموس الذي مارس التعليم في جامعتي اوكسفورد وكامبردج في أوائل القرن السادس عشر. وقد كان أول من قام

(١) بول منرو، المرجع في تاريخ التربية، ج٢، مرجع سابق، ص ٤٦-٦٠.

بنشر التعليم الحديث في انجلترا وخاصة اوكسفورد طائفة من الطلاب الـذين رحلـوا إلى ايطاليا في طلب العلم، وتشبعوا بروح المدارس الايطالية. ومن أعظم هؤلاء الطلاب أثراً "وليم جيروسين" و "توماس لينكر". ومن علماء النهضة الذين أنجبتهم جامعة كمبردج اسكام وكولت في أوائل القرن السادس عشر.

ثانياً- مدارس البلاط والنبلاء:

أدى تعصب الجامعات والمدارس الكنيسة ومدارس الأديرة للتعاليم القديمـة ومعارضتها لحركة التعليم الحديث والأفكار الجديدة إلى تأسيس مدارس جديـدة تتمشى- فيها الـروح الحديثـة تحت رعايـة الملوك والأمراء والنبلاء. وقد كان هـؤلاء يتنافسون في جلـب كبـار العلـماء واستخدامهم في مدارسهم، وساعدهم على ذلك تجول العلماء وكثرة تـنقلهم فأسست مدارس البلاط في فلورنسا وفيرونا وبادوا والبندقية وبافيا ومانتوا، وكانت خاصة بالأمراء والنبلاء، فعملـت عـلى تربية القادة والنبلاء، ولم تـرم إلى إصلاح الجماهير الجاهلة. وقد عنيت هذه المدارس بالتربيـة البدنيـة والأدبيـة فكأنها مزجت بـين التربية اليونانية الحرة والتربية الإنسانية.

ثالثاً- مدارس الأمراء:

تأسست هذه المدارس في أوائل القرن السادس عشر، وهـي تشبـه المدارس السـابقة في أهـدافها ومناهجها، وفي سيطرتها التامة على حياة أبنائها وفي روحها، إلا أنها تختلف عن المدارس السـائدة في المانيا في عصر النهضة بعدم إشراف المجالس المحلية عليها كـما هـو الحـال في مـدارس الجمنـازيوم الثانويـة، بـل خضعت لإشراف البلاد مباشرة. كما كانت مدارس ليلية داخلية وتشرف إشرافاً دقيقاً على الطلاب وتعدهم إعداداً مباشراً ليكونوا قادة الحكومة والكنيسة. وكان طلابها غالباً من أبناء النبلاء، أما موادهـا الدراسـية فقد كانت أكثر اتساعاً من مواد المدرسة الثانوية الجمنازيوم، وتماثل إلى حد ما، ما يدرس في الجامعات. أما مناهجها فقد كانت أقل جموداً من مناهج المدارس الثانوية، وأكثر منها اسـتجابة لمطالب العصر- وأهـم هذه المدارس رغم قلة عددها مدارس: بفورتا، وميد، وجرما.

رابعاً- المدارس الثانوية الأدبية "الجمنازيوم".

نعني بالجمنـازيوم المدارس الثانويـة التـي أنتجتهـا التربيـة الإنسانيـة في البـلاد التيوتونيـة (الجرمانية). وأشهر هذه المدارس الجمنازيوم الذي أنشأه جون شتورم عام ١٥٣٧م في مدينـة ستراسبورغ، وتولى إدارته ما يقرب من أربعين عاماً. وقد

جعل مدة الدراسة في الجمنازيوم عشر سنوات تدرس فيها المواد التالية كما وضعه شتورم تلميذ ومبفلنج:

الصف العاشر: الحروف الهجائية، القراءة، والكتابة، الاشتقاق والتصريف اللاتيني، ومحادثات دينية باللاتينية أو الالمانية.

الصف التاسع: التصريف والاشتقاق، مصطلحات لاتينية عن الحياة اليومية، وصيغ لاتينية شاذة.

الصف الثامن: متابعة الدروس السابقة، تركيب الجمل اللاتينية، بعض خطابات شيشرون، تمارين على الإنشاء.

الصف السابع: دراسة نحوية متصلة بخطابات شيشرون، الإنشاء، ترجمة نصوص دينية وغيرها إلى اللاتينية.

الصف السادس: ترجمة من مؤلفات شيشرون، تمارين في النحو والإعراب اللاتيني، مبادئ اللغة اليونانية.

الصف الخامس: النظم والعروض في اللاتينية، دراسة الأساطير، تمارين على الإنشاء، الترجمة المزدوجة.

الصف الرابع: قراءة مؤلفات الأدباء الأقدمين، اللغة اليونانية، الكتاب المقدس عن اليونانية.

الصف الثالث: الخطابة، خطب شيشرون وديموستيني، تمثيل الروايات.

الصف الثاني: الخطباء والشعر واليونان، الجدل والخطابة.

الصف الأول: الخطابة والجدل، فرجيل، هوراس، هومر وسواهم.

ويتضح من منهاج الجمنازيوم أنه كان يهدف إلى تنمية ملكة التكلم والكتابة بلغة شيشرون الفصيحة، فلم يهتموا باللغة القومية ولا الاجتماعيات والرياضيات. أما الجمنازيوم الحالي فهو وليد القديم ويختلف عنه بإدخال الرياضيات واللغات الحديثة والتاريخ والعلوم الطبيعية بصورة تدريجية.

خامساً- المدارس العامة الإنجليزية:

هي مدارس أسست على نمط مدارس الجمنازيوم نفسه. وقد أنشئت هنا مستقلة عن كل من الحكومة والكنيسة. وتستمد نفقاتها من هيئات خيرية، أو منح ملكية. فكلمة عامة أو شعبية (Public) تشير إلى هذه المميزات، فإن أجور الدراسة فيها عامة، كما هو الحال في مدارس الجمنازيوم، ولكنها هنا مرتفعة جداً. ويرجع تأسيس هذا النوع من المدارس إلى ما قبل بداية عصر النهضة. وأولى هذه المدارس مدرسة ونشستر التي تأسست عام ١٣٧٩م، ثم مدرسة ايتون عام ١٤٤٠م. ولم يكثر عدد هذه المدارس ولم تصبح ممثلة لروح النهضة إلا بعد تأسيس مدرسة سانت بول في لندن عام ١٥١٢م، على يد "جون كولت" أحد زعماء الحركة الإنسانية الأوائل في انجلترا. وقد أصبحت هذه المدرسة نموذجاً يُحتذى في منهجها وطريقتها وأهدافها. وكان وليم ليلي أول أستاذ لها، وكان زعيماً من زعماء الحركة الإنسانية الأوائل أيضاً. وتوصف تسع من هذه المدارس العامة بأنها المدارس الكبرى وهي: مدارس ونشستر، وايتون، وسانت بول، ووستمنستر، وهارو، وتشارترهاوس، ورجبي، وثروزبري، وميرتشانت تيلورز. وقد بقيت هذه المدارس تسير على نظام التعليم الإنساني الضيق الذي أنشئت عليه أثناء عهد النهضة الأول بلا أي تغيير حتى عام ١٩٤٦.

سادساً- مدارس النحو:

أنشئت مدارس النحو في المستعمرات الأمريكية، على نمط المدارس العامة الانجليزية، وتديرها وتعينها المستعمرات والحكومات البلدية المحلية في أغلب الحالات. ولم تتناول هذه المدارس هيئات شعبية إلا في قليل من الحالات، في حالات أقل قام بتأسيسها جماعات دينية أو خاصة. وقد أخذت مناهجها وطرائقها وأهدافها عن المدارس الانجليزية التي نشأت منها. وكانت هذه المدارس توجد في جميع المستعمرات ما عدا جورجيا وكارولينا الشمالية، ولكنها كانت أكثر عدداً في مستعمرات نيوانجلاند.

سابعاً- مدارس اليسوعيين:

انتشرت هذه المدارس في أعداد كبيرة في النصف الثاني من القرن السادس عشر وخلال القرن السابع عشر، والنصف الأول من القرن الثامن عشر، وكانت أهم نوع من أنواع مدارس الحركة الإنسانية. وكانت تمثل هذه التربية الحديثة بالنسبة للأمم التابعة للكنيسة الرومانية الكاثوليكية. وهذه المدارس إنسانية في مناهجها، فقد تأثرت إلى حد كبير بالدراسات الإنسانية في الجامعات وبمدارس

اخوان الحياة المشتركة، وإلى حد ما بمدرسة شتورم الناجحة. وقد سمح فيها بدراسة الرياضة، والتاريخ، والأدب زيادة على مناهج شتورم. ورغم ذلك كانت التربية فيها من النوع الإنساني الضيق الذي نال قسطاً كبيراً من النجاح. وسيأتي الحديث عنها فيما بعد بالتفصيل.

حركة الإصلاح الديني:

ما المقصود بحركة الإصلاح الديني:(١)

اتخذت النهضة في ايطاليا اتجاهاً أدبياً وعنيت بإحياء الآداب الكلاسيكية والوثنية، أما النهضة التيوتونية في المانيا فقد اتجهت اتجاهاً دينياً وعنيت بالآداب المسيحية وآداب آباء الكنيسة. وبينما كانت الأولى تهتم بالثقافة الشخصية وتكوين الفرد، كانت الثانية تهتم بالإصلاح الاجتماعي والخلقي والديني. ويرجع الفرق بينهما من جهة إلى أن مدنية البلاد اللاتينية قد قامت على النظم الكلاسيكية التي كانت تقاليدها ونفوذها مستمرين. أما المدنية التيوتونية فقد نجمت عن الأصول المسيحية مباشرة، وكانت ذات طابع ديني أخلاقي، في حين أن العقلية اللاتينية كانت مدنية دنيوية. لقد كانت اتجاهات القرن الخامس عشر أدبية جمالية تضمنت إحياء الآداب الكلاسيكية وتقديرها، أما اتجاهات القرن السادس عشر فقد كانت خلقية لاهوتية متضمنة لروح النقد والإنشاء أكثر من روح التقدير.

ولقد اتجه النقد والإنشاء نحو مظهرين دينيين، أحدهما معنوي لاهوتي والآخر عملي أخلاقي. وابتدأت الحركة بجهود عملية لإصلاح مفاسد الكنيسة، وكانت الحاجة إلى مثل هذا الإصلاح ملموسة منذ أمد بعيد من قبل رجال الكنيسة أنفسهم. ولعل هذه النزعة إلى الإصلاح الخلقي التي بلغت أوجها في مجلس ترنت (١٥٤٥-١٥٦٢م) لم تكن تسبب في ذاتها هذا الانقسام بين رجال الدين، لولا أن جاءت الخلافات المعنوية اللاهوتية، فأزكت هذا الانقسام وجعلته واقعاً.

ويرجع هذا التشعب الأساسي والضروري للناحية الدينية إلى طبيعة العقل البشري. وقد ظهر هذا في المناقشات التي دارت في أواخر العصور الوسطى بين المذهبين:ا لاسمي والواقعي. ولكن ما دامت العقول البشرية تنقصها القدرة على النقد ويعوزها الأساس الذي تستطيع أن تبني عليه الأحكام الايجابية الصحيحة. فوجهات النظر المتناقضة لن تجد سبيلاً للتطاحن والشقاق وإن كانت النهضة قد ساعدت على خلق هذا الأساس عن طريق معرفة الآداب القديمة. كما أن المسيحية

(١) بول منرو، المرجع في تاريخ التربية، ج٢، مرجع سابق، ص ٦١-١٠٦.

الأولى هي التي قوت روح النقد فأصبح من المحتم أن تتصادم هاتان العقيدتان الدينيتان. أما العقيدة الأولى فقد كانت تنظر إلى الدين على أنه حقيقة كاملة قائمة بذاتها، أوحتها كلها العناية الإلهية. وأما وجهة النظر الثانية فترى أن الدين حقيقة الهية في أصلها، إلا أنها تكاملت شيئاً بعد شئ ونمت بنمو الفكر الإنساني وتطورت بتطوره. فما هو حقيقة كاملة، وإنما هو حقيقة تتكامل مبادئها عن طريق تطبيقها المتكامل المتطور خلال حياة البشر. وليس لها معنى مطلق بل لها معنى خاص في كل زمان ومكان هو المعنى الذي يهبه لها تطبيق العقل الإنساني على الوحي الالهي. هكذا نرى أن كلتا النظريتين تقبل بالوحي المقدس أساساً، إلا أن إحداهما ترى كمال الحقيقة في سلطة الكنيسة، والثانية تراها تتكامل عن طريق العقل الفردي. وهكذا نجد أن الإصلاح الديني ما هو إلا استمرار لفكرة تحكيم العقل التي نبتت في عصر النهضة، ولكنها طبقت على الأمور الدينية. هذا على الرغم من أن زعماء حركة الإصلاح الديني، ومن بينهم لوثر قد غضوا من شأن العقل البشري، وأعلنوا خضوعهم التام لسلطان الكنيسة. إن هذه الحقيقة تفسر لنا روح هذه الحركة في جوهرها. أما الاتجاه نحو البحث والمقارنة والنقد أي المناداة بالعودة إلى المصادر الأصلية وإلى الخبرة التي تتميز بها النهضة الإنسانية فهي من المميزات الأساسية لحركة الإصلاح البروتستانتي. ومن هنا نبتت أهم النتائج التربوية.

ولقد ولد الإصلاح الديني في نفوس الكاثوليك روحاً جديدة فقاموا بحركة مضادة لحركة الإصلاح الديني غايتها معاكسة الهراطقة المارقين أي البروتستانت وأعدوا لتحقيق ذلك طريقتين: الأولى سلبية إرهابية فأنشأوا محاكم التفتيش، والثانية ايجابية بناءة فأسسوا الجمعيات التعليمية الدينية وأشهرها جمعية اليسوعيين.

أثر الإصلاح الديني في روح التربية:

كانت النتيجة المنطقية للآراء التي نادى بها المصلحون استمرار تطور فكرة النهضة التي تؤكد تحكيم العقل في تفسير مسائل الحياة المدنية، والطبيعة، وقصر سيطرة الكتاب المقدس على الأمور الدينية، وتحكيم الفرد عقله في تفسير الكتاب المقدس. إلا أن السير في هذه الاتجاهات جميعها قد توقف، ولما ينقص جيل واحد. لقد كتب لوثر في مستهل حياته في وتنبرج: إن ما يناقض العقل لاشك أنه أكثر تناقضاً مع الله. "إذ كيف لا يكون بهتاناً ما لا يرتضيه الله، وهو بهتان في نظر العقل وفي نظر الإنسان؟". ولقد وصل إلى حد أن قال في وقت متأخر عن ذلك: إنه من المسلم به أن العقل هو سبب كل شيء، وأنه من بين الأشياء التي تنتسب إلى هذه الحياة أحسنها وأدناها إلى الألوهية. حقاً إنه شيء سماوي. ولكن لوثر قبل نهاية حياته قرر "أنه ليس هناك أمكر ولا أحذق من العقل. إنه كوحش سام له أكثر من

رأس، إنه ضد الله وضد كل أعماله". ولم يكن هذا التغيير في وجهة نظره أمراً شخصياً فردياً بل إنه كان أمراً عاماً.

لقد انقسمت حركة الإصلاح الديني تدريجياً إلى ثلاثة تيارات رئيسية هي:

أولاً- الاتجاه العلمي والفلسفي الذي ظهر واضحاً في القرن السابع عشر وفي المذهب الواقعي.

ثانياً- الاتجاه الإنساني الذي حار بين المذهب المدرسي في فرعه الكنسي، وبين المذهب التقليدي الشيشروني، ثم اتخذ مكاناً متأرجحاً في الكنيسة الكاثوليكية الرومانية، وخاصة في فرنسا.

ثالثاً- الاتجاه اللاهوتي في الفترة المتوسطة، وهو يسيطر على اوروبا الشمالية وعلى الحياة الفكرية وعلى التربية. وأخيراً أقر قادة الإصلاح الديني فيما بينهم بأن عقيدة الإصلاح تتضمن في ذاتها حرية الضمير، وواجب تفسير الكتاب المقدس طبقاً لما يرتضيه عقل الفرد، إلا أنهم وجدوا من الصعب عليهم الآن إقناع غيرهم بهذا. ومن هنا كان تطبيق ملكات النقد وتحكيم العقل في شؤون الأدب والدين والأعمال الدنيوية والحياة الاجتماعية، وحقائق الطبيعة، أمراً لم يتحقق إلا في القرون التالية.

على أن مبدأ حرية التفكير، أو الإلحاح في وجوب تحكيم العقل لم يتحقق إلا قليلاً في عالم التربية السائدة في ذلك الوقت، سواءً في المبادئ أو المدارس أو روح التربية. وبدلاً من تلك الحرية الفكرية نجد أن التربية قد غلبت عليها الناحية الشكلية التي نمت نتيجة لسيطرة الجامعات اللاهوتية من لوثرية، وكالفنية، وزونجلية، وسوسينية وما يتبعها من فروع متعددة ومتشعبة تكاد لا تحصى من الحركة البروتستانتية. واستوحت التربية في المدارس غايتها وروحها من هذه النزعة الشكلية العقيمة. حتى ليحق لنا أن نقول أن النصف الثاني من القرن السادس عشر والقرن السابع عشر كله، قد عرفا حركة مدرسية اسكلائية جديدة، بروتستانتية وكاثوليكية. فكانت عودة إلى الفلسفة الارسطوطالية التي اتخذت أساساً للتعريفات والتمييزات التي لا حصر لها التي جعلتها تلك النظم ضرورية. وكانت روح الفلسفة المدرسية، وشكليتها في القرن السادس عشر تشبه إلى حد ما تلك التي كانت في القرن الثالث عشر مع شيء من الاختلاف في الموضوع أو المادة.

وهكذا فشل الإصلاح الديني في أن يأتي خلال القرنين السادس عشر، والسابع عشر بتلك النتائج العقلية والتربوية التي تضمنتها منطقياً الاتجاهات الأساسية للمصلحين وذلك فيما يخص مجانية التعليم، وانتشار الثقافة، وتطور العلوم. والحق أن تلك المنازعات الحادة والحروب الدينية الهدامة التي شغلت هذه الفترة كلها هي المسؤولة إلى حد ما عن سيادة الدولة على الدين، وعن اتجاه التربية شكلياً متمشياً مع الفلسفة المدرسية.

ومن أهم نتائج الإصلاح الديني افتتاح المدارس الشعبية وتعميم التعليم كوسيلة لفهم التوراة والانجيل، وله الفضل الأكبر في الحض على التعليم الابتدائي. وبما أن الإصلاح كان تتمة لحركة النهضة فقد تقبل المربون في ذلك العصر مادة التربية الإنسانية وأدخلوا عليها بعض الأبحاث الدينية التي لم تكن موجودة سابقاً.

أشهر المربين في عصر الإصلاح الديني.

كما أنه من الصعب أن نميز بين حركة النهضة وحركة الإصلاح الديني في كل أوروبا الشمالية، كذلك نجد أنه من الصعب أن نميز بين رجال التربية المتصلين بحركة الإصلاح الديني في القرن السادس عشر واولئك المتصلين بالحركة الإنسانية. وإذا سلمنا بأن رجال النهضة قد وجهوا التعليم الجديد توجيهاً إصلاحياً، علمنا أن جماعة أنصار الحركة الإنسانية في أوروبا الشمالية كانوا على الجملة مسؤولين عن حركة الإصلاح الديني. ومع أن كثيراً منهم ومن البارزين فيهم أمثال اراسموس، وومبفلنج ومور More ورابليه قد رفضوا الانشقاق عن الكنيسة، ورفضوا وسائل العنف التي اتبعها المصلحون الدينيون، فإنهم لم يتمكنوا من إخلاء أنفسهم من هذه المسؤولية.

اشهر المربين في عصر الإصلاح الديني أربعة وهم: كالفن (١٥٠٩-١٥٦٤م) وزونجلي (١٤٨٤-١٥٣٢م)، ولوثر (١٤٨٣-١٥٤٦م)، وملانكتون (١٤٧٩-١٥٦٠م). أما كالفن فقد قضى معظم حياته بالمجادلات الدينية اللاهوتية، إلا أنه تفرغ في أواخر حياته للتربية والتعليم فافتتح كلية في مدينة جنيف ومنهاج هذه المدرسة يطابق مناهج بقية المدارس الإنسانية في مادتها وأسلوبها. أما زونجلي فقد كان إنسانياً بأفكاره ومبادئه وأشهر أعماله التهذيبية تأليفه كتاباً في التربية اسمه "أصول تربية الأطفال تربية مسيحية". وفيه يوصي بتعليم التاريخ الطبيعي والحساب وبالتدريب على ألعاب الفروسية لتنشئة حماة الوطن منذ الصغر، كما أنشأ عدداً من معاهد التعليم في سويسرا. وليس لهذين المربيين شأن كبير في تاريخ التربية. أما فيليب ملانكتون فقد أطلق عليه معلم المانيا، إذ أن مثله بالنسبة لألمانيا

في حركة الإصلاح التربوي كمثل لوثر في حركة الإصلاح الديني. والواقع أن آراء لوثر ومقترحاته التربوية كما سنرى، والتي ألح في المطالبة بتنفيذها قد تبلورت ونفذت على يدي ميلانكتون. فعند وفاته لم تكن هناك مدينة في المانيا إلا وقد عدلت مدارسها طبقاً لما أشار به ميلانكتون بطريق مباشر أو بمقتضى اقتراحات له، وندر وجود مدرسة لا تضم عدداً من تلاميذه بين مدرسيها. ومن أشهر مؤلفاته كتابه المعروف "قواعد اللغة الإغريقية"، وكتابه "قواعد اللغة اللاتينية" كما كتب في الحوار، والبلاغة، والأخلاق، والطبيعة، والتاريخ، واللاهوت.

أما لوثر فقد كان أكثر المصلحين البروتستانت حماسة لشؤون التعليم، وكان يهدف إلى ثلاث غايات: تحرير التربية من القيود التي قيدتها بها الكنيسة خلال العصور الطويلة، وتعميمها بين الطبقات المختلفة، وجعلها دينية دنيوية.

ضرورة التعليم العام:

وقد طالب لوثر بضرورة التعليم العام في المدارس للأطفال وعدم الاكتفاء بالتربية المنزلية لأن هذه لا تنشئ إلا أطفالاً جهلاء بلهاء، غير قادرين على الكلام، عاجزين عن كل رأي سديد، لا يملكون أي خبرة بشؤون الحياة. أما التربية في المدارس تحت رعاية المعلمين والمعلمات الذي يعلمونهم العلوم المختلفة، فتكسبهم كل تجارب الإنسانية التي يحتاجون إليها في حياتهم خلال فترة قصيرة.

نقد مدارس عصره:

ولقد هاجم لوثر التربية الكنسية والديرية مهاجمة عنيفة، رغم كثرة المدارس في المدن الكبرى، لأنها كانت في الحقيقة تحت سيطرة مدرسي المدارس الكنسية ومتأثرة بروحها، وذلك لضيق أفقها، وقسوة نظامها، وروحها التعسفية، ونظرتها السوداوية، وعزلها الأطفال عن الاحتكاك بالمجتمع كأنهم في سجون. بينما يقضي الواجب أن تترك للصغار الحرية في الاتصال الدائم بالمجتمع، وتعليمهم تمجيد الاستقامة والفضيلة، وتجنب المساوئ والرذيلة،بحيث تكون التربية الجديدة إعداداً جوهرياً للنهوض بمهام الحياة العادية في المنزل، والمهنة، والدولة، والكنيسة.

تنظيم المدارس الجديدة:

وطالب لوثر بضرورة تنظيم مدارس جديدة، وجعل نفقاتها موكولة إلى السلطات العامة. كما بين للآباء أن إرسال أولادهم إليها واجب خلقي. واهتم كذلك بإعداد المعلمين للتعليم في هذه المدارس وذلك بترك خيرة الطلاب والطالبات في المدارس فترة أطول، وأن يهيأ لهم أساتذة خاصون يعلمونهم. وليس من الضروري أن يقضوا كل وقتهم في العمل المدرسي، بل يكفي أن يذهبوا ساعة أو ساعتين إلى المدارس ثم يعودوا إلى المنازل لتعلم مهنة تفيدهم في حياتهم ويشاركوا في الأنشطة العملية سواء كانوا ذكوراً أو إناثاً.

منهاج الدراسة:

يضع لوثر في المقام الأول دراسة الدين وتعلم الانجيل في سن التاسعة أو العاشرة، ثم تأتي اللغات القديمة كاللاتينية واليونانية والعبرية دون أن يهتم بتعليم اللغة الأم كأساس للتعليم العام. ويوصي أيضاً بدراسة الرياضيات والطبيعة. إلا أنه لا يقدر دراسة التاريخ والمؤرخين رغم فائدتهم الكبيرة وذلك لأنهم يطمسون الحقائق ويغيرون خلق الله. ولا ينسى لوثر التمارين الجسدية في منهاجه، والغناء والموسيقى. ولم يقتصر لوثر على توسيع نطاق الدراسات، بل أصلح روح الطرق المتبعة وأراد أن تشيع في المدرسة روح الحرية والمرح.

ولقد سبق أن لاحظنا مدى العلاقة الأساسية بين حركة الإصلاح الديني وبين التربية العامة. وقد وضع لوثر يده على هذه النقطة الهامة وأصر عليها في تعاليمه. فالمدارس يجب أن تفتح أبوابها للجميع النبلاء والعامة، الأغنياء والفقراء، البنين والبنات على حد سواء. وعلى الدولة أن تلجأ إلى الوسائل الإجبارية إذا لزم الأمر. وكان رأيه في السلطات الحاكمة أنه يتحتم عليها أن ترغم رعاياها على إرسال الأطفال إلى المدارس. فكما أن كل شخص مجبر على أداء الخدمات العسكرية فهو مجبر أيضاً على أن يتعلم للسبب نفسه وهو حماية ورفاهية الدولة.

إن نظرة لوثر إلى التربية وأهميتها تتجلى في تقديره للعمل الذي يقوم به المدرس. فهو يقول: إننا لن نجزي هذا الشخص المثابر، المدرس أو المهذب، ذلك الذي يثقف ويعلم أولادنا بإخلاص؛ إننا لن نجزيه الجزاء الأوفى. فأي مقدار من المال لن يوفي له دينه الذي في أعناقنا، ومع ذلك فنحن نعامل المدرسين بكل احتقار، وكأنهم فئة لا قيمة لها ولا اعتبار.

ومن هذا يتبين لنا أن لوثر قد أدى خدمة جوهرية للتربية بالعمل على توسيع مدى معناها وصبه في قالب جديد. فقد أتى بمادة جديدة واسعة المجال في التربية، تمنحها قوة دافعة لتغييرات عملية بذرت بذورها من قبل. وقد ترك لأتباعه، وعلى رأسهم ميلانكتون مهمة تحقيق هذه التغييرات تحقيقاً واقعياً.

الطوائف التعليمية الدينية:(١)

مما يدلنا دلالة قاطعة على مدى تأثير المدارس البروتستانية في إصلاح المساوئ الاجتماعية والكنسية، وتأسيس الكنائس الإصلاحية، أن الكنيسة الكاثوليكية قد اتخذت نظم تلك المدارس بعينها وسائل للإصلاح. إلا أن الجهود التربوية التي بذلتها طوائف الرهبان في مدارسهم القديمة أقل من جميع الوجوه من تلك التي بذلها رجال مدارس الإصلاح. وقد كانت تلك الطوائف القديمة معادية في طبيعتها وروحها للآراء والطرق الجديدة، أما الطوائف التعليمية الدينية الحديثة فقد احتضنت هذه الآراء والطرق بعد أن حسنتها مدارس الإصلاح، كما رفعت من شأن الجهود التربوية الحقيقية، وجعلتها غرضها الأساسي. وقد استمرت هذه الطوائف إلى أوائل القرن التاسع عشر- وهي تسيطر على التعليم في المدارس العليا، وكذلك في معظم المدارس الأولية في الممالك الرومانية الكاثوليكية في جنوبي اوروبا وفرنسا. كما كان بالممالك البروتستانتية في شمال اوروبا من يمثلون هذه الطوائف في أمور التعليم تمثيلاً واسع النطاق. وكانت طائفة اليسوعيين أقواها وأهمها.

مدارس الطائفة اليسوعية:

الف هذه الجماعة، أي جماعة يسوع "اجنيس لويولا"، ذلك المتصوف الذي جمع إلى التصوف روحاً علمية عام ١٥٣٤م، وبعد مرور ست سنوات أي عام ١٥٤٠م اعترف بها البابا بولس الثالث رسمياً وأخذت تنمو وتتسع بسرعة كبيرة. فأصبحت الأداة الرئيسية في بدء حركة الإصلاح المضادة. وكان الغرض من إنشائها تقوية النفوذ البابوي، وتوسيع نطاق سلطة الكنيسة الرومانية الكاثوليكية. وكانت وجهتها تحويل الوثنيين عن وثنيتهم، ومحاربة العقائد البروتستانتية. وقد اتخذت الوسائل التالية لتحقيق أغراضها، وهي الوعظ، والاعتراف، والتعليم.

وقد تزايد عدد المدارس التي أنشأتها هذه الطائفة تزايداً كبيراً، وكانت من أعظم المعاهد التعليمية نجاحاً لمدة قرنين متواليين. وتخرج فيها كثير من الرجال المثقفين من علماء وزعماء وقادة اوروبا، ولم تخل هذه المدارس من الصفات

---

(١) المرجع السابق، ص ٨٣-١٠٦.

التربوية الممتازة. إلا أن جماعة اليسوعين لم تعن بالتربية الابتدائية ولا بتربية الطبقة الدنيا من الناس وأهملت ذلك عن قصد وتصميم، لأن اليسوعيين لا يؤمنون بالشعب. وكان اهتمام هذه الجماعة بالتعليم الثانوي والتعليم العالي.

دستور الطائفة اليسوعية:

وضع دستور هذه الطائفة مبدئياً عام ١٥٤٠، ولم يكتمل حتى عام ١٥٥٨ بعد وفاة مؤسسها ليولا. ويتكون هذا الدستور من عشرة أجزاء يسمى الجزء الرابع نظام الدراسات، ولم يكتمل هذا الجزء إلا في وقت متأخر بعد عدة مؤتمرات متتالية حيث اتخذ شكله النهائي عام ١٥٩٩م وظل كذلك دون تغيير حتى عام ١٨٣٢م. ومما يجدر ذكره أن اليسوعيين لم يطلبوا أجراً على التعليم، وهذه ميزة عظيمة لهم على ما يقابلهم من المدارس البروتستانتية، ومدارس الهيئات المحلية.

تنظيم المدارس اليسوعية:

من أسباب النجاح العظيم الذي لقيته هذه المدارس هو كمال تنظيمها واستمرار إدارتها في نظامهم المدرسي الموحد. ويرأس هذه الطائفة القائد الأعلى الذي ينتخب مدى الحياة ويشترك معه موظفون ممتازون بصفة استشارية، إلا أن سلطته مطلقة ضماناً لاستقرار العمل وتوحيده. وكانت هذه الطائفة مقسمة إلى دوائر إدارية لكل منها رئيس مسؤول مباشرة أمام القائد الأعلى. ومن الناحية التربوية كان عمداء الكليات المختلفة يتبعون رئيس الدائرة، ولكن القائد الأعلى هو الذي يعينهم. ويلي هؤلاء العمداء والعرفاء، رؤساء الدراسات ويعينهم رئيس الدائرة، ويخضع المدرسون لرقابة العمداء، والعرفاء، وكان على هؤلاء وعلى العرفاء أن يزوروا الفصول زيارات متعددة حتى يلتزم الجميع بالنظام العام وتتحقق النتائج المرجوة منه.

وهذا الإشراف المباشر الذي قد يصل أحياناً إلى درجة القمع من ناحية، والجاسوسية من ناحية أخرى كان من مميزات ضبط التلاميذ في المدرسة. فكان التلاميذ يقسمون إلى مجموعات يرأسها مقدمون، وإلى أزواج بحيث يشرف كل تلميذ على زميله، مما مكن من ضمان الطاعة، واحترام السلطة المطلقة، وانعدام التصرفات الفردية: وبذلك كاد يقطع دابر مساوئ العقاب البدني التي كانت تميز العصر برمته. ومع أن العقوبات البدنية كان يلجأ إليها أحياناً، كوسيلة من وسائل الحكومة المدرسية فإنها ما كانت تستخدم مطلقاً على أنها دافع تربوي. وبدلاً من نظام العقوبات البدنية أحل المدرسون اليسوعيون الثواب مكان العقاب بإدخال نظام

المكافآت والجوائز على اختلاف أنواعها من صلبان وشارات وألقاب رومانية قديمة، وشجعوا روح التنافس بين الطلاب لترغيبهم في الدراسة.

إعداد المدرسين:

وهناك سبب آخر من أسباب نجاح هذه الطائفة، وهو الدقة في التدريس، عن طريق حسن إعداد المدرسين المختارين. وينقسم هؤلاء إلى أربعة أقسام: الأساتذة، والمساعدون، والمدرسون، والطلبة المعلمون. أما الطلبة المعلمون فهم أولئك الذين قبلوا في المهنة بعد أن انتهوا جزئياً من إتمام الدراسات بالكليات الدنيا أي التعليم الثانوي، وعليهم بعد ذلك أن ينتهوا من إتمام الإعداد الديني لهذه المهنة خلال سنتين. وأما المدرسون فعليهم إتمام دراسة الكليات العليا والانتهاء من دراسة منهج اللاهوت، وقضاء ست سنوات في تدريس المناهج الأولية وذلك قبل الاندماج في الدراسات اللاهوتية، حيث يقبل بعد ذلك في طائفة المساعدين التي يستمر منتمياً إليها معظم أفراد هذه الهيئة. وكثيراً ما يصبح المساعدون الروحانيون مدرسين دائمين بهذه الجماعة. وعلى ذلك تتألف هيئة التدريس لدى اليسوعيين من أولئك الذين أتموا الدراسات المبدئية القاسية، وأحياناً يكونون قد انتهوا من دراسات الكليات العليا. أما المدرسون الدائمون الذين يشرفون على نظام إعداد المدرسين، فيتخرجون بعد الانتهاء من دراسات جامعية طويلة، وإعداد مهني خاص، ولا يختار لتولي مهنة التدريس بصفة دائمة إلا من كان صالحاً لهذه المهنة.

مواد الدراسة:

اتبعت المدارس اليسوعية في موادها الدراسية النظام الذي امتازت به الحركة الإنسانية، ولم يختلفوا عن مدارس عصرهم. فقد اعتنى اليسوعيون بدراسة اللغة اللاتينية وآدابها، ومطالعة ما خطه أمراء البيان في هذه اللغة وعلى راسهم شيشرون واوفيد وتيرانس، كما اهتموا أيضاً بصورة اقل باللغة اليونانية. وحرموا استخدام اللغة الوطنية الأم والتحدث بها إلا في أيام الأعياد، وعنوا أكبر العناية بتدريب الطلاب على الإنشاء باللغة اليونانية واللاتينية، وبدراسة النحو والبلاغة والشعر. كما ازدرى اليسوعيون دراسة التاريخ القديم والحديث، وكذلك العلوم والفلسفة. [١] وكانت المدارس الثانوية أو غير الراقية تقسم إلى ست فرق: أربع منها قد اهتمت بدراسة قواعد اللغة، والخامسة بدراسة المواد الإنسانية، والسادسة بدراسة الخطابة أو البيان.

---

(١) عبد الله عبد الدايم، التربية عبر التاريخ، مرجع سابق، ص ٣٢٨.

طرق التدريس في مدارس اليسوعيين:

اتبع اليسوعيون في تدريسهم جميع الفرق الطريقة الشفوية. فقد كانت عاملاً آخر من عوامل نجاحهم ونجاح طريقتهم لأنها جعلت المعلم والمتعلم يتصلان اتصالاً شخصياً وثيقاً أعطى مدارسهم قوة تشكيلية تربوية لم توجد في المدارس الأخرى، بالإضافة إلى مبدأ الدقة الذي ساد جميع أعمالهم. وكان العمل اليومي في الفرق الثانوية هو دراسة قطعة محفوظات، وقد نص دستور التعليم على أن لا تتعدى هذه الدراسة ثلاثة أسطر أو اربعة في هذه الفصول الثانوية. وكانت القاعدة المتبعة هي تكرار المراجعة، ففي كل يوم كانت تراجع دروس اليوم السابق، وكل أسبوع ينتهي بمراجعة أخرى لدروس الأسبوع كلها، وكل سنة تنتهي بمراجعة أعمال السنة جميعها وفي النهاية، كان على من قدر له الالتحاق بالطائفة اليسوعية من الطلبة أن يراجع المنهج كله بتدريسه.

وكانت كل فرقة تقسم إلى عدة مجموعات يرأس كل منها رئيس وظيفته التسميع للتلاميذ تحت إشراف عام من المدرس. وكان هناك تقسيم آخر وهو التقسيم إلى مجاميع الأزواج المتنافسين. وبهذا النظام يصبح كل تلميذ مصححاً، ودافعاً زميله إلى العمل، ومراقباً دراسته وسلوكه. وكان ثمة تقسيم أكبر للفرق حيث تقسم إلى مجموعات لمناقشة نقاط الدرس المختلفة.

وكانت طريقة إدارة المدرس لحصة المحفوظات تُعرف بالخطبة وهو نوع مخفف من أنواع المحاضرة، وكانت خطوات الدرس كالآتي:

١- يبدأ المدرس بإعطاء تلاميذه المعنى الإجمالي للقطعة.

٢- ثم ينتقل إلى شرح كل جملة بدقة من حيث معناها ومبناها.

٣- وتحت عنوان المعرفة يقدم المدرس جميع المعلومات التاريخية والجغرافية والإثارية المتصلة بالقطعة.

٤- ثم يتقدم إلى شرح الصور الشعرية، والبيانية بالرجوع إلى قواعدها.

٥- دراسة مقارنة للمتشابهات في اللغة اللاتينية.

٦- وأخيراً يعرض المدرس المغزى الخلقي للقطعة.

وكان المبدأ السائد هو أن إعطاء أقل جزء مع إتقانه إتقاناً تاماً أفضل من إعطاء أجزاء كبيرة سطحياً وبلا إتقان. ولذلك لم تترك كلمة واحدة دون أن تشرح شرحاً وافياً.

مساوئ المدارس اليسوعية وانحطاطها:

قامت المدارس اليسوعية تسعى وراء غاية دينية تهذيبية في بادئ الأمر، على أنه لم تمض مدة وجيزة على تأسيسها حتى أخذ رجالها يتدخلون في شؤون السياسة فأدى ذلك إلى اضطهادهم وطردهم من معظم الأقطار الاوروبية.

ولو نظرنا نظرة انتقادية في طريقة التعليم اليسوعية لوجدنا أنها تقضي على روح الفرد وتعوده الخضوع والاستسلام وتقتل فيه حرية الفكر والاعتقاد وتميت فيه قوة الابتكار، وتعطيل القوى الذاتية.

جماعة خطابة يسوع:

وهي جماعة تعليمية أسست لأول مرة في ايطاليا سنة ١٥٥٨م، وأصبحت جماعة مستقلة في فرنسا سنة ١٦١١م. وقد اقتصرت أهمية هذه الجماعة كجماعة تعليمية على فرنسا حيث نجد سيطرتها سيطرة على التعليم الثانوي، بعد التخلص من النظام اليسوعي. ولم تلبث أن دارت الدائرة عليهم كما دارت على اليسوعيين. ثم أعيد تكوينهم سنة ١٨٥٢م ولكنهم تعرضوا للمصير نفسه. وتخصصت مدارسهم لإعداد القساوسة، وكان نظام هذه الجماعة أقل شكلية وقسوة من نظام اليسوعيين. وقد خصصوا جزءاً كبيراً من وقتهم لدراسة اللغة القومية والعلوم والتاريخ والفلسفة. وقد كانوا أكثر جرأة وحرية في آرائهم وفي غرسهم لمبادئ الذاتية مما دعا جماعة البور رويال إلى الارتياب فيهم. ويمكن القول إن أعمالهم وآثارهم التربوية قد احتلت من وجوه كثيرة منزلة وسطاً بين نظائرها لدى اليسوعيين من جهة والجانسينيين من جهة أخرى.

الجانسينيون أو جماعة "بور رويال":

استمدت مدارس هذه الجماعة أهميتها لا من كثرة عددها، ولا من طول المدة التي مكثتها. إذ أنها كانت قليلة العدد، ومدة بقائها واستمرارها لا تزيد على (٢٤) عاماً (١٦٣٧-١٦٦١م)، ولكنها استمدتها من نفوذها ومن طبيعة عملها، إذ أن روحها وطريقتها كانت تعاكس وتعارض سيطرة التربية اليسوعية، واقتصر تأثيرها على فرنسا.

نشأت هذه الجماعة على يد كورنيليوس جانسن (١٥٨٥-١٦٣٨م) الذي سمي المذهب باسمه.[١] ويرأس هذه الجماعة أيضاً ديفرجيير الحوراني (١٥٨١-١٦٤٢م) ويعرف أيضاً باسم القديس كيران نسبة إلى الدير الذي يرأسه. أما تنظيم مدارس هذه الجماعة، ونشر مبادئهم التربوية فيرجع إلى نيكول، ولانسيلوت، وارنولد، وكوستل، ورولان وغيرهم. وجميعهم قد كتب رسائل في التربية عم انتشارها، وإلى هذه الجماعة تجب إضافة شخصيتين بارزتين من تلاميذهم المعروفين، هما لافونتين، وباسكال اللذان كان لخطاباتهما المسماة ب "الخطابات الإقليمية" المشهورة أعظم الأثر في نشر أعمال هذه الجماعة ونقد النظام اليسوعي. ومن أقطاب هذه الجماعة نيكول الكاتب الخلقي والمنطقي المشهور، ومنهم أيضاً لانسيلوت النحوي الشهير وصاحب كتاب "المناهج" الذي وضعه لتعلم اللغة اللاتينية، واليونانية، والايطالية، والاسبانية، ومنهم ارنولد الكبير اللاهوتي الشهير الذي ساهم في كتاب "المنطق" وفي كتاب النحو العام.

ويتميز منهج هذه الجماعة عن مناهج اليسوعيين العناية بتكوين الفكر السديد، بدلاً من العناية بتخريج حفظه للاتينية بارعين. وقد تميزت مدارس هذه الجماعة بالعناية الفردية التي يبذلها المعلم لكل تلميذ على حدة، بحيث لا يترك لحظة لوحده، وإنما يجب أن يكون تحت مراقبة معلمه وإشرافه، لأنهم يؤمنون بأن التربية الصحيحة هي التي ترمي إلى تقوية جانبي الدين والخلق في الطفل وتكوين إرادته في بيئة صالحة. وكان حب الطفل أساس التعليم عندهم وأكبر باعث لهم على العمل. كما كانت لهم عناية خاصة باللغة القومية، والمشهور عنهم أنهم استعملوا الطريقة الصوتية عوضاً عن الطريقة الهجائية.

أما أبرز معايب هذه الجماعة فهي نظرتهم المتشائمة إلى الطبيعة البشرية فجعلوا نظامهم مفرطاً في الشدة والحذر، كما أن روح التقشف هي طابعهم العام، وأخطر من ذلك حذفهم المنافسة بين الطلاب خشية أن توقظ فيهم الاعتداد بالنفس.

أما أهم مزايا هذه الجماعة فهي الإيمان الديني الصادق، والاحترام الكبير للشخصية البشرية، والإخلاص العميق للآخرين والتضحية الكبرى في سبيل إنقاذ بعض النفوس وتربيتها. كما كان معلموهم أصحاب نزعة إنسانية قوية، ليست شكلية كاليسوعيين، ولكنها نزعة إنسانية فكرية.

---

(١) عمر محمد التومي الشيباني، تطور النظريات والأفكار التربوية، بيروت، دار الثقافة، ١٩٧١، ص ١٤٥.

المدارس الأولية في الأقطار البروتستانتية:

من جملة الفوائد التي جاء بها الإصلاح الديني افتتاح المدارس الأولية بكثرة في الأقطار البروتستانتية وجعل هذه المعاهد التهذيبية تحت عناية الحكومة وتكليفها بقسم من نفقات تلك المدارس. فأصبح من واجب الحكومة أن تجعل هذا التعليم الأولي عاماً في كل الطبقات بصورة تكاد تكون إلزامية.

ولقد سبقت الولايات الالمانية بقية الدول البروتستانتية في تطبيق نظام التعليم الشعبي وهو أول نوع من أنواع التعليم الحديث في مطلع القرن السادس عشر. وقد تم إنشاء مدارس أولية قومية في جميع القرى والمدن يتعلم فيها الأطفال القراءة والكتابة والدين، والموسيقى الدينية. وقد بدأ تطبيق مبدأ التعليم الإجباري لجميع الطبقات في ولاية ويمار سنة ١٦١٩ للبنين والبنات من سن السادسة إلى سن الثانية عشرة. وفي سنة ١٧٧٢م أصبح نظام التعليم الإجباري من سن الخامسة حتى سن الرابعة عشرة نافذاً وأن مجال المنهج اتسع اتساعاً شاملاً.

أما انجلترا فقد ظلت حتى الجزء الأخير من القرن الثامن عشر تاركة بذل الجهود التربوية للأسرة أو الكنيسة، وذلك بإنشاء معاهد خاصة أمثال المدارس الشعبية.

أما في اسكتلندا فقد قامت حركة الإصلاح الديني بمجهود يرمي إلى تأسيس المدارس تحت إشراف الكنيسة. وبقي الحال حتى سنة ١٦٩٦م قبل أن يظهر نظام تربوي حقيقي نتيجة للتعاون بين الحكومة، والكنيسة، حيث وافق البرلمان في تلك السنة على قانون هام يلزم الملاك في كل مقاطعة أن يعدوا مكاناً يصلح لأن يكون مدرسة، وفي حالة عدم التنفيذ عهد إلى حاكم المقاطعة اتخاذ الإجراءات اللازمة لتنفيذه.

أما في هولندا فقد تأسس نظام للمدارس الأولية تحت إشراف الكنائس. وفي عام ١٩١٨ بدأت الكنيسة تتعاون مع الحكومة على وضع نظام للمدارس الأولية في كل مقاطعة.

أما في أمريكا فإن باكورة نظم المدارس قد ظهرت في المستعمرات البيوريتانية في ولاية نيوانجلاند، وكانت هي الأخرى من نتائج روح حركة الإصلاح الديني، وأول قانون عام وضع لإنشاء المدارس ظهر في سنة ١٦٤٧م في ولاية ماساشوستز، تلتها مستعمرة كونكتكت بإصدار قانونها سنة ١٦٥٠م.

المدارس الأولية في الأقطار الكاثوليكية:

لقد أدى الاخوان المسيحيون للتعليم الإلزامي على الأقل في فرنسا وبدرجة أقل في الأقطار الكاثوليكية الأخرى، الخدمة نفسها التي أداها جماعة اليسوعيين للتعليم الثانوي. ففي سنة ١٦٤٨م تكونت طائفة "اخوان المدارس المسيحية" على يد جان باتيست دي لاسال (١٦٥١-١٧١٩م) واعترفت بها البابوية سنة ١٧٢٤م. وقد انتشرت مدارسها انتشاراً واسعاً في القرن التاسع عشر. وأُسست لها فروع في معظم البلدان الكاثوليكية والبروتستانتية.

وكانت فكرة التربية، والإشراف على التعليم مصبوغتين بالصبغة الدينية. وكانت روح الورع بادية في إدارة المدارس، وفي الإشراف عليها. وكانت القاعدة الذهبية السائدة بين المعلمين والمتعلمين هي الصمت، وكان المدرس يمنع تقريباً من الكلام. وكان على كل من المدرس والتلميذ أن يستخدم أقل عدد ممكن من الكلمات. وكان المعلمون يستخدمون العقاب البدني محل التوبيخ، كما كانت الإشارات تغني عن الأوامر، وكانوا يستخدمون جميع الوسائل الممكنة لتقييد الطفل وقمعه.

وكانت مواد الدراسة في تلك المدارس هي القراءة والكتابة والحساب ومبادئ الدين، وهي المواد نفسها التي كانت تدرس في المدارس الأولية. وكان التعليم باللغة القومية بوجه خاص، وهو بالمجان في هذه المدارس.

وتميزت هذه الطائفة بتدريب المعلمين وإعدادهم حيث افتتحوا أول معهد لإعداد مدرسي المدارس الأولية في أوائل سنة ١٦٨٥م، وحتمت القوانين على أن يمرن أعضاء هذه الجماعة تمريناً فنياً. ولقد ضمت إلى معاهد المعلمين الأخرى التي أنشأت فيما بعد بعض المدارس الابتدائية ليتمرن فيها طلبة المعاهد على التدريس. ولهذه المدارس الفضل في طراز التعليم الجمعي الذي حل محل الطريقة الفردية.

ثانياً - التربية في القرن السابع عشر:[1]

أحرز مفهوم التربية تقدماً كبيراً في هذا القرن، فبدأت تظهر فيه وتتضح النزعات والمذاهب التربوية وتقترب التربية في مفهومها وأهدافها من المفهوم الحديث لها. وقد أثر في هذا التطور كثير من العوامل وساهم فيه كثير من المربين بجهودهم وآرائهم.

لقد حدث هذا التقدم الكبير رغم الحروب الدينية الدامية التي شهدها القرن السابع عشر- بين الكاثوليك والبروتستانت في أجزاء كثيرة من أوروبا. وقد كان من أشهر هذه الحروب وأقساها حرب الثلاثين سنة (١٦١٩-١٦٤٨م) التي وقعت بين البروتستانت أتباع لوثر وبين الكاثوليك في المانيا، والحرب الأهلية التي حدثت في بريطانيا بين أتباع الملك شارل الأول الكاثوليك وبين أتباع البرلمان البيورتيان (المتطهرين)، وحرب الهوجينوتس في فرنسا. فقد شغلت هذه الحروب من غير شك بال الأمراء في الولايات الألمانية وحكام انجلترا وفرنسا عن توجيه كامل عنايتهم لإصلاح حال التربية ولإصلاح أحوال مجتمعاتهم بصورة عامة طيلة فترة هذه الحروب الطويلة. إلا أن هذه الحروب الدينية لم تعم كل البلدان الأوروبية وحتى في البلدان التي حدثت فيها فإنها لم تستمر طيلة هذا القرن. هذا بالإضافة إلى أن هناك عوامل أخرى كثيرة قد عوضت الضرر الذي أحدثته تلك الحروب وكان لها تأثيرها الإيجابي في تطور التربية وإصلاح شأنها في هذا القرن.

ومن أهم العوامل ذات التأثير الإيجابي على تطور النظرية التربوية في هذا القرن الجمعيات التعليمية الدينية التي قامت في كثير من الدول الأوروبية، ومن أبرزها الجمعية اليسوعية، وجماعة خطابة يسوع، وجماعة بور رويال التي تحدثنا عنها في الفصل السابق. فهذه الجماعات وغيرها قد كان لها تأثيرها البالغ في إصلاح التربية وتطورها في القرن السابع عشر، ومن ثم فلا غرو إذا ما اعتبرناها عاملاً من العوامل الأساسية التي أثرت في تربية هذا القرن، ويضاف إلى هذا العامل عوامل أخرى أساسية، نذكر منها على سبيل المثال النهضة العلمية التي بدأت في القرن السادس عشر- وقويت شوكتها واتسع نطاقها في هذا القرن، وما ارتبط بها من ظهور ما لا يحصى- من العلماء العظام في شتى العلوم الطبيعية والإنسانية والمربين المبرزين الذين كان لكتاباتهم وجهودهم أعظم الأثر في تطور

(١) المرجع السابق، ص ١٠١-١٠٨؛ أيضاً: بول منرو، المرجع في تاريخ التربية، ج٢، مرجع سابق، ص ١٠٩-١٨٢.

نظرية التربية، وفي تأسيس العديد من الأكاديميات العلمية، وفي تبني الطريقة العلمية التجريبية كأسلوب في البحث والتفكير.

وقد أحدثت هذه العوامل جميعها تأثيراً بالغاً على مفهوم التربية وأهدافها في هذا القرن. ومن أبرز مظاهر هذا التأثير اتجاه التربية في مفهومها وأهدافها ومناهجها وجهة واقعية، وتحررها تدريجياً من شكلية القرون الوسطى ومن سيطرة النزعة الإنسانية القاصرة أو الضيقة عليها. ومن المميزات العامة للاتجاه الواقعي أو للحركة الواقعية في التربية في هذا القرن- الابتعاد عن الطابع الشخصي- وعن الثقافة الشخصية الفردية والاهتمام بالإعداد للحياة العلمية ولمسئوليات الحياة الاجتماعية والاتجاه نحو إدراك الحقيقة الواقعية والاهتمام بالإعداد للحياة العلمية ولمسئوليات الحياة الاجتماعية والاتجاه نحو إدراك الحقيقة الواقعية والاهتمام بدراسة الطبيعة وعالم الأشياء، والرفع من شأن العلوم الطبيعية والعلوم غير الإنسانية، والإعلاء من شأن الطريقة العلمية والتوسع في استعمالها في مجال أوسع من مجال العلوم الطبيعية. ولم تنفصل الحركة الواقعية التي سادت في هذا القرن تماماً عن الحركة الإنسانية الكلاسيكية التي سادت في بداية عصر النهضة ولا عن الحركة الإنسانية الإصلاحية التي سادت في أوروبا الشمالية في القرن السادس عشر بل استمرت فترة غير قصيرة من الزمن مرتبطة بهاتين الحركتين ومتأثرة بهما.. وكان من نتيجة هذا التأثر وذلك الارتباط أن كان لنا في آخر القرن السادس عشر وأوائل القرن السابع عشر مظهران من مظاهر الحركة الواقعية يحمل كل منهما اسماً يعبر عن هذا الارتباط والتأثر. هذان المظهران هما المذهب الواقعي الإنساني، والمذهب الواقعي الاجتماعي، ثم جاء بعدهما المذهب الواقعي الحسي- الذي يمثل المرحلة النهائية لتطور الحركة الواقعية في التربية في هذا القرن. وفي النصف الثاني من هذا القرن بدأت تظهر بجانب الحركة الواقعية، نزعة جديدة في التربية وهي النزعة التهذيبية أو الترويضية والتي كان من أبرز أنصارها الفيلسوف الانجليزي جون لوك.

١- التربية الواقعية الإنسانية:

نشأت التربية الواقعية الإنسانية كما أسلفنا من فكرة التربية الإنسانية الضيقة أو القاصرة. فقد جعل المربون الإنسانيون الأقدمون اللغات القديمة وآدابها غايتهم القصوى من التربية فاعتنوا بأدبيات شيشرون وأساليبه. وأما المربون الإنسانيون الواقعيون فإنهم سلموا بأهمية اللغات القديمة وآدابها ولكنهم نظروا إليها كوسيلة لا كغاية، أي أنهم اعتبروا اللغات القديمة وآدابها وسيلة يصلون بها إلى تطبيق تلك المبادئ والأفكار التي جاء بها الأقدمون في حياتهم الحاضرة. وبمعنى آخر اعتبر

هذه اللغات القديمة وآدابها مصدراً هاماً لمعرفة تراث الأقدمين ومعرفة الدوافع الإنسانية، ونظم الحياة البشرية، ولتسلية الإنسان وجلب المسرة له، ولمعرفة كثير من الحقائق التاريخية والعلمية. والتربية في نظر الواقعيين الإنسانيين لا تهدف إلى كسب المعرفة، فحسب، بل تهدف أيضاً إلى تحقيق النمو الجسمي والخلقي والاجتماعي للفرد.

ومن أشهر أنصار وممثلي الواقعية الإنسانية في القرن السادس عشر والسابع عشر اراسموس، وفيفير، ورابليه، وجون ملتون. ولقد سبق أن تحدثنا عن اراسموس في عصر النهضة، وسنعطي الآن فكرة موجزة عن الآخرين:

جوان لويس فيفز (١٤٩٢-١٥٤٠م): [(١)]

غادر المربي الاسباني فيفز بلده اسبانيا إلى فرنسا في سن السابعة عشرة حيث أتم دراسته في جامعة باريس بعد ثلاث سنوات من قدومه إليها. وقد كان فيفز قبل قدومه إلى فرنسا من أتباع المذهب المدرسي، إلا أنه ارتد إلى المذهب الإنساني المتحرر ومن أوائل الداعين إلى المذهب الواقعي الإنساني في التربية بعد قدومه إلى باريس. وقد تاثر هذا المربي بأفكار اراسموس وبصحبته فيما بعد. استقر فيفز بعد تخرجه في إحدى المستعمرات الاسبانية في هولندة وعمل بالتدريس، ثم انتقل إلى بريطانيا سنة ١٥٢٢م تقريباً، واتصل بالبلاط البريطاني حيث عينه مدرسا للأميرة ماري، ثم ساعده على العمل في جامعة اكسفورد كأستاذ للفلسفة والعلوم الإنسانية فيها. وقد وضع أثناء إقامته في بريطانيا عدة مؤلفات تربوية من بينها الكتب الثلاثة التالية:

١- مشروع دراسات للشباب.

٢- الطريقة الصحيحة لتعليم البنات.

٣- حول تربية المرأة المسيحية.

ثم عاد ثانية إلى مقره السابق في هولندة بعد أن طرد من البلاط الملكي البريطاني ليعمل في الكتابة والتدريس. وكان من أهم كتبه التي ألفها بعد تركه بريطانيا موسوعته التربوية المكونة من عشرين مجلداً وهي بعنوان "حول مواد الدراسة"، وكتابه النفسي "حول العقل". وكتابات فيفز تدل على سعة علمه واطلاعه

---

(١) عمر محمد القومي الشيباني، تطور النظريات والأفكار التربوية، مرجع سابق، ص٩٤-٩٨.

وتحرره الفكري، وتحتوي على كثير من الأفكار التربوية التي تتعلق بمفهوم التربية وأهدافها، وبمناهج التدريس وطرقه. ورغم أن أفكاره تغلب عليها النزعة الواقعية الإنسانية، إلا أن الباحث يمكن أن يجد فيها أيضاً ما يتصل بالنزعة التهذيبية الشكلية، والنزعة الطبيعية، والنزعة النفسية في التربية. ومن أهم أفكاره التربوية ما يلي:

١- إن هدف التربية لديه هو تنمية روح الخير والفضيلة والدين، وحوله تدور بقية الأهداف الأخرى التي يجب أن تشمل جميع مظاهر شخصية التلميذ.

٢- ينظر إلى عملية التربية على أنها عملية تعلم، ويجب أن تتمشى مع الخصائص العقلية للمتعلم، مع الإيمان بضرورة مراعاة ميول الطفل وحاجاته الفردية، وأن ترتبط التربية بشؤون الحياة اليومية.

٣- ينظر إلى الحواس على أنها المصادر الأولى للمعرفة الإنسانية، والإدراك الحسي هو أول خطوة في النشاط العقلي، حيث تنتقل الانطباعات الحسية في نظره من الحواس إلى الخيال ومنه إلى العقل.

٤- ينادي بوجوب مراعاة الفروق الفردية بين الأطفال في عملية التربية، والاهتمام بمشكلة ضعاف العقول والبكم والعميان في التربية.

٥- يجب أن يشتمل المنهج الدراسي، إلى جانب الآداب والمواد الإنسانية، على الجغرافيا والتاريخ والعلوم الطبيعية واللغات الحديثة. ويجب أن تستعمل اللغة الأم في تدريس اللغات القديمة، وسبق بيكون ومن جاء وأبعده بتفضيل المنهج الاستقرائي على المنهج القياسي في التعليم.

فرانسوا رابليه (١٤٨٣-١٥٥٣م): [1]

يعتبر رابليه من أبرز العلماء الفرنسيين الذين ساهموا في إضعاف الحركة المدرسية وتدعيم الحركة الإنسانية والاتجاهات الدينية التقدمية في فرنسا. وقد أثرت كتاباته في آراء كل من مونتاني وروسو ولوك. وأعظم ما قام به هذا المربي انتقاداته الشديدة لأساليب حياة الناس في عصره سواء أكان ذلك في الحكومة أو الكنيسة أو المدرسة. وقد وجه رابليه سهام نقده بصورة خاصة إلى التربية الكلامية، وطالب بوجوب الاستغناء عن اللغات القديمة والمماحكات الكلامية اللفظية

---

(١) المرجع السابق، ص٨٨-٨٩؛ أيضا: عبد الله مشنون، تاريخ التربية، مرجع سابق، ص١٤٠-١٤١.

واستبدالها بتربية اجتماعية طبيعية أخلاقية دينية تبث في الطالب روح الحرية الفكرية والعلمية وتنتشله من أيدي رجال الدين والعلم المحافظين.

طالب رابليه بقراءة الكتب شريطة أن يتقن الطالب مادة الكتاب ومحتوياته وأفكاره لا الألفاظ والتراكيب التافهة في نظره، ثم تطبيق ما درسه في حياته العملية. كما طالب بأن تكون المدرسة مشوقة جذابة وذلك باستعمال الألعاب الرياضية التي تفيد الطفل في نموه الجسمي وتساعده على القيام بواجباته في حياته المقبلة، وضرورة استخدام الوسائل المرغبة في التعليم ومنع استخدام وسائل الشدة والضغط والقسوة.

أما المواد الدراسية التي يجب أن يتعلمها الطالب فهي اللغات القديمة اليونانية ثم اللاتينية فالعبرية كي يفهم التوراة، ثم اللغة العربية والكلدانية أيضاً، فالتاريخ، والرياضيات والفلك والحقوق والشريعة والفلسفة، والعلوم الطبيعية، وعلم الحيوان والنبات، والتوراة والإنجيل، وكل باب من أبواب المعرفة.

جون ملتون (١٦٠٨-١٦٧٤م):(١)

هو المربي والشاعر الانجليزي المشهور وناظم القصيدة الخالدة (الفردوس المفقود)؛ وهو يعتبر خير من يمثل المذهب الإنساني الواقعي في القرن السابع عشر. ولقد عرض ملتون أفكاره التربوية في كتاباته التربوية حيث انتقد الأساليب والطرق التي كانت شائعة في مدارس عصره، فوجه سهام نقده إلى ثلاث نقاط: الأولى اهتمام المدرسين بالنحو الظاهري الشكلي، والثانية اهتمامهم بالأسلوب أكثر من اهتمامهم بفحوى الآداب ومادتها، والثالثة وهي المهمة إن التربية لا تكون فقط بدرس آداب اللغتين اليونانية والرومانية، وإنما التعمق في درس المادة وجعلها مطابقة للحياة الواقعية.

وقد تأثر ملتون بأفكاره التربوية بكثير من العوامل منها عقيدته الدينية البيوريتانية التي نصب نفسه للدفاع عنها، والنزاع الديني الذي كان سائداً في عصره، ونزعته الواقعية الإنسانية التي تتضح بمناداته باستعمال الدراسات القديمة لتحقيق أهداف واقعية عملية، وأفكار المربين المتحررين في عصره. وقد جاءت أفكار ملتون التربوية نتيجة للعوامل السابقة، مصبوغة بالصبغة الدينية والصبغة الواقعية الإنسانية. فنجده ينظر إلى التربية على أنها عملية إعداد لحياة دينية خلقية

---

(١) عمر التومي الشيباني، تطور النظريات والأفكار التربوية، مرجع سابق، ص ١٠٣-١٠٥.

عملية، ويعتبر أن الأهداف الأساسية للتربية هي تقوية الروح الدينية، وروح الفضيلة، وإعداد المواطن الصالح القادر على تحمل المسؤوليات في السلم والحرب.

وتتجلى نزعة ملتون الواقعية الإنسانية بصورة واضحة في المنهاج الدراسي الذي اقترحه بالنسبة للتلاميذ الذكور الذين تقع أعمارهم بين الثانية عشرة وسن الحادية والعشرين. ويقسم ملتون منهجه المقترح حسب سن التلاميذ إلى ثلاث مراحل هي: المرحلة ما بين سن الثانية عشرة وسن السادسة عشرة، ومرحلة ما بين سن السادسة عشرة وسن الثامنة عشرة، ومرحلة ما بين سن الثامنة عشرة وسن الحادية والعشرين. ويشمل منهج المرحلة الأولى دراسة قواعد اللغة اللاتينية والتربية الدينية والخلقية، والحساب والهندسة والزراعة والجغرافيا والفلك والفلسفة الطبيعية. ويشمل منهج المرحلة الثانية دراسة الشعراء الكلاسيكيين الذين تناولوا مواضيع عملية ودراسة علمية وفنية عميقة في الميادين التالية: حساب المثلثات، وفن الحرب والدفاع، وفن العمارة والهندسة، وفن الملاحة، والعلوم الطبيعية، وعلم الأحياء ووظائف الأعضاء والطب. ويشمل منهج المرحلة الثالثة نفس مواد المرحلة الثانية لكن على مستوى أعلى.[(١)]

٢- التربية الواقعية الاجتماعية:

مهدت التربية الواقعية الإنسانية لظهور اتجاه جديد في التربية أكثر تشبعاً بالروح الواقعية، وهو الاتجاه الاجتماعي. ونعني بالتربية الواقعية الاجتماعية تثقيف المحاكمة وتنمية الاستعداد في الطفل ليعيش بسعادة ونجاح في حياته المقبلة، أي ليكون رجل عمل يحسن الاستفادة في محيطه العملي. ولقد ندد أصحاب هذه الفلسفة بمحتويات التربية الإنسانية وقالوا عنها أنها لا تصلح لتهيئة المرء لحياته العملية الحقيقية والهدف الذي تسعى إليه التربية في هذا المفهوم هو تحقيق الحياة الاجتماعية الناجحة السعيدة للفرد وتشكيل ميوله وطباعه وتنمية قدراته واتجاهاته بما يجعله عضواً نافعاً في حياته العملية. ولتحقيق هذا الهدف النفعي الأخلاقي فقد دعا أنصار هذا المذهب إلى العناية بالرحلات والأسفار الطويلة لأنها تساعد على تنمية معلوماته وتوسيع أفقه العقلي وتبصيره بأحوال الناس وعاداتهم وأخلاقهم لاحتكاكه احتكاكاً مباشراً بالأماكن والشعوب. وأشهر المربين الواقعيين الاجتماعيين مونتاني وهذه لمحة عن مبادئه وآرائه في التربية والتعليم.

---

(1) S.J. Curtis & M.E.A. Boultwood, A short history of education Ideas, (second Edition), London, University Tutorial Press, 1956, PP. 212-218.

ميشيل دي مونتاني (١٥٣٣-١٥٩٢م):[١]

تأثر مونتاني بأفكار المربين الفرنسيين من قبله. فثار مثلهما ضد الحركة المدرسية وضد مفاهيم وأساليب تربية العصور الوسطى بصورة عامة. وكان يشاركهم في مناصرة روح النهضة في التربية الفرنسية، وفي المناداة بنوع من التربية الإنسانية تختلف تماماً عن التربية الإنسانية الضيقة الشائعة في عصرهم. وقد حاول مونتاني أن يضمن غالب أفكاره التربوية في رسائله التربوية الثلاث المشهورة وهي: الحذلقة العلمية، ومقاله عن تربية الأطفال، وحب الآباء لأطفالهم.

وقد انتقد مونتاني المفهوم الضيق للتربية المدرسية التي سادت في أواخر العصور الوسطى حتى عصره في فرنسا، كما انتقد مفهوم التربية في النزعة الإنسانية لأنها وحتى المتحررة منها تركز على تراث الأقدمين ومعارفهم وآدابهم ولغاتهم وتقليد هذا التراث دون محاولة ربطه بشؤون الحياة ومشاكلها. وحتى الدراسات غير الإنسانية التي أضافها الإنسانيون المتحررون إلى الدراسات الإنسانية لم تكن هي الأخرى بنظرة متصلة بشؤون الحياة العملية ولا تنفع لتنمية الفهم ولا لتربية الضمير الخلقي والمقدرة على الحكم في مشاكل الحياة اليومية. ولذا طالب مونتاني بمفهوم جديد للتربية يجعل منها عملية إعداد للحياة العملية ولمواجهة مشاكلها، ووسيلة لتكوين ضمير الفرد الخلقي وتنمية ملكاته العقلية المختلفة. والتربية ليست عملية تلقين وتقليد للسابقين بل هي عملية هضم لما درس وإحداث تغيير في سلوك الإنسان.

أما هدف التربية عنده فهو الإعداد للحياة العملية السعيدة الناجحة الفاضلة. ولتحقيق ذلك هناك أهداف أخرى أقل عموماً منه يجب أن تتحقق، ومن بينها تحقيق صحة جسمية للفرد، وتنمية ضميره الخلقي، ونزعته إلى الفضيلة وتنمية قدراته العقلية وتزويده بالمعارف النافعة.

أما مفهومه للمنهج الدراسي فهو يتفق مع مفهوم التربية عنده ومع الأهداف التي اقترحها للتربية. فقد نادى بالتجديد في المحتويات وطرق تدريسها. ويجب أن تكون المحتويات متصلة بحياة الطفل ومساعده له على تقويم خلقه وتكوين ضميره، وتنمية القدرة على الحكم الصائب لديه وتدريبه على النقد والفهم الصحيح. وقد انتقد مونتاني الطرق التقليدية التي تقوم على القسوة والعقاب وتركز على الحفظ وحشو الذاكرة بالمعارف الجافة. ونادى بطريقة تهتم بالفهم قبل الحفظ وتتيح الفرصة للعمل والتطبيق وتراعي الفروق بين التلاميذ، وتتجنب اللجوء إلى القسوة واستعمال

---

(١) عمر محمد التومي الشيباني، مرجع سابق، ص ٩٠-٩٤.

العقاب. وقد أعطى مونتاني أهمية للرحلات والأسفار الخارجية في منهج الدراسة، لما تتيحه من فرصة للتلميذ للتفاعل مع شعوب العالم المختلفة والتعرف على عاداتها ولغاتها. أما تأثير التربية الواقعية الاجتماعية في المدارس وسيرها فقد كان ضعيفاً جداً.

٣- التربية الواقعية الحسية:[(١)]

نجد في هذه النزعة بتأشير الحركة العلمية الحديثة، ومن الآراء التي كتبت في هذا العصر نشأت الفكرة الحديثة في التربية والتعليم. والسبب في تسميتها بالتربية لواقعية الحسية أن قادة هذه الحركة قالوا بأن معرفة الأشياء تأتينا عن طريق الحواس ولذلك فمهمة التربية الأساسية تدريب المرء على حسن استعمال هذه الحواس وتنمية قوتي الاطلاع والإدراك حتى يتمكن العقل من درس المظاهر الطبيعية وتعليلها، ولا شك أن الفضل الأكبر في هذه النزعة الجديدة يرجع إلى العالم الانجليزي فرنسيس بيكون.و لقد كانت التربية الواقعية الحسية ترمي إلى أمرين: أولاً تطبيق طريقة الاستقراء التي وضعها بيكون للعلوم في أصول التدريس وأساليبه، وثانياً استبدال اللغة اللاتينية باللغات القومية، ومحتويات التربية الإنسانية اللغوية بالعلوم الطبيعية والاجتماعية الجديدة. فالقرن السادس عشر كان عصر انتقال مهد السبيل للأعمال الكبيرة التي قام بها المصلحون المربون في القرن السابع عشر ولقد دعا المؤرخ الألماني كارل فون رومر هذه الفئة الجديدة بالمجددين، وإليك أشهر الآراء التهذيبية التي وضعها هؤلاء في طريقتهم التدريسية الجديدة.

١- يجب السير من السهل إلى الصعب ومن المحسوس إلى المجرد.

٢- تأتي الأمثلة والشواهد قبل القواعد.

٣- يجب تعويد الطلاب التحليل قبل التركيب.

٤- يجب الاهتمام بتعويد الطلاب البحث والتنقيب فلا يقبلوا الشيء إلا بعد أن يختبروا صدقه.

٥- يجب الاهتمام بتفهيم الدروس قبل استظهارها.

٦- يجب الاعتناء بترغيب الأطفال وتحريك شوقهم إلى الدرس ولا يستحسن استعمال الضغط والإجهاد معهم.

---

(١) عبد الله مشنون، تاريخ التربية، مرجع سابق، ص ١٤٦، ١٤٧

٧- ينبغي استعمال اللغة القومية كواسطة لدراسة كل العلوم.

٨- يجب أن يقدم درس الشيء نفسه على درس الكلمات التي تصفه.

٩- يجب ترتيب الدروس بصورة تناسب البيئة والزمان كما أنه يجب الاستفادة من الميول الطبيعية التي تولدها الحوادث.

١٠- يجب الاعتناء بالألعاب الرياضية وذلك حفظاً لصحة الطفل.

١١- يجب أن يعطى المجال لكل فرد بأن يحصل على تربية أولية على الأقل.

١٢- تدرس اللغتان اليونانية واللاتينية في التحصيل العالي فقط.

١٣- من الممكن وضع علم في أصول التربية والتعليم يسهل على المدرسين هذه الصناعة الشريفة.

أشهر ممثلي التربية الواقعية الحسية

مولكاستر (١٥٣٠-١٦١١م):

ترجع شهرة هذا المربي الانجليزي في تاريخ التربية لأنه أول من طالب بوجوب استعمال اللغة الانجليزية في كتابة العلوم وفي المدارس بدلاً من اللغة اللاتينية. وقد كانت أقواله مبنية على تجاربه وخبراته، إذ مارس التعليم مدة ثلاثين سنة. فقد جمع بين الآراء النظرية والتطبيقات العملية. ومن أهم أعماله مطالبته ببناء مدارس خاصة غايتها إعداد معلمين قديرين، فهو إذن أول من اقترح فتح دور المعلمين.

فرنسيس بيكون (١٥٦١-١٦٢٦م): [1]

ولد بيكون في لندن سنة ١٥٦١م من عائلة ارستقراطية، مكنته من الالتحاق بجامعة كمبردج وهو في سن الثانية عشرة من عمره، ولكنه هجرها بعد ثلاث سنوات دون الحصول على شهادة منها، وفي نفسه ازدراء لما كان يدرس فيها من علوم، أثرت في كتاباته فيما بعد.. ثم دخل عالم السياسة وعين مرافقاً لسفير انجلترا

---

(١) عمر التومي الشيباني، مرجع سابق، ص ١٠٩-١١٨؛ أيضاً: بول منرو، مرجع سابق، ص ١٤٠-١٥٢.

٢٩١

في باريس، ولم يلبث أن عاد إلى الجامعة ثانية فدرس القانون بدل الفلسفة، ونال الشهادة التي أهلته لممارسة القانون. ودخل سلك المحاكم إلى أن عين رئيساً للعدلية، وكان مبذراً فاضطر إلى قبول الرشوة. فاكتشف أمره وحكم عليه بالسجن وبغرامة كبيرة. وبعد خروجه من السجن اعتزل عالم السياسة وتفرغ لأبحاثه العلمية وكتاباته. ومن أشهر مؤلفاته كتابه الكبير "التجديد العظيم"، الذي كان في نيته أن يخرجه في ستة أجزاء، ولكن العمر لم يمهله حتى يتمه، فأنجز منه جزئين فقط.

وقد نشر أول جزء من الكتاب باللغة الانجليزية سنة ١٦٠٥م تحت عنوان "تقدم العلم" تعرض فيه إلى التعليم الجامعي السائد في عصره فنقده نقداً لاذعاً وقدم بعض الاقتراحات لإصلاحه. ومن بين الانتقادات التي وجهها إلى التعليم في عصره أنه يركز على الدراسات الإنسانية والنظرية ويهمل الفنون والعلوم، كما أنه لا يهتم الاهتمام الكافي بالعمل التجريبي والأبحاث العلمية ودراسة المشاكل، كما عاب على التعليم العالي السائد في عصره تركيزه على بعض الدراسات والتدريبات المدرسية الشكلية التي لا قيمة لها.

أما الجزء الثاني من الكتاب فقد وضعه باللغة اللاتينية ونشره في سنة ١٦٢٠م تحت عنوان "الارجانون الجديد" أو القوانين الجديدة، وفيه أكد على المنطق الاستقرائي بدلاً من المنطق القياسي الذي ركز عليه ارجانون ارسطو.

أما الجزء الثالث من الكتاب فقد كان ينوي أن يتضمن جميع نتائج التجارب الطبيعية تحت عنوان "التاريخ التجريبي للطبيعة". وكان الجزء الرابع هو محاولة وضع خطة عامة للفلسفة الطبيعية الخاصة بالطريقة الاستقرائية، أما الجزءان الخامس والسادس من خطة الكتاب وهي بناء الهيكل نفسه فكان من الواجب أن يتضمنا النتائج العملية السابق الحصول عليها ومحاولة صوغ الفلسفة الحقيقية للطبيعة. وفي أواخر حياته كتب مثاليته المسماة "الاطلنطي الجديد"، وقد نشر بعد ثلاث سنوات من وفاة بيكون، حاول في فصوله الأخيرة منه وصف المعهد المثالي أو جامعة البحث التي يسميها بيت سليمان، وتهدف هذه الجامعة إلى تفسير الطبيعة وإنتاج أعمال عظيمة لخير الإنسانية.

أفكاره العامة:

من أفكار بيكون الرئيسية التي تقوم عليها فلسفته العامة وطريقته والتي كان لها تأثيرها في التفكير الفلسفي والعلمي والتربوي هي الأفكار الثلاث الرئيسية التالية:

١- آمن بأن الفلسفة والعلم والحياة العقلية بصورة عامة يجب أن يكون لها هدف عملي نفعي.

٢- هناك في نظره بعض العقبات التي قد تحول بين العقل البشري وبين إدراكه للحقيقة إدراكاً موضوعياً دقيقاً، وبالتالي تمنع من تقدم المعرفة والعلم. وقد أطلق على هذه العقبات اسم الأصنام أو الأوهام وقسمها إلى الأقسام الأربعة التالية:

أولاً- أوهام القبيلة: وهي تلك الأوهام الدفينة في الطبيعة البشرية ذاتها وفي أفراد القبيلة أو الجنس البشري.

ثانياً- أوهام الكهف: وهي تلك الأوهام، والميول الشخصية الخاصة بالفرد.

ثالثاً- أوهام السوق: وهي تلك الأوهام الناتجة عن العادات والتقاليد الاجتماعية، وما يتبعه الإنسان في علاقاته الاجتماعية.

رابعاً- أوهام المسرح: وهي تلك الأوهام التي تعتمد على القوانين والتقاليد والعقائد التي لا تستند إلى دليل.

٣- لقد رأى أن أنسب الطرق وأصلحها لدراسة الطبيعة والعلوم التجريبية هو المنهج الاستقرائي التجريبي الذي يعتمد على ملاحظة الظواهر أو الوقائع وإجراء التجارب عليها ثم استخلاص القانون العام الذي تخضع له. ويسير المنهج الاستقرائي في ثلاث مراحل رئيسية هي:

أ- مرحلة البحث التي تقوم على الملاحظة والتجربة.

ب- مرحلة الكشف أو الفرض.

جـ- مرحلة تحقيق الفرض.

وهو إذ يعلي من شأن المنهج الاستقرائي في دراسة الطبيعة فإنه لا ينكر أهمية المنهج القياسي إطلاقاً، بل يعترف به في ميادين أخرى للمعرفة وذلك كالعلوم اللاهوتية والدينية.

تأثيره في المجال التربوي:

إن تأثير تلك الأفكار في الحقيقة لم تقتصر على التفكير الفلسفي والعلمي فقط بل تعداه إلى التفكير التربوي وإلى النظرية التربوية. وإذا كان بيكون نفسه لم يطبق فلسفته وطريقته في المجال العلمي للتربية، فإنه قد جاء بعده من المربين أمثال ولفجانج راتك، وجون آموس كومينوس وغيرهما من حاول تطبيقها في المجال التربوي.

ومن مظاهر التجديد الذي أحدثه في مفهوم التربية وأهدافها أنه كان يرى أن التربية يجب أن تكون وسيلة لتحقيق أغراض عملية نفعية، بدلاً من أن تكون وسيلة لتكديس المعلومات وحشو ذهن التلميذ بالنظريات وبالمعلومات النظرية التي لا صلة لها بالهيئة المحيطة به ولا بالواقع الذي يعيش فيه، وهو يرى كما يرى المربون المحدثون أن التربية يجب أن تسعى لتحقيق النمو الشامل المتكامل لشخصية الفرد.

وبالنسبة لمنهج الدراسة فإن تجديد بيكون وتأثيره قد أتيا عن طريق نقده للدراسات الإنسانية والعلوم المدرسية التي لا ترمي إلا إلى تكوين القدرة اللغوية والقدرة المنطقية الشكلية، وعن طريق تركيز المناهج على دراسة الطبيعة وواقع المجتمع. وبناء على ذلك فإن المواد العلمية يجب أن تحتل المركز الرئيسي في المناهج الدراسية، لأن دراستها هي التي تؤدي إلى المعرفة النافعة، وبالتالي إلى تقدم المجتمع وازدهاره صناعياً واقتصادياً.

أما بالنسبة لطرق التربية فإن تجديد بيكون وتأثيره يمكن أن يتجليا في الطريقة الاستقرائية التي نادى باستخدامها وشرح أسسها وخطواتها والتي جاءت مناسبة لمفهومه للهدف التربوي وللمناهج الدراسية، حيث جاء من بعده من حاول تطبيقها عملياً في ميدان التعليم.

جون آموس كومنيوس (١٥٩٢-١٦٧٠م):[١]

يعد المربي الالماني جون كومينيوس في طليعة ممثلي التربية الواقعية من وجهتيها النظرية والعملية وله في تاريخ التربية مكانة سامية بالنظر لما قام به من الخدمات الجليلة في أصول التربية والتعليم. وقد بقي كومينيوس مغموراً فترة طويلة

---

(١) عبد الله عبد الدايم، مرجع سابق، ص ٢١٠-٢٢٢؛ أيضاً: بول منرو، ج١، مرجع سابق، ص ١٥٦-١٧٨.

من الزمن، ثم ما لبث المربون المحدثون أن عرفوا فضله وأطلق عليه بعضهم لقب "المبشر_ الأول بالتربية الحديثة"، كما أطلق على بستالوتزي لقب المبشر الثاني، ولما قام به من تطبيق مبادئ المنطق الحديث على التربية سمي "غاليليو التربية" أو بيكون التربية.

ولد هذا المربي في مقاطعة مورافيا سنة ١٥٩٢م، وبعد أن أكمل تحصيله في مدارسها عين أسقفا للكنيسة البروتستانتية في بلده، وقد قاسى مشقة الاضطهاد في أثناء حرب الثلاثين عاماً. فاحرق منزله مرتين ونفي إلى بولندا، ومن جملة المصائب التي نزلت ه حرق قاموس كبير في اللغتين اللاتينية والبوهيمية اشتغل في تأليفه مدة أربعين عاماً. وقد قضى غريباً عن بلاده مشتتاً ين انكلترا والسويد وبلاد المجر وبولندا مما أعطاه فائدة كبيرة ونظرة واسعة في أصول التربية والتعليم.

ثاركومينيوس على الطرق والأساليب التهذيبية الشائعة وانتقدها في الكتب العديدة التي الفها ويزيد عددها على المائة كتاب. وقد تأثر كومينيوس كثيراً بأفكار الفيلسوف فرنسيس بيكون واستوحى كثيراً منها وطبقها بصورة عملية حتى لقب بجدارة "أبا المنهج الحدسي".

وقد كتب كومنيوس مؤلفاته باللاتينية والألمانية والتشيكية، ومن أبرزها التعليم الكبير، وباب اللغات المفتوح، وعالم المحسوسات المصورة.

- التعليم الكبير: أما كتاب التعليم الكبير فقد كتبه كومينيوس باللغة التشيكية عام ١٦٣٠، ثم أعاد كتابته باللاتينية عام ١٦٤٠م، وفيه يعرض مبادئه ونظرياته العامة حول التربية، وكذلك نظرياته الخاصة بالتنظيم العملي للمدارس. وهو من الكتب القيمة الجديرة بأن تقرن بكتاب الأفكار للوك أو كتاب اميل لروسو. ويعتبر هذا الكتاب أول محاولة هامة لوضع نظرية تربوية متكاملة، وتطبيق آراء كل من رتك وبيكون بصورة عملية. وفي هذا الكتاب قسم كومينيوس فترة التحصيل العلمي إلى أربعة أدوار:

١- دور الطفولة الأولى من السنة (١-٦). ويشتمل هذا الدور على التربية في المنزل أو مدارس الأمهات، وتقابل مدارس الحضانة في هذه الأيام، ومنها يكتسب الطفل المعاني الأولية المشتركة انطلاقاً من الإدراكات الحسية.

٢- دور الطفولة الثاني من (٦-١٢) في المدارس الوطنية، وتعد الطفل إما للحياة العملية أو لمتابعة دراسات أعلى باللغة القومية. ويلتحق بهذه المدارس جميع

أبناء المجتمع بكل فئاته حيث يتلقون ثقافة عامة تكون ملكاتهم، وتنمي الفضائل الخلقية عندهم.

٣- دور المراهقة من (١٢-١٨)، وفيها يدخل الطفل المدارس اللاتينية أو الجمنازيوم وتقابل المدارس الثانوية اليوم. وتنقسم هذه المدرسة إلى ستة فروع: فرع النحو، وفرع الفيزياء، وفرع الرياضيات، وفرع الأخلاق، وفرع التعليم، وفرع البلاغة. وساعات التعليم اليومية في هذه المرحلة أربع ساعات، تخصص الساعتان الصباحيتان منها للعلم أو الفن الذي هو المادة الأساسية في الفرع، وساعتا ما بعد الظهيرة تخصص أولاهما للتاريخ والثانية للمواد الأخرى كالإنشاء والمنطق والأعمال اليدوية.

٤- دور الشباب ويمتد من (١٨-٢٤) وهو دور التحصيل العالي في الجامعات. ويخضع الطلاب قبل مغادرة المرحلة الثانوية لامتحان هدفه الكشف عن اولئك القادرين منهم على متابعة التعليم العالي. أما الآخرون فمن مصلحتهم ومصلحة المجتمع أن يختاروا مهنة ملائمة لقابلياتهم وميولهم، ولا يسمح بالدراسة في التعليم العالي إلا لمن لديهم الاستعدادات الخاصة لذلك، ويتصفون بالجد والمثابرة والخلق المتين. ومن هنا كان من واجب الدولة أن تقدم للطلاب الموهوبين والفقراء العون المادي اللازم. ويقترح كومينيوس أن يتبع التعليم العالي، شأن التعليم الابتدائي والثانوي، تدرجاً منظماً في المواد المدرسية، حيث تنتهي هذه المرحلة بامتحانات عامة، ويقوم الطالب خلال سنوات الدراسة العليا الست برحلات علمية إلى البلاد الأجنبية يغني بفضلها معرفته للعالم، كما اهتم كومينيوس بتنظيم المدرسة وبنائها بحيث يكون ضاحكاً فرح المنظر، وله رواق في ساحته.

- باب اللغات المفتوح: يقدم كومينيوس في هذا الكتاب منهجاً جديداً لتعلم اللغات، بعيداً عن دراسة الكتاب اللاتينيين في مؤلفاتهم. ولذا فقد استعاض عن ذلك بتأليف مجموعة من الجمل، موزعة على مائة فصل، يبلغ عددها ألف جملة، تبتدئ بسيطة بسيطة جداً وقصيرة جداً، ثم تأخذ بالكبر والتعقد، وتتألف في مجموعها من الفي كلمة مختارة من الكلمات الذائعة الاستعمال. ثم إن هذه الفصول التي يتألف منها الكتاب، تعرف الطفل بالتدريج، وطبقاً لخطة منظمة، بكل ما في الكون من أشياء، كالعناصر والمعادن والكواكب والحيوانات وأعضاء الجسم والفنون والحرف الخ. وقد قسم المؤلف كل صفحة من صفحاته إلى نهرين، الأيمن منهما للمفردات والجمل اللاتينية، والأيسر لترجمة هذه إلى اللغة الوطنية. وقد ألحق هذا الكتاب بكتاب آخر سماه "الدهليز" لتسهيل تعلم

اللاتينية أكثر، عندما شعر الناس بصعوبة كتاب باب اللغات المفتوح وأنه فوق مدارك المبتدئين. وبالغ في تسهيل هذا الكتاب وتبسيطه، ولم يضع فيه سوى بضع مئات من الكلمات الشائعة.

- عالم المحسوسات المصورة: وهو أكثر كتب المؤلف ذيوعاً وانتشارا، لما يتصف به من سهولة وقرب إلى أذهان الشعب. وهو في الحقيقة كالكتاب السابق سوى أنه مزدان بصور تعين الطفل على تصور الأشياء التي يتحدث عنها وتذكر له ألفاظها. ويمكننا اعتباره أول تطبيق عملي للمنهج الحدسي في التربية، ونموذجاً لما ظهر بعده من الكتب المصورة في المدارس.

التربية الترويضية أو التربية التهذيبية:(١)

أدت حركة الإصلاح الديني إلى إهمال اللغة اللاتينية في الكنائس، حيث تزعزعت أهميتها في أواخر القرن السابع عشر فلم تبق لغة التعلم الوحيدة لا في الجامعات ولا في المدارس ولا خارجها. فقد حلت اللغة الفرنسية محلها في القصور الملكية والمخاطبات السياسية. كما أدت التربية الواقعية إلى استعمال اللغة اللاتينية كلغة مساعدة في المدارس واهتمام رجال التعليم في المعاهد باللغات القومية. وهكذا فقدت اللغة اللاتينية مكانتها السامية التي تمتعت بها خلال النهضة الأوروبية الكبرى وبعدها، إلا أنها تركت في مناهج المدارس مادة كلامية أنتجتها التربية الإنسانية وأصبحت راسخة القدم في دور العلم، وهي إنسانية بروحها وغير ملائمة لمطالب الحياة العملية.

أدى هذا الوضع التعيس في مادة الدروس إلى تفكير المربين بوضع نظرية تبرر وجود هذه المادة الجامدة المتعبة فوضعوا نظرية الترويض العقلي في التربية والتعليم.

ميزات هذه الفكرة الجديدة:

ترى التربية الترويضية الجديدة أن الفائدة المهمة من التربية والتعليم تنحصر في سير التعليم وما ينتج عنه من النضج العقلي، وأما أهمية الشيء الذي يدرس فثانوية في نظر أصحاب هذه الفكرة الجديدة. ولهذه النظرية أشكال عديدة، تتفق كلها على النقطة الجوهرية الآتية وهي أن العمل الفكري إذا أحسن انتخابه،

---

(١) عبد الله مشنوق، تاريخ التربية، مرجع سابق، ص ١٥٣-١٥٨؛ أيضاً: بول منرو، ج٢، مرجع سابق، ص ١٨٣-٢٠٠.

يولد ملكة أو قوة عقلية تفوق بأهميتها القوة والنشاط اللذين يصرفهما المرء في سبيل توليدها. وهذه الملكة الجديدة صالحة للاستعمال في مواضيع وأبحاث جديدة قد لا يكون لها علاقة بالموضوع الـذي أنتجها. ويقول أتباع هذه النظرية الجديدة أن إتقان فرع أو فرعين بصورة حسنة يكفي ولا حاجة للتوسع في بقية الفروع والمباحث لأن القوى العقلية التي تنمو بإتقان هذين الموضوعين، تتمكن من سبر غور بقية الأبحاث بسهولة ونجاح.

وهذه النظرية عبارة عن انتعاش فكرة الفلسفة المدرسية الظاهرة الجامدة ليس غير، ساعدت على ظهورها ما ذكرناه سابقاً. كما وجد المحافظون الرجعيون في هذه النظرية سلاحاً يتمكنون بـه من مخاصمة أصحاب التربية الواقعية التي حصرت الأهمية في الشيء المقصود تدريسه وأهملت الأسلوب والطريقة، وكذلك نجد أن الكنيسة المسيحية التي نظرت إلى التربية كترويض خلقي، والتي نظرت إلى أعمال بيكون وديكارت بنفور وازدراء قابلت هذه الفكرة بكل السرور والارتياح وعضدتها واستخدمتها كسلاح لتوطيد نفوذها. كما صادفت هذه النظرية إقبالاً عظيماً من قبل أتباع ارسطو ومنطقه والمعتقدين بعلم النفس القديم الذي يقضي بوجوب تدريب قوى العقل وإجهادها بـدروس جامدة صعبة كاللاتينيـة مثلاً.

الانتقادات التي وجهها المعارضون لهذه النظرية:

أهم هذه الانتقادات التي وجهها المعارضون ما يلي:

١- قال المعارضون أن هذه النظرية مبنية على مبادئ علم النفس القديم الـذي يقسـم العقل إلى قوى عديدة كقوة الاطلاع وقوة الحفظ والذكر وقوة الحكم والمحاكمة الخ. فتدريب قوة من هـذه القوى كما تقول النظرية، بإجهادها بدرس من الدروس يجعلها قادرة علـى طـرق بقيـة المواضيع المختلفة. وأما علم النفس الحديث فإنه ينظر إلى العقل كوحدة واحدة لا تتجـزأ فهو يعمل ككتلـة واحدة وتدريب قوة من هذه القوى يؤثر علـى نمـو بقيـة القوى أيضاً، ولا يتصور علـماء الـنفس في وقتنا الحاضر قوةمن هذه القوى منفردة عن بقية القوى أو بالأحرى عن العقل الذي يتشكل منها.

٢- الانتقاد الثاني هو أن هذه النظرية لم تنشأ علـى أسـاس علمـي وإنما تطورت لتبرير وجود دروس جامدة غير عملية في مناهج الدروس ليس غير. كما يدعي أعداء هذه النظرية أن التجربـة والاختبـار لا يثبتان صدقها، فكثيرون من النـاس يكونون أقوياء في المحاكمات الرياضية ولكنهم قـد يكونـون ضعفاء المحاكمة في الجدل والمنطق مثلاً.

٣- والانتقاد الثالث والأهم وهو أنه إذا سلمنا بصحة هذه النظرية بشكلها التاريخي فهي مضرة من حيث كونها طويلة ومضيعة للوقت وغير عملية. فإذا كان درس الآداب القديمة ينمي قوة الحفظ فإن هذه الفائدة لا تعادل الوقت الثمين الذي يصرفه الطفل في سبيل تحصيل هذه الآداب الميتة التي لا علاقة لها بالمحيط الحيوي العملي.

جون لوك كممثل لحركة التهذيب الشكلي (١٦٣٢-١٧٠٤م): (١)

ولد جون لوك في إحدى القرى الانجليزية الصغيرة التي تبعد حوالي عشرة أميال عن بريستول في عام ١٦٣٢. وكان أبوه محامياً قديراً، ينتمي روحياً إلى جماعة المتطهرين الدينية، وسياسياً إلى جماعة البرلمانيين. أنهى تعليمه الابتدائي في مدرسة قريته، ثم التحق بمدرسة وستمنستر ليواصل تعليمه الثانوي ويستعد للدراسة الجامعية. وفي العشرين من عمره التحق بجامعة اكسفورد لدراسة الفلسفة، فحصل على شهادة البكالوريوس ثم الماجستير، ثم عين محاضراً فيها لتدريس الفلسفة والأخلاق والبلاغة واللغة اللاتينية، ثم اضطرته الظروف السياسية المضطربة في عصره أن يترك الجامعة ويلتحق باللورد شافتسبري كصديق وسكرتير وطبيب له ومعلم لأبنه. أما أهم العوامل التي أثرت في أفكاره فهي:

١- العقيدة البيوريتانية أو مذهب التطهر الذي ظهر وقويت شوكته في القرن السابع عشر في بريطانيا. وهو مذهب ديني سياسي اجتماعي، من مبادئه السياسية والاجتماعية الدعوة إلى العدالة والمساواة والحرية السياسية والدينية، والثورة ضد جميع ضروب الفساد والتحلل الأخلاقي.

٢- صحبته الطويلة للورد اشلي الذي أصبح يعرف فيما بعد باللورد ايرل شافتسبري، وهو شخصية سياسية بارزة وعالم أخلاقي. وقد تأثر لوك بأفكاره السياسية المتحررة.

٣- الخلافات الدينية والاضطرابات السياسية التي قضى في ظلها جل حياته، وما رافقها من اضطرابات وقسوة وتنكيل وتشريد.

٤- النهضة العلمية التي كانت سائدة في عصره، والتي كان من بين أقطابها جاليليو وبويل ونيوتن.

---

(١) عمر التومي الشيباني، مرجع سابق، ص ١٢٦-١٤٥.

٥- أفكار الفلاسفة والعلماء والمربين من مختلف العصور والقرون وتأثره بما كتبوه في مؤلفاتهم.

٦- الوسط الارستقراطي الذي عاش فيه والتقاليد الطبقية المحافظة التي كان يخضع لها المجتمع الانجليزي في عصره.

٧- أثرت خبرته الشخصية كتلميذ في المدارس الانجليزية بمراحلها المختلفة ثم كمدرس في الجامعة وكمدرس لأبناء بعض الطبقة الارستقراطية، أثرت في أفكاره التربوية.

أهم مؤلفات جون لوك:

كتب جون لوك في الميادين الخمسة التالية: الفلسفة، والحكومة المدنية، والتربية، والدين، والاقتصاد. ومن أشهر كتبه ورسائله المتصلة بهذه الميادين هي:

١- مقالة في العقل البشري: ويعتبر هذا الكتاب من أشهر كتبه الفلسفية وأحسنها. وقد أحدث فيه تجديدات ثورية في نظرية المعرفة لا يزال لها وزنها في الفلسفة حتى اليوم.

٢- مقالتان في الحكومة المدنية.

٣- ثلاث رسائل وجزء من رسالة رابعة في التسامح.

٤- بعض أفكار حول التربية.

٥- معقولية المسيحية.

٦- مسلك التفكير أو الفهم.

ويعتبر الكتاب الأخير مكملاً للنقص الذي أدركه لوك في كتابيه السابقين في الفلسفة وفي التربية: مقالة في العقل البشري، بعض افكار حول التربية، الذي نشر بعد وفاته بسنتين. وبالإضافة إلى ما سبق له بعض الرسائل التربوية الأخرى ومن بينها (بعض أفكار في قراءة ودراسة الرجل المهذب)، (إرشادات وتوجيهات في تربية وقيادة الشاب المهذب)، و(مدارس العمال).

ومن أبرز أفكاره العامة، إنكاره وجود أفكار فطرية كما قال بذلك الفلاسفة في مختلف العصور كأفلاطون، وديكارت. وآمن بأن جميع أفكار الإنسان ومعارفه مكتسبة عن طريق التجربة أو الخبرة التي تتضمن نوعين من النشاط العقلي هما: الإحساس، والتفكير أو التأمل الباطني. فهو يؤمن بأن الإنسان يولد وعقله يشبه الصفحة البيضاء الخالية من الأفكار الفطرية، والمعاني الأولية.

أما في مجال السياسة، فقد رفض الحكم المطلق والاستبداد في أي شكل من أشكاله، ودعا إلى إقامة حكم ديمقراطي دستوري تتحقق في ظله العدالة والمساواة بالنسبة للجميع وتحترم في ظله حرية الأفراد وحقهم في الدفاع عن النفس والملكية الخاصة. ونادى بجعل السلطة التشريعية بيد الشعب وفصلها عن بقية السلطات حتى لا ينقلب الحكم إلى نوع من الطغيان. كما دعا إلى فصل الكنيسة عن الدولة وإلى احترام العقيدة لجميع المؤمنين بالله وإلى التسامح الديني والسياسي.

أفكاره التربوية: (١)

بالتأمل في أفكاره التربوية نجد أن بعضها ما يتفق مع النزعة الواقعية، وبعضها يتفق مع النزعة الطبيعية، ومنها ما يتفق مع نزعة التهذيب الشكلي. ورغم ذلك فإن الصبغة الغالبة على أفكاره إذا ما أخذت ككل هي نزعة التهذيب الشكلي. ولذا اعتبره غالب كتاب التربية المحدثين من أبرز ممثلي هذه النزعة في القرن السابع عشر.

معنى التربية ومفهومها عند لوك

يولد الإنسان وهو مزود بعدة ملكات لها استعداد للقيام بكل شيء إذا ما هذبت. والوسيلة الوحيدة لتهذيبها وجعلها تؤتي ثمارها هو التدريب وتكوين العادات الطيبة. ومن أهم وظائف التربية في نظره، هو إتاحة الفرص لتدريب وتهذيب هذه الملكات.

وبما أن الملكات النفسية تشمل عنده القوى الجسمية والاستعدادات والقدرات العقلية والدوافع الفطرية المتصلة بالنزعات الأخلاقية فإنه ينظر إلى التربية على أنها عملية تدريب وتهذيب لهذه القوة والاستعدادات والنزعات جميعاً. ويقسم التربية إلى ثلاثة أقسام وهي: التربية البدنية، والتربية العقلية، والتربية الخلقية، إلا أنه يعطي أهمية أكبر للناحية الأخلاقية ويسخر الناحيتين الأخريين لخدمتها.

---

(١) المرجع السابق، ص ١٣٥-١٤٥.

أهداف التربية عنده:

تشتمل الأهداف العامة للتربية عند لوك على الأهداف الأربعة التالية:

١- الفضيلة: ويعني بها حسن الخلق. ومن الصفات التي تدخل تحتها معرفة الله وحبه وتقواه، وحب الحقيقة وقولها، ونكران الذات، وضبط النفس، ومقاومة الشهوات، والاتجاه الطيب نحو الآخرين. ويتوقف تحقيق الفضيلة على التربية الدينية.

٢- الحكمة: وتتمثل في قدرة الإنسان على التصرف الصحيح تجاه مشكلات الحياة وعلى إدارته لأعماله وشؤونه الخاصة إدارة صحيحة، تتمثل في الحكم الصحيح وبعد النظر في شؤون الحياة.

٣- السيرة الحسنة في السلوك والمعاملة: وتعبر هذه الصفة عن قدرة الشخص على قيادة نفسه وتعويدها في علاقاتها الاجتماعية مع الآخرين، على أساليب السلوك المقبولة حسب التقاليد، وهي تنبع من مصدرين أساسيين، هما: احترام الذات واحترام الآخرين.

٤- التعلم المعرفي: ويعني بها التربية العقلية بصورة عامة. وبالرغم من أهمية هذه الصفة فإنها تأتي في نظره في مرتبة ثانوية بالنسبة للصفات الأخلاقية الثلاث.

أفكاره في المنهج:

ولوك في مفهومه للمنهج يؤكد مبدأين أساسيين، هما: مبدأ التهذيب الشكلي، ومبدأ النفعية. والمنهج الذي يقترحه يمتاز بالشمول ويمكن أن تدخل المواد التي يقترحها تحت الفصائل الست التالية:

١- القراءة: ويبدأ الطفل فيتعلمها بمجرد تمكنه من الكلام، ثم الكتابة، والرسم، وربما الاختزال.

٢- اللغة الفرنسية: يبدأ في تعلمها شفوياً بمجرد أن يصبح الطفل قادراً على الحديث باللغة الانجليزية، ثم تأتي اللغة اللاتينية لمدة سنة أو سنتين، أما اللغة الانجليزية فتعلمها يستمر طيلة فترة الدراسة.

٣- الجغرافيا: والتي يمكن أن تجر إلى دراسة الحساب والرياضة والفلك والهندسة والتاريخ، لا سيما الروماني.

٤- الأخلاق: وتستمد أولاً من الانجيل، ثم من كتاب شيشرون عندما يصبح التلاميذ قادرين على قراءة اللغة اللاتينية، وأخيراً القانون الدولي والقانون العام.

٥- فنون اللغة الانجليزية وآدابها.

٦- الرقص وفن الدفاع، وركوب الخيل، وصنعة أو صنعتان يدويتان مع تفضيل الفلاحة وعمل البساتين ومسك الكتب. بالإضافة إلى هذه المواد فإنه أكد أهمية دراسة العلوم الطبيعية والبيولوجية.

أفكاره في الطريقة:

يتفق لوك في مفهومه للطريقة، مع النزعة التهذيبية فنجده في مواقع كثيرة من رسائله يوحي بكثرة التدريب والتمرين للملكات والنزعات والقوى العقلية والأخلاقية والجسمية. وحتى ينتقل أثر هذا التدريب من المجال الذي تم فيه إلى مجالات أخرى يجب أن يتكرر التدريب ويتم في مجالات وظروف مختلفة. وهو يوصي المدرس بأن تكون العلاقة بينه وبين تلميذه علاقة ود وحب بعيدة عن القسوة واللجوء إلى العقاب البدني، كما يوصيه أيضاً بالحزم في المعاملة وعدم إضفاء الإطراءات والجوائز على التلميذ لأنها برأيه لا تقل خطراً عن العقوبات.

أما عن أثر التربية الترويضية في المدارس فقد سيطرت روحها خلال القرون الثلاثة الأخيرة على المعاهد التهذيبية وخصوصاً في مدارس انجلترا والمانيا، وبقي منهاج الدراسة محتوياً على كثير من الدروس الجامدة التي لا فائدة منها في الحياة العملية، كما بقيت الشدة والقسوة في المدارس بالرغم من أقوال المصلحين.

ثالثاً- التربية في القرن الثامن عشر:

لو تأملنا الأوضاع الاجتماعية في أوروبا عامة وفرنسا خاصة خلال القرنين السابع عشر والثامن عشر، لوجدنا أنها كانت تعنى بالمظاهر الخارجية الخلابة، ونرى زهواً ورخاء ورغداً. إلا أنه عند التدقيق يجد أن هذه السعادة الظاهرية محصورة بفئة من الشعب، وأما البقية وهي الأكثرية فإنها كانت تئن تحت نير الظلم والعسف وتشكو آلام الفقر والجوع. ويجد باريس حافلة بالسكان، عليها مظاهر البذخ والسعة والرخاء، ولكنها توصلت إلى ذلك الزهو بهضم حقوق بقية المقاطعات. يشاهد تهتك الملوك والإشراف وخلاعتهم والذين يكتسبون رضى الكنيسة بتعذيب من يتجرأ ويستنكر أعمال رجالها وفضائحهم. ينظر إلى عاداتهم وتقاليدهم وآدابهم فيجد أنها ستار يرتكبون من ورائه المنكرات والقبائح، كل ذلك والطبقة الفقيرة تنظر بعين الرضوخ منتظرة سنوح الفرصة للمطالبة بحقوقها المهضومة. وبالاختصار نجد أن الاستبداد مسيطر في السياسة والدين والفكر والعمل، ونجد أن القلوب صامتة حاقدة تنتظر قيام قادة حقيقيين لكي تندفع وتحطم تلك القيود الثقيلة التي رضخت تحتها قروناً طويلة. سنحت الفرصة ووجد من يقود الرأي العام. فقامت ثورتان: الأولى فكرية ترمي إلى كسر قيود الفكر وتعرف بعصر التنوير، والثانية وهي متممة للأولى وهي النزعة الطبيعية التي قامت تطالب بحقوق الجماهير.

العوامل التي مهدت لظهور حركة التنوير الفكري والحركة الطبيعية:

وقبل أن نتحدث عن هاتين الحركتين يمكن أن نشير باختصار إلى بعض العوامل والظروف التي مهدت لظهورهما. وترجع غالبية هذه العوامل والظروف في جذورها إلى القرن السابع عشر الماضي، لأن ما تم في هذا القرن من تطورات فكرية وسياسية وتربوية لم يكن إلا نتيجة وامتداداً لما تم في القرن السابع عشر، ومن بين هذه العوامل والظروف ما يلي:[١]

١- إن الحركات الدينية المتحررة التي ظهرت في القرن السابع عشر، جاءت كرد فعل ضد سيطرة رجال الكنيسة، وضد الطقوس الدينية الشكلية، وضد التحلل الأخلاقي الذي كان سائداً في ذلك العصر، وضد الظلم والفساد والتعصب في أشكاله المختلفة، وضد الحروب الدينية. ومن أبرز هذه الحركات الدينية التحررية هي الحركات الثلاث التالية:

---

(١) المرجع السابق، ص ١٤٧-١٥١.

أ- حركة التطهير أو التطهر: ظهرت في بريطانيا في القرن السابع عشر والتي كان لفلسفتها الأخلاقية أكبر الأثر في تشكيل أفكار لوك التربوية والسياسية وأفكار غيره من الأخلاقيين في بريطانيا.

ب- مذهب التقوى: تأسس في المانيا في منتصف القرن السابع عشر على يد فيليب يعقوب سبنر (١٦٣٥-١٧٠٥م)، والذي كان قسيساً في ستراسبورج ثم أصبح واعظ بلاط في درسدن وبرلين. وكان مربي هذه الحركة ومطبق مبادئها في المجال التربوي هو المربي الالماني الشهير "اوجست هيرمان فرانك (١٦٦٣-١٧٢٧م).

جـ- مذهب الجانسينزم: ظهر في فرنسا في القرن السابع عشر في فترة كان الخلاف فيها على أشده بين اليسوعيين المدرسيين، وبين أتباع القديس ارجستين. وكانت نشأته على يد "كورنيليوس جانسن (١٥٨٥-١٦٣٨م) الذي سمي المذهب باسمه وزميله ديفير جيير الحوراني. ويعرف أيضاً باسم القديس كيران. وقد آمن كلاهما بمذهب القديس اوجستين الديني الذي كان من بين مبادئه الإيمان بانحراف النفس البشرية بسبب الخطيئة الأصلية والإيمان بالقضاء والقدر، وكانا يكرهان تعصب اليسوعيين وكبتهم للفردية ودكتاتوريتهم، وقد أصبح لأتباع هذه الحركة مدرسة فكرية سميت "حركة بور روايال".

وقد كان لهذه الحركات الدينية الإصلاحية الثلاث تأثير كبير في التفكير الديني والتربوي والسياسي في القرنين السابع عشر والثامن عشر معاً. ورغم اختلاف هذه الحركات الثلاث في بعض الجوانب، فإنها تتفق إلى حد كبير في كثير من المبادئ التحررية التي مهدت لحركة التنوير والحركة الطبيعية في القرن الثامن عشر. ومن هذه المبادئ الثورة ضد سلطة الكنيسة، وأعمال رجال الدين، وضد الطقوس الشكلية، وضد التحلل الخلقي، وضد الظلم والفساد والتعصب، والدعوة إلى الدين في بساطته في بداية عصر الإصلاح، وإلى الإخلاص في الدين، وإلى نظام أخلاقي يخلو من التزمت والمبالغة في النهي عن جميع مباهج الحياة، وإلى الإيمان بحرية الأفراد والشعوب، وإلى التسامح السياسي والديني، وإلى تطبيق مبادئ النزعة الواقعية في التربية مع الاحتفاظ بروح التربية الدينية. وقد استطاعت هذه الحركات الدينية بأفكارها التحررية أن تخلق رأياً عاماً يتطلع إلى الحرية والسلام والإصلاح الشامل بفضل صبغها لمبادئها بالصبغة الدينية.

٢- العامل الثاني والذي تحدر من القرن السابع عشر وكان له تأثير كبير في تفكير القرن الثامن عشر يتمثل في النزعة الواقعية التي اشتدت في القرن السابع عشر، وفي النهضة العلمية لتي نشأت عنها والتي كان من أقطابها كوبرنيكس، وجاليليو، ونيوتن، وبويل وغيرهم من العلماء. وقد أدت هذه النزعة وما رافقها من نهضة علمية إلى الرفع من قيمة العقل، ومن قيمة الإنسان وقدرته على اكتشاف الحقيقة، ومن قيمة العلوم الطبيعية، والطرق الاستقرائية التجريبية في كشف الحقيقة العلمية الواقعية.

٣- والعامل الثالث يتمثل في الحركات الفلسفية الثلاث التي ظهرت في القرن السابع عشر وقد رفعت إحداها من قيمة الحواس، وثانيتها من قيمة العقل، وثالثتها من قيمة الخبرة كمصدر للمعرفة الإنسانية، وذلك كله على حساب مصدر الدين والعقيدة. وكان من بين قادة الحركة الفلسفية الأولى الفيلسوف الانجليزي "هوبز"، ومن أبرز أنصار الحركة الثانية الفيلسوف الفرنسي ديكارت، ومن أبرز أنصار الحركة الثالثة الذين حاولوا التوفيق بين وجهتي نظر الجانبين العاديين والعقليين المتطرفين هو الفيلسوف الانجليزي الشهير جون لوك، الذي أكد قيمة كل من الحواس والتعقل أو التفكير الداخلي في اكتساب المعرفة، وقال بأن المعرفة تأتي عن طريق الخبرة أو التجربة التي تتطلب كلا من عملية الإحساس الخارجي وعملية التعقل الداخلي.

٤- والعامل الرابع الذي مهد للحركتين السالفتي الذكر يكمن في سوء الأحوال السياسية والروحية والاقتصادية والاجتماعية التي كانت سائدة في اوروبا بما فيها فرنسا منذ عدة قرون واستمرت حتى القرن الثامن عشر. فمن الناحية السياسية كانت اوروبا تعيش تحت ظل حكم مطلق مستبد يمسك بيديه جميع السلطات التشريعية والقضائية والتنفيذية، ويخسرون لخدمته الغالبية العظمى من الشعب. وكانت الحالة الدينية أو الروحية لا تقل فساداً عن الناحية السياسية، من حيث كون الطقوس شكلية خاوية لا روح فيها، وارتباط الكنيسة ومصالحها بمصالح الطبقة المستبدة. أما الحالة الاقتصادية فقد كانت لا تقل سوءاً عن الحالة السياسية والروحية بالنسبة للغالبية العظمى من الشعب، رغم التحسن والازدهار النسبيين اللذين حدثا في بعض المدن الأوروبية. فقد كانت الزراعة بدائية في طرقها وأساليبها، ونظام الإقطاع لا يزال سائداً، وغالبية الأراضي تملكها الطبقة الارستقراطية والكنيسة.و الحالة الاجتماعية تعكس الفساد في الجوانب الأخرى، حيث كان المجتمع الاوروبي يرزح تحت أغلال الطبقية والبؤس والفقر ويسوده التحلل والإباحية والفساد، وتعيش غالبية الشعب

في ذلة ومهانة.وكان من نتيجة هذه العوامل مجتمعة أن ظهر في القرن الثامن عشر كثير من المفكرين المتحررين الذين نادوا بتغيير تلك الأوضاع الفاسدة.

ظهور حركة التنوير الفكري:(١)

تبلورت جهود المفكرين المتحررين في أول القرن الثامن عشر عن ظهور حركة فكرية جديدة تسمى "حركة التنوير" وهي الحركة التي مهدت لظهور "الحركة الطبيعية" في النصف الثاني من القرن الثامن عشر، وقد ظهرت حركة التنوير أول ما ظهرت في فرنسا ثم انتقلت بدرجة محدودة إلى المانيا، وكان من أنصارها ودعاتها فيء فرنسا كثير من المفكرين والأدباء ورجال الدين المتحررين يأتي على رأسهم فولتير (١٦٩٨-١٧٧٨م)، وكدنياك (١٧١٥-١٧٨٠م) وهلفيتيوس (١٧١٥-١٧٧١م). وينضم إليهم في مناصرة هذه الحركة فريق آخر يسمى بالموسوعيين وعلى رأسهم ديدرو، ودالمبير، وجريم.

ورغم اختلاف رجال حركة التنوير في أفكارهم وفلسفاتهم الفردية وفي، درجة تطرفهم ورفضهم للأوضاع السائدة في عصرهم فإنهم يكادون أن يتفقوا في الأفكار الرئيسية التي تقوم عليها حركة التنوير. وتشمل هذه الأفكار الرفع من شأن العقل وتحكيمه في كل الأمور بما فيها الأمور الدينية، ورفض كل سلطة دينية أو سياسية لا تستطيع أن تجد لها ما يبررها في عقل الفرد المفكر، والإيمان بأن العقل البشري وحده هو الوسيلة إلى السعادة الإنسانية والثورة ضد سلطة الكنيسة وضد الظلم والفساد والاستبداد في جميع المجالات، وضد الخرافات والنفاق الأخلاقي والجهل في التفكير، والإيمان بالتطور والتقدم والتحرر الفكري، أي الدعوى إلى حكم العقل.

ورغم مزايا هذه الحركة الفكرية في تحرير الفكر، فإنه قد أخذت عليها عدة مآخذ ووجهت إليها عدة انتقادات، من بينها أنها حركة ارستقراطية تهدف إلى إنشاء ارستقراطية عقلية على أنقاض ارستقراطية الأسرة والمنصب والكنيسة. ولم يهتم أتباع هذه الحركة بجموع الشعب والطبقات الدنيا بل كانوا يحتقرونهم ويعتبرونهم غير جديرين بحكم العقل. كما أخذ على أتباع هذه الحركة أيضاً أنهم كانوا سلبيين في انتقاداتهم للأوضاع والمؤسسات القائمة. ولم يعتنوا بالعواطف والمشاعر الإنسانية، وعدم اهتمامهم بتحسين الأوضاع الاقتصادية.

---

(١) المرجع السابق، ص ١٥١-١٥٤.

الحركة الطبيعية في التربية: [1]

دعت هذه العيوب وأوجه النقص بعض مفكري القرن الثامن عشرـ إلى الانفصال عـن هـذه الحركة، والمطالبة بحركة أو مذهب جديد يحل محلها، ويتلافى الانتقادات التـي وجهت إليها. ومـن أبـرز هؤلاء المفكرين جان جاك روسو الـذي بـرز في النصف الثاني مـن القرن الثامن عشرـ بمذهبـه الطبيعـي الجديد، الذي يقوم على الإعلاء من شأن الطبيعة المادية والطبيعة البشرية، والـدعوى إلى حياة الطبيعة، والحط من شأن المدنية القائمة في عصرـه، والـدعوى إلى تنظيم المجتمـع وإعـادة بناء الـدين بمـا يتفق والطبيعة البشرية، والإيمان بالعواطف والمشاعر الإنسانية، والإيمان بحقـوق العامـة والعطـف علـيهم، والإيمان بالطبيعة الخيرة للإنسان وبوجوب تربيـة الطفـل بمـا يتفق وطبيعتـه وميولـه وحاجاتـه الحاضرة ويتمشى مع قوانين الطبيعة بصورة عامة.

مما تقدم نرى أن هاتين الحركتين تتفقان في كثير من الوجوه وتختلفان مـن وجـوه أخـرى نوردهـا فيما يلي: [2]

١- كانت الحركة الأولى (حركة التنوير) في النصف الأول من القرن الثامن عشرـ تبـذل أقصى ـ جهـدها في الطعن على الكنيسة والعقائد الدينية، أمـا الحركـة الثانيـة في النصـف الثاني مـن ذلـك القرن، فقـد وجهت نقدها إلى مثالب السياسة والحياة الاجتماعية.

٢- كان الغرض من الحركة الأولى ينحصر في القضاء على المبادئ والمخازي السائدة في زمنها، أمـا الحركـة الثانية فقد كانت ترمي فوق ذلك إلى وضع نظام يكون مثلاً أعلى للحياة الاجتماعية.

٣- مجدت الحركة الأولى شأن العقل وتدعو إلى الثقة به في شؤون الدين والدنيا. أما الحركة الثانيـة فقـد ذهبت إلى أن العقل الإنساني كثير الزلل لا يصلح الاعتماد عليـه في شـؤون الحياة. أما الوجدان والعواطف القلبية فهي آثار الطبيعة الصحيحة، يجب أن نسترشد بهديها في كل ما يجـب مـن القـول والعمل.

(١) المرجع السابق، ص ١٥١-١٥٤.
(٢) مصطفى أمين، تاريخ التربية، ط٢، القاهرة، مطبعة المعارف بشارع الفجالة بمصر، ١٩٢٦، ص ٢٧٣-٢٩٠.

٤- كانت الحركة الأولى ارستقراطية أنصارها من ذوي الثراء والمواهب العقلية، عملوا على نقل السيطرة من أيدي رجال الدين إلى رجال العلم والذكاء، وأهملوا الشعب. أما الحركة الثانية فقد كانت تعمل على إسعاد العامة، ولا تدخر وسعاً في النظر في شؤونهم وإصلاح أحوالهم.

٥- كان فولتير زعيم الحركة الأولى من الأثرياء والطبقة الارستقراطية، في حين كان روسو فقيراً ومن عامة الشعب، يرثي لحالهم،ويعمل على إسعادهم. أما فولتير فقد كان قليل العطف على البائسين والفقراء، شديد الذكاء، غزير العلم، راجح العقل يرى وجوب الثقة بالعقل والاعتماد عليه، في حين كان روسو منقاداً لعواطفه مسوقاً بوجدانه.

٦- كان فولتير ملحداً لا يؤمن بدين، ويرى أن الأديان جميعها نوع من المكر والخداع يأتي بها القساوسة والرهبان، ويقصدون بها تضليل العامة وإخضاعهم لسيطرتهم الباطلة، أما روسو فعلى العكس من ذلك له دين يسير على هداه، وقد أبى الإلحاد، غير أنه رفض المعتقدات الكنسية القديمة، ويعدها خرافات وأباطيل، واتخذ له ديناً سماه الدين الطبيعي جمع فيه آداب المسيحية الصحيحة، وأعرض عما حوته الأديان من معجزات وخوارق.

جان جاك روسو (١٧١٢-١٧٧٨م).

بطل من أبطال الحرية، وزعيم من زعماء الدعوة إلى المساواة، وعامل من عوامل الثورة الفرنسية، وأمام عظيم من أئمة التربية. ويعتبر روسو من أكبر زعماء التربية الطبيعية، إذ لم يقتصر في تطبيق نزعته الطبيعية على الميدان التربوي فقط، بل تعداه إلى ميادين الفلسفة والدين والسياسة والاقتصاد والاجتماع. فكان له في هذه الميادين جميعاً أفكاره البارزة التي تتفق مع نزعته الطبيعية، ولذا يجدر بنا قبل أن تتحدث عن أفكاره التربوية أو عن التطبيقات التربوية لنزعته الطبيعية، أن نشير في إيجاز إلى أهم العوامل التي أثرت في حياة الفيلسوف المربي وإلى أبرز أفكاره الاجتماعية والسياسية حتى يمكن فهم أفكاره التربوية فهماً صحيحاً.

ولد روسو سنة ١٧١٢ بمدينة جنيف من أعمال سويسرا، من أب فرنسي الأصل وأم سويسرية من متوسطي الحال. وكانت جنيف في ذلك العصر مدينة العلم، وميدان المفكرين، وموطن المصلحين، كما كانت مقراً للآداب العالمية، والحياة الفاضل والأخلاق الرفيعة، لها حكومة حرة، تتيح الحرية المطلقة للتفكير والنقد دون قيود. أما باريس، موطنه الثاني الذي انتقل إليه فيما بعد، فقد كانت على

النقيض من ذلك، بلدة مترفة مترعة بالملاهي، تفشت فيها الأخلاق الفاسدة، وعم أهلها الرياء والنفاق، واستبد فيها الملوك والإشراف استبداداً أرهق العامة إرهاقاً شديداً.

كان والده اسحق صانع ساعات، يمتاز بخفة روحه وحبه للمرح، وقوة عاطفته وعدم استقراره نفسياً، وكانت أمه سوزان برنار أديبه فنانة ذكية جميلة، ذات عاطفة قوية، وذات شغف بالموسيقى، وابنة قسيس. ورث هذا الصبي صفات أبويه كاملة، فورث عن أبيه الخيال الشارد وخفة الروح والميل إلى الكسل والاندفاع في حب الشهوات وقلة الاعتداد بالفضائل، وورث عن أمه قوة العاطفة والروح الفنية وحدة الطبع وحب الجمال.

توفيت والدته في الأسبوع الأول من عمره بسبب مضاعفات الولادة، مما ترك أثراً نفسياً مؤلماً في حياته عندما علم بذلك فيما بعد، حيث قال: "لقد كلفت أمي حياتها وكانت ولادتي هي أول سوء حظي في هذه الحياة".[1] ثم كفلته عمته بعد وفاة أمه، فلم تعتن به عناية الأمومة، ولم تهتم بتقويم أخلاقه، بل تركته يكذب ويسرق، مما ترك آثاراً سيئة على حياته المنحلة مستقبلاً وعندما بلغ الثانية عشرة أرسله أهله وأقاربه إلى صناع كثيرين، ولكنه لم ينجح في أي منها، بل يتركها ويهرب ويختلط بأقران السوء ورفاق الشر، ولم يستفد من تجاربه سوى انحطاط الآداب، وفساد الأخلاق، والكسل والخيانة والجبن وغيرها من المعايب والمخازي التي لازمته طيلة حياته. ولكن هذه الحياة البائسة والمتشردة التي كان يحياها روسو لم تخل من تأثير إيجابي في تكوين شخصيته الفكرية، ونزعته الطبيعية، ونمت لديه حب الطبيعة، والميل إلى حياة البساطة، وحب التجول، وحب الفقراء والعطف عليهم، والحدب على المظلومين، والإحساس الحاد بالعدالة.

وفي التاسعة عشرة من عمره حدث تحول خطير في حياته بتعرفه على سيدة جميلة تدعى مدام دي وارتز، آوته وأسبغت عليه من عطفها ورعايتها ودفعته إلى المدرسة والقراءة والتحول إلى العقيدة الكاثوليكية مذهبها الجديد. واستمرت هذه العلاقة عشر سنوات أحرز فيها تقدماً قليلاً في تقويم سلوكه والتدرب على الموسيقى وتثقيف نفسه بقراءة ما كتبه الفلاسفة والمفكرون والعلماء والكتاب من مختلف العصور.

---

(1) Frederick Eby, The development of modern education, second edition, Englewood cliffs, N.J., Prentice-Hall, 1960, P. 320.

وفي عام ١٧٤١ قطع علاقته بتلك السيدة وعزم على السفر إلى باريس عله يجد فيها حظاً أسعد وحالاً أحسن. وهناك تعرف على تيريز ليفاسيويه، وهي خادمة غبية خشنة، عاش معها بقية حياته كصديقة لمدة ثلاثة وعشرين عاماً، ثم كزوجة، وقد أنجب منها خمسة أطفال كان مصيرهم بين اللقطاء. وأتيح له بعد انتقاله إلى باريس أن يطلع عن كثب على الحياة الباريسية وما فيها من طبقية فاحشة وظلم وفساد وتحلل في الأخلاق واتجاه مادي متطرف، كما أتيح له أن يتصل اتصالاً مباشراً بزعماء حركة التنوير، وأن يعقد صداقات مع بعضهم كفولتير، وديدرو. وكان روسو في كل أدوار حياته لا يكف عن القراءة والاستفادة ممن يتصل بهم، نمت لذلك معارفه واتسعت مداركه، وعظمت مقدرته العلمية والفنية، حتى أعده ذلك للمكان الذي تبوأه في عالم الأدب، وهيأ السبيل للعظمة التي وصل إليها فيما بعد.

ورغم اتساع خبرة روسو وسعة اطلاعه إلا أنه بقي حتى سن السابعة والثلاثين من عمره دون أن تظهر عليه مخايل الذكاء، ودون أن ينتج شيئاً يستحق الذكر. وفي أكتوبر من عام ١٧٤٩ لفت نظره إعلان في مجلة "زهرة فرنسا" عن جائزة من قبل أكاديمية ديجون العلمية لمن يفوز في الإجابة عن السؤال التالي: "هل أفسدت النهضة العلمية الفنية الأخلاق أم أصلحتها؟". فقرر الاشتراك في تلك المسابقة وكتب بحثاً بعنوان "مقالة في الفنون والعلوم" وحصل بموجبه على الجائزة. وكان نجاحه هذا نقطة التحول الكبرى في حياته الفكرية كما فتح أمامه آفاقاً جديدة للمجد والشهرة. وقد اتبع هذا المقال بعدة مقالات ورسائل أخرى في شتى ميادين المعرفة، شرح فيها الأسس والمبادئ التي يقوم عليها المذهب الطبيعي الذي آمن به. إلا أن كتاباته التي جلبت إليه الشهرة والمجد لفترة من الزمن كانت هي نفسها هي التي جرت عليه البؤس والشقاء في أخريات أيامه، ولا سيما كتاباته السياسية المتحررة، كما أثار عليه كتابه أميل سخط فريقين هما رجال حركة التنوير وعلى رأسهم فولتير، ورجال الدين من كلا المذهبين البروتستانتي والكاثوليكي. فأمر بحرق كتابه اميل وإلقاء القبض عليه إلا أنه فر هارباً إلى نيوشاتل عند ملك بروسيا فردريك الكبير، ثم ذهب إلى بريطانيا حيث كتب فيها الجزء الأول من اعترافاته. ولكنه سرعان ما سئم البقاء في بريطانيا، ورجع إلى باريس عام ١٧٧٠ ليعيش بائساً حتى توفي عام ١٧٧٨م عن عمر يناهز (٦٦) عاماً.

العوامل التي أثرت في حياة روسو الفكرية:

وبالرجوع إلى رسائل روسو وكتبه ومقالاته العديدة، وتحليل مضامينها فإننا نجدها متأثرة بكثير من العوامل يمكن إجمالها فيما يلي:

١- السمات والصفات الوراثية التي انتقلت إليه من والديه كما أسلفنا.

٢- حياة البؤس والشقاء والتشرد والانحلال الخلقي خلال فترات حياته من الطفولة إلى الشباب، وما رافقها من اتصال بالطبيعة، وبالطبقة الفقيرة البائسة، وشعور بالفوارق الطبقية.

٣- التفاعل ما بين العاملين السابقين وما نجم عنه من قوة عاطفية واضطراب نفسي- واستهتاره بالقيم السائدة، وتناقض شخصيته، والتي كانت تنعكس في كتبه ورسائله.

٤- اطلاعه على التراث الفكري الذي تركه الفلاسفة والمربين عبر العصور المختلفة، وما أحدثته من تأثير كبير عليه ظهر في كتاباته ومؤلفاته، واعترافه بذلك.

٥- اتصاله بزعماء حركة التنوير بصورة شخصية وعن طريق كتاباتهم خلال إقامته في باريس.

مؤلفاته: (١)

أهم الميادين التي كتب فيها روسو هي الموسيقى، والحكومة المدنية، وعلم الاجتماع، والاقتصاد السياسي، والدين، والتربية، ومن أهم هذه الرسائل والمؤلفات التي أكسبته شهرة كبيرة في عالم الفكر السياسي والاجتماعي والتربوي ما يلي:

١- مقالة عن الفنون والعلوم، وهي التي تقدم بها لأكاديمية ديجون ونال جائزتها ونشرت عام ١٧٥٠م.

٢- مقالة عن أصل عدم المساواة بين الناس، وتقدم بها أيضاً لأكاديمية ديجون عام ١٧٥٣م، ونشر- عام ١٧٤٤م.

٣- مقالة عن الاقتصاد السياسي، وقد نشرت في الموسوعة الكبرى التي كان يشرف عليها ديدرو وغيره من الموسوعيين عام ١٧٥٨م.

٤- رسالة في شكل قصة رومانتيكية تدور حول الزواج والحياة الأسرية، وقد نشرت عام ١٧٦١م.

---

(١) عمر التومي الشيباني، مرجع سابق، ص ١٦٠، ١٦١.

٥- العقد الاجتماعي، وقد نشر عام ١٧٦٢م، وكانت قمة رسائله في السياسة والحكومة المدنية.

٦- اميل وهي أحسن رسائله التربوية، وقد نشرت عام ١٧٦٢م.

٧- اعترافاته، وقد كتبها في آخر حياته، ونشرت بعد وفاته ما بين عام ١٧٨٢م، ١٧٨٩م.

هذا بالإضافة إلى عدد من المقالات والرسائل الأخرى التي يمكن الرجوع إليها وبعض تحليلاتها فيما كتبه مؤرخو الفكر الفلسفي والسياسي والأدبي والتربوي عن روسو، فيما ترجم إلى اللغة الانجليزية وإلى اللغات الحية الأخرى. وقد حوت هذه الرسائل والمؤلفات جميع أفكاره الاجتماعية والدينية والسياسية، ومن أبرزها فكرة الدولة الطبيعية والمجتمع الطبيعي الذي يمكن أن يعيش فيه الناس ببساطة وأمن وسلام ومساواة، بعيدين عن الترف وتعقيدات المدنية ومفاسدها. أما أهم أفكاره التربوية فيمكن التعرف إليها من خلال الرجوع إلى مؤلفه المشهور "اميل". على أنه مهما يكن حظ هذا الكتاب من الابتكار والإبداع، لا يسعنا إلا أن نقرر أن مذهبه التربوي لم يكن فلتة من فلتات العبقرية وبلا مقدمات. فهناك كثير من المفكرين سبقوا روسو تأثر بهم واستفاد منهم كثيراً.

ومن أبرز من تأثر بهم روسو في أفكاره الراهب سان بيير صاحب الفكر الحالم الخيالي. ومن هذه الأفكار التي جاء به سان بيير هي عنايته بالتربية الخلقية والتي تقوم على أربع خصال في الإنسان وهي: العدل، والإحسان، ومعرفة الفضيلة أو الحكم، والثقافة أخيراً. ومن النزعات السديدة التي جاء بها نظراته النفعية العملية، فهو أول فرنسي عني بالتعليم المهني وضرورة تعلم الفنون الميكانيكية والعلوم والمهن بالإضافة إلى اللغات، وأن تحتوي المدرسة على آلات وأدوات وأجهزة مختلفة. كما أوصى هذا الراهب بضرورة تأسيس مكتب دائم للمعارف العامة يكون بمثابة مرجع ودار شوى لإصلاح المناهج وتحقيق الانسجام في كليات الدولة. ومن أفكاره البارزة تشديده على ضرورة تعليم المرأة وذلك بإنشاء معاهد قومية ومدارس ثانوية تكون داخلية للفتيات.

وممن تعرف إلى أفكارهم السويسري كروزا الذي نقد الطرق القديمة التي تجعل معرفة اللاتينية واليونانية جوهر التربية، وامتدح تعليم العلوم والتربية الخلقية. وهذا ما فعله الراهب بلوش في كتابه "مرأى الطبيعة"، الذي طالب فيه الإقلال من دراسة اللغات الميتة، والاستعاضة عنها بدراسة اللغات الحية، والتبكير بتربية الطفل منذ السنين الأولى.

وهناك كتاب آخرون سبقوه استوحى منهم روسو بعض الأفكار التي أوردها في كتابه اميل، أمثال بونفال الذي عني بالتربية البدنية، وانتقد بشدة استخدام القماط، وضرورة تربية حواس الأطفال، وأن يقتصر عمل المربي في السنوات الأولى على إبعاد الانطباعات السيئة عن خيال الطفل، وتأخير تعليم الحقائق الدينية. كما تأثر روسو بسنيكا الروماني، ومونتيني وجون لوك وغيرهم.

ظهر كتاب اميل عام ١٧٦٢م، في الوقت الذي كان فيه البرلمان الفرنسي يقوم بطرد اليسوعيين من فرنسا، لذا لقي قبولاً حسناً وسط تلك الفوضى الكبيرة التي كانت تتردى فيها العادات والتقاليد التربوية القديمة. وقد قسم روسو كتابه إلى خمسة أجزاء حفى كلا منها بالتربية المناسبة لمراحل نمو اميل "وقبل الحديث عن هذه الأجزاء لابد لنا من التعرف على بعض السمات والمبادئ التربوية العامة التي يمكن اعتبارها بمثابة الإطار الفلسفي العام لهذا الكتاب، وهي كما يلي:[١]

١- الإيمان ببراءة الطفل التامة وطبيعته الأصلية الخيرة، فهو ينكر الخطيئة الأصلية كما ينكر وجوداي انحراف أصلي في قلب الإنسان، وأما ما يطرأ على قلبه من حقد وكراهية وحسد وأنانية وفخر، وما يلحق سلوكه من فساد وتحلل فيتم اكتسابهما من البيئة الفاسدة التي عاش فيها وليس من فطرته الأصلية. وهناك كثير من الأقوال في كتابه اميل تؤكد ذلك.

٢- الإعلاء من شأن الطبيعة والإيمان بوجوب مراعاة قوانينها في تربية النشء. وهو يؤمن بضرورة التربية للإنسان، لأنها هي التي تساعد على تفتح شخصيته وصقلها وتشكيلها بالشكل المرغوب فيه. والتربية في نظره تأتينا إما من الطبيعة، أو من الناس، أو من الأشياء. فنمو وظائفنا وجوارحنا الداخلي ذلك هو تربية الطبيعة، وما نتعلم من الإفادة من ذلك النمو هو تربية الناس، وما نكتسبه بخبرتنا عن الأشياء التي نتأثر بها فذلك هو تربية الأشياء.

والتربية التي تسير وفقاً لقوانين الطبيعة تحترم ميول الطفل وغرائزه الفطرية ونزعاته الأولية ونزواته ورغباته المعقولة، وتعمل على تحرير قواهم بدلاً من كتبها وإذلالها، وإخضاعها للنظم والتقاليد الاجتماعية، لأن الحرية تعين الطفل على تنمية شخصيته، وتعويده على الاستقلال والاعتماد على النفس. كما أن التربية التي تسير وفقاً لقوانين الطبيعة تعمل أيضاً على تعويد الطفل على حياة البساطة والتقشف والصبر والاعتدال في كل شيء، والاعتماد على النفس وتحمل الألم، وتمتنع في الوقت نفسه عن إذلاله وتعويده على الحصول على كل شيء.

---

(١) المرجع السابق، ص ١٦٦-١٩٣؛

ثم إن التربية الطبيعية أو التي تسير وفقاً لقوانين الطبيعة تتيح أكبر قدر من الاحتكاك بمظاهر الطبيعة المادية وعناصرها والعيش فيها بعيداً عن حياة المدن التي تشكل مقبرة للجنس البشري في نظره. كما تتخذ هذه التربية من مظاهر الطبيعة موضوعاً للدرس ووسيلة لتوضيح المعارف المراد اكتسابها.

٣- التأكيد على أهمية التربية السلبية حتى سن الثانية عشرة تقريباً. ولم يقصد روسو بالتربية السلبية ألا تكون هناك تربية مطلقاً وإنما قصد بها تلك التربية التي تسير وفقاً لقوانين الطبيعة والتي تخالف في خصائصها التربية التقليدية. فالتربية السلبية إذن لا تخرج في مفهومها عن مفهوم التربية الطبيعية التي تحدثنا عنها فيما سبق. فخصائص التربية السلبية هي في الوقت نفسه خصائص للتربية الطبيعية. فمن بين خصائصها اعتمادها على الخبرة والممارسة العملية والاحتكاك بالأشياء أكثر من الاعتماد على التلقين اللفظي وحشو ذهن الطفل بالألفاظ التي لا معنى لها عنده. كما أكد روسو فكرة الجزاء الطبيعي في أماكن كثيرة من كتابه السابق ذكره حيث يرى أن لا نضع أمام إرادته الطائشة إلا عقبات أو عقوبات ناتجة عن أفعاله نفسها وبحيث يتذكرها كلما جاءت مناسبتها، فلا لزوم لمنعه من الإساءة، بل يكفي أن نجعله يمتنع من غير تحريم لفظي. فالتجربة أو العجز هما القانون الوحيد الذي يجب أن يشعر به الطفل.

٤- المبدأ الرابع هو الإيمان بأن الطفل وخصائصه وميوله وحاجاته الحاضرة ومصالحه يجب أن تكون مركز عملية التربية بدلاً من حاجات الكبار وميولهم وقيمهم ومصالحهم ومفاهيمهم، وفي الاعتراف بضرورة التمييز بين الأعمار ومراحل النمو المختلفة، ومحاولة إقامة العملية التربوية في كل مرحلة على أساس خصائص تلك المرحلة، وفي الإيمان بأن التربية عملية مستمرة باستمرار الحياة وأنها عملية طبيعية تتمشى مع الميول والنزعات الفطرية للطفل وليست عملية اصطناعية تمنع هذه النزعات والميول وتكبتها، وأنها عملية نمو تنبع من الداخل نتيجة لاحتكاكنا بالعوامل البيئية. وتتفق هذه المبادئ التي آمن بها روسو مع مبادئ التربية الحديثة في القرن العشرين.

ويتصل بهذا المبدأ أي تأكيد الحاجات الحاضرة للتلميذ، مبدأ آخر آمن به روسو أيضاً، وهو يتمثل في إيمانه بوجوب اهتمام التربية بإعداد التلميذ للحياة العامة ولأن يكون رجلاً وإنساناً قبل الاهتمام بإعداده لمهنة معينة أو لأن يكون مواطناً في وطن ضيق. ويحتوي كتاب اميل كثير من الإشارات والنصوص التي تؤكد أن التربية عملية مستمرة تبدأ بالولادة وتنتهي بالموت، وهي في كل مرحلة من مراحل العمر يجب أن تكون متمشية مع خصائص تلك المرحلة.

٥- المبدأ الخامس وهو الإيمان بأن الأهداف التي يجب أن تسعى التربية لتحقيقها، والمناهج أو الخبرات التي تساعد على تحقيق هذه الأهداف، والطرق والأساليب التي تتبع لتحقيق الأهداف المرسومة والمناهج والخبرات المقترحة يجب أن تكون مناسبة لمرحلة النمو التي يمر بها الطفل أو التلميذ.

أما المنهج الذي يقترحه روسو لتحقيق أهداف المراحل التعليمية التي يمر بها الطفل فيختلف في طبيعته ومحتوياته من مرحلة إلى أخرى. ورغم الاختلاف فإن هذا المنهج يتميز بمميزات عامة تتفق مع الفلسفة التربوية التي بني عليها. ومن بين هذه المميزات العامة، الاعتماد على الخبرة والتجربة الشخصية في التعليم والتهذيب، والإيمان بأن الطفل لا يتعلم إلا ما يكتسبه ويكتشفه بتجربته ولا يحمل ذهنه من المعلومات إلا ما يقدر على حمله فعلاً، والإيمان بجدوى الأعمال اليدوية والتمرينات البدنية لتقوية الروح المعنوية واعتدال المزاج والصحة. ومن مميزات هذا المنهج المقترح أيضاً عدم الإيمان بجدوى الكتاب لا سيما في مرحلة الطفولة، لأن القراءة المبكرة في الكتب من شأنها أن تضيق أفق الطفل وتستعبد عقله وتجعله يردد أشياء لا يفقه لها معنى وتحول بينه وبين تدريب ملكة الحكم لديه. ومن هذه المميزات أيضاً عدم الاستعاضة مطلقاً بالرمز عن الشيء ذاته إلا عند استحالة الدراسة على الطبيعة. ومنها أيضاً الإيمان بعدم جدوى دراسة اللغات والتاريخ، ومن القواعد العامة التي يقوم عليها هذا المنهج المقترح، الاهتمام بالميول الحاضرة للتلميذ ومحاولة تربيته كإنسان ومحاولة صبغ منهجه بالصبغة التخصصية الضيقة، لأن المنهج العام أكثر فعالية في تحقيق شخصية متكاملة وفي إعداد الضرر لحياة متطورة متغيرة والرفع من العمل اليدوي والحرف الشعبية باعتبارها أقرب الأعمال البشرية إلى حالة الطبيعة، والإيمان بعدم جدوى التربية الدينية في فترة الطفولة، وبأن الجهل بالإلهيات في هذه الفترة خير من تكوين أفكار خاطئة عنها لا تليق بجلالها، والإيمان بأن خير دين يمكن أن يوجه إليه التلميذ عندما يكون مستعداً هو الدين الطبيعي.

٦- والمبدأ السادس الذي تقوم عليه فلسفة روسو التربوية هو الإيمان بأن الأسفار والرحلات الخارجية هي خير ما يختتم به الشاب دراسته المنظمة، لأن من شأنها أن توسع من أفقه العقلي ومن تجاربه وتزيد من معرفته للشعوب المختلفة، وتغير من اتجاهاته ومفاهيمه نحو هذه الشعوب، وتهذب من أخلاقه.

٧- الإيمان باختلاف طبيعة المرأة عن الرجل، ولذا يجب أن تكون وظيفتها في الحياة والتربية التي تتلقاها يجب أن تكونا مختلفتين عن وظيفة الرجل وتربيته. فالرجل يمتاز بقوة، الجس والعقل، ومن شجاعة وإقدام وإيجابية وثبات، وما

تمتاز به المرأة على النقيض من ذلك، فهي ضعيفة وسلبية، وذات حياء وخجل ورغبات غير محدودة وقوة في العاطفة ورقة في المشاعر وتقلب في الأذواق وخضوع زائد للرأي العام وميل إلى الزينة منذ الصغر. والفتيات أسرع إلى تعلم الكلام من الفتيان وأشد منهم طلاقة، بل إنهن قد يتهمن بالثرثرة. وهذا أمر طبيعي وأقرب إلى المزية منه إلى النقص. ولئن كان الرجل يقول ما يعرفه، فإن المرأة تقول ما يثير الإعجاب، فالرجل بحاجة إلى المعرفة كي يتكلم. أما المرأة فبحاجة إلى الذوق كي تتكلم. أي أن الرجل يتكلم فيما يراه نافعاً، أما المرأة فتتحرى ما يطيب للناس سماعه.

ويرى روسو أن عقلية النساء عقلية عملية، تتيح لهن الوصول إلى هدفهن المحدد ببراعة. ولكن هذه العقلية تعجز عن تحديد ذلك الهدف لنفسها. وهن بحكم هذه العقلية العملية يصعب عليهن إدراك الأمور العقلية المجردة والمسائل الدينية الغامضة. والنساء بحكم تطرفهن العاطفي إما أن تكون الواحدة منهن مستهترة أو تقية ولا تعرف كيف تجمع بين الحكمة والتقوى.

هذا الاختلاف بين طبيعة الرجل والمرأة له تأثيره على الاختلاف في وظائفهما في الحياة وعلى الدور الذي يجب أن يقوم به كل واحد منهما، كما أن لها تأثيرها على الاختلاف في نوع التربية الذي يجب أن يتلقاه كل واحد منهما. فطبيعة المرأة تفرض عليها أن تكون في طاعة الرجل وأن تسعى باستمرار للفوز برضاه، وهو من جانبه يجب عليه احترامها وتقديرها. وليس للمرأة مكانة في المجتمع إلا كزوجة، ولذا فإن مهامها وواجباتها الأساسية هو العمل على إسعاد زوجها ورعايته ورعاية أطفاله وحفظ بيته وشرفه، مما يستوجب إعدادها وتوجيه تربيتها إلى هذه الوظيفة.

ولما كانت واجبات النساء في جميع الأزمان هي إرضاء الرجال ونفعهم، وإسعادهم وتحري محبتهم وتكريمهم، وتربيتهم صغاراً ورعايتهم كباراً، فإن تربيتهن برمها يجب أن تكون مرتبطة بالرجال. ولكي نعد المرأة للقيام بهذه الواجبات والوظائف، يجب أن نهتم بتربية جسمها وذوقها وعقلها وروحها. ويطالب روسو بالعمل على شغل أوقات الفراغ عند الفتيات بأنواع من النشاط تناسب ميولهن وتتمشى مع وظائفهن في الحياة، كأشغال الابرة والحياكة والتطريز والرسم، حيث يتم اكتسابها عن طريق التقليد والخبرة والتمرين، دون أن نكرهها على تعلم القراءة والكتابة بدون اقتناع وإحساس بفائدتهما لها.

مباحث كتاب اميل:[1]

قسم روسو كتاب اميل إلى خمسة أجزاء أو أقسام القسم الأول يتحدث عن تربية اميل الجسدية من مولده حتى سن الخامسة من عمره، والقسم الثاني يتحدث عن تربية اميل من الخامسة حتى سن الثانية عشرة وينادي بتربية الحواس وتمرين أعضاء البدن. أما القسم الثالث من الكتاب من سن الثانية عشرة إلى الخامسة عشرة وهو طور النشأة العقلية، والقسم الرابع من الكتاب يتحدث عن التربية الخلقية والدينية من الخامسة عشرة إلى العشرين، والقسم الخامس من الكتاب يتحدث فيه روسو عن تربية المرأة.

١) الجزء الأول من الكتاب من المولد حتى السنة الخامسة، وفيه حذف روسو عن قصد كل ما يمت إلى الثقافة الفكرية والخلقية، ولا يحسن اميل في هذه الفترة إلا الركض والقفز والتمييز بين الأبعاد والمسافات، أي أن الطابع الذي يميز تربية اميل في هذه الفترة العناية بالنمو البدني وتدريب الحواس. وقد انتقد روسو ما درج الناس عليه في تلك الأيام من تقييد حركات الطفل الطبيعية بالأقمطة والقلانس، وتدثيره بالملابس التي تعوق حركته قليلاً أو كثيراً. كما ندد بحياة الأطفال في المنازل بعيدين عن مجال الطبيعة وهوائها الطلق النقي. ورأى أن لا يعاقب الطفل على ذنب جناه وهو صغير قبل أن يعرف معنى الخطأ. كما طالب روسو بأن ينقل الطفل بعد ولادته إلى الريف ليعيش في أحضان الطبيعة بعيداً عن المدينة وآثارها المفسدة للأخلاق والآداب. وقد حث أيضاً على العناية بالألعاب الرياضية والتمرينات البدنية، فإن فيها صحة الأبدان، وفي صحة الأبدان سلامة العقول وكمال الأخلاق.وما الأخلاق الذميمة إلا نتيجة لضعف الجسم، ولا يكون الطفل رديء الطبع إلا إذا كان ضعيف البنية، وإذا تحسنت بنيته تحسنت أخلاقه. كما يثور روسو على عادة شائعة في عصره وهي تسليم الأطفال إلى مرضعات مرتزقات، دون أن تقوم الأمهات بواجبات الأمومة، لا لأسباب صحية فقط بل لأسباب خلقية كذلك وهي شرف الأسرة وسمعتها. كما يطالب روسو بأن يعتاد اميل منذ سن مبكرة على الخشونة والحرمان ومعاناة الآلام.

---

(١) عبد الله عبد الدايم، مرجع سابق، ص ٣٨٠-٣٩٣؛ أيضاً: مصطفى أمين، مرجع سابق، ص ٢٨٢-٢٨٨.

٢) والجزء الثاني من الكتاب يهتم بتربية اميل من سن الخامسة إلى الثانية عشرة.ويعتقد روسو أن هذا الدور من أشد أدوار الحياة دقة وخطورة حيث يجب أن تسير التربية على مبدأين أولهما أن تكون التربية سلبية، وثانيهما أن تأتي التربية الخلقية عن طريق النتائج الطبيعية. فعوضا عن إعطاء الطفل أفكاراً ومعلومات قد تؤثر على عقله، ينبغي أن يترك وأن لا يضغط على تفكيره بل على المربي أن يترك الطبيعة تقوم بهذا العمل الخطير لأنها تراعي ميوله واستعداداته الفطرية. ويبعد روسو جميع التمرينات الفكرية المعتادة عن تلميذه. فيبعد التاريخ بحجة أن اميل لا يستطيع أن يفهم العلاقات بين الحوادث. كذلك ينكر روسو دراسة اللغات، فلا يعلم اميل حتى سن الثانية عشرة أية لغة، إذ هو لعجزه في تلك السن عن الحكم والفهم لا يقوى على المقارنة بين لغته الأم وسائر اللغات. كما يحرم الأدب كله على تلميذه، فيمنعه من أن يضع أي كتاب بين يديه ولو كان أقاصيص لافونتين. والهم الأكبر لروسو هو أن يدرب حواس تلميذه وينميها، فلديه البذور الأولية لنظرية دروس الأشياء أو الطريقة الحدسية كما نسميها اليوم. ويجب أن يتعلم اميل شيئاً من آداب السلوك والمعاشرة نظراً لمخالطته الناس، لا على أنها دروس تهذيبية مقصودة، وإنما عرضا وبطريق النتائج الطبيعية لأنه لا يفهم النصح والإرشاد في هذه السن. فإذا أفسد اميل شيئاً من أثاث المنزل ومتاعه، فدعه يقاسي النتائج الطبيعية التي تنجم عن عمله، فلا تعاقبه بل دع الطبيعة تقوم بعقابه.

٣) الجزء الثالث في تربية اميل من الثانية عشرة إلى الخامسة عشرة، ويتعلق بدور التنشئة العقلية، واكتساب العلوم والمعارف.ونظراً لكثرة العلوم والمعارف وقصر الفترة الزمنية المخصصة لاكتسابها، فيجب أن لا يتعلم الطفل من هذه العلوم إلا ما كان نافعاً وله ميل إليه ورغبة شديدة في تحصيله. ويوصي روسو بأن يتعلم الطفل العلوم الطبيعية وعلى رأسها الفلك،ثم الجغرافيا التي لا تدرس عن طريق الخرائط بل عن طريق الأسفار وممارسة الأشياء أما النحو واللغات القديمة فلا سبيل إلى تعلمها، ومثلها التاريخ، وألا تستخدم الكتب في تعليمه اللهم إلا كتاب روبنسون كروزو لأوجه الشبه الكبيرة بينه وبين اميل.ومن المفيد لاميل في هذا الدور أن يتعلم مهنة من المهن كالنجارة وغيرها حتى لا يحط من قيمة العمل اليدوي، وأن يأمن العوز إذا انقلبت عليه الأيام.

٤) الجزء الرابع في تربية اميل من السنة الخامسة عشرة إلى العشرين، يركز على تربية القلب، وهي التربية الدينية والخلقية حتى يدرك صلته بالناس ورابطته بخالقه.و يجب في التربية الخلقية ألا يركن المربي إلى النصح والإرشاد فإنهما لا يجديان شيئاً، وإنما عليه أن يسلك الطرق العملية القويمة، فيدفع الطفل إلى

الاختلاط بالناس والتعامل معهم، ويجعل نفسه قدوة حسنة له، ويقرأ عليه الأمثلة الطيبة من تاريخ الصالحين. ويدعوه إلى مطالعة وجدانه وعواطفه في كل ما يعمله، فإن الوجدان منبع كثير من مكارم الأخلاق. وعليه أيضاً أن يستثير عواطف الرحمة والحنان فيه بدعوته إلى زيارة المستشفيات والسجون وملاجئ العجزة، واطلاعه على مظاهر البؤس وصنوف الشقاء التي يعاني منها كثير من الناس من جوع وعري وآلام وأحزان ومصائب، دون إكثار من ذلك حتى لا يقسو قلبه ويضعف وجدانه. ومن مبادئ روسو في التربية الخلقية ألا يلقن الطفل درساً في الأخلاق أو يعلم شيئاً من كتاب إذا كان بإمكانه أن يتعلمه عن طريق التجربة.

أما التربية الدينية فيرى روسو أن لا تبتدئ قبل الخامسة عشرة من عمر الطفل. أما إذا تعجل المربي وأخذ يعلمه صلته بربه ويلقنه مسائل الدين قبل أن يبلغ هذه السن، فإنه يبقى جميع حياته جاهلاً ربه، ولا تكون معرفته بالعقائد الدينية إلا معرفة تقليدية قاصرة لا تتعدى ألفاظاً يرددها ولا يفهم معناها. وفي الحقيقة فإن الطفل قبل الخامسة عشرة من عمره لا تقوى مداركه على فهم الأسرار الإلهية، فإذا علم شيئاً من ذلك كان علمه به ناقصاً.

٥) الجزء الخامس في تربية المرأة:

يقتصر هذا الجزء من الكتاب على تعليم المرأة بحيث تصبح مثلاً أعلى للنساء، وتؤهلها لأن تكون خير امرأة يقترن بها اميل فيسعد في جوارها وتسعد هي بقربه. إلا أن روسو قد هضم حقوق المرأة، وقلل من نصيبها في الحياة، ولم يعتبرها مخلوقاً مستقلاً بذاته، وإنما اعتبرها جزءاً مكملاً لطبيعة الرجل كأنما خلقت لإسعاده وخدمته ليس إلا، ولولا ذلك ما احتيج إليها في الوجود. ولذا يجب أن تراعى علاقة المرأة بالرجل في جميع أدوار حياتها. ومن أقوال روسو في ذلك "يجب أن تكون تربية المرأة دائرة حول علاقتها بالرجل وصلتها به،فعليها أن تتعلم كيف تسره وتنفعه، وكيف تكسب محبته وتربي أولاده، وعليها أن تعرف كيف تخدم الطاعنين في السن وتقوم بتسليتهم وتعليلهم". ومن مبادئه في تربية البنت أن تتعود الطاعة وحب العمل، وأن تتعلم الحياكة والتطريز وأشغال الابرة، وكذلك الغناء والتوقيع على الآلات، والرقص وغير ذلك مما يزيد في جمالها ويكثر من إعجاب الرجال بها. أما الفلسفة والعلوم والفنون فليس لها أن تشتغل بشيء منها، لأنه لا يرى فيها القدرة على مزاولة الأعمال العقلية، التي يزاولها الرجال، وبذلك تراه قد حال بين المرأة والارتقاء الفكري الذي جعله الله حقاً شائعاً بين الرجال والنساء. كما أشار روسو في مكان ما من كتابه اميل بعدم وجود تعليم المرأة، حيث يرى أن

اتصاله وارتباطه بفتاة بسيطة فجة التربية لأحب إليه من فتاة عالمة ذات ذكاء وخاطر وثقافة تجيء فتقيم في بيته سوقاً أدبياً هي على رأسه. فالفتاة ذات الذكاء والخاطر والثقافة وباء زوجها وأصدقائها وأبنائها وخدمها ووباء الناس أجمعين.

قيمة كتاب اميل وأثره في التربية والتعليم.

يصعب على المرء أن يعطي هذا الكتاب حقه أو يقدره التقدير الصحيح حتى يتناسى الحياة السيئة والمشينة التي عاشها كاتبه، وحتى يتغاضى عما في الكتاب من آراء خاطئة، وتناقض ظاهر، ومغالاة غير مقبولة، وعدم استقرار أو ثبات في الرأي والفكر. فإذا ما أعرض عن ذلك رأي الكتاب غزير المادة مليئاً بالعلم والحكمة والأدب، ووجد عيوبه مصحوبة بكثير من الحسنات التي تشفع له. فالكتاب بحق يكاد يكون أعمق بحث عن الطبيعة الإنسانية.

أما في انجلترا فقد لاقت آراء روسو في السياسة والاجتماع قبولاً حسناً واستحساناً عظيماً، إلا أن آرائه التربوية لم تلق القبول التي لقيته آراؤه السياسية والاجتماعية؛ وذلك لمحافظة الشعب الانجليزي وتمسكه بموروثاته القديمة المتمثلة بآراء لوك وأفكاره الترويضية.

أما في المانيا فقد كانت أسرع البلدان إلى الأخذ بمبادئه والانتفاع بآرائه، ويرجع الفضل في ذلك إلى جوهان بازدو (Basedow) وغيره من المربين الذين أسسوا المدارس والمعاهد وساروا فيها على النحو الذي رسمه روسو في كتابه.

أما بازدو (١٧٢٣-١٧٩٠م) فهو مرب الماني شهير وزعيم من زعماء التربية المصلحين، ولد في همبرغ ودخل مدرسة الآداب فيها، ثم التحق بجامعة ليبزج حيث أكب على دراسة أصول الدين ليصبح قسيساً، إلا أنه لم يسمح له فاشتغل بمهنة التعليم. ولقد أعجب بازدو بآراء روسو إعجاباً شديداً وآمن بها. وقد ساءه حال التربية في المانيا وفرنسا وما آلت إليه من ضعف وفساد، وسوء في الطرق والمناهج، وإهمال للتربية البدنية في المدارس ذات الغرف المظلمة والتهوية السيئة، والتعليم الثقيل والنظام القاسي الذي يعاملهم معاملة الرجال. وقد أخذ بازدو آراء روسو في التربية والتعليم وطبقها بصورة عملية بعد أن زاد عليها وشرحها وألبسها ثوباً جديداً. وله الفضل في إنشاء المؤسسة التهذيبية المشهورة في مدينة ديسو عام ١٧٧٤ وتعرف بـ الفيلانثروبينوم أي محبة الإنسان (Philanthropinum) فيها طبق آراء روسو التربوية، ونظر إلى الأطفال كأطفال

لا كرجال، وعلمهم اللغة بطريق المحادثة لا الكتب، وأدخل التربية البدنية فيها، والدروس المهنية في الرسم والنجارة والحدادة والخراطة وغيرها من الحرف اليدوية. كما جمع بازدو بين أطفال الأغنياء والفقراء فيها، كي يعد الأغنياء للوظائف الاجتماعية، والفقراء يدرسون أصول التربية ويتدربون على صناعة التعليم. وقد وضع بازدو عدداً من المؤلفات أهمها:

١- كتاب التربية الابتدائية: وله أربعة أجزاء، ويحوي مائة من الصور والرسوم وضعت لإيضاح موضوعاته. وقد ضمن الكتاب كثيراً من مبادئ روسو وآراء كومينوس وغيره من المربين. وفيه كثير من دروس الأشياء النافعة.

٢- كتاب الآباء والأمهات في طرق التربية: تضمن الكتاب كثيراً من آراء روسو في التربية الطبيعية.وقد بين فيه أن الأطفال يميلون بطبيعتهم إلى الحركة الجسمية وسماع الأصوات، وأوصى باستخدامهما في التربية.

٣- كتب الأقاصيص للأطفال: وقد اشترك مع سلزمان وكامب وغيرهما في تأليف القصص اللذيذة الممتعة التي تناسب مدارك الأطفال من موضوعات دينية وعلمية وطبيعية. وأشهر هذه الكتب وأحسنها كتاب "روبنسون كروزو" للمبتدئين. ومن أبرز أتباع بازدو جواخيم كامب خليفته في مدينة ديسو ومؤسس المنشأة الإنسانية في همبورج، وكريستيان سالزمان الذي مزج في مؤلفاته بين النزعة الدينية والخلقية بنزعة روسو الطبيعية. وفيه تنبأ روسو بمصير التربية وطرائقها الحديثة. وهو الذي وضع الأساس لكل من الحركات المتنوعة والاتجاهات التربوية الحديثة التي ظهرت في التربية في القرن التاسع عشر. فهو أصل الحركات العلمية والاجتماعية والنفسية في التربية، وهو الأساس الذي بنى عليه كل من بستالوتزي وفروبل وهربارت وسبنسر وغيرهم آرائهم في التربية الحديثة.

فمن الناحية النفسية كان المربون قديماً يضعون طرقاً ثابتة للتفكير والعمل، ثم يأخذون الطفل بها بالجبر والإكراه من غير أن تكون مشوقة له. على أن منهم من كان يرى أن العمل لا تكون له قيمة في التربية إلا إذا كان ثقيلاً على الأنفس مكروها، فجاء روسو وقضى على كل ذلك، وأوجب أن تتمشى التربية مع غرائز الأطفال وميولهم الطبيعية، ودعا إلى العناية بدراسة الطفل وطبيعته. ومن مبادئ روسو أيضاً اتخاذ التشويق وحب الاستطلاع أساسين للدراسة وتحصيل العلم في ميدان التربية والتعليم.

ومن الناحية العلمية رأينا أن روسو كان يدعو إلى الطبيعة والاهتداء بهديها، ويقلل من قيمة الكتب في التعليم، ويغالي بتأمل مشاهد الطبيعة وتفهم أسرارها، وأثر الأشياء الطبيعية في تربية الأطفال. كما يحض على إدخال التاريخ الطبيعي في مناهج الدراسة، والتوسع فيه كثيراً، بحيث عده الناس من أكبر المؤسسين للحركة العلمية في التربية.

أما من الناحية الاجتماعية فقد أقر روسو في كتابه اميل كثيراً من المبادئ التي تعتبر أساساً للحركة الاجتماعية، إذ رأى أن التربية الصحيحة هي التي تعد الإنسان في إحدى المهن والحرف، وتغرس في قلبه عواطف الرأفة والرحمة ببني جنسه، وتعوده على مساعدة الضعفاء والمحتاجين. ولذلك عده المؤرخون مؤسس الحركة الاجتماعية في التربية. فالأعمال الصناعية التي نصح بها بستالوتزي، وغرض التربية الأدبي الذي ذهب إليه هربارت، والتعليم الخلقي الشائع في مدارسنا اليوم، والدعوة إلى تربية المعوقين وغيرهم من ذوي العاهات له أصوله في كتاب اميل.

تأثير الحركة الطبيعية في المدارس:

لم يكن أثر النزعة الطبيعية في المدارس سريعاً ومباشراً، وغاية ما قامت به أن وجهت أفكار المربين في القرن التاسع عشر إلى مبدأ جوهري في التربية والتعليم كان منسياً ومهملاً، ألا وهو مراعاة ميول الطفل واحترام طبيعته، كما سيتضح فيما بعد.

ففي المدارس الفرنسية كان أثر النزعة الطبيعية مباشراً وسريعاً وعميقاً، وكان الناس يعتبرون كتابه اميل هجوماً مباشراً وعنيفاً على الارستقراطية والكنيسة، جعلهم يقاومونه بشدة حتى أنهم حكموا عليه بالسجن وأرغموه على مغادرة فرنسا هارباً من وجههم. لقد كانت حركة روسو سهاماً حادة وسيوفاً مسلطة وجهت إلى حياة الشعب الفرنسي في جميع مظاهرها التربوية والسياسية والاجتماعية. ولما لم يكن سبيل إلى إصلاح هذه الأوضاع الفاسدة قام الشعب بثورته المجيدة وأطاح بهذا النظام الفاسد إلى غير رجعة، كان لروسو فضل كبير في ذلك. أما خطة روسو التهذيبية فقد حالت ظروف الثورة دون تنفيذها إلا بعد أن زالت تلك المعوقات فيما بعد.

رابعاً – التربية في القرن التاسع عشر:

العوامل التي أثرت في تطور التربية في هذا القرن: [1]

قبل الحديث عن التطور الذي حدث في نظريات التربية في القرن التاسع عشر- وعن أهم الحركات التربوية فيه، يجدر بنا أن نشير بإيجاز إلى أهم العوامل الفكرية والاقتصادية والسياسية والاجتماعية التي مهدت لظهور هذه الحركات وأثرت في ذلك التطور. و ليست هذه العوامل جميعها وليدة القرن التاسع عشر، بل إن كثيراً منها يعتبر امتداداً واستمراراً لما تم في القرون السابقة عليه، ولا سيما القرنين السابع عشر والثامن عشر. ومن بين هذه العوامل ما يلي:

١- يتمثل هذا العامل في الجهود الجبارة التي بذلها المفكرون والمربون في القرون السابقة، لا سيما مربي القرن السابع عشر والقرن الثامن عشر، وفي المذاهب والنزعات التربوية التي نشأت وظهرت نتيجة لتلك الجهود. فجهود فيفز، وملتون، ومونتاني، وبيكون، وكومينيوس التي أدت إلى بلورة وتطور النزعة الواقعية في التربية في القرن السابع عشر- وجهود جون لوك التي أدت إلى تدعيم نزعة التهذيب الشكلي في نفس هذا القرن، وجهود جان جاك روسو وبازدو وكامب وسالزمان، لم تنته هي ولا المذاهب التربوية التي نشأت عنها بانتهاء القرن السابع عشر أو الثامن عشر- بل استمرت تلك الجهود في تأثيرها، وهذه المذاهب في عملها حتى القرن التاسع عشر. وكل ما حدث في هذه المذاهب أو النزعات أنها ربما أخذت أشكالاً جديدة تناسب روح القرن وما تم فيه من تطورات وتغيرات، دون أن يقطع هذا التطور صلته بالمذاهب السابقة. فالنزعة العلمية التي سنتحدث عنها كإحدى النزعات الأساسية في القرن التاسع عشر لم تكن إلا امتدادا للحركة الواقعية في القرن السابع عشر- والثامن عشر. والنزعات النفسية التي سنتحدث عنها ايضاً في هذا القرن لم تكن إلا امتدادا للحركة الطبيعية بزعامة روسو ومن تبعه فيما بعد أمثال بازدو، وكامب، وسالزمان، في القرن الثامن عشر- وما الخلاف البسيط بين النزعة الطبيعية والنزعة النفسية إلا نتيجة للتطورات في القرن التاسع عشر.

---

(١) عمر محمد التومي الشيباني، تطور النظريات والأفكار التربوية، مرجع سابق، ص ١٩٥-٢٠٠.

٢- حدث توسع كبير في تطبيق الطرق العلمية، وشمل مجال الدراسات النفسية والتربوية، وكان لهذا العامل تأثير كبير في تطور النظريات التربوية في القرن التاسع عشر. ففي مجال علم النفس حصل تقدم كبير في هذا القرن لا سيما في النصف الثاني منه، حتى أصبح له كيانه المستقل عن الفلسفة، وتخلص من كثير من الآثار والمفاهيم الميتافيزيقية في نهاية هذا القرن. كما أخذ علماء النفس يطبقون الطرق الإحصائية والتجريبية في جمع حقائقه وفي التحقق من صحتها. ومن أبرز من ساهم في تطوير هذا العلم من علماء النفس، في النصف الثاني من القرن التاسع عشر العالم الالماني "فونت Wundt" (١٨٣٢-١٩٢٠م). وهو يعتبر بحق أبا علم النفس الحديث، حيث وضع أول كتاب له في علم النفس الحديث عام ١٨٧٤م، كما أسس أول معمل لعلم النفس التجريبي بجامعة ليبرج بالمانيا عام ١٨٧٩م. ومن العلماء أيضاً الانجليزي تشارلس داروين (١٨٠٩-١٨٨٢م) صاحب نظرية التطور العضوي ومؤسس الاتجاه الوظيفي في علم النفس. ومن العلماء كذلك، العالم الانجليزي فرنسيس جولتون (١٨٢٢-١٩١١م) الذي يعتبر الأب الحقيقي للقياس العقلي في علم النفس، وغيرهم من العلماء الذين أسهموا في تطور الدراسات النفسية في مجال الطفل وحاجاته وميوله وخصائصه بصورة عامة. وفي نفس الوقت الذي استقلت فيه الدراسات النفسية كعلم مستقل عن الدراسات الفلسفية، أخذت الدراسات التربوية نفس الاتجاه تقريباً، ولكن بصورة أضعف وأبطأ. وكان من العلماء الذين ساهموا في تأسيس علم التربية واستقلاله، وطالبوا باستعمال الطرق العملية في دراسة التربية جون فردريك هربارت (١٧٧٦-١٨٤١م)، وهربارت سبنسر- (١٨٢٠-١٩٠٣م). وبانتهاء هذا القرن أخذت الفلسفات والطرق التربوية تتكون على أسس علمية، وأصبحت التربية تدرس في المعاهد كمادة مستقلة.

٣- أدت الثورة الصناعية والتوسع الكبير في تطبيق العلوم الطبيعية على مجالات الحياة العملية المختلفة كالصناعة والزراعة والطب، والثورة الصناعية ونظام المصانع، إلى تغير القيم في اوروبا، كما أخذ المربون والعلماء وحتى العامة منهم يطالبون بجعل العلوم جزءاً أساسياً من المناهج الدراسية، وبدأ التعليم المهني والصناعي، وإنشاء المدارس المهنية والصناعية الخاصة في التوسع والانتشار.

٤- كما أدت النظرة إلى اعتبار التربية وسيلة من أهم وسائل إعداد المواطن الصالح وعامل هام في تحقيق الوحدة السياسية، والتقدم الاقتصادي والاجتماعي، أدت إلى تطور النظريات التربوية في القرن التاسع عشر. وقد نجمت هذه النظرة الجديدة إلى التربية عن عدد كبير من التطورات السياسية

والاجتماعية والاقتصادية، كالنهضة الصناعية في بريطانيا والمانيا، وضعف النظام الطبقي والإقطاع، وبروز النزعة الديمقراطية، وبدء الاهتمام بعامة الجماهير، ونزعة الشعوب نحو الحكم الديمقراطي والحركات الثورية والاستقلالية ومن ابرزها الثورة الأمريكية والثورة الفرنسية، ووحدة ايطاليا والمانيا. وقد أدت هذه التطورات الكثيرة إلى زيادة الاهتمام بالفرد ورفاهيته وتربيته، وإلى التوسع في الفرص التعليمية وإنشاء النظم التعليمية العامة الوطنية في معظم الدول الاوروبية الحديثة. كما انتقل الإشراف على شؤون التربية والتعليم في معظم هذه الدول من يد الكنيسة والمؤسسات الدينية والأهلية الأخرى إلى يد الدولة، مما أدى إلى تطور النظريات التربوية التي تتصل بمفهوم التربية وأهدافها ومناهجها وطرقها. وأخذت كل دولة تحاول جذب المصلحين التربويين إليها لمساعدتها في تنظيم تعليمها وإرشادها في نظامها التربوي، وبدأت بتشجيع الدراسات التربوية والنفسية لتستغل نتائجها في تطوير المناهج التعليمية وطرق التدريس والإدارة التربوية.

وكان من نتيجة هذه العوامل وغيرها بروز ثلاث نزعات تربوية في هذا القرن، وهي النزعة النفسية، والنزعة الاجتماعية، والنزعة العلمية، وتطور هذه النزعات واندماجها معاً من حيث الزمان والمكان وأشخاص ممثليها. ورغم تأثير هذه النزعات على جميع جوانب التربية، إلا أن النزعة النفسية قد ركزت بصورة أكبر على طرق التدريس، والنزعة العلمية على مادة الدراسة والمناهج، واهتمت النزعة الاجتماعية بصورة أقوى بأهداف التربية والتنظيم المدرسي.

وسنناقش فيما يلي كل نزعة من هذه النزعات الثلاث من حيث مميزاتها ومبادئها وممثلوها.

أولاً - النزعة النفسية في التربية والتعليم:

تعتبر النزعة النفسية كالنزعتين الأخريين العلمية والاجتماعية وليدة النزعة الطبيعية التي جاء بها الفيلسوف الفرنسي جان جاك روسو. وبما أنها جميعاً قد استمدت روحها من النزعة الطبيعية، فإننا نجدها بالتالي قد اتفقت في نقاط عديد رغم تميز كل منها بمميزات خاصة. وهذه هي أهم مميزات النزعة النفسية: [1]

---

(١) المرجع السابق، ص ٢٠٠-٢٠٥؛ أيضاً عبد الله مشنوق، تاريخ التربية، مرجع سابق،   ص ١٨٠-١٨٢.

١- تطبيق مبادئ روسو الطبيعية في أصول التدريس:

أخذ قادة هذه النزعة النفسية مبادئ روسو الطبيعية وزادوا عليها وشرحوها ثم وضعوها في قالب عملي ليسهل على المربين استعمالها في المدارس. والفرق بين النزعة النفسية والحركة الطبيعية عند روسو، أن الثانية سلبية انتقادية ترمي إلى هدم بناء التربية الشائعة، في حين أن الأولى أي النزعة النفسية إيجابية ألبست آراء روسو ثوباً عملياً وأقامت على أنقاض التربية القديمة التي هاجمها روسو أسس التربية الحديثة.

٢- محاولة التوفيق بين فكرتي الرغبة والإجهاد:

عملت النزعة النفسية على التوفيق بين مبادئ التربية القديمة التي تقوم على بذل الجهد وبين مبادئ التربية الحديثة التي تقوم على الرغبة ومبدأ الميل أو الاهتمام عند الطفل. لقد رأينا سابقاً كيف أن النزعة الطبيعية قد هاجمت فكرة التربية الترويضية وجعلت الرغبة والميول الطبيعية أساساً للتربية والتعليم، في حين أن النزعة النفسية قد حاولت عبثاً التوفيق بين فكرة الإجهاد القديمة وفكرة الرغبة الجديدة. وقد استمر المحافظون والمتمسكون بالتقاليد القديمة خلال القرن الماضي على التشبث بفكرة الإجهاد ومحاربة رغبة الطفل وميوله الطبيعية، في حين أن قادة الفكرة الجديدة يبالغون في أهمية الرغبة، ويتحاملون على فكرة الإجهاد.

٣- اهتمام النزعة النفسية بدراسة العقل البشري:

لقد اهتم أنصار التربية الواقعية بالطبيعة، ثم جاء روسو وركز اهتمامه في طبيعة الطفل ووضع قانون الطبيعي. أما النزعة النفسية الجديدة فإنها اهتمت بدراسة الطبيعة البشرية هذه، على أصول علمية. فدرست العقل وطرق التفكير وجعلت النتائج التي وصلت إليها من هذه الدراسة الدقيقة أساساً للتربية الحديثة. ومما يجدر ذكره أن علم النفس لم يكتب بصورة علمية حديثة إلا في النصف الثاني من القرن التاسع عشر، مع أن فكرته قد بدأت في أوائل ذلك القرن على يد هربارت وسواه من المجددين.

٤- اهتمام النزعة النفسية بمعنى التربية وطرقها وأساليبها:

تركز اهتمام قادة النزعة النفسية إلى إصلاح طرق التعليم وإلى تدريب المعلمين بموجب الروح الجديدة، فوضعوا مبادئ للتربية يتمكن المعلمون من تطبيقها بصورة عملية في المدارس.

٥ اهتمام النزعة النفسية بدراسة الطفل والعطف عليه:

يمتاز قادة النزعة النفسية بأنهم أول من درس حياة الطفولة والعطف على الطفل واحترام ميوله ورغباته، بطريقة استقرائية تجريبية ودونوا ما توصلوا إليه من خبرات عملية أثناء مخالطتهم للأطفال، وابتكروا الطرق والأساليب التي تتناسب مع تلك التجارب والخبرات ووضعوها في نظريات تربوية.

٦- عناية النزعة النفسية بالتعليم الأولي:

لقد اهتم المربون الذين سبقوا روسو بالتعليم الثانوي وإصلاحه، أما أنصار النزعة النفسية فقد اهتموا بالتعليم الأولي بصورة خاصة واعتبروه أساس كل نهضة تربوية تهذيبية.

٧- تنظر النزعة النفسية إلى التربية كوسيلة لتنمية قوى الطفل وشخصيته المتوازنة:

من أبرز خصائص النزعة النفسية اعتقادها أن التربية هي الوسيلة الوحيدة لتنمية قوى الطفل ومواهبه الطبيعية، أي تنمية شخصيته المتوازنة. وقد عرف بستالوتزي التربية بقوله "إن التربية هي عملية النمو المتوازن المنسجم لجميع قوى الفرد".

٨- اهتمام النزعة النفسية بفكرة التعليم العام:

أشرنا فيما سبق إلى أن المربين الإنسانيين والواقعيين قد اهتموا بالتعليم الثانوي الـذي يأخـذ بـه ويكتسبه أفراد الطبقة العليا دون أن يتمكن منه أبناء الطبقات الأخرى. أما التعليم الأولي والذي عني بـه قادة النزعة النفسية فهو ضروري لكافة الطبقات، وقد اعتبره كل من بستالوتزي وهربارت وفروبل حقـاً طبيعياً يجب أن يتمتع به جميع الأطفال. وهكذا فقد عملت النزعة النفسية علـى تشجيع فكرة التعليم العام وتنشيطه.

٩- تأكيد النزعة النفسية على العلاقة بين العمليات النفسية والعمليـات الجسـمية في التربيـة. وقـد أكد على فكرة هذه العلاقة كثير مـن الفلاسـفة والمـربين قبـل القـرن التاسـع عشـر مـن أمثـال ديكـارت، وسبينوزا، وجون لوك. إلا أن هذه الفكرة لم تتبلـور تمامـاً في مجـال النظريـات التربويـة إلا في القـرن التاسع عشر وذلك بفضل الفيلسوف والمربي الالماني هربارت، وبفضل تقدم الدراسات النفسية في هذا القرن.

هذه هي أهم مميزات النزعة النفسية في النصف الأول من القرن التاسع عشر، ومنها ندرك أنها كانت تركز على محاولة جعل العملية التربوية ومناهج الدراسة وطرق التدريس متمشية مع طبيعة الطفل وخصائصه النفسية. فهي تركز على العوامل النفسية في التربية وتحاول صبغها بكل مظاهرها وخاصة طرق التدريس بالصبغة النفسية.

وتمتد جذور النزعة النفسية إلى أعماق التاريخ رغم ازدهارها في القرن التاسع عشر. فلو تتبعنا تطور النظريات التربوية في مختلف العصور والثقافات لوجدنا بين الحين والآخر من أكد على قيمة الفرد وأهمية ميوله وحاجاته التربوية. إذ نجد هذا التأكيد على الفرد في التربية الاثينية في عصر ازدهارها، كما نجده في أفكار كونتليان الروماني. أما التربية في العصور الوسطى فقد أهملت بعض الشيء نمو الشخصية الفردية وركزت على تحقيق الأهداف الدينية والسياسية. ثم بدأ الاهتمام بنمو الفرد في القرن الرابع عشر بعد أن اتضحت معالم عصر النهضة، وازداد وضوحاً في القرون التالية، أي عند مونتاني في القرن السادس عشر، وجون لوك في القرن السابع عشر. ثم أصبحت نزعة تربوية مستقلة لها أسسها ومبادئها في منتصف القرن الثامن عشر على يد الفيلسوف الفرنسي جان جاك روسو الذي ركز على طبيعة الطفل واستخرج منها النظريات التربوية وإذا كان روسو لم تتح له الفرصة لتطبيق نظرياته التربوية المستمدة من طبيعة الطفل، فقد قام أتباعه من بعده بتطبيق المذهب الطبيعي والنظريات المستمدة منه في المجال العلمي، وذلك من أمثال بازدو، وسالزمان (١٧٤٤-١٨١١م)، وكامب (١٧٤٦-١٨١٨م) من المربين الالمان.

وتعتبر الحركة الطبيعية العامل المؤثر والمباشر في النزعة النفسية التي ظهرت في القرن التاسع عشر، فهي امتداد للحركة الطبيعية ونتيجة من نتائجها. ورغم تشابه الحركتين في كثير من الخصائص والمبادئ، فإنهما يختلفان في جوانب كثيرة أخرى. إذ تعترف الحركة النفسية بضرورة تنظيم العملية التربوية، وبأهمية الكتاب بجانب الخبرة والتجربة، وتأكيدها على الوسائل الإيجابية في تحقيق الأهداف التربوية، ومحاولتها التوفيق بين فكرة الميل أو الاهتمام وبين فكرة بذل الجهود، وغير ذلك.

ومن ناحية أخرى، فإن الحركة النفسية ترتبط أشد الارتباط بالفلسفة المثالية الحديثة التي كانت سائدة في القرن الثامن عشر ومطلع القرن التاسع عشر، حيث استمدت منها أساسها المنطقي وسندها الفلسفي. ومن أبرز زعماء الفلسفة المثالية الحديثة الذين تأثر بأفكارهم أنصار الحركة النفسية: كانت (١٧٢٤-١٨٠٤م)،

وفيخته (١٧٦٢-١٨١٤م)، وشيلر (١٧٥٩-١٨٠٥م)، وشيلنج وهيجل (١٧٧٠-١٨٣١م).

فلقد أنكر كانت النظرية التي تعمم فطرية المعارف الإنسانية، وآمن بأن هناك نوعين من المعارف، أحدهما مصدره الحواس والآخر مصدره العقل البشري. فمعرفتنا بالعالم الخارجي تأتينا عن طريق حواسنا، أما معرفتنا بالمفاهيم الرياضية، والإحساس بالواجب والجمال فهي تأتينا عن طريق العقل نفسه، وتعتبر سابقة على خبرة الحواس. كما يؤمن كانت بوجود عالمين متميزين: هما العالم الجسمي المادي، والعالم الأخلاقي، وإلى غير ذلك من الأفكار الفلسفية والتربوية التي أثرت في تطور النظريات التربوية في القرن الثامن عشر والتاسع عشر والقرن العشرين والتي نشرت في كتاب خاص عام ١٨٠٣ بعنوان "التربية".(١)

أما الفيلسوف شيلر فقد أكد كما أكد كانت من قبله على أهمية التربية بالنسبة للنوع الإنساني، ونوه بقيمة التربية الأخلاقية والجمالية ولعب الأطفال والتي أثرت كثيراً على أفكار بستالوتزي، وهربارت، وفروبل أنصار الحركة النفسية من بعده. ومن بين أفكار شيلر التي تتصل بفلسفة الجمال وتربية الذوق، إيمانه بالتأثير المباشر للجمال على انفعالات الشخص وعواطفه، حيث يستخدم في الرفع من طبيعة الإنسان من الهمجية الحيوانية إلى الحرية الأخلاقية. كما يرى أن الإنسان يمر في نموه في ثلاث مراحل هي: المرحلة الجسمية، والمرحلة الجمالية، والمرحلة الأخلاقية. وقد أكد كذلك على مبدأ اللعب، ومبدأ النشاط الخلاق، ومبدأ تحقيق الذات، ومبدأ التطبيع الاجتماعي في التربية، والتي تبناها فروبل وضمنها في فلسفته التربوية وحاول تطبيقها في رياض الأطفال التي ابتكرها. وقد انقسمت الحركة النفسية إلى ثلاث حركات فرعية هي: الحركة البستالوتزية، والحركة الهربارتية، والحركة الفروبلية.(٢)

الحركة البستالوتزية في التربية وبستالوتزي:

يرجع تأسيس هذه الحركة إلى المربي السويسري الشهير بستالوتزي (١٧٤٦-١٨٢٧م). ولد هذا المربي في زيورخ بسويسرا عام ١٧٤٦، وكان والده طبيباً جراحاً يرجع في أصله البعيد إلى ايطاليا، وينتمي دينياً إلى المذهب

(1) Fredrick Eby, The development of modern education, second edition, Englewood Cliffs, N.J., Prentice-Hall Inc., 1960, PP. 411-414.

(٢) عمر محمد التومي الشيباني، مرجع سابق، ص ٢٠٧-٢١٢.

البروتستانتي. مات والده وهو في الخامسة من عمره فتولت تربيته والدته التي اوتيت حظاً وافراً من الحكمة والحنان والإخلاص والوفاء لذكرى زوجها عوضه وأخويه الآخرين عن فقدان والدهم. وكان لهذه التربية آثارها السلبية والإيجابية على شخصيته وعلى اتجاهاته في مستقبل حياته. ومن الآثار السلبية لهذه التربية المنزلية الناعمة في حياته الانطوائية والعزلة عن رفاق سنه في مرحلة دراسته الابتدائية، وتنمية كثير من سمات الأنوثة لديه على حساب خصائص الرجولة الصلبة، وقوة العاطفة على حساب التفكير العقلي الموضوعي، والتردد والتناقض الداخلي، وعدم الثقة بالنفس وغير ذلك من الخصائص والسمات.

وقد أتيح لبستالوتزي أن يتمم جميع مراحل تعليمه بما فيها المرحلة الجامعية، إلا أنه لم يظهر فيها شيئاً من النبوغ أو التفوق على أقرانه، بل على العكس من ذلك كان من المتأخرين في الدراسة، لا سيما في المرحلة الابتدائية والثانوية. أما تأثير الدراسة على حياته فقد مكنته من الاطلاع بنفسه على العيوب التي كانت سائدة في مناهج الدراسة وطرق التدريس، كما نمّى لديه هذا الاطلاع الرغبة الصادقة في إصلاحها، رغم أن روح الإصلاح لم تنضج لديه إلا في مرحلة متأخرة من حياته. ومن العوامل التي أثرت على حياته، أساتذته في المرحلة الجامعية، وتردده على جده القسيس، وانضمامه إلى الجمعي الهلفتية في فترة دراسته العالية. فقد تأثر بستالوتزي بأفكار جده واتجاهاته الدينية والإصلاحية، وحبه للخير والعطف على الفقراء، وحبه للطبيعة وللحياة الريفية البسيطة الهادئة.

أما انضمامه للجمعية الهلفتية، وهي جمعية سياسية اجتماعية، هدفها إصلاح الأوضاع السياسية، وتحسين الفرص التعليمية، فقد أتاح له فرصة الاطلاع والتعرف على مشاكل مجتمعه، ووجهات النظر المختلفة في الإصلاح، والأفكار السياسية والتربوية السائدة في عصره. فعن طريقها تعرف على أفكار جون لوك وروسو في السياسة والتربية، ودعمت فيه إيمانه البالغ بأهمية التربية في علاج مشاكل المجتمع والنهوض به وبضرورة إصلاحها حتى تستطيع أن تحقق هذا الهدف.

وبعد أن أتم دراسته الجامعية اشتغل بستالوتزي بالأعمال الزراعية، لإيمانه بالعمل الزراعي وقيمته الاقتصادية الكبرى، إلا أنه فشل فشلاً ذريعاً لأسباب لا تتصل بطبيعة الزراعة وخسر جميع ممتلكاته إلا البيت الذي بناه. ولكن هذا الفشل لم يضعف إيمانه بأهمية الزراعة والأعمال اليدوية، فحول بيته إلى ملجأ خيري يأوي إليه الأطفال الفقراء والمشردون، وبصورة تدريجية بدأ يحول هذه المؤسسة الخيرية إلى شبه مدرسة صناعية للفقراء تدرسهم على الحرف اليدوية المختلفة

وتعلم القراءة والكتابة. وقد أتاح له هذا المشروع الخيري التربوي أن يجرب الكثير من نظريات روسو، وأن يطور أفكاره التربوية ويعرف الكثير من خصائص الأطفال، ولا سيما خصائص نموهم العقلي، وفي نفس الوقت يشرف على تربية ابنه بنفسه، ويلاحظ سلوكه ونموه، وسجل ذلك في كتاب سماه "مذكرات والد". إلا أن تلك المدرسة الزراعية المهنية قد فشلت كما فشل مشروعه الزراعي من قبل، وذلك لعدم توفر العنصر البشري الذي يساعده.

وفي عام ١٨٩٧ حدث تغير عظيم في حياته، حيث قرر الاتجاه الكلي نحو التعليم، والعمل على إصلاح مناهجه وطرقه في الفترة المتبقية من حياته. فاشتغل بالتدريس والتأليف، وتأسيس العديد من المدارس والمعاهد. فقد أسس مدرسة للأيتام في ستانز في عام ١٧٩٩ ثم تركها في نفس ذلك العام حيث ذهب إلى بلدة برجدورف" ليؤسس أول معاهده لتدريب المعلمين والذي استمر من عام ١٨٠٠ إلى ١٨٠٤م، وفيه بدأ يطور نظرياته التربوية ويقوم بتدريس فعلي للطلاب. وكان يساعده في عمله عدد من المساعدين، ويزوره في معهده كثير من المهتمين بالإصلاح التربوي أمثال هربارت.

وفي عام ١٨٠٥م نقل بستالوتزي معهده هذا إلى "ايفردون"، واستمر يؤدي وظيفته كأشهر معاهد عصره حتى عام ١٨٢٥م. وكان كل من المعهدين السابقين داخلياً يؤمه الطلاب السويسريون وغيرهم من جميع بلدان أوروبا، كما كان الأخير خاصة قبله أنظار المربين والمهتمين بالتجديد التربوي ومن الذين درسوا فيه المربي الكبير فروبل. ومن أشهر مؤلفات بستالوتزي التربوية: "مذكرات والد"، و"أمسيات ناسك"، و"كتاب الأمهات"، و"ليوناردو جيرترود"، "كيف تعلم جربرود أطفالها".

وفي سنة ١٨٢٥م اضطر بستالوتزي إلى إغلاق معهده في ايفرون ورجع إلى بيته في قريته "نويهوف" ليعيش في سلام ويتحين الفرص لإعادة فتح معهده، ولكن كبر سنه وشدة المعارضة التي كانت تلقاها أفكاره حالت دون ذلك. وقد انتهت حياة هذا المربي الكبير بعد كفاح مرير وجهاد طويل مثمر في سبيل إصلاح التربية وتطويرها في السابع عشر- من شهر شباط عام ١٨٢٧م من عمر يناهز الإحدى والثمانين سنة.

أفكاره التربوية: (١)

يُلاحظ على أفكار بستالوتزي عندما تُؤخذ ككل أنها تؤكد مبدأين أساسيين هما: المبدأ الأول ويرى أن التربية يجب أن تتمشى في معناها، وأهدافها ومناهجها، وطرقها مع طبيعة الطفل وحاجاته وخصائص نموه ومع القوانين الطبيعية لنموه. أما المبدأ الثاني الذي تؤكده هذه الأفكار فهو أن التربية تعتبر من أهم وسائل إصلاح المجتمع وتغيير أحواله. وبسبب تأكيده للمبدأ الأول اعتبر بستالوتزي زعيماً من زعماء الحركة النفسية في التربية في القرن التاسع عشر. أما تأكيده للمبدأ الثاني فقد جعله من رواد الحركة الاجتماعية في التربية في هذا القرن أيضاً.

أ- أفكاره عن مفهوم التربية وأهدافها:

يؤمن بستالوتزي بأن التربية هي عملية طبيعية وليست عملية اصطناعية. ويعنى بذلك أن التربية الصحيحة يجب أن تسير حسب القوانين الطبيعية لنمو الطفل، بدلاً من أن تكون مناقضة لها ومعرقلة لسيرها. والتربية عنده هي عملية النمو العضوي الكامل المتكامل لكافة ملكات الشخص وقواه الجسمية، والعقلية، والخلقية. فالسر الداخلي لنظرية بستالوتزي التربوية العامة يكمن في مبدأ النمو العضوي. والطفل حسب هذا المبدأ كائن عضوي ينمو وفقاً لقوانين محددة منظمة. وللنمو العضوي البشري في نظره ثلاثة مظاهر أو جوانب رئيسية. أولها الجانب العقلي الذي يتحقق نتيجة لاحتكاك الفرد بالبيئة المحيطة به وخبرته. والمظهر الثاني لهذا النمو يتمثل في النمو الجسمي الذي من بين مظاهره ما يعبر الفرد عنه بنشاطات حركية. والمظهر الثالث هو الجانب الأخلاقي الذي يتصل بعلاقات الفرد مع غيره من بني جنسه ومع ربه. وقد أطلق بستالوتزي على هذه المظاهر الثلاثة الرأس، واليد، والقلب. وكل مظهر منها يسير في نموه حسب قوانين محددة.

ومن واجب التربية أن تكشف عن هذه القوانين وتنتفع بها في تدريب الطفل وتعليمه.

ولما كانت هذه العناصر الثلاثة تؤدي وظيفتها ككل فإنه يجب تنميتها كوحدة وككل متكامل. والتربية الحقيقية هي التي تأخذ في اعتبارها هذه الوحدة الطبيعية البشرية وتعمل على تنمية كل من العقل والجسم والروح، مع تأكيد مبدأ

---

(١) المرجع السابق، ص ٢١٤-٢٢٨؛ أيضاً عبد الله عبد الدايم، التربية عبر التاريخ، مرجع سابق، ص ٤٢٤-٤٢٨.

التوفيق والانسجام بين هذه العناصر. وبناء على ذلك يعرف التربية بقوله "إن التربية هي نمو جميع قوى الإنسان وملكاته نمو طبيعياً منسجماً".

والهدف الأعلى للتربية عند بستالوتزي هو تحقيق شخصية كاملة متكاملة تعيش في علاقات منسجمة مع الشخصيات الأخرى ومع خالقها. ومن مهمة الحياة الأخلاقية والدينية عنده ربط القوى والملكات الأخرى للكائن العضوي وتوحيدها.[1] ولفهم فكرة بستالوتزي عن الهدف التربوي لابد من فهم ميله نحو الطبقة العامة واهتمامه الشديد بإصلاح أحوالها والرفع من مستواها إلى المستوى اللائق بالبشرية، ولابد من فهم مذهبه في الإصلاح الاجتماعي بصورة عامة. ويقوم مفهومه للإصلاح الاجتماعي على ثلاثة مبادئ رئيسية هي:

١- إن الإصلاح الحقيقي يجب أن يبدأ بالفرد لا بالمجتمع، لأن إصلاح الكل لا يأتي إلا بإصلاح أجزائه. ولا قيمة لإصلاح المنظمات والمؤسسات السياسية والاقتصادية إذا لم يصلح حال الفرد وتنمي قدراته واستعداداته لكي يكون قادراً على الانتفاع بتلك المؤسسات إلى أبعد مدى.

٢- إن الوسيلة الوحيدة للنهوض بالفرد وإصلاح حاله هو تنمية القدرة لديه على مساعدة نفسه بنفسه لا التصدق عليه. فأعظم خدمة يؤديها المجتمع للفرد هو أن يعلمه احترام نفسه ومساعدة نفسه بنفسه.

٣- إن عملية النمو هي الوسيلة الوحيدة لتحقيق الغاية المرغوبة، وهي صفة الاعتماد على النفس وواجب التربية في نظره هو توفير الفرصة لهذا النمو الكامن في الطفل.[2]

ب- أفكاره عن المنهج:

نظرة بستالوتزي إلى المناهج المطبقة في بلده والدول الاوروبية الأخرى تخالف مبادئه وتطبيقاته التي سار عليها في معاهده الكثيرة في عصره. فقد كانت المناهج في ذلك الوقت يغلب عليها الطابع الديني والتعاليم الكنسية، وتمتاز بالجفاف وضيق الأفق وعدم مسايرة خصائص الطفل وحاجاته وعدم الارتباط بالحياة العملية. ولذا حاول بستالوتزي إصلاح حال المناهج اعتماداً على آراء المفكرين

---

(1)Fredrick Eby, op.cit. P. 445.

(2)Ibid., PP. 442-443.

التربويين من قبله، والأفكار التي كونها لنفسه نتيجة لدراسته وخبراته التربوية الطويلة في مدارسه. ومن المبادئ التي تقوم عليها نظرياته في المنهج.

الإيمان بأن المناهج والبرامج والخبرات والنشاطات الدراسية يجب أن تساعد على تنمية العقل والجسم والروح، وأن تتمشى مع خصائص الطفل وحاجاته. كما نادى بتصنيف المناهج الدراسية إلى مراحل تقابل مراحل النمو التي يمر بها الطفل في حياته، وأن يتمشى ترتيب المواد الدراسية مع ترتيب ظهور قوى الطفل، وأن يُراعى في هذا الترتيب الانتقال من المحسوس إلى المعقول ومن البسيط إلى المركب، ومن الأسهل إلى الأصعب، ومن الخاص إلى العام. وكان يرى أن خير ما نبدأ به في تربية الطفل هي الخبرات الحسية، وتدريب حواسه على الإدراك الحسي الدقيق. ويجب أن نؤكد في بداية تعلم الطفل على ثلاثة عناصر أساسية وهي الشكل، والعدد، والكلمة أو اللغة.

جـ- أفكاره المتعلقة بطرق التدريس:

تحتل أفكاره المتعلقة بطرق التدريس الجزء الأكبر من كتبه ومقالاته التربوية، وفيها تتركز غالبية التجديدات التي جاء بها في المجال التربوي. وتتفق أفكاره بصدد طرق التدريس مع الأفكار والمبادئ التي يؤمن بها بالنسبة لمعنى التربية وأهدافها ومناهجها.

- ومن المبادئ التي تقوم عليها طريقته العامة هو الإيمان بوجوب البدء بالمدركات الحسية، والانتقال من المحسوس إلى المعقول، ومن البسيط إلى المركب، ومن العام إلى الخاص، ومن المجمل إلى المفصل، ومن المعلوم إلى المجهول. وللتربية في نظره ناحيتان: ناحية إيجابية وأخرى سلبية. فالوظيفة السلبية تتلخص في إزالة العقبات التي تعترض نمو الطفل، والوظيفة الإيجابية تظهر في إثارة المتعلم لتدريب قواه.

- ومن هذه المبادئ أيضاً الإيمان بأن الزيادة في قدرة الطفل أهم من المعرفة، وبالتالي فإن مهمة المعلم في نظره ليست تزويد التلميذ بالمعارف، ولكن مهمته هي مساعدته على تنمية قواه وملكاته العقلية وقدرته على اكتساب المعرفة بنفسه، والربط بين خبرات التلميذ داخل المدرسة وخارجها، وكذلك ربط المعرفة بالتطبيق العملي لها.

- أن تكون العلاقة بين المعلم والتلميذ علاقة أبوة قائمة على العطف والحب والتعاون، وفي نفس الوقت يجب أن يتبع المعلم سياسة الحزم وتأكيد سلطته وسلطة المدرسة.
- ويجب على المعلم أن يحترم شخصية التلميذ، وأن يكون قوياً في مادته وماهراً في طريقة التعليم.

نقد وتقييم الأفكار التربوية لبستالوتزي:

إذا دققنا النظر في أفكار بستالوتزي وجهوده التربوية وأخضعناها للحكم والنقد الموضوعي الدقيق لوجدنا أنها تحوي كثيراً من جوانب القوة والضعف.

ومن جوانب القوة في أفكاره التربوية أنها أعلت من أهمية التربية في إصلاح أحوال الفرد والمجتمع، ونادت بضرورة الاهتمام بشخصية الطفل ككل مع التركيز على الجانب العاطفي والنفسي. كما اعتبرت الطفل وحاجاته وقوانين نموه نقطة البداية في تحديد معنى التربية وأهدافها ومناهجها وطرقها. واهتمت كذلك بفردية الطفل وبتحرير شخصيته دون المبالغة في هذه الحرية كما فعل روسو. كما أنها لم تهمل الوسط الاجتماعي في التربية، وأعلت كذلك من أهمية البيت في التربية واعتبرته المؤسسة المثالية التي يجب أن تقلدها المدرسة.

وبالنسبة لنقاط الضعف في أفكار بستالوتزي التربوية نذكر ما يلي:

١- نادى بضرورة البدء بالأصوات والمقاطع قبل الكلمة والجملة في مجال تعليم القراءة والكتابة. وقد عيب عليه هذا الاتجاه الذي يسير من الجزء إلى الكل والذي إن ناسب عقلية الصغير فلا يناسب عقلية الطفل الصغير التي يناسبها البدء بالكل بدلاً من الجزء، أي البدء بالجملة أو الكل بدلاً من الجزء.

٢- تناسب دروس الأشياء التي اخترعها، الأطفال الصغار في المرحلة التعليمية الأولى دون أن تناسب تلاميذ المراحل المتقدمة.

٣- تركزت جهوده الإصلاحية في مجموعها في المرحلة الابتدائية، دون الاهتمام بالمراحل الأخرى التي تتجاوز المرحلة الابتدائية.

تأثير بستالوتزي في روح المدارس وفي تطور الأفكار التربوية في العالم الغربي:

رغم أن الطرق التي جاء بها بستالوتزي كانت معروفة ومعنى التربية الجديدة قد سبقه إليها روسو، فإن أكبر خدمة قام بها بستالوتزي هي جعله المحبة والشفقة أساس العلاقة بين التلميذ والمعلم. فلقد كان بستالوتزي محباً لتلاميذه محبوباً منهم لدرجة أنهم كانوا يدعونه الأب بستالوتزي، وذلك لأنه كان يشفق عليهم ويعاملهم معاملة الأب لابنه، فلا يشعر التلميذ بفرق بين البيت والمدرسة بل يشعر أن المدرسة فرع من البيت وأن المعلم هو الأب الثاني له.

أما من حيث تأثير أفكار بستالوتزي التربوية في الدول الغربية، فإنها رغم نقاط الضعف فيها لا تقلل من قيمتها إذا ما أخذت ككل، وأنها كانت من العوامل الهامة في تطور النظريات والأفكار التربوية في القرن التاسع عشر والقرن العشرين، وأنها مهدت لظهور الأفكار التربوية التقدمية الحديثة، كما إن هذه الأفكار لم تمت بموت صاحبها بل استمرت من بعده، على يد أتباعه وأنصاره في مختلف البلدان.

ولم يقتصر تأثير هذه الأفكار على سويسرة والدول المجاورة لها، بل تعداها إلى بلدان أوروبية كثيرة أخرى، حتى أنه يمكننا القول أنه لم يبق بلد أوروبي دون أن يتأثر بأفكار بستالوتزي وحاول أن يستفيد من طرقه في إصلاح التعليم. ومن البلدان التي تأثر مربوها ونظمها التربوية بأفكار بستالوتزي، هي: الولايات الالمانية، وفرنسا، وانجلترا، وأمريكا الشمالية.

فبالنسبة للولايات الالمانية، وعلى رأسها ولاية بروسيا المتحررة التقدمية فإنها كانت أسبق الدول الأوروبية إلى الإعجاب بأفكار بستالوتزي وطرقه والتأثر بها وتطبيقها بإخلاص والأخذ بها والاسترشاد بها في تعليمها الابتدائي وفي تدريب معلميها. ولعل أهم العوامل التي ساعدت على انتشار أفكار بستالوتزي في بروسيا والمانيا بصورة عامة وعلى تدعيمها حتى على المستوى الرسمي هو النداء الذي وجهه الفيلسوف الالماني فيخته للشعب الالماني عقب تغلب نابليون على بروسيا وإخضاعها له. وقد انتشرت أفكار وطرق بستالوتزي بنفس الروح في بقية الولايات الالمانية، ولاقت قبولاً حسناً من قبل المعلمين والمسؤولين والأمراء الالمان على حد سواء، حتى أصبحت لها السيادة في المانيا.

أما تأثير أفكار بستالوتزي في فرنسا فقد كان أقل بكثير من المانيا، وذلك بسبب انشغال نابليون بالمشاكل السياسية والفتوحات الحربية عن الإصلاح التربوي، أو بتطبيق أفكاره وطرقه في التربية والتعليم. إلا أن عدم الاهتمام بأفكار وطرق بستالوتزي على المستوى الرسمي في فرنسا لم يحل دون انتشارها على المستوى الشعبي عن طريق المربين الفرنسيين والمهتمين بشؤون التعليم وذلك بعد ثورة عام (١٨٣٠م) بصورة خاصة. ومن أبرز المساهمين في نشر أفكار بستالوتزي وطرقه في فرنسا هو جوليان صاحب الثروة الطائلة والذي أوفد المبعوثين على نفقته الخاصة إلى معهد بستالوتزي في ايفردون. ومن هؤلاء أيضاً الأستاذ الفرنسي الشهير فكتور كوسان والذي اصبح فيما بعد وزيراً للتعليم في الحكومة الفرنسية.

أما في انجلترا فقد انتشرت أفكار وطرق بستالوتزي التربوية بسرعة فيها. ومن أبرز المربين الانجليز الذين زاروا بستالوتزي في معهد ايفردون وشاهدوه يطبق مبادئه وطرقه عملياً، ثم عادوا إلى بلادهم يبشرون بحركة بستالوتزي ويدعون إلى تطبيق مبادئها هما: جريفس، وتشارلز مايو. فقد قضى- جريفس بعض السنوات في معهد ايفردون ثم عاد إلى انجلترا حاملاً معه أفكار بستالوتزي الجديدة. وبالرغم من الجهد الذي بذله جريفس في نشر أفكار بستالوتزي في انجلترا فإن الفضل الأكبر في تنفيذ هذه الأفكار يرجع إلى الدكتور تشارلز مايو وإلى اخته الآنسة اليزابث مايو. فقد قضى-ثلاث سنوات في معهد ايفردون ثم عاد إلى انجلترا وأنشأ مدرسة خاصة في إبسوم ثم نقلها إلى تشيم فيما بعد، تدرس على الطريقة البستالوتزية.

أما بالنسبة للولايات المتحدة الأمريكية فإنها هي الأخرى قد تأثرت بأفكار وطرق بستالوتزي، وظهرت فيها المدارس البستالوتزية قبل ظهورها في انجلترا، من عدة مصادر كما يلي:

١- العمل الذي قام به وليام مكلور وجوزيف نيف في مدينة فيلادلفيا بأمريكا وتأسيس المدارس فيها على نمط المدارس البستالوتزية.

٢- الكتابات المختلفة عن بستالوتزي وحركته التربوية من قبل نيف وجون جريسكوم، وودبريدج، وتقارير كل من فكتور كوسان واستور، وباتش، وهنري برنارد، وهوراس مان.

٣- تدريس بعض المواد الدراسية، من خلال عدة كتب تعالج طرق تدريس المواد المختلفة حسب الطريقة البستالوتزية. ومن هذه الكتب كتب وليام وودبريدج في تدريس مادتي الجغرافية والموسيقى.

٤- حركة اسويجو التي تعتبر الترجمة الانجليزية للحركة البستالوتزية. ويرجع الفضل في تأسيس هذه الحركة إلى ادوارد شيلدون (١٨٢٣-١٨٩٧م) الذي بقي مراقباً للتعليم العام في مقاطعة اسويجو التابعة لولاية نيويورك لعدة سنوات، وحاول جاهداً أن يحسن من طرق التدريس المطبقة في المدارس التابعة له، وأن ينشئ فصلاً لتدريب المعلمين في مقاطعته على استعمال، الطرق البستالوتزية على يد معلمين أحضرهم لتدريس هذا الفصل من كلية المعلمين في لندن التي أقيمت على مبادئ الحركة البستالوتزية، من أمثال الآنسة جونيس، والأستاذ هيرمان كروسي.

الحركة الهربارتية في التربية وجون فردريك هربارت:[١]

يعتبر جون فردريك هاربرت من أبرز المربين الألمان الذين تأثروا بأفكار بستالوتزي، وحملوا لواء القيادة التربوية في المانيا لفترة غير قصيرة من الزمن. فقد كان لهذا الفيلسوف المربي دور كبير في تطوير النظريات التربوية في القرن التاسع عشر وفي إنشاء وتدعيم الحركة النفسية التربوية التي تنسب إليه وهي الحركة الهربارتية.

ولد جون ف. هربارت في مدينة اولدنبرج بألمانيا عام ١٧٧٦م. وكان والده محامياً ويعمل مستشاراً في الدولة. أما أمه فكانت ابنة لطبيب، وكانت على جانب كبير من الذكاء وقوة الشخصية، ولها مقدرة أدبية عالية، مما جعلها تشرف على دراسة ابنها من المرحلة الابتدائية وحتى الجامعة. ونظراً لضعف جسمه وعدم قدرته على تحمل الحياة الصعبة القاسية بما في ذلك مواصلة تعليمه في المدارس الابتدائية العامة، عهد به أبواه إلى مدرس خاص لمرحلة تعليمه الابتدائية هو باستراولزن الذي كان مدرساً مجرباً له خبرته وفلسفته التربوية المحددة، أثرت في فلسفة هربارت التربوية فيما بعد. وقد زادت قدراته ومواهبه في المجالات المختلفة نمواً ونضجاً واتساعاً في المرحلة الثانوية التي اجتازها بنجاح عال في مدرسة اولدنبرج الثانوية.

---

(١) عمر محمد التومي الشيباني، مرجع سابق، ص ٢٣٠-٢٤٤؛ أيضاً عبد الله عبد الدايم، مرجع سابق، ص ٤٥١-٤٥٩.

وفي عام ١٧٩٤م التحق بجامعة يينّا تصحبه والدته كرفيق وموجه له في دراسته ليدرس القانون بناء على رغبة والدته. ولكن هذا النوع من الدراسة لم يكن متمشياً مع ميوله الأدبية والفلسفية. ولذا كان يقضي معظم وقته في الفترة التي قضاها في الجامعة في دراسة الفلسفة، ومما زاد في تقوية ميله للفلسفة أثناء دراسته في جامعة يينا هو أن هذه الجامعة كانت مركزاً لنشاط ثقافي وفلسفي قوي لا في بروسيا فحسب ولكن في جميع أنحاء المانيا.

كما كانت مركزاً لأبرز المفكرين والفلاسفة الألمان أمثال هيردر، وجوته، وشيلر، وشيلنج، وفيخته الذين أثروا في هربارت تأثيراً كبيراً ولا سيما فيخته أستاذ الفلسفة في الجامعة.

وفي عام ١٧٩٧ ترك هربارت، بناء على اقتراح والدته، جامعة يينا، وذهب إلى سويسرا ليعمل كمدرس خاص لأبناء حاكم مقاطعة انترلاكن الهر فون ستايجر الثلاثة لمدة لا تزيد على السنتين. وفي السنة الأخيرة من عمله، وقبل أن يعود من سويسرا زار مدرسة بستالوتزي بـ برجدورف فأعجب بما لاحظه من أهداف وبرامج وطرق مطبقة فيها. كما كان لها تأثيرها الكبير في تكوين وتطوير أفكاره التربوية، واتخاذ قراره الحاسم بترك دراسة القانون.

وفي عام ١٧٩٩ استقال من عمله كمدرس خاص ورجع إلى المانيا حيث استقر به المقام في مدينة بريمن، مكرساً نفسه لتحقيق هدف حياته، وهو الاتجاه نحو دراسة الفلسفة والتربية والإعداد للتدريس في الجامعة. وخلال ثلاث سنوات تمكن من إعداد رسالة الدكتوراة في الفلسفة وتقدم بها إلى جامعة جوتنجن عام ١٨٠٢. وبمجرد حصوله على شهادة الدكتوراه عين محاضراً للفلسفة والتربية فيها حتى عام ١٨٠٩م، حيث كتب خلالها أغلب رسائله وكتبه التربوية التي أعطته شهرة كبيرة في مجال التفكير الفلسفي والتربوي. ولعل ذلك من الأسباب التي دعت جامعة كونجسبرج أن تطلبه لشغل كرسي الفلسفة بها، الذي شغر بموت الفيلسوف كانت عام ١٨٠٤م. وقد شغل هذا الكرسي مدة أربعة وعشرين عاماً، بلغ خلالها قمة مجده العلمي حتى طبقت شهرته الآفاق. وقد كتب في هذه الفترة الطويلة العديد من الكتب الفلسفية والتربوية، كما أنشأ خلالها الكلية لتدريب المدرسين والمفتشين والقادرة التربويين، ثم ألحق بها مدرسة للتطبيق العملي.

وبموت الفيلسوف الالماني الشهير هيجل الذي كان يشغل كرسي الفلسفة في جامعة برلين عام ١٨٢١م، تاقت نفس هربارت لشغل هذا الكرس كما شغل كرسي الفيلسوف كانت من قبله. ولذا ترك العمل في جامعة كونجسبرج عام ١٨٣٣ وتقدم بطلب إلى جامعة برلين لشغل كرسي الفلسفة الذي كان يحتله هيجل. ولكن طلبه هذا لم يلق القبول من جامعة برلين، فاضطر إلى العودة إلى جامعته الأولى التي نال منها الدكتوراه هي جامعة جوتنجن. وبقي فيها حتى آخر حياته حيث توفي عام ١٨٤١م. وقبل الحديث عن أفكاره التربوية لابد لنا من إلقاء الضوء على أفكاره الفلسفية.

وعند الحديث عن أفكار هربارت الفلسفية سنركز بصورة خاصة على ما يتصل بالقيم الخلقية، وما يتصل بطبيعة النفس أو الروح الإنسانية وبنظرية المعرفة عنده. لأن فهمنا لنظريته الخلقية سيساعدنا على فهم الهدف من التربية عنده، كما أن فهمنا لطبيعة النفس والعقل ولنظرية المعرفة عنده من شأنه أن يساعدنا على فهم أفكاره المتصلة بمعنى التربية ومناهجها وطرقها.

وإذا ما أردنا أن ننسب هربارت إلى إحدى المدارس الفلسفية أو لاتجاه من الاتجاهات الفلسفية السائدة في عصره، فإننا نجده يتردد ما بين الاتجاه المثالي والاتجاه الواقعي. فقد بدأ حياته مثالياً متأثراً بالفلاسفة المثاليين الذين سبقوه والمعاصرين له. أمثال فيخته وكانت وشيلر وغيرهم. ولكنه بمرور الزمن أخذ يستقل في تفكيره الفلسفي عن هؤلاء المثاليين ويتجه اتجاها جديداً يعتبره البعض اتجاهاً واقعياً. ومن مظاهر سيره في الاتجاه الواقعي وتخليه عن الاتجاه المثالي هو رفضه المبكر للفكرة المثالية التي كان يؤمن بها فيخته والتي ترى أن النفس تخلق عالمها الخاص بها. ولكن هناك باحثين آخرين يرون أن فلسفة هربارت ليست واقعية بالمعنى الصحيح لهذه الكلمة، وذلك لأننا نجد أن من أبرز أفكار هربارت الفلسفية هو إيمانه بأن الأشياء المعروفة لنا ليست حقيقية؛ فهو واقعي فقط من حيث إيمانه بوجود حقائق للأشياء تكمن راء مظاهرها، وإن كانت هذه الحقائق غير ممكن إدراكها كما هي عليه في الواقع. وهو يتفق في هذا الاعتقاد مع الفيلسوف المثالي كانت.

وبتدقيق النظر في أفكار هربارت الفلسفية العامة وأخذها ككل فإنه يتبين لنا أنها مزيج من الواقعية والمثالية ومحاولة ناجحة للتوفيق بين النزعتين الفلسفيتين والأخذ بالصالح منها. فهو واقعي من حيث رفضه لما كان يؤمن به فيخته من أن النفس تخلق عالمها الخاص بها، وإيمانه بوجود حقائق للأشياء تكمن وراء مظاهرها المدركة لنا. ولكنه من جهة أخرى نجده يقترب من المذهب

المثالي، وذلك عندما يؤمن بأن الأشياء المعروفة لنا ليست حقيقية، أو بعبارة أوضح إنه كان يؤمن بأن حقائق الأشياء أو طبيعتها، الحقيقية غير ممكن إدراكها ومعرفتها. وكل الذي يمكن أن يقال عنها هو أنها موجودة وأنها عديدة ومتنوعة.

والعالم في نظر هربارت يشتمل على ما لا يحصى من الحقائق الجزئية المتنوعة المستقل بعضها عن بعض، ولكنها في تفاعل مستمر، وليست الروح أو النفس إلا إحدى بلايين الحقائق التي توجد في عالم الوجود. والروح أو النفس كغيرها من حقائق الوجود لا يمكن إدراك كنهها وطبيعتها الأصلية، وإنما الذي يمكن إدراكه هو آثارها ووظائفها. وهي تكون عند الميلاد وحدة بسيطة خالية من المعرفة والوجدان والإرادة ومن كل اتجاه نفسي، ولا تتصف بالخير أو الشر، لأن كل هذه الأمور تكتسبها من اتصالها واحتكاكها اللاحق بالبيئة المحيطة بها، أو بعبارة أخرى أنها تولد وهي كالصفحة البيضاء الخالية من كل أثر. ولكن رغم هذه الصفات السلبية التي تكون للنفس عند ميلاد الشخص، فإن لها صفة إيجابية واحدة كافية لتحقيق غيرها، وهي أنها قادرة على المحافظة على خصائصها الأصلية من التأثر العكسي ـ للحقائق الأخرى التي تنافسها وتتفاعل معها في هذا الوجود، كما تتمثل أيضاً في ميلها الطبيعي إلى التنافس والتصادم والتفاعل والدخول في علاقات مع حقائق الوجود الأخرى الموجودة في البيئة الاجتماعية والطبيعية المحيطة بها. وعن طريق هذا التفاعل والتنافس المستمرين مع حقائق البيئة تنمو النفس البشرية وتكتسب معارفها وعواطفها ورغباتها. وبهذا التفاعل أيضاً وما ينشأ عنه من نمو تتحول النفس الفطرية إلى نفس مكتسبة، كما تتحول البيئة أيضاً من بيئة بدائية إلى بيئة متغيرة متجددة. [1]

ويرى هربارت أنه عندما تبدأ النفس في خبرتها وفي تفاعلها مع عناصر البيئة المحيطة بها، فإن المدركات والأفكار تبدأ في التوارد عليها. وكل فكرة تدخل النفس فإنها تتحول إلى قوة تسعى جاهدة إلى عرض نفسها وإلى الوصول إلى قمة الشعور أو بؤرة الانتباه. ونجاحها في تحقيق هذا يتوقف على مدى قوتها وقدرتها على مقاومة الأفكار المنافسة لها. فالأفكار التي تصل إلى قمة الشعور أو بؤرة الانتباه ثم تستطيع المحافظة على المركز هي الأفكار القوية. أما الأفكار والرغبات التي ليس لها من القوة ما يمكنها من الوصول إلى الجزء الأعلى من الشعور أو إلى الانتباه أو التي وصلت إلى هذا المركز ولكنه دخل عليها ما هو أقوى منها، فإنها

---

(1) J.S. Brubacher, A history of the problems of education, New York, MeGraw-Hill Book Co., Inc., 1947, P. 144.

تضطر إلى الهبوط إلى قاع الشعور أو إلى منطقة اللاشعور. ولكن هبوطها هذا واختفائها من خشبة المسرح للنفس لا يعني بأي حال من الأحوال موتها أو انحلالها بل هو نسيان مؤقت لها تسعى بعده جاهدة إلى دخول منطقة الشعور ثانية عندما تجد الظروف مناسبة لها.[1]

وتشبه هذه الأفكار التي يذكرها هربارت حول تقسيم العقل البشري إلى منطقتين أساسيتين هما: منطقة الشعور ومنطقة اللاشعور، أفكار فرويد بالنسبة للجهاز النفسي. فكل منهما قد آمن بالحياة اللاشعورية، وإذا كان هناك من فرق بينهما هو أن هربارت لم يضف على مفهومه للاشعور صبغة جنسية كما فعل فرويد، كما أن عملية الكبت عنده تتم بطريقة رياضية ميكانيكية. وعلى كل فإن الذي تأثر بصاحبه هو فرويد لأنه جاء بعد هربارت.

ويؤمن هربارت بأن للنفس البشرية ثلاث وظائف أساسية هي: المعرفة، والشعور أو الوجدان، والإرادة. فعندما تدرك النفس وتقوم بكسب المعرفة تسمى عقلاً، وعندما تشعر وتدخل في علاقات عاطفية وترغب وتميل تسمى قلباً. وهذه الوظائف الثلاث ليست ملكات أو قدرات عقلية فطرية، ولكنها مكتسبة كما هي الحال بالنسبة للأفكار المتصلة بها عن طريق الخبرة أو الاحتكاك بالطبيعة وعن طريق التفاعل والاتصال الاجتماعي.

أما أفكاره التي تتصل بطبيعة الأخلاق التي كان لها تأثيرها البالغ في مفهومه للهدف من التربية فإنه يمكن تلخيصها في أنه كان يؤمن كما آمن كثير غيره من الفلاسفة الأخلاقيين وعلى رأسهم الفيلسوف الالماني كانت أن الغرض الأساسي للتربية هو الأخلاق أو الفضيلة. والأخلاق عنده لا تقف عند جانب معين من جوانب النفس، بل هي النمو الكامل المتكامل للعقل والسلوك البشري. والسلوك الأخلاقي له خمسة مظاهر يتميز بعضها عن بعض، ولابد من وجودها جميعاً ليتحقق السلوك الأخلاقي الكامل المتكامل، حتى إذا ما فقد أي واحد منها كان السلوك ناقصاً. وقد جمعت هذه المظاهر فيما يطلق عليها هربارت الأفكار الأخلاقية الخمس التالية:

---

(1) Ibid., PP. 144-145.

أولها- فكرة الحرية الباطنية التي تعني عنده الانسجام والتوافق التام بين البصيرة الأخلاقية والإرادة.

وثانيها- فكرة الكمال أو التمام التي تهم المدرس بصورة خاصة.

وثالثها- هي فكرة الإرادة الطيبة والنية الحسنة التي تظهر في الاتجاه الذي يتخذه الشخص نحو الآخرين.

ورابعها- هي فكرة الحقوق في مسائل الملكية والمؤسسات الأخرى.

وخامسها- هي فكرة العدل والإنصاف في كل ما يعمله الشخص مـن خيـر أو شر. إذا مـا أخـذت هذه الأفكار الخمس ككل فإننا نجدها تشمل الأخلاق على كل من الجانب الشخصي- والجانب الاجتماعي. وأية واحدة منها بنفسها غير كافية، بل ربما تكون سيئة وضارة. فالشخص الذي يصر- على الحقوق بدون إعطاء أي اعتبار للإرادة الطيبة والتي تنظم العدل ليس بشخص أخلاقي.

مبادئ هربارت النفسية :

يعتبر جون فردريك هربارت هو واضع أسس مبادئ علم النفس الحديث. إذ كان علم النفس المتداول في عصره مملوء بالأباطيل والخيالات. فلقد تأثر هربارت بهذه الأفكار القديمة والتي ترجع إلى أفلاطون وأرسطو مثل نظرية التداعي، ونظرية الملكات النفسية. كما تلقى هربارت مؤثرات أخرى كان لها شأن في مذهبه، وذلك عن طريق لوك، وليبنتز Leibniz. فقد كان لوك يقرر كما نعلم أن جميع الأفكار تأتي عن طريق التجربة الحسية، وأن لا وجود للأفكار الفطرية التي يقول بها ديكارت. وكان لوك يرى أن عقل الطفل الوليد صفحة بيضاء تنقس عليها التجربة وحدها آثارها. أما ليبنتز فقد هاجم نظرة لوك هذه وقرر أن العقل ليس منفعلا قابلا إلى الحد الذي تصوره لوك، وان نشاط العقل يوجد حتى أثناء النوم. ومن هنا دخل الاهتمام باللاشعور في علم النفس. فلقد دعا ليبنتز هذا النشاط اللاشعوري للعقل باسم الإدراكات الصغيرة. واستخدم كلمة إدراك ليشير إلى التلقي السلبي المنفعل للأفكار، بينما استخدم كلمة الإدراك السابق Apperception ليدل على الفهم الفعال لما نتلقاه.

ولا يسعنا في هذا المقام أن نفصل في مبادئ هربارت النفسية، ولذا نكتفي بما يتعلق منها بالتربية والتعليم. إن النقطة الجوهرية التي بنى عليها هربارت مبادئه في علم النفس هي اعتقاده أن العقل البشري وحده لا تتجزأ بخلاف علماء النفس الأقدمين، كأرسطو مثلا، فإنهم قسموا العقل إلى قوى عديدة، الرئيسية منها ثلاث: الفكر والوجدان والعاطفة والإرادة. ثم قسموا هذه القوى الثلاث إلى أقسام أخرى تعرف لديهم بالملكات. ورتبوا مناهج المدارس ومادة التعليم بشكل يتناسب مع هذا التقسيم، أي انهم عينوا لكل ملكة من تلك الملكات درسا ينميها ويدربها. عوضا عن هذا التقسيم الاصطناعي نظر هربارت إلى النفس كوحدة ونفى وجود الملكات بالفطرة وقال أن نفس الطفل تكون خلوا من كل شيء في بدء حياته ولا تحتوي إلا على قوة واحدة وهي قوة الاختلاط بالمحيط بواسطة الجملة العصبية، وبهذه المخالطة ينمو العقل ويتكامل أي بواسطة الإدراك الحسي أو الإطلاع Sense Perception، ثم بامتزاج هذه الاطلاعات تنمو قوتا الحكم والمحاكمة. ومهمة المعلم في هذا الصدد أن يحيط الطالب بمظاهر تمكنه من اكتساب هذه الاطلاعات وذلك يكون بتهيئة الظروف التي تمكن الطفل من الاحتكاك بالطبيعة وبالهيئة الاجتماعية. فاحتكاكه بالطبيعة يولد فيه المعرفة، ومخالطته للناس تولد فيه العطف والشفقة. وليست نفس الطفل طيبة بالطبع كما يعتقد روسو، ولا شريرة كما يعتقد سواه، وإنما هي محايدة بفطرتها أي لا خيره ولا شريرة وإنما تسلك سبيل الخير والشر بمقتضى المحيط الذي تعيش فيه، أو بعبارة أوضح يتوقف سلوكها إحدى

الطريقتين على الاطلاعات الأولية وعلى كيفية امتزاج تلك الإطلاعات وتمثيلها. ولهذه النظرية التي جاء بها هربارت نتيجتان على جانب عظيم من الأهمية في التربية والتعليم وهما: (١) أن أهم ميزة في العقل هي قوة الاطلاع. (٢) والتربية هي التي تعيق محيط الطفل والاطلاعات التي يكتسبها منه وطريقة مقابلة هـذه الاطلاعات بعضها ببعض، هي القوة الأساسية في تكيف الفكر والخلق. [١] فقوة الاستطلاع (Apperception)، أي النظر إلى الاطلاعات الجديدة بنور الاطلاعات القديمة، هي المبدأ الأساسي الذي بنى عليه هربارت علم النفس، ووضع هذه الفكرة بشكل نظري علمي هو أهم عمل قام به هـذا الفيلسوف، أما تطبيقها في التربية والتعليم بشكل عملي فيعود إلى اتباعه الذين توسعوا في تلك الفكرة وزادوا عليها وشرحوها ووضعوها بصورة قابلة للتطبيق في الطرق والأساليب التهذيبية [٢].

أفكار هربارت ونظرياته التربوية :

١- أفكاره التي تتصل بمعنى التربية :

يؤمن هربارت بأن التربية هي عملية بناء الأخلاق وتكوين الشخصية المتكاملة النمو. وهو يشير في شرحه لمعنى التربية إلى ما يمتاز الإنسان من مرونة وقابلية للتشكيل بأي شكل يقبله ويرتضيه المجتمع، والتعليم في نظره هو أنجح الوسائل لهذا التشكيل. وليتحقق النمو الخلقي الكامل والشخصية المتكاملة لا بد من وجود التعليم المنظم الصالح الذي يستمد أسسه من طبيعة العقل ومن الطريقة الطبيعية التي يكتسب بها العقل معارفه واتجاهاته، أو بعبارة أخرى لا بد من التعليم الـذي يسير وفق قوانين التعلم الصحيح. وعملية التعلم في نظره لا تعدو أن تكون عملية ربط بين الأفكار القديمة والأفكار الجديدة في عقل التلميذ. فهو يرى أن التلميذ يتعلم الأمور الجديدة إذا ما تمكن من ربطها وإيجاد شبه بينها وبين معارفه وأفكاره السابقة، مما يؤدي إلى سرعة التعلم وعلى تثبيت الأفكار الجديدة في ذهنه. وحتى يتحقق هذا الربط أو التداعي بين الأفكار الجديدة والقديمة لا بد من وجود ميل أو اهتمام مـن جانب التلميذ. والميل المقصود هو الميل العميق الذي يدفع الذات للحركة والنشاط ويساعد العقل على عملية الربط بين الأفكار الجديدة والقديمة، لا الميل والاهتمام العارض الذي ينقضي بسرعة ويترك النفس غير متحركة.

---

(١) عبد الله مشنوق، تاريخ التربية ، مرجع سابق ، ص ١٩٢، ١٩٣ .

(٢) عبد الله مشنوق ، مرجع سابق ، ص ١٩٢، ١٩٣ .

وهو يميز بين نوعين من الاهتمام والانتباه، أحدهما اهتمام وانتباه بدائي أصلي ينبع من الخبرة الحسية التجريبية ويتمثل في الميل إلى الألوان والأنوار الساطعة، والانتباه إلى الأصوات العالية. وهذا الانتباه وإن وجد في جميع مراحل النمو فإنه يغلب في مرحلة الطفولة المبكرة. وثانيهما هو الاهتمام أو الانتباه الترابطي الذي يتم عن طريق الربط ويأتي في مرحلة متأخرة من النمو عندما تكثر أفكار التلميذ ومدركاته بحيث لا يستطيع الانتباه إليها جميعا في آن واحد، ولذا يقتصر التلميذ في انتباهه على الأشياء التي له معنى عنده والتي له شبه وارتباط بمعارفه وأفكاره السابقة.

٢- أفكاره التي تتصل بالهدف من التربية :

تتفق أفكار هربارت في أهداف التربية مع أفكاره السالفة الذكر التي تتعلق بمفهوم التربية. فهو يؤمن بأن الهدف الأساسي والنهائي للتربية هو تكوين الأخلاق الحسنة وغرس روح الخير والفضيلة في نفس التلميذ. وحتى يتحقق هذا الهدف النهائي للتربية لا بد من تحقق هدف آخر مرتبط به، وهو النمو الكامل المتكامل المنسجم، أو كما يقول هربارت عنه بنمو الاهتمام المتعدد الجوانب. وبهذا يمكن القول بأن للتربية عند هربارت، هدفين أساسيين هما: الخلق الحسن، والنمو الكامل المتكامل المنسجم، وهما مرتبطان تمام الارتباط ومتلازمان.

ويتطلب تحقيق هدف الأخلاق الحسنة أو الفضيلة عند هربارت اكتساب كثير من الصفات والسمات الأخلاقية منها: الحرية الباطنية، والرقابة الذاتية، والضبط الذاتي، والنية الطيبة نحو الناس، والمشاركة الوجدانية، واحترام السلطة والقانون، وفهم الآمال الإنسانية، والرغبة في التعاون، والسيطرة على الاتجاهات والميول العدائية في النفس، والإحساس بالتوازن والتوافق بين العقل والعاطفة وبين الحاضر والمستقبل وبين مطالب الخالق ومطالب الإنسان، فالتطرف يجب تجنبه. وخير الأمور الوسط. والقيم الأخلاقية عند هربارت ليست مجردات نظرية يتأمل فيها ولكنها معايير للسلوك الصحيح والنشاط المثمر البناء. ويجب أن تبنى الأخلاق عنده على المعرفة، رغم أن المعرفة بالخير والأشياء الحسنة لا تستلزم عمل الخير، كما أن الفضيلة لا يمكن أن تتحقق ويكون الصلاح بدون معرفة. والشخص المربي عنده يعرف الفضيلة ويطبقها في المجال العملي للحياة.

أما الهدف الثاني للتربية وهو هدف الاهتمام المتعدد الجوانب، فإن هربارت وأتباعه يذكرون ستة أنواع من الميول والاهتمامات التي يجب على التربية تنميتها حتى يتحقق النمو الكامل المتكامل لشخصية التلميذ. وهناك الاهتمامات أو الميول الستة تدخل تحت قسمين أساسيين أولهما: الاهتمامات والميول المعرفية العقلية التي

تنتج من الاحتكاك بالعالم الاجتماعي. والميول الثلاثة التي تدخل تحت الميول المعرفية العقلية هي:

١- الميل الخبروي العملي: ويتمثل في الاهتمام بجمع الحقائق والأشياء الغريبة وشرحها وتحليلها كالميل لدى المؤرخين وعلماء الأحياء.

٢- الميل العقلي المنطقي: ويتمثل في الميل إلى رؤية الحقائق مرتبطة بالقوانين العامة، كالميل لدى طالب المنطق والرياضيات.

٣- الميل الجمالي: وهو الميل النابع من التأمل في الأشياء الجميلة، وذلك كالميل إلى الشعر ومختلف الأمور الفنية الجميلة.

أما الميول الثلاثة التي تدخل تحت الميول الأخلاقية فهي كما يلي:

١- ميل الإنسان إلى مشاركة إخوانه في الإنسانية وجدانيا والتعاطف معهم كأفراد.

٢- الميل الاجتماعي: ويتمثل في الميل إلى الحياة المدنية والوطنية، وخاصة في أشكالها المنظمة.

٣- الميل الديني: ويتمثل في ميل الناس إلى التعلق بالذات الإلهية.

ولكل ميل من هذه الميول الستة خصائصه وأهميته في بناء الشخصية المتكاملة النمو الذي يعتبره هربارت هدفا رئيسيا للتربية.

٣- أفكاره التي تتصل بالمنهج الدراسي:

يتطلب تحقيق الشخصية الخلقية ذات النمو المتكامل والاهتمام المتعدد الجوانب برأي هربارت، منهجاً دراسيا واسعا يتصل بمختلف الميول والاهتمامات التي ستنمو، وربط عناصر هذا المنهج وتنظيمها بطريقة تسهل هضمها وفهمها وتساعد التلميذ على النمو المتكامل.

ويقسم هربارت المواد الدراسية إلى مجموعتين رئيسيتين هما:

أ- مجموعة المواد التاريخية والإنسانية واللغوية: وتضم مادة التاريخ، واللغة، والأدب، والفن، والدين. ووظيفة هذه المواد تنمية الميول والاهتمامات الأخلاقية والاجتماعية.

ب- مجموعة المواد العلمية: وتضم الطبيعة، والجغرافيا، والرياضيات. ووظيفة هذه المواد تنمية الميول المعرفية العقلية، وتمكين الفرد من معرفة قوى الطبيعة المحيطة به وفي الوقت الذي يعطي فيه هربارت أهمية أكبر للمواد التاريخية والأدبية، فإنه لم ينكر أهمية المواد العلمية، مع أن بعض المحدثين من اتباعه قد بالغوا في تقدير المواد التي لها تأثير مباشر على الأخلاق، أي المواد التاريخية والأدبية، واعتبروا المواد العلمية غير مهمة إلا من حيث اتصالها بالمواد التاريخية. ويرافق المواد الدراسية التاريخية والعلمية الأنشطة والخبرات العملية المتصلة بها. فمنهجه الدراسي المقترح يتضمن التدريب اليدوي، ويصر على أن لا ينظر إليه على انه مجرد إعداد لمهنة، بل على انه وثيق الصلة بالعلم يربط بين الفهم والإلمام بحقائق الطبيعة والأغراض البشرية. فمثل هذا المنهج الشامل هو الذي يضمن نمو الاهتمام المتعدد الجوانب، وهو أساس الفضيلة عنده. ويشترط في هذا المنهج مبدأين أساسيين هما: مبدأ الارتباط الوثيق بين مواد المنهاج المختلفة لنفس السنة، ومبدأ التتابع والتدرج الذي يجب أن يتحقق بين كل مادة دراسية معينة في السنة السابقة واللاحقة، وهناك مبدأ ثالث يجب مراعاته عند وضع وتنظيم المنهج الدراسي، وهو مبدأ التركيز، الذي يعنى به هربارت تركيز الاهتمام الكامل على عمل عقلي واحد وعلى فكرة واحدة في المرة الواحدة.

٤- أفكاره التي تتصل بطرق التدريس

يتركز تحقيق الأهداف التربوية عند هربارت، كما أسلفنا حول غايتين رئيسيتين، هما بناء الأخلاق الحسنة والنمو الكامل المتكامل والذي كثيرا ما يعبر عنه بالاهتمام المتعدد الجوانب، كما يتوقف على المنهج الواسع المتنوع في خبراته والمترابط في أجزائه، فإنه يتوقف أيضا على الطريقة الصالحة التي تستمد أسسها ومبادئها من علم النفس ومن الفهم الصحيح لعملية التعلم. ويتوقف تحقيق التعلم الصحيح في نظره على عمليتين أساسيتين متلاحقتين: أولهما عملية امتصاص واستيعاب الأفكار المراد تعلمها، وثانيهما عملية انعكاس وربط للأفكار التي تم استيعابه بالأفكار والمحتويات الأخرى الموجودة في العقل.

ووظيفة المعلم أن يساعد التلاميذ على القيام بهاتين العمليتين: عملية الاستيعاب، وعملية الربط والتكامل للأفكار الجديدة مع الأفكار القديمة. ولتحقيق هذا الهدف يقترح هربارت على المدرس اتباع أربع خطوات رئيسية في تدريسه ليتمشى مع قوانين التفكير الإنساني وقوانين التعلم الصحيح وهي: الوضوح، والتداعي أو الربط، والخطة أو النظام، والطريقة. وقد جعل اتباع هربارت من بعده هذه الخطوات خمس خطوات يمكن شرحها بإيجاز فيما يلي: [١]

---

(١) المرجع السابق ، ص ١٩٥ - ١٩٧. أيضا: عمر محمد التومي الشيباني، مرجع سابق، ص ٢٥٢ -٢٥٤ .

الخطوة الأولى : الوضوح : Clearness

ويراد به إدراك أو فهم شيء واحد وهو مبني على الملاحظة. وتقسم هذه الخطوة إلى درجتين : ١- التحضير أو التمهيد، ويراد به إيقاظ الأفكار القديمة التي يعرفها الطلاب والتي لها علاقة بالموضوع الجديد وترتيب تلك الأفكار بصورة تسهل على الطالب إدراك المادة الجديدة. ٢- التقديم أو العرض، ويعني تقديم المادة بشكلها المحسوس لا المجرد عن طريق الشواهد والأمثلة، مع ضرورة السير من البسيط إلى المركب، ومن السهل إلى الصعب، وهكذا. وقد اعتبر هربارت هاتين الدرجتين أو الخطوتين خطوة واحدة سماها الوضوح.

الخطوة الثانية : التداعي أو الربط : Association

ويراد به ربط المادة القديمة والمادة الجديدة بصورة فعلية، ويكون هذا العمل بتشغيل قوة الاستطلاع التي تعتمد في سيرها على قوة التصور والتخيل. وفي هذه الخطوة يحاول المعلم مساعدة التلميذ على تحليل المعارف والخبرات الجديدة وعلى مقارنتها وإدراك الشبه والارتباط بينها وبين المعارف والخبرات القديمة. وهي أهم الخطوات، ويتوقف على نجاحها نجاح عملية التعلم ونجاح الخطوتين التاليتين .

الخطوة الثالثة : الخطة أو النظام أو التعميم Systematization

ويقصد هربارت بهذه الخطوة تجريد الفكرة العامة من الأمثلة والشواهد المحسوسة ويكون ذلك بإعمال قوة التفكير. ويقتضي هذا العمل استعمال الاصطلاحات اللغوية المضبوطة وربط تلك الفكرة العامة ببقية الأفكار العامة السابقة. أي أن هذه الخطوة تركز على عمليات المراجعة والتلخيص واستنتاج الأفكار الرئيسية والقاعدة العامة من الدرس.

الخطوة الرابعة : الطريقة أو التطبيق Application

وهي خطوة التطبيق والتمرين على المعارف والمهارات والقواعد العامة التي تم اكتسابها والوصول إليها من الدرس خلال الخطوات السابقة حتى ترسخ في ذهن التلميذ.

ولم ينظر هربارت إلى هذه الخطوات نظرته إلى مخطط ثابت جامد ينبغي أن ينبع دون أي تغيير، كما انه لم يقترح أن يطبق هذا المخطط في كل درس. بل بين على العكس من ذلك انه عندما يتغير موضوع الدرس لا بد أن تتغير طريقة التعليم: غير أن هذه التحذيرات التي نبه إليها لم تراع غالبا. فالنزعة إلى التقسيم الشكلي نزعة عميقة لدى الإنسان، ولذا كانت لها السيادة والغلبة، وسيطرت على معاهد المعلمين فكرة الخطوات الشكلية الخمس ومعها فكرة الدرس النموذجي، وأخذت تطبق كشعارات آلية .

٥- تأثير أفكار هربارت في المجال التربوي:

أثرت أفكار هربارت تأثير بالغا في تطور النظريات التربوية في النصف الثاني من القرن التاسع عشر وفي مطلع القرن العشرين، كما أثرت كثيرا في أفكار المربين الذين أتوا بعده .

وعندما توفي هربارت كانت أفكاره قد انتشرت انتشار هائلا، ولاقت نجاحا كبيرا في ألمانيا، ومنها انتقلت إلى البلدان الأوروبية الأخرى والى أمريكا الشمالية. ومن العوامل التي ساعدت على انتشارها ونجاحها في ألمانيا هي أنها كانت تتمشى مع الروح النظامية المسيطرة على الشعب الألماني، كما أن من بين الأفكار التي كانت تقوم عليها فلسفة هاربرت التربوية المتكاملة والمنظمة اعتبارها التربية عملية تكوين أخلاق التلميذ وعقله بتوجيه ورقابة المربي.

ومن المربين الألمان الذين تأثروا بأفكار هربارت، وكان لهم فضل كبير في نشرها وتطويرها كارل ستوي (١٨١٥ - ١٨٨٥ م)، وتويسكون زيلر (١٨١٧ - ١٨٨٣ م) ووليام راين. فقد قام ستوي بتوضيح وشرح أفكار هربارت في محاضراته التربوية في جامعة يينا، كما أسس مدرسة ابتدائية لتطبيق أفكاره وطريقته، مما مكنه من جعل الهربارتية قوة حية في التربية الألمانية، وخاصة في المرحلة الابتدائية، وكذلك في كافة أنحاء أوروبا.

أما زيلر وهو الآخر من اتباع هربارت فقد تمكن من جعل المبادئ الهربارتية تؤثر تأثيرا عميقا في الحياة التربوية في أوروبا وأمريكا، عن طريق محاضراته التربوية في جامعة ليبزج وفي كتابه" مقدمة البيداغوجيا العامة" الذي نشره عام ١٨٥٦م. وقد أسس كلية لتدريب المعلمين ومدرسة تطبيقية تابعة لها في ليبزج حيث اشتهر. وفي عام ١٨٦٤م نشر كتابه التربوي القيم الثاني وهو"أسس التعليم التربوي"، كما أسس عام ١٨٦٩م جمعية لاتباع العقيدة الهربارتية سماها" جمعية للبيداغوجيا العلمية".

أما الدكتور راين الذي خلف ستوي في جامعة بينا فإنه اتبع زيلر أكثر من اتباعه لستوي. وقد انتقلت الحركة الهربارتية إلى أمريكا الشمالية عن طريق الطلاب الأمريكان الذين درسوا في ألمانيا أمثال فان ليو وماكموري الذين ترجموا كتب هربارت والكتب التربوية الأخرى. وفي عام ١٨٩٢م أسست أمريكا الجمعية الوطنية الهربارتية على غرار جمعية زيلر، واستمر تأثيرها حتى عام ١٩٠٢م حيث غير اسمها إلى" الجمعية الوطنية للدراسة التعليمية للتربية" إيذانا ببدء عهد جديد في التربية الأمريكية.

فروبل : النزعة الفروبلية في التربية (١)

نتحدث الآن عن مربي ألماني آخر ساهم مساهمة كبيرة في تطور النظريات التربوية في النصف الثاني من القرن التاسع عشر، ومهد كما مهد كومينيوس وروسو وبستالوتزي وهربارت من قبله لظهور الحركة البراجماتية في التربية والحركات التربوية التقدمية الأخرى التي ظهرت في القرن العشرين. هذا المربي هو فردريك فروبل (١٧٨٢- ١٨٥٢م). وإذا كانت أفكار بستالوتزي التربوية تكون في مجموعها النزعة النفسية الأولى في القرن التاسع عشر، وإذا كانت أفكار هربارت تكون النزعة النفسية الثانية، فإن أفكار فروبل تكوّن في مجموعها النزعة النفسية الثالثة التي ظهرت في المجال التربوي في ذلك القرن. وتسمى هذه النزعة أو الحركة بالحركة الفروبلية، كما سميت الحركة التي قادها بستالوتزي من قبله بالحركة البستالوتزية والحركة التي قادها هربارت بالحركة الهربارتية.

---

(١) المرجع السابق ، ص ٢٥٨- ٢٧٩.

ولد فروبل في قرية"أوبر فايسباخ" من مقاطعة تورنجيا في جنوبي ألمانيا عام ١٧٨٢م. وكان أبوه رجل دين وراعيا لإحدى الكنائس البروتستانية. أما أمه فقد توفيت وهو لم يتجاوز الشهر التاسع من عمره. وقد حرم بوفاتها حنان الأم وعاش طفولته الأولى في عزلة عن رفاق سنه، فشب رقيق القلب، شديد الحساسية، ميالا بطبعه إلى التأمل الباطني، محبا للطبيعة ومعجبا بجمالها. وكانت زوجة أبيه تعامله بشيء من القسوة وتصفه بالغباء والتأخر العقلي، مما أثر على نفسيته. وقد حرم أول طفولته من الدراسة المنظمة مع رفاق سنه من الذكور. وكل ما أتيح له من تعليم قبل سن العاشرة هو الاشتراك في مدرسة للبنات كن يكبرنه سنا، وقد كان هذا الحرمان من رفاق سنه عاملا آخر في هدم سعادته النفسية في طفولته الأولى .

ولعل السنوات الوحيدة التي قضاها في طفولته في سعادة نسبية هي السنوات التي تقع بين سن العاشرة وسن الرابعة عشرة، والتي عاشها مع خاله بعيدا عن زوجة أبيه التي كانت تسيء معاملته، وفيها تلقي تعليما منظما في طفولته وشبابه .

في سن الخامسة عشرة عهد به خاله إلى أحد رجال الغابات ليدربه على مهنة حيث قضى معه سنتين دون إن يستفيد شيئا إلا حب النباتات والطبيعة. وفي السابعة عشرة من عمره عام ١٧٩٩ ذهب لزيارة أخيه الذي كان يدرس في جامعة يينا مركز النشاط الفلسفي والأدبي الكبير، والذي كان يتزعمه نخبة من كبار الفلاسفة من أمثال فيختة وشيلر وشيلنج. وقد أعجبه ما رأى في الجامعة من نشاط علمي وأدبي فلسفي فقرر البقاء للدراسة، إلا انه لم يستطع مواصلة الدراسة المنظمة لضعف مستواه العلمي السابق وفقره فترك جامعة يينا للبحث عن عمل يعتاش منه ويناسب ميوله واستعداداته دون جدوى. ودعاه ناظر إحدى مدارس تدريب المعلمين في فرانكفورت لتدريس مادة الرسم، فلاقت هوى من نفسه وقرر إن يتخذها مهنة له.

وفي عام ١٨٠٧م ذهب إلى سويسرا ليعمل كمعلم لثلاثة تلاميذ كانوا يدرسون في مدرسة بستالوتزي في ايفردون حيث أمضى ثلاثة أعوام فيها مع تلاميذها، أتيحت له خلالها أن يحتك بـ (بستالوتزي) شخصيا وأن يتأثر بأفكاره، مما كان له تأثير كبير في تقوية ميله إلى الأعمال التربوية وشد همته وتقوية عزيمته على مواصلة الكفاح في طريق الإصلاح التربوي.

ورغم نجاحه في التدريس قرر خلال عام ١٩١٠ ترك عمله كمدرس في سويسرا والرجوع إلى ألمانيا لإتمام دراسته الجامعية، حيث التحق بجامعة جوتنجن ثم ما لبث إن حول إلى جامعة برلين حيث اختار العلوم الطبيعية تخصصا له.

وعندما عاود نابليون تهديداته لألمانيا عام ١٨١٤م تطوع فروبل في الجيش الألماني لمواجهة التهديدات الفرنسية. ورغم عدم اشتراكه في القتال الفعلي إلا انه اكتسب عدداً من الأصدقاء أصبحوا شركاء له في مشاريعه التربوية. وبعد إتمام دراسته الجامعية وخروجه من الجيش عام ١٨١٦ فتح أول مدرسة له كبستالوتزي، في بلدة كيلهاو بثورنجيا، حيث كانت تدرس مقررات متعددة ومتنوعة وكانت طرقها في التدريس تعتمد على أفكار كومينوس وبستالوتزي وهربارت .

ولكن السلطات القائمة لم تقدر جهوده وأفكاره التقدمية فترك المدرسة لمساعديه وغادرها إلى سويسرا ليعمل مدربا للمعلمين عام ١٨٣١م، حيث افتتح هناك عدة معاهد من بينها المعهد الذي أنشأه عام ١٨٣٥ في مدينة برجدورف مركز بستالوتزي القديم. وحتى هذا العام كان اهتمام فروبل منصبا على إصلاح التعليم الابتدائي والثانوي وإعداد المعلمين. ولكنه بعد هذا التاريخ بدأ يولي اهتمامه إلى تعليم الأطفال قبل سن المرحلة الابتدائية. فرجع إلى ألمانيا وأسس فيها أول مدرسة رياض أطفال في قرية بلاكنبورج عام ١٨٣٧، بعد أن تبين له أن المدارس السابقة كانت قاصرة وناقصة بل منحطة في برامجها ووسائله وتنقصها الأسس الفلسفية والنفسية الصحيحة . ثم أخذت رياض الأطفال تنتشر على يديه وأيدي اتباعه المؤمنين بأفكاره في كافة أنحاء ألمانيا ومنها انتقلت إلى بقية الدول الأوروبية والى أمريكا الشمالية. واستمر نجاحه في ولاية بروسيا مركز نشاط حتى سنة ١٨٥١م عندما أغلقت الحكومة البروسية جميع رياض الأطفال تخوفا من أفكاره التقدمية. ومات فروبل في السنة التالية عام ١٨٥٢م، ولكن قرار الحظر استمر بعد وفاته حتى عام ١٨٦١م عندما استأنفت الحركة الفروبلية المتصلة برياض الأطفال نشاطها من جديد في بروسيا ومنها إلى بقية الدول الأوروبية .

العوامل التي أثرت في أفكار فروبل:

من أبرز العوامل التي أثرت في أفكار فروبل والتي يمكن استنباطها من تتبع تاريخ حياته وما تخللها من تجارب وخبرات ما يلي:

١- احتكاكه بالطبيعة منذ الصغر، واشتغاله مع خبير الغابات، وكمساعد في متحف العلوم الجيولوجية، ثم دراسته للعلوم الطبيعية والنبات، مما أورثه الحب العميق للطبيعة الذي انعكس على أفكاره الفلسفية والتربوية وعلى اتجاهاته الفكرية .

٢- التربية القاسية التي لقيها في طفولته الأولى من زوجة أبيه، وحرمانه مـن الأقـران الـذكور، ومـا نجـم عن ذلك من شعور بالنبذ والحرمان والإنطوائية، والميل إلى التأمل الباطني.

٣- الشعور الديني القوي الذي نما لديه بتأثير من والده وخاله اللذان كانا من رجال الـدين، مـما أكسبه تغلب العنصر الروحي على فلسفته وأفكاره، واعتبار بناء الأخلاق هو المثل الأسمى للتربية.

٤- دراسته العلمية في الجامعة في فترة متأخرة مـن حياته، والتي درس فيها الرياضيات، والجيولوجيـا، وعلم المعادن، وعلم النبات لمعرفة تطور حياة النبات، وعلم نمو الطفل ليعرف الطريـق الـذي يسـير فيه النمو البشري وكذلك التقدم العلمي الكبير في كافة مجالات العلوم والمعرفـة الإنسـانية في أواخـر القرن الثامن عشر وأوائل القرن التاسع عشر، مما كان له أكبر الأثر في تطور مفاهيمه المتعلقة بالنمـو البشري .

٥- قراءاته الكثيرة لما كتبه الفلاسفة والمربون السابقون المعاصرون له، واتصالاته الشخصية بالكثير مـنهم ومشاهدته لتطبيقاتهم العملية لمبادئهم التربوية وطرقهم جعلته يتأثر تأثرا واضحا بأفكارهم جميعا.

٦- خبرته الطويلة في التدريس ومباشرته لأوجه النشـاط المختلفـة للأطفال وللتغيرات التـي تطـرأ عـلى مظاهر نموهم المختلفة.

فلسفة فروبل العامة :

لابد من الإشارة إلى بعض أفكار فروبل الفلسفية العامة والتي تكون الأساس الفلسفي لمعتقداته التربوية، حتى نتمكن من فهم أفكاره ومعتقداته التربوية حق الفهم. ومن المعتقدات والمبادئ الفلسفية العامة التي آمن بها فروبل ما يلي:

١- الإيمان بمبدأ وحدة الوجود الذي آمن به قبله كثير مـن الفلاسـفة المثاليين والصوفيين مـن الشرق والغرب على حد سواء وحسب هذا المبدأ فإن جميع الكائنات ترتبط فيما بينها برباط روحي داخلي، او بعبارة أخرى فإن الكون كله هو عبارة عن كيان عضوي تنطوي تحته سائر الكيانات الجزئيـة. ويربط فروبل مفهومه لوحدة الوجود بمفهومه لله جل شأنه، وذلك عندما يعتبر أن الله هـو مصـدر الوجود ومصدر كل وحدة .

٢- الإيمان بمبدأ التطور العضوي، وبتعميم هذا المبدأ ليشمل النواحي العقلية والانفعالية. فجميع أعضاء الإنسان ووظائفه النفسية وقدراته العقلية تنبع من الوحدة العضوية، وبالتالي فإنها تنطبق عليها قوانين التطور العضوي.

٣- الإيمان بأن الفرد يعيد في جميع مظاهر نموه تطور الجنس ويلخص المراحل التي مر بها الجنس البشري في تطوره الحضاري والثقافي. ويعبر عن هذا المبدأ الذي آمن به فروبل في مجال العلوم البيولوجية بالنظرية التلخيصية .

٤- الإيمان بأن النمو البشري يتم في مراحل وبصورة تدريجية. ومراحل النمو التي قبلها فروبل هي: مرحلة الرضاع، ومرحلة الطفولة ، ومرحلة الصبا، ومرحلة الشباب، ومرحلة النضج.

٥- الإيمان بالطبيعة الخلاقة للإنسان. ويعتبر هذا المعتقد من أهم أفكار ومعتقدات فروبل التي ساهمت في تطور المفهوم الحديث للتربية، وذلك لأن هذا المعتقد ينظر إلى الإنسان على انه بالضرورة ديناميكي منتج وليس فقط مستهلكا ومتقبلا لما يلقى عليه ويأتيه من الخارج. وينبغي ملاحظة أن فروبل لا يشتق دوافع السلوك والنشاط الذي يقوم به الفرد من الحاجات والدوافع الجسمية فقط، كما يقول بذلك كثير من المفكرين. فنظريته في التطور هي روحية وجمالية وليست ميكانيكية مادية ونفعية، وفي هذه النظرية معارضة صريحة وتحد مباشر للمدرسة الطبيعية التي سبقت الإشارة إلى بعض مبادئها، وللمدرسة البراجماتية التي سنتحدث عنه فيما بعد. فقد رفض فروبل مبدأ النفعية في تفسيره لدافعية السلوك، كما رفض التغيير الاقتصادي للتاريخ الذي قالت به بعض الفلسفات المادية الحديثة.

٦- الإيمان بأن الإنسان يختلف في نموه عن الكائنات الحية الدنيا من حيث حرية الاختيار والمشاركة في توجيه المصير. فالإنسان بنظر فروبل لا يخضع لجبرية مطلقة وليس مجرد آلة يحدد سلوكه من الداخل بقوانين فطرية أو من الخارج بقوى عضوية. بل هو يتمتع بحرية، ويعرف ويقيم غاياته وأغراضه ونتائج سلوكه، ويختار النمط النهائي لذاته الذي يعبر عنه ويسعى لتحقيقه، وتعتبر الحرية بنظره بمثابة التنفس للحياة الإنسانية.

٧- الإيمان بخيرية الطبيعة البشرية بحسب فطرتها الأصلية، وبأن أي انحراف من الإنسان عن هذا الأصل هو أمر طارئ ناشئ عن الإهمال في تنمية بعض مظاهر الحياة الإنسانية أو عن انحراف القوى والاتجاهات الإنسانية الحسنة والخيرة بطبيعتها بسبب التدخل الخاطئ في سير النمو البشري وبسبب فساد

البيئة المحيطة بالإنسان. فجميع شرور القلب في نظر فروبل ترجع إلى فقدان النمو أو الانحراف بسبب الطرق التربوية الخاطئة .

أفكار فروبل التربوية :

سنتحدث الآن عن أهم أفكار فروبل التربوية والتي تتفق مع أفكاره الفلسفية الآنفة الذكر، مـن حيث التعرف على معنى التربية وأهدافها ومناهجها وطرقها لديه وذلك بالتركيز علـى مرحلتـي الحضانـة ورياض الأطفال محور اهتمام فروبل.

١- **أفكار فروبل التي تتصل بمعنى التربية ومفهومها:**

ينظر فروبل إلى التربية على أنها عملية نمو وتطور ورقي نحو السمو والكمال الروحي أو الوحدة المقدسة. ويتمثل العمل التربوي عنده في قيادة نمو الطفل وتوجيهه نحو النمو الكامل المتكامل الـذي يشمل جسمه وعقله ووجدانه وروحه. ووسيلة العملية التربوية هي النشاط الذاتي الذي ينبع من الدوافع والراغبات والميول الداخلية للطفل. فعن طريق النشاط الذاتي ينمو الفرد ويتطور ويتعلم، وبالتالي ينمي استعداداته ويحقق ذاته، ويصبح شاعرا بها، ويعرف نفسه والعالم المحيط به ويدرك السر الإلهي المـودع فيه وفي الطبيعة .

وكما أعطى فروبل أهمية للنشاط الذاتي في نمو الطفل وتعلمه فإنه أعطى أهميـة أيضا للعب، وخاصة في مراحل النمو الأولى، لأنه الوسيلة الوحيدة التي يستطيع الطفل عن طريقها التعبيـر عـن حياتـه ومشاعره الداخلية، وهو ليس موجها نحو غاية أو هدف مقصود لذاتـه، وإنمـا الغايـة المقصودة منـه هـو تحقيق الذات.

وهذا النمو كغيره من أنواع النمو للكائنات الحية يخضع لقانونين متكاملين هما: قانون التضاد وقانون الارتباط. ويعتبر قانون التضاد القانون الأول في جميع الظواهر. فكـل شيء في هـذا العالم لـه ضد. وبالنسبة للنمو الذي يعتبر التربية مظهرا من مظاهره فإن التضاد الأساسي واقع بين الـداخل والخـارج، أي بين طبيعة الكائن النامي وبيئته. فالنمو هو عبارة عن عملية التغلب على الاختلافات، وذلك بإيجاد نـوع من الارتباط بين الأشياء التي كانت في البداية متضادة. ومن ثم فإن الذي يكمل قانون التضاد هـو قانون الارتباط الذي يتم به التوفيق بين عنصرين مختلفين.

٢- **أفكار فروبل التي تتصل بأهداف التربية:**

يتفق مفهوم فروبل لأهداف التربية مع مفهومه لمعنى التربية. فالهدف الأعلى للتربية عنده هـو تحقيق النمو الشامل المتكامل المترابط الذي يشمل نمو

الجسم، والعقل، والروح. فهو يؤمن بأن التربية يجب إن تتوجه إلى الإنسان ككل وتعمل على تنمية كافة جوانب شخصيته. ولكنها بالرغم من شمول الهدف التربوي عنده للأبعاد الرئيسية الثلاثة للشخصية الإنسانية فإنه يتفق مع بستالوتزي، وهربارت. ومن سبقهما من المربين المتأثرين بالنزعة الأخلاقية من أمثال كومينيوس وجون لوك، وغيرهما، في إن الجانب الأخلاقي والروحي يجب إن يحتل المقام الأول في العملية التربوية. ويعتبر النمو العقلي والجسمي في نظر فروبل رغم أهميتهما وسائل لتحقيق النمو الروحي والأخلاقي والاجتماعي. ومن الأهداف الجزئية التي تدخل تحت ذلك الهدف الأعلى من التربية والتي يجب أن تسعى العملية التربوية إلى تحقيقها في نظره هي: تحقيق الذات، وتحقيق الحياة الكاملة والنمو المتعدد الجوانب، وتنمية الإرادة القوية الثابتة، وبناء العادات الحسنة والاتجاهات الطيبة، وتحقيق التوافق الداخلي مع النفس والتوافق بين الفرد وبين من يعيشون معه وبين خالقه وبينه وبين الطبيعة المحيطة به، ومعرفة الفرد لنفسه ولخالقه وللسر الذي أودعه الله فيه وفي كافة مظاهر الطبيعة الخ..

٣- **أفكار فروبل التي تتصل بالمنهج :**

يؤمن فروبل بأن المنهج والبرامج الدراسية التي تقدم للطفل يجب أن تساعده على تحقيق الذات وتحقيق النمو الشامل المتكامل للطفل، وأن تقوم في جوهرها على مبدأ النشاط الذاتي. والمنهج الذي اقترحه لدور الحضانة ورياض الأطفال وطبقه بالفعل في المدارس التي أسسها وأشرف عليها من هذا النوع، يتكون من أنشطة الأطفال الذاتية الحرة وألعابهم الفردية والجماعية، ومن الخبرات التي تقوم على أساس التعامل مع الأشياء المادية والأمور المحسوسة ومع الجوانب المختلفة للطبيعة، وأن تكون الأنشطة ذات قيمة إبداعية فنية، تساعد الطفل على تنمية روح الخلق والإبداع وعلى تنمية مواهبه واستعدادته الفنية، وأن تكون ذات قيمة تعبيرية.

أما الأنشطة التي يقترحها فروبل في منهج تربية الطفل في مرحلة ما قبل المدرسة الابتدائية تقع تحت عدة فصائل وأنواع. وهي مرتبة في صعوبتها حسب سن الطفل ومستوى نموه. وأوجه النشاط التي يتكون منها منهج رياض الأطفال التي أقامها فروبل تحوي العديد من الألعاب، والأغاني، والأناشيد، والمهن، والحرف اليدوية، والرحلات والزيارات، ومشاهدة الطبيعة في مظاهرها المختلفة والرسم والتصوير، والتعامل مع أشياء مادية كالعصي والمكعبات الخشبية وغيرها من الأشكال الهندسية والأدوات التي يسمى فروبل بعضها بالهدايا، والمشاركة في الاستماع والمناقشة والمحادثة، وقص القصص وتمثيليات مناسبة لسن الأطفال

وعقلياتهم، ودراسة الحساب، إلى غير ذلك من الألعاب والأنشطة التي يتكون منها المنهج الذي كان يطبقه فروبل في رياض الأطفال .

ومن الألعاب التي كان يطبقها فروبل في رياض أطفاله والتي لا تزال مطبقة بشكل أو بآخر في مدارس رياض الأطفال الحديثة، ألعاب تدريب الحواس، وألعاب التدريب على الأرقام، وألعاب التدريب اللغوي وزيادة المفردات اللغوية، وألعاب التمثيل وألعاب البناء والتركيب إلى غير ذلك من أنواع الألعاب.

أما الهدايا التي اخترعها فروبل لتستعمل كأدوات للتعبير عن أنشطة الطفل، هي عبارة عن أشكال هندسية جامدة تقدم للأطفال الصغار لإرضاء حاجاتهم.وتتكون الهدية الأولى من علبة بها ست كرات لينة من الصوف،ألوانها مختلفة، ثلاث منها تبين الألوان الثلاثة الأصلية وهي: الأحمر والأصفر والأزرق، والثلاث الأخرى تبين الثلاثة الفرعية وهي البرتقالي والأخضر والبنفسجي. وغاية هذه اللعبة تمرين الطفل على معرفة الألوان ويتوقف حسن استعمالها على مهارة المربي. وتعتبر الكرة أكثر اللعب انتشارا بين الأطفال والتي ترمز إلى وحدة العالم[1].

والهدية الثانية تتكون من كرة وأسطوانة ومكعب، وكلها مصنوعة من الخشب. والغرض منها أن يتعلم الأطفال ما للأجسام من الأشكال المختلفة. وأن يدربوا على الملاحظة الصادقة والتأمل فيما حولهم من الأشياء، وأن يؤهلوا لدراسة الهندسة والرسم[2].

والهدية الثالثة تتكون من مكعب كبير مقسم إلى ثمانية مكعبات صغيرة متساوية يعدها الأطفال ويرتبونها على أشكال متنوعة، ويبنون منها أمثال الأبواب والشبابيك والقلاع. ومن هنا كان الصندوق الذي تحفظ فيه هذه اللعبة يسمى صندوق البناء الأول[3].

والهدف من هذه الهدية تعليم الأطفال العد والجمع والطرح والضرب والقسمة ومبادئ الكسور، وتربية الذوق السليم فيهم بما يأتونه من ترتيب هذه المكعبات وتنسيقه على أشكال متنوعة، وتقوية روح الاختراع بما يبتدعونه من الأعمال التي يدفعهم إليها الخيال، وغرس كثير من الأخلاق الفاضلة في النفوس كحب العمل والاعتماد على النفس.

---

(١) (٢) (٣) مصطفى أمين، تاريخ التربية، مرجع سابق، ص ٣٤١، ٣٤٢.

والهدية الرابعة وتتكون من مكعب كبير مقسم إلى ثمانية مستطيلات، كل مستطيل منها طوله ضعفا عرضه، وعرضه ضعفا سمكه، ويسمى صندوق هذه الهدية صندوق البناء الثاني. وأغراض اللعبة الثالثة تأتي جميعها هنا، ويزاد عليها تأهيل الطفل لتلقي دروس رائعة في الرسم والهندسة، وتعويده التدقيق في العمل والتحرز من الخطأ، فإن بعض الأعمال التي يكلفها الطفل هنا تستدعي وضع المستطيلات بترتيب خاص بحيث إذا وضع مستطيل مكان آخر فسد العمل جميعه.

وهناك هدايا أخرى كثيرة بالإضافة إلى نوع آخر من الألعاب التي يتكون منها منهج رياض الأطفال لفروبل يسميه بالمهن. وهي تشمل تشكيل الصلصال، وقص الورق، وتكوين الصور، ورسم بعض الكائنات الحية، والحياكة، إلى غير ذلك من الأنواع البسيطة للعمل اليدوي الذي يناسب الأطفال الصغار.

وقد احتلت الأغاني والأناشيد مكانا بارزا في المنهج الذي كان يطبقه فروبل، في مدارس رياض الأطفال، وهي في نظره سبيل إلى تنمية أخلاق الطفل وتنمية مواهبه الفنية وتنمية ثروته وقدرته اللغوية. وقد ضمن أحد كتبه إحدى وخمسين أغنية لعبية تستجيب لحاجات الأطفال الجسمية والعقلية والخلقية. كما أعطى أخيرا أهمية للقصص التي توقظ اهتمام الطفل بالماضي وبداية إحساسه بذاته. فالقصص في نظره هي لعب العقل لأنها تنمي قوى العقل .

٤- أفكار فروبل التي تتصل بطرق التدريس:

وتتفق أفكاره التي تتصل بطرق التدريس مع أفكاره التي تتعلق بمعنى التربية وأهدافها ومناهجها وبرامجها. وتقوم الطريقة التي نادى به فروبل على تأكيد عدة مبادئ أساسية من بينها: [١]

* مبدأ الحرية الموجهة والاختيار بدلا من القسر والمحاكاة والتقليد لرغبات الكبار.

* مبدأ التعليم عن طريق الخبرة والعمل والحياة النشطة.

* مبدأ التطبيق العملي لكل معرفة يكتسبها الأطفال.

---

(١) عمر محمد التومي الشيباني ، مرجع سابق ، ص ٢٧٦.

* مبدأ الاعتماد على الميول والدوافع الداخلية للطفل في تشجيع الطفل على التعلم بدلا من اللجوء إلى الحوافز والرغبات الخارجية أو إلى الجبر على التعلم واستخدام الشدة والقوة.

* مبدأ الإعلاء من شأن اللعب واستخدامه لتحقيق أغراض تربوية نافعة والاستعاضة باللعب والنشاط والمشاهدة في دراسة التاريخ والجغرافيا والبيئة عن الكتب والدراسة النظرية.

* مبدأ ربط المنهج بخبرات الطفل ومبدأ الوحدة والتكامل في الخبرة والنشاط التربوي لأن الحقائق المتفرقة ليست عنده معرفة ولا تصل إلى درجة المعرفة إلا بعد تنظيمها والربط بينها.

* مبدأ الاعتقاد بأن كل انطباع حسي يجب أن يقابله تعبير حركي.

* مبدأ الأخذ والعطاء والتفاعل بين التلميذ والمدرس بدلا من الإيجابية المطلقة أو السلبية المطلقة التي تقوم عليها بعض الطرق التربوية .

* مبدأ التدرج في عرض الخبرات، إلى غير ذلك من المبادئ التي تقوم عليها طرق التربية والتدريس التي كان ينادى بها فروبل ويطبقها في مدارسه، والتي كانت من الأسس التي بنت عليها ماريا منتسوري، وجون ديوي، ووليام كلباتريك وغيرهم من المربين المحدثين في القرن العشرين طرقهم التربوية .

نقد وتقييم أفكار فروبل التربوية

رغم ما لاقته أفكار فروبل والحركة الفروبلية من تأييد، فإنها لم تسلم من النقد الذي وجه إليها. ومن هذه الانتقادات ما يلي:

١-المبالغة في الرمزية، ومحاولة صبغ جميع الأنشطة والألعاب والأدوات التي نادى باستخدامها في تربية الأطفال بصبغة رمزية صوفية، مما جعله كثيرا ما يلجأ إلى تفسيرات خيالية ومتكلفة، ويضفي على الأشياء معاني غامضة وغير واضحة للشخص العادي. فالأنشطة والألعاب والأدوات التي اخترعها لتربية تلاميذ رياض الأطفال ترمز إلى معان داخلية، أي إلى بعض الأفكار الفلسفية أو بعض قوانين النمو والتطور والقوانين الكونية، أو إلى بعض العلاقات: فالكرة مثلا عنده هي أول لعبة عالمية لأنها ترمز إلى وحدة جميع الأشياء، وشكل الكرة المرسوم على أرضية رياض الأطفال يرمز في نظره إلى الوحدة الداخلية للجماعة، والمكعب الخشبي يرمز إلى التنوع والاختلاف داخل الوحدة.

وهذا يمكن القول بالنسبة لجميع الأنشطة والألعاب والأدوات التي اخترعها فإنه أضفى عليها جميعها معاني داخلية رمزية. فالرمزية عنده شكل من أشكال اللغة تتمشى مع عقلية الأطفال الصغار التي يستخدمونها على نطاق واسع في ألعابهم.

٢-المبالغة في التركيز على اللعب والنشاط الحر في المنهج الدراسي على حساب المعرفة المنظمة، وتأكيد الحرفية الكاملة في تطبيق الألعاب المقترحة والتعليمات الملحقة بها، مع أن هذا لا يتفق مع مبادئ علم النفس الحديث الذي يؤكده ضرورة التكيف والتصرف بما يناسب ظروف الزمان والمكان وبما يناسب حاجات الأطفال المتغيرة .

٣-تعتبر أغاني الأطفال التي اقترحها لاستعمال الأمهات ناقصة من الناحية الموسيقية والتوقيعية والروح الشاعرية، وأن الصور التي ألحقها بها لتوضيحها غير واضحة.

ورغم هذه الانتقادات التي وجهت إلى أفكار فروبل التربوية فإنه يعتبر من أكثر مربي القرن التاسع عشر تأثيرا في تطور النظريات التربوية في العصر الحديث. ومن الأمور والنواحي التي ساهم بها فروبل في تقدم وتطور النظريات التربوية الحديثة ما يلي:

١- إيمانه ومناداته بأن العملية التربوية يجب أن تؤسس على النشاط الذاتي للطفل، وبأن النمو الحقيقي للطفل ينبع من مثل هذا النشاط، وبأن النشاط البناء هو الوسيلة الأساسية لربط وتكامل نمو كافة القوى الجسمية والعقلية والوجدانية والخلقية للطفل، والأداة التي تساعد على تحقيق التوافق والانسجام بين الإرادة والغريزة ومتطلبات الرقابة الاجتماعية.

٢- إعطاؤه أهمية أكبر لتربية الطفل الاجتماعية في المحيط المدرسي والتي أهملت من المربين السابقين.

٣- جهوده الموفقة في تربية الصغار، وفي رسم المبادئ والخطوط التي ينبغي أن تقوم عليها مناهجها وبرامجها وطرق التدريس وأساليب معاملة الطفل فيها. فإليه يرجع الفضل في إقامة فلسفة متكاملة لرياض الأطفال التي كانت تسير على غير فلسفة واضحة وبطريقة عرضية عشوائية.

ثانيا : النزعة العلمية في التربية الحديثة :

أصبحت التربية في هذا القرن أقرب إلى روح العلم، وبـدأت تسـير بخطى سريعـة ثابتة نحو صيرورتها علما له أصوله ومبادئه وطرقه المستمدة من الملاحظة والتجربة، واستخدام الطرق العلمية، بعـد أن أصبحت اكثر ملاءمة لطبيعة الطفل واكثر استجابة لحاجاته النفسية. كما بدأت العملية التربوية تعطي أهمية أكبر في مناهجها لدراسة العلوم الطبيعية والبيولوجية ونتائج الاكتشافات العملية والجغرافيـة، كمـا بدأت تتوسع في استخدام الطرق العلمية في عملية التدريس وفي عملية تقويم الأطفـال وتقـويم تقـدمهم الدراسي .

وقد نتجت هذه الحركة العلمية في التربية في مجموعها عن التطور الكبير الذي حـدث في مجـال العلوم الطبيعية والبيولوجية وفي تطبيقاتها العملية في كافة جوانب الحياة الإنسانية في القرن التاسع عشر. وقد وصلت الثورة العلمية التي بدأت في القرن السادس عشر واستمرت بلا انقطاع، إلى درجة لم يسبق لـه أن وصلتها من قبل، في القرن التاسع عشر. ففي هذا القرن بدأ التوسع الكبير في استخدام الطرق العلميـة وفي تطبيق نتائج العلوم الطبيعية والبيولوجية في معالجة المشاكل الإنسانية في مجالات العمـل والإنتـاج والصناعة، والزراعة، والمواصلات، والاتصالات، والصحة، وفي غير ذلك من المجالات التي شملتها التطبيقات العملية لنتائج التجارب والدراسات العلمية.

وقد تأثرت مظاهر الحياة بالتقدم العلمي الذي تحقق في هذا القرن، بما في ذلك المجال التربوي والمؤسسات التربوية. وقد نشأ عن ذلك الاتجاه العلمي العام نزعة أو حركة علميـة في المجـال التربـوي أصبحت تأخذ مكانها في هذا القرن جنبا إلى جنب مـع الحركة النفسية التـي سبقت مناقشتها والحركة الاجتماعية التي سيأتي الحديث عنها لاحقا.

العوامل التي ساعدت على تدعيم النزعة العلمية في التربية:

تعتبر النزعة العلمية في التربية في القرن التاسع عشر امتدادا للحركة الحسية الواقعيـة في التربيـة التي ظهرت واضحة في القرن السابع عشرـ عـلى يـد بيكـون وراتـك، وكومينيـوس وغـيرهم مـن الفلاسفة والمربين الواقعيين الحسيين في القرن السابع عشر : ومن العوامل التي ساعدت على تطور النزعة العلمية في التربية في هذا القرن ما يلي:[1]

---

(١) عمر محمد التومي الشيباني ، مرجع سابق ، ٢٨٣- ٢٨٥ .

أولا- أفكار وجهود المربين الحسيين الواقعيين الذين سبق الحديث عنهم، فقد طالب أولئك المربون بتدعيم العلوم الطبيعية في مناهج الدراسة وبضرورة تطبيق الطريقة الاستقرائية في البحث عن المعرفة وفي طرق التدريس، وأعلوا من قيمة المعرفة العلمية ومن دراسة الطبيعة في المناهج التربوية .

ثانيا- وجدت النزعة العلمية في التربية سندا قويا في أفكار روسو وغيره من اتباع الاتجاه أو المذهب الطبيعي الذي قوي جانبه في القرن الثامن عشر. فالدارس للمذهب الطبيعي ولأفكار اتباعه ولاسيما روسو يجد فيه الجذور الأولى لكافة الحركات التربوية التي ظهرت في القرن التاسع عشر- بما فيها الحركات النفسية والحركة العلمية الحالية، والحركة الاجتماعية اللاحقة: فروسو يؤكد في كتابه أميل على دراسة الطبيعة المادية والطبيعة الإنسانية والطبيعة الحية بصورة عامة وأهمية استعمال الأشياء المحسوسة الطبيعية واستعمال طرق المشاهدة والملاحظة المباشرة لظواهر الطبيعة والبيئة الطبيعية بدلا من استعمال الكتب، والاعتماد على الدراسة النظرية كتراث الماضين .

ثالثا- ازدهار النهضة العلمية في هذا القرن التاسع عشر واتساع آفاقها وتعدد جوانبها، وقد شملت النهضة العلمية في هذا القرن الجانب النظري والجانب التطبيقي على السواء. فكما نشط العلماء والفلاسفة في استحداث النظريات العلمية في إجراء الدراسات العلمية فإنها نشطت أيضا حركة الاختراع وحركة التطبيق العملي لنتائج الأبحاث العلمية والاختراعات العلمية في مجال الصناعة وفي كافة مجالات الحياة الأخرى. وقد استجاب المربون في أفكارهم ونظرياتهم التربوية ومناهج الدراسة خاصة إلى هذا التقدم العلمي، وتشكل من مجموع أفكارهم ما يسمى بالنزعة العلمية في التربية. ومن أبرز النظريات التي ظهرت في هذا القرن، ونالت شهرة فائقة وحظيت بأكبر قدر من النقاش من مؤيديها ومعارضيها، وكان لها تأثيرها في تشجيع الاتجاه العلمي العام والنظريات التربوية وجهة علمية هي نظرية التطور العضوي أو البيولوجي التي أخذت أشكالا مختلفة، واتصفت بصفات عامة تجمعها. ومن بين الفلاسفة والعلماء الذين نادوا بها الفيلسوف الألماني هيجل (١٧٧٠-١٨٣١م)، وتشارلز دارون (١٨٠٩-١٨٨٢م)، والفرد والاس، والمربي البريطاني هربارت سبنسر الذي تقوم نظريته التطورية على مبدأ البقاء للأصلح .

رابعا- الأثر الذي تركته الحركة النفسية بمظاهرها الثلاثة : البستالوتزية، والهربارتية، والفروبلية. فهذه الحركات لم تكتف بالدعوة إلى مراعاة طبيعة الطفل وميوله وحاجاته في العملية التربوية بل تعدتها إلى الدعوة إلى الاهتمام بتدريب الحواس وبدراسة الجغرافيا، والظواهر الطبيعية، وباستعمال الأشياء المحسوسة في التدريس كما يظهر بوضوح عند بستالوتزي.

خامسا- المعارضة التي أصبح يلقاها التعليم الكلاسيكي الأدبي القديم، وتغير الأوضاع السياسية والاجتماعية والاقتصادية والثقافية، وتغير نظرة الناس إلى وظيفة التربية في الحياة. فلم تعد تلك الدراسات الكلاسيكية الإنسانية تتمشى مع متطلبات العصر ولا مع متطلبات التطورات الصناعية والتجارية التي حدثت في هذا القرن، ولا مع متطلبات الكفاءة الفنية والحياة الكاملة.

بعض المميزات العامة للنزعة العلمية في التربية :

تتميز النزعة العلمية ببعض المميزات العامة التي تتضح في أفكار جميع المربين المناصرين له رغم تعددهم واختلافهم في كثير من الأفكار الجزئية، كما يلي:[(١)]

١- الإيمان بأهمية العلوم الحديثة في تحقيق الحياة الكاملة للفرد، حيث تتوقف رفاهية الفرد والمجتمع على معرفة وفهم العلوم الطبيعية وعلوم الحياة وعلى حسن تطبيقها والاستفادة منها.

٢- انتقاد التعليم القديم الذي يركز على دراسة تراث الماضي من أدب وتاريخ قديمين ولغة كلاسيكية يونانية ولاتينية وغيرها من المواد التي لا تمت بصلة إلى حياة الناس المعاصرة.

٣- المناداة بضرورة إعطاء المركز اللائق للعلوم الطبيعية والبيولوجية في مناهج الدراسة لمختلف مستويات التعليم، وبضرورة تحسين وسائل دراسة هذه العلوم.

٤- الإعلاء من شأن طريقة التجربة والملاحظة العلمية ومن شأن الطريقة الاستقرائية، والدعوة إلى الاستفادة منها في عملية التدريس وتنظيم خبرات المنهج وعرضها.

(١) المرجع السابق ، ص ٢٨٧ .

٥- الإيمان بأن مادة الدراسة ومحتوياتها أهم من الشكل أو الطريقة التي يتم بها تدريس المواد الدراسية . وفي هذا معارضة صريحة لأنصار نزعة التهذيب الشكلي الذين يغلبون جانب الشكل والطريقة على جانب المحتوى.

هربارت سبنسر (١٨٢٠ – ١٩٠٣) :

ساهم كثير من المربين في تدعيم النزعة العلمية في التربية، وفي رفع لوائها في النصف الثاني من القرن التاسع عشر. وكان من أبرز هؤلاء المربون الإنجليز التالية أسماؤهم: جورج كومب (١٧٨٨-١٨٥٨م)، وماثيو ارنولد (١٨٢٢-١٨٨٨م)، وتوماس هنري هاكسلي (١٨٢٥-١٨٩٥م)، وهربارت سبنسر، وسنتحدث الآن عن كل من سبنسر وهاكسلي .

أ- حياة هربارت سبنسر:

ولد هربارت سبنسر ببلدة دربي عام ١٨٢٠. وكان والده وليام جورج سبنسر ناظر مدرسة ببلدته مسقط رأس هربارت. وقد تميزت عائلة سبنسر بالتحرر والاستقلال في الرأي وعدم التقيد بالتقاليد في جميع مجالات الحياة ومنها الدين. وكان لهذا الاتجاه التحرري في أسرة سبنسر تأثيره البالغ في اتجاه هربارت الذي كان يغلب عليه هو الآخر التحرر الفكري والصلابة في الرأي، والثقة بالنفس وعدم الصبر مع معارضيه. وكان سبنسر على العكس من روسو جافا عاطفيا، تغلب عليه الناحية العلمية ويهتم بجمع الحقائق وتنظيمها أولا وآخرا.

وقد واصل سبنسر تعليمه حتى أتم دراسته الجامعية في مجال الهندسة المدنية والمعمارية، ثم عين بعد تخرجه مهندسا للمباني بالسكك الحديدية للندن، وبرمنجهام، ثم تحول إلى العمل الصحفي، فالكتابة الخاصة. وقد قضى في الكتابة الخاصة ما يزيد على ثلاث وثلاثين سنة من عمره، كتب خلالها فلسفته التي شملت الكثير من ميادين ومجالات المعرفة، وكان من بين الميادين التي كتب فيها: الميتافيزيقيا، وعلم الأحياء، وعلم النفس، وعلم الاجتماع، والأخلاق والتربية. ولعل من أشهر وأهم ما كتبه في مجال التربية هي مقالاته الأربعة التي كتبها في الفترة ما بين (١٨٥٤، ١٨٥٩م)، ثم جمعت ونشرت على شكل كتاب تحت عنوان: "التربية العقلية والأخلاقية والجسمية" عام ١٨٦٠. ثم ظهر الكتاب بعد ذلك في طبعه شعبية عام ١٩١١. ويحتوي هذا الكتاب أهم أفكار هربارت سبنسر التي تتعلق بمفهوم التربية، وأهدافها، ومناهجها، وطرقها.

ومما يجدر ذكره أن حياة سبنسر أشبه بسلسلة كل حلقة من حلقاتها العديدة فعل من أعظم الأفعال التي أكملها وسط الشدائد والمشقات والأهوال. فقد جاهد في بدء حياته جهاد الأبطال في قتال الفقر وقهر العسر لأنه بلا ثروة يعتمد عليها ويتفرغ للفلسفة آمنا شر الفقر وهم الحاجة. وابتدأ بتصنيف كتبه وطبعها وهو قليل المال، فلم يقبل الناس على شرائها كما هو شأنهم في كل بحث دقيق عويص. فخسر بطبعها أكثر ما كان عنده من المال وقال في هذا الصدد إنه لما بلغ الثلاثين من عمره وأراد أن يطبع كتابه عن الأحوال التي لاغنى عنها لسعادة الإنسان فلم يجد صاحب مطبعة ولا صاحب مكتبة يطبعه على نفقته كما هو المعتاد مع المؤلفين الأوروبين لأن أبحاثه فلسفية عويصة، فطبعه على نفقته الخاصة وكان عدد نسخ الطبعة (٧٥٠) نسخة فقط فكسدت كسادا شديدا ولم تنفق إلا بعد مضي أربعة عشر عاما. وهكذا حياته فقر وكساد وكان سبنسر يقول: إنه يجب على الإنسان أن يجعل العلم والعمل واسطة لإدراك السعادة والنعيم لا أن يجعلها غاية حياته. (١)

ب- أفكار سبنسر التي تتعلق بمفهوم التربية :

يعتقد هربارت سبنسر انه من المرغوب فيه للعملية التربوية أن تتبع طريق الطبيعة،وأنه يجب أن ينظر إلى عملية التربية وعملية التعلم على انهما وظيفتان طبيعيتان تتمشيان مع قوانين الطبيعة، ومع قوانين النمو الذي لا يعدو أن يكون مظهرا من مظاهر الطبيعة. وهو يرى في الطبيعة خير معلّم للإنسان وينظر إلى التربية على أنها مؤسسة اجتماعية لا غنى للفرد والمجتمع عنها. وتأتي حاجة الفرد الإنساني إلى التربية من طول طفولته وامتداد اعتماده على الغير. والتربية الحقة عند سبنسر هي التي تعده للحياة الكاملة. وهذا يتكون من أمرين هما:

أولا: الحصول على القدر الكافي المناسب عن المعرفة لتكوين الإنسان من الناحية الفردية والاجتماعية.

ثانيا: تنمية القدرة على استخدام هذه المعرفة .

والمقياس الذي يجب أن يحكم على أساسه بقيمة المعرفة هو مدى مساعدتها على تحقيق الحياة الكاملة. وبتحليل سبنسر للأنشطة الإنسانية التي يمكن أن تتكون منها الحياة الكاملة وجد انه يمكن تصنيفها إلى خمس فصائل مرتبة حسب أهميتها كما يلي:

---

(١) عبد الله مشنون ، مرجع سابق ، ص ٢٠٥ .

١- أنشطة تؤدي بطريقة مباشرة إلى المحافظة على الذات.

٢- أنشطة تساعد على توفير ضروريات الحياة، وبالتالي تؤدي بطريقة غير مباشرة إلى المحافظة على الذات.

٣- أنشطة ترتبط بتربية الأطفال وتهذيبهم .

٤- أنشطة تتعلق بالمحافظة على علاقات اجتماعية وسياسية مناسبة.

٥- أنشطة تتعلق بأوقات الفراغ وتهذيب الذوق الفني.

والتربية الصالحة هي التي تهيئ لكافة هذه الأنواع من أنشطة الحياة.

ج- أفكار سبنسر التي تتعلق بأهداف التربية وغاياتها :

يرى سبنسر، كما رأى بيكون من قبله، أن الغاية الأساسية للتربية والهدف الأعلى لها هو الإعداد للحياة الكاملة. والمقياس المعقول عنده للحكم على نجاح أي تعليم أو تربية هو مدى نجاحها في اختيار الخبرات والأنشطة والوسائل الصالحة لتحقيق هذا الهدف الأعلى. وتحقيق هذا الهدف يتطلب في نظر سبنسر تحقيق كثير من الأهداف الخاصة، ويجملها سبنسر تحت خمسة أهداف عامة رئيسية ترتبط بالفصائل الخمسة لأنشطة الحياة الرئيسية التي سبقت الإشارة إليها عند الحديث عن مفهوم العملية التربوية لديه.

١- الأول هو هدف المحافظة على الحياة. ومن واجب التربية أن تساعد على اكتساب المعارف والخبرات والمهارات والعادات والاتجاهات التي تمكنه من الحفاظ على حياته وعلى صحته.

٢- والهدف الثاني يتمثل في تمكين الفرد من ضمان ضروريات الحياة وبالتالي من الحفاظ على حياته. فمن واجب التربية أن تدرب الفرد لتمكينه من تنمية الكفاءة الاقتصادية ومن اكتساب مهنة يعيش منها.

٣- والهدف الثالث هو الإعداد للحياة الزوجية والأبوة الصالحة ولتربية الأطفال وتهذيبهم، وهي الوظيفة الأساسية للتربية. ولذا فواجب التربية برأيه أن تهتم بالاعداد لرعاية الأطفال وتربيتهم .

٤- والهدف الرابع يتمثل في التنمية والمحافظة على العلاقات الاجتماعية والسياسية ومساعدة الفرد على الفهم والتمكن من العمليات الاجتماعية والسياسية .

٥- والهدف الخامس هو تحقيق التمتع والاستعمال الحكيم لوقت الفراغ، ومن ثم فواجب التربية أن تمكنه من تهذيب ذوقه الفني وتنمية مواهبه الفنية وميوله وهواياته ليستطيع التمتع بوقت فراغه.

د- أفكار سبنسر التي تتعلق بالمنهج :

تتفق أفكار سبنسر التي تتعلق بالمنهج الدراسي تماما مع افكاره في مفهوم التربية وأهدافها. فهاجم بشدة الدراسات الكلاسيكية التي تتمثل في الآداب واللغات القديمة التي كانت تغلب على مناهج عصره، رغم تقدم العلوم الطبيعية وتطبيقاتها العملية في مجال الصناعة. كما انتقد أيضا دراسة التاريخ، أي التاريخ السياسي في عصره والذي كان يهتم في المقام الأول بأخبار طبقة خاصة ولا يمكن الفرد من تكوين وجهات نظر خاصة حول الأحداث السياسية والاجتماعية الجارية، أما التاريخ الاجتماعي والاقتصادي والصناعي فإنه لا يمكن أن يشمله انتقاد سبنسر.

ويرى سبنسر أن المنهج الصالح هو الذي له قيمة نفعية، ويعد التلميذ للحياة الكاملة. وكما رتب سبنسر أوجه نشاط الحياة والأهداف التربوية التي تدخل في مفهوم الحياة الكاملة حسب أهميتها، رتب أيضا حسب الأهمية، مواد المنهج وخبراته. ومن المواد العلمية التي يعطيها سبنسر أهمية ويؤكد ضرورة اشتمال المناهج الدراسية عليها لارتباطها بتحقيق الأهداف التربوية الخمسة التي أشار إليها هي: الرياضيات، والطبيعة، والكيمياء، والأحياء، والفسيولوجيا، وعلم النفس، وعلم الاجتماع، وعلم الأخلاق، وعلم الدين، والعلوم السياسية، والتاريخ الاجتماعي والاقتصادي، والآداب والفنون الجميلة كالشعر والمسرح والموسيقى، والرسم، وما إلى ذلك . كما اهتم سبنسر في التربية الجسمية باللعب والتدريب البدني، وتهيئة الهواء النقي، والأكل الحسن، والكساء المناسب.

هـ- أفكار سبنسر التي تتعلق بطرق التدريس :

يتفق سبنسر في أفكاره حول طرق التدريس وأساليب معاملة التلاميذ مع أفكار المربين الذين سبقوه في إقامة طرق التدريس والتربية بصورة عامة على أسس نفسية أمثال بستالوتزي. ومن المبادئ التي آمن بها سبنسر ونادى بوجوب مراعاتها وتطبيقها في طرق التدريس التالية :

١- السير من البسيط إلى المركب.

٢- السير من الغامض إلى المحدد.

٣- السير من المحسوس إلى المعنوي.

٤- السير من العملي إلى النظري، ومن مستوى الخبرة العملية إلى التفكير العقلي.

٥- ضرورة جعل العملية التربوية عملية سارة تتم في جو طبيعي بلا توتر وإجهاد ومريح من الناحية الجسمية والنفسية.

٦- ضرورة تشجيع وتعويد التلميذ على الاعتماد على النفس، وتشجيعه على الاكتشاف لنفسه، وتدريبه على الملاحظة المستقلة.

٧- ضرورة إعطاء التلميذ أكبر قدر من الحرية، وعدم اللجوء إلى العقاب إلا عند الضرورة وفي جو خال من الغضب والحقد، وان يكون قدر الإمكان من نوع الجزاء الطبيعي الذي نادى به روسو قبله.

٨- ضرورة استغلال النشاط الذاتي للتلميذ، واحترام ميوله، وان يتعلم عن طريق خبرته، وعدم اللجوء قدر الإمكان إلى طرق التسميع والتحفيظ والإلقاء التقليدية، التي تجعل التلميذ سلبيا.

٩- يجب أن يرتبط اكتساب المعرفة بالتدريب على طرق استخدامها وتنظيمها رغم أهميتها.

١٠- يجب أن تسير تربية الطفل في نفس النمط والتنظيم الذي تسير فيه تربية الجنس البشري كما ترى النظرية التلخيصية.

و- تقييم ونقد لأفكار سبنسر التربوية :

- تضمنت أفكار سبنسر التربوية ما يفيد ضرورة ربط التربية بالحياة، وجعلت الوظيفة الأساسية للتربية هي الإعداد للحياة الكاملة، وحاولت أن تحدد الجوانب الرئيسية والأنشطة الرئيسية لهذه الحياة الكاملة ورتبتها حسب أهميتها مع الاهتمام بالتوازن بينها، وحددت المواد الدراسية والوسائل التربوية الأخرى التي يمكن أن تساعد في تحقيق كل هدف من الأهداف التربوية الرئيسية. كما أعلت من شأن المواد والدراسات العلمية في مفهومها الواسع الذي يشمل العلوم الطبيعية والعلوم الاجتماعية على السواء.

- ومن جوانب القوة كذلك، ما تضمنته الطريقة التي نادى باتباعها كثيرا من المبادئ التقدمية التي مهدت من غير شك للأفكار التربوية الحديثة في القرن العشرين.

أما الانتقادات التي وجهت إليه فمنها:

- بالغ سبنسر في التأكيد على مبدأ النفعية في المنهج، وأنه في تحديده لقيمة مواد المنهج وتحديد أهميتها اعتمد اعتمادا كليا على وجهة نظر الكبار، وفاته أن المادة الدراسية التي يمكن أن تكون ذات فائدة للكبار قد تكون عديمة الفائدة بالنسبة لطفل لم يصل بعد إلى مرحلة النمو التي تمكنه من فهمها.

- كانت مبادئ الطريقة التي نادى بها سبنسر عامة أكثر من اللازم، وقد تضر أكثر مما تنفع إذا ما طبقت حرفيا ولم تراع سن التلميذ ومستوى نموه العقلي والموضوع المراد تعلمه.

- إن تطبيق مبدأ الجزاء الطبيعي لا يناسب الأطفال الصغار الذين لا يدركون كثيرا من المخاطر، وأنه سلبي وغير تربوي، ولا يأخذ في الاعتبار أن روح العقاب كثيرا ما تتحقق في عدم موافقة المجتمع على عمل الفرد.

ورغم الانتقادات التي وجهت إلى أفكار سبنسر، فإن أحدا لا يستطيع أن ينكر قيمة كثير من أفكاره التربوية التقدمية وتأثيره في أفكار مربي عصره والمربين الذين آتوا من بعده.

- **توماس هاكسلي (١٨٢٥-١٨٩٥م) :** [١]

ولد توماس هاكسلي في قرية بالقرب من لندن، وكان أبوه مدرسا هناك، فقرأ فيها مبادئ العلوم ثم عكف على الدرس والتنقيب وتعلم اللغة الألمانية وغاص في بحار علومها لأنها أغنى لغات الأرض بالكتب العلمية. ثم دخل مدرسة طبية في مدينة لندن، ولم يكتف بدراسة ما وجده في الكتب وسمعه من الأساتذة بل كان يبحث وينقب بنفسه. ومارس مهنة الطب مدة وجيزة ثم انضم إلى جمهور الأطباء الذين التحقوا بخدمة جنود البحرية. وذهب في سفينة من سفن الحكومة أرسلت لقياس أعماق البحار في الأقاصي الجنوبية، فأقلع بها سنة ١٨٤٦ ولم يعد حتى سنة ١٨٥٠ م. وأقامت السفينة أكثر هذه المدة شرقي جزيرة استراليا وشماليها، فاغتنم الفرصة للبحث في الحيوانات البحرية التي رآها هناك وكان يصف ما يشاهده وصفا علميا دقيقا ويبعث به إلى إنجلترا لينشر في جرائدها العلمية، فاشتهر اسمه بين رجال العلم وانتخب عضوا في الجمعية الملكية ثم عين أستاذا للتاريخ الطبيعي في مدرسة المعادن الملكية، كما عين أيضا ممتحنا في جامعة لندن.

وانتظم في كثير من الجمعيات العلمية والتعليمية وله فضل كبير في إصلاح شأن التعليم في بلاده، ولما صار له من العمر ستون سنة تفرغ للبحث والدرس ولم يترك فرعا من فروع علم الحيوان وعلم الحياة حتى وسعه وأغناه بمكتشفاته، ويعد من أشهر علماء العالم في علم الحياة.

آراء هكسلي في التربية والتعليم :

يحتل العالم الإنجليزي هاكسلي مكانة سامية في تاريخ التربية وذلك لجهوده العظيمة في مقاومة التربية اللغوية اللفظية، ولسعيه الحثيث في إدخال العلوم الطبيعية في المناهج الدراسية. ومن أبرز أقواله التي ينتقد منها التربية الشائعة ويحاول جعل التربية عملية علمية : "لنقف الآن برهة من الزمن نبحث فيها عن أحوالنا التهذيبية المتناقضة وسيأتي يوم يستشهد فيه الإنجليز بما أكتبه الآن، عن درجة الغباوة التي اتصف بها أجدادهم في القرن التاسع عشر." الأمة الإنجليزية تجارية استعمارية يتوقف رخاؤها وسعادته على فهم القوى الطبيعية والنظم الاجتماعية والسيطرة على هذه العوامل. ولكن لنرى نوع التربية التي يتلقاها الشاب في المدارس. يدخل الإنجليزي المدرسة وينهك فيها قواه الفكرية والجسمية مدة اثنتي عشرة سنة ويصرف ما يقارب ألفا أو ألفي جنيه. ولكن ما هي الفائدة التي يجنيها من هذا التحصيل؟ يخرج من المدرسة وهو لا يعرف كيف تصنع الحاجيات

(١) المرجع السابق ، ص ٢٠٧-٢١٠ .

المتداولة. لا يفرق بين الصادرات والواردات ولا يفقه معنى كلمة رأس المال. يذهب إلى المستعمرات وهو لا يميز فيما إذا كانت تسمانيا جزءا من ويلز الجنوبية الجديدة أو بالعكس.. وربما انتخب عضوا في مجلس العوام (النواب) وهناك ينكب على سن الشرائع والقوانين وهو لا يعرف معنى القوانين الاقتصادية ولا يميز بين حرية التجارة وحمايتها ولا يفهم شيئا من الأنظمة السياسية والاجتماعية. فالقوة العقلية التي يجدر بالإنكليزي أن يتصف بها في حياته العملية هي النظر إلى الأمور رافعا حجاب السلطة والتقاليد فيتوصل إلى الفكرة العامة مبتدئا بالحقائق الجزئية. ولكن لا يتسنى ذلك للطالب في مدارسنا ويا للأسف! ألم أقل لكم أنا في حالة تناقض غريبة؟ فهل يحق لنا أن ندعو التربية التي تهمل كل هذه المواضيع، تربية حرة؟"[1]

تلك هي انتقادات هاكسلي للتربية الإنجليزية الشائعة في زمنه، واليك تعريفه للتربية الحرة الحقة : "إن الرجل الذي نشأ على تربية حرة هو ذلك الشاب الذي درب في صغره حتى أصبح جسمه خادما لإرادته فيقوم بأعماله بكل ارتياح وسرور، هو ذو الذهن الصافي المنطقي، ذو عقل قوي حاضر للعمل، هو ذلك الشاب الذي يفهم حقائق الطبيعة ويتنقل من موضوع إلى آخر بلا إجهاد وصعوبة. أهواؤه وشهواته خادمة ومطيعة لإرادته الحازمة القوية. يحب الجمال سواء أكان في الطبيعة أم في الفن. ينفر من الرذيلة ويحترم نفسه وسواه. ذلك هو الرجل المهذب تهذيبا حرا جامعا".

أما ما يتعلق بتطور النزعة العلمية في معاهد ذلك القرن، فإن القائمين على شؤون الجامعات أخذوا يفتحون شعبا جديدة للكيمياء والنبات وغيره، ثم سمحوا للطالب أن يختار فرعا منها ويتوسع ويتعمق في دراسته مع الإلمام الكافي ببقية المواضيع، إلى جانب الاهتمام باللغات القديمة وآدابها. أما في المدارس الثانوية فقد خصصت ساعتان لدراسة الطبيعة والتاريخ الطبيعي ثم أربع ساعات أسبوعيا لدراسة العلوم الطبيعية في ألمانيا، وكذلك الحال في المدارس الابتدائية. أما في المدارس الإنجليزية والأمريكية فلم تدخل العلوم رسميا إلا في أواخر القرن التاسع عشر.

ثالثا- النزعة الاجتماعية في التربية والتعليم :

تحدثنا فيما سبق عن النزعتين النفسية والعلمية وتأثيرها في تطور النظريات والأفكار التربوية في القرن التاسع عشر ثم في القرن العشرين، ونرى

---

(١) المرجع السابق ، ص ٢٠٨-٢٦٠.

الآن أن الحاجة تستدعي ظهور نزعة أو حركة تربوية أخرى تعطي أهمية أكبر لحاجات المجتمع ولنمو الفرد الاجتماعي في العملية التربوية. وقد وجدت هذه الحاجة استجابة في النزعة الاجتماعية في التربية التي بدأت تتضح معالمها في النصف الثاني من القرن التاسع عشر. ولم تكن هذه النزعة مناقضة للحركتين السابقتين ولا مستقلة عنهما، بل هي متداخلة معهما ومشابهة لهما في كثير من المميزات العامة. وإذا كان هناك من اختلاف بين هذه الحركات الثلاث فإنما هو اختلاف في مركز الاهتمام. فبينما نجد أن قادة الحركة النفسية ينظرون إلى التربية على أنها عملية نمو لشخصية الفرد، ويهتمون بالنشاط العقلي، ويؤكدون أهمية الطريقة من حيث أنها عملية نمو العقل، وبينما نجد قادة الحركة العلمية يؤكدون أهمية إعداد الفرد للحياة الكاملة وأهمية المعرفة العلمية في مثل هذا الإعداد، فإننا نجد قادة النزعة الاجتماعية يركزون جل اهتمامهم على اعتبار التربية عملية نمو للمجتمع وعملية إعداد للفرد في الوقت نفسه للمشاركة الفعالة في حياة بني وطنه وبني جنسه الاقتصادية والاجتماعية والسياسية، ويهتمون في مناهج الدراسة بالمواد الاجتماعية ومواد الإعداد المهني وبأوجه النشاط التي من شأنها أن تساعد على تنمية الروح الاجتماعية وتقوية روح التعاون وتشجيع الطرق الجماعية في مجال طرق التعليم.

١- العوامل التي مهدت للنزعة الاجتماعية وأثرت في تطورها :

مهدت لهذه النزعة مجموعة من العوامل نذكر منها ما يلي:[(١)]

أولا- تأثير روسو: مهد روسو لتأثير النزعة النفسية بتأكيده على طبيعة الطفل الخيرة وضرورة مراعاة حاجاته وميوله ورغباته ومستوى النضج الذي يمر به وضرورة الاهتمام بدفع الطفل نفسيا إلى التعليم وجعله يتعلم عن طريق خبرته ونشاطه، وكما مهد لظهور النزعة العلمية بإعلائه من شأن الطبيعة في مظهرها المادي والبشري وقبوله له كموجهه الأول في تربية الطفل، وبإعلائه من شأن الملاحظة الحسية المباشرة، وتأكيده لدراسة الطبيعة والمواد العلمية في المنهج، فإنه مهد أيضا لظهور الحركة الاجتماعية في التربية، وذلك بمناداته بأن جميع أفراد المجتمع يجب أن يتدربوا صناعيا حتى يتسنى لهم أن يساعدوا أنفسهم، وان يتعلموا كيف يكونون كرماء أسخياء ومتجاوبين عاطفيا مع بني وطنهم وجنسهم، ومن ثم فإن التربية بجهوده وتأثيره أقرب إلى الرفاهية الإنسانية.

---

(١) المرجع السابق ، ص ٣٠٤-٣٠٩.

ثانيا- تأثير بستالوتزي وهربارت وفروبل :

رغم أن معظم اهتمام هؤلاء المربين الثلاثة كان متركزا على تحسين طرق التدريس وجعل العملية التربوية متمشية مع خصائص الطفل وحاجاته وميوله، فإنهم لم يهملوا المظهر الاجتماعي للتربية في دراساتهم وأعمالهم الإصلاحية.

فقد اهتم بستالوتزي مثلا اهتماما كبيرا منذ بداية عمله التربوي بتربية الفقراء والأيتام والقيام بالأعمال الخيرية. وكان ينظر إلى التربية على أنها عملية فردية واجتماعية وأهم عمل يتلقاه التلميذ في المدرسة لا يقتصر على اكتساب العلوم والمعارف فحسب، بل مهمتها أن تساعد الفرد على أن يصبح إنسانا قادرا على خدمة نفسه وخدمة الآخرين. وهذا يتطلب تحسين طرق التدريس مما دفعه إلى بذل الجهود في هذا المجال، والاهتمام بالمواد والخبرات المهنية النافعة في الحياة ولها قيمة اجتماعية .

أما بالنسبة لتأثير هربارت في النزعة الاجتماعية في التربية فقد ظهرت واضحة في مجالين رئيسين: الأول يتعلق بالغرض من التربية وهو بناء الأخلاق في مفهومها الاجتماعي الواسع، وثانيهما يتعلق بمواد الدراسة التي تقدم للطفل مختلف مظاهر الحياة الحاضرة والماضية.

أما فروبل فإن تأثيره في النزعة الاجتماعية للتربية يتضح في تأكيده على البيئة الاجتماعية والمشاركة الاجتماعية في تحقيق نمو شخصية الطفل، هدف التربية الأساسي، عن طريق نشاطه الذاتي في البيئة الاجتماعية ودخوله في علاقات اجتماعية إنسانية بعكس ما كان يراه روسو من وجوب عزله عن المجتمع حتى سن الخامسة عشرة.

ثالثا- تأثير الحركة العلمية : إذا أمعنا النظر في النزعتين التربويتين العلمية والاجتماعية اللتين ظهرتا في النصف الثاني من القرن التاسع عشر، نجد انهما يشتركان في كثير من الخصائص. فقد أكدتا على أهمية المواد الدراسية ومحتواها أكثر من الشكل الذي تتم به دراستها، بعكس أنصار المذهب الشكلي المحافظين. كما أكدتا على أهمية العلوم الطبيعية والعلوم الاجتماعية وقيمتها النفعية، إضافة إلى اهتمام اتباعها بالتعليم الفني والمهني في التربية وتشجيعهم لإنشاء المعاهد الفنية والتجارية لتلبية الاحتياجات الاجتماعية يتمثل في زيادة اهتمام النزعة الاجتماعية بالعلوم الاجتماعية وبتأكيد القيمة الاجتماعية للعلوم الطبيعية والدراسات العلمية.

رابعا- اتضاح معالم الديمقراطية كطريقة في الحياة والبدء في النظر إلى التربية على أنها الوسيلة الفعالة لحماية الديمقراطية. وقد ظهر هذا واضحا في القرنين الثامن عشر والتاسع عشر، وذلك بقيام الثورتين الفرنسية والأمريكية في القرن الثامن عشر، والذي تجاوز تأثيرهما الحياة الفرنسية والحياة الأمريكية إلى كافة أرجاء أوروبا والى مناطق أخرى من العالم. كما ظهرت أفكار المفكرين الأحرار أمثال روسو وفوليتر، وبدأ الاهتمام بإصلاح أحوال العامة عن طريق تعليمهم، وبدأ فجر الديمقراطية الحديثة بالبزوغ. وكانت ألمانيا متمثلة بأكبر ولاياتها بروسيا السباقة إلى الاعتراف بقيمة التعليم في تحقيق العزة الوطنية عن طريق القوانين التي أصدرها فردريك الكبير عام١٧٦٣ م. ثم لحقت بها حكومات كثير من الولايات الألمانية الأخرى والدولة المجاورة لدولة النمسا في عهد الملكة ماريا تريزا.

وقد كان الاتجاه الديمقراطي والإيمان بأهمية التربية في رقي المجتمع وبضرورة تعليم عامة الشعب أكثر وضوحا في عقول القادة الأمريكان منذ اللحظة الأولى لاستقلال بلادهم، وعلى رأسهم جورج واشنطن، وتوماس جيفرسون (١٧٤٣-١٨٢٦م) وجيمس مادسون (١٧٥١-١٨٣٦م). وتبعهم في هذا الاتجاه بقية الرؤساء الأمريكيين في اهتمامهم بالمحافظة على التجربة الديمقراطية وتطويرها واعتبار التربية خير وسيلة للحفاظ على الحياة الديمقراطية ولترفيه المجتمعة وازدهاره.

خامسا- أدت التغيرات الاجتماعية والاقتصادية والسياسية والفكرية التي حدثت في أوروبا وفي العالم الغربي عامة نتيجة قيام الثورتين الفرنسية والأمريكية، إلى تطور الأفكار والنظريات التربوية وبالتالي تدعيم النزعة الاجتماعية في التربية. ومن هذه التغيرات، اتساع دائرة الطبقة المتوسطة، واتساع المدن، والهجرة الواسعة إلى المدن، واتساع طبقة العمال وزيادة الاهتمام برفاهية أسرهم، واتساع نطاق التجارة العالمية، وحدوث شيء من التوازن بين الزراعة والصناعة، وزيادة الطلب على المهارات الفنية والتكنولوجية، وزيادة الاهتمام بعامة الشعب وبالحصول على تأييدهم للدولة، وزيادة الشعور الوطني داخل الدول وضرورة تدعيمه وإعداد المواطن الصالح الذي يؤمن بوطنه وظهور الوحدات القومية في الدول الأوروبية، وتقدم العلوم الاجتماعية وفرض علمائها وجهات نظرهم على التفكير والتطبيق التربوي السائد في عصرهم، وأخيرا ظهور بعض المفكرين الاقتصاديين والاجتماعيين المتحررين أمثال كارل ماركس (١٨١٨-١٨٨٣م) وغيره، أدت هذه التغيرات إلى إبراز القيمة الاجتماعية والاقتصادية والسياسية للتربية، والى تدعيم فكرة النزعة الاجتماعية في التربية.

المميزات العامة للنزعة الاجتماعية في التربية :

نتحدث الآن عن أبرز الخصائص والمميزات العامة للنزعة الاجتماعية في التربية والتي بدأت تبرز ملامحها في أواخر القرن التاسع عشر وتتضح تماما في القرن العشرين كما يلي:

أولا- بالنسبة لمفهوم التربية، نجد أن أنصار هذه النزعة قد ركزوا على عامل المجتمع في التربية، وعلى مراعاة حاجاته الحاضرة والمقبلة عند التخطيط للتربية وتحديد أهدافها ووضع مناهجها. فهذه النزعة تنظر إلى التربية على أنها عملية توجيه ونمو للأفراد وإعداد لهم، وعملية تهذيب لأخلاقهم وتشكيلهم حسب قيم المجتمع الذين يعيشون فيه. ويعتبر أنصار هذه النزعة المدرسة كمؤسسة اجتماعية وظيفتها الأساسية تربية وإعداد الأفراد القادمين إليها لحياة اجتماعية، من طريق التفاعل الاجتماعي بين الأفراد وعناصر البيئة المادية والاجتماعية المحيطة. ورغم اعتراف أنصار هذه النزعة بأهمية الفرد في التربية فإنها لم تبالغ في أهميته كما فعل المتطرفون من أنصار المذهب الفردي في التربية، كما أكدت ضرورة توجيه نمو الفرد وتربيته وجهة اجتماعية.

ثانيا- بالنسبة لأهداف التربية، نجد أن النزعة الاجتماعية في التربية بشكلها المعتدل تعطي أهمية للفرد وللمجتمع معا. فهي بالنسبة للفرد تعطي أهمية زائدة لنموه الاجتماعي وتهذيب أخلاقه وبناء اتجاهاته ومهارته الاجتماعية التي من شأنها أن تجعل منه عضوا نافعا منتجا متعاونا في تحقيق الأهداف الاجتماعية المشتركة. واهتمام أنصار هذه النزعة لنمو التلميذ الاجتماعي، فإنهم لا يهملون جوانب النمو الأخرى الجسمية والعقلية والنفسية والانفعالية، لأن تحقيق هذه الجوانب يعتبر ضروريا أيضا لتحقيق المواطنة الصالحة الهدف الأعلى لأنصار النزعة.

وبالنسبة للمجتمع يرى أنصار هذه النزعة أن من واجب التربية أن تساهم في تحقيق التقدم الاجتماعي والمحافظة على تراث المجتمع وتطويره ونقله إلى الأجيال اللاحقة، والتخفيف من حدة التوتر الطبقي والعنصري والديني، وإزالة الفوارق الاجتماعية والاقتصادية بين أفراد المجتمع أو التقليل منها، وتحقيق التماسك بين عناصر المجتمع وفئاته المختلفة، وتحقيق الوحدة الوطنية والاستقرار السياسي والقوة السياسية إلى غير ذلك من مظاهر النمو الاجتماعي في مفهومه الواسع الذي ينبغي للتربية أن تساهم في تحقيقه في اعتقاد المربين الاجتماعيين. وهكذا نرى أن نمو كل من الفرد والمجتمع ينال حظه من اهتمام أنصار النزعة الاجتماعية في تحديدهم لأهداف التربية. وإذا كانت العملية التربوية والأهداف التربوية قد وجهت وجهة اجتماعية في ظل هذه النزعة، فإن هذا التوجيه لم يسلك

عند المعتدلين من أنصارها مسلك الكبت والإخضاع للفرد كما هو الحال في بعض النزعات الاجتماعية المتطرقة.فالنزعة أو المذهب الاجتماعي المعتدل يقف حدا وسطا بين المذهب الاجتماعي المتطرف الذي يعتبر المجتمع كل شيء والمذهب الفردي المتطرف الذي يبالغ في مراعاة مصالح الفرد. فالمذهب الاجتماعي المعتدل يقوم على مبدأ التفاعل بين الفرد والمجتمع، وعلى مبدأ التوفيق بين مصالح الفرد والمجتمع.

ثالثا- أما في مجال المنهج فإن أفكار أنصار النزعة الاجتماعية تكاد تتفق على الإعلاء من شأن المواد الاجتماعية كالتاريخ، والجغرافية، والتربية الوطنية، وعلم الاجتماع، وعلم الاقتصاد، وغيرها من المواد ذات الصلة المباشرة بدراسة تاريخ المجتمع وحضارته وتراثه والعلاقات والمشاكل والأوضاع السائدة فيه، كما تعلي أيضا من شأن الخبرات والأنشطة ذات القيمة في التربية الاجتماعية كالألعاب بأنواعها المختلفة، والأشغال اليدوية والفنية، وقراءة القصص الوطنية وقصص الأبطال، والأناشيد الوطنية، والجمعيات الطلابية، والأنشطة الاجتماعية المختلفة. كما لا يهملون المواد ذات الصلة بتنمية المهارات الأساسية كالقراءة والكتابة والحساب، بالإضافة إلى عدم إغفالهم أهمية اللغات الحديثة والعلوم الطبيعية والخبرات العلمية التي تعد الفرد مهنيا للحياة العملية.كما أن كثيرا من أنصار هذه النزعة انتقدوا دراسة اللغات والآداب القديمة الكلاسيكية بحجة انه لا صلة لها بالمشاكل الحاضرة للمجتمع.

رابعا- أما بالنسبة لطرق التدريس وأساليب معاملة التلاميذ فإن أنصار النزعة الاجتماعية، قد دأبوا على تأييد وتأكيد المبادئ والطرق وأساليب المعاملة التي تتمشى مع مفهومهم للعملية والأهداف التربوية. فقد طالبوا بضرورة جعل العملية التربوية تتم في جو نفسي واجتماعي سليم خال من الضغط والقسوة والظلم ومليء بالاحترام والتقدير والمساواة والتشجيع على التعلم، كما طالبوا بضرورة تعويد التلاميذ على العمل الجماعي والعمل التعاوني وعلى الخدمة الاجتماعية وعلى تحمل المسؤولية المناسبة لسنهم، وبضرورة مراعاة الفروق الفردية بين التلاميذ واستخدام الطرق الجماعية التي من شأنها أن تساعد على تنمية الروح الاجتماعية بجانب مساعدتها في توصيل المعارف والمعلومات. ومجمل القول أن الطريقة التي نادى باتباعها أنصار النزعة الاجتماعية في توجيه العملية التربوية تتضمن كل ما من شأنه أن يساعد على تفتيح شخصية الطفل وتنمية مهاراته وعاداته، واتجاهاته الاجتماعية المرغوبة وعلى إعداده كمواطن صالح وشخصية واعية منتجة.

من نتائج النزعة الاجتماعية في التربية أنها أحدثت تأثير كبيرا وهاما في التفكير التربوي وفي التطبيقات التربوية لا يقل في مقداره وأهميته عن تأثير الحركة الطبيعية، والحركة النفسية، والحركة العلمية السابقة. فقد أصبحت العملية التربوية بفضلها أكثر اتصالا بحاجات المجتمع وتسعى لتحقيق أهدافه وتسهم في تطوره وتقدمه. كما أصبحت مناهج الدراسة أكثر اتصالا بحاجات المجتمع ومطالب الحياة العملية فيه، وقوى مركز المواد الاجتماعية ومركز التدريب المهني والفني في المنهج. وبفضلها أيضا تحسن جو الصف المدرسي وأصبح أكثر تشجيعا على التعلم. واتسع نطاق استعمال الطرق الجماعية في التدريس، وكان من نتائجها أيضا إدراك السياسيين والمربين لأهمية التربية في تنمية المجتمع وقوته واستقراره، ولضرورة الربط بين التخطيط التربوي والتخطيط للتنمية الاقتصادية والاجتماعية، وكان من نتائج ذلك انتشار التعليم على مستوى المرحلة الابتدائية فقط، كما انتشرت المعاهد الفنية والمهنية بما فيها معاهد إعداد المعلمين. وقد مهدت هذه النزعة الاجتماعية لكثير من الحركات التربوية التي ازدهرت في أمريكا في القرن العشرين مثل الحركة البراجماتية وحركة التعليم العام من أجل التكيف الاجتماعي. وقد كان من اتباع هذه النزعة الاجتماعية في التربية في القرن التاسع عشر كثير من المربين من أبرزهم في أمريكا جيمس كارتر(١٧٩٥-١٨٤٩) وهو راس مان (١٧٩٦-١٨٥٩م)، وهنري برنارد (١٨١١-١٩٠٠م) .

خامسا- التربية في القرن العشرين

١- تمهيد :

في مطلع القرن العشرين انتقلت قيادة الفكر والنظريات التربوية من أيدي المربين الأوروبيين الإنجليز والفرنسيين والألمان إلى أيدي المربين الأميركيين، وليس أدل على ذلك من أن الغالبية العظمى من الفلسفات والحركات التربوية التي ظهرت وتدعمت في هذا القرن قد نشأت على أرض أميركية، ومعظم قادتها من الأمريكان. واصبح دور البلاد الأوروبية دور المقلد والمطبق للنظريات التربوية الأميركية بعد تكيفها للظروف الخاصة في بلادهم. وقد اتسع نطاق تأثير الفلسفات والنظريات التربوية الأمريكية بعد أن توسعت أمريكا في علاقاتها الثقافية والسياسية والاقتصادية عقب الحرب العالمية الثانية، وامتد هذا التأثير إلى مختلف الدول الأفريقية والآسيوية وخاصة الدول التي تربطها بأمريكا علاقات وثيقة كاليابان والفلبين وفيتنام الجنوبية وكوريا الجنوبية والصين الوطنية وقد ساعد على تدعيم القيادة التربوية الأمريكية في هذا القرن عدد من العوامل منها: [١]

أولا- التحرر الفكري للعلماء والمربين الأميركيين، وعدم تقيدهم بالتقاليد والأفكار السائدة والحب الأكيد للتجربة والبحث العلمي، وما يتمتعون به من حرية سياسية وأكاديمية في بلادهم تمكنهم من نشر- أفكارهم وتطبيقها وتشجعهم على البحث عن الحقيقة.

ثانيا- التشجيع المادي والمعنوي للأبحاث العلمية والتربوية في أمريكا من قبل المؤسسات الحكومية والأهلية. ويؤكد هذا التشجيع في المجال التربوي ما نراه من مئات المجلات التربوية والنفسية وآلاف الكتب والأبحاث والتقارير التربوية في المكتبة الأمريكية التربوية.

ثالثا- اللامركزية الشديدة التي يمتاز بها التنظيم السياسي الأمريكي وإتاحته للحكم المحلي في المقاطعات والمدن أن تدير شؤون التعليم بنفسها وتكيفه حسب ظروفها وحاجاتها دون تدخل يذكر من قبل سلطة حكومات الولايات أو سلطة الحكومة الاتحادية. وقد أدى هذا الوضع في التعليم إلى ظهور الآلاف العديدة من النظم التعليمية والتنوع الكبير في القوانين التعليمية والتنظيمات المدرسية والمناهج الدراسية، واتساع نطاق التجارب التربوية في مختلف مجالات التعليم.

---

(١) عمر محمد التومي الشيباني ، مرجع سابق ، ص ٣١٧-٣٢٧.

رابعا- مسايرة النظريات التربوية الأمريكية مع نتائج الأبحاث النفسية والتربوية والاجتماعية ومع المبادئ الديمقراطية ومتطلبات المجتمع الصناعي الحديث واكتسابها بذلك صفة العالمية.

٢-العوامل التي أثرت في تطور النظريات التربوية في القرن العشرين

بعد هذه المقدمة الموجزة التي توضح تـدعيم قيادة النظريات والحركات التربويـة الأمريكيـة يمكن أن نتحدث الآن عن أهم العوامل التي كان لها تأثيرها البالغ في تطور النظريات التربوية الأمريكيـة كما يلي: [١]

أولا- الحركات التربوية التي حمل لوائها المربون التربويون السابقون في القرن السابع عشر- والثامن عشر- والتاسع عشر. فكثير مـن المبادئ التربويـة الحديثـة ترجع في أصولهـا إلى أفكـار المـربين فيفـز، ومونتـاني، وبيكون، وكومنيوس، وجون لوك، وروسو، وبستالوتزي، وهربارت، وفروبل، وسبنسر، والى الحركات التربويـة التي نجمت عن جهود هؤلاء المربين، كالحركة الواقعية، والحركة الطبيعية الرومانتيكية، والحركة النفسـية، والحركة العلمية، والحركة الاجتماعية، وقد انتشرت أفكار أولئك المربين في جميع أنحـاء أوروبـا وفي أمريكا حيث لقيت قبولا وانتشارا أوسع للأسباب والعوامل السابقة الذكر.

ثانيا- التقدم الكبير الذي حدث في هذا القرن في مجال علم النفس، والعلوم الطبيعية، والعلوم البيولوجية، والعلوم الاجتماعية، مما ساعد المربين، ولاسيما التقدم في علم النفس وعلم الأحياء، عـلى تكوين مفاهيم صحيحة، أو قريبة من الصحة عن طبيعة الطفل، وعن العوامـل الوراثيـة والبيئيـة التي تـؤثر في نمـوه وفي تكوين شخصيته، وعن الصلة بين القوى العضوية، والقوى النفسية، وعن طبيعة العقل البشري وعـن كثير من العمليات العقلية على أسس تجريبية، بعد أن كان إدراك مثل هذه العمليات يقوم على أسس فلسفية ميتافيزقية. كما ساعد التقدم في علم النفس على فهم كثير مـن الـدوافع الشعورية واللاشعورية للسـلوك البشري، وتأثير هذه المفاهيم الجديدة التي استفادها المربون مـن تقـدم تلك العلـوم، في أفكارهم التـي تتصل بمعنى التربية وأهدافها ومناهجها وطرقها.

ثالثا- المبادئ الديمقراطية التي قوي جانبها واتسع نطاق تفسيرها في هذا القرن نتيجة الظروف والمتغيرات الحادثة في الدول الديمقراطية ومضاعفة جهودهـا في تـدعيم تلك المبادئ، وتقويـة الإيمـان بهـا في نفوس مواطنيها، والى استخدام جميع

---

(١) المرجع السابق، نفس الصفحات السابقة.

وسائل التربية المقصودة وغير المقصودة في تحقيق هذا الهدف. وتعتبر المبادئ الديمقراطية من أهم المصادر التي استقى منها المربون المحدثون في الدول الديمقراطية أفكارهم وفلسفاتهم التربوية.

رابعا- الزيادة الكبيرة التي حدثت في إعداد التلاميذ نتيجة الزيادة في عدد السكان وتعميم الفرص التعليمية. ويمكن توضيح هذه الزيادة الكبيرة في الولايات المتحدة الأمريكية بمقارنة عدد التلاميذ المسجلين في المدارس الابتدائية والثانوية في عام ١٨٩٠بعددهم في عام ١٩٥٥/١٩٥٦.

فقد بلغ عدد التلاميذ المسجلين في المدارس الابتدائية الأمريكية في عام ١٨٩٠ حوالي (١٤.١٨١.٤١٥)، وعدد المسجلين منهم في المدارس الثانوية لنفس العام (٣٠٠.٠٠٠)، وقد أصبح عددهم في عام ١٩٥٥/١٩٥٦ حوالي (٢٨.٣٣٢.٠٨٤) تلميذا في المرحلة الابتدائية وأكثر من (٧.٧٧٤.٩٧٥) تلميذا في المرحلة الثانوية وحوالي (٢.٩٩٦.٠٠٠) تلميذا في مرحلة التعليم العالي.

وقد أدت هذه الزيادة الكبيرة في إعداد التلاميذ، وما ترتب عليها من اتساع نطاق الفروق الفردية العقلية والجسمية والاجتماعية والاقتصادية بين التلاميذ إلى تأثير بالغ في فلسفة التعليم الأمريكي وأهدافه ومناهجه وطرقه وتنظيمه. ومن مظاهر هذا التأثير في التعليم الثانوي مثلا تغير أهداف المدرسة الثانوية، بحيث لم يعد الإعداد للدراسة العالية هو الهدف الوحيد للمدرسة الثانوية الأمريكية كما كان الحال قبل بداية هذا القرن، بل أصبح الهدف العام للمدرسة الثانوية هو الإعداد للحياة العامة، وأصبح هدف الإعداد للدراسة العليا هدفا جزئيا ضمن أهداف عديدة أخرى. ومن مظاهر هذا التأثير أيضا تنويع التعليم الثانوي واتساع نطاق المواد المعطاة في أنواعه، وفتح مجال الاختيار في مناهجه، والتوسع في استخدام طرق التدريس والتقويم والإرشاد التي تتمشى مع الفروق الفردية الواسعة الموجودة بين تلاميذ هذه المرحلة.

خامسا- التقدم العلمي والصناعي الذي أحرزته الولايات المتحدة الأمريكية وغيرها من الدول الأوروبية والغربية في هذا القرن، وما نجم عنه من تغيرات اجتماعية واقتصادية وسياسية وثقافية كان لها تأثيرها في أهداف التعليم ومناهجه وطرقه. ومن مظاهر هذا التقدم وما صاحبه من تغيرات ظهور الحاجة إلى التعليم الفني والصناعي والتجاري، واعتبار الإعداد المهني هدفا أساسيا من أهداف التعليم الثانوي والجامعي، وتطعيم المناهج الدراسية بالمواد المهنية إلى جانب العلوم التخصصية والثقافية العامة في جميع مراحل الدراسة.

وقد أدى التقدم التكنولوجي تدريجيا إلى تعميم الآلات الأوتوماتيكية في المصانع الكبرى، والى التقليل من أهمية الأعمال اليدوية في تسيير الآلات، فإنه لم يقلل من أهمية التعليم الهندسي والفني ولا من أهمية التعليم التجاري والإداري، بل أبقى عليها وزاد من أهمية الثقافة العامة والتربية الاجتماعية والوطنية في التعليم المهني. فالنسبة الكبرى من عمال المصانع الحديثة لا تحتاج إلى تدريب طويل، بل أصبحت حاجتهم ماسة أكثر إلى التعليم العام الذي يزيد من ثقافتهم العامة، وينمي لديهم المهارات الاجتماعية التي من أهمها مهارة التعاون والقدرة على التعامل مع الناس، ويساعد بالتالي على إعدادهم كمواطنين صالحين.

سادسا- الحروب والأزمات الاقتصادية التي حدثت في أوروبا في هذا القرن، والصراع السياسي والعقائدي والاقتصادي الذي ظهر واضحا منذ أواخر الثلاثينيات بين النظم السياسية الديمقراطية والنظم الديكتاتورية كالنظام الفاشي والنازي، وبين النظم الرأسمالية والنظم الاشتراكية والشيوعية. وقد كان لهذا الصراع المتعدد الجوانب ولتلك الحروب والأزمات الاقتصادية تأثيرها في كافة جوانب الحياة الأوروبية والأميركية بما في ذلك الجانب التربوي والنظريات والفلسفات التي يقوم عليها.

ففي الولايات المتحدة كان للحروب التي خاضتها، الحربين العالميتين الأولى والثانية والحرب الكورية والحرب الفيتنامية، تأثير كبير في الكشف عن العيوب في نظامها التعليمي، وأظهرت أهمية تأكيد الأهداف الاجتماعية والسياسية في التربية، وزيادة العناية بإعداد المواطن الصالح، وبالتربية الخلقية، وبالتربية البدنية، وبالتعليم المهني والعام، والخدمات المدرسية بما فيها الإرشاد التربوي، وذلك لما لاحظوه من عيوب كثيرة في إعداد جنودهم من الناحية الديمقراطية والفنية والثقافية العامة واللياقة البدنية.

أما بالنسبة للأزمة الاقتصادية التي حدثت في أمريكا في الثلاثينيات فقد كان من بين تأثيراتها على التربية أنها أثارت الشكوك في جدوى التربية التقدمية وفي قيمة النظريات الفردية التي تقوم عليها، ونبهت إلى ضرورة الاهتمام بالأهداف الاجتماعية والاقتصادية في التربية. كما أن الصراع العقائدي والسياسي بين النظم السياسية والاقتصادية المختلفة فقد أثر على التربية الأمريكية بعد الحرب العالمية الثانية وزاد الاهتمام بشرح المبادئ الديمقراطية في مناهج الدراسة، وبالمواد العلمية والرياضية واللغة الروسية وخاصة بعد تفوق الروس في أبحاث الفضاء عام ١٩٥٧.

سابعا- التحول الذي حدث في سياسة الولايات المتحدة الأمريكية في هذا القرن من العزلة السياسية النسبية إلى المشاركة الدولية الواسعة وتقلدها لزعامة العالم الغربي الرأسمالي عقب الحرب العالمية الثانية. ولقد كان لهذا التغير في سياسة الولايات المتحدة تأثير كبير في النظريات التربوية التي نشأت بعد الحرب العالمية الثانية، وبالتالي في أهداف التعليم الأمريكي ومناهجه وطرقه ووسائله. فأصبحنا نرى أن من بين أهداف التعليم الأمريكي تحقيق السلام العالمي، والتفاهم الدولي بين الشعوب، وتدعيم القيادة الأمريكية في العالم الحر. كما أصبحنا نجدهم يخصصون جزءا كبيرا من مناهجهم الدراسية لدراسة المشاكل والشؤون العالمية، ولدراسة تاريخ وثقافات الشعوب المختلفة بما فيها الشعوب الآسيوية والأفريقية. وفي مجال اللغات الأجنبية، مثل الاهتمام في مناهج المرحلة الثانوية باللغات الكلاسيكية القديمة كاللغة اللاتينية واليونانية وضعف نسبيا مركز اللغة الألمانية، وازداد الاهتمام باللغة الروسية وبعض اللغات الشرقية الافريقية، إلى غير ذلك من العوامل الأخرى كحملات الانتقاد من الأفراد والمؤسسات الخاصة، وجهود الجمعيات والمنظمات التربوية وما نتج عنها من دراسات وتقارير أثرت في توجيه التعليم الأمريكي وتطوره.

٣- أهم الحركات والفلسفات التربوية الحديثة التي ظهرت في القرن العشرين

بدأت منذ أوائل هذا القرن تتلاشى الفلسفات التربوية التي ظهرت في ألمانيا والأقطار الأوروبية المجاورة لها في القرن التاسع عشر وذلك كالفلسفة الهيجلية، والفلسفة البستالوتزية، والفلسفة الهربارتية، والفلسفة الفروبلية، لتحل محله فلسفات تربوية أمريكية جديدة أكثر دقة وتنظيما، نتيجة لتلك العوامل والتطورات الثقافية السابقة. ورغم أن الفلسفات التربوية الأمريكية الحديثة قد استمدت كثيرا من مبادئها من الحركات والفلسفات التربوية التي ظهرت في أوروبا في القرون السابقة فإنها قد تأثرت بعوامل الحياة الأمريكية وغلبت على معظمها النزعة العلمية الواقعية التقدمية الديمقراطية.

أما الفلسفات التربوية التي ظهرت في النصف الأول من هذا القرن في أمريكا فكثيرة، كان من أهمها الفلسفة البراجماتية، والفلسفة التجديدية، والرومانتيكية الطبيعية، والفلسفة الأساسية، والفلسفة الدائمة، والفلسفة المثالية الحديثة، والفلسفة الواقعية الحديثة، والفلسفة الإنسانية العقلية.

ويمكن تصنيف هذه الفلسفات التربوية تحت فصيلتين اثنتين:(١)

فلسفات تقدمية، وفلسفات تقليدية. وقد أرجعها بروبيكر في كتابه "الفلسفات الحديثة للتربية" إلى الأصلين التاليين: الفلسفة التقدمية، والفلسفة الأساسية. ويدخل تحت الفلسفة التقدمية بمعناها الواسع كل من الفلسفة البراجماتية، والفلسفة التجديدية، والفلسفة الرومانتيكية الطبيعية، أما الفلسفة الأساسية فإنها يدخل تحتها الفلسفة المثالية والفلسفة الواقعية الطبيعية، والفلسفة الكاثوليكية

ولكل فلسفة من هذه الفلسفات التربوية أنصارها والداعون إليها، وقد وجد الكثير منها طريقه إلى التطبيق العملي. وقد ساعد على تطبيق هذه الفلسفات المختلفة ما يتمتع به تنظيم التعليم الأمريكي من لامركزية، ومن إتاحته الحرية الكاملة للأفراد والجماعات أن تنشئ مدارس خاصة وكليات وجامعات أهلية تسير فيها حسب الفلسفات والطرق التي تراها صالحة.

وقد جرت عادة الفلاسفة المربين أن يبدأوا في عرضهم وشرحهم لفلسفاتهم ونظرياتهم التربوية ببيان الأساس النظري أو الفلسفي له، ثم يتبعوا ذلك ببيان الجانب التطبيقي لها في المجال التربوي، وتحت الأساس النظري يحاول الفيلسوف المربي أن يبين المبادئ التي يؤمن بها بالنسبة لطبيعة الكون وطبيعة الإنسان، وبالنسبة لطبيعة المعرفة الإنسانية. وطرق تكوينها واكتسابها، وبالنسبة لطبيعة القيم الأخلاقية ومصادرها وطرق تكوينها واكتسابها.

وتمثل الفصيلة الأولى من هذه المبادئ الجانب الانتولوجي لفلسفة الفيلسوف، وتمثل الفصيلة الثانية الجانب الأبستمولوجي، وتمثل الفصيلة الثالثة الجانب الأكسيولوجي لها.

أما الجانب التطبيقي لأية فلسفة تربوية فإنه يتضمن عادة الأفكار والمبادئ التي تنادي بها تلك الفلسفة بالنسبة للأهداف التربوية والمناهج الدراسية وطرق التدريس والتنظيم المدرسي، كما يشمل الاقتراحات التي يقدمها الفيلسوف لحل المشاكل التربوية العملية كمشكلة مراعاة الفروق الفردية بين التلاميذ، ومشكلة تصنيف التلاميذ، ومشكلة النظام في المدرسة، إلى غير ذلك من المشاكل العملية التي قد يقترح الفيلسوف المربي الحلول العملية لها بما يتفق والمبادئ التي نادى بها في القسم النظري من فلسفته.

---

(١) John S. Brubacher , Modern Philosophies of education , New York , McGraw hill Book co., Inc. , 1950 , pp.296-297

وسنقدم الآن فكرة موجزة عن أهم هذه الفلسفات وأكثرها تأثيرا في التربية الحديثة وهي الفلسفة البراجماتية.

٤- الفلسفة البراجماتية كأهم الفلسفات التربوية في القرن العشرين

بدأت البراجماتية تظهر كفلسفة مستقلة في أواخر القرن التاسع عشر، ثم تدعمت وقوي جانبها في النصف الأول من القرن العشرين. والمعنى الحرفي لكلمة البراجماتية هي الفلسفة العملية أو النفعية. وهذا التفسير لا يعطي صورة واضحة عنها، وإنما أفضل وسيلة لذلك هي أن نقدم بعض مميزاتها العامة الأساسية. وأهم هذه المميزات هي إيمان اتباعها بالتطور المستمر في جميع مظاهر الحياة، وإيمانهم بوحدة العالم وبوحدة الشخصية الإنسانية وباحترام الإنسان وبقيمته وبقيمة الذكاء البشري في إصلاح المجتمع وتقدمه، وتقديسهم للعمل، وتأكيدهم للخبرة والتجربة كمصدر للمعرفة، ونظرتهم النفعية الوظيفية للمعرفة والأخلاق. ولتأكيد هذه الفلسفة جميع الخصائص السابقة سميت بأسماء متعددة، يطابق كل اسم منها ميزة من المميزات السابقة، فهي تسمى أحيانا الفلسفة العملية، لتأكيدها قيمة العمل والنشاط في كسب المعرفة، ولإيمان اتباعها بأنه لا قيمة للمعرفة إذا لم تساعد الفرد على حل مشاكله وعلى النهوض بمجتمعه، كما تسمى أحيانا بالفلسفة الاداتية، وذلك لنظرتها إلى المعرفة والخبرة وللأشياء بصورة عامة على أنها وسائل وأدوات لتحقيق غايات نافعة، ولحكمها على قيمة الأشياء بقيمة الغايات التي تحققها وبمقدار النفع الذي تجلبه للفرد وللمجتمع. وتسمى أحيانا أخرى بالفلسفة التجريبية وذلك لتأكيدها أهمية الطريقة التجريبية في كسب المعرفة وفي تحقيق الغرض وفي حل المشاكل التي تصادف الفرد والمجتمع.

٥- المصادر التي اشتقت منها الفلسفة البراجماتية : مبادئها، وأبرز زعمائها: (١)

استمدت الفلسفة البراجماتية مبادئها وأصولها من مصادر كثيرة. ومن بين هذه المصادر على سبيل الإجمال الحركة الواقعية التي كانت في تطور مستمر منذ القرن السابع عشر، والحركة الرومانتيكية الفردية التي أسسها روسو في القرن الثامن عشر، والحركات النفسية التي قاد لوائها بستالوتزي، وهربارت، وفروبل في القرن التاسع عشر، والحركة العلمية والحركة الاجتماعية اللتان سادتا في أواخر القرن التاسع عشر، واستمرتا في نموهما وقوتهما في القرن العشرين، والنتائج العلمية الباهرة التي أسفرت عنها البحوث البيولوجية والنفسية، والمبادئ

---

(١) عمر محمد التومي الشيباني ، مرجع سابق ، ص ٣٣٠ -٣٣١.

الديمقراطية، وخصائص المجتمعات الصناعية. من هذه المصادر جميعها اشتقت الفلسفة البراجماتية مبادئها ونظرياتها وحاولت أن توفق بين هذه المصادر.

وقد ساهم في تدعيم الفلسفة البراجماتية وتوضيح مبادئها والدعاية لها كثير من الفلاسفة والعلماء المربين الأمريكيين. ويعتبر أربعة من هؤلاء الفلاسفة المؤسسين الحقيقيين لهذه الحركة أو الفلسفة وهم: تشارلز ساندرز بيرس (١٨٣٩-١٩١٤م)، ووليم جيمس (١٨٤٢-١٩١٠م)، وجون ديوي (١٨٥٩-١٩٥٢م) وجورج هربرت ميد (١٨٦٣-١٩٣١م). وقد أتى من بعد هؤلاء الفلاسفة كثير من المربين التقدميين الذين حملوا لواء الفلسفة البراجماتية، كان من بينهم على سبيل المثال بويد بود، ووليام كلباتريك، وجون تشايلدز، وجورج كاونتس.

فقد ساهم هؤلاء جميعا بمحاضراتهم وكتبهم ومقالاتهم العديدة في تطوير الحركة البراجماتية وفي توضيح مبادئها. ورغم اختلاف هؤلاء البراجماتيين في كثير من الأفكار الجزئية فإنهم يكادون أن يتفقوا في الإيمان بالمبادئ الأساسية التي تقوم عليها الفلسفة البراجماتية. وإذا كنا لا نستطيع تناول أفكار هؤلاء البراجماتين جميعا بالدراسة والتحليل، فلا أقل من أن نتناول أحدهم وهو المربي البراجماتي جون ديوي الذي يعتبر من المؤسسين الأوائل للمذهب البراجماتي وأكثرهم إنتاجا ونشاطا ودعما لهذا المذهب.

الملامح البارزة في القرن العشرين

تميز القرن العشرون بعدد من الملامح البارزة التي أثرت عليه وأعطته طابعا معينا جعلته يختلف اختلافا بينا عن القرون السابقة. وأهم هذه الملامح هي ثورة الآمال البشرية التي عبرت عن نفسها بانتشار الحرية بين الشعوب وظهور المبادئ الديمقراطية. ومنها الثورة التكنولوجية التي أدت إلى تطبيق العلوم والمعارف الإنسانية في ميادين الحياة المختلفة، وكذلك ظهور التربية الحديثة وما استندت إليه من مبادئ تربوية هامة ساهمت في ازدياد رفاه الإنسان وسعادته.[١]

والآن ماذا نقصد بالتربية الحديثة؟ إن كلمة حديث كلمة نسبية، فما هو حديث في عصر يصبح قديما في عصر آخر، يصدق هذا على التربية وسواها، ويصدق بصورة خاصة على تلك التربية التي أطلق عليها في مطلع القرن العشرين اسم التربية الحديثة أو الجديدة. ذلك أننا إذا نظرنا إلى تلك التربية الحديثة من منظور الخبرات التربوية في هذه الأيام، لوجدنا أنها بدأت تفقد الكثير من سحرها

---

(١) عبد الله الرشدان ، المدخل إلى التربية ، عمان ، دار الفرقان ، ١٩٨٧، ص ١٢٥-١٢٦.

وحداثتها رغم أن أسسها ومبادئها ما تزال قائمة حتى اليوم. وكلنا سمع عن الثورة الجديدة في ميدان التربية والتعليم التي تحاول أن تغير المنطلقات السائدة في التربية الحديثة، بل تحاول أن تضع موضع التساؤل النظام المدرسي برمته. مثل هذه الثورة التربوية التي بدأت ملامحها تتشكل بعد منتصف القرن العشرين تخالف ما كان يعرف في أوائل هذا القرن وحتى منتصفه باسم التربية الحديثة. إنها تدعو إلى تغيير إطار المدرسة التقليدي إطار المعلم والتلميذ والصف مستعينة في ذلك بالوسائل التكنولوجية الحديثة التي تدعو إلى إدخالها في ميدان التربية كالراديو والتلفزيون والعقول الإلكترونية ووسائل التعلم الذاتي، والى تقديم تربية عبر مراحل العمر كلها وتستمر من المهد إلى اللحد. وبالإضافة إلى ذلك تدعو إلى تربية تقدم لأفراد المجتمع جميعهم وتتنوع تبعا لاحتياجاتهم. ولن نتعرض لهذه التطورات الحديثة ونكتفي بالحديث عن التربية الحديثة كما عرفت في مطلع القرن العشرين وما وصلت إليه في العقود الأولى منه.

المبادئ الأساسية للتربية الحديثة

قبل أن نتحدث عن أهم مدارس التربية الحديثة وروادها نلقي نظرة سريعة على تلك المبادئ التي توحد بينها والتي جعلتها حديثة بالمقارنة مع التربية، التي وجدت قبلها والتي عرفت باسم التربية القديمة أو التقليدية وهذه أبرزها:[1]

١- المبدأ الأول : تقدم التربية على التعليم

لقد أولت التربية التقليدية عناية خاصة للتعليم واكتساب المعرفة قبل أن تعنى بالتربية، وإن التربية الحديثة تؤكد على أولوية التربية على التعليم. ورغم صعوبة إقامة حواجز فاصلة بين التربية والتعليم، وإن التربية التقليدية لم تكن غريبة تماما عن الاهتمام بالتربية الخلقية والفكرية والجسدية للفرد، بل يظل من الصحيح أن نقول إن الهدف الأساسي للمدرسة التقليدية هو تزويد الطالب بالمعلومات والمعارف، دون أن تهتم اهتماما كافيا بتربية شخصيته في جوانبها المختلفة، نظرا لتقدم العلم تقدما كبيرا في القرن التاسع عشر.

ونحن نرى اليوم أن التيارات التربوية الأخيرة تسعى لإيجاد حل جذري لتقدم العلوم والمعارف وتكاثرها وتوسعها إلى إطالة سنوات الدراسة وزيادة عدد

(١) بول فولكييه ، المدارس الحديثة ، تعريب عبد الله عبد الدايم وآخرون ، دمشق ، المطبعة الجديدة ١٩٦١ ، ص ١٢٥.

ساعاتها اليومية والأسبوعية باللجوء إلى أساليب مختلفة كالاعتماد على مفهوم التربية الدائمة أو المستمرة وما يتبعها من مفهوم التربية الراجعة.

ونحن نعلم أن التربية الحديثة تؤكد على أهمية العناية بتربية الفكر وتربية الجسد والتربية الجمالية والتربية الخلقية والتربية المهنية وسواها من جوانب الشخصية الأخرى، فهي تدعو إلى تكوين إنسان لا إلى تكوين مجرد علامة يحمل هامة ضخمة من المعارف فوق جسم هزيل وعاطفة ضامرة وإحساس فني متبلد وخلق مضطرب وقدرات مهنية وعملية مقتولة.

وتؤكد التربية الحديثة، في مجال التربية الفكرية، أن المعلومات ليست هي التي تخلق الرجال، فلا يكفي أن يتكلم الفرد لغات عديدة وان يعرف كثيرا من الأسرار العلمية، كي يستحق الثقة ويسعد من يعيش معهم، نافعا للمجتمع ومضحيا من أجله. فالمعرفة لوحدها لا تحقق النجاح حتى في المهن التي تتطلب ذلك، فهي لا تمنح صاحبها روح المبادرة والإبداع ولا تزوده بحس التنظيم وروح القيادة، بل على الأرجح أن تؤدي في الغالب إلى إغلاق الفكر دون فهم الأمور المحسوسة والبشرية.

إن الشيء الأساسي من الناحية الفكرية، بمفهوم التربية الحديثة، هو أن لا نعلم الفرد معلومات ومعارف متنوعة بل أن نكون فكره وندربه على الملاحظة والبحث والتفكير، ونعلّمه أن يتعلم، أي أن تؤدي إلى تكوين فكري. وهذا ما تهدف إليه المدارس الحديثة اليوم بالدرجة الأولى.

وتستخدم كلمة تربية بمفهوم التربية الحديثة لتدل على التربية الخلقية التي تهدف إلى تكوين القلب والطبع والإرادة، لا إلى تكوين الفكر والذكاء. فالغرض الأول من التربية أن تجعل الطفل يتعلق بما يجدر بالإنسان أن يتعلق به، وان تكسبه مجموعة من العادات الحسنة، وقوة الإرادة اللازمة لتنفيذ ما يراه صالحا. ولذا يجب أن تقوم التربية الخلقية على دعامتين أساسيتين وهما: الثقة والحب.

ولكي يتم تحقيق أغراض التربية الخلقية هذه، ترى التربية الحديثة وجوب تكيف هذه التربية مع اهتمامات الطفل في مراحله العمرية المختلفة. فتبدأ بقبول نزعة التركز حول الذات التي تظهر في مرحلة الطفولة الثانية، ثم قبول النزعة الاجتماعية المشخصة التي تظهر في مرحلة الطفولة الثالثة، ثم تصل أخيرا إلى تفهم المعاني الخلقية المجردة، والى نزعة اجتماعية أوسع في طور البلوغ، وذلك عن طريق المعاناة والجهد الخلقي الذي يقوم به الطفل ملائما لاهتماماته النفسية.

ولا تقتصر التربية الحديثة على تكوين الفكر وحدة أو إلى تكوين الخلق وحده، بل تسعى إلى تكوين الإنسان ككل في شتى جوانب شخصيته. فهي لا تهتم بالمعرفة بقدر ما يهمها تكوين الفكر، ولا يهمها تكوين الفكر وحده، بل يهمها تكوين الخلق كذلك، والعناية بالبدن عن طريق التربية الرياضية ومختلف أشكال التربية الجسدية، كما تهتم بالعمل اليدوي الذي يروح عن متاعب العمل الفكري، فالتربية اليدوية تعلم الطفل منذ نعومة أظفاره أن يحيا حياة العمال وان يحترم العمل اليدوي. هذا بالإضافة إلى اهتمام التربي الحديثة بسائر أشكال التربية الأخرى الجمالية والتربية المهنية التي تؤدي جميعها إلى تربية شاملة منسقة تهدف إلى تكوين إنسان كامل لا جزءا من إنسان.

المبدأ الثاني: استناد التربية إلى علم النفس

من الخطأ القول أن التربية التقليدية لم تستند إلى علم النفس. وكل ما الأمر أنها استندت إلى علم نفس قديم ناقص ذي نزعة عقلية إرادية بالدرجة الأولى. وهكذا اضطرت تلك التربية التقليدية أن تكون تربية ذات نزعة عقلية وإرادية، واضطرت أن تهمل النوابض العاطفية التي تدفع البشر، وان تهمل أثر البيئة التي تحيط بالطفل. وترى هذه التربية أن كل ما يجب أن تقوم به هو أن تدل المتعلم على سبل الخير، وتبين له طريق الواجب وتستنهض إرادته، وعند ذلك لابد أن يتبع المتعلم طريق الخير بعد أن عرفه. وقد تأثرت هذه التربية بفلسفة كانت الخلقية التي ترى أن المثل الأعلى الخلقي هو العمل الأخلاقي الذي يقوم به صاحبه دون أي انجذاب عاطفي إليه، وإنما يسعى إليه لأنه واجب وعمل إرادي.

أما علم النفس الحديث فلا يذهب في تحليله للنفس البشرية هذا المذهب البسيط للأمور، ولا يعترف للإنسان بهذه القدرة العجيبة على إنجاز الأمور عن طريق إرادته بل يرى أن لكل عمل إرادي باعثا ودافعا وسببا. وإذا ما تفهمنا هذا السبب أصبح دافعا قويا قادرا على التغلب على الدوافع المعاكسة. ويمكن القول بإيجاز، أن علم النفس الحديث قد أقر الدور الأساسي الذي يلعبه الاهتمام والميل في حياة الإنسان. وانعكس هذا الموقف على التربية الحديثة، فأصبحت اهتمامات الطفل وميوله محور التربية ورائدها، وأصبح همها تفجير هذا الاهتمام في نفس الطالب، وجعله المدخل الأساسي لتعليمه وتكوينه. وقد عبر عن هذا الموقف المربي السويسري كلاباريد بهذه العبارة الساخرة : " إنك لا تستطيع أن تسقي حمارا لا يشعر بالعطش".

وقد أهمل علم النفس القديم الذي كان يجهل الدوافع النفسية للراشد، دراسة الطفل، كما أهمل دراسة نفسية الحيوان والإنسان البدائي، مما جعله يظن أن ما ينطبق على الراشد ينطبق على الطفل تماما. ولذا فقد نظر علم النفس هذا إلى الطفل كإنسان مصغر أو راشد مصغر، ويزعم أن هذا الطفل يسلك مسلك الراشد نفسه. وانعكس ذلك على التربية التقليدية التي عاملته بدورها كراشد صغير، بل قست عليه أكثر من قسوتها على الراشد وجعلته يحيا حياة المحكومين بالأشغال الشاقة.

ثم ما لبث علماء النفس والفلاسفة أن بدأوا بدراسة نفسية الأطفال عن طريق دراستهم لنفسية أبنائهم أولا، ثم انصرفوا لدراسة الطفل دراسة منهجية منظمة ولاسيما عندما اضطروا إلى الاشتراك مع الأطباء في تقديم وجهات نظرهم حول الأطفال المتأخرين والشواذ، والتعاون مع مؤسسات الاختيار والتوجيه بعد ظهور الفرد بينية.

وبفضل هذه الأبحاث تكون علم نفس الطفل تدريجيا عن طريق الملاحظة والتجربة، أو بتعبير أصح تكوّن علم الطفل، أي الدراسة العلمية النظرية للطفل على يد أمثال المربي السويسري بياجيه، وعالم النفس الفرنسي فالون، والأمريكي جيزل وسواهم. ووجدت التربية الحديثة في هذا العلم مصدرا غنيا تبنى عليه مبادئها وقواعدها. وكان كريستمان أول من أطلق مصطلح علم الطفل على هذا المجال الجديد عام ١٨٩٣م. وهكذا قدم هذا العلم خدمات جليلة للتربية، حينما درس مراحل الطفولة المختلفة وخصائصها النفسية الهامة، وبذلك وضع الأساس المتين لتربية تتلائم مع النمو النفسي ـ للطفل، وتدور حول اهتمامه وميوله في كل مرحلة من هذه المراحل.

٣- المبدأ الثالث: الطفل محور العملية التربوية

أكدت التربية الحديثة على أهمية الانطلاق من الطفل، من قابلياته وميوله وطباعه ومقوماته الشخصية. وان يكون الطفل المحور الحقيقي والمركز الفعلي للعملية التربوية، خلافا للتربية التقليدية التي كانت تجعل مركز الثقل خارج الطفل، في مناهج التعليم وفي المعلم وفي الامتحانات وفي النظام المدرسي، أو أي عنصر من عناصر العملية التربوية الأخرى عدا الطفل نفسه. وكادت أن تصبح المدرسة التقليدية بكل عناصرها غاية في ذاتها، بدلا من الغاية الأصلية التي كادت أن تنسى ـ ونعني تكوين شخصية الطفل وتفتيحها. وهذا التحول في الاهتمامات التربوي كما يسميه كلاباريد بالثورة الكوبرنيكية في التربية. وقوام هذه الثورة عنده أن نجعل الطرائق والمناهج تدور حول الطفل، بدلا من أن نجعل الطفل يدور حول مناهج

سنت في معزل عنه. وهذا ما أكده المربي الأمريكي ديوي، ولا سيما في كتابه "المدرسة والمجتمع".

إن الهدف الذي تسعى إليه كل تربية هو إعداد رجل المستقبل. غير أن ما يسيّر المربي التقليدي ويسيطر عليه هو هذا المستقبل، فيسعى لتخليص الطفل سريعا من العقلية الخاصة بهذه السن وأنماطها السلوكية ليتبنى عقلية الراشد وسلوكه. وفي مثل هذا المفهوم تغدو الطفولة مجرد وسيلة لغاية أسمى هي سن الرشد. أما التربية الحديثة فمع اعترافها بأن الطفولة والمراهقة تعدان لسن الرشد، ترى أنهما يمكن أن تعاشا لذاتهما، وان هذا هو خير سبيل لإعدادهما للمستقبل.

وهكذا نجد المربي السويسري كلاباريد يطرح السؤال التالي في خاتمة كتابه "التربية الوظيفية"، هل التربية حياة أو إعداد للحياة؟ ويجيب مؤيدا ديوي وغيره من الكتاب الأمريكيين، ومعترضا على المفهوم التقليدي، إن التربية هي الحياة وليست إعداداً للحياة. ويؤكد ذلك المربي الأمريكي بوبيت حيث يقول:"ليس هدف التربية المباشر الإعداد لحياة عصر مقبل، وإنما هدفها العكس تماما، إن هدفها أن تفتح الحياة الحاضرة، وأن تجعلها أملأ وأقوى، وأغنى وأخصب" (١)

ولما كانت للطفولة غايتها الخاصة بها، وجب أن يتاح للطفل البحث عن تحقيق غاياته هذه وان يجد في ذلك سعادته. فالتربية التقليدية تتعس الطفل حين تكرهه على رفض غاياته الشخصية وتبنى غايات آبائه ومعلمه خلافا لطبيعته وفطرته. ولما كان الطفل يأبى ذلك غالبا، تلجأ التربية التقليدية إلى عقابه فتحيل حياته في المدرسة إلى جحيم وأشغال شاقة بعكس المدرسة الحديثة. وهذا لا يعني أن الطفل في المدارس الحديثة لا يعمل ولا يبذل جهده، بل العكس هو الصحيح. إذ تسمى المدارس الحديثة بالمدارس الفعالة، والدراسة فيها تيسر للطفل مجال الفعالية الذاتية ومجال الانطلاق لوظائفه جميعها، الجسدية منها والفكرية.

وتهتم المدرسة الحديثة بالتكيف مع حاجات الطفل. ولا تطلب إليه من الأعمال والتمرينات إلا ما يفسح المجال أمام وظائفه النفسية التي تطلب أن تستخدم، وفي الوقت الذي تتجلى فيه هذه الحاجة إلى استخدامها. وهذا هو معنى التربية الوظيفية حيث يقول: "إن التربية الوظيفية هي التربية القائمة على أساس الحاجة، الحاجة إلى المعرفة، والحاجة إلى البحث، والحاجة إلى النظر، والحاجة إلى العمل. فالحاجة، والاهتمام الصادر عن الحاجة، ذلك هو العامل الأساسي الذي يجعل من الاستجابة عملا حقيقيا".

---

(١) فولكييه ، المرجع السابق ن ص ٢٥٠.

كما أن مناهج الدراسة في المدرسة الحديثة لا تتصف بالصرامة التي نعرفها في المدارس التقليدية، ففيها مجال واسع للاختيار الشخصي، ففيها يختار الطالب الجوانب التي تلائمه وفق مزاجه، ويختار الفريق الذي ينسجم معه. فهي تلجأ إلى ما يعرف بتفريد التعليم، أي إلى جعل التعليم فرديا، موجها إلى كل طالب على حدة وفق ميوله وإمكاناته، ومفصلا على قَد كل طالب، كما يقول فيربير في كتابه المسمى "المدرسة المفصلة على قد الطالب". ورغم وجود دروس مشتركة كما في المدارس التقليدية، فإن للأعمال الفردية مجالا كبيرا للعمل الشخصي، حيث يعبرون عما يشاهدون أو يدور في خواطرهم دون أن يقلدوا نموذجا مرسوما أو صورة من كتاب. أي انهم يلجأون إلى الإنشاء الحر وغير ذلك من وسائل التعبير الحر من رسم وتمثيل ورقص ولعب وقصص وغيرها.

ويرى المربي كلاباريد أن النشاط الذي يستجيب لحاجات الطفل هو النشاط الذي يتم عن طريق اللعب. فالحاجة إلى اللعب هي التي تسمح لنا بأن نوفق بين المدرسة والحياة، ومهما كان العمل الذي نطلبه من الطفل، فإنه يستطيع أن يحرر طاقاته ودفين نشاطه تجاهه إذا ما تم تبسيطه أمامه وكأنه ضرب من اللعب، مع أن الحياة ليس لهوا ولعبا. فإدخال اللعب إلى المدرسة هدفه بالذات أن يعطي الطفل كامل جهده وقصارى همته، ذلك أن من الممكن أن يلعب المرء وهو جاد، وان يلهو وهو يغالب وينتصر على نفسه. وينبغي أن لا يقوم في وهمنا على أية حال أن اللعب يزول بزوال سن الطفولة، فالراشد نفسه لا يمكن أن يقوم بفعالية هائلة وجهد عظيم إلا إذا اشتغل كأنه يلعب فاللعب والجد، كما يقول فولكييه أيضا، يتداخلان إذن تداخلا عميقا، والانتقال يسير من أحدهما إلى الآخر. ويكفي أن يقبل المرء على انه لعب ما هو في الواقع جد وعمل، ليتصف شغله بالحيوية والحركة التي يتصف بها اللاعب. وهنا يكمن سر التربية الحديثة.

٤- المبدأ الرابع: الاستقلال أو (الحرية):

نادى باستقلال الطلاب معظم رواد التربية الحديثة، ومن بينهم المربي الألماني كرشنشتاينر صاحب مدرسة العمل، والمربي الفرنسي- فيريير، ولا سيما كتابيه "استقلال الطلاب"، و"حرية الطفل في المدرسة الفعالة"، والمربي الأمريكي ديوي ولا سيما كتابه عن "الخبرة والتربية"، وغيرهم ممن تحدثوا عن القيادة الذاتية، وحكم الطلاب أنفسهم بأنفسهم، وعن التربية الاستقلالية على اختلاف صورها.

ماذا نعني بالاستقلال؟ من الشائع الخلط بين الاستقلال والفوضى، وهو خلط لا يجوز ولا يقبله أي مشرع من مشرعي التربية الحديثة. فالشخص المستقل ليس الذي يرفض الخضوع للقواعد والقوانين، بل هو الذي يصنع قانونه بنفسه ولا

يخضع لقانون غيره. إنه أشد استمساكا بالقانون والنظام لأنه يؤمن بهما إيمانا ذاتيا ولا يفرضان عليه فرضا. ومعنى هذا أن الفرد الذي يعمل بوحي هواه ونزواته فرد لم يصل بعد إلى الاستقلال الحقيقي، فسلوكه لا يسيره قانون يؤمن به.

وفي هذا تقول الآنسة هيلين باركهرست صاحبة طريقة دالتون "إن الطفل الذي يفعل ما يروق له ليس بالطفل الحر: بل هو على العكس مفروض لأنه يغدو عبد عاداته السيئة". ومما يقوله جون ديوي بهذا المعنى "إن الكائن الذي لا يعرف سلوكه سيدا غير الهوى، هيهات أن يملك أكثر من حرية موهومة خادعة. فهو مسير يقوي ليست له عليها أي سيطرة". وكما يقول فيريير، إن إدخال الاستقلال إلى المدرسة "يحرر الطالب من وصاية الراشد الشخصية. ولكن ليضعه تحت وصاية ضميره الخلقي الشخصي".

ولا عجب بعد هذا أن نجد مدرسة ابوتشولم الشهيرة وهي المدرسة الحديثة التي أسسها الدكتور سيسيل ردي في مقاطعة دربشير في انجلترا عام ١٨٨٩ تتخذ شعارا لها "الحرية هي الخضوع للقانون".

والحق إن القانون، كما يقول فولكييه ليس قرارا خاصا جزئيا يتخذ لتلبية موقف حاضر، وإنما هو إجراء عام يحدد السلوك الواجب اتباعه في جميع الحالات المماثلة للحالات الواردة فيه. لقد عرف القانون بأنه نظام عقلي، ومعنى هذا أن لا استقلال في سلوك لا يسيره العقل. وهكذا نجد أنصار استقلال الطلاب يطلبون النظام كما يطلبه أنصار نظام السلطة في المدرسة التقليدية سواء بسواء.

كما أن كلمة القيادة الذاتية التي تستخدم غالبا بدلا من كلمة الاستقلال، توضح هذا المعنى جيدا. فلا يقود ذاته ولا يتحكم بها من جعل الهه هواه واتبع نزواته العاجلة، والقيادة الذاتية تستلزم السيطرة على الذات، أي التغلب على النزعات الغريزية وغير المعقولة. ولما كان الطفل الصغير عاجزا عن تحقيق الاستقلال دون عون الراشد، فلا مناص من أن يفرض عليه مربوه قاعدة ما. بل أن بيرتييه أحد ممثلي التربية الحديثة يعترف بأن قدرا معينا من السلطة ضروري لكي نوحي إلى الأطفال الشعور بالأمن والطمأنينة التي من شأنها أن تحررهم في معركة الحياة ومغامراتها. فالطفل الذي يمسك بيد أبيه يشعر غالبا بقوة تؤيده أكثر من شعوره بقوة خارجية تضغط عليه.

ويغالي المربي المعروف فيريير في ذلك حيث يقول: "ينبغي ألا نمنح حظا من الاستقلال إلى جماعة من الأطفال أو المراهقين، أيا كانت سنهم، ما لم يكونوا قد أثبتوا انهم جديرون به. وكيف نعرف انهم جديرون به؟ الأمر هين، فالذي يعرف

أن يطيع هو الذي يعرف أن يأمر، والذي يعرف أن يأمر يعرف أن يقود ذاته. ولهذا فمعيار نضج صف من الصفوف هو مبلغ الطاعة لدى أفراده". [1]

على أن هناك أنصاراً للحرية في المدرسة الحديثة لا يبدون هذا الحذر كله. أفلم يفسح أنصار الحرية المطلقة في مدارس هامبورج (التي بدأ بإنشائها المربي الألماني ليتز منذ عام ١٨٩٨م) مجالا للفوضى في الصفوف، عن سابق تصور وتصميم؟ غير انهم هم أيضا كانوا يبحثون في الواقع عن النظام لا عن الفوضى. كانوا يبحثون عن نظام أفضل من النظام الذي تنكروا له. من تلقاء ذاتهم على أن يفرضوا على أنفسهم نظاما يكون إخلاصهم له قويا لأنهم أرادوه هم، وتكون إرادتهم له أقوى كلما خبروا اكثر مبلغ الحاجة إليه.

وهكذا فإن التربية الحديثة تتيح للأطفال والمراهقين من الاستقلال في فعاليتاهم الفردية أوسع ما يمكن. حتى أنها تفسح لهم مجال الحرية الكاملة أمام حركاتهم قبل أن يكونوا قادرين على الاختيار العقلي الصحيح على أن لا تشكل خطراً عليه ولا تضايق من يعيش معهم. وعندما يبدأ الطفل بإبداء قدرته على ممارسة الاستقلال، تترك له حرية اختيار نشاطه وفعالية وتنظيمها ضمن إطار معين.

أما بالنسبة لاستقلال الجماعة فإن المدرسة تتيح هذا الاستقلال وتمنحه للجماعة كما تمنحه للفرد. فالتربية الحديثة تنادي باستقلال جماعات الأطفال والمراهقين، المنظمين داخل حركات الشبيبة، وفي المعاهد الرسمية. ولهذا كان السبب الرئيسي الذي يبرر القول باستقلال جماعات الأطفال. في نظر التربية الحديثة، هو أن الاستقلال لدى الجماعة ضروري لتنمية الاستقلال الفردي. ففي حياة جمعية صحيحة، كالمخيمات الصيفية أو الحياة الداخلية في المدرسة، يتاح للأطفال أبدا أن يألفوا الاستقلال ما لم يسهموا في تنظيم وجود الجماعة.

٥- المبدأ الخامس: توفير بيئة طبيعية:

من الخصائص الأساسية للمدرسة الحديثة أنها مدرسة داخلية أسرية تقع في الريف، وفي منطقة بديعة إن أمكن، أو على أقل تقدير وسط حديقة غناء يفيد الأطفال من الهواء الطلق، ومن هدوء الحياة الريفية، ويمتعون أنظارهم بمرأى الطبيعية، والأشكال والألوان الجميلة في نفس الوقت. وكثيرا ما تملك المدرسة الحديثة أراضي للزراعة واسعة لا الكسب والارتزاق بقدر ما هي غاية تربوية،

---

(١) فريير ، استقلال الطلاب ، باريس ، دولا شوونسله ، ١٩٢١، ص ٢٦١.

حيث يتصل الأطفال اتصالا أكمل بالأرض وخيراتها، والفلاحين وحياتهم، وممارسة الأعمال اليدوية والزراعية فيها.

أما الحياة الداخلية الأسرية فقد تكون للوهلة الأولى غير طبيعية لأنها تبعد الأطفال عن والديهم وتحرمهم من العطف والحنان. أما المدارس الداخلية فيشترط فيها أن تكون صغيرة يشرف فيها أحد المعلمين وأسرته إشرافا مباشرا على هذه المجموعة كأنهم أفراد أسرته. وكما أن الأسرة الطبيعية تضم ذكورا وإناثا من مختلف الأعمار، فكذلك الحال في المدارس الحديثة. إلا أن موقف المربين المحدثين من قضية الاختلاط ليست واحدة فبعضهم يؤيدها والبعض الآخر يعارضها، وكل له أسبابه ومبرراته.

فمن الذين ينتصرون لانفصال الجنسين ولا سيما في سن المراهقة، أي في المدارس الثانوية- كالتربية التقليدية- الدكتور ردي، والدكتور ليتز وسواهما. غير أن فريقا آخر يرى أن من بين الأفكار التي ينبغي أن تحرص عليها التربية الحديثة، فكرة التربية المختلطة. فانجذاب الفتى إلى الفتاة وبالعكس أمر لا مراء فيه. ومن ينتصر للتربية الوظيفية لا يسعه أن يهمل هذا الانجذاب الطبيعي. ولذا يود كثير من أنصار التربية الحديثة أن يجمع الفتيان والفتيات في المدرسة كما يجمعون تحت سماء المنزل، دون أن يخشوا أن يؤدي الاختلاط إلى أخطار خلقية، لما تثيره من مشاعر جنسية سابقة لأوانها. بل يرون على العكس أن ما هو أدنى إلى إثارة المشاعر الجنسية المنحرفة تلك الحياة التي يحياه الفتيان منفصلين عن الفتيات فتهيج أخيلتهم ويتساقون إلى ضروب من الشذوذ والانحراف الجنسي- لا تعرفه المدارس المختلطة، ومن هذا الفريق المؤيد لاختلاط الجنسين الآنسة اليزابيث هو جنان، وكذلك السيد بادلي مدير مدرسة بيدال.

٦- المبدأ السادس : تربية فردية وسط روح جماعية:

يتضمن هذا المبدأ الذي تنادي به التربية الحديثة مطلبين قد يبدوان متعارضين للوهلة الأولى. فهو يرى، من جهة، أن التربية ينبغي أن تكون فردية وان تتيح لكل فرد أن يحقق إمكانياتها التي تميزه عن سواه. ولكنه من جهة ثانية، يرى أن من الواجب أن نعد مواطن الغد وان نبدأ بالتالي بأن نقربه من المجتمع الذي عليه أن يدخله ولا تناقض بين المطلبين، بل بينهما تضامن وتكامل كما سنرى لاحقا.

الفردية وتفريد التعليم :

يقتصر التعليم في المدرسة التقليدية على الطالب المجرد، دون أن يهتم بمزاج كل طالب على حدة وبسيرته الماضية وتطلعاته المقبلة، بل يفرض على الطلاب جميعا منهاجاً واحدا، وتنفيذ مهمات وأعمال واحدة، وحضور قدر واحد من الدروس. وهكذا لا يتعرف على ملامح كل طالب على حدة ولا قدراته الخاصة، بل يطلب إلى أدناهم مستوى، نفس الجهد الذي يطلبه إلى أعلاهم، وبذلك يولد لدى الضعيف اليأس وروح الانكسار والعجز، كما يولد لدى القوي روح الملل والسأم حين لا يستغل كامل إمكاناته وطاقاته حين يجعله يراوح مكانه دون حراك.

وفي هذا يقول كلاباريد ساخرا "إننا لا نعنى بنفوس الطلاب عنايتنا بأحذيتهم. إن الأحذية التي نختارها لهم هي من قياسات وأشكال مختلفة متنوعة. وهي على قد أقدامهم. فمتى تنشأ لدينا مدارس مفصلة على قد الطلاب؟" (١)

وتحاول المدرسة الحديثة أن تحقق هذه المدرسة المفصلة على قد الطلاب، ساعية في جعل التعليم موجها إلى كل فرد مفصلا على قد كل طالب لوحده. وسنرى فيما بعد كيف أن الطالب في المدرسة المنتسورية يثقف نفسه بنفسه بفضل المواد والأدوات التي توضع تحت تصرفه، دون أن يتجاوز عمل المعلمة توجيه عمل الطالب ومساعدته على حل الصعاب التي قد تواجهه. وهذا ما يصدق على الطرق الأخرى، حيث يترك مجال كبير لكل طالب في المرحلة الثانوية في اختيار مواد الدروس التي يتعلمها.

الروح الجماعية :

وتسعى المدارس الحديثة في تفتيحها لشخصيات حقيقية، أن تجتنب الروح الفردية الأنانية التي تشكل خطرا على المجتمع والأفراد أنفسهم. وبذلك تنزع التربية الحديثة إلى إعداد الطلاب للحياة الاجتماعية والى توليد روح العمل الجماعي المشترك. ولا تفعل ذلك عن طريق جملة الحياة المشتركة التي يحيونها فحسب، بل أيضا عن طريق الأسلوب الذي تنهجه في العمل الفكري. فهي تدعو إلى أن يعمل الطلاب في فرائق كما أوضح المربي الفرنسي كوزينيه ولا سيما في كتابه "طريقة للعمل الحر في فرائق". وهي تدعو إلى ممارسة أشكال أخرى من العمل الجماعي المشترك، كإنشاء التعاونيات المدرسية التي نادى بها المربي بروفي وطبقها، وكالمطبعة المدرسية التي بشر بها المربي الفرنسي الشهير فرينيه، وسواها من

(١) عبد الله عبد الدايم ، مرجع سابق ، ص ٥٣٥.

وسائل العمل الجماعي المشترك. ومثل هذا العمل المشترك يتيح للفرديات المختلفة في نظر التربية الحديثة أن تتفتح تفتحا كاملا مع الاهتمام في الوقت نفسه بعمل جماعي يقوي الروح الجماعية.

أما في المدرسة التقليدية فنجد على العكس من ذلك، حيث يكون المبدأ السائد كل فرد مسؤول عن نفسه. وهي تعتمد على نظام المنافسة الذي ينمي الفردية الأنانية. وهكذا يقتصر التضامن الفعال فيها على الطلاب الضعاف الذين ينتقمون بالشغب والضجيج من العبودية التي تفرض عليهم.

٧- المبدأ السابع : جو من التفاؤل والثقة

ويأتي على رأس هذه المبادئ جميعا جو التفاؤل والثقة، التفاؤل بأثر التربية ودورها، والثقة بالإنسان وقدرته على النمو والتفتح والاكتمال. وترى التربية الحديثة أن الطفل يولد ونزعاته الشريرة يمكن أن تنفيها وتغالبها نزعاته الخيرة، دون مالجوء إلى الزجر والى قسر النفس الإنسانية وتطهيرها كما كان يرى المربون اليسوعيون. وإذا ما أصبح الطفل خبيثا شريرا، فالمسؤول عن ذلك عندئذ ظروف لا علاقة له بها. فالمسؤول عن ذلك في الغالب الراشدون أنفسهم الذين يحملون الطفل فوق ما يحتمل، ويريدون منه بكل الوسائل والسبل أن يسلك مسلك الراشدين مخالفا بذلك ميوله واهتماماته. ومن هنا يمكن القول بأن طبيعة الطفل الوليد ليست خيرة كما يرى روسو وأنصاره، وليست شريرة كما يرى اتباع الكنيسة الكاثوليكية.

وهكذا تنزع المدرسة الحديثة، إلى أن تقيم جواً من الثقة. الثقة المتبادلة بين المعلمين والطلاب، والثقة المتبادلة بين الطلاب أنفسهم. ولهذا تحاول المدرسة الحديثة أن تجعل الطالب سعيدا. بل إن بعض أنصارها يرون أن السعادة هي المبرر الوحيد لوجود الإنسان، وان علينا أن نساعد أقراننا على بلوغ هذه الغاية. على أن أكثر اتباع التربية الحديثة يستهدفون من وراء جعل المدرسة بهيجة، أهدافا تربوية في المقام الأول.فالطفل في نظر المدرسة الحديثة ينبغي أن يشعر شعورا أكيدا بأن معلميه لا يريدون خيره وصالحه فحسب، بل يحاولون أيضا أن يجعلوه سعيدا، دون أن تتولد لديه القناعة بأن الالتزام بالأخلاق يعني الحرمان، وان الواجب والسعادة ضدان لا يجتمعان.

طرائق التربية الحديثة :

قامت كثير من الطرائق التربوية، طبقت مبادئ التربية الحديثة تطبيقا عمليا، وأظهرت، من خلال التطبيق، مواطن القوة والضعف في تلك المبادئ. ولا يزال الكثير من هذه الطرائق منتشرا حتى اليوم في معظم أرجاء العالم، ومنها طريقة منتسوري ورياض الأطفال، وطريقة دكرولي، ومراكز الاهتمام، وطريقة دالتون، ومشروع ونتكا، وطريقة المشروع، ومدارس العمل لكرشنشتاينر وغيرها. ومن أبرز هذه الطرق ما يلي:

١- طريقة منتسوري:

ولدت المربية الإيطالية ماريا منتسوري عام ١٨٧٠م في مدينة شيرفال بالقرب من روما. وهي أول إيطالية تعلمت الطب ونالت شهادته. ولقد أتاحت لها دراستها الطبية والنفسية والوظائف الأولى التي تقلدتها أن تملك أساسا علميا وعمليا متينا سهل لها ولادة طريقتها الجديدة التي عرفت باسمها.

فقد عينت مدرسة في جامعة روما، وأتيح لها أن تطلع على دراسات الطبيبين إيتار وسيغان حول الأطفال غير الأسوياء. وحاولت تطبيق هذه المبادئ عندما كلفت عام ١٨٩٧م بإدارة قسم الأطفال ضعاف العقول في مستوصف روما النفساني. ثم أصبحت بعد عامين مديرة مدرسة حكومية تعنى بإعداد معلمي ضعاف العقول، ترتبط بها مؤسسة مدرسية للأطفال غير الأسوياء. وقد حققت هذه الطبيبة نجاحا رائعا في مجال ضعاف العقول والأطفال غير الأسوياء مما جعلها تقتنع بصلاح طريقتها للأطفال العاديين الأسوياء.

وفي عام ١٩٠٦ أضاف مدير مؤسسة للبناء إلى دور السكن الكبيرة، التي كان يبنيها بهوا فسيحا يجمع فيه أطفال المبنى تحت إشراف أحد المعلمات. وطلب التعاون معها فقبلت هذا الأمر بحماس شديد. وعنيت خلال سنوات عديدة بتربية الأطفال الذين تتراوح أعمارهم بين الثالثة والسابعة من العمر. وهكذا ولدت بيوت الأطفال الأولى بين عام ١٩٠٧ وعام ١٩٠٨. ولم تقصد منتسوري أن تجعل من هذه البيوت حظائر يأوي إليها الأطفال، أو تجعل منها مدارس بالمعنى المألوف، بل كان هدفها أن تجعل منها بيوتا أشبه ببيوت أي أسرة.

الخصائص الأساسية للمدرسة المنتسورية :

تعتبر الأساليب التي اتبعتها منتسوري في بيوتات الأطفال في الحقيقة مبدأ حيا ينبغي أن يعاش ويترجم إلى عمل. وينص هذا المبدأ على ما يلي: ينبغي أن تتوافر في بيئة الطفل وسائل التربية الذاتية، وان تكون هذه الوسائل شيقة قادرة على إثارة اهتمام الطفل.

ولذا فإن بيوت الأطفال، بيوت تلائم حاجات الأطفال الصغار وتستجيب لاهتماماتهم أولا وقبل كل شيء. فجميع الأدوات التي يستخدمها الأطفال في البيوت تناسب أجسامهم وقواهم، والمقاعد الفردية الصغيرة موزعة بصورة تتيح حرية الحركة والانتقال من مكان إلى آخر بحيث تسمح له بمشاهدة أعمال جارة وسؤال المعلمة. فالأدوات المستخدمة تربوية تثير فيهم فعالية مربيه. والطفل في هذه البيوت لا يترك لوحده رغم انه يتمتع بقسط كبير من الحرية تمكنه من ممارسة النشاط الذي يرغب فيه. وهذه الأنشطة تختلف اختلافا كبيرا عما يمارس في المدارس التقليدية، غير أنها تقوم بصورة منظمة متتالية. وقد اقتبست هذه الأدوات من الطبيبين إيتار وسيغان بعد تحسينها وتعديلها. وغاية هذه الأدوات التثقيفية إنماء الحواس والتدرب على القراءة والكتابة والحساب.

ولكي تتابع منتسوري نمو الأطفال البدني والعقلي فإنها خصصت لكل طفل بطاقة تسجل فيها ملاحظات حول تطور وظائفهم الفسيولوجية، ومدى استعدادهم لالتقاط الأمراض، ونمو الحياة الفكرية. ويتمتع الأطفال بحرية كاملة في ممارسة الأنشطة، وحتى النظام في هذه البيوت يحل عن طريق الحرية نفسها والانشغال بالاهتمامات المحببة، أما الطفل المشاغب فيتم فحصه لمعرفة حالته الصحيحة ومعالجته إن وجدت لديه علة مرضية حتى يعد سليما معافى.

وتقوم المدرسة المنتسورية بتعويد الأطفال على تنسيق حركاتهم وضبطها وعلى تحقيق ما يرغبون فيه، عن طريق تشجيعهم وتعويدهم على أداء أعمالهم بأنفسهم، واهتمامهم بنظافة صفوفهم وترتيبها. ويتم تنمية التربية الفكرية عند الأطفال بدءا من تربية الحواس ووصولا إلى الذكاء عن طريق إحدى عشرة مجموعة من الألعاب، فيتم أولا تنمية حاسة اللمس وتنمية مهارة اليدين، ثم تنمية حاسة البصر بالتمييز بين الألوان المختلفة، ثم تقوم بتربية السمع عن طريق تقدير الضجيج الذي يمثله الطبل والأصوات التي يمثلها الجرس، ثم تتم تربية الذوق والشم. كما تلجأ منتسوري أيضا إلى القيام بتمرينات تستهدف السيطرة على العضلات وتركيز الفكر وتهذيب الإرادة والانتباه بالتالي. إن تربية الحواس بهذا الأسلوب هي خير ما يعد الطفل للقيام بالعمليات الفكرية بدءا من الرسم فالكتابة

والقراءة، ثم تتلوها تمرينات في الحساب والنحو. وتعلم الكتابة يتم أولا بالتعرف على الحروف ثم المقاطع فالكلمات ثم أخيرا الجمل. أما الأدوات والأجهزة التي استخدمتها منتسوري فليس فيها من السحر شيء، وإنما صنعت لكي تشبع الرغبة الفكرية لدى الأطفال الأسوياء بين سن الثالثة والسابعة.

نقد طريقة منتسوري:

انتشرت هذه الطريقة في مختلف أنحاء العالم، وكثرت المدارس المنتسورية التي تستخدم أفكار وأدوات منتسوري فيها. ومع ذلك فهذه التربية لم تسلم من النقد. فقد أخذ عليها ما يلي :

- أنها تلجأ إلى علم نفس تجاوزه علم النفس الحديث، فهي تلجأ إلى علم نفس معنى بدراسة الاحساسات أكثر من عنايتها بدراسة الذكاء الحسي الحركي.

- إنها تلجأ مع الطفل إلى أدوات مادية جامدة ثابتة محددة سلفا، وبذلك تقلل في الواقع من نشاط الطفل الحر وترده إلى ضرب من نصف العفوية. فاللعب الحر يظل فعالية من فعاليات الصغار، والأدوات المادية تمنع الفعالية المتجددة المتكيفة باستمرار بما فيها من بناء عفوي وإبداع حقيقي.

- وترى عدد من المدارس أن ابتكار الأدوات من قبل الطفل نفسه، بحيث تتجدد دوما، هو الطريقة الحقيقية لتمرين فعاليته.

طريقة دوكرولي ومراكز الاهتمام : (١٨٧١-١٩٣٢م)

ولد اوفيد دوكرولي في رينكس (بلجيكا) عام ١٨٧١م من أب صناعي فرنسي- الأصل. وتخصص بعد دراسة الطب في جامعة غان بالجملة العصبية والأمراض النفسية، وأتم تعليمه في برلين وباريس.

وفي عام ١٩٠١ أسس معهد التعليم الخاص بالمتأخرين، وأنشأ فيه نوعا من التربية النفسانية التي تلائم مختلف الحالات المطلوب علاجها. وفي عام ١٩٠٧ أنشأ مدرسة للأسوياء وهي "المدرسة للحياة وبالحياة" في شارع ارمتاج في إكسل بالقرب من بروكسل حيث اشتهرت فيما بعد باسم "مدرسة الإرمتاج"، ثم نقلت عام١٩٣٦ إلى أوكل. وقد طبق في هذه المدرسة تجاربه الناجحة التي أجراها في معهد التعليم الخاص بالمتأخرين، ونقلت إلى مجال تربية الأسوياء.

وقد مارس دوكرولي أعمالا مختلفة منذ عام ١٩١٢ حيث أصبح مديراً لقسم علم النفس والتوجيه المهني، فرئيسا لبيت اليتامى عام ١٩١٤م، فأستاذاً لعلم النفس في جامعة بروكسل عام ١٩٢٠، ثم كلف بتدريس علم الصحة المدرسية لطلبة الدكتوراه عام ١٩٢١، وفي عام ١٩٢٧ أسس رابطة المدرسة الحديثة داخل مدرسة الإرمتياج.

ولا شك أن أبرز أعماله هو إنشاء مدرسة الارمتياج، حيث أجرى فيها تجربته التربوية الجديدة، وبرزت طريقته الجديدة. فبعد التجارب الأولى التي قام بها في معهد التعليم الخاص بالمتأخرين، نقل تجاربه إلى ميدان الأسوياء في مدرسة الارمتاج بمعونة مساعدتين له هما ديغان ومونشان. ونتيجة لإخلاصهما ونشاطهما ازدهرت المدرسة وتطورت كثيرا حتى بلغ عدد طلابها عام ١٩٣٢/١٩٣١ ثلاثمائة طالب.

خصائص تربية دوكرولي : [١]

هناك تشابه كبير بين حياة كل من المربيين السالفين السيدة منتسوري واوفيد دوكرولي، حتى أن مبادئها التربوية متشابهة كثيرا. وتقوم طريقة منتسوري وطريقة دوكرولي على مبدئين أساسيين هما: الاهتمام والتربية الذاتية، غير أن أهدافهما مختلفة ومتباينة دون شك، ومن هنا كانت بين الطريقتين فروق كبيرة. فالسيدة منتسوري تتبع المنهج التحليلي في طريقتها بصورة متدرجة، كما تستعمل غالبا أدوات اصطناعية. أما دوكرولي فعلى العكس من ذلك حيث يضع الطفل منذ البداية أمام شيء محسوس بكل ما فيه من تعقيد، ثم يأتي التحليل بعد ذلك، وهو يستقي أدواته من الطبيعة نفسها. أما طريقة تعلم القراءة عنده فهي الطريقة الجملية التركيبية اعتمادا على علم النفس الحديث. وجملة القول أن دوكرولي يهدف إلى إعداد الطفل للحياة بالحياة نفسها، والى تنظيم بيئة يجد فيها هذا الطفل الحوافز الملائمة لميوله واهتماماته الطبيعية. ويمكن تلخيص مميزات مدارس دوكرولي فيما يأتي :

١- يجب أن تنشأ مدرسة الثقافة العامة حتى سن الخامسة عشرة في جو طبيعي يتصل فيه الطفل بظواهر الطبيعة ومظاهر الكائنات الحية عامة والإنسان خاصة.

---

(١) عبد الله الدايم ، مرجع سابق ، ص ٥٥٥-٥٦٤.

٢- يجب أن تجهز دور التعليم وتؤثث بحيث تكون مصانع صغيرة أو مختبرات لا فصولا من النمط التقليدي.

٣- يجب أن تكون مجموعات الأطفال متجانسة ما أمكن، وكلما ازداد عدد المجموعات كان التجانس أشد ضرورة. والأفضل ألا يتجاوز عدد تلاميذ الصف الواحد عشرين إلى خمسة وعشرين.

٤- يفضل أن تكون الدروس العملية في المحادثة والكتابة والقراءة والإملاء والحساب في الصباح. وتعطى هذه التمرينات العملية في صورة ألعاب. وعندما لا توجد دروس عملية تخصص ساعات الصباح لتمرينات مختلفة كالملاحظة والموازنة والترابط والأشغال اليدوية والموسيقى والألعاب الرياضية الخ، ويتم اختيار هذه التمرينات في إطار برنامج مترابط الأجزاء.

٥- تخصص ساعات ما بعد الظهر للأعمال اليدوية أو دروس اللغات الأجنبية، ما عدا الإجازات.

٦- يستخدم صباح بعض الأيام للرحلات والزيارات المختلفة.

٧- يتم إعلام أولياء أمور الطلبة بالطريقة المتبعة في المدرسة كي يسهموا في نجاحها ويشاركوا في إدارتها عن طريق مجلس الآباء.

٨- يلجأ التلاميذ إلى الحوار المتبادل فيما بينهم من أحل تنمية روح المبادرة والثقة والتضامن، ويختارون الموضوعات بأنفسهم ويعرضونها على المعلم للموافقة عليها. ويتم التدريب على الأعمال الفردية والجمعية بالتعاون الدائم بين التلاميذ في أوجه النشاط والتنفيذ على اختلاف أنواعها.

منهاج الدراسة:

ينتقد دوكرولي مناهج المدارس الرسمية المألوفة لعدم مراعاتها لنشاطات الطفل واهتماماته، وكثير من المواد الدراسية تتجاوز طاقات الطفل وقدراته، والتمرينات فيها لا تيسر انطلاق فعاليته الذاتية والعفوية. لذا فهو يأخذ بمنهاج مغاير لمنهاج المدارس الرسمية يقوم على اهتمامات الطفل الطبيعية حيث تصنف في أربع مجموعات:

١- الحاجة إلى الغذاء.

٢- الحاجة إلى فعالية التقلبات الجوية.

٣- الحاجة إلى دفع الأخطار ودحر الأعداء.

٤- الحاجة إلى النشاط والعمل المتضامن والترويح والتهذيب.

ويضم الحاجة إلى التنفس والنظافة إلى الحاجة إلى الغذاء، كما يضم الحاجة إلى الضوء والراحة إلى الحاجة إلى العمل والنشاط. ثم ينظر بعد ذلك في البيئة ومدى توفيرها للشروط اللازمة لإشباع تلك الحاجات . وقلما يتحدث هذا المنهاج عما يعرف باسم علوم الآلة كالقراءة والكتابة والإملاء والحساب.

ويختار دوكرولي موضوعا واحدا كل عام من بين الموضوعات المرتبطة بالحاجات الأساسية التي ذكرناها آنفا، ويجعل هذا الموضوع المحور الذي تدور حوله سائر الموضوعات الثانوية ويعرف هذا الموضوع الأساسي باسم "مركز الاهتمام". ثم يتم الانتقال بالتداعي إلى أبحاث ودراسات أوسع، تشمل علوم كثيرة مختلفة. وتقسم خطة الدراسة التي تدور حول مركز الاهتمام على أشهر السنة وأيامها.

النشاطات :

يضم نظام دوكرولي ثلاث مجموعات من النشاطات :

١- نشاطات الملاحظة : وتهدف إلى تنمية روح الملاحظة لدى الطلاب. ولهذه الغاية يقومون باختبار الأشياء ومعالجتها بأيديهم، ويجمعون ويصنفون، ويزورون المصانع والحوانيت، ويقومون بنزهات متنوعة ويعنون بالحيوانات ويرسمون مظاهر الطبيعة. وتنقسم نشاطات الملاحظة هذه إلى مجموعتين متميزتين. المجموعة الأولى تضم الملاحظة العارضة المستمدة من الحوادث الطارئة التي تقع خلال العام. والمجموعة الثانية وهي الأهم وتشمل الملاحظة الحقة المستمدة من مركز الاهتمام الذي هو موضوع الدراسة خلال العام، وتستخدم فيها الحواس على نطاق واسع.

٢- نشاطات الترابط : وتهدف إلى تكوين الحكم والمحاكمة والتفكير المنطقي لدى الطفل، وتوسيع خبرته، وتجميع مواد يمكن استخدامها في التعليم. ويتم ذلك

بأن نصل بالطفل إلى ربط المعلومات التي اكتسبها عن طريق الملاحظة مع المعلومات السابقة التي يتذكرها أو يجمعها عرضاً.

٣- نشاطات التعبير : وهدفها التعبير عن الفكرة تعبيرا يفهمه الآخرون، وذلك بالكتابة أو الرسم أو الأشغال اليدوية أو سواها. فبعض أنماط التعبير محسوسة مشخصة عن طريق صنع نماذج حسية أو عن طريق الخياطة، وبعضها الآخر مجرد كالقراءة والمحادثة والكتابة والإنشاء والمسائل وسواها.

العمل في فرائق : ولكي يقوم الطلاب بدراساتهم المعقدة خير قيام، يجتمعون في مجموعات وفرائق، فيعدون منهاجهم بأنفسهم، ويحددون الأبحاث التي سيقومون بها، والأعمال التي سينفذونها، ويوزعون المهمات فيما بينهم. ويشمل عمل كل عضو في الفريق على طائفة من البطاقات تمثل صعوبات المشكلة التي ينبغي حلها.

الألعاب التربوية : يسمح نظام دوكرولي بوضع العديد من الألعاب التربوية التي تدفع الطفل إلى النشاط وتهيئ له فرصة العمل الشخصي، وتشبع رغبته الفطرية التي تحمله على اللعب بالصور أو الأشياء الملونة. وقوام تلك الألعاب في معظم الأحوال أشياء أو صور مجموعة على ورق من الكرتون تتيح المجال لتمرينات الترابط أو القراءة أو الحساب.

ومما يجدر ذكره أن العمل الذي يقوم به الطفل في مدرسة دوكرولي، لا يشعر فيه بعناء لأنه يستند إلى ميوله الطبيعية واهتماماته الفطرية. وفي مثل هذا الجو يغدو حفظ النظام أمرا ميسورا، إذا توافر لدى المعلم الحد الأدنى من حسن التصرف.

كما اشتهر دوكرولي بأنه أبو الطريقة الحديثة في القراءة التي تعرف باسم الجملية أو الكلية. وهي تخالف طريقة القراءة القديمة التي تبدأ بالحروف فالمقاطع فالكلمات وأخيرا تركب هذه الكلمات في جمل.

نقد طريقة دوكرولي : طبقت طريقة دوكرولي في العديد من البلدان، وأعطت نتائج جيدة. والمعلمون الذين يلجأون إلى استخدامها بعد استخدامهم للطريقة العادية يستمسكون بها غالبا ولا يرضون عنها بديلا. وتصلح طريقة دوكرولي لأن تطبق على الصغار والكبار خلافا لطريقة منتسوري التي تصلح للطفولة الأولى.وقد طبقت هذه الطريقة على التعليم الثانوي في مدرسة دوكرولي وأتت بنتائج جيدة. وقد طورت هذه الطريقة اليوم ودمجت مع طرائق أخرى، واتخذت أشكالا مختلفة في ضوء التجارب التربوية المحدثة.

ويكفي أن نذكر من نتائجها الجيدة، فكرة مراكز الاهتمام، التي أصبحت محورا من محاور كثير من النظرات التربوية الحديثة. كما نذكر الاهتمام الذي توليه للعمل الجمعي ولتنظيم الطلاب عملهم ونشاطهم بأنفسهم، متفقة في ذلك مع أحدث الاتجاهات الحديثة اليوم، ولا سيما فكرة التربية المؤسسية التي اعتمدت على مبادئ فرينيه، كما اعتمدت على مبادئ دوكرولي وسواهما من أنصار إشراك الطلاب في تنظيم تعليمهم.

طريقة المشروع : [١]

نشأة الطريقة: يقترن اسم طريقة المشروعات باسم المربي الأمريكي وليام كلباتريك تلميذ المربي والفيلسوف الكبير جون ديوي. على أن جذور هذه الطريقة أبعد من ذلك بكثير. فهي ترجع إلى روسو نفسه الذي دعا إلى استخدام المشروع لمرحلة المراهقة في كتابه أميل، والى فروبل الذي أوضح أهمية النشاط الذاتي وأشار إلى كيفية الاستفادة من الهدايا في كتابه "تربية الإنسان"، والى بستالوتزي الذي قدم تعليم الأشياء على الأقوال. وفي أمريكا نفسها وجد من تبنى الطريقة واستخدمها قبل كلباتريك. فلقد استخدمها عام ١٩٠٠ ريتشارد رئيس دائرة الأعمال اليدوية في كلية المعلمين بجامعة كولومبيا، وهو من رواد التربية الحديثة الذين تبنوا طريقة حل المشكلات في التدريب اليدوي. كما أدخل هذه الطريقة المربي الأمريكي ستيفنسون، والذي كثيرا ما يقترن المشروع باسمه، عام ١٩٠٨م في الموضوعات الزراعية في المدارس المهنية في ولاية ماسا شوستس. على أن هذه الطريقة تظل وثيقة الارتباط بالمربية الأمريكي كلباتريك تلميذ ديوي الذي حاول عن طريقها تطبيق نظريات أستاذه في الفلسفة وعلم النفس.

وقد عرف كلباتريك المشروع في البداية بأنه الفعالية الهادفة المطبقة في مجال اجتماعي ضمن نطاق المدرسة. وفي عام ١٩٢١ نقّح كلباتريك هذا التعريف فغدت طريقة المشروع عنده أي وحدة أو فعالية أو تجربة ذات دوافع داخلية موجهة نحو هدف معين.

(١) عبد الله الرشدان ، المدخل إلى التربية ، مرجع سابق ، ص ١٢٩-١٣٠ .

٤٠٦

مبادئ الطريقة العامة :

تستهدف هذه الطريقة هدفين أساسيين : الأول تقديم محتوى مشخص حي للتعليم بدلا من المحتوى اللفظي، والثاني اتباع المجرى الطبيعي لاكتساب المعرفة بدلا من التعليم التلقيني. أما الأسس النفسية التي تستند إليها هذه الطريقة فأهمها:

١- مبدأ الاهتمام بطبيعة المتعلم واعتباره المحور الرئيسي.

٢- مبدأ النشاط الذاتي والتعلم عن طريق العمل .

٣- مبدأ الحرية أي الانطلاق من ميول الطفل واهتماماته، وان نشكل الظروف تشكيلا يسمح لتلك الميول والاهتمامات أن تنطلق وتتفتح، دون أن يعنى ذلك تركها وشأنها فريسة للفوضى والضياع.

وأما الأسس الاجتماعية التي بنيت عليها طريقة المشروعات فأهمها اعتبار المدرسة مؤسسة اجتماعية ، والنظر إليها على أنها صورة الحياة الاجتماعية، بل أنها الحياة نفسها. ولذا يجب أن نجعل من المدرسة مدرسة المجتمع أو مجتمعا مصغرا تتمثل فيه الحياة بنقل البيئة الاجتماعية إلى المدرسة تارة وبخروج المدرسة إلى البيئة تارة أخرى.

أنواع المشروعات: تقسم المشروعات إلى قسمين رئيسيين:

١- المشروعات الفردية: وفيها يعمل الطالب بمفرده. وهي نوعان: فإما أن يعطى مشروع واحد لكل طالب في الصف، وأما أن تكون هناك مشروعات مختلفة توزع على طلاب الصف، لكل مشروع معين.

٢- المشروعات الجماعية: وفيها يعمل الطلاب معا في مشروع واحد، من شأنه تقوية الروابط الاجتماعية بينهم.

خطوات طريقة المشروع: يتألف المشروع من الخطوات التالية: تحديد الهدف، ورسم الخطة، وتنفيذ المشروع، وتقويم المشروع. وتواجه طريقة المشروع بعض الصعوبات عند تنفيذها. فبعض هذه الصعوبات ترتبط بإدارة الصف، وبعضها يتعلق باختيار المشروع إذا كان مشروعا فرديا واحدا للجميع أو عندما تكون مشروعات فردية متعددة، وبعضها يتعلق بالارتباط والتسلسل في منهاج الدراسة، وأخيرا تنسيق المشروعات مع تنظيم المدرسة التقليدي.

جون ديوي:(١٨٥٩-١٩٥٢م)[١]

١- حياته وأعماله: ولد جون ديوي في مدينة بورلنجتون من ولاية فيرمونت سنة ١٨٥٩م، وقد تلقى تعليمه الابتدائي والثانوي في مدينته وتعليمه الجامعي في جامعة ولايته. وبعد تخرجه عمل في سلك التدريس لفترة من الزمن في إحدى المقاطعات، ثم ما لبث أن عاد لمواصلة دراسته العليا في ميدان الفلسفة والعلوم السياسية والتاريخية، حيث حصل في سنوات قليلة على شهادة الدكتوراه في الفلسفة من جامعة جون هوبكنز عام ١٨٨٤م.

وبعد أن حصل على الدكتوراه انضم إلى جامعة ميتشيجان كمحاضر في الفلسفة، مالبث أن غادرها بعد فترة قصيرة إلى جامعة مينيسوتا حتى دعي عام ١٨٩٤م لتولي رئاسة قسم الفلسفة بجامعة شيكاغو. وقد استمر في رئاسة قسم الفلسفة في هذه الجامعة حتى انتقل إلى جامعة كولومبيا عام ١٩٠٤م، وبقي فيها حتى تقاعد عام ١٩٣٠م.

وقد اشتهر ديوي كفيلسوف ومفكر وكمصلح تربوي كبير لا في امريكا وحدها، ولكن في جميع أنحاء العالم. ونظرا لهذه الشهرة الكبيرة استعانت به دول كثيرة لتطوير تعليمها و لإلقاء المحاضرات في جامعاتها، كاليابان عام ١٩١٩م ليحاضر في الفلسفة في جامعة طوكيو، ودعته الصين ليحاضر في جامعة بكين، وتركيا ليساعدها في إعادة تنظيم تعليمها. واستمر في نشاطه حتى توفي عام ١٩٥٢ عن عمر يناهز الثانية والتسعين.

ومن أبرز أعماله في ميدان التربية والتعليم إنشاؤه المدرسة النموذجية في مدينة شيكاغو سنة ١٨٩٦م، حيث اتخذها حقلا لتجربة نظرياته وآرائه التقدمية في التربية. ثم ضمت هذه المدرسة لكلية التربية بجامعة شيكاغو لتكون مدرسة تجريبية لها عام ١٩٠٢م. وقد كان لهذه المدرسة أثر بالغ في التمهيد للتربية التقدمية التي سادت أمريكا في النصف الأول من القرن العشرين، كما كان لها فضل كبير في إقناع الآباء بأهمية المبادئ التربوية التقدمية، وبإمكانية تطبيقها. وقد شجع ديوي بمدرسته هذه إنشاء العديد من المدارس التقدمية الخاصة في أمكنة متعددة من الولايات المتحدة. ويمكن أن يضاف إلى أعماله التربوية مئات المقالات وعشرات الكتب التي كتبها في الفلسفة والتربية، ومن أشهر مؤلفاته التربوية:

١- المدرسة والمجتمع

---

(١) عمر محمد التومي الشيباني ، مرجع سابق ، ص ٣٣٣-٣٧٢.

٢-الطفل والمنهج

٣- الديمقراطية والتربية

٤-الخبرة والتربية

٥- كيف نفكر

٦- الطبيعة البشرية والسلوك

وإذا كان جون ديوي قد اشتهر بأعماله وكتبه التربوية كمرب من أعظم مربي القرن العشرين، فقد كانت له نفس الشهرة تقريبا في عالم الفلسفة. فقد ألف العديد من الكتب الفلسفية، وكتب المئات من المقالات فيها، وقضى معظم حياته في تدريسها، وكان يدعى انه الناطق بلسان الفلسفة الأمريكية والحامل للوائها. وقد أتى بتحديات كثيرة تقدمية في مفهوم الفلسفة، ووظيفتها، وفهم مشاكلها المختلفة، وطالب بوجوب ربط الفلسفة بمشاكل الحياة والعالم والحضارة. ويرى أيضا أن واجب الفلسفة أن لا ترينا كيف نعرف العالم، بل كيف نستطيع أن نتحكم فيه ونحسنه ونتقدم به، وان تعالج مشاكل المجتمع الحديث ومشاكل الحضارة القائمة.

٢- العوامل التي أثرت في أفكاره:

قبل أن نتحدث عن أبرز أفكار ديوي الفلسفية والتربوية ومناقشتها، يجدر بنا أن نذكر أهم العوامل التي أثرت في هذه الأفكار. ومن هذه العوامل أفكار الفلاسفة والعلماء والمربين الذين اتصل بهم شخصيا أو عن طريق كتاباتهم. ومن أبرز من اتصل بهم وتأثر بأفكارهم جورج موريس أحد أساتذته في الفلسفة، ثم زميلا له في التدريس في جامعة متشيجن، فعن طريقة تعرف ديوي على الفلسفة المثالية الهيجلية وقبل كثيرا من عناصرها بالتدريج. إلا انه بعد دراسته لنظرية التطور كما شرحها تشارلز دارون (١٨٠٩-١٨٨٢م)، وتوماس هاكسلي (١٨٢٥-١٨٩٥م) وغيرهما تحول إليها مفضلا لها على الفلسفة الهيجلية، لأنها تتفق مع ميوله العلمية التجريبية. إلا أن ذلك لم يمسح أثر الفلسفة المثالية. ويتجلى بوضوح الاسم الذي أطلقه على فلسفته الخاصة المحددة وهو "الفلسفة المثالية التجريبية"

كما تأثر ديوي أيضا بأفكار تشارلس بيرس، ووليام جيمس اللذين كان لهما الفضل في تأسيس المذهب البرجماتي في الولايات المتحدة، وبأفكار ستانلي هول، وببعض أفكار روسو، وبستالوتزي، وهربارت، وفروبل، وغيرهم من المربين وعلماء النفس المحدثين.

والى جانب تأثره بأفكار الفلاسفة والعلماء والمربين السابقين عليه والمعاصرين له فقد تأثر أيضا بعوامل كثيرة أخرى، من بينها المبادئ التي تقوم عليها الحياة الديمقراطية، والقيم السائدة في المجتمع الأمريكي، وخصائص ومتطلبات المجتمع الصناعي الذي عاش فيه. وقد أثرت هذه العوامل جميعا في فلسفته العامة وفلسفته التربوية كما سنرى.

٣- أفكاره الفلسفية العامة:

بالرجوع إلى كتب ديوي ومقالاته الفلسفية والتربوية وما تضمنته من أفكار فلسفية يدرك انه استطاع إلى حد كبير في تكوين فلسفة كاملة متكاملة وفي تحديد آرائه ووجهات نظره بالنسبة للمشاكل الفلسفية الرئيسية المتصلة بطبيعة الكون وطبيعة الإنسان، وبنظرية المعرفة، وبطبيعة القيم الأخلاقية كما يلي:

أ- آراؤه فيما يتصل بطبيعة الكون وطبيعة الإنسان:

يؤمن جون ديوي بأن العالم ليس ثابتا جامدا، ولا نظاما مقفلا، ولكنه عملية ديناميكية من التغير والتطور المستمر، إلا أن معدل سرعة هذا التطور قد تختلف من مظهر إلى آخر. ومن كتبه الفلسفية التي أوضح فيها معتقداته التي تتصل بطبيعة الكون والوجود الإنساني والمادي هو كتابه "الخبرة والطبيعة". وقد اشتمل هذا الكتاب على النقاط الرئيسية التالية:

١-الخبرة كطريقة ، ٢-والثقافة كسلسلة من الخبرات الإنسانية المتراكمة ، ٣-واستمرار الطبيعة باستمرار الخبرة ، ٤-وان مظاهر الوجود المختلفة لا تعدو أن تكون سلسلة من الأحداث المترابطة المستمرة.

أما أفكاره التي تتصل بالإنسان فإنها تتفق مع المبادئ الديمقراطية ومع مبادئ نظرية التطور والأبحاث الطبيعية والبيولوجية والنفسية. فهو يحترم الإنسان ويعتبره غاية في حد ذاته، ويحترم حريته واختلافه عن غيره، وينظر إلى الفرد كعضو في جماعة وجزء لا يتجزأ من المجتمع وهو يؤمن بالواحدية، ويرفض مبدأ الثنائية ومبدأ الكثرة، وينظر إلى طبيعة الإنسان على أنها وحدة متكاملة لا فصل بين جوانبها الجسمية والعقلية والروحية. والإنسان جسمي وعقلي في آن واحد.

ويؤمن ديوي أيضا بالاتصال الكامل والاعتماد المتبادل بين الفرد والمجتمع وبين الإنسان والطبيعة. ولإيمانه بالاعتماد والتأثير المتبادلين بين الإنسان والطبيعة فهو لا يرى أن هناك فاصلا بين العلوم الإنسانية والعلوم الطبيعية. ومن الأمثلة

التي يضربها على الاعتماد والتأثير المتبادلين بين العلوم الإنسانية والعلوم الطبيعية ويستدل به على الاعتماد المتبادل بين الطبيعة والإنسان هو العلاقة بين علم التاريخ وعلم الجغرافيا، باعتبار الأول يمثل فرعا من العلوم الإنسانية وباعتبار الثاني يمثل فرعا أساسيا من العلوم الطبيعية.

ب- أفكاره التي تتصل بنظرية المعرفة :

يؤمن ديوي بأن المصدر الأساسي للمعرفة الإنسانية هو الخبرة والنشاط الذاتي للفرد عن طريق تفاعله مع عناصر البيئة المحيطة به، وعن نشاطه وكفاحه من أجل البقاء. وهو كما يؤمن بأن المصدر الأساسي للمعرفة هو الخبرة وما تستلزمه من نشاط وتفاعل مع عناصر الشيء المراد معرفته فإنه يؤمن بأن كسب المعرفة يتطلب من قبل الباحث عن المعرفة شيئا من التفاعل الاجتماعي المباشر أو غير المباشر. وهو يؤمن من جانب آخر بأداتية المعرفة والخبرة، ووظيفتها واستمرارها، وذلك تطبيقا منه لمبدأ الاداتية ولمبدأ الوظيفية، ولمبدأ إمكانية التطبيق، ولمبدأ الاستقرار التي تعتبر من أهم المبادئ التي تقوم عليها فلسفته العامة وفلسفته التربوية.

ويستدعي الإيمان بأداتية المعرفة ووظيفتها وإمكانية تطبيقها يستدعي الإيمان بأن المعرفة الحقيقية هي التي تساعد الفرد على التغلب على مشاكل الحياة وعلى تكييف بيئتها وتطويعها لخدمة أغراضه وإرضاء حاجاته، وبأنه لا قيمة لأية معرفة لا يمكن استعمالها وتطبيقها في الحياة الحاضرة والمستقبلية. وهو يطبق مبدأ الأداتية ومبدأ إمكانية التطبيق حتى بالنسبة لمعرفة الماضي إذ انه في اعتقاده لا قيمة لمعرفة الماضي إذا لم تساعد على فهم وحل مشاكل الحاضر، ولم تساعد على التنبؤ بالمستقبل ولم تعط معنى لهذا المستقبل.

وتطبيقا منه لمبدأ الاستمرار فإنه يرى أن وظيفة المعرفة المكتسبة للفرد هي أن تساعده على توجيه خبراته اللاحقة بحرية. وكلمة خبرة هي التي تميز بين المعرفة والعادة. ورغم اعترافه بأن كلا من المعرفة والعادة تتكون عن طريق الخبرة، وبأن كلا منهما يحدث تغييرا في سلوك الفرد يساعده على التغلب على المواقف المقبلة بسهولة، فإنه يميز بينهما على أساس أن العادة وحدها بدون المعرفة لا تسمح لصاحبها بالتغيير والتجديد، بل تجبره على السير في عمله على خط سير الماضي. أما المعرفة فإن من شانها أن تعطي الفرد حرية التصرف تجاه تغيرات وتقلبات المستقبل، وتزوده بالأسس والحلول التي تساعده على التغلب على مشاكل المستقبل، وتتيح له حرية الاختيار والتصرف تجاه المواقف المختلفة.

ويرفع جون ديوي في نظرياته التي تتصل بطبيعة المعرفة وطبيعة القيم الأخلاقية من شأن الطريقة التجريبية، ويعتبرها مصدرا مهما للمعرفة ووسيلة أساسية للتحقق من صحتها وكوسيلة للتنبؤ بالمستقبل في المسائل العلمية والتكنولوجيا والمسائل الاجتماعية والأخلاقية.

كما اهتم جون ديوي بمسألة فلسفية ونفسية لها صلة وثيقة بنظرية المعرفة هي مسألة التفكير. وقد عالج ديوي هذه المسألة في كتابه "كيف نفكر"، وحاول أن يحلل الشروط والظروف التي يقوم العقل تحتها بالتفكير. وتبين له أن التفكير لا يتم في فراغ وانعزال عن شؤون الحياة، بل يتم في بيئة اجتماعية ثقافية مليئة بالدوافع والمثيرات. وهو يرى من جهة أخرى أن التفكير لا يحدث نتيجة للتأمل البحت كما يعتقد أفلاطون والمثاليون، وإنما نتيجة نشاط الفرد وتفاعله مع بيئته ولوجود مشكلة تستدعي الحل المرضي وتحقيق التكيف والسرور. ويرى ديوي أن التفكير المنطقي يسير وفق الخطوات الخمس التالية:

الخطوة الأولى: إحساس الفرد بصعوبة أو بمشكلة أو بحاجة ما.

الخطوة الثانية: دراسة العقل للموقف وتحليل عناصره للوصول إلى قلب المشكلة وتحديد أهم عامل يقف ورائها.

الخطوة الثالثة استعراض الاقتراحات والفروض المختلفة كحلول ممكنة للمشكلة.

الخطوة الرابعة: اختبار الفروض أو الحلول المقترحة للمشكلة للتأكد من وجاهتها

الخطوة الخامسة: أن تؤدي الملاحظة الدقيقة والتجربة إلى قبول أو رفض الفرض أو الحل المقترح.

ج- أفكاره التي تتصل بطبيعة القيم الأخلاقية :

يؤمن ديوي بأن القيم الأخلاقية هي أمور إنسانية تنبع من صميم الحياة التي يعيشها الإنسان على ظهر هذه الأرض، وليست أخلاقا متعالية تفرض على الإنسان فرضا من جهة عليا فهو بهذا يخالف الأديان السماوية والنظريات الأخلاقية القديمة التي تقوم على الإعلاء من شأن الحياة الروحية، وعلى فرض معايير أخلاقية تعد مثلا عليا ينبغي على الإنسان أن يتسامى إليها ويتمثل به.

وهو يؤمن بأن المصدر الأساسي للقيم الأخلاقية هي الخبرة والتجربة، مثلها في ذلك مثل بقية معارفه ومهاراته واتجاهاته. ويرتبط بهذا المعتقد معتقد آخر قريب

منه وهو ايمانه بأن القيم الأخلاقية هي أخلاق اجتماعية، لا تنبع من الذات أو الضمير أو العقل، ولكنها تكتسب نتيجة لتفاعل الفرد وأعماله بأنها أخلاقية إذا ما ساعدت على النمو الكامل للفرد، وعلى النهوض بالمجتمع وحل مشاكله، وعلى تحقيق المصلحة العامة. ويترتب على الإيمان بأن الأخلاق ظاهرة اجتماعية، إننا إذا شئنا تحسين الأخلاق فعلينا أن نعدل النظم الاجتماعية وان نحسن تربية الفرد.

والأحكام والقيم الخلقية في نظر ديوي ليست مجرد انطباعات فردية ذاتية ولكنها أمور موضوعية تخضع للاختبار والتقييم، بل وللتعديل إن اقتضى الأمر ذلك وتطبق عليها الطريقة العلمية كما تطبق على أية ظاهرة طبيعية. وتظهر هذه الموضوعية واضحة في المبادئ التي تقوم عليه الديمقراطية كالعدل، والمساواة، وكرامة الفرد، واحترام شخصية الفرد وحريته إلى غير ذلك من المبادئ الديمقراطية.

وتطبيقا منه لمبدأ الواحدية في مجال القيم الأخلاقية فإنه أنكر كثيرا من التقسيمات والثنائيات والتمييزات التقليدية، كالتمييز بين ما هو مثالي أخلاقي وبين ما هو عالم واقعي، والفصل بين ما هو دنيوي أرضي وبين ما هو سماوي، والفصل بين القيم المؤقتة والزائلة وبين القيم الأبدية الخالدة، والفصل بين الطبيعة الجسمية والطبيعة الروحية، لقد انكرها لأنها في نظره تخالف الواقع الذي تتحد جميع جوانبه وتتوقف بعضها على بعض.

٤- أفكاره التربوية وتأثيره في تربية عصره: (١)

بعد أن القينا نظرة موجزة على أفكار جون ديوي الفلسفية العامة والتي لها تأثير على أفكاره التربوية، نقدم الآن فكرة موجزة عن بعض أفكاره التربوية.

أ- أفكاره التي تتعلق بمعنى التربية :

يؤمن جون ديوي بالنسبة لمعنى التربية وبالنسبة لطبيعة العملية التربوية، بأن التربية هي الحياة نفسها وليست مجرد إعداد للحياة، وبأنها عملية نمو، وعملية تعلم، وعملية بناء وتجديد مستمرين للخبرة، وعملية اجتماعية. وحتى تكون التربية عملية حياة لا بد أن ترتبط بشؤون الحياة، وحتى تكون عملية نمو وعملية تعلم وعملية اكتساب للخبرة لا بد أن تراعي فيها شروط النمو وشروط التعلم وشروط

(١) المرجع السابق ، ص ٣٤٩-٣٧٢.

اكتساب الخبرة، وحتى تكون عملية اجتماعية لابد أن تتضمن تفاعلا اجتماعيا ولابد أن تتم في جو ديمقراطي وجو اجتماعي صالح.

ولإيمانه بهذه المعاني للتربية فقد أعطى أهمية كبرى لعامل الخبرة في العملية التربوية، وآمن بأن التربية الصحيحة إنما تتحقق عن طريق الخبرة. وقد ذهب إلى وضع مبدأ جديد للتربية استلهمه من شعار الديمقراطية المشهور وهو "التربية للخبرة، وعن طريق الخبرة، وفي سبيل الخبرة". أما الخبرة ذات القيمة التربوية عند جون ديوي فهي الخبرة الصحيحة النافعة التي تتضمن تفاعلا متعدد الجوانب بين الفرد وبيئته وتساعد على النمو المستمر وإحداث التغير المطلوب في سلوكه. ومن المقومات الأساسية للخبرة الصالحة في نظر ديوي هو الاستمرار، واشتمالها على التفاعل الصحيح.

ب- أفكاره التي تتعلق بأهداف التربية :

يرى جون ديوي أن التربية ليس لها أي هدف خارج عن عملية التربية نفسها. فالهدف الأعلى للتربية عنده هو تحقيق استمرار التربية، أو بعبارة أوضح أن هدف التربية هو أن تساعد الفرد على أن يستمر في تربيته وبالتالي في نموه وتعلمه وتكيفه مع بيئته وحياته. فالتربية عنده ينبغي ألا تكون لها أهداف مفروضة عليها من الخارج، لأن هذه لا تمثل أهداف التلاميذ الحقيقية ولا تنبع من خبراتهم ونشاطهم. ولابد أن تؤكد فلسفة التربية التقدمية على اشتراك المتعلم في تكوين الأهداف التي توجه نواحي نشاطه في عملية التعلم.

ويبدأ الهدف الحقيقي بنزعة، وعدم إشباعها إشباعا مباشرا يحيلها إلى رغبة. وليست النزعة أو الرغبة في حد ذاتها هدفا، لأن الهدف غاية منظورة، أي انه يتضمن التبصر- بالعواقب التي سوف تترتب على العمل وفق النزعة. والتبصر بالعواقب يتضمن إعمال الذكاء، وهذا يتطلب أولا ملاحظة الظروف والملابسات الموضوعية، فممارسة الملاحظة إذن شرط من شروط تحول النزعة إلى هدف وليست الملاحظة وحدها كافية، بل لابد لنا من أن نفهم مغزى ما نرى ونسمع ونلمس، وهذا المغزى يتكون من النتائج التي سوف تترتب على العمل حسب ما نراه، وهكذا يتبين لنا أن تكوين الهدف عند ديوي ليس بالعملية السهلة بل هو عملية عقلية معقدة.

ويذكر جون ديوي في كتابه الديمقراطية والتربية ثلاثة موازين للأهداف التربوية الحسنة:

الميزان الأول : يتمثل في أن الهدف أو الغرض التربوي يجب أن يؤسس على أوجه النشاط الداخلية للتلميـذ وعلى حاجاته.

الميزان الثاني: يتمثل في إمكانية ترجمة الهدف إلى أعمال وخبرات دراسية تقوم على نشاط المتعلم وتساعد على تفتيح مواهبه واستعداداته.

الميزان الثالث: يتمثل في وجوب اعتبـار الأهداف أمـور تقريبيـة وليسـت نهائيـة، وفي وجـوب الـربط بـين الأهداف ووسائلها.

ورغم أن ديوي لم ير للتربية غرضا غـير تحقيـق نفسـها، فـإن المتصفح لكتاباتـه يجـد فيهـا مـن العبارات ما يدل بوضوح على اعترافه ببعض الأهداف الفردية والاجتماعية للتربية. وتتضمن هذه الأهداف هدف استمرار الخبرة وتجددها، وهدف تحقيق النمو المتكامل للفرد، وهدف تحقيق الكفاية الاجتماعيـة، وهدف تطوير المجتمع وتحسينه عن طريق خلق الفرد الصالح ذي الشخصية المتكاملـة، والـذي تكونـت لديه المعارف والمهارات والاتجاهات اللازمة لتحقيق الكفاية الاجتماعية.

ج-أفكاره التي تتعلق بمناهج الدراسة :

ينتقد جون ديوي بشدة المفهوم التقليدي للمناهج الـذي يقـوم عـلى تقسـيم المـنهج إلى مـواد منفصلة مرتبة ترتيبا منطقيا لا يتفق مع عقلية التلاميذ الصغار وليس المركز الحقيقي للمنهج في نظره هي المواد الدراسية المنفصلة المستقل بعضها عـن بعـض، بـل مركـزه الحقيقـي هـي نشاطات الطفل الذاتيـة وخبراته. أما الطريقة المتبعة في تنظيم خبرات المنهج وتدريسها فهي طريقة المشروعات حيث يستطيع التلميذ اكتساب كثير من الحقائق والخبرات والمهـارات التـي تنتمـي إلى عـدد كبـير مـن المـواد الدراسية التقليدية

وتنتمي الدراسات وأوجه النشاط التي يتضمنها منهاج مدرسة جـون ديـوي الابتدائيـة إلى ثلاثـة مجموعات أساسية هي:

- المجموعة الأولى: وتتكون من أوجه النشاط والأعمال اليدوية التي تدور حول عدد من المهن الاجتماعيـة السائدة، وذلك كالطبخ والخياطة، والغزل، والحياكـة، ومـا إلى ذلـك. ولهـذا النـوع مـن أوجـه النشاط والأعمال قيمة جسمية وعقلية.

- المجموعة الثانية: من الأنشطة والدراسات التي يتضمنها منهاج تلك المدرسة تتصل بالمواد الدراسية التي تساعدنا على فهم الحياة الاجتماعية، كالتاريخ والجغرافيا، والعلوم، والفن، دون أن تكون مواد دراسية منفصلة تحمل هذه العناوين.

- المجموعة الثالثة: من الأنشطة تشتمل على الدراسات والخبرات التي من شأنها أن تمكن التلميذ من تنمية قدرته على الاتصال والبحث العقليين، وذلك كالدراسات المتصلة بالقراءة والكتابة والحساب. وهذه المواد كسابقتها لا توجد كمواد منفصلة مستقل بعضها عن بعض بل توجد متصلة بمواقف الحياة وبأعمال التلميذ اليدوية.

وكثير من المبادئ التي نادى بها ديوي بالنسبة لمنهاج المرحلة الابتدائية، قد نادى بها أيضا بالنسبة لمنهج المرحلة الثانوية. وهناك نوعان من الموازين التي يجب أن تتحكم في اختيار وتنظيم محتويات منهج المرحلة الثانوية عنده هما: خصائص تلاميذ هذه المرحلة، والظروف الاجتماعية والثقافية في كل موقف تعليمي. ووظيفة المدرسة الثانوية عنده هي تمكين التلميذ من الاستمرار في توسيع دائرة ثقافته العامة التي بدأها في المرحلة الابتدائية، دون أن تفرض عليه دراسة تخصصية ضيقة، لأن هذه في نظره يجب أن تكون وظيفة التعليم الجامعي.

د- أفكاره التي تتعلق بطرق التدريس:

يمكن تلخيص المبادئ التي طبقها جون ديوي في مدرسته والتي دعا إليها في كتبه ومقالاته التربوية بالنسبة لطرق التدريس فهي:

١- الإعلاء من شأن الخبرة المباشرة، والإيمان بأن التربية الصحيحة إنما تتحقق عن طريق الخبرة الصالحة والتي تساعد الفرد على بناء خبرته وتجددها واستمرارها، وتتضمن تفاعلا بين الفرد وبين بيئته، وتتصل بواقع حياته وبالمشاكل التي تهمه. وقد يتبادر إلى الذهن أن ديوي ينكر تنظيم الخبرات وترتيبها، فهو يرى أن تنظيم الخبرات أمر ضروري لأنه بدون هذا التنظيم تصبح الخبرة مفككة إلى درجة تؤول معها إلى الفوضى .

٢- الإيمان بوجوب الربط بين خبرات التلميذ داخل المدرسة وخارجها، وتأكيده لمبدأ ضرورة الربط بين المعرفة النظرية والعمل.

٣- ضرورة مراعاة الفروق الفردية بين التلاميذ، وضرورة مراعاة ميولهم ودوافعهم الطبيعية، ووجوب استغلال هذه الدوافع والميول في جذب انتباههم ودفعهم إلى النشاط الذاتي الخلاق. ومن هذه الميول والدوافع التي يحسن بالمربي استغلالها في العملية التربوية الميل إلى الحركة والنشاط، والميل إلى اللعب، والميل إلى التعبير عن الذات بالقول والعمل، والميل إلى البناء والتركيب، والميل إلى البحث.

٤- مساعدة التلميذ على إيقاظ قواه واستعدادته العقلية وتعوده على الاستقلال والاعتماد على النفس والتفكير المنطقي، وحب التعاون، وتشجعه على الأصالة والخلق والإبداع، وتدفعه إلى الحركة والنشاط الهادفين.

٥- وحتى يبذل التلميذ نشاطا حقيقيا في أي واجب من الواجبات لابد أن يكون لهذا الواجب قيمة ومعنى بالنسبة إليه، وان تكون هناك مشكلة حقيقية في عقل التلميذ.

٦- وبالنسبة لمشكلة النظام، فإنه يرى وجوب منح التلميذ حرية الحركة والنشاط الخارجي، لأنه بدون ذلك يستحيل على المدرس أن يعرف الأفراد الذي يتعامل معهم، ذلك بأن الطاعة والهدوء المفروضين بالقوة،يحولان بين التلاميذ وبين التعبير عن سجاياهم الحقيقية.

٧- والطريقة العامة التي يوصي ديوي المدرس باتباعه في تنظيم خبرات تلاميذه وفي تدربه هي طريقة المشروع وطريقة حل المشاكل. وإذا ما قارنا طريقة ديوي لحل المشاكل بطريقة هربارت التي تحثنا عنه سابقا، فإننا نجد أن طريقة هربارت تركز على نشاط المدرس بينما تركز طريقة ديوي على نشاط التلميذ. ورغم اختلاف الطريقتين في الأساس الفلسفي وفي الخصائص التطبيقية فإن إحداهما تكمل الأخرى، والمدرس الناجح يحتاج إلى كلتيهما.

هـ التأثير الذي أحدثته أفكار ديوي والانتقادات التي وجهت إليها:

أحدثت أفكار ديوي تأثيراً بالغا في تربية القرن العشرين لا في امريكا وحدها بل كافة أنحاء العالم المتقدم الذي تسربت إليه مبادئ التربية. ويظهر هذا التأثير واضحا في أغلب الحركات والطرق التربوية التي ظهرت في أمريكا بين الحربين العالميتين، كحركة التربية التقدمية، وحركة منهج النشاط، والمنهج المحوري، وكطريقة دالتن وطريقة وينتكا، وطريقة المشروع.

ومن المربين المحدثين الذين تأثروا بأفكار ديوي كثيرا هم وليام كلباتريك، وجورج كاونتس، وبويد بود، وجون تشايلدز، وهارولدرج، وكارلتون ووشبورن.

ورغم التأثير الواسع الذي أحدثته أفكار ونظريات ديوي التربوية في تربية القرن العشرين وفي أفكار كثير من مربي هذا القرن المتحررين والتقدميين فإنها واجهت معارضة شديدة من قبل كثير من المربين المحافظين ومن اتباع المذاهب والنزعات التربوية التقليدية، كاتباع المذهب الواقعي، واتباع المذهب المثالي، واتباع الحركة الأساسية Essentialism. وقد كانت معارضة اتباع هذه المذاهب مبنية على أساس انهم وجدوا في أفكار ديوي وغيره من البراجماتيين والتقدميين مالا يتفق مع المبادئ التي تقوم عليها المدارس الفلسفية التي ينتمون إليها. وقد انضم إلى هؤلاء في نقد نظريات ديوي كثير من المحافظين الذين يميلون إلى الأساليب التربوية القديمة التي تربوا عليه، ويرون أن المبادئ التربوية التقدمية هي السبب في ضعف مستوى التعليم. وقد اشتدت وطأة النقد في أواخر الأربعينات وأوائل الخمسينات. وقد شجعت عدة عوامل اجتماعية واقتصادية وسياسية حركة النقد للأفكار البراجماتية والتربية التقدمية. وكان من أبرز هذه العوامل الأزمة الاقتصادية الكبرى التي حشت في امريكا في الثلاثينات، مما دعا المربين والمصلحين والاقتصاديين إلى إعادة النظر في الأساليب التربوية السائدة أنئذ، وينسبون إليها كل الأخطاء ومظاهر الضعف التي وجدت في التعليم الأمريكي.

ومن أبرز الانتقادات التي كانت تتردد كثيرا في كتابات النقاد على اختلاف اتجاهاتهم ومذاهبهم ما يلي:

- اعتبار فلسفة ديوي التربوية أن العملية التربوية مرادفة لعملية الحياة نفسها، ومناداتها بتربية شخصية الطفل ككل، مما يوسع مسئوليات المدرسة على حساب مسئوليات غيرها من المؤسسات التربوية والاجتماعية، ويجعلها غير قادرة على القيام بمسئولياتها على الوجه الأكمل. كما أن هذا يؤدي إلى إضعاف الجانب العقلي الذي يجب أن ينال اهتماما كبيرا من المدرسة في نظر المحافظين.
- مبالغة فلسفة ديوي التربوية في تأكيد ميول التلاميذ وحاجاتهم الحاضرة كأساس لاختيار المعارف والخبرات المدرسية وتنظيمها.
- مبالغتها في تأكيد وحدة المعرفة لدرجة أنها تقلل من شأن الترتيب المنطقي للخبرات المدرسية ومن قيمة تقسيم المعرفة إلى فروع ومواد مختلفة ومن قيمة التخصص أحد متطلبات العصر.

- عدم إعطائها للمواد الاكاديمية ما تستحقه من الاهتمام، وتركيزها على الطريقة اكثر مـن تركيزهـا علـى المحتوى، وغير ذلك من الانتقادات التي وجههـا كـل مـن وليـام بـاجلي، وهيرمـان هـورن في مؤلفاتهم التربوية .

وقد قام كثير من الكتاب التربويين يدافعون عن ديوي ضد الهجمات والانتقادات التـي وجهـت إليه. ومن بين الكتاب المحدثين الذين دافعوا عن ديوي، ادوارد بـاور، وجـون وايـن، وريتشـارد ميلـر. وقـد اعتمدوا في دفاعهم على كون هؤلاء المنتقدين قد حملوا جون ديوي وزر الحركـة البراجماتيـة برمتها. كـما اعتمد الكتاب المدافعون على سوء فهم المنتقدين لأفكار ديوي وخلطها بأفكار غيره وتحميله مسئولية كـل ما قال به اتباع حركة التربية التقدمية التي نشأت في أعقاب الحركـة البراجماتيـة، وتوجيـه كـل الانتقـادات التي وجهت لهذه الحركة إليه. وإذا كان ديوي وغيره من البراجماتيين قد انتقدوا حركـة التربيـة التقدميـة فإنه ليس من الإنصاف أن يؤاخذ ديوي بما قاله التقدميون المتطرفون، وينسب إليـه غالـب الأخطـاء التـي وقع فيه هؤلاء التقدميون المتطرفون.

المراجع

أولا- المراجع العربية

١.   ابن خلدون، المقدمة، بيروت، المطبعة الأدبية، ١٩٠٠.

٢.   الأبراشي، محمد عطية، التربية الإسلامية وفلاسفتها، ط٥، القاهرة، مطبعة عيسى البابي الحلبي، ١٩٨٦.

٣.   أبو اسحق، روفائيل، مدارس العراق قبل الإسلام، بغداد، مطبعة شفيق، ١٩٥٥.

٤.   احمد، نازلي صالح، مقدمة في العلوم التربوية، القاهرة، مكتبة الانجلو المصرية، ١٩٧٨م.

٥.   الأحمد، سامي سعيد، العراق القديم من العصر الأكدي حتى نهاية سلالة بابل الأولى، بغداد، مطبعة الجامعة، ١٩٨٣.

٦.   أحمد، سعد مرسي، تطور الفكر التربوي، ط٤، القاهرة، عالم الكتب، ١٩٨٠.

٧.   أحمد، سعد مرسي، وسعيد إسماعيل علي، تاريخ التربية والتعليم، القاهرة، عالم الكتب، ١٩٧٢.

٨.   ارمان، ادولف، وهرمان رانكه، مصر والحياة المصرية في العصور القديمة، ترجمة عبد المنعم أبو بكر، ومحرم كمال، القاهرة، دار النهضة المصرية، ١٩٥٧م.

٩.   أمين، مصطفى، تاريخ التربية، ط٢، القاهرة، مطبعة المعارف بشارع الفجالة بمصر، ١٩٢٦م.

١٠.   باقر، طه، مقدمة في تاريخ الحضارات القديمة، ج١، بغداد، منشورات دار البيان، ومطبعة الحوادث، ١٩٧٣م.

١١.   بالمر، روبرت ر.، تاريخ العالم الحديث، ج١، ترجمة محمود حسن الأمين، الموصل، مكتبة الوفاء، ١٩٥٣م.

١٢. بدوي، احمد، محمد جمال الدين مختار، تاريخ التربية والتعليم في مصر- ج١، القاهرة، النهضة المصرية العامة للكتاب، ١٩٧٤.

١٣. الجمبلاطي، علي، وأبو الفتوح التوانسي، دراسات مقارنة في التربية الإسلامية، القاهرة، مكتبة الانجلو المصرية، ١٩٧٣.

١٤. الجبار، سيد إبراهيم، دراسات في تاريخ الفكر التربوي، الكويت، وكالة المطبوعات، ١٩٧٤م.

١٥. حاطوم، نور الدين وآخرون، موجز تاريخ الحضارة، ج١، دمشق، مطبعة الكمال، ١٩٦٥م.

١٦. حاطوم، نور الدين، تاريخ عصر النهضة الأوروبية، بيروت، دار الفكر الحديث، ١٩٦٨م.

١٧. حمادة، عبد المحسن عبد العزيز، مقدمة في تاريخ التربية، الكويت، جامعة الكويت، كلية التربية، ١٩٨٢م.

١٨. خضر، فخري رشيد، تطور الفكر التربوي، الرياض، دار الرشيد، ١٩٨٢.

١٩. خليفة، حاجي، كشف الظنون، ليبسك، ١٨٢٥م.

٢٠. الدسوقي، عاصم، البحث في التاريخ، بيروت، دار الجليل، ١٩٩١م.

٢١. ديلابورت، ل.، بلاد ما بين النهرين (الحضارتان البابلية والآشورية)، ترجمة محرم كمال، القاهرة، مكتبة الآداب ومطبعتها، بدون تاريخ.

٢٢. الرشدان، عبد الله زاهي، المدخل إلى التربية، عمان، دار الفرقان، ١٩٨٧م.

٢٣. الرشدان، عبد الله زاهي، ونعيم جعنيني، المدخل إلى التربية والتعليم، دار الشروق، ١٩٩٢.

٢٤. رضا، محمد جواد، العرب والتربية والحضارة، الكويت، دار الفكر العربي، ١٩٧٩م.

٢٥. ريان، رجائي، مدخل لدراسة التاريخ، عمان، دار ابن رشد، ١٩٨٧م.

٢٦. السخاوي، شمس الدين عبد الرحمن، الإعلان بالتوبيخ لمن ذم التاريخ، القاهرة، ١٣٤٩هـ.

٢٧. سليمان، فتحية حسن، التربية عند اليونان والرومان، القاهرة، مطبعة دار الهنا، بدون تاريخ.

٢٨. سلطان، محمود السيد، مسيرة الفكر التربوي عبر التاريخ، القاهرة، دار المعارف، ١٩٧٩.

٢٩. سليم، أحمد أمين، دراسات في تاريخ مصر والعراق وحتى مجيء الاسكندر الأكبر، الإسكندرية، دار المعرفة الجامعة، ١٩٩٤.

٣٠. سليمان، عامر، القانون في العراق القديم، بغداد، دار الكتب، ١٩٨٧م.

٣١. سمعان، وهيب إبراهيم، التربية والثقافة في العصور القديمة، القاهرة، دار المعارف بمصر، ١٩٦١م.

٣٢. سمعان، وهيب ابراهيم، التربية والثقافة في العصور الوسطى، القاهرة، دار المعارف بمصر، ١٩٦٢م.

٣٣. شفشق، محمود عبد الرزاق، وزميله، تاريخ التربية والتعليم، ط٢، دار القلم، ١٩٦٨م.

٣٤. شلبي، أحمد، تاريخ التربية الإسلامية، بيروت، دار الكشاف للنشر والطباعة والتوزيع، ١٩٥٤م.

٣٥. صالح، عبد العزيز، التربية والتعليم في مصر القديمة، القاهرة، الدار القومية، ١٩٦٦م.

٣٦. طلس، محمد أسعد، التربية والتعليم في الإسلام، بيروت، دار العلم للملايين، ١٩٥٧م.

٣٧. عاقل، فاخر، التربية قديمها وحديثها، ط٢، بيروت، دار العلم للملايين، ١٩٧٧م.

٣٨. عبد الدايم، عبد الله، التربية عبر التاريخ، بيروت، دار العلم للملايين، ١٩٧٣م.

٣٩.   عبد الحليم، نبيلة محمد، معالم العصر التاريخي في العراق القديم، بغداد، مكتبة الأندلس، ١٩٩٤.

٤٠.   عبد العزيز، صالح، تطور النظرية التربوية، ط٢، القاهرة، دار المعارف بمصر، ١٩٦٤م.

٤١.   عبد النور، فرنسيس، التربية والمناهج، القاهرة، دار نهضة مصر، ١٩٧٧م.

٤٢.   عبود، عبد الغني، دراسة مقارنة لتاريخ التربية، القاهرة، دار الفكر العربي، ١٩٨٧م.

٤٣.   عفيفي، محمد الهادي، في أصول التربية، الأصول الثقافية للتربية، القاهرة، مكتبة الانجلو المصرية،
      ١٩٧٣م.

٤٤.   عصفور، محمود ابو المحاسن، معالم حضارات الشرق الأدنى القديم، بيروت، دار النهضة العربية،
      ١٩٨٧م.

٤٥.   علي، سعيد إسماعيل، مقدمة في التاريخ للتربية، القاهرة، دار الفكر العربي، ١٩٩٤م.

٤٦.   فولكييه، بول، المدارس الحديثة، تعريب عبد الله عبد الدايم وآخرون، دمشق، المطبعة الجديدة،
      ١٩٦١م.

٤٧.   فيشر، هربرت، أصول التاريخ الأوروبي الحديثة، ترجمة زينب عصمت راشد، وأحمد عبد الرحيم
      مصطفى، القاهرة، دار المعارف، ١٩٦٢م.

٤٨.   كحالة، عمر رضا، جولة في ربوع التربية والتعليم، بيروت، مؤسسة الرسالة، ١٩٨٠.

٤٩.   ليث، آرثر، تطور الإنسان، تاريخ العالم، ط٢، ج١، القاهرة، مكتبة النهضة المصرية، ١٩٨٢م.

٥٠.   مرسي، محمد منير، التربية المقارنة بين الأصول النظرية والتجارب العالمية، القاهرة، عالم
      الكتب،١٩٨٢م.

٥١.   مرسي، محمد منير، تاريخ التربية في الشرق والغرب، القاهرة، عالم الكتب، ١٩٧٧م.

٥٢. مزعل، جمال أسد، دراسات في التربية المقارنة، عمان، دار الفكر، ١٩٨٧م.

٥٣. مشنوق، عبد الله، تاريخ التربية، ط٣، عمان، مكتبة الاستقلال، بدون تاريخ م.

٥٤. منرو، بول، المرجع في تاريخ التربية، ج١، القاهرة، مكتبة النهضة المصرية، بدون تاريخ.

٥٥. ناصر، إبراهيم، التربية الدينية، المقارنة، عمان، دار عمار، ١٩٦٦م.

٥٦. ناصر، إبراهيم،مقدمة في التربية، ط٢، جمعه عمال المطابع التعاونية، عمان، ١٩٧٩م.

٥٧. نبهان، محمد إبراهيم، وماهر نسيم، التعليم في خدمة السلام، القاهرة، دار الكرنك للنشر ـ والتوزيع، ١٩٦٥م.

٥٨. الهاشمي، رضا جواد، نظام العائلة في العهد البابلي القديم، بغداد، مكتبة الأندلس، ١٩٧١م.

ثانياً: المراجع الانجليزية:

1- Boyd, William, The history of western education, Cambridge, Massaschusettes, Houghton Mifflin, 1984.

2- Brubacher, J.S., A history of the problems of education, N.Y. McGraw-Hill Book Co., Inc., 1947.

3- Brubacher, J.S., Modern philosophies of education, N.Y., McGraw-Hill Book Co., Inc., 1950.

4- Cubberley, The history of education, Cambridge Masschusettes, Houghton Mifflin, 1948.

5- Curtis, S.J and M.E.A. Boultwood, A short history of educational ideas, second edition, London, University Tutorial Press, 1966.

6- Eby, F. and C.F. Arrowood, The history and philosophy of education, ancient and medieval, N.Y., Prentice-Hall, 1946.

7- Eby, F., The development of modern education, second edition, Englewood Cliffs, N.Y.

Prentice-Hall, 1960.

8- McCormick, P.J. History of education, Washington, D.C., The Catholic Education Press,

1946.

9- Power, Edward, Main currents in the history of education, N.Y., McGraw-Hill Book Co.,

Inc. 1962.

10- Wynne, John P., The theories of education, N.Y., Harper and Row, 1964.

T0157532

Printed in the United States
By Bookmasters